Die Entscheidung für Kinder
als ordnungspolitisches Problem
im Rahmen
einer Mehrgenerationensolidarität

→ RG-116

Die Entscheidung für Kinder als ordnungspolitisches Problem im Rahmen einer Mehrgenerationensolidarität

Forschungsbericht,
erstellt im Auftrag des Bundesministeriums
für Jugend, Familie, Frauen und Gesundheit

von Professor Dr. Philipp Herder-Dorneich

Juni 1986

Teil 1

Band 217

Schriftenreihe des Bundesministers
für Jugend, Familie, Frauen und Gesundheit

Verlag W. Kohlhammer
Stuttgart Berlin Köln

In der Schriftenreihe des Bundesministers für Jugend, Familie, Frauen und Gesundheit werden Forschungsergebnisse, Untersuchungen, Umfragen usw. als Diskussionsbeitrag veröffentlicht. Die Verantwortung für den Inhalt obliegt der jeweiligen Autorin bzw. dem jeweiligen Autor.

Herausgeber: Der Bundesminister
für Jugend, Familie, Frauen und Gesundheit
Postfach, 5300 Bonn 2
Redaktionell verantwortlich: Dr. Siegfried Rudolf Dunde
Gesamtherstellung: braunschweig-druck GmbH, Braunschweig 1990
Verlag: W. Kohlhammer GmbH Stuttgart Berlin Köln
Verlagsort: Stuttgart

Printed in Germany
ISBN 3-17-011328-3

Inhaltsverzeichnis (Teil 1)

I. Die Entscheidung für Kinder als Gegenstand einer ordnungspolitisch orientierten Familienpolitik 15

  A. Problemstellung 15
  B. Einflußfaktoren auf die Entscheidung für Kinder 20
    1. Darstellung empirischer Ursachenforschung 20
    2. Die ökonomische Theorie der Familie 25
      2.1 Das ökonomische Modell 25
        2.1.1 Die Heirat 26
        2.1.2 Die Arbeitsteilung in der Ehe 26
        2.1.3 Der Familienhaushalt als small factory 27
        2.1.4 Allokation familialer Ressourcen auf Haus und Erwerbswirtschaft 28
        2.1.5 Die Entscheidung für Kinder 30
    3. Sozialhistorische Aspekte der Entscheidung für Kinder 33
      3.1 Produktionsnutzen der Kinder 34
      3.2 Kinder als Alterssicherung – vom zähen Leben eines Mythos . 35
      3.3 Der immaterielle Nutzen von Kindern 37
      3.4 Zunehmende Erwerbstätigkeit verheirateter Frauen 38
    4. Die Notwendigkeit einer empirisch rationalen Basis 40

II. Bestandsaufnahme, Analyse und Kritik familienpolitisch wichtiger Datensätze im Hinblick auf eine empirisch rationale Basis 42

  A. Darstellung, Systematisierung und Kritik der vorhandenen Datenbasis 42
    1. Die amtliche Statistik 42
      1.1 Volkszählung 42
      1.2 Mikrozensus 43
      1.3 Statistik der Bevölkerungsbewegung und die Fortschreibung des Bevölkerungsstandes 44
    2. Nichtamtliche Erhebungen 45
      2.1 Historische Quellen 45
      2.2 Gegenwartsbezogene Quellen 46

  B. Chancen und Möglichkeiten familienspezifischer Orientierungsdaten als Basis ordnungspolitisch orientierter Familienpolitik 47
    1. Definitionen von Familie 47
      1.1 Das „ganze Haus" 48
      1.2 Der Familienbegriff der amtlichen Statistik 49
      1.3 Der Familienbegriff der Familienberichte der Bundesregierung 50

2. Analyse der „Sozialindikatorbewegung" unter dem Aspekt
   ihrer familienpolitischen Relevanz 52
   2.1 Entwicklung von Indikatorensystemen 52
   2.2 Ansätze sozialer Indikatoren 52
       a) Wohlfahrtsmessung durch Probleminformation 52
       b) Prognose und Steuerung 53
       c) Dauerbeobachtung des sozialen Wandels 53
       d) Sozialberichterstattung 53
   2.3 Beispiele für Sozialindikatoren-Systeme im Zielbereich
       Familie 54
       a) United Nations 54
       b) SPES 56

3. Entwicklung eines „Pegelwerks familienpolitischer
   Orientierungsdaten" 58
   3.1 Bewertung von Sozialindikatoren-Systemen 58
   3.2 Auswahlkriterien für Indikatoren im Handlungsfeld Familie . . 59
   3.3 Operationalisierung der familienpolitischen
       Orientierungsdaten 60

C. Familienpolitische Orientierungsdaten 61
   1. Akzeptanz 61
      1.1 Erst-Ehen 61
      1.2 Ehelösungen und weitere Ehen 65
      1.3 Nichteheliche Lebensformen 66
      1.4 Vollständige Familien 70
      1.5 Unvollständige Familien 74
      1.6 Komponentenergebnis 75
          – methodisch 75
          – empirisch 78

   2. Stabilität der Familie in zeitlicher Dimension 79
      2.1 Demographische Entwicklung 79
      2.2 Familie im Lebenszyklus 80
      2.3 Komponentenergebnis 82
          – methodisch 82
          – empirisch 83

   3. Funktionen der Familie 83
      3.1 Sozialisation 83
      3.2 Pflegeleistungen 87
      3.3 Hauswirtschaftliche Versorgung 90
      3.4 Komponentenergebnis 93
          – methodisch 93
          – empirisch 96

4. Die ökonomische Lage der Familie 96
   4.1 Die generelle ökonomische Lage 96
   4.2 Die ökonomische Lage in spezifischen
       Lebenszyklusphasen 100
       a) Problemfall: Scheidung 101
       b) Problemfall: Verwitwung 101
   4.3 Komponentenergebnis 102
       – methodisch 102
       – empirisch 104

5. Generatives Verhalten 104
   5.1 Allgemeine Fruchtbarkeit 104
   5.2 Timing 107
   5.3 Komponentenergebnis 109
       – methodisch 109
       – empirisch 110

6. Familie und Haushaltsstruktur 111
   6.1 Mehrpersonenhaushalte 111
   6.2 Einpersonenhaushalte 112
   6.3 Generationenhaushalte 112
   6.4 Komponentenergebnis 113
       – methodisch 113
       – empirisch 114

7. Soziale Kontakte 115
   7.1 Kontaktpotential und familiale Wohnstruktur 115
   7.2 Häufigkeit und Intensität sozialer Kontakte 117
   7.3 Intergenerative Hilfeleistungen 121
   7.4 Komponentenergebnis 124
       – methodisch 124
       – empirisch 127

8. Familie und Erwerbsarbeitswelt 127
   8.1 Struktur der Frauenerwerbstätigkeit 128
   8.2 Erwerbsarbeitszeiten der Frauen 130
   8.3 Lebenszyklus und Erwerbstätigkeit von Frauen 131
       8.3.1 Alter und Familienstand 131
       8.3.2 Zahl und Alter der Kinder 133
       8.3.3 Einkommen der Ehegatten 134
       8.3.4 Das Ausbildungsniveau der Frauen 136
   8.4 Komponentenergebnis 137
       – methodisch 137
       – empirisch 138

9. Vergleich der Orientierungslage im Zielbereich Familie mit anderen Orientierungslagen 138
   9.1 Der Sachverständigenrat zur Begutachtung der gesamtwirtschaftlichen Entwicklung 139
   9.2 Der Sachverständigenrat im Gesundheitswesen 139
   9.3 Ein Sachverständigenrat für Familienpolitik 141

III. Familie in der Lebensplanung 144

A. Problemstellung aus dem empirischen Befund 144
  1. Zentrale empirische Ergebnisse der Orientierungsdaten 144
  2. Ansatzpunkte für Familienpolitik 146

B. Wandlungen des Lebens und Familienzyklus
   – Auswirkungen auf die Lebensplanung 148
  1. Lebenszyklus 148
     1.1 Lebenszyklische Betrachtung 148
     1.2 Änderungen des Lebenszyklus im Verlauf von dreihundert Jahren 148
  2. Familienzyklus 150
     2.1 Das Familienzyklus-Konzept 150
     2.2 Das zeitliche Muster des Familienzyklus 151
     2.3 Das Problem der Normalbiographie 152
     2.4 Erweiterung des Familienkonzepts 153
  3. Lebensplanung als Problem 154
     3.1 Was macht Lebensereignisse kritisch? 154
     3.2 Lebensentscheidungen sind nicht „von Natur aus" kritisch . 156

C. Familien und Erwerbstätigkeit 156
  1. Ziele von Familien und Erwerbstätigkeit 156
  2. Familientätigkeit – inhaltliche Annäherung 157
     2.1 Entstehung der Hausarbeit 157
     2.2 Inhalte der Familientätigkeit 159
     2.3 Arbeitsaufwand im Familienhaushalt 160
     2.4 Familienzyklische Belastungsschwankungen 165
         2.4.1 Modellbetrachtung 165
         2.4.2 Intergenerativer Ausgleich intertemporaler Belastungsschwankungen 167
  3. Erwerbstätigkeit 168
     3.1 Die Entwicklung der Frauenerwerbstätigkeit 168
     3.2 Drei Strategien zur Vereinbarung von Familientätigkeit und marktvermittelter Erwerbstätigkeit 170

D. Familiale Konfliktlagen bei unterschiedlichen Strategien zur Vereinbarung von Familien- und Erwerbstätigkeit 174
1. Familiale Konfliktlagen bei ausschließlicher Familientätigkeit der Frau 174
   1.1 Individuelle und gesellschaftliche Wertschätzung der Familientätigkeit 174
   1.2 Konflikte bei der sozialen Sicherung 175
   1.3 Konflikte bei der ökonomischen Sicherung 176
2. Die familiale Strategie gleichzeitiger Familien- und Erwerbstätigkeit 177
   2.1 Kinderbetreuung 177
   2.2 Altenpflege 178
   2.3 Doppelbelastung 179
3. Die familiale Strategie des Drei-Phasen-Modells 181
   3.1 Diskontinuität im Erwerbsleben 181
   3.2 Qualifizierung während der Familienphase 181

IV. Familie in der Gesellschaft 183

A. Familie als primäre Gruppe 183
1. Primäre Gruppen und ihre Leistungen 183
   1.1 Versorgungen und Begegnungen 183
   1.2 Primäre und sekundäre Versorgungssysteme 183
   1.3 Unterversorgung mit primären Begegnungen 185
2. Die Familie als primäre Gruppe besonderer Art 186
   2.1 Wachsendes Interdependenz als Problem 186
   2.2 „Emotionalität und Intimität" als spezifisch familiale Aufgaben 187
   2.3 Familie – Spezialisierung auf Güter und Dienstleistungen besonderer Qualität 188
   2.4 Abgabe von Funktionen an sekundäre Systeme 189
3. Aufgaben an Soziale Ordnungspolitik 190

B. Konkurrierende sekundäre Systeme 191
1. Rationalität der Dienstleistungen 192
2. Ökonomische Rationalität: Gesetz der großen Zahl 192
3. Politische Rationalität: Die Begünstigung von Organisationen mit politischem Gewicht . 193
4. Rationalität professioneller Systeme 194
5. Rationalität der Erwerbstätigkeit 194
6. Rationalität der kollektiven Versorgung 195

C. Systemdefekte 195
   1. Maßstäbe zur Feststellung von Systemdefekten 195
   2. Familie und sekundäre Systeme 197
      2.1 Familie und Arbeitsmarkt – Notwendigkeit einer flexiblen
          Gestaltung 197
      2.2 Familie und Gesetzliche Rentenversicherung 199
      2.3 Familie und Gesetzliche Krankenversicherung –
          Abbau von Diskriminierungen der Familienpflege 200

V. Ordnungspolitisch orientierte Familienpolitik – Prinzipien, Ziele,
Maßnahmen 203

   A. Konzeption einer ordnungspolitisch orientierten Familienpolitik . . . 203
      1. Grundproblematik einer ordnungspolitisch orientierten
         Familienpolitik 203
      2. Prinzipien einer ordnungspolitisch orientierten Familienpolitik . . 204
      3. Ziele einer ordnungspolitisch orientierten Familienpolitik 205
      4. Eingriff versus Ordnungspolitik 209
      5. Operationalisierung der ordnungspolitisch orientierten
         Familienpolitik 210
      6. Ressourcen einer ordnungspolitisch orientierten Familienpolitik . 211
      7. Träger einer ordnungspolitisch orientierten Familienpolitik 212

   B. Ein Katalog des Realisierbaren – Darstellung dringlicher
     familienpolitischer Maßnahmen 213
      1. Ordnungspolitische Prinzipien zur Beurteilung sozial- und
         familienpolitischer Maßnahmen 213
      2. Maßnahmenkatalog für eine ordnungspolitisch orientierte
         Familienpolitik am Arbeitsmarkt 215
         2.1 Arbeitsmarktpolitische Maßnahmen 215
             2.1.1 Ausbildung von Frauen 216
                 a) Frauenförderung im gewerblich technischen
                    Bereich 216
                 b) Quotenregelung bei der Vergabe von
                    Ausbildungsplätzen 217
             2.1.2 Stellung im Beruf 218
                 a) Geschlechtsneutrale Stellenausschreibung 218
                 b) Frauenförderpläne 218
             2.1.3 Geschlechtsspezifische Sonderstellung 219
             2.1.4 Gleichberechtigung am Arbeitsmarkt als familien-
                 politische Zielsetzung 220

2.2 Arbeitszeitpolitische Maßnahmen 221
   2.2.1 Maßnahmen zur Verkürzung der Arbeitszeit 222
      a) Wochenarbeitszeit 222
      b) Jahresarbeitszeit 222
   2.2.2 Maßnahmen zur Flexibilisierung der Arbeitszeit 223
      a) Gleitende Arbeitszeit 223
      b) Job-Sharing 224
      c) Kapazitätsorientierte variable Arbeitszeit 225
      d) flexible Teilzeitarbeit 225
      e) flexibler Jahresarbeitszeitvertrag 228
2.3 Maßnahmen zur Erleichterung der Rückkehr ins
Erwerbsleben 228

3. Transferpolitische Maßnahmen im Rahmen des Familienlastenausgleichs 230

4. Institutionelle Maßnahmen 231
   4.1 Kinderbetreuung 231
   4.2 Ausweitung sozialpflegerischer Dienste 233

5. Maßnahmen in der Sozialversicherung 233
   5.1 Maßnahmen im Bereich der Arbeitslosenversicherung 233
   5.2 Maßnahmen in der Gesetzlichen Rentenversicherung 234

6. Konzertierte Aktion in der Familienpolitik 236
   6.1 Konzertierte Aktion in der Wirtschaftspolitik 237
   6.2 Konzertierte Aktion im Gesundheitswesen 237
   6.3 Konzertierte Aktion in der Familienpolitik 238

VI. Hauptaussagen und Hauptforderungen 243

Übersichtenverzeichnis 251

Abbildungsverzeichnis 251

Literaturverzeichnis 252

Teil 2 275

VORWORT

Der folgende Bericht wurde aufgrund eines Auftrages des Bundesministeriums für Jugend, Familie und Gesundheit im Mai 1984 übernommen. Die besondere Zielrichtung lag in der Konzeption einer ordungspolitisch orientierten Familienpolitik. Weiter ging es darum, einen Befund über die Informationslage zu erarbeiten. Daraus ergab sich die Forderung, einen Sachverständigenrat für Familienpolitik einzurichten. Die gegenwärtige Orientierungslage im Zielbereich Familie wird in einem eigenen Band dargestellt.

Ein weiteres Ziel des Berichtes ist es, das, was für Politik wichtig erscheint, vor dem, was allgemein von Interesse ist, hervorzuheben. Entsprechend bietet das Kapitel VI. also keine Zusammenfassung des Berichtes, sondern stellt die politikrelevanten Hauptaussagen und Hauptforderungen pointiert heraus.

Der Bericht wurde wie geplant am 30. Juni 1986 abgeschlossen. Im Herbst 1987 erfolgte eine Aktualisierung der Datenbasis, um die Ergebnisse des Mikrozensus 1985 mit berücksichtigen zu können. Besonderer Dank gilt hier dem Bundesministerium für Jugend, Familie, Frauen und Gesundheit, das zum Teil noch unveröffentlichte Mikrozensusdaten zur Verfügung stellte und auch weitere vielfältigte Unterstützung leistete.

Bei der Erarbeitung des Berichtes wirkten Frau Dr. Christina Tophoven und Herr Dipl. Kfm. Georg A. Schmidt mit. Die umfangreichen Schreibarbeiten, vor allem auch des statistischen Teils, hat Frau H. Goretzki geleistet.

Köln, Januar 1988   Herder-Dorneich

I. Die Entscheidung für Kinder als Gegenstand einer ordnungspolitisch orientierten Familienpolitik

A. Problemstellung

Während in der vorindustriellen Gesellschaft das „ganze Haus" der wichtigste und oft sogar einzige Kristallisationspunkt für menschliche Beziehungen war, entstanden im Verlauf der letzten 100 Jahre zunehmend neue gesellschaftliche Institutionen. Diese traten in Konkurrenz mit der Familie um die Wahrnehmung vieler wirtschaftlicher und sozialer Funktionen. Die neuen Institutionen waren im allgemeinen „sekundär", d. h. bürokratisch organisiert (Ch. Cooley, 1902). Sie bilden im Unterschied zur Familie als sozialem Mikrosystem neue Formen von sozialen Makrosystemen. Mit ihren neuen Organisationsprinzipien erweisen sie sich in vielen Aufgaben als effizienter als die Familie. Auf diese Weise kommt es zu einer säkularen Funktionenübertragung von primären auf sekundäre Institutionen. Die neuen sozialen Institutionen entwickeln entsprechend ihrer jeweiligen Struktur jeweils auch eigene, sehr spezifische Rationalitäten. Es wird unmittelbar einsichtig, wie wichtig es für die in und mit Familie lebenden Menschen ist, daß die sekundären Systeme als prägende Rahmenbedingungen so gestaltet sind, daß sie einer Entfaltung der Familie nicht entgegenstehen und ihre Handlungsfähigkeit nicht behindern.

Sozialstaat ist heute keine zentrale bürokratische Organisation. Er ist ein Konglomerat von vielfältigen sozialen Systemen mit ihren jeweiligen eigenen Gesetzlichkeiten, ihren eigenen Dynamiken und ihren jeweiligen Steuerungsmängeln. Wichtig ist festzuhalten, daß dieses Konglomerat dezentral organisiert ist. Die Willensbildung im Sozialstaat fällt durch eine Vielzahl von Mechanismen auf. Oder, wenn man so will, das System des Sozialstaates besteht aus vielen eigenständigen und untereinander wenig abgestimmten Subsystemen. Damit stellt sich der Theorie die Aufgabe zu klären, um welche Systeme es sich im einzelnen handelt, wie sie beschaffen sind und funktionieren, wo ihre spezifischen Störungsmängel liegen, wie ihre sich selbst verstärkenden Wachstumsdynamiken gestoppt werden können und wie sie familiale Entscheidungen beeinflussen. Dies alles erfordert eine bis ins einzelne gehende, mit großer Akribie durchgeführte Analyse der zahlreichen Nicht-Markt-Systeme, die insgesamt den Sozialstaat ausmachen und in das Familiensystem eingreifen (Ph. Herder-Dorneich, 1983).

Unter einem System verstehen wir das Beziehungsgesamt zwischen einzelnen Elementen. Mit dem Begriff der Ordnung wollen wir ein System auszeichnen, das sich in einer noch näher zu erläuternden Weise bewährt hat. Dabei sollen als Bewertungskriterien in unseren Überlegungen die Funktionalität sowie ethische Bewertungen herangezogen werden. In diesem Sinne wird eine Ordnung z. B.

durch ein funktionales System dargestellt, d. h. durch ein System, das in sich schlüssig ist, bei dem die einzelnen Teile so ineinandergreifen, daß keine relevanten Widersprüche im System auftreten. Funktionalität reicht aber zum Erwerb des Prädikats Ordnung noch nicht aus. Eine ethische Bewertung ist vorzunehmen. So ist z. B. durchaus vorstellbar, daß ein System zwar funktional ist und einen hohen Effizienzgrad aufweist, jedoch auf Lug und Trug, Mord und Totschlag beruht (z. B. das politische System von Machiavelli). Obwohl nun dieses System in sich schlüssig ist und in diesem Sinne eine erste Stufe in Richtung auf das Prädikat Ordnung erreicht hat, muß die ethische Bewertung negativ ausfallen, so daß diesem System letztlich doch die Anerkennung einer Ordnung versagt werden muß (Ph. Herder-Dorneich, 1980, S. 209–224, insb. S. 211).

Familie stellt einen gesellschaftlichen ordnungsrelevanten Wert an sich dar. Die sekundären Systeme, die das Familiensystem umgeben, können also nur dann das Prädikat Ordnung erwerben, wenn zum Funktionalitätsgesichtspunkt die ethische Bewertung hinzutritt, daß die Systeme eine positive, zumindest jedoch keine hinderliche Wirkung auf die Familie ausüben.

Jede Generation hat ihre eigenen ordnungspolitischen Probleme und muß sich also ihre eigene Sicht auf diese Probleme (also Ordnungstheorie) erarbeiten. Soziale Ordnungen sind nicht unveränderlich, sondern sie sind geschichtlich zustande gekommenes menschliches Werk, in diesem Sinne also Kunstwerk. Damit ist auch das Denken in Ordnungen nicht unveränderlich, sondern muß sich dem ständigen Wandel und seinen Neuerungen anpassen. Familie ist ebenfalls kein starres System, sie paßt sich den Wandlungen ihrer Umweltsysteme, z. B. Wirtschafts-, Bildungs- und Sozialsystem, an.

Als Problem für Familie heutiger Prägung stellt sich die Entscheidung für Kinder. „Pillenknick", „die Deutschen sterben aus,": Täglich lesen wir über einen bedrohlichen Bevölkerungsrückgang. Aber was ist zu tun? Der Gedanke einer Bevölkerungspolitik, bei der die Sozialtechniker an den Schalthebeln von Kindergeld, Steuervergünstigungen und Ehestandsdarlehen stehen und eine irgendwie „objektiv" errechnete Bevölkerungsziffer computergestützt ansteuern, macht schaudern. Denn wer wollte für sich in Anspruch nehmen, die „optimale" Bevölkerungsziffer zu kennen? Wer wollte für sich in Anspruch nehmen, feststellen zu können, ob nicht eine geringere Bevölkerungszahl in Deutschland für eben dieselbe Bevölkerung besser sei? Vielleicht ist der gegenwärtige Geburtenrückgang gerade so groß wie wir ihn gegenwärtig brauchen? Es gibt ebenso viele Argumente für eine Bevölkerungsexpansion wie für eine „natürliche" Kontraktion. Die Frage nach einer optimalen Geburtenrate ist grundsätzlich nicht entscheidbar, weil es keine Kriterien gibt, nach denen sich ein Bevölkerungsoptimum direkt errechnen ließe (Ph. Herder-Dorneich, 1978, S. 175–185, insb. S. 175).

Lebten 1871 22 Menschen pro qkm in der Bundesrepublik Deutschland, so waren es 1983 247 Menschen pro qkm. Die Bevölkerung hat sich im heutigen

Bundesgebiet im Verlauf der letzten 100 Jahre verdreifacht; von 20,4 Mill. Menschen 1871 auf 61,4 Mill. Menschen 1983 (Statistisches Bundesamt 1984). In einer Gesellschaft, deren Erfolgskriterien Wachstumsraten sind, stellt der Rückgang eines vielbeachteten Indikators das politisch–gesellschaftliche Bewußtsein in Frage, obwohl in unserem dichtbesiedelten Land ein Bevölkerungsrückgang durchaus auch mit Erleichterung begrüßt werden könnte (W. Molt, 1978, S. 133–148, insb. S. 135).

In einer freiheitlichen Gesellschaft liegt die Familienplanung bei den Individuen. Diese Planung an den Staat abtreten zu wollen, müßte solche tiefgreifenden Kompetenzen an die Politiker übertragen, daß damit die Grundlagen einer freiheitlichen Gesellschaft mit Sicherheit aufgehoben würden. Damit die bevölkerungspolitische Frage in einer freiheitlichen Gesellschaft überhaupt beantwortet werden kann, muß sie anders gestellt werden. Und umgekehrt, so lange wir mit unseren gedanklichen Werkzeugen nicht in der Lage sind, die Fragen adäquat zu formulieren, lassen sie sich eben nicht beantworten.

Die Problematik unserer Bevölkerungsentwicklung ist, daß sie in Bevölkerungskonjunkturen verläuft. Die Bevölkerungspyramide ist an ihrem Rand sägenartig ausgefranst: Es gibt einen Bevölkerungsaufschwung als eine Erholungspause nach dem ersten Weltkrieg; darunter wieder ein Bevölkerungstal infolge des Geburtenausfalls der Weltwirtschaftskrise; es folgt ein Wellenberg der Friedenszeit der 30er Jahre; der Geburtenausfall des zweiten Weltkriegs und der Nachkriegszeit führt wieder ein Wellental herbei; es folgt der Babyboom der späten 50er Anfang der 60er Jahre als Aufschwung; der „Pillenknick" ab 1965 führt wieder in ein Bevölkerungstal hinein (Statistisches Bundesamt, 1985, S. 61).

Es entstehen wandernde Problemberge, die im Laufe der Generation durch den Bevölkerungsaufbau hindurchwandern. Auf solche wandernden Problemberge ist aber unsere Wirtschafts- und Gesellschaftsordnung nicht eingestellt. Sie ist nicht auf Bevölkerungskonjunkturen, sondern auf eine stationäre Bevölkerung hin konzipiert. Das heißt aber nichts anderes, als daß wichtige wirtschaftliche und soziale Institutionen nicht auf unsere gegenwärtige Bevölkerungsentwicklung hin angelegt sind.

Die Gesetzliche Rentenversicherung z. B. ist deutlich auf eine wachsende, zumindest stationäre Bevölkerung hin konzipiert. Beim Übergang zur dynamischen Rente 1957 wurde ein in der Welt einzig dastehendes System geschaffen, das durch seine Dynamisierung der Renten viele soziale Probleme automatisch lösen konnte. Allerdings – und das war den Vätern der dynamischen Rente durchaus bewußt – basierte dieses System auf einer (relativ) stationären Bevölkerung. Schon damals konnte man den Rentenberg der späten 70er Jahre (ca. 1974–1982) voraussagen. Es wurde darüber auch diskutiert (Ph. Herder-Dorneich, 1978, S. 30–39), aber das Problem lag damals noch in zu weiter Ferne. Inzwischen sind die Probleme bekannt und wir können die weiteren Rentenberge bereits absehen. Sie liegen um die Jahre 2010 und 2030. Dabei bildet der letzte Rentenberg in dieser Reihe die schwierigste Klippe. Dennoch ist unser Rentensystem nicht und noch immer nicht auf diese schwingenden Bevölkerungsdynamiken der wandernden Problemberge eingerichtet.

Warum nicht? Der Zusammenhang ist leicht verständlich zu machen. Wenn die Renten bei einer dynamischen Rente im Umlageverfahren finanziert werden, ist die Umlage niedrig, sobald das Bevölkerungstal bei den Rentnern liegt und der Bevölkerungsberg bei den Arbeitnehmern (geringer Alterslastquotient). Wenn jedoch der Problemberg weiterwandert und zum Rentnerberg wird, ein Bevölkerungstal aber in die Altersgruppen der Erwerbstätigen rutscht, schlägt die Situation um. Die Umlagen müssen steigen.

Die in Zukunft zu erwartenden notwendigen Beitragssatzerhöhungen, um die Rentenberge der Jahre 2010 und 2030 bewältigen zu können, lassen sich durch bevölkerungspolitische Interventionen kaum vermeiden. Bevölkerungspolitik kann, wenn überhaupt, nur langsame Erfolge erzielen. Eine relativ konstante Bevölkerung macht eine ad hoc Erhöhung der Nettoreproduktionsrate auf 1 erforderlich. Der dann zu erwartenden positive Effekt auf den Alterslastquotienten ist auf absehbar Zeit sehr gering. Eine realistischere und langsamere Erhöhung der Nettoreproduktionsrate z. B. auf 1 bis zum Jahre 2000 bringt nur bescheidene Erfolge. Eine entsprechende Modellrechnung bei Felderer zeigt, daß im Jahre 2030 der Beitragssatz in der Gesetzlichen Rentenversicherung in diesem Falle bei 26 % liegen würde. Bleibt die Nettoreproduktionsrate konstant bei 0,63, beträgt der Beitragssatz 29 % (B. Felderer, 1983, S. 241). Bevölkerungspolitische Interventionen wären also selbst dann, wenn sich Steuerungswirkungen zeigen würden, kein geeignetes Instrument, um die Probleme der Zukunft in der Gesetzlichen Rentenversicherung zu lösen.

Aufgabe sozialer Ordnungspolitik ist es, die sekundären Systeme elastischer zu gestalten, so daß sie die Bevölkerungskonjunkturen bewältigen können. Dies ist eine erste Forderung. Sie ist unabhängig von Familienpolitik. Eine weitere Forderung ist, die sekundären Institutionen so zu gestalten, daß sie der Familie genügend Raum lassen. Innerhalb dieses Freiraumes ist ein Orientierungsrahmen für die Familie zu setzen. Aufgabe einer ordnungspolitisch orientierten Familienpolitik ist es vor allem, durch Einsatz wirtschafts- und sozialpolitischer Instrumente den Menschen die Möglichkeit zu einer schlüssigen Lebensplanung zu geben. Die Entscheidung für ein Kind bedeutet die langfristige Festlegung eines Lebensplanes. Individuell kann ein solcher Lebensplan nur schlüssig entwickelt werden, wenn er nicht durch zu große Diskrepanzen zwischen Familientätigkeit und Erwerbstätigkeit, Nachfrage und Angebot von Dienstleistungen, Erwerb und Verbrauch von Einkommen belastet wird. Insbesondere müssen die Rahmenbedingungen, innerhalb derer die einzelnen ihren Lebensplan erarbeiten wollen, so gestaltet sein, daß es möglich wird, freie Entscheidungen über Art und Ausmaß von Erwerbstätigkeit und Familientätigkeit zu treffen. Die Aufgabe an soziale Ordnungspolitik konkretisiert sich somit darin, die Entscheidungen des einzelnen zwischen Erwerbs- und Familientätigkeit zu individuell wie gesellschaftlich tragbaren Kosten planbar zu machen (besonders M. Wingen macht auf das Spannungsfeld zwischen individueller und gesellschaftlicher Rationalität aufmerksam. M. Wingen, 1983).

Gesamtgesellschaftlich sind Lebenspläne dann schlüssig, wenn sie nicht zu Verhaltensweisen führen, die zwar individuell rational sein mögen, als allgemeine Handlungsmaxime jedoch die Stabilität des sozialen Systems in Frage stellen würden. Dies betrifft vor allem die Beziehungen des einzelnen zu den gesellschaftlichen Institutionen. So muß z. B. deutlich gemacht werden, daß die Inanspruchnahme der Gesetzlichen Rentenversicherung bei der derzeitigen Konstruktion an eine Funktionsfähigkeit der DreiGenerationen–Solidarität gebunden ist (vgl. M. Wingen, 1980, S. 273–293). Soziale Ordnungspolitik muß gewährleisten, daß diejenigen Strategien der individuellen Lebensplanung gewählt werden, denen auch unter gesellschaftlicher Perspektive Priorität zukommt (M. Wingen, 1971, S. 169–172, S. 210–215).

Fassen wir noch einmal zusammen. Eine bevölkerungspolitisch orientierte Familienpolitik kristallisiert sich als nicht sinnvoll heraus. Zum einen sind keine Zielgrößen vorgegeben. Welche Bevölkerungszahl sollte man als die optimale anstreben? Zum zweiten jedoch versagt auch das bevölkerungspolitische Instrumentarium. Schließlich kann es nicht darum gehen, durch Bevölkerungspolitik eine erstarrte Rentenformel zu retten. Es muß darum gehen, die Systeme der sozialen Sicherung so flexibel zu gestalten, daß sie elastisch auf Bevölkerungskonjunkturen reagieren können. Ziel sozialer Ordnungspolitik kann es also nicht sein, durch bevölkerungspolitische Maßnahmen Bevölkerungskonjunkturen auszugleichen und eine stationäre Bevölkerung zu erreichen. Stattdessen sollten die sozialen Systeme hinreichend elastisch gestaltet werden.

Ordnungspolitisch orientierter Familienpolitik stellen sich schwerpunktmäßig drei Aufgaben:

- Die Systeme, die die Familie umgeben, müssen daraufhin analysiert werden, inwieweit sie die Entscheidungen für Kinder oder allgemeiner, die Entscheidung für Familie, behindern oder hemmen.

- Die Systeme müssen daraufhin untersucht werden, ob sie schlüssige Lebensplanung zulassen. Die Entscheidung für Kinder oder die Entscheidung in und für Familie zu leben, impliziert die langfristige Festlegung eines Lebensplanes. Wo kann Familienpolitik über schlüssige Gestaltung der Umweltsysteme der Familie diese Entscheidungen erleichtern?

- Lebenspläne können u. U. individuell rational erscheinen, bezogen auf die Gesellschaft jedoch nicht wünschenswert sein. Die die Familie umgebenden

Systeme sollten daraufhin untersucht werden, ob sie solche Lebenspläne honorieren, die auch aus gesamtgesellschaftlicher Sicht als rational bzw. wünschenswert gelten können.

Zunächst geht es darum, die Entscheidung für Kinder im sozialen Umfeld darzustellen. Welche Einflußfaktoren wirken maßgeblich auf die Entscheidung für Kinder ein, unter welchen Bedingungen wird diese Entscheidung getroffen? Eindeutige Ursache–Wirkungsbeziehungen können hier aufgrund der komplexen Entscheidungsstruktur wohl kaum erwartet werden.

Die folgenden Überlegungen werden zeigen, daß der Gedanke, das Problem von den „Ursachen" her zu lösen, unergiebig bleibt. So sehr man sich auch bemüht hat, Ursachen zu isolieren, so wenig scheint es möglich, durch Ursachentherapie (Veränderung einzelner Faktoren) zum Erfolg zu kommen.

B. Einflußfaktoren auf die Entscheidung für Kinder

1. Darstellung empirischer Ursachenforschung

Die Bereitschaft, eine Handlung bzw. ein Handlungsergebnis (Kind) herbeizuführen, ist abhängig davon, ob sie den Handelnden seinem Ziel (Zielen) näherbringt, und der subjektiven Wahrscheinlichkeit, die Handlung auch de facto durchführen zu können (V. H. Vroom, 1964). Mögliche Ziele bei der Entscheidung für Kinder sind z. B. Selbstverwirklichung, Geborgenheit, Familiengründung und der Wunsch des Vererbens. Kinder besitzen also eine Instrumentalität für das Erreichen bestimmter Ziele, die abhängig ist von der Einschätzung der sozialen, psychologischen und ökonomischen Vor- und Nachteile von Kindern.

Bedürfnisbefriedigung durch und Funktionserfüllung von Kindern wurde in der Value of Children (VOC) Studie des East-West Population Institute Hawaii USA für verschiedene Staaten durch umfangreiche Befragung zu erfassen gesucht (R. A. Bulatao, J. T. Fawcett u. a. , Hawaii 1975). Die Studie zeichnet sich durch einen sehr komplexen Katalog aus, der eine möglichst umfassende Berücksichtigung der unterschiedlichen Vor- und Nachteile von Kindern anstrebt. Dieses komplexe Modell ist notwendig, da sehr unterschiedliche Staaten (Taiwan, Japan, Südkorea, Philippinen, Türkei, Hawaii, Indonesien, Singapur) erfaßt werden, um das Phänomen unterschiedlicher Fruchtbarkeit untersuchen zu können.

Es dominieren bei den Befragten eindeutig der immaterielle und emotionale Nutzen bei der Entscheidung für Kinder. Sekundär ist die Einschätzung der ökonomischen Vorteile der Kinder durch materielle Hilfestellungen aller Art (Alterssicherung). Positive Konsequenzen der Entscheidung für Kinder für die Gesamtgesellschaft werden nicht reflektiert, dieser Einfluß wird negiert. Die Entscheidung für Kinder wird als individuelle Angelegenheit gewertet, durch subjektive Empfindungen und nicht durch normative Vorstellungen geprägt.

Die materiellen und emotionalen Belastungen durch Kinder werden unterschiedlich empfunden. Während größere Familien die finanzielle Belastung thematisieren und dies Ursache einer Einschränkung der als ideal angesehenen Kinderzahl sein kann, beklagen kleinere Familien vor allen Dingen die Restriktion in der Lebensführung. Besonders beim ersten Kind werden die Einschränkungen in vielfältigen Tätigkeitsbereichen als belastend bewußt. Da jedes weitere Kind nur einen relativen Zuwachs in diesen Einschränkungen mit sich bringt, ist die Nennung der Restriktion in der Lebensführung bei Familien mit geringer Kinderzahl dominant. Auch bei den Nachteilen von Kindern werden eventuell gesellschaftliche Nachteile einer verminderten oder erhöhten Kinderzahl in die Überlegungen nicht mit einbezogen.

Die VOC-Studie zeigt, daß der Wert von Kindern abhängig ist vom sozialen Kontext, in dem ihre Eltern leben. Hoher Bildungsgrad und städtische Lebenserfahrung lassen traditionelle Kinderbewertungen wie Haushaltshilfe oder auch Übertragung des Familiennamens in den Hintergrund treten. Emotionale Werte werden besonders betont. Finanzielle Lasten werden als nicht so gravierend angesehen. Dies vor allen Dingen deshalb, weil die Befragten weniger Kinder haben und damit die materiellen Voraussetzungen günstiger sind. Besonders die nicht-ökonomischen Belastungen durch Einschränkungen und Restriktionen der Lebensführung und Freizeitgestaltung stellen für diese Gruppe den entscheidenden „Kosten"faktor von Kindern dar.

Die VOC-Studie führt zu signifikanten Korrelationen zwischen traditionell ländlichen Menschen, überlieferten Kinderbewertungen und relativ hoher Fruchtbarkeit einerseits – modernen städtischen Menschen, modifizierten Wertvorstellungen über Kinder und daraus resultierender reduzierter Fruchtbarkeit andererseits. Es bleibt festzuhalten, daß die individuelle Lebenslage, d. h. der jeweilige sozioökonomische Status, in Verbindung mit psychologischen Wertungsfaktoren die Ansichten über Vor- und Nachteile von Kindern und damit die Fruchtbarkeit entscheidend beeinflußt (R. A. Bulatao, J. F. Fawcett, 1983, S. 21 ff.).

Einige der zentralen Faktoren, die die Entscheidung für Kinder beeinflussen, sind folgende:

– Methoden der Empfängnisverhütung

Das Wissen um effiziente Methoden der Empfängnisverhütung und die soziale Akzeptanz dieser Mittel ist Voraussetzung einer bewußten Familienplanung. Kenntnis von Verhütungsmethoden ist jedoch nicht Ursache, sondern nur eine Bedingung des Geburtenrückgangs. Der „Pillenknick" ist nicht durch die Entwicklung der Pille verursacht. Schon vorher kam es zu Einbrüchen in der demographischen Entwicklung. Während der Weltwirtschaftskrise gingen die ehelichen Fruchtbarkeitsziffern 1930–33 um 16,5 % zurück und stiegen 1933–34 wieder um 24 % (Statistisches Bundesamt, 1985, S. 74). Auch vor der weiten Verbreitung der Pille wurden Verhütungsmethoden, die offensichtlich effizient waren, praktiziert (vgl. G. Heinsohn, O. Steiger, 1985). In früherer Zeit konnte Geburtenbeschränkung hingegen fast nur durch soziale Sterilisation (Verpflichtung zum ledig bleiben, Hinaufsetzung des Heiratsalters bzw. Kindestötung und Aussetzen) erreicht werden. Die Pille erlaubt eine u. U. nicht nur humanere, sondern auch genauere Geburtenplanung. Entscheidend dürfte jedoch die wieder gestiegene normative Akzeptanz der Anwendung empfängnisverhütender Mittel sein (vgl. zur Akzeptanz empfängnisverhütender Mittel in vorindustrieller Zeit u. a. G. Heinsohn, O. Steiger 1985).

– Mobilität und Verstädterung

Die städtische Lebensweise führte in mancherlei Beziehung zu einer Einschränkung der Kinderzahl. Räumliche wie soziale Mobilität, Kennzeichen des Industrialisierungsprozesses, werden durch eine hohe Kinderzahl erschwert.

Die Wohnbedingungen in den Ballungszentren legen eine geringe Kinderzahl geradezu nahe. Außerdem fehlt die Unterstützung durch eine weitverzweigte Familie und Nachbarschaft bei der Betreuung von Kindern, die in der ländlichen Umgebung eher gegeben war.

Die Form der Erwerbstätigkeit der Frau änderte sich. In der bäuerlichen Gesellschaft waren Arbeit und Kinderbetreuung weit besser vereinbar als heutzutage mit den Arbeitsplätzen in Industrie und Handel, die eine außerhäusliche Erwerbstätigkeit verlangen.

– Bildung und Ausbildung

Zwar besteht kein unmittelbarer Zusammenhang zwischen der Entwicklung des Bildungssystems und dem generativen Verhalten, einige Plausibilitätsüberlegungen lassen sich jedoch anstellen. In der bäuerlichen Gesellschaft war die gesellschaftliche Position des einzelnen durch seine Geburt festgelegt. In einer differenzierten Industriegesellschaft entscheidet über gesellschaftliche Positionen und Aufstiegschancen auch die schulische und berufliche Ausbildung. Eltern versuchen, ihren Kindern eine gesicherte Position im Leben durch eine umfassende Ausbildung zu bieten. Dies läßt sich bei gegebenem Budget mit weniger Kinder angesichts des steigenden Zeit- und Kostenbedarfs leichter erreichen.

– alternative Lebenspläne

Kinder bieten emotionale Vorteile. Materielle Erwägungen, vielleicht in vorindustrieller Zeit maßgebend, entfallen. Elternschaft befriedigt bestimmte Bedürfnisse, wie z. B. ein sinnerfülltes Leben, Selbstachtung etc. . Die Bedürfnisse lassen sich jedoch prinzipiell auch anders erfüllen. Je mehr Alternativen es gibt, desto eher entscheidet man sich für eine geringe Kinderzahl.

– Erwerbstätigkeit der Eltern

Die Erwerbstätigkeit verlagert sich für beide Geschlechter aus dem häuslichen Bereich in andere Wirtschaftsbereiche. Die marktmäßige Erwerbsquote der verheirateten Frauen erhöhte sich in den letzten hundert Jahren beträchtlich, von durchschnittlich 12 % auf ungefähr 50 % (A. Willms, 1983, S. 35). Auch vor hundert Jahren waren verheiratete Frauen erwerbstätig, als mithelfende Familienangehörige im Kleingewerbebereich oder in der Land- und Forstwirtschaft. Berücksichtigt man auch diese Erwerbstätigkeit verheirateter Frauen, so zeigt sich eine fast hundertjährige Stabilität der Erwerbsbeteiligung verheirateter Frauen. Die Prozentzahlen weisen also nicht auf einen steigenden Anteil erwerbstätiger verheirateter Frauen hin. Sie zeigen vielmehr, daß Frauen immer häufiger in Bereichen erwerbstätig wurden, die immer schwerer mit ihren „häuslichen Pflichten" zu vereinbaren waren. (A. Willms, 1983, S. 36; vgl. zu dieser Auflistung u. a. H. Schubnell, 1973; Bericht über die Bevölkerungsentwicklung in der Bundesrepublik Deutschland, Teil 1, BT-DR 8/4432).

Die Entscheidung für Kinder wird durch eine Vielzahl von Faktoren beeinflußt. Monokausale Erklärungsversuche treffen die Problematik nicht. Das Gewicht der einzelnen Faktoren ist sowohl in seiner relativen wie absoluten Bedeutung unbekannt. Weithin steht fest, daß das generative Verhalten bzw. seine Änderungen durch eine Faktorstruktur bestimmt ist, die aufgrund unzureichender empirischer Ergebnisse „bisher noch nicht" soweit operationalisiert werden konnte, um Basis einer rationalen Politik zu sein (K. M. Bolte, 1983, S. 11–24, insb. S. 18).

Die folgende Zusammenstellung vermittelt einen Überblick über wichtige Einflußgrößen des generativen Verhaltens, diesmal unterteilt in einen Mikro- und einen Makrobereich. Dies erlaubt eine erste differenziertere Annäherung an die verschiedenen Einflußfaktoren.

Übersicht 1

Einflußfaktoren im Entscheidungsprozeß für oder gegen die Geburt von Kindern

Individuelle und familiale Daten (Mikrobereich)	Gesellschaftliche Daten (Makrobereich, national und international)
Altersschicht	Allgemeine politische Lage
Ausbildung	Allgemeine wirtschaftliche Lage
Berufstätigkeit	Konjunktur- und Einkommensentwicklung
Einstellung der Frau dazu	Arbeitsmarkt
Vermögen, vererbbarer Besitz zusammen	Angebot/Nachfragerelation
mit Berufstätigkeit und Ausbildung	Arbeitszeit
(Kriterien für den sozialen Status)	Teilzeitarbeit
Gesundheit	Gleitzeitregelung
Aufstiegsstreben	Urlaubsregelung
Freizeitinteressen	Urlaubsgeld
Bildung	Freizeiteinrichtungen für Familien
Haushaltszusammensetzung	Wohnungsmarkt
Wohnverhältnisse	Ausbildungs-Berufsförderungsinstitutionen
Eheverfassung	Familienbeihilfen
partnerschaftlich	Steuersystem
nichtpartnerschaftlich	Gesundheitsvorsorge
Einstellung zu Kindern	Sicherung bei Krankheit und Unfall
emotional	Alterssicherung
Bereitschaft, Zeit/Kosten für sie	Öffentliches Verkehrswesen
aufzuwenden	Betreuungseinrichtungen für Kinder
Lebenseinstellung, Lebenspläne	Kindergärten/Kinderhorte
der Eltern	Tagesstätten
der für die Kinder vorgesehenen	Rolle der Frau in Gesellschaft und Wirtschaft
Beurteilung der Zukunftsentwicklung	Rechtliche Regelungen der
der Gesellschaft	Eheschließung
der Lebensverhältnisse für Eltern	Ehescheidung
und Kinder	Schwangerschaftsunterbrechung
der beruflichen Chancen	Sterilisation
Weltanschauung, Art und Intensität	Vertrieb antikonzeptioneller Mittel
kirchlicher Bindung	Leitvorstellungen über
Beeinflußbarkeit durch Massenmedien	Ehe und Elternschaft
Kenntnis der Verfahren der Familienplanung	Gleichstand, Rückgang oder Wachstum
Verfügbarkeit anzuwendender Mittel	der Bevölkerung

Quelle: 3. Familienbericht, BT-DR 8/3121, S.113

Individuelle und familiale Daten beeinflussen die Entscheidung im Mikrobereich. Hierzu gehören z. B. die Lebenseinstellung und die Lebenspläne der Eltern, ihre Weltanschauung, ihre kirchliche Bindung usw. Im Makrobereich gesetzte Bedingungen wie Arbeitszeit, Wohnungsmarkt, Steuersystem, Alterssicherung beeinflussen die Entscheidungen im familialen Bereich. Es bestehen Verknüpfungen zwischen den individuellen Daten des Mikrobereichs und denjenigen des Makrobereichs. Die relative und absolute Bedeutung der einzelnen Einflußfaktoren ist hiermit weiterhin nicht erfaßt.

Die Auflistung einzelner Einflußfaktoren kann nicht Grundlage rationaler Familienpolitik sein. Rationale Familienpolitik bedarf zunächst einer klaren, konkretisierten und widerspruchsfreien Zielsetzung. Die wäre gegeben, wenn der generative Trend als Konsequenz einer zunehmend erschwerten Entscheidung für Kinder gewertet würde und die Erleichterung der Entscheidung für Kinder politisches Ziel ist.

Zweckrationaler Mitteleinsatz fordert jedoch die Kenntnis und Gewichtung der Faktoren, die die Entscheidung für Kinder erschweren. Wird ökonomische Effizienz als ein Kriterium rationaler Familienpolitik herangezogen, zeigt sich, daß unzureichendes Wissen vorliegt. Es wird deutlich, daß ein Kalkül zum Einsatz von Mitteln aufgrund fehlender Erfolgswahrscheinlichkeiten und Intransparenz der Kosten nicht aufgestellt werden kann. Darüber hinaus müßte die Erfassung der Interdependenzen, also die Auswirkungen einzelner Maßnahmen auf andere Ziele der Familienpolitik, möglich sein. Auch diesem Kriterium wird nicht genüge getan (M. Wingen, 1980, S. 589–590). Die bisherige Analyse kann also sicherlich den einen oder anderen Zusammenhang erklären, gibt aber keine hinreichende Basis für rationale Familienpolitik.

Hier führt die ökonomische Theorie der Familie ein Stück weiter. Sie versucht, den komplexen Entscheidungszusammenhang für oder gegen ein (oder ein weiteres) Kind anhand rational-ökonomischer Kriterien zu analysieren. Damit stellt die ökonomische Theorie ein Angebot an Familienpolitik dar, abweichend von einer situationsspezifischen Bewertung einzelner Einflußfaktoren Maßnahmen zu treffen. Auf der Basis eines Modells ist es möglich, ein schlüssiges System familienpolitischer Maßnahmen zu entwickeln, die theoretisch einzeln und in ihrer Gesamtheit begründbar wären. Inwieweit also kann die ökonomische Theorie der Familie wissenschaftliche Basis rationaler Familienpolitik sein? Welche Schlußfolgerungen ergäben sich? Mit der Beantwortung dieser Fragen wollen wir uns im folgenden in einer ersten Annäherung beschäftigen.

2. Die ökonomische Theorie der Familie

Die ökonomische Theorie der Familie analysiert freie Entscheidungen von Individuen, die auf der Basis rationaler Überlegungen bemüht sind, ihren Nutzen zu maximieren. Diese Bestrebungen unterliegen Budgetrestriktionen in zeitlicher und finanzieller Hinsicht. Preis und Einkommen sind die Hauptdeterminanten des menschlichen Handelns. Alle Verhaltensänderungen lassen sich hiermit erklären. Die Präferenzen sind stabil (G. Stigler, G. S. Becker, 1977, S. 76–90, insb. S. 89): „One does not argue over tastes for the same reason that on does not argue over the Rocky Mountains – both are there, will be there next year, too, and are the same to all men. " (G. Stigler, G. S. Becker, 1977, S. 76). „The human subject of neoclassical investigation is a timeless, classless, raceless, and cultureless creature; although male, unless otherwise specified. " (A. Amsden, 1980, S. 13).

Die ökonomische Theorie der Familie analysiert drei zentrale Entscheidungssituationen: Partnerwahl, Allokation familialer Ressourcen auf Haus– und Erwerbswirtschaft und die Entscheidung für Kinder. Die Interdependenz dieser Entscheidungszusammenhänge ist offensichtlich.

2. 1 Das ökonomische Modell

Heirat, Scheidung und die Entscheidung für Kinder werden als ökonomische Probleme qualifiziert, da es sich nach Ansicht der „New Home Economics" um rationale Entscheidungen unter Restriktionen handelt.

2.1.1 Die Heirat

Beckers Modell eines Heiratsmarktes geht von folgenden Annahmen aus:

- Jeder Mensch versucht, seinen Nutzen zu maximieren, im Falle der Heirat den Konsum von im Haushalt produzierten Gütern und Dienstleistungen.

- Der Heiratsmarkt befindet sich dann im Gleichgewicht, wenn das Pareto-Optimum realisiert ist, also kein Mensch durch einen Wechsel seines Partners seine Position verbessern kann.

- Der Nutzen, den ein Mensch aus einer Heirat ziehen kann, hängt ab vom Einkommen, der relativen Differenz zwischen Löhnen von Frauen und Männern sowie von nicht-monetären, den output der Haushaltsproduktion jedoch erhöhenden Variablen wie Bildung und Schönheit (G. Becker, A Theory of Marriage, in: Th. Schultz (Hg.), Economics of the Family, Chicago 1974, S. 299– 344, insb. S. 326).

Frauen fragen am Heiratsmarkt Ehemänner nach aufgrund der mit ihnen selbst verglichenen besseren Erwerbschancen der Männer am Arbeitsmarkt. Männer ihrerseits fragen Ehefrauen nach, da nur Frauen Kinder gebären und zusätzlich die Produktion von Haushaltsgütern und Dienstleistungen übernehmen können.

Eine Frau wird in Becker's Heiratsmarkt nur heiraten, wenn ihr Nutzen als verheiratete Frau größer oder gleich ist verglichen mit dem Ledigenstatus. Für den Mann gilt gleiches (G. S. Becker 1974 S. 304).

2.1.2 Die Arbeitsteilung in der Ehe

Zum Problem der Arbeitsteilung in der Ehe macht Becker einige Annahmen:

Männer realisieren höhere Löhne am Arbeitsmarkt, da sie nicht durch haushälterische Verpflichtungen, vor allem jedoch nicht durch Geburt und Erziehung von Kindern beeinträchtigt sind. Es ist demnach ökonomisch rational, daß Männer sich in erster Linie der Erwerbstätigkeit widmen. Frauen sind hingegen aufgrund potentieller Mutterschaft und deren Zeitbedarf nicht in der Lage, ähnlich hohe Löhne wie die Männer am Arbeitsmarkt durchzusetzen. Da jedoch andererseits ein großer familialer Bedarf an Haushaltsproduktion besteht, ist es rational, daß Frauen sich in erster Linie der Hausarbeit widmen. Die gängig praktizierte Arbeitsteilung zwischen Mann und Frau erweist sich für Becker damit als ökonomisch rational, denn diejenigen Familienmitglieder, deren Erwerbstätigkeit relativ effektiver zu monetärem Einkommen führt, konzentrieren sich auf Erwerbstätigkeit und diejenigen, deren Zeit marktmäßig weniger teuer bewertet ist, auf die Hausarbeit (G. S. Becker, 1976, S. 89–114, insb. S. 108).

Die Aufgabenverteilung im Familienhaushalt beruht in der ökonomischen Theorie Beckers auf ökonomisch rationale Ressourcenallokation. Rollenfestlegungen, Normen und andere soziologische Variablen sind ebenso irrelevante wie individuelle Ziele. Es zählt einzig die Möglichkeit, zur Wohlfahrt des Gesamthaushalts beizutragen.

2.1.3 Der Familienhaushalt als small factory

Die „New Home Economics" betrachten die vom Haushalt erworbenen Güter und Dienstleistungen als Zwischenprodukte, die ihre Konsumreife erst durch die Haushaltsproduktion, die dem unternehmerischen Produktionsprozeß vergleichbar ist, erlangt.

Der Haushalt als Ziel ökonomischer Analyse wurde Anfang der 60er Jahre von der Ökonomie „entdeckt" bzw. wieder entdeckt. Mincer integrierte in das ökonomische Modell die Produktion von Haushaltsgütern und Diensten als Arbeit. Unbezahlte Tätigkeit wie z. B. Hausarbeit als Arbeit zu betrachten, war im Rahmen der klassischen Ökonomie wahrlich revolutionär (J. Mincer, 1962, S. 63–73).

Der Nutzen einer Familie ist nach Mincer die Funktion eines Vektors mit marktmäßig und im Familienhaushalt produzierten Gütern und Dienstleistungen. Der Familienhaushalt ist bemüht, seinen Nutzen zu maximieren.

Der Input des Familienhaushalts besteht aus Marktgütern, Dienstleistungen und aus der Zeit von Familienmitgliedern.

Der Output des Familienhaushalts ist abhängig vom technologischen Stand der Konsumption im Familienhaushalt, ebenso wie der Output von Firmen mitbestimmt wird von der Produktionstechnologie (R. J. Willis, 1974, S. 25–75, insb. S. 28 ff.).

Der Familienhaushalt ist im Modell Mincer's nicht autark, er exportiert die Zeit der Eheleute auf den Arbeitsmarkt und importiert Güter und Dienstleistungen vom Markt in den Familienhaushalt. Die Terms of Trade werden hier bestimmt durch Marktpreise für Arbeit und Güter sowie die Verdienstmöglichkeiten der Eheleute.

Die Familie wird als small factory betrachtet, als Produzent von Gütern und Dienstleistungen. Primärer Produktionsfaktor des Familienhaushalts ist die Arbeitszeit der Familienmitglieder. Der Produktionsfaktor Zeit wird alternativ dem Haushalt zugeführt, am Arbeitsmarkt verkauft oder als Freizeit verwendet. Für die am Arbeitsmarkt verkaufte Zeit erhält der Familienhaushalt ein Markteinkommen, mit dem er Güter und Dienstleistungen nachfragt, die er nicht selber produzieren kann oder will, da die Eigenproduktion teurer wäre.

Der Preis der im Haushalt produzierten Güter und Dienstleistungen umfaßt im Modell der ökonomischen Theorie der Familie neben den direkten Kosten indirekte Kosten, die verursacht werden durch den notwendigen Zeitaufwand, der bei alternativer Verwendung, z. B. Erwerbstätigkeit, Einkommen erbracht hätte. Steigende Löhne verteuern die Zeit und damit einen wichtigen Input in die Haushaltsproduktion. Steigen die Kosten des Inputfaktors Zeit stärker als die des Inputfaktors Marktgüter, so wird der Haushalt bemüht sein, den Aufwand an Zeit durch den an Marktgütern zu substituieren (G. S. Becker, 1976, S. 109).

Da sich die Erwerbschancen der Frauen, wie Mincer und Becker annehmen, im Laufe der Zeit verbesserten, verteuerte sich der Zeitaufwand für Haushaltsproduktion. Verheiratete Frauen werden zunehmend erwerbstätig. Es wird versucht, die Einschränkung der Haushaltsproduktion durch Marktgüter zu kompensieren.

Kindererziehung ist eine sehr zeitintensive Aktivität, die nur schwerlich durch Marktgüter qualitativ gleichwertig substituierbar ist. Mit steigendem Einkommen verteuern sich im Modell der ökonomischen Theorie der Familie Kinder. Ihr relativer Preis ist höher bei höherem Einkommen. Womit die geringe Einkommenselastizität bezüglich der quantitativen Nachfrage nach Kindern erklärbar ist (G. S. Becker, 1976, S. 106).

2.1.4 Allokation familialer Ressourcen auf Haus- und Erwerbswirtschaft

Der ökonomischen Theorie zufolge verteuern steigende Löhne die Freizeit. Als Folge wird das Arbeitsangebot der Erwerbstätigen steigen (Substitutionseffekt). Auf der anderen Seite führen steigende Reallöhne zu steigenden Einkommen. Die Nachfrage nach Gütern aller Art einschließlich der Freizeit erhöht sich. Aufgrund des Einkommenseffekts wird das Arbeitsangebot sinken (Einkommenseffekt). In welcher Richtung sich das Arbeitsangebot nun de facto verändert, hängt von der relativen Stärke des Einkommens- und des Substitutionseffektes ab.

Im Durchschnitt scheint der Einkommenseffekt stärker als der Substitutionseffekt zu sein, da Lohnsteigerungen der Vergangenheit zur Einschränkung des Arbeitsangebots führten. Im Verlauf der Industrialisierung stiegen die Löhne, während die durchschnittliche Wochenarbeitszeit sank. Auch die Lebensarbeitszeit verkürzte sich durch längere Ausbildung und frühere Verrentung (J. Mincer, 1962, S. 64).

In Querschnittsuntersuchungen ergibt sich, daß die Erwerbstätigkeit der Ehefrauen mitbestimmt ist durch das Einkommen des Ehemannes. Mit steigendem Einkommen des Ehemannes sind Ehefrauen weniger erwerbstätig, eine Folge des Einkommenseffekts. Bei Längsschnittuntersuchungen hingegen wird ein positiver Zusammenhang zwischen Lohnentwicklung und Erwerbstätigkeit verheirateter Frauen festgestellt. Offensichtlich dominiert hier der Substitutionseffekt. Um diese Entwicklung der Erwerbstätigkeit verheirateter Frauen erklären zu können, rückt Mincer von der klassischen Dichotomie Erwerbstätigkeit – Freizeit ab. Mincer geht davon aus, daß sich für Frauen die Alternative Erwerbsarbeit – Freizeit in dieser Form nicht stellt(!), sondern daß sie bei ihren Allokationsentscheidungen auch die Hausarbeit berücksichtigen müssen. Der Freizeit steht neben der Erwerbstätigkeit als unbezahlte Tätigkeit die höchst zeitintensive Hausarbeit gegenüber. Die Erwerbstätigkeit verheirateter Frauen wird – zusätzlich zur Nachfrage nach Freizeit – durch die Nachfrage des Haushalts nach Haushaltsgütern und Dienstleistungen bestimmt (J. Mincer, 1962, S. 65).

Als Entscheidungseinheit betrachtet Mincer die Familie, die bemüht ist, ihren Nutzen zu maximieren. Die Zeitaufteilung der Familienmitglieder ist neben Präferenzen und biologisch kulturell bedingten Spezialisierungen durch relative Preise bestimmt. Ein steigendes Markteinkommen eines Familienmitglieds tangiert unter sonst gleichen Bedingungen die Konsumptionsentscheidungen über Freizeit und Hausarbeit aller anderen Familienmitglieder. Steigt nämlich der Reallohn eines Familienmitglieds, so erhöhen sich die Preise für Freizeit und Haushaltsproduktion durch dieses Individuum. Werden rationale Familienentscheidungen unterstellt, wird die Reallohnsteigerung zu einem größeren Angebot am Arbeitsmarkt durch dieses Individuum führen.

Da das Einkommen auf die Nachfrage nach Freizeit einen positiven Effekt hat, wird bei konstanten relativen Preisen und steigendem Einkommen die Nachfrage nach Freizeit steigen und die insgesamt am Markt angebotene Arbeitszeit zurückgehen. Es besteht ein zusätzlicher positiver Einkommenseffekt auf die Haushaltsproduktion, da eine Substitution zwischen im Familienhaushalt produzierten Gütern und Marktgütern möglich ist. Bei einer bestimmten Einkommenselastizität der Nachfrage nach Haushaltsgütern und Dienstleistungen und der Nachfrage nach Freizeit hängt der Einkommenseffekt auf die Arbeitsstunden in beiden Bereichen (Markt und Haushalt) ab von dem Grade der Substitutionsmöglichkeiten zwischen Markt- und Haushaltsgütern.

Der Substitutionsgrad in Mincers Modell ist bestimmt durch technische und infrastrukturelle Gegebenheiten – insbesondere auch durch einzelne Familienphasen. Während haushälterische Tätigkeit wie z. B. putzen und kochen relativ leicht als Dienstleistungen am Markt erworben werden können, ist die Pflege eines Säuglings nicht qualitativ gleichwertig durch Marktgüter substituierbar.

Während also das Gesamtarbeitsangebot das Familienhaushaltseinkommen bestimmt, hängt die Allokation der Zeit auf Freizeit, Haushalt und Erwerbstätigkeit vom Lohn der einzelnen Familienmitglieder ab. Wie bereits erwähnt, führt eine Erhöhung des Lohns zu einer Verteuerung der Haushaltsproduktion und Freizeit. Dies führt zu entsprechenden Allokationsentscheidungen. Der Einkommenseffekt auf Erwerbstätigkeit und Haushaltsproduktion wird bei Mincer bestimmt durch die Substitutionselastizität zwischen Marktgütern und Haushaltsgütern (J. Mincer, 1962, S. 68 f.).

Neu an Mincers Ansatz sind neben der Aufhebung der klassischen Dichotomie zwischen Erwerbsarbeit und Freizeit zwei Aspekte.

Er analysiert das Erwerbsverhalten verheirateter Frauen in Abhängigkeit von relativen Preisen. Bei steigenden Löhnen steigen die Preise der Haushaltsproduktion und es wird für einen Haushalt effektiver, Haushaltsgüter durch Marktgüter zu substituieren und die freigesetzte Arbeitszeit am Markt anzubieten.

Hinzu kommt der wichtige Verweis darauf, daß der Ersatz von Haushaltsgütern durch Marktgüter abhängig ist von Substitutionselastizitäten, die ihrerseits abhängig sind von Familienphasen und den nachgefragten Haushaltsgütern. Die von Mincer beobachtete Zunahme der Erwerbstätigkeit verheirateter Frauen wäre damit auf die steigenden Löhne von Frauen zurückzuführen und auf das verbesserte Substitutionsverhältnis zwischen Haushaltsgütern und Marktgütern.

2.1.5 Die Entscheidung für Kinder

Sind Kinder keine inferioren Güter, stellt sich die Frage, warum mit steigendem Einkommen die Nachfrage nach Kindern nicht gleichfalls steigt (H. Leibenstein, 1957). Eltern führen, so Leibenstein, grobe rationale Überlegungen („rough calculations") über Nutzen und Kosten eines Kindes durch (H. Leibenstein, 1957, S. 61). Er unterscheidet drei Nutzenarten.

a) Als Konsumgut stiften Kinder in erster Linie immateriellen Nutzen durch Befriedigung eines emotionalen Bedürfnisses, z. B. Selbstverwirklichung oder den Wunsch, Leben fortzusetzen.

b) Demgegenüber bedeuten Kinder als Produktionsfaktor einen materiellen Nutzenzuwachs. Der Investitionsnutzen der Kinder liegt hier im Nutzen, den sie als potentielle Arbeitskraft stiften.

c) Ein weiterer Investitionsnutzen der Kinder besteht schließlich in der Sicherungsfunktion bei Alter und Krankheit der Eltern (H. Leibenstein, 1957. S. 161 ff.).

Da nun der immaterielle Nutzen von Kindern in monetären Größen schwerlich faßbar ist, wird er im Rahmen der ökonomischen Theorie ceteris paribus konstant gesetzt. Das Hauptaugenmerk des Autors richtet sich auf den sinkenden Nutzen der Kinder als Produktions- und Investitionsgut.

Zu Zeiten, da die Familie Produktionsgemeinschaft war, stellten die Kinder in Abhängigkeit von der Produktionsstruktur des Familienhaushalts eine Erhöhung des Produktionspotentials dar (I. Weber-Kellermann, 1974, S. 73 ff. ; J. Kuczynski, 1962, S. 233–272). Mit der Verlagerung der Erwerbsarbeit in den außerfamilialen Bereich und dem Verbot der Kinderarbeit verliert das Kind seinen Nutzen als Produktionsfaktor und wird, so die Schlußfolgerung Leibensteins, zum ausschließlichen Mitkonsumenten und Kostenfaktor. Der Produktionsnutzen von Kindern ist unter diesem Aspekt stetig gesunken und muß heute als nahe bei Null veranschlagt werden.

Eine zweite Dimension der ökonomischen Bedeutung von Kindern wird in ihrer Relevanz für die Alterssicherung der Eltern gesehen. Was in vorindustrieller Zeit die Großfamilie geleistet haben soll, nämlich die Verteilung der Güter auf alle Generationen, übernimmt in der Industriegesellschaft mit dem Umlageverfahren die Gesetzliche Rentenversicherung auf staatlicher Ebene. Damit verliert das Kind, so wird vermutet, seinen Nutzen als Existenzsicherung bei Krankheit oder im Alter. Mit der institutionellen Absicherung der Altersversorgung enthob man die Familie von der individuellen Notwendigkeit der Vorsorgeinvestition in Kinder. Da diese Notwendigkeit aufgrund der Konstruktion der Gesetzlichen Rentenversicherung gesamtgesellschaftlich bestehen bleibt, kommt es damit, so die Behauptung, zur Sozialisierung des Kindernutzens und zur Privatisierung der Kinderkosten (R. Zeppernick, 1979, S. 298).

Auch hier unterstellt Leibenstein einen Zusammenhang zwischen generativem Verhalten und dem abnehmenden bzw. nicht internalisierten Nutzen der Kinder als Vorsorgeinvestition. Eine Korrelation über einen Querschnitt von ungefähr 50 sehr heterogenen Ländern zwischen einer sogenannten Sozialschutzquote (Verhältnis der Sozialausgaben zum Sozialprodukt) und der Geburtenrate ergibt so auch einen Korrelationsquoeffizienten zwischen 0,4–0,5 (B. Felderer, 1983, S. 17).

Dem sinkenden Nutzen der Kinder stehen nun steigende Kosten gegenüber. Als Kinderkosten schlagen neben den direkten Kosten für Ausbildung, Ernährung und Kleidung und den immateriellen Kosten, die durch die aufgewendete Mühe entstehen oder durch Verzicht auf alternative Lebenspläne, die indirekten Kosten besonders zu Buche. Unter den indirekten oder Opportunitätskosten ist in erster Linie das entgangene Erwerbseinkommen der Mutter zu sehen (H. Leibenstein 1957, S. 116 ff.). Dem gegen Null gehenden ökonomischen Nutzen der Kinder treten unter der Prämisse einer Preiselastizität der Nachfrage als denkbar ungünstige Ergänzung steigende Kosten gegenüber.

Der positive Einkommenseffekt, den das steigende Einkommen, so Leibenstein, auf die Kinderzahl ausübt, wird durch die gestiegenen direkten und indirekten Kosten von Kindern überkompensiert. Bei gleichzeitig zunehmendem Wissen über Methoden der Empfängnisverhütung kommt es dann zu dem beobachteten säkularen Trend abnehmender Geburtenhäufigkeit bei gleichzeitig steigendem Einkommen (U. Roppel, 1980, S. 108).

Laut Leibenstein muß aufgrund der verschlechterten Kosten-Nutzen-Relation von Kindern in hochentwickelten Industriegesellschaften die Nachfrage nach Kindern trotz steigendem Einkommen sinken.

Im Gegensatz zu Leibenstein, der, wie dargestellt, bei steigendem Einkommen eine sinkende Kinderzahl theoretisch begründet, sieht G. S. Becker eine positive Beziehung zwischen Einkommen und Kinderzahl. „An increase in income and a decline in price would increase the demand for children" (G. S. Becker, 1976, S. 171 ff. insb. S. 193).

Kinder sind nach Becker langlebige Konsumgüter, die in erster Linie immateriellen Nutzen in Form psychischer Gratifikationen bringen (G. S. Becker, 1976, S. 174). Ähnlich wie andere langlebige Konsumgüter (Häuser usw.) werden mit steigendem Einkommen nicht nur mehr Einheiten, sondern vor allem eine bessere Qualität der Güter nachgefragt. Die Einkommenselastizität bezüglich der quantitativen Nachfrage wird von Becker gering veranschlagt verglichen mit der Elastizität der qualitativen Nachfragekomponente (G. S. Becker, 1976, S. 174). Würden bei konstantem Einkommen die Preise für Kinder aller Qualitätsstufen sinken, so vermutet Becker, daß der für Kinder verausgabte Betrag steigen wird. Es stellt sich jedoch die Frage, wie sich die Zusatzausgaben in zusätzlicher Mengen- oder Qualitätsnachfrage niederschlagen. „A rise in income would increase both the quality and quantity of children desired; the increase in quality being large and the increase in quantity small." (G. S. Becker, 1976, S. 177).

Diese von Becker konstatierte positive Beziehung zwischen Einkommen und Kinderzahl wird überlagert durch individuelle Präferenzen, Unsicherheitsfaktoren und unterschiedliches Wissen über Methoden der Empfängnisverhütung. Becker geht davon aus, daß sich bei niedriger Kindersterblichkeit und allgemeiner Verbreitung von Verhütungstechniken die theoretisch vorausgesagte positive Beziehung zwischen Einkommen und Kinderzahl wieder einspielen wird (G. S. Becker, 1965, S. 493 ff. insb. S. 510).

Damit wird bereits deutlich, daß die in der Vergangenheit gestiegenen Kinderkosten auf zwei Komponenten zurückzuführen sind. Neben höheren Preisen stehen vor allem gestiegene Qualitätsanforderungen (Kinder sind besser genährt, gekleidet und gebildet). Es sind Kinder höchst unterschiedlicher Qualität „erhältlich". Die Entscheidung hierüber fällt eine Familie in Beckers Modell in Abhängigkeit von Präferenzen, Einkommen und Preisen. „The rich simply choose higher quality children as well as higher qualities of other goods." (G. Becker, 1976, S. 176). In dieser Beziehung zwischen Quantität und Qualität der Kinder sieht Becker den wichtigsten Grund dafür, daß der effektive Preis von Kindern mit dem Einkommen steigt (G. Becker, 1981, S. 102).

Ein weiterer Grund für die mit dem Einkommen steigenden Kosten der Kinder ist laut Becker in den Opportunitätskosten zu sehen. Besser ausgebildete Frauen verzichten auf ein größeres Erwerbseinkommen, wenn sie sich ganz der Kindererziehung widmen. Die Kosten der Kinder werden signifikant bestimmt durch den Wert der Zeit ihrer Mutter.

Dieser Bildungsinvestitonsthese zufolge ist die Hausarbeit einer beruflich qualifizierten Frau teurer als diejenige einer gerInger qualifizierten Frau. Die Erwerbsbeteiligung der Frauen mit qualifizierten Abschlüssen müßte der ökonomischen Theorie zufolge höher liegen als diejenige der Frauen mit geringen Erwerbschancen.

Leibowitz wendet hiergegen ein, daß die bessere Ausbildung der Frau auch die Qualität der Haushaltsproduktion, speziell die Produktivität der Kindererziehung, steigert, diese mithin höher oder gleich der gesteigerten Produktivität der marktmäßigen Tätigkeit dieser Frauen sein kann. Die Kindererziehung ungebildeter Mütter kann hinsichtlich der Qualität leichter durch Marktgüter und Dienstleistungen ersetzt werden. Leibowitz geht daher davon aus, daß Frauen mit qualifizierter Ausbildung in der aktiven Familienphase nicht häufiger einer Erwerbstätigkeit nachgehen werden als Frauen mit weniger qualifizierter Ausbildung (A. Leibowitz, 1974, S. 171–197).

Einen ähnlichen Zusammenhang zwischen Ausbildung und Erwerbstätigkeit vermuten Hill/Stafford. Sie gehen davon aus, daß Eltern mit steigendem soziökonomischen Status der „Qualität" ihrer Kinder eine größere Bedeutung beimessen und verstärkt davon ausgehen, daß hier die Zeitaufwendungen der Mütter einen entscheidenden Einfluß haben. Das Erwerbsverhalten dieser Mütter wäre gekennzeichnet durch die Konzentration auf Haushaltsproduktion in der Kinderphase des Familienzyklus, also besonders geringer Erwerbsbeteiligung von Frauen mit Kleinkindern, die über eine qualifizierte Ausbildung verfügen (C. Hill, F. Stafford, 1974, S. 323–341).

In der Entwicklung der Frauenerwerbstätigkeit wird sowohl von Becker als auch von Mincer und Leibenstein vor allem eine Erklärung für den säkularen Trend abnehmender Geburtenhäufigkeit gesehen. „Indeed, I believe that the growth in the earning power of women during the last hundred years in developed countries is a major cause of both the large increase in labor force participation of married women and the large decline in fertility." (G. Becker, 1981, S. 98).

3. Sozialhistorische Aspekte der Entscheidung für Kinder

Die ökonomische Theorie stellt bestimmte Gesetzmäßigkeiten bezüglich Angebots- und Nachfrageentscheidungen der Individuen auf. Die Klassiker der ökonomischen Theorie der Familie Leibenstein, Mincer und Becker übertragen diese Gesetzmäßigkeiten auf familiale Entscheidungen bezüglich der Nachfrage nach Kindern, der Nachfrage nach Haushaltsproduktion sowie dem Angebot an Arbeitszeit am Arbeitsmarkt. Um die Gesetzmäßigkeiten der ökonomischen Theorie auf familiale Entscheidungen übertragen zu können, müssen bestimmte sozialhistorische Rand- und Anfangsbedingungen erfüllt sein. Diese werden von allen dreien mehr oder weniger rigoros unterstellt.

Es gilt zu untersuchen, ob die Rand- und Anfangsbedingungen de facto vorliegen. Verbesserten sich die Erwerbschancen der Frauen? Sank der Nutzen von

Kindern? Die postulierten Anfangsbedingungen, steigende Frauenerwerbstätigkeit aufgrund steigender Löhne, sinkende Nachfrage nach Kindern wegen sinkendem Kindernutzen, gelten allgemein als common sense, aber „es darf . . . nicht vergessen werden, daß der man in the street von der Realität einer ganzen Menge Sachen felsenfest überzeugt sein kann, die nie und nimmer existieren" (G. Myrdal, 1965, S. 147).

Wird das Vorliegen bestimmter Anfangsbedingungen ad hoc unterstellt, ohne sie anhand empirischer Daten zu überprüfen, dann müssen solche Erklärungen, sofern sich herausstellt, daß die Anfangsbedingungen nicht gegeben sind, als unbrauchbar gelten (K. D. Opp, 1970, S. 55 ff.).

3.1 Produktionsnutzen der Kinder

In vorindustrieller Zeit wurden Kinder, wie alle Mitglieder des „ganzen Hauses", am Produktionsprozeß beteiligt. Da „Kindheit" als Lebensphase, die der Ausbildung und Erziehung gewidmet ist, damals nicht existierte (Ph. Aries, 1978), trugen Kinder schon sehr frühzeitig mit zur Erwirtschaftung des notwendigen Naturaleinkommens bei. Daher ist der Vermutung der ökonomischen Theorie der Familie, daß Kinder einen produktiven Nutzen hatten, an diesem Punkt zuzustimmen. Nur wurde der Nutzen im „ganzen Haus" den einzelnen Mitgliedern nicht individuell zugeordnet. Einer Kosten-Nutzen-Analyse, die unterstellt wird, fehlte damit die Grundlage.

In Abhängigkeit von der Produktionsstruktur des Haushalts stellten Kinder eine ökonomisch relevante Erhöhung des Produktonspotentials dar (I. Weber-Kellermann, 1974, S. 73f; J. Kuczynski, 1962, S. 233–272). Im bäuerlichen Bereich wurden Kinder hauptsächlich als Arbeitskraft und Erbe gesehen (H. Rosenbaum, 1982, S. 91). Im handwerklichen Bereich bestand schon in vorindustrieller Zeit ein Verbot der gewerblichen Kinderarbeit. Der Wert der kindlichen Arbeitskraft war hier gering (H. Rosenbaum, 1982, S. 91). Obwohl die Eltern ihre Kinder zur Arbeit heranzogen, war ihnen sowohl im handwerklichen wie im bäuerlichen Bereich ein Kosten-Nutzen-Denken fremd. Die Mitarbeit aller Haushaltsmitglieder war selbstverständlich. Der Wert einer Arbeit wurde nicht abgeschätzt und erst recht nicht in Beziehung gesetzt zu den Kosten (H. Rosenbaum, 1982, S. 170).

Mit dem Verbot der Kinderarbeit, das vor allem die auf die Mitarbeit ihrer Kinder angewiesenen Arbeiter- und Heimarbeiterfamilien traf (J. Kuczynski, 1962, S. 233–272), wurde ein Abrücken von der traditionellen Wirtschaftsweise verlangt, daher auch das weitverbreitete Unverständnis der Eltern gegenüber diesem Verbot. Kindheit als arbeitsfreie Zeit war das absolute Novum (Ph. Aries, 1978).

Mit dem schwindenden Produktionsnutzen der Kinder ist die in der Mitte des 19. Jahrhunderts sinkende Kinderzahl aber nicht, wie von der ökonomischen Theorie der Familie unterstellt, erklärlich. „Aus der Tatsache, daß bestimmte Verhaltensweisen sich letztlich als sinnvoll und funktional erweisen, darf nicht gefolgert werden, diese Funktionalität sei zugleich Ursache des Verhaltens." (H. Rosenbaum, 1982, S. 219).

3.2 Kinder als Alterssicherung – vom zähen Leben eines Mythos

Zur fast gängigen Begründung der sinkenden Nachfrage nach Kindern wurde, daß Alterssicherung heute durch die Gesetzliche Rentenversicherung und nicht „mehr" durch die eigenen Kinder erfolgt. Sinkender Alterssicherungsnutzen ist, so die ökonomische Theorie der Familie, eine Ursache der sinkenden Kinderzahlen.

Die Großfamilie oder Drei–Generationen–Familie als idealer Lebenszusammenhang, der die Altersversorgung quasi naturhaft regelte, war aber nicht der gängige Lebenszusammenhang alter Menschen in vorindustrieller Zeit. Nach dem heutigen Stand der sozialhistorischen Forschung kann man keinesfalls von einer allgemeinen Verbreitung der Großfamilienform in vorindustrieller Zeit sprechen. Sie entstand in einzelnen Landstrichen im bäuerlichen Bereich in Abhängigkeit vom geltenden Erbrecht. P. Laslett geht davon aus, daß nur 10 % der Haushalte Drei-Generationen-Haushalte waren (P. Laslett, 1972, S. 159 ff.).

Die Drei-Generationen-Familie war schon aufgrund der geringen Lebenserwartung der Menschen eine Seltenheit. Erst mit der sich erhöhenden Lebenserwartung wird ein Erleben mehrerer Generationen einer Familie möglich. Bei der vorherrschenden niedrigen Lebenserwartung war die statistische Wahrscheinlichkeit, daß ein Enkel seine Großeltern erlebte, in vorindustrieller Zeit ausgesprochen gering (M. Mitterauer, 1978, S. 140). Die Phasen des Zusammenlebens dürften relativ kurz und selten gewesen sein. Erst im Verlauf der Industrialisierung erhöhte sich die Lebenserwartung und stieg die Wahrscheinlichkeit, daß sich mehr als zwei Generationen erlebten. In der gleichen Zeit stieg, auch infolge der Wohnungsnot, der Anteil der Drei-Generationen-Haushalte, der heute wieder rückläufig ist (Statistisches Bundesamt (Hg.), 1983, S. 20).

Sowohl für die wohlhabenden Bauern als auch für die Handwerker lag Alterssicherung, sofern sie als Problem aufgefaßt wurde, in dem im Verlauf ihres Lebens erworbenen Vermögen. Dieses wurde den Kindern bei Verheiratung, soweit diese nicht erst beim Tod des Vaters gestattet war, nur zum Teil überschrieben. Die Eltern behielten sich die Nutznießung vor, um sich ökonomisch abzusichern (P. Borscheid, 1983, S. 221 f.). Kinder waren nur indirekt eine Investition in die Alterssicherung, da sie durch ihre Arbeit zur Mehrung des elterlichen Wohlstands beitrugen.

Die Ausgedinge oder Testamente dieser Zeit sind geschäftsmäßige Vereinbarungen, durchaus vergleichbar mit Pachtverträgen, so daß zwar die Kinder auf der Grundlage der Hofübernahme durch vertragliche Leistungen den Eltern die Alterssicherung garantierten, daß aber ökonomisch gesehen diese Übergabe genauso gut an einen nicht verwandten Pächter hätte erfolgen können. Im handwerklichen Bereich arbeitete der Meister bis zu seinem Tode. Das Versorgungsproblem entstand also nur für seine Witwe. Es wurde gelöst durch die Privilegierung der Witwenheirat (H. Rosenbaum, 1982, S. 138).

Für lohnabhängige Arbeitskräfte und Kleinhäusler, die überwiegende Mehrheit, stellte sich die Problematik der Alterssicherung meist gar nicht, da diese Menschen nur eine geringe Lebenserwartung hatten. Sie fielen der Armut anheim und starben schnell an Entbehrungen. Diese Situation dürfte auch für den proletarischen Haushalt zu Beginn der Industrialisierung kennzeichnend gewesen sein (Deutsches Zentrum für Altersfragen, 1982, S. 120–124). Für die Mehrzahl der Lohnabhängigen wurde die Phase der Erwerbstätigkeit durch den Tod begrenzt (J. Reulecke, 1983, S. 452.). Aufgrund der beim Existenzminimum liegenden Subsistenzmittel konnten die Eltern nicht damit rechnen, daß ihre Kinder im Falle der Erwerbsunfähigkeit ein Absinken in Armut verhindern konnten.

Dieser kurze Abriß gibt ausreichend Anlaß zu der Vermutung, daß auch in vorindustrieller Zeit Kinder keinesfalls in der im Mythos der Großfamilie dargestellten Form Garanten für die Alterssicherung ihrer Eltern waren. Es spricht einiges dafür, daß weniger in der Alterssicherung als vielmehr im Wunsch des „Vererbens" ein Motiv zu suchen ist (Bericht über die Bevölkerungsentwicklung in der BRD, BT-DR 8/4437, S. 41 f.).

Prägend für die traditionale bäuerliche Gesellschaft war zudem ein grundlegend anderes Zeitgefühl als das in der Industriegesellschaft gültige. Zukunft wird erst ganz allmählich seit Beginn des 17. Jrhd. als Modus der Zeitlichkeit gedacht. Wenn das Streben nach Sicherheit als „Streben nach Vernichtung der Zukunft als ihre Umarbeitung in fortdauernde Gegenwart oder garantierte zukünftige Gegenwart" (F. X. Kaufmann, 1976, S. 178) interpretiert werden kann, wird Lebensplanung und Zukunftssicherung erst in der Industriegesellschaft akut.

„Die Idee der Sicherheit steht wohl am deutlichsten für das Problem der bürgerlichen Gesellschaft, den selbst geschaffenen offenen und bis zur Unerträglichkeit verunsicherten Zukunftsbezug wieder zu schließen." (H. W. Hohn, 1984, S. 155). Mithin dürfte auch das Problem der Alterssicherung in früheren Zeiten einen weitaus geringeren Stellenwert gehabt haben als heutzutage. Das Bedürfnis nach Alterssicherung, wie es typisch für unsere Gesellschaft ist, bestand wahrscheinlich gar nicht. In dieser zeitlichen Dimension wurde nicht gedacht, somit Kinder auch nicht als geplante Alterssicherung in die Welt gesetzt.

„Es ist klar, daß die persönlichen Dienstleistungen, die Unterstützung und die tägliche Anwesenheit der erwachsenen Nachkommen sehr wichtig war, aber es ist schwierig zu beweisen, daß sie einen materiellen Vorteil bedeuteten. " (P. Laslett, 1979, S. 549–576, insb. S. 564).

Da ein Alterssicherungsnutzen durch Kinder nicht bestand, zumindest nicht in materieller Form, bzw. gar nicht nachgefragt wurde, kann aus individueller Sicht der fiktive Alterssicherungsnutzen nicht Ursache der sinkenden Kinderzahl sein. Im Gegenteil schließlich steigt der immaterielle Nutzen der Kinder. Die Menschen leben länger, es besteht ein erhöhtes Risio der Pflegebedürftigkeit. Unter immateriellen Aspekten scheint der Nutzen von Kindern im Alter sogar gestiegen zu sein.

3.3 Der immaterielle Nutzen von Kindern

Der immaterielle Wert von Kindern liegt im Glück, das die Eltern über ihre Existenz empfinden, u. U. darin, Liebe zu geben, im weitesten Sinne in den Selbstverwirklichungsmöglichkeiten der Eltern. Elternschaft befriedigt Bedürfnisse wie z. B. sinnerfülltes Leben, Selbstachtung usw.. Diese Bedürfnisse lassen sich prinzipiell auch durch andere Lebenspläne befriedigen. Daher die Vermutung, je mehr Angebotsmöglichkeiten es gibt, desto eher entscheidet man sich für eine geringe Kinderzahl (L. Day, A. Taylor-Day, 1969, S. 242–251).

Auf Erziehung und Ausbildung der Kinder verwenden die Eltern heutzutage viel Liebe, Zeit und Geld. Mit der „Entstehung der Kindheit" wird Elternschaft bzw. Mutterschaft zu einer Aufgabe, die sich u. U. über mehr als zwei Jahrzehnte erstreckt. Kinder sind nicht nur einfach da, für Kinder entscheidet man sich. Die Emotionalisierung der Eltern-Kind-Beziehung und die „Entstehung der Kindheit" können als grundlegende Wandlungen des Familiensystems gewertet werden (E. Shorter 1977, S. 258 ff.).

Die industrielle Gesellschaft verlangt von den in ihr lebenden Menschen bestimmte Qualifikationen und Fähigkeiten, die zum Teil im Bereich der Familie erworben werden müssen. Die Sozialisationsfunktion der Familie als bewußte Prägung, Bildung und Erziehung der Kinder entstand erst mit dem Beginn der Industrialisierung (Ph. Aries, 1978, S. 508 ff.). Für die Gewährleistung dieser Funktion stellt die Emotionalisierung der Eltern-Kind-Beziehungen eine Dauermotivation zur Wahrnehmung dieser Aufgabe dar (H. Tyrell, 1979, S. 39 f.).

Die Fürsorge für Kinder, ihre Erziehung und Ausbildung ersetzt die vormals vorherrschende Produktionsfunktion des „ganzen Hauses" durch die Sozialisationsfunktion, die als zentrale Aufgabe des Familiensystems der Modernen in den Vordergrund rückt (M. Mitterauer, 1979, S. 83–125, insb. S. 118 f.). Emotionalität und Intimität als spezifisch familiales Verhalten sind eine Konsequenz der Entstehung der Kindheit (Ph. Aries, 1978, S. 502–556). Die Spezialisierung auf

Sozialisation und Intimfunktion verlangt die Entlastung des Familiensystems von anderen Funktionen, deren notwendig ökonomisch und rational orientierten Verhaltensweisen ein „explizit affektiv akzentuiertes Verhalten" nicht zuließen (H. Tyrell, 1979, S. 26 f.).

3.4 Zunehmende Erwerbstätigkeit verheirateter Frauen

Als eine Hauptursache der steigenden Kinderkosten wird in der ökonomischen Theorie die zunehmende Erwerbstätigkeit der verheirateten Frauen gesehen.

Je nach Familienstand erfolgte im Verlauf der Industrialisierung die Rekrutierung der Frauen für bestimmte Arbeitsmarktbereiche. 1882 arbeiteten fast 40 % der Frauen als Dienende im Haushalt. Diese Frauenberufe im hauswirtschaftlichen Bereich waren zwangsläufig mit dem Ledigenstatus verbunden. Erst mit dem Rückgang dieses Erwerbszweiges auf knapp 20 % 1939 und unter 2 % 1970 sowie den neuen Erwerbschancen im tertiären Bereich (10 % 1882, 30 % 1925 und 70 % 1970) entstand für Frauen zunehmend die Chance, auch über die Heirat hinaus erwerbstätig zu bleiben (A. Willms, 1981, S. 16).

Ab 1900 arbeiteten ledige Frauen vor allem im sekundären und tertiären Bereich. Im tertiären Bereich entstand die Erwerbschance für ledige Frauen, da ihre schulische Qualifikation verwertbar wurde, sie für geringeres Entgelt als Männer zu arbeiten bereit waren und mobil waren. Verheiratete Frauen sind und waren nur eingeschränkt mobil aufgrund ehelicher Bindung und sozialer Verpflichtung (A. Willms 1980, S. 122).

Verheiratete Frauen arbeiteten daher vor allem in „veralteten Bereichen", also im primären und sekundären Sektor. Ehemänner, Brüder und Söhne wanderten vom primären Sektor in neue Erwerbszweige im sekundären und tertiären Sektor ab, während die Frauen die Kosten dieser Mobilität in Form von Mehrarbeit auf dem Hof und Verzicht auf eigene Erwerbstätigkeitschancen trugen (A. Willms, 1980, S. 144). Der tertiäre Sektor öffnete sich für verheiratete Frauen erst nach 1925. Bis dahin wird er durch ledige Frauen dominiert.

Die durchschnittliche Erwerbsquote aller Frauen im erwerbsfähigen Alter gibt an, wieviele Frauen im erwerbsfähigen Alter zwischen 15 und 65 erwerbstätig sind oder als Erwerbslose Arbeit suchen. Seit 1920 war immer ungefähr die Hälfte der Frauen erwerbstätig. Für die Jahre 1882, 1895 und 1907 ist eine Ursache der geringeren Erwerbsquote die Untererfassung der mithelfenden Familienangehörigen. Der Rückgang 1950 auf nur 44 % der Frauen im erwerbsfähigen Alter dürfte auf die desolate Wirtschaftssituation mit hohen Arbeitslosenzahlen zurückzuführen sein. In dieser Situation haben sich viele Frauen, wahrscheinlich angesichts der Hoffnungslosigkeit, Erwerbsarbeit zu finden, gar nicht erwerbslos bzw. erwerbssuchend gemeldet. Unter Berücksichtigung dieser beiden Aspekte ist die Erwerbsquote der Frauen im erwerbsfähigen Alter für fast 100 Jahre durch große Stabilität gekennzeichnet.

Übersicht 2:

Entwicklung der Frauenerwerbstätigkeit 1882-1980

Jahr	1882	1895	1907	1925	1933	1939[c]	1950[d]	1961	1970	1980[e]
Erwerbsbeteiligung										
1. Weibliche Erwerbsquote nach den "Langen Reihen"	24,0	25,0	30,4	35,6	34,2	36,1	31,3	33,4	30,0	
2. Erwerbsquote der Frauen im erwerbsfähigen Alter (a)	(37,5)[b]	(37,4)[b]	(45,9)[b]	48,9	48,0	49,8	44,4	48,9	49,6	52,9
3. Erwerbsquote der verheirateten Frauen im erwerbsfähigen Alter (a)	(9,5)[b]	(12,2)[b]	(26,3)[b]	29,1	30,1	33,8	26,4	36,5	40,9	48,3
4. Anteil der mithelfenden Ehefrauen an allen Ehefrauen	32,2 (3,1)[b]	23,4 (4,7)[b]	19,7 (17,4)[b]	19,7	19,8	20,6	15,4	12,7	7,8	4,7
5. Anteil der marktbezogen erwerbstätigen Ehefrauen an allen Ehefrauen	6,1	7,3	8,6	9,0	9,4	11,9	9,6	20,1	27,4	35,9
6. Anteil der erwerbstätigen Ehefrauen an allen Ehefrauen (4 + 5)	38,3	30,7	28,3	28,7	29,2	32,5	25,0	32,8	35,2	40,6

a) 1882, 1950 - 1980: 15 bis unter 60 Jahre; 1895 - 1939: 16 bis unter 60 Jahre.

b) Die mithelfenden Familienangehörigen sind in den Berufszählungen 1882, 1895 und 1907 deutlich enger gefaßt worden als in den späteren Zählungen. Die erhobenen Werte wurden deshalb in Klammern gesetzt. Realistischere Zahlen ergeben sich, wenn man annimmt, daß in der Landwirtschaft auf jeden verheirateten männlichen Selbständigen eine mithelfende Ehefrau zu rechnen ist. Diese Schätzung wird im weiteren verwendet, wenn von der gesamten Erwerbsbevölkerung (statt den Personen im erwerbsfähigen Alter) die Rede ist.

c) Gebietsstand des Deutschen Reichs von 1937.

d) Gebietsstand der Bundesrepublik Deutschland ohne Berlin und Saarland.

e) Ergebnis des Mikrozensus.

Quelle: Statistisches Bundesamt 1972, S.140
A.Willms 1983, S. 35.

Die Annahme, daß erst durch Industrialisierung und Ausbau des Dienstleistungssektors Frauen erwerbstätig wurden, kristallisiert sich als falsch heraus. Frauen haben schon immer ungefähr ein Drittel der Erwerbsarbeit geleistet (A. Willms, 1983, S. 25–54, insb. S. 36). Tilly und Scott kommen für Großbritannien und Frankreich für den Zeitraum zwischen 1850 und 1960 zu ähnlichen Ergebnissen. Der Gesamtanteil am Erwerbspersonenpotential liegt im Mittel konstant zwischen 30 und 33 %, wobei in Frankreich größere Schwankungen zu beobachten sind (L. Tilly, I. Scott, 1978, S. 68).

Die langfristig konstante Erwerbsquote verstellt zunächst den Blick auf die Erhöhung des Anteils der marktvermittelt erwerbstätigen Ehefrauen, der von 1882 6,1 % auf 35,9 % 1980 anstieg. Diese Erhöhung der marktvermittelten Arbeitsformen geht zurück auf eine Umstrukturierung der Arbeitsformen. Die Entwicklung seit 1882 ist gekennzeichnet durch einen steten Rückgang des Anteils der mithelfenden Ehefrauen. Betrug dieser 1882 noch 32,2 %, so hat er 1980 mit 4,7 % nur noch marginale Bedeutung. 1882 war fast die Hälfte der 30–39jährigen Ehemänner selbständig oder mithelfend in landwirtschaftlichen oder gewerblichen Betrieben. 1925 suchten 75 % der Männer dieser Gruppe, durch abhängige Lohnarbeit ihren Lebensunterhalt zu verdienen. Das hatte maßgebliche Konsequenzen für die Frauen, denn sie verloren ihre traditionellen haushaltsintegrierten Erwerbsmöglichkeiten. Die Entwicklung der industriellen Produktionsweise bedeutete einen Verlust von Erwerbschancen für Frauen, die ihre traditionellen Tätigkeitsfelder im landwirtschaftlichen, handwerklichen und protoindustriellen Bereich hatten (U. Gerhard, 1978, S. 48). Die neue Form der außerhäuslichen Arbeit ließ sich weitaus schwerer mit Haushalt und Kindern vereinbaren.

Berücksichtigt man neben den marktbezogen erwerbstätigen Ehefrauen auch die Ehefrauen, die als mithelfende Familienangehörige erwerbstätig waren, so weist der Anteil der erwerbstätigen Ehefrauen an allen Ehefrauen kaum Schwankungen auf. Der Anteil der erwerbstätigen Ehefrauen an allen Ehefrauen betrug 1882 demnach 38,3 %, um 1980 40,6 %. Der Wandel der Frauenerwerbstätigkeit, auch und gerade bei verheirateten Frauen, ist in erster Linie ein Wandel der typischen Arbeitsformen (A. Willms, 1980, S. 9).

4. Die Notwendigkeit einer empirisch rationalen Basis

Einige Korrekturen an den Randbedingungen der Modelle Leibensteins, Beckers und Mincers erscheinen aus sozialhistorischer Sicht angebracht.

Der Konsumgutcharakter der Kinder ist im Zeitablauf nicht konstant. Einige Autoren gehen davon aus, daß er erst im Verlauf der letzen 200 bis 300 Jahre entstand.

Produktionsnutzen hatten die Kinder im bäuerlichen Bereich, er wurde jedoch nicht individuell zugerechnet. Im protoindustriellen und im Arbeiterhaushalt hatten Kinder vor dem Verbot der Kinderarbeit einen produktiven Nutzen. Es darf aber nicht vernachlässigt werden, daß die Menschen durch die agraische Denk- und Lebensweise ihrer Vorfahren geprägt waren und nur eine geringe Verfügbarkeit über empfängnisverhütende Mittel vorlag. Die Grundvoraussetzung einer individuellen rationalen Planung fehlte also.

Besonders fragwürdig ist der sinkende Investionsnutzen von Kindern. Kinder wurden nicht unter materiellen Aspekten als Alterssicherung nachgefragt, Grund und Boden oder ein Gewerbe waren die Alterssicherung. Waren die Lebensverhältnisse so ärmlich, daß nur eigener Hände Arbeit den Lebensunterhalt sichern konnte, bedeuteten Kinder keine Alterssicherung, da niemand mehr als den eigenen Lebensunterhalt erwirtschaften konnte. Unter immateriellen Aspekten sind Kinder gewiß eine Stütze im Alter, gerade auch heute angesichts der gestiegenen Lebenserwartung. Als monetäre Alterssicherung, wie das System der gesetzlichen Alterssicherung sie garantiert, wurden Kinder kaum betrachtet, jedenfalls nicht individuell.

Der Rückgang der familienvermittelten Erwerbsmöglichkeiten der verheirateten Frauen bei gleichzeitigem Anstieg der marktvermittelten Erwerbschancen für verheiratete Frauen führte zum veränderten Erwerbsverhalten der verheirateten Frauen – nicht im Sinne zunehmender Erwerbstätigkeit, sondern in Form eines Wandels der Arbeitsformen. Am Arbeitsmarkt sind ledige Frauen aufgrund der rationalen Überlegungen der Unternehmer bevorzugte Arbeitskräfte. Verheiratete Frauen erhalten erst dann eine Chance marktvermittelt erwerbstätig zu sein, wenn ledige Frauen aufgrund soziodemographischer Gegebenheiten nicht mehr zur Verfügung stehen. Gleichzeitig richtet sich die Arbeitsnachfrage der verheirateten Frauen auf marktvermittelte Erwerbstätigkeit, weil ihnen familienvermittelte Arbeitsplätze aufgrund struktureller Entwicklung nicht mehr zur Verfügung stehen. Marktvermittelte Erwerbsarbeitsplätze bieten sich erst für verheiratete Frauen zu dem Zeitpunkt, als immer mehr Beschäftigungsmöglichkeiten entstehen, die nicht mehr zwangsläufig an den Ledigenstatus gebunden sind. J. Mincer's Vermutung, daß aufgrund steigender Löhne immer mehr verheiratete Frauen einer Erwerbstätigkeit nachgehen, erweist sich als falsch, wenn man die beiden für Frauen zentralen Arbeitsformen, markt- und familienvermittelt, berücksichtigt.

Die ökonomische Theorie hat zwar einen beträchtlichen Erklärungswert, aber als Handlungsmodell für Politik reicht sie (noch) nicht aus. So sind z. B. nicht alle historisch wichtigen Faktoren einbezogen. Vor allem wird jedoch die aktuelle Entscheidungssituation der Eltern nicht ausreichend erfaßt, da politisch wichtige gegenwärtige Faktoren nicht berücksichtigt sind.

Zunächst soll durch eine Bestandsaufnahme der familienpolitisch interessanten Datensätze eine empirisch rationale Basis als Orientierungsrahmen für familienpolitisches Handeln geschaffen werden.

Weder empirische noch theoretische Wissenschaft konnte bisher hinreichend die Einflußfaktoren, die auf eine Entscheidung für Kinder hinwirken, erfassen. Die folgenden Orientierungsdaten rücken davon ab, Ursache-Wirkungszusammenhänge beschreiben zu wollen. Es geht darum, das Szenario zu beschreiben, in dem die Entscheidung für Kinder fällt. Hierbei werden sich Problemlagen zeigen, die die Entscheidung erschweren. Aus einer näheren Analyse solcher Problemlagen können dann familienpolitische Maßnahmen abgeleitet werden.

II. Bestandsaufnahme, Analyse und Kritik familienpolitisch wichtiger Datensätze im Hinblick auf eine empirisch rationale Basis

Familienpolitik bedarf einer empirisch gesicherten Basis. Im Folgenden sollen eine Reihe von Orientierungsdaten, die gegenwärtig erfaßt werden, daraufhin geprüft werden.

A. Darstellung, Systematisierung und Kritik der vorhandenen Datenbasis

Die Datenauswahl für Orientierungsdaten im Handlungsfeld Familie sollte neben demographischen Daten zur Familie und deren Entwicklung im Zeitverlauf die Wohn- und Wirtschaftsbeziehungen sowie vor allem die sozialen Beziehungen erfassen.

Die Relevanz der verfügbaren Daten für familienpolitische Fragestellungen ist abhängig von ihrer Herkunft, der Erhebungsmethodik und -häufigkeit sowie den Zugriffsmöglichkeiten.

Zu unterscheiden sind die amtliche und die nichtamtliche Statistik. Im Gegensatz zur amtlichen Statistik, in der hauptsächlich quantitative Strukturdaten zu finden sind, erfaßt die nicht amtliche Statistik auch Einstellungen und Meinungen. Gerade letztere Daten lassen Rückschlüsse auf die sozialen Beziehungen im Handlungsfeld Familie zu.

1. Die amtliche Statistik

1.1 Volkszählung

Eine Aufgabe der Volkszählung ist die umfassende Darstellung der Bevölkerung nach bundeseinheitlichen Kriterien hinsichtlich ihrer demographischen und sozialen Strukturen (vgl. BT-DR 10/2814, S. 12). Die für das Modell der Orientierungsdaten wichtigsten Merkmalsaufbereitungen im Rahmen der Volkszählung von 1970 waren (vgl. Statistisches Bundesamt, (Hg.) 1981, S. 95/96):

- Bevölkerung nach Geschlecht, Alter und Geburtsjahren, Familienstand und Beteiligung am Erwerbsleben.

- Privathaushalte und Familienhaushalte bzw. Familientyp, Zahl der Haushaltsbzw. Familienmitglieder, Zahl und Alter der Kinder, Familientypen im Haushalt.

- Ehepaare nach der Zahl der ehelich lebendgeborenen Kinder, der in der Familie lebenden ledigen Kinder, Altersgruppen, Ehedauer gegebenenfalls früherer Ehen, Ehefrauen bzw. weibliche Familienvorstände insgesamt bzw. mit Kindern nach Familientyp, Altersgruppen, Zahl der ehelich lebendgeborenen und der in der Familie lebenden ledigen Kinder. Außerdem nach Beteiligung am Erwerbsleben und Stellung im Beruf.

- Verheiratete, verwitwete und geschiedene Frauen nach Altersgruppen, Geburtsjahren, Zahl der ehelich lebendgeborenen und in der Familie lebenden ledigen Kinder. Alter bei der Geburt der Kinder, Ehedauergruppen und Heiratsaltersgruppen, gegebenenfalls Jahresabstand zwischen Eheschließung und Aufgabe der Erwerbstätigkeit, ferner Abstand zwischen Geburt des ersten Kindes und Aufgabe der Erwerbstätigkeit.

- Mütter nach Familientyp, Altersgruppen, Zahl der Altersgruppen der Kinder in der Familie, Beteiligung am Erwerbsleben.

- Ledige Kinder in Familien nach Familientyp, Geschlecht und Altersgruppen.

Die für 1987 geplante Volkszählung wird jedoch mit einem gegenüber 1970 gekürzten Fragenkatalog durchgeführt. Diese betrifft vor allen Dingen das Handlungsfeld Familie, insbesondere die Fragen nach dem Eheschließungsjahr, Bestand einer früheren Ehe, Geburtsjahr der lebendgeborenen Kinder, Stellung innerhalb des Haushalts und die frühere Beteiligung am Erwerbsleben, bei Nichterwerbspersonen das Jahr der Aufgabe der Erwerbstätigkeit (vgl. E. Hölder/ L. Herberger, BT-ADS Innenausschuß 10/73, Bonn 1985, S. 61).

Problematisch ist auf jeden Fall, daß für die Erfassung kurzfristiger Veränderungen ein zu langer Zeitabstand zwischen den Volkszählungen liegt. Hinzu kommt, daß die erhobenen Daten erst in einem Zeitraum von bis zu 4 Jahren nach der Volkszählung zur Verfügung stehen (IWD, 30/1985, S. 3). Eine Volkszählung vermittelt also einen Einblick in die Strukturen der Bevölkerung, die Beurteilung dieser Strukturen und eventuell auftretender Strukturveränderungen sind jedoch erst auf der Basis von zumindestens zwei Volkszählungen möglich. Grundsätzlich erweist sich also die Volkszählung als Basis für Orientierungsdaten im Handlungsfeld Familie, auf der Weiteres aufgebaut werden muß.

1.2 Mikrozensus

Der Mikrozensus nimmt im System der amtlichen Statistik eine zentrale Stellung ein. Seit 1957 wird er in der Bundesrepublik Deutschland als Repräsentativstatistik der Bevölkerung und des Erwerbslebens durchgeführt. Er besteht aus einem Grundprogramm, das im Bedarfsfall zur Klärung von Sonderproblemen durch ein Zusatzprogramm erweitert werden kann. Ein Teil des Grundprogramms wird **jährlich** erhoben, darunter fallen auch die Fragen zu Haushalten und Familien.

Die im Hinblick auf unsere Orientierungsdaten wichtigsten Merkmalsaufbereitungen sind nach dem neuen Mikrozensusgesetz (BGBl. I. S. 955) von 1985–1990:

Zahl der Haushalte in der Wohnung und der Personen im Haushalt; Wohnungs- und Haushaltszugehörigkeit sowie Familienzusammenhang (Zugehörigkeit der Person zu einer bestimmten Wohnung und einem bestimmten Haushalt; Zugehörigkeit zu einer bestimmten Familie; Art der Verwandtschaft, Schwägerschaft der Familienmitglieder des Haushalts); Veränderungen der Haushaltsgröße und Zusammensetzung seit der letzten Befragung durch Geburt, Tod oder Umzug; Geschlecht, Geburtsjahr und Monat; Familienstand; Eheschließungsjahr.

Die Erhebungseinheit bilden beim Mikrozensus Personen, Haushalte und Wohnungen, die durch mathematische Zufallsverfahren ausgewählt werden. Alle gemeinsam wohnenden und wirtschaftenden Personen bilden einen Haushalt. Alleinstehende bilden ihrerseits einen Haushalt. Und Personen mit mehreren Wohnungen bilden in der ausgewählten Wohnung einen Haushalt.

Der Mikrozensus ist die einzige Statistik, der laufend aktuelle Ergebnisse über Haushalt und Familienzusammenhang entnommen werden können (R. v. Schweitzer/H. Schubnell, 1985, S. 408). Allerdings unterscheidet er nicht zwischen Haushalt und Familie. Das Zusammenleben in einer Familie bezieht sich nur auf das Merkmal „Wohnung". Die Haushaltsstatistik richtet sich auf die in einem Haushalt zusammenwohnende und gemeinsam wirtschaftende Personengruppe, die sowohl verwandte wie auch fremde Personen, Familien im engsten und im weiteren Sinn, häusliches Dienstpersonal, gewerbliche oder landwirtschaftliche Arbeitskräfte usw. umfassen kann (H. Schubnell, 1959, S. 223).

Es gibt erst seit 1969 eine eigene Berichterstattung des Statistischen Bundesamtes zu Haushalten und Familien. Viele Merkmale und Auswertungen werden erst seit 1975 erhoben bzw. vorgenommen. Dies behindert gerade eine Beobachtung von Familienmitgliedern in ihrem Lebensverlauf oder langfristigen Familienzyklen.

1.3 Statistik der Bevölkerungsbewegung und die Fortschreibung des Bevölkerungsstandes

Seit 1872 müssen Tatbestände, die Änderungen in Bestand oder Familienstand der Bevölkerung bedeuten, den örtlichen Behörden, in der Regel den Standesämtern, angezeigt werden. Hierzu gehören Eheschließungen, Geburten, Sterbefälle und Wanderungen. Anhand dieser Angaben kann der Bevölkerungsbestand jederzeit auf der Basis der letzten Volkszählung fortgeschrieben werden.

Die im Hinblick auf die Orientierungsdaten wichtigsten jährlichen Merkmalsaufbereitungen der Statistik der Bevölkerungsbewegung und die Fortschreibung des Bevölkerungsstandes sind (vgl. K. Schwarz, 1983, S. 217):

– Eheschließung nach Kalendermonat, Alter, bisheriger Familienstand und Kinderzahl der Ehegatten.

- Geburten nach Kalendermonat, Geschlecht, Legitimität, Alter der Mutter, bei ehelich Lebendgeborenen außerdem: Alter des Vaters, Eheschließungsjahr der Eltern, Geburtenfolge und Geburtsdatum des vorhandenen Kindes.
- Sterbefälle nach Kalendermonat, Geschlecht, Alter und Familienstand, Alter des überlebenden Ehegatten bei Verheirateten.
- Gerichtliche Ehelösungen nach Geburtsjahr der Ehegatten, Eheschließungsjahr und Kinderzahl.
- Tafelberechnungen: Geburts-, Heirats- und Sterbetafeln in unregelmäßigen Abständen.

Die Statistik der Bevölkerungsbewegung liefert die demographischen Strukturdaten. Bei einem Vergleich der Fortschreibungsdaten mit den Volkszählungsergebnissen ergaben sich jedoch Differenzen, die auf Lücken im Fortschreibungssystem schließen lassen (zwischen 1961 und 1970 860.000 Personen mehr bei der Fortschreibung). Die Aufarbeitung der Daten unter familienpolitischen Fragestellungen wäre hilfreich. Die bisherige räumlich und zeitlich begrenzte Gliederung überlagert familienpolitische Zusammenhänge, wie z. B. das Verhalten im Lebensverlauf.

2. Nichtamtliche Erhebungen

Daten aus nichtamtlichen Erhebungen und Statistiken lassen sich aus historischen und gegenwartsbezogenen Quellen gewinnen. Nichtamtliche Erhebungen, die ergänzend zu amtlichen Statistiken hinzutreten, erleichtern die Interpretation von Entwicklungen.

2.1 Historische Quellen

Historische Quellen sind für die Orientierungsdaten interessant, da Wandlungen im Familiensystem sich langsam und über große Zeiträume vollziehen. Vergleichsperiode für Wandlungen des generativen Verhaltens können z. B. nicht die letzten 200 Jahre sein. Dieser Zeitraum war eine ausgesprochene Baby-Boom-Periode und in der Menschheitsgeschichte eine ganz und gar ungewöhnliche Epoche. Um „historische Kurzsichtigkeit" zu vermeiden (A. E. Imhof, 1981, S. 19), sind bei bestimmten Fragestellungen historische Daten eine wichtige Ergänzung.

Historische Datenquellen sind z. B. Kirchenbücher, Ortssippenbücher und Personenstandslisten sowie Prozeßakten, testamentarische Vermächtnisse und ähnliche Niederschriften (vgl. A. E. Imhof, 1981, S. 30–33; ebenso W. H. Hubbard, 1983, S. 28–31).

Mit Hilfe dieser historischen Quellen, insbesondere der Personenstandslisten, läßt sich ein Bild der historischen Familienformen und Verbindungen entwerfen. Obwohl dieses Bild natürlich nicht repräsentativ ist, ergibt es einen Vergleichsmaßstab für heutige Verhältnisse. Will man sich nicht den Vorwurf historischer Kurzsichtigkeit zuziehen, erscheint es empfehlenswert, die heutigen Familienformen und Verbindungen mit früheren zu vergleichen, um voreilige Schlüsse zu vermeiden.

2.2 Gegenwartsbezogene Quellen

Die gegenwartsbezogenen Quellen sind Untersuchungen der empirischen Sozialforschung im Handlungsfeld Familie (vgl. hierzu den Überblick in Band 2). Die Repräsentativerhebungen der amtlichen Statistik erlauben es nicht, Randgruppen, Sondereinflüsse und neue Entwicklungen systematisch zu berücksichtigen. Gegenwartsbezogene Datenquellen der nichtamtlichen Statistik zeichnen sich demgegenüber durch ein hohes Maß an Flexibilität in der Merkmalsauswahl, Unabhängigkeit von gesetzlichen Voraussetzungen und Zielgerichtetheit auf den Untersuchungsgegenstand aus. Die gegenwartsbezogenen Datenquellen im Rahmen unserer Orientierungsdaten dienen in erster Linie dem Ziel, einzelne Problembereiche im Handlungsfeld Familie und ihre Bedeutung aufzuzeigen. Handlungsmotive und Einstellungen können mit berücksichtigt werden. Hierdurch wird eine inhaltliche Interpretation und Gewichtung der quantitativen Strukturdaten der amtlichen Statistik ermöglicht.

Die gegenwartsbezogenen Datenquellen untersuchen in der Regel nur ein mehr oder weniger großes Teilgebiet des Handlungsfeldes Familie. Sie sind untereinander meistens nicht vergleichbar. Hinzu kommt, daß entsprechend der jeweiligen Zielsetzung der Untersuchungen spezifische, methodische Vorgehensweisen gewählt werden, die zudem nicht immer eindeutig und vollständig dargestellt sind (vgl. P. Kmieciak, 1976, S. 24).

Im Gegensatz zur amtlichen Statistik haben die gegenwartsbezogenen Datenquellen jedoch einen entscheidenden Vorteil. Sie erlauben mit einem relativ geringen Aufwand, schnell und flexibel Informationen über familiäre Teilbereiche in der Bundesrepublik Deutschland zu gewinnen. Wichtig sind vor allen Dingen die nichtamtlichen gegenwartsbezogenen Datenquellen, da die amtliche Statistik zu wenig zwischen Haushalt und der sozio-biologischen Einheit Familie unterscheidet.

Die amtliche Statistik ist international wie auch in der Bundesrepublik Deutschland vorwiegend auf wirtschaftliche Probleme ausgerichtet. Planung und Entwicklung ökonomischer Interessen stehen im Vordergrund. Der Mensch, die Arbeitskraft und die Bevölkerung sind zwar die Träger wirtschaftlicher Vorgänge, das Erscheinungsbild der amtlichen Statistik wird jedoch durch die Dominanz der Wirtschaftsstatistik geprägt. „We have paid more attention to the reproduction of farm animals then to that of human populations and more attention to the plumling and electrical facilities of our houses then to the change in family structure. Its time that we begin giving attention to us as well as to our animals and material equipment." (Zitiert nach H. Schubnell; H. J. Borries, 1975, S. 328).

In einigen Teilbereichen des Handlungsfeldes Familie stellt die amtliche Statistik Daten zur Verfügung. Jedoch reichen diese Daten nicht aus, um das Handlungsfeld Familie hinreichend zu beschreiben. Auf nichtamtliche Datenquellen muß zurückgegriffen werden. Insgesamt bleibt festzuhalten, daß für die handlungsrelevante, verläßliche Erfassung des gesamten Handlungsfeldes Familie die vorhandene Datenbasis, amtliche und nichtamtliche Daten zusammengenommen, nicht ausreicht. Die erfaßten Orientierungsdaten ermöglichen immerhin nur erste Aussagen und geben Hinweise auf besondere Defizite.

B. Chancen und Möglichkeiten familienspezifischer Orientierungsdaten als Basis ordnungspolitisch orientierter Familienpolitik

1. Definitionen von Familie

Sieht man Familie primär auf die Kernfamilie und gemeinsames Wirtschaften und Wohnen begrenzt, führt dies zwangsläufig zu einer anderen Beurteilung der Situation der Familie in der Bundesrepublik Deutschland als wenn man Familie als dynamisches soziales Beziehungsgefüge definiert. Der verwendete Familienbegriff determiniert die Ergebnisse. Zunächst muß es daher darum gehen, den Familienbegriff zu definieren, der im weiteren Verlauf der Studie verwandt wird.

Der Begriff Familie wird nicht einheitlich gebraucht. Er kann von der historischen Entwicklung her erfaßt soziologisch oder ökonomisch ausgedeutet werden, wobei die Übergänge oft fließend sind. Die älteste Benennung dessen, was später „Familie" hieß, bildete das gothische Wort „heir" (Haus), mit dem die Familie in der speziellen Lebensform des „ganzen Hauses" gemeint ist (vgl. J. Grimm, W. Grimm, 1862, Sp. 1305). Das Wort „Familie" kommt aus dem Lateinischen und ist abgeleitet von dem Begriff familia (vgl. J. Grimm, W. Grimm, 1862, Sp. 1305), der

– die Gesamtheit der unfreien und halbfreien Hausgenossen,

– die Summe aller freien und unfreien Hausgenossen (Hausstand, Hauswesen, „Haus"),

– als Komplexbegriff für ein Geschlecht oder Stamm, im engeren Sinne für einen Teil eines Geschlechtes (Familie, „Haus") umfaßte (vgl. o. V., Der kleine Stowasser, 1971, S. 210).

Für den deutschen Sprachgebrauch wird Familie im Deutschen Wörterbuch von J. und W. Grimm definiert: „dies ist meine familie, hier ist meine ganze familie, hier ist mein ganzes haus (. . .), hier sind alle meine leute, die meinigen, meine lieben oder trauten, frau und kinder, auch die dienstboten, wofür leute zumal haftet." (J. Grimm, W. Grimm, 1862, Sp. 1305; vgl. ebenso: J. Höfer, K. Rahner (Hg.), 1960, Sp. 9).

1.1 Das „ganze Haus"

Der vorindustrielle Familientyp, das „ganze Haus" bezeichnete normalerweise eine Blutsverwandschaftsgruppe. Diese lebte und wirtschaftete mit ihrem Gesinde, das auch aus weiteren Verwandten bestehen konnte, in einer weitgehend ökonomisch autarken Hausgemeinschaft zusammen (vgl. M. Mitterauer, 1979, S. 87).

Die wesentlichen Bestimmungsfaktoren des „ganzen Hauses" waren zum einen die Kombination von Leben und Arbeiten, zum anderen eine größere Gemeinschaft von verwandten und nicht verwandten Personen. Für Familie im heutigen Wortverständnis (Vater, Mutter, Kind) gab es keinen eindeutigen Terminus (vgl. M. Mitterauer, 1978, S. 78).

Typisch war ein ständiger Veränderungsprozeß in der Zusammensetzung der „Familie". So war es normal, daß ständig neue Mitglieder im Familienverband aufgenommen wurden, andere ausschieden oder verstarben. Die hohe Sterblichkeit der Kinder und der Erwachsenen, insbesondere der Mütter, führte, so R. Münz, zu „. . . instabilen und im eigentlichen Wortsinn kurzlebigen Familienkonstellationen" (R. Münz, 1984, S. 2).

Auch die „Kleinfamilie" im heutigen Verständnis machte ständige Veränderungsprozesse durch. Sie war gekennzeichnet durch eine hohe Geburtenziffer und gleichzeitig hohe Kindersterblichkeit. Es war durchaus möglich, daß die Mutter bei der Geburt eines Kindes starb, der Vater erneut heiratete und kurz darauf verstarb. Heiratete die Stiefmutter erneut, so lebten die Kinder in einer Familie, die nicht einmal mehr das Merkmal der Blutsverwandtschaft erfüllte (vgl. M. Mitterauer, 1978, S. 86).

Rationalität bestimmte die Produktionsgemeinschaft des „ganzen Hauses". Besonders im Bereich der Landwirtschaft und im proletarischen Haushalt war es Schicksal, „Kinder in größeren Zahlen zu gebären, zugrunde gehen zu sehen, ihrem Sterben in Not- und Belastungszeiten bisweilen auch nachzuhelfen (und, d. Verf.), beim eigenen oft frühen Tod selber junge Kinder zurückzulassen . . ." (R. Münz, 1984, S. 4).

Familie war also schon immer ein dynamisches Gebilde, also eine Personengruppe, die sich in ihrer Zusammensetzung ständig änderte. Demgegenüber ist der Begriff der gegenwärtigen amtlichen Statistik eher statisch und auf eine ganz spezielle Familienphase bezogen.

1.2 Der Familienbegriff der amtlichen Statistik

Nach der Definition der gegenwärtigen amtlichen Statistik sind Familien „... Ehepaare bzw. alleinstehende Väter oder Mütter, die mit ihren ledigen Kindern zusammenleben (Zweigenerationenfamilie)." (vgl. Statistisches Bundesamt, 1985, S. 51).

Ausgehend von einem idealtypisch abgegrenzten Familienzyklus sind Ehepaare vor der Geburt eines Kindes (Kernfamilie) ebenso Familien wie Eltern, deren Kinder den Haushalt verlassen haben (Restfamilie). Personen, die zu einem früheren Zeitpunkt verheiratet waren, wie verwitwete und geschiedene, gehören zu der Kategorie der Restfamilie, ebenso wie verheiratete – getrenntlebende Personen (vgl. Statistisches Bundesamt, 1985, S. 50).

Das Statistische Bundesamt geht von einer abgegrenzten Familienphase aus (vgl. Statistisches Bundesamt, 1983, S. 11). Diese beginnt mit der Eheschließung, aus der sich die Familie mit Kindern entwickelt. Die Gründung einer Eingenerationen-Kernfamilie reicht für die statistische Erfassung als Familie aus.

Unter Restfamilie in der statistischen Abgrenzung sind alle Personen erfaßt, die in ihrem bisherigen Leben einmal verheiratet waren, sowie Eltern, deren Kinder das Elternhaus verlassen haben. Die Abgrenzung der Restfamilie ist sehr umfassend, sie beinhaltet neben Eltern, deren Kinder nicht mehr mit ihren Eltern zusammenleben, auch verwitwete, verheiratet-getrenntlebende und geschiedene Personen (vgl. Statistisches Bundesamt, (Hg.), 1983, S. 11).

Die amtliche Statistik unterscheidet nicht zwischen Haushalt und Familie (vgl. H. Bertram, 1984, S. 8), wodurch der Definitionsbereich stark eingeschränkt ist. Denn Familie ist meist mehr als die zusammenlebende und -wirtschaftende Gemeinschaft Haushalt. Dies trifft insbesondere für das Verhältnis der Kernfamilie zu ihren Herkunftsfamilien zu. Die hier möglichen sozialen Kontakte werden durch diese Definition ausgegrenzt. Einziger Ansatzpunkt der amtlichen Statistik ist der Generationenhaushalt als räumliche Abgrenzung (vgl. Statistisches Bundesamt, (Hg.), 1983, S. 11), unabhängig davon, ob ein Zusammenleben oder -wirtschaften stattfindet (vgl. Statistisches Bundesamt, (Hg.), 1983, S. 11). Unberücksichtigt bleibt weiterhin das Beziehungsgefüge bei räumlicher Trennung von Kernfamilie und Herkunftsfamilie (zum Beispiel das System von „Zentralhaushalten" und „Satellitenhaushalten", vgl. R. v. Schweitzer, 1983, S. 238). 80 % der Eltern von erwachsenen Kindern leben z. B. in einer Anreisedistanz von weniger als einer Stunde (D. Grunow, 1985, S. 148).

1.3 Der Familienbegriff der Familienberichte der Bundesregierung

Im **zweiten** Familienbericht der Bundesregierung wird Familie im engeren Sinne definiert als „das Beziehungsgefüge eines Elternpaares mit einem oder mehreren eigenen Kindern" (Bundestags-Drucksache 7/3502, 1975, S. 17).

Diese – auch „Kernfamilie" genannt – schließt nicht nur die biologischen Kinder eines Elternpaares, sondern auch adoptierte Kinder mit ein. Die Kernfamilie kann vollständig sein, wenn Kinder einen Vater und eine Mutter „besitzen", oder unvollständig sein, wenn ein Elternteil fehlt (Eltern-, Mutter-, oder Vaterfamilie).

Bildet eine Kernfamilie allein einen Haushalt, so wird sie als „Kleinfamilie" bezeichnet, im Gegensatz zur „Großfamilie", bei der außer der Kernfamilie weitere Personen, unabhängig vom Verwandtschaftsgrad, in einem Haushalt wohnen. Die Grundmerkmale der Familie bilden im zweiten Familienbericht:

- die Ausrichtung auf zwei Generationen
- das Zusammenleben von Erwachsenen beiderlei Geschlechts
- die Kleingruppe, geprägt durch intensive Beziehungen
- die Haushaltsgruppe, die die Gesamtheit der Lebensbereiche jedes einzelnen ihrer Mitglieder berührt (BT-DR 7/3502, 1975, S. 17/18).

Die Familie im engeren Sinne entsteht mit der Geburt eines Kindes und endet mit dem Ausscheiden aus der ökonomischen Einheit – dem Haushalt der Eltern.

Die Kernfamilie steht im Mittelpunkt der Familiendefinition des zweiten Familienberichtes. Sie wird als „Gruppe besonderer Art" (BT-DS 7/3502, 1975, S. 17) angesehen. Als Merkmale der Familie nennt der Bericht neben der Existenz verschiedener Generationen und der ökonomischen Einheit in einer Kleingruppe die Tatsache, daß sich in ihr der wesentliche Teil des intim-privaten Lebensbereiches vollzieht, im Gegensatz zum Arbeits- und Erwerbsbereich (vgl. BT-DR 7/3502, 1975, S. 29). Die statische Sicht von Familie berücksichtigt nicht das Beziehungsgefüge, das zwischen Eltern und Kindern, auch nach einer räumlichen Trennung, weiterhin bestehen bleibt.

Die Kommission zur Erstellung des **dritten** Familienberichtes „. . . spricht von Familie, wenn durch Geburt und Adoption von Kindern aus der Ehe eine biologisch-soziale Kleingruppe zusammenlebender Menschen entsteht." (BT-DR 8/3121, 1979, S. 13). Es werden von diesen „Normalfamilien" jedoch Abweichungen zugelassen. Exemplarisch werden alleinstehende Mütter mit Kindern und verwitwete Väter mit Kindern aufgeführt. Grundsätzlich wird also zwischen vollständigen und unvollständigen Familien unterschieden, wobei vollständige Familien eine zusammenlebende Gruppe von Eltern mit ihren lebenden Kindern oder auch Kernfamilien sind. Unvollständigen Familien fehlt ein Elternteil. Sie bestehen aus Vätern oder Müttern, die mit ihren ledigen Kindern zusammenleben. Dieser Familienverband wird auch als Ein-Elternteil-Familie bezeichnet (vgl. BT-DR 8/3121, 1979, S. 13/14).

Konstitutives Merkmal von vollständigen Familien ist für den 3. Familienbericht das Zusammenleben von zwei Generationen – ein oder beide Elternteile – mit ihren ledigen Kindern. Die Familie entsteht mit der Geburt eines Kindes (vgl. BT-DR 8/3121, 1979, S. 19) und endet mit der Trennung des letzten Kindes von den Eltern (vgl. BT-DR 8/3121, 1979, S. 14). Die Familie wird zwar als ein „... in hohem Maße dynamisches Gebilde ..." (BT-DR 8/3121, 1979, S. 15) beschrieben, als eine auf längere Dauer angelegte und institutionalisierte Intimgruppe (vgl. BT-DS 8/3121, 1979, S. 15). Dennoch wird der Begriff auf die Kernfamilienphase beschränkt. Kommunikations- und Kontaktstrukturen zur Herkunftsfamilie werden damit nicht berücksichtigt.

Die Familiendefinition der **vierten** Familienberichtskommission „... geht von der Perspektive des älter werdenden Menschen aus, der aus einer Herkunftsfamilie stammt, keine, eine oder mehrere Kernfamilien begründet haben kann und im Lebenslauf in sehr unterschiedlicher Weise mit diesen Familienangehörigen in weiterer Sicht durch Wohnformen und/oder wirtschaftliche sowie soziale Beziehungen verbunden ist, die auch gegenseitige Hilfe und Unterstützung sowie Anteilnahme beinhalten" (Vierter Familienbericht der Sachverständigenkommission der Bundesregierung, 1986, S. 14). Dieser Familienbegriff bezieht auch den Prozeß des Alterns mit ein. Er wählt eine betont dynamische Sicht. Prägende Merkmale der Familie sind die gradlinige Verwandtschaft und die gegenseitige Verbundenheit. Die Familie wird als sozial und emotional konstituierter Prozeß angesehen (4. Familienbericht, 1986, S. 14).

Die Definition des vierten Familienberichts ist vom Ansatz her dynamisch ausgerichtet. Die Familie wird damit nicht – im Unterschied zum dritten Familienbericht – als ein soziales Gebilde, als eine Organisationsform neben vielen anderen, wenn auch die am meisten verbreitete (vgl. BT-DA 8/3121, 1979, S. 16), angesehen, sondern als ein dynamischer Prozeß, der dadurch gekennzeichnet ist, daß jeder Mensch mit zunehmendem Alter in vielfältige familiale Beziehungen eingebunden sein kann (vgl. 4. Familienbericht, 1986, S. 15). Definiert man Familie in dieser Weise weit, so kann sie eine Gruppe von Menschen darstellen, die untereinander verwandt, nicht aber notwendigerweise blutsverwandt sind. Hierzu können auch angeheiratete Personen gehören, unabhängig vom räumlichen Bezug auf einen Haushalt (vgl. 4. Familienbericht 1986, S. 15).

Für eine ordnungspolitisch orientierte Familienpolitik erscheint es zweckmäßig, den Fammilienbegriff möglichst weitgreifend zu wählen, also auch Kinder und Alte, Zeugungsfamilien und Herkunftsfamilien in die Familiendefinition miteinzubeziehen. Dies bedeutet eine Verlagerung von der haushaltszentrierten Sichtweise hin zu einer Betrachtung des dynamischen Prozesses „Familie". Damit kann auch das familiale Beziehungsgeflecht anhand innerfamilialer Kontakte aufgezeigt werden. Der 4. Familienbericht betont, daß es „die" Familie als für alle Familien typische Familienform und –situation nicht gibt (vgl. hierzu auch H. Tyrell, 1979, S. 13; H. Rosenbaum, 1982, passim). Es sei somit eine weit differenzierende Betrachtung notwendig, die sich auf alle Bereiche familialen Lebens erstrecken müsse, das vor allem durch die emotionale Beziehung untereinander gekennzeichnet sei.

Wir werden uns im folgenden der dynamischen Familiendefinition anschließen. Es soll ein systematisch ausgewählter und verknüpfter, offener Datenkatalog im Zielbereich Familie entwickelt werden. Dieser Datenkatalog ist eine Möglichkeit, familile Strukturen anhand von sozialen – in unserem Fall Familien-Indikatoren – darzustellen. Hierzu wird zunächst die Entwicklung der „Sozialindikatorenbewegung" kurz referiert. Es werden die verschiedenen Ansätze erläutert und zwei Beispiele für Indikatorensysteme im interessierenden Teilbereich Familie vorgestellt.

2. Analyse der „Sozialindikatorbewegung" unter dem Aspekt ihrer familienpolitischen Relevanz

2.1 Entwicklung von Indikatorensystemen

Sowohl die Ursache für die Beschäftigung mit sozialen Indikataoren als auch die Entwicklung von sozialen Indikatoren kann „. . . as a consequence of the growing dissatisfaction with the available tools for measuring and modifying the growing problems with which societies are being confronted" (V. StolteHeiskanen, 1977, S. 143), angesehen werden. Für die Analyse gesellschaftlicher Zustände und ihrer Entwicklungstendenzen fehlen nicht nur Daten, sondern auch Methoden und entsprechende Theorien (vgl. H. J. Krupp; W. Zapf, 1978, S. 120).

2.2 Ansätze sozialer Indikatoren

a) Wohlfahrtsmessung durch Probleminformation

Die sogenannte „Sozialindikatorenbewegung" geht von gesellschaftlichen Wohlfahrtszielen aus. Es soll einerseits der Umfang sozialer Probleme, andererseits die Effektivität wohlfahrtsrelevanter politischer Maßnahmen erfaßt werden.

Bei diesem Ansatz der Wohlfahrtsmessung versucht man, ein in sich geschlossenes System von Analyse möglicher Aktion und Bewertung des neuen Zustandes zu erreichen. Allerdings setzt das Einigkeit über gesellschaftliche Wohlfahrtsziele voraus und berücksichtigt nicht explizit deren permanente Anpassung an dynamische Gesellschaftsprozesse. Dieser Ansatz empfiehlt sich somit nicht für Familienpolitik.

b) Prognose und Steuerung

Im zweiten Ansatz werden theoretisch fundierte Modelle aufgestellt. Mit Hilfe solcher Modelle, die Wohlfahrtsveränderungen und soziale Prozesse auf der Basis von z. B. Ursache–Wirkungszusammenhängen erklären können, sollen Indikatoren, die variable Zusammenhänge im Modell genau wiedergeben, gefunden werden (vgl. W. Zapf, 1977, S. 19/20). Solche Modelle liegen jedoch gerade im Teilbereich Familie nicht vor.

c) Dauerbeobachtung des sozialen Wandels

Ein anderer Ansatz der Sozialindikatorenbewegung zielt auf umfassende Information bezüglich gesellschaftlicher Strukturen und Prozesse. Hier steht die kontinuierliche Analyse sozialen Wandels im Vordergrund, weil, im Gegensatz zum Ansatz der Wohlfahrtsmessung, davon ausgegangen wird, daß kein allgemeiner Konsens über gesellschaftliche Wohlfahrtsziele erreicht werden kann, diese Ziele zusätzlich dynamischen Änderungsprozessen unterworfen sind und multiple Simulationsmodelle gesellschaftlicher Funktionszusammenhänge noch nicht entwickelt wurden (vgl. W. Glatzer, 1982, S. 167). Die gelieferten Sozialindikatoren im Bereich Familie sind also im wesentlichen Sozialberichterstattung.

d) Sozialberichterstattung

Die Sozialberichterstattung als Teil der angewandten Sozialwissenschaften hat zum Ziel, „... über gesellschaftliche Strukturen und Prozesse sowie über die Voraussetzungen und Konsequenzen gesellschaftspolitischer Maßnahmen regelmäßig, rechtzeitig, systematisch und autonom zu informieren." (W. Zapf, 1977, S. 11).

Nach dem Vorbild der Wirtschaftsberichterstattung soll die Sozialberichterstattung diese um die Analyse der einzelnen Lebens- und Politikbereiche ergänzen. Die Sozialberichterstattung ist eine Synthese der drei vorher behandelten Ansätze. Besondere Bedeutung kommt hier dem Ansatz der gesellschaftlichen Dauerbeobachtung und der Wohlfahrtsmessung zu. Zapf bezeichnet sie als gemeinsames Programm beider Ansätze (vgl. H.-J. Krupp, 1978, S. 121). Zu der Analyse des sozialen Wandels tritt die Analyse der Wohlfahrtsentwicklung als Betonung einzelner Teilbereiche innerhalb gesellschaftlicher Wandlungsvorgänge.

In bezug auf den Ansatz der Prognose und Steuerung steht bei der Sozialberichterstattung die Erfolgskontrolle im Vordergrund (vgl. W. Zapf, 1977, S. 12). Auf welche Weise der Zielbereich Familie bisher dargestellt wurde, soll an zwei Beispielen erläutert werden.

2.3 Beispiele für Sozialindikatoren-Systeme im Zielbereich Familie

a) United Nations

Seit 1970 wurden Systeme sozialer Indikatoren unter anderem auch vom Department of Economic and Social Affaires der Vereinten Nationen entwickelt.

Dieses 1973 erstmalig vorgelegte und später weiterentwickelte System beschäftigt sich in dem Kapitel „Family Formation, Families and Households" mit dem Zielbereich Familie. Ziel dieses Kapitels ist es, die sozialen Aspekte – im Gegensatz zu demographischen Aspekten – der Bevölkerungsstatistik zu konkretisieren (vgl. UN, 1975, S. 64, 11.1). Neben der Beschreibung und Abgrenzung der Haushalte und Familien wird auf ein Familienzykluskonzept (vgl. UN, 1975, S. 65, 11.20) eingegangen.

Das Indikatorensystem ist in drei Abschnitte:

- Ehepaare, Eheschließungen und Scheidungen;
- Familien und
- Haushalte

gegliedert und in Privat- und Anstaltshaushalte eingeteilt (vgl. Übersicht 3).

Die dem ersten Abschnitt zugeordneten Indikatoren sollen zunächst das Heiratsverhalten der verschiedenen Bevölkerungsgruppen verdeutlichen. In Verbindung mit dem jeweiligen Alter können Rückschlüsse auf ein Vorverlegen des Alters bei Erst–Ehen und die Zunahme der Wiederverheiratungen im Verhältnis zur verwitweten und geschiedenen Bevölkerung beobachtet werden. Weiter soll der Wunsch nach, und die Akzeptanz der Ehe aufgezeigt werden, die Bedeutung von Scheidungen im Verhältnis zum Tod bei Ehelösungen und die Verkürzung der durchschnittlichen Ehedauer durch Scheidungen am Maßstab der durchschnittlichen Ehedauer von Ehen, die durch den Tod eines Partners gelöst werden (UN, 1975, S. 68).

Im Abschnitt über Familien wird zunächst die Verbindung zwischen Verheirateten und Familien hergestellt sowie die Bedeutung von Ein-Elternteil-Familien aufgezeigt. Konsum- und Wohnverhalten wird durch die durchschnittliche Familiengröße erklärt. Im Zusammenhang mit Wohlfahrtsprogrammen ist die durchschnittliche Anzahl abhängiger Kinder interessant. Die durchschnittliche Anzahl der Berufstätigen soll die ökonomische Basis der Familien aufzeigen (UN, 1975, S. 68).

Der dritte Abschnitt enthält Indikatoren im Zusammenhang mit Haushalten. Hier wird die Bedeutung nicht ehelicher Lebensgemeinschaften durch die Anzahl der im Haushalt lebenden Familien und die Lebensumstände älterer Menschen (pensioners) durch die Merkmalskombination Anteil von Privathaushalten mit älteren Menschen, Größe und deren Einkommen dargestellt. In der durchschnittlichen Haushaltsgröße wird ein zweckmäßigerer Indikator für die Angaben von Familien

Übersicht 3:

SDS-Indikatorentableau 1975: Familienzusammensetzung, Familien und Haushalte

Untersuchungsgegenstand	Charakteristische Kriterien	sonstige Kriterien	Soziale Indikatoren
A. Ehepaare, Eheschließungen und Scheidungen			
a) Ehepaare, Eheschließungen und Scheidungen			
1. Anzahl der Ehepaare	Zeitpunkt, Dauer und Art der Eheschließung (Erst-Ehen etc.), Anzahl der ehelichen Kinder, hinterbliebener und abhängiger Kinder	Alter der Partner Geographische Gebiete	Quote der Erst-Eheschließungen von Frauen (Männern) zur Anzahl lediger Frauen (Männer) Quote der Wiederverheiratungen zur Anzahl der Verwitweten oder Geschiedenen
2. Anzahl der Eheschließungen	s.o. (ohne Berücksichtigung der Kinder)	s.o.	Anteil der Verheirateten an den Heiratsfähigen
3. Anzahl der Ehescheidungen	s.o. (ohne Berücksichtigung der Kinder)	s.o.	Anteil der geschiedenen Ehen Durchschnittliche Ehedauer geschiedener Ehen Durchschnittliche Ehedauer bei Auflösung der Ehe durch einen Todesfall
B. Familien			
a) Familien			
1. Anzahl der Familien	Größe und Art, nationaler oder ethnischer Herkunft, Stadt/Land	Alter und Geschlecht der Mitglieder, sozioökonomische Schicht, Einkommen, geographisches Gebiet	Anteil der vollständigen Familien Durchschnittliche Größe Durchschnittliche Zahl abhängiger Kinder Durchschnittliche Zahl erwerbstätiger Familienmitglieder
2. Neu gegründete Familien	s.o.	s.o.	
3. Statusänderungen bestehender Familien (einschl.Auflösungen)	s.o.	s.o.	
C. Privat- und Anstaltshaushalte			
a) Privathaushalte			
1. Anzahl der Privathaushalte	Größe und Art, nationaler oder ethnischer Herkunft, Stadt/Land	s.o.	Anteil der Privathaushalte mit einer oder mehreren Familien Anteil der Privathaushalte mit einem oder mehreren Rentnern Durchschnittliche Haushaltsgröße
2. Neu gegründete Privathaushalte	s.o.	s.o.	
3. Statusänderungen bestehender Privathaushalte (einschl. Auflösungen)	s.o.	s.o.	
b) Anstaltshaushalte			
1. Anzahl der Anstaltshaushalte	Sektor, Zweck, Größe und Bezeichnung/Spezifizierung	Geographische Gebiete	Anteil der Bevölkerung in Anstaltshaushalten
2. Neu gegründete Anstaltshaushalte	s.o.	s.o.	
3. Statusänderungen bestehender Anstaltshaushalte (einschl. Auflösungen)	s.o.	s.o.	

Quelle: United Nations, Department of Economic and Social Affairs, Statistical Office: Towards a System of Social and Demographic Statistics, Studies in Methods, Series F, No. 18, New York 1975, S.67 (Übersetzung d.Verf.)

gesehen als die oben erwähnte durchschnittliche Familiengröße. Mit der Angabe der in Anstaltshaushalten Lebenden wird die Bedeutung von Anstaltshaushalten im Verhältnis zu Privathaushalten angezeigt (vgl. UN, 1975, S. 68).

Für die Beurteilung dieses Indikatorensystems in Verbindung mit Familien ist der Entstehungshintergrund von entscheidender Bedeutung. Der Abschnitt über Familien ist hier nur ein kleiner Ausschnitt. Deshalb sollen hier nur grobe Entwicklungen aufgezeigt werden. Es mußte eine Konzeption gefunden werden, die die Verhältnisse in mehreren unterschiedlichen Gesellschaften bestmöglich wiedergibt. Insofern ist hier die Gefahr gegeben, das Hauptaugenmerk auf den Unterschied zwischen den einzelnen Ländern zu richten. Entwicklungen innerhalb einzelner Kulturkreise konnten dabei vernachlässigt werden.

Als Datenbasis dienen die offiziellen Statistiken der einzelnen Länder. Neben methodischen Problemen im Sinne der Vergleichbarkeit der Daten treten Verzerrungen durch von der amtlichen Statistik nicht erfaßte Merkmale auf (vgl. UN, 1975, S. 23/24). Entsprechend der angeführten Kritikpunkte gegenüber der ausschließlichen Verwendung amtlicher Statistik werden wir im zu entwickelnden „Pegelwerk" familienpolitischer Orientierungsdaten über diesen Ansatz hinausgehen.

Das Indikatorensystem der Vereinten Nationen zum Bereich Familie ist primär auf Dauerbeobachtung familialer Entwicklungen ausgerichtet. Aus der Beschreibung der Indikatoren geht jedoch hervor, daß zumindest ansatzweise die Auswirkungen staatlichen Handelns mit angezeigt werden.

b) SPES

Im Rahmen des SPES-Indikatorentableau '76 werden im Zielbereich Bevölkerung auch Familien angesprochen. Im Zielbereich Bevölkerung werden, neben anderen, die Zieldimensionen Bevölkerungswachstum, Haushaltsstrukturen und Familienstrukturen behandelt, denen insgesamt 10 Unterdimensionen zugeordnet sind. Auf dieser Ebene wurden zur Messung des sozialen Wandels bzw. der Zielerreichung ideale Sozialindikatoren gesucht (vgl. W. Zapf, 1977, S. 15). So soll der Anteil alleinstehender Menschen die Vereinzelung innerhalb der Zieldimension Haushaltsstruktur und das häufigste Heiratsalter die Eheneigung innerhalb der Zieldimension Familienstruktur zeigen.

Entsprechend der Datenverfügbarkeit der idealen Indikatoren werden die Ansprüche auf Näherungswerte als Ersatzindikatoren reduziert (vgl. W. Zapf, 1977, S. 15).

Das Hauptgewicht liegt hier auf der Beobachtung der Bevölkerungsentwicklung. „Der Versuch der Entwicklung von Bevölkerungsindikatoren muß sich weitgehend auf das Beschreiben und Sichtbarmachen von bestimmten Strukturen und Prozessen beschränken." (vgl. A. Steger, 1977, S. 98).

Steger kommt zu dem Ergebnis (vgl. A. Steger, 1977, S. 138), daß ein leichtes Schrumpfen der Bevölkerung eine keineswegs unerwünschte Entwicklung ist, insofern, daß die geforderte Stetigkeit der Veränderung gewährleistet ist. Ausgehend von der Norm der Stetigkeit kommt sie zu dem Schluß, daß sich auch weiterhin Unregelmäßigkeiten im Altersaufbau nicht vermeiden lassen werden. Weiterhin stellt sie fest, daß Vereinzelung und Isolation bestimmter Bevölkerungsgruppen durch die Auflösung von Großhaushalten stattgefunden hat und das Ende dieser Entwicklung, angezeigt durch die Anzahl der Kleinhaushalte, noch nicht angegeben werden kann. Aus dieser Entwicklung wird weiterhin auf einen Abbau familialer Funktionen geschlossen, was eine Verlagerung auf öffentliche Institutionen zur Folge hat. Trotz dieser Ergebnisse wird eine relative Stabilität von Ehe und Familie vermutet. Dies wird durch die Entwicklung von Heirats- und Wiederverheiratungsquoten untermauert.

Übersicht 4:

SPES-Indikatorentableau 1976: Bevölkerung und Familie (Ausschnitt)

Idealer Indikator	Zielbereich: Zieldimension	SPES-Indikator 1976
	BEVÖLKERUNG	
	1. Bevölkerungswachstum	
	1.1 Bevölkerungsveränderung	Veränderung der Bevölkerungsgröße Natürliches Bevölkerungswachstum Ausländerquote
	1.2 Stabilität im Altersaufbau	Abweichung einer gegebenen Altersstruktur von der stationären Bevölkerung
	1.3 Stabilität im generativen Verhalten	Nettoreproduktionsziffer
	2. Haushaltsstruktur	
	2.1 Kontraktionstendenz	Anteil der 3- und 4-Generationenhaushalte Bevölkerungsanteil in Großhaushalten
Anteil alleinstehender Menschen	2.2 Solitarisierung	Bevölkerungsanteil in Einpersonenhaushalten Anstaltsquote
	3. Familienstruktur	
	3.1 Eheneigung	Verheiratetenquote der 35- bis 45-jährigen
Häufigstes Heiratsalter		Durchschnittliches Heiratsalter lediger Personen
	3.2 Stabilität von Ehe und Familie	Nicht-ehelich Geborenenquote Scheidungsquote Wiederverheiratungsquote Unvollständige Familien
	3.3 Familientypen	Kinderlose Ehen Familien mit einem Kind Familien mit 4 und mehr Kindern
	3.4 Eheliche Fruchtbarkeit	Familienzuwachsziffern Gewünschte Kinderzahl
	3.5 Disparität der Verwitwung	Sexualproportion über 65-jähriger verwitweter Personen

Quelle: Zapf, W. (Hg.): Lebensbedingungen in der Bundesrepublik 1977, Frankfurt a. Main 1977, S. 30/31

Die Indikatoren im Rahmen des SPES-Projektes, in dessen Teil zur Bevölkerungsentwicklung Familien behandelt werden, basieren auf der Beobachtung von Datenreihen, die der amtlichen Statistik entnommen wurden. Entsprechend der angeführten Kritikpunkte zur amtlichen Statistik stellt sich die Frage, ob die im SPES-Projekt gewählte Datenbasis ausreicht, die Zieldimension und speziell den Zielbereich Familie hinreichend transparent zu machen. Neben einem Vorgehen, daß mit rein quantitativen Datensätzen argumentiert, erschwert die rein demographische Sichtweise die weitere Analyse, was die Schlußfolgerungen zum Funktionsverlust der Familie bei gleichzeitiger Konsolidierung zeigen.

3. Entwicklung eines „Pegelwerks familienpolitischer Orientierungsdaten"

3.1 Bewertung von Sozialindikatoren-Systemen

Je differenzierter eine Gesellschaft wird, um so dringender werden Versuche der systematischen Informationssammlung und Verarbeitung, um ein möglichst umfassendes und getreues Abbild der Gesellschaft und ihrer Entwicklung in den verschiedenen Lebensbereichen zu liefern (W. Müller, 1983, S. 20). In der Sozialindikatorbewegung wurde der Versuch gemacht, das bisher bestehende, ökonomisch ausgerichtete Informationssystem auch auf andere gesellschaftliche Ebenen auszudehnen (W. Zapf, 1977, S. 11/12). Dem Handlungsfeld Familie wurde, wie gezeigt, eine Bedeutung beigemessen, als Teil der Bevölkerungsentwicklung im SPES–Projekt bzw. mit etwas größerem Gewicht als sozialer Aspekt der Bevölkerungsstatistik im Sozialindikatoren–System der Vereinten Nationen.

Ausgehend von der unterschiedlichen Bedeutung, die dem Handlungsfeld Familie beigemessen wird, ist zu klären, wie auf der Basis der gewählten Familiendefinition das Handlungsfeld Familie im Rahmen der Orientierungsdaten erschlossen werden sollte.

Als Ansatz für Orientierungsdaten hat sich gezeigt, daß zunächst eine Dauerbeobachtung im Sinne einer kontinuierlichen Bestandsaufnahme wichtig ist. Im Hinblick auf Prognose und Steuerung familiärer Strukturen und Prozesse ist festzustellen, daß explizite, theoretische Modelle speziell auch für die Entscheidung für Kinder (vgl. I.) nicht gegeben sind. Aufgabe wird es deshalb sein, mit Hilfe einer vergrößerten Datenbasis, die sich nicht nur auf die amtliche Statistik beschränkt, das Handlungsfeld Familie intensiver zu erschließen und zu beobachten.

3.2 Auswahlkriterien für Indikatoren im Handlungsfeld Familie

Die Konzeption familienpolitisch interessanter Orientierungsdaten muß sich an den in der Sozialindikatorforschung gemachten Erfahrungen orientieren. Im Rahmen unseres Projekts sollen hier Orientierungsdaten aufgezeigt werden, die eine Orientierungshilfe für Familienpolitik darstellen. In der Terminologie der Sozialindikatorforschung kann man das „Handlungsfeld Familie" als Zielbereich bezeichnen (vgl. W. Zapf, 1976, S. 56).

Innerhalb dieses Zielbereiches sind entsprechende Untergliederungen vorzunehmen, die die Dimensionen des Zielbereiches beschreiben. Ein systematischer Modellaufbau ist gekennzeichnet durch zusätzliche Einteilung in Zielkomponenten, Teilkomponenten bis hin zu einzelnen Datensätzen (vgl. W. Zapf, 1977, S. 14/15). Die Beziehung einzelner Ebenen zueinander macht W. Glatzer deutlich: „Unter System wird einerseits ein kategoriales System verstanden, eine systematische Ordnung von Kategorien, die in logischer und sachlicher Beziehung zueinander stehen. . . . Hinter Systemen dieser Art steht eine „systemstiftende Idee", die verhindern soll, daß eine bloß exemplarische oder enumerative Ansammlung von Elementen erfolgt." (W. Glatzer, 1982, S. 168).

Insgesamt sollen die Orientierungsdaten ähnlich wie ein Indikatorensystem nicht primär inhaltliche Vollständigkeit anstreben, sondern die wichtigsten Komponenten definieren (vgl. W. Zapf, 1975, S. 182), die ein Zielbereich beinhaltet.

Auf dieser Grundlage werden verschiedene Datensätze ausgesucht und zusammengestellt. Für die Auswahl einzelner Indikatoren zeigt die „Sozialindikatorbewegung" verschiedene Ansätze auf. Sozialindikatoren werden als „besonders ausgewählte, besonders aussagefähige sozialstatistische Kennziffern mit Problembezug" (W. Zapf, o. J., S. 20) bezeichnet, sie „sollen Endprodukte (outputs) messen, individuumbezogen sein und sich auf gesellschaftliche Ziele beziehen und dennoch in möglichst anschaulichen Aggregatgrößen vorgelegt werden." (W. Zapf, 1976, S. 5); sie sollen „objektive" Lebensbedingungen und „subjektive" Einstellungen messen sowie deskriptiv sein (vgl. W. Zapf, 1976, S. 67/68).

Eine eindeutige positive Definition von sozialen Indikatoren kann nicht im Vordergrund stehen (vgl. W. Zapf, 1976, S. 69). Wir schließen uns der Abgrenzung von R. Stone an (vgl. W. Zapf, 1976, S. 69, auch 1978, S. 121/2), die in den hier dargestellten Sozialindikatorsystemen Richtschnur für die Auswahl sozialer Indikatoren war (vgl. UN, 1975, S. 28; W. Zapf, 1977, S. 17). R. Stone beschrieb 1973 folgendes Vorgehen bei der Auswahl von sozialen Indikatoren: „Soziale Indikatoren beziehen sich auf Bereiche von gesellschaftspolitischer Bedeutsamkeit, und sie können dazu dienen, unsere Neugierde zu befriedigen, unser Verständnis zu verbessern oder unser Handeln anzuleiten. Sie können die Form einfacher statistischer Reihen haben, oder sie können synthetische Reihen sein, die durch die mehr oder weniger komplizierte Verarbeitung einfacher Reihen gewonnen werden . . . Soziale Indikatoren sind eine Teilmenge der Daten und Konstrukte, die aktuell oder potentiell verfügbar sind; sie unterscheiden sich deshalb von anderen Statistiken nur durch ihre Relevanz und Brauchbarkeit für einen der obengenannten Zwecke." (R. Stone, 1973, S. 66).

Wie auch in der Sozialindikatorforschung (vgl. W. Zapf, 1977, S. 15) ist es im Hinblick auf Orientierungsdaten im Zielbereich Familie notwendig, ideale Indikatoren zu definieren. Sie bilden zum einen den Maßstab, auf dessen Hintergrund Datensätze ausgewählt werden können, sie machen die Grenzen des vorhandenen Datenmaterials deutlich, können Hinweise auf möglichen Handlungsbedarf im Bereich zusätzlicher Datengewinnung geben und bilden einen Bewertungsrahmen für die vorhandene Datenbasis im Hinblick auf Familie.

3.3 Operationalisierung der familienpolitischen Orientierungsdaten

Ordnungspolitisch orientierte Familienpolitik ist nur auf der Grundlage von Orientierungsdaten möglich, die das Handlungsfeld Familie so darstellen, daß Funktionsweisen, Beziehungen und Vorstellungen im Ganzen des Beziehungsfeldes wiedergegeben werden. Den Zielbereich Familie werden wir zunächst in die Zieldimensionen Akzeptanz, Stabilität, Funktionen, ökonomische Lage, generatives Verhalten, soziale Kontaktstrukturen und Erwerbsarbeitswelt gliedern.

Akzeptanz in Zusammenhang mit Familie kann den gesellschaftlichen und individuellen Stellenwert von Familie erfassen. Die Zieldimension **Akzeptanz** ermöglicht eine Gesamtschau von Familie. Sie hat den Vorteil, daß alle Gesichtspunkte, die Familie betreffen können, implizit in die Beurteilung mit einfließen. Auf diesem Hintergrund kann Akzeptanz von Ehe und Familie aus verschiedenen Perspektiven dargestellt werden, einmal aus der Sicht des einzelnen für sich selbst oder für die Gesellschaft insgesamt, zum anderen in Abhängigkeit von Lebensalter bzw. der jeweiligen Stellung im Familienzyklus.

Die Zieldimension **Stabilität** der Familie in zeitlicher Dimension eröffnet den Blick auf die Lebensdauer einer Familie, auf familienzyklisch oder sozial bestimmte Schwankungen der Größe und Zusammensetzung einer Familie.

In der Zieldimension **Funktionen** der Familie sollen Art und Ausmaß der familialen Leistungen sowie die Bereitschaft der Familie, diese Aufgaben zu übernehmen, aufgezeigt werden.

Die Beschreibung der **ökonomischen Lage** der Familie gibt Einblick, inwieweit die Familien ihren Lebensunterhalt bestreiten können. Besonderes Augenmerk gilt den möglichen Problemlagen in spezifischen familialen Situationen.

Die Zieldimension **generatives Verhalten** zeigt auf, wie viele Kinder die Familien zu welchem Zeitpunkt bekommen. Verhaltensmuster im Familienbildungsprozeß sollen deutlich werden.

In der Zieldimension **soziale Kontakte** soll Familie als soziales Beziehungsnetz erfaßt werden. Da Familie mehr ist als die zusammen lebenden und wirtschaftenden Menschen, werden Indikatoren gesucht für die sozialen Kontakte zwischen den Haushalten.

Die Zieldimension Familie und Erwerbsarbeitswelt stellt auf die Vereinbarkeit zwischen Erwerbs- und Familienleben ab. Es soll gezeigt werden, mit welchen Problemlagen die Familienmitglieder konfrontiert werden, wenn sie für ihr Leben planen, sowohl familien- als auch erwerbstätig zu sein.

C. Familienpolitische Orientierungsdaten

1. Akzeptanz

Im ersten Zielbereich für familienpolitische Orientierungsdaten geht es um die Akzeptanz von Ehe und Familie. Hier soll anhand verschiedener Datensätze ein Eindruck vom gesellschaftlichen und individuellen Stellenwert der Familie vermittelt werden. Entscheidende Komponenten dieses Zielbereichs sind zum einen die Ehe, die die rechtliche Basis des Zusammenlebens verschiedener Personen bildet, zum anderen die Familie als emotionales Beziehungsgefüge zweier oder mehrerer Personen auf der Grundlage einer ehelichen Beziehung.

Konstitutives Merkmal für Familie ist die Beziehung von Individuen untereinander, die zum einen durch das Rechtsinstitut Ehe, zum anderen durch eine emotionale Beziehung zueinander gekennzeichnet ist.

Die Akzeptanz dieser Lebensform spiegelt sich nicht nur in Verhaltensdaten, sondern auch in Einstellungsdaten. Erster Ansatzpunkt für die Erfassung der Akzeptanz der Ehe ist die Bereitschaft, erstmalig eine Ehe einzugehen. Ein weiterer ist neben dem Ehelösungs- auch das Wiederverheiratungsverhalten. Nicht-eheliche Lebensgemeinschaften als stabile Beziehungsgefüge, die von manchen als Alternative zur juristisch fixierten Zweierbeziehung gesehen werden, sind in einem dritten Ansatz zu betrachten.

1.1 Erst-Ehen

Einen Einstieg in die Untersuchung der Akzeptanz der Erst-Ehen bietet die amtliche Statistik der Bundesrepublik Deutschland mit der Erfassung der Eheschließungen aufgrund der Meldungen der Standesämter an (vgl. Tabelle 1, Tabellen alle in Band 2). „Die Entwicklung der Eheschließungen . . . ist ein Gradmesser dafür, ob die Ehe weiterhin ganz selbstverständlich als die rechtliche und gesellschaftliche Institution angesehen werden kann, in der Mann und Frau grundsätzlich auf Lebenszeit eine Lebensgemeinschaft eingehen . . . ," (K. Schwarz, C. Höhn, 1985, S. 13).

Ausgehend von einer hohen Zahl der Eheschließungen in den 60er Jahren zeigt sich bis 1984 eine rückläufige Tendenz. „Um 1961 war ein Heiratsboom zu beobachten." (K. Schwarz, C. Höhn, 1985, S. 13). Die Daten des Reichsgebietes zeigen im Vergleich zu 1962 geringere Eheschließungszahlen. Mitterauer führt diesen Anstieg der Eheschließungszahlen unter anderem auf die „personale Freiheit", die „zeitliche Freiheit" und die „eigenständige Entscheidung in der Partnerwahl" zurück (vgl. M. Mitterauer, 1982, S. 19).

Da die Anzahl der Eheschließungen an sich nur einen begrenzten Aussagewert besitzt, wird üblicherweise (vgl. G. Mackenroth, 1953, S. 19) die allgemeine Eheschließungsziffer (Die Eheschließungsziffer gibt die Anzahl der Eheschließungen auf 1000 Einwohner der mittleren Bevölkerung des jeweiligen Jahres wieder (vgl. K. Bolte u. a., 1980, S. 222)) herangezogen, um erste Aussagen über das Eheschließungsverhalten machen zu können (vgl. H. Pröbsting, H. Fleischer, 1985, S. 730).

Die allgemeine Eheschließungsziffer zeigt für 1962 den höchsten Wert, abgesehen von nachgeholten Eheschließungen nach Kriegen (1870/71 und 1914/18), und zeigt bis heute entsprechend der sinkenden Eheschließungszahlen und den Veränderungen im Altersaufbau (vgl. G. Mackenroth, 1953, S. 85) fallende Tendenz. Für 1986 ergeben die Daten insgesamt eine steigende Tendenz.

Weitere Aussagen über das Eheschließungsverhalten bei Erst–Ehen ermöglicht das durchschnittliche Heiratsalter (Das durchschnittliche Heiratsalter Lediger wird ermittelt, indem das gewogene arithmetische Mittel des Alters und der Anzahl der Eheschließungen, differenziert jeweils nach dem Familienstand vor der Eheschließung und dem Geschlecht, errechnet wird (vgl. Deutscher Bundestag, 1980, S. 56)) derjenigen, die zum ersten Mal heiraten (vgl. Tabelle 2).

Bis zur Mitte der 70er Jahre zeigt das durchschnittliche Heiratsalter eine fallende Tendenz. „Es wurde früher und häufiger geheiratet als vor dem Zweiten oder dem Ersten Weltkrieg." (K. Schwarz, C. Höhn, 1985, S. 13). In der alteuropäischen Gesellschaft war der Zeitpunkt der Heirat bestimmt durch die Übernahme des Bauernhofes oder der Erlangung der Meisterwürde und lag entsprechend sehr hoch (vgl. M. Mitterauer, 1985, S. 19; ebenso H. Bollinger, 1980, S. 44 und 48).

In dem seit 1975 steigenden Heiratsalter kann ein Rückgang der Heiratsneigung gesehen werden (vgl. K. Schwarz, C. Höhn, 1985, S. 13), der sich auf die Entscheidung für Kinder auswirkt. „Je später geheiratet wird, desto niedriger ist die Kinderzahl." (C. Höhn, 1978, S. 279).

„Ein Indiz für das Hinauszögern einer Erstheirat ist die Zunahme des durchschnittlichen Heiratsalters der Ledigen seit 1975..." (BT-DS 10/863, 1984, S. 27).

Neben dem Merkmal des durchschnittlichen Alters bei der Erst-Heirat bietet die amtliche Statistik eine Darstellung des Heiratsverhaltens nach Geburtskohorten der Ledigen. (Die Heiratsziffer Lediger, auch als altersspezifische Heiratsziffer der Ledigen (vgl. Deutscher Bundestag: BT-DS 8/4437, S. 56) oder als Heiratshäufigkeit (vgl. Statistisches Bundesamt, Statistisches Jahrbuch 1985, S. 51) bezeichnet, gibt die „Anzahl der heiratenden Ledigen des Alters X (eines Berichtsjahres) bezogen auf 1000 Ledige im Alter X" an (Deutscher Bundestag: BT-DS 8/4437, S. 56) (vgl. Tabelle 3). Ein Vergleich der Ergebnisse von 1910/11 zu 1970 zeigt, daß generell die Heiratsziffer der unter 28jährigen 1970 höher liegt. Für die über 28jährigen lagen 1910/11 die Heiratsziffern höher. Gegenüber 1970 zeigt sich bis 1983 bzw. 1985 insgesamt eine gesunkene Heiratshäufigkeit.

Die Daten der amtlichen Statistik zeigen zunächst sinkende Eheschließungszahlen seit 1963 (Bundestags-Drucksache 10/863, 1984, S. 27). Besonders deutlich wird diese Entwicklung im Verhältnis zur mittleren Bevölkerungszahl. Die Daten zeigen aber auch nochmals, daß in der Zeit nach dem Zweiten Weltkrieg besonders viele Eheschließungen zu verzeichnen sind. „Der größte Umfang der Verheiratungen wurde für 1960/62 errechnet." (C. Höhn, 1976, S. 27). Dagegen zeigen Ergebnisse des 19. Jahrhunderts eine geringere Anzahl von Eheschließungen, auch gestützt auf Ergebnisse der historischen Familienforschung. So waren die Eheschließungsmöglichkeiten zum Teil eingeschränkt (vgl. W. H. Hubbard, 1983, S. 66), für einige Bevölkerungsteile unüblich oder an die Erlaubnis des Grundherren geknüpft (vgl. M. Mitterauer, 1979, S. 102). Parallel dazu wird, wie bereits erwähnt, gezeigt, daß seit dem 17. Jahrhundert in relativ hohem Alter geheiratet wurde (vgl. M. Mitterauer, 1978, S. 143; vgl. W. H. Hubbard, 1983, S. 18). Hubbard gibt das durchschnittliche Heiratsalter für Männer mit 27–28 Jahren, für Frauen von 25–26 Jahren an (vgl. W. H. Hubbard, 1983, S. 18).

Die Heiratsziffer Lediger zeigt einen Rückgang der Ziffer durchgängig für alle Altersjahrgänge. Pröbsting führt diese Entwicklung nicht so sehr auf das gestiegene Heiratsalter als auf einen Rückgang der Heiratsneigung zurück (vgl. H. Pröbsting, 1982, S. 38; Deutscher Bundestag: BT-DR 10/863, a. a. O., S. 27).

Die amtliche Statistik der Bundesrepublik Deutschland kann zur gewählten Fragestellung nur bedingt Antworten beitragen. Deshalb erscheint es notwendig, die festgestellten Entwicklungen von Fragestellungen nach Bedeutung, Stellenwert und Perspektiven der Ehe in der Gesellschaft zu ergänzen. Die Bedeutung, die der Ehe in der Gesellschaft beigemessen wird, kann zunächst aufgrund der gemachten Erfahrungen Verheirateter dargestellt werden.

In einer infas-Repräsentativerhebung unter Ehepaaren wurde die Bedeutung der Ehe erfragt (vgl. Tabelle 4). Insgesamt hielten die Ehe 49 % im Gegensatz zu 35 % für nicht so wichtig. Wobei dieser Trend bei Frauen (44/40 %) ausgeprägter war als bei Männern (40 % bzw. 45 %). Leider geht aus der Studie nicht hervor, in welchem Zusammenhang diese Frage gestellt wurde – es fehlt ein Maßstab für die Bedeutung anderer Merkmalsausprägungen.

Diese Antwortrelationen werden als „. . . eine de facto Anerkennung und eine gleichzeitige normative Erosion der sozialen Institutionen" (BMJFG (Hg.), 1976, S. 97) gedeutet.

Weiterer Aufschluß über die Bedeutung der Ehe läßt sich aus der Gegenüberstellung verschiedener Lebensmodelle gewinnen. Die Umfrage von Habermehl 1980 (vgl. W. Habermehl, W. Schulz, 1982, S. 743) ergab, daß das Zusammenleben von der überwältigenden Mehrheit als attraktivste Lebensform angesehen wird (insg. 97 %) (vgl. Tabelle 5), wobei die Ehe an erster Stelle mit 60 % genannt wird.

Ein erster Ansatz für eine bewertende Darstellung ergibt sich durch die Verbindung der Ehe mit dem individuellen Lebensgefühl im Zeitvergleich (vgl. Tabelle 6). Um wirklich glücklich leben zu können, zeigt sich die Ehe für eine Mehrheit der Befragten nicht mehr so wichtig. Insbesondere für Frauen hat die Bedeutung der Ehe als zentraler Wert des Lebensgefühls abgenommen – von 51 % 1949 auf 29 % 1976. Bei den Männern ist dieser Trend im Zeitverlauf nicht so stark ausgeprägt wie bei Frauen.

Die Bewertung des Lebensglückes in der Gegenüberstellung der Familie als Lebensgemeinschaft und des Alleinlebens erweitert die Darstellung des gesellschaftlichen Stellenwertes der Ehe durch die Einbeziehung der Extrempunkte der Lebensmodelle (vgl. Tabelle 7). Das Alleinleben wird von 1 % der Befragten bevorzugt. Für die überwiegende Mehrheit gehört die Familie zu einem glücklichen Leben. Von 1953 78 % hat dieser Wert sich bis 1979 auf 73 % verringert.

Den qualitativen Aspekt des Stellenwertes der Ehe zeigen die Gründe, die zur Heiratsentscheidung geführt haben (vgl. Tabelle 8). Das „Timing" der Heirat hat sich im Zeitvergleich stark gewandelt. In historischer Perspektive wurde die Heiratsentscheidung durch ökonomische (vgl. H. Bollinger, 1980, S. 44–48) und machtpolitische (vgl. M. Mitterauer, 1978, S. 141) Faktoren bestimmt. Heute steht der Wunsch, einfach verheiratet zu sein, mit 53 % der Nennungen im Vordergrund, ebenso wie die rechtliche Absicherung mit 26 %. Ökonomische Faktoren spielen eine eher untergeordnete Rolle (um 10 %).

Die Perspektive der Ehe zeigt sich in der normativen Einschätzung der Zukunft der Ehe. 70 % der Befragten sehen eine Perspektive in der Ehe (vgl. Tabelle 9). Im Gegensatz dazu sind 30 % der Meinung, daß die gesellschaftliche Entwicklung dahin geht, daß die Ehe sich auflöst. Zur Einschätzung der Perspektive der Ehe ist es jedoch notwendig, dieses pauschale Ergebnis nach Altersgruppen und Geschlecht weiter aufzugliedern.

Die grundsätzliche Einstellung zur Ehe hat sich in der Zeit von 1963 bis 1978 stark gewandelt (vgl. Tabelle 10). Insgesamt ging die Gruppe, die die Ehe für notwendig hielt, um 1/3 zurück. Es fällt auf, daß mehr Befragte mit „unentschieden" antworteten als mit „überlebt". Innerhalb der verschiedenen Altersgruppen zeigen sich im Gegensatz zu 1963 für 1978 starke Unterschiede. Die Ehe wird mit zunehmendem Alter als notwendig eingestuft. Besonders auffällig ist die große Gruppe der Unentschiedenen – 40 % in der Altersgruppe der unter 25jährigen Männer.

1.2 Ehelösungen und weitere Ehen

Zur Beurteilung der Akzeptanz der Ehe bedarf es nach der Darstellung des Heiratsverhaltens der Ledigen der Erörterung der Ehelösungen, da auch sie als Gradmesser der Akzeptanz für die rechtliche und gesellschaftliche Institution der Ehe angesehen werden kann (vgl. K. Schwarz, C. Höhn, 1985, S. 13). Von besonderem Interesse ist hierbei die Entwicklung und die Einstellung zur Scheidung wie auch die Bereitschaft Geschiedener, eine weitere Ehe einzugehen (Tabelle 12). Daten zu Ehelösungen stellt die amtliche Statistik zur Verfügung. Ehelösungen können auf Ehescheidungen oder auf den Tod eines Ehepartners zurückgeführt werden (vgl. Tabelle 11) (vgl. G. Mackenroth, 1953, S. 85).

Die Ehelösungen zeigen insgesamt eine steigende Tendenz, von 300.000 1950 auf 430.000 1983. Die Hälfte der Ehelösungen war 1983 auf den Tod des Ehemannes zurückzuführen, weitere 20 % auf den Tod der Ehefrau. Auf der Grundlage niedriger Scheidungszahlen in den 60er Jahren zeigt sich eine Zunahme der Scheidungen. Ihr Anteil an den Ehelösungen stieg von 1960 14,3 % auf 1983: 28,3 %. Bis 1985 bestätigte sich diese Grundtendenz. Insbesondere ist der Anteil der Scheidungen an den Ehelösungen auf 30,1 % weiter gestiegen.

Aufgrund der Bedeutung der Ehescheidung für die Akzeptanz der Ehe erscheint es notwendig, die Daten der amtlichen Statistik durch weitergehende Angaben über Einstellungen zur Scheidung zu ergänzen (vgl. Tabelle 13). Bei einem Streit würden sich 47 % eher scheiden lassen als die Ehe aufrechtzuerhalten. Für Ehepaare mit jüngeren Kindern zeigt sich mit 54 % eine höhere Akzeptanz der Scheidung als in späteren Familienzyklusphasen. Für die Aufrechterhaltung der Ehe sprechen sich vor allem Verheiratete mit Kindern zwischen 6 und 14 Jahren aus (64 %).

Im Zusammenhang mit der gestiegenen Bedeutung der Scheidung ist für die Frage der Akzeptanz der Ehe auch das Wiederverheiratungsverhalten Geschiedener von besonderem Interesse. Zur Darstellung des Verhaltens, das in unmittelbarem Zusammenhang mit Verheirateten und deren Scheidungsverhalten steht, wurde ein Vergleich aufeinander aufbauender Quoten (vgl. Tabelle 12) gewählt.

Dargestellt werden die Verheiratetenquote (Die Verheiratetenquote gibt die Anzahl der Verheirateten je 1000 Einwohner am Jahresende wieder.) als Maßzahl für die Relation der Verheirateten zur Gesamtbevölkerung, die Scheidungsquote

(Die Scheidungsquote ergibt sich aus der Anzahl der Ehescheidungen je 1000 bestehender Ehen im Berechnungsjahr.), die sich auf das Verhältnis zu den bestehenden Ehen bezieht, sowie die Wiederverheiratungsquote Geschiedener (Die Wiederverheiratungsquote Geschiedener ergibt sich aus der Anzahl der Eheschließungen Geschiedener je 1000 Geschiedener.), die das Eheschließungsverhalten Geschiedener widerspiegelt.

Die Verheiratetenquote zeigt seit 1970 einen rückläufigen Trend. Der Anteil der Verheirateten ist von 50,15 % auf 48,55 % (48,22 % für 1985) der Gesamtbevölkerung zurückgegangen. Im historischen Vergleich ist diese relativ hohe Quote zurückzuführen auf den veränderten Altersaufbau der Bevölkerung. Demgegenüber zeigt die Scheidungsquote eine steigende Tendenz. 1976 6,88 und seit 1981 liegt sie über dem 1950 beobachteten Wert von 6,75 (vgl. K. Schwarz, C. Höhn, 1985, S. 13).

Die Wiederverheiratungsquote Geschiedener zeigt insgesamt einen sinkenden Trend, der zum einen auf die wachsende Zahl Geschiedener, zum anderen auf eine verringerte Eheneigung zurückgeführt werden kann (vgl. K. Schwarz, C. Höhn, 1985, S. 14). Heirateten 1965 9,23 % der Geschiedenen, so ging der Anteil auf ca. 7,0 % Mitte der 70er Jahre zurück. Der niedrigste Wert zeigt sich für 1978 mit 6,05 %, der sich bis 1983 auf 6,73 % erhöhte, dagegen bis 1985 auf 6,23 % abfiel. Der besonders hohe Wert für 1950 von 16,9 % kann als eine Kriegsfolge angesehen werden (vgl. K. Schwarz, 1975, S. 23).

Scheidungen bedeuten Instabilität für das Familiensystem. Ehemals getroffene Vereinbarungen über Erwerbstätigkeit, Familientätigkeit und hieraus resultierende gegenseitige Ansprüche müssen revidiert werden. Familie in vorindustrieller Zeit war, auch wenn Scheidungen kein Thema waren, allerdings nicht stabiler. Hier führte der Tod zur Familie in Etappen. Ehe als lebenslange Verbindung betraf nur eine kurze Zeitspanne. Es muß offen bleiben, ob steigende Scheidungszahlen die Antwort sind auf eine sinkende Akzeptanz der Ehe oder auf die „neue" Schwierigkeit, jahrzehntelang verheiratet zu sein und in dieser Zeit ganz unterschiedliche Phasen zu durchleben.

1.3 Nichteheliche Lebensformen

Als dritte Zielkomponente neben Erst- und weiteren Ehen interessieren nichteheliche Lebensformen. Hier treten besondere Schwierigkeiten für eine Analyse auf, denn Angaben über nichteheliche Lebensformen werden von der amtlichen Statistik nicht expressis verbis erhoben.

Aus der im Rahmen der Mikrozensusbefragung durchgeführten Haushaltsstatistik liegen jedoch Schätzungen vor. Danach sind Haushalte, in denen unverheiratete Männer und Frauen zusammenlebten, die nicht in einem verwandtschaftlichen Verhältnis zueinander stehen, als nichteheliche Lebensgemeinschaften definiert (vgl. K. Schwarz, C. Höhn, 1985, S. 15).

Ausgangspunkt der Darstellung nichtehelicher Lebensformen ist die Entwicklung des Anteils der Ledigen an der Gesamtbevölkerung (vgl. Tabelle 14).

Der Anteil der Ledigen zeigt insgesamt eine stark fallende Tendenz. Von 1871 bis 1985 ist er von 60,6 % auf 39,5 % gefallen.

Der Anteil der ledigen Männer zeigt diesen Trend nicht so ausgeprägt wie die Entwicklung der weiblichen Ledigen. 1985 waren 44,3 % der männlichen Bevölkerung ledig gegenüber 35,1 % der weiblichen. Ursachen hierfür können im verändertem Altersaufbau, aber auch in verändertem Heiratsverhalten gesucht werden.

Die Entwicklung der Altersstruktur nichtehelicher Lebensgemeinschaften wird im Zeitvergleich von 1972 bis 1982 dargestellt (vgl. Tabelle 15). Ihr Anteil an der Gesamtbevölkerung stieg von 0,2 % auf 0,8 % an. Der größte Zuwachs von ca. 40.000 auf ca. 345. 000 Personen in nichtehelichen Lebensgemeinschaften ist bei der Altersgruppe von 18–35 Jahren festzustellen. Im Gegensatz zu dieser Entwicklung zeigte sich bei der älteren Generation nur wenig Veränderung. „Man kennt dies von älteren bereits verwitweten Personen, die keine Ehe mehr eingingen, um nicht eventuell eine Pension zu verlieren." (J. Schmid, 1984, S. 97).

Die Schwerpunktverlagerung auf die jüngere Altersgruppe sowie die Intensität der Verschiebung in den Altersgruppen kann anhand der amtlichen Statistik näher untersucht werden. Die aus der amtlichen Statistik geschätzten Zahlen zeigen die Zunahme der nichtehelichen Lebensgemeinschaften auf (vgl. Tabelle 16).

Der Vergleich der Veränderungsraten der Personen mit und ohne Kinder zeigt einen überproportionalen Zuwachs zugunsten der Personen in nichtehelichen Lebensgemeinschaften ohne Kinder. Dies zeigt sich insbesondere bei Frauen zwischen 18 und 25 Jahren, die 50 % der Frauen in nichtehelichen Lebensgemeinschaften stellten gegenüber 19 % 1972.

Die amtliche Statistik deutet auf eine gestiegene Zahl der Personen, die in einer nichtehelichen Lebensgemeinschaft mit einem Partner zusammenleben. Insbesondere die starke Zunahme in den jüngeren Altersgruppen, die auch (noch) keine Kinder haben, läßt nichteheliche Lebensgemeinschaften hier als weitere partnerschaftliche Lebensform neben der Ehe erkennen. Eine mögliche Schlußfolgerung ist, daß nichteheliche Lebensgemeinschaften in vielen Fällen an die Stelle der Ehe getreten sind (vgl. BT–DS 10/863, 1984, S. 29). Für junge Altersgruppen kann die Beziehungsform der nichtehelichen Lebensgemeinschaft „. . . eine **zeitweilige**, typischerweise als **vorehelich** anzusehende Lebensform" (Min. Präs. (NRW) (Hg.), 1985, S. 25) darstellen.

Zur Bewertung der dargestellten Ergebnisse der amtlichen Statistik ist die Datenqualität von besonderer Bedeutung. Es handelt sich hierbei um Daten, die als rechnerische Ergebnisse aus bestimmten Haushaltstypen gewonnen wurden. Clausen sagt über die von ihr ermittelten Daten: „. . . ob es sich bei diesen Haushaltsgemeinschaften nun auch tatsächlich um nichteheliche Lebensgemeinschaften handelt, kann allerdings nicht endgültig beantwortet werden." (vgl. BMJFG (Hg.), 1985, S. 143/144).

Die Sonderauswertung der amtlichen Statistik, deren Ergebnisse als eher zu niedrig anzusehen sind (vgl. BMJFG (Hg.) 1985, S. 26), läßt viele Fragen offen. Neben der näheren Beschreibung der Personengruppe in nichtehelichen Lebensgemeinschaften unter anderem durch die Verteilung auf Altersgruppen, korreliert mit der Heiratsabsicht, der Dauer der Partnerschaft, Scheidungserfahrung und dem Vorhandensein von Kindern sollen diese Daten um Angaben über individuelle Lebensperspektiven in bezug auf Heirat, Heiratsmotive, Lebensplanung und Kinderwunsch ergänzt werden.

Ausgehend von einer Repräsentativerhebung des Emnid-Institutes 1983 wurde eine Verteilung nichtehelicher Lebensgemeinschaften nach Alter und Geschlecht für die Bundesrepublik Deutschland errechnet (vgl. Tabelle 17) (vgl. BMJFG (Hg.), 1985, S. 26).

Im Vergleich zu den Ergebnissen aus der amtlichen Statistik zeigt sich hier eine noch stärkere Betonung der jüngeren Altersgruppe, mehr als zwei Drittel sind hier jünger als 30 Jahre.

Unterschieden nach individueller Lebensplanung und Einstellung zur Heirat ergibt sich ein differenzierteres Bild. Die Beschreibung der repräsentativen Stichprobe nach der Heiratsabsicht der Befragten (vgl. Tabelle 18) zeigt zunächst eine annähernd gleiche Verteilung der Geschlechter. In der Gruppe, die eine Heirat grundsätzlich ablehnt, sind Männer jedoch überdurchschnittlich vertreten (62 %).

Heiratsabsichten haben vorwiegend Personen unter 30 Jahren. Unabhängig von der Heiratsabsicht haben nur 5 % Kinder aus der gegenwärtigen Partnerschaft. In Partnerschaften mit festen oder unklaren Heiratsabsichten leben zu 81 % bzw. 71 % keine Kinder, was ein mögliches Herausschieben der Entscheidung für Kinder zeigen kann. „Wenn ein Kind kommt, wird . . . (nach wie vor) geheiratet." (Min. Präs. (NRW) (Hg.), 1985, S. 25).

Informationen über die Dauer nichtehelicher Lebensgemeinschaften liegen nicht vor. Insbesondere die starke Zunahme seit 1972 macht es schwierig, sowohl Stand- als auch Zeitreihenvergleiche vorzunehmen. Ein Ansatz, diese Entwicklung zu erfassen, ist die Messung der bisherigen Dauer von nichtehelichen Partnerschaften. Das Institut Allensbach ermittelte 1985, daß Personen, die unverheiratet mit einem Partner zusammenleben (vgl. Tabelle 19), zu 9 % weniger als ein Jahr zusammenleben, ein bis unter drei Jahre 10 %, drei bis unter fünf Jahre 21 %, fünf bis unter 10 Jahre 17 %. 7 % lebten länger als 10 Jahre zusammen und 6 % machten keine Angaben. Es fällt auf, daß die Dauer des Zusammenlebens bei den meisten nichtehelichen Lebensgemeinschaften ein bis unter drei Jahre beträgt, wie auch schon aus der Emnid–Umfrage (Tabelle 18) ersichtlich war. Dagegen ist der Anteil der nichtehelichen Lebensgemeinschaften, die länger als 5 Jahre dauern, relativ gering.

Die Perspektive nichtehelicher Lebensgemeinschaften zeigt sich in bezug auf die Akzeptanz der Ehe in der Vorstellung auf eine zukünftige Heirat (vgl. Tabelle 20). Insgesamt können sich 71 % der Befragten eine spätere Ehe vorstellen, wobei diese Akzeptanz der Ehe stark altersabhängig ist. Wollten 96 % der 14- bis 24jährigen heiraten, so sind es bei den 55jährigen und älteren nur noch 29 %.

Hierdurch zeichnet sich eine Tendenz des Hinausschiebens des Heiratsentschlusses ab (vgl. BT-DR 10/863, 1984, S. 29).

Aus dem Ergebnis, daß die Ehe vor allem für jüngere Altersgruppen, die in einer nichtehelichen Lebensgemeinschaft mit einem Partner zusammenleben, eine Lebensperspektive darstellt, ergibt sich die Frage, warum Personen in nichtehelichen Lebensgemeinschaften heiraten und wie sie sich ihre Lebensplanung in zeitlicher Sicht in bezug auf eine Heirat vorstellen (vgl. Tabelle 21).

Der meistgenannte Heiratsgrund nichtehelich Zusammenlebender sind „Kinder und ein richtiges Familienleben" mit 53 %. Zur Stärkung des Zusammengehörigkeitsgefühls entschließen sich 30 % der Befragten zur Ehe. Die ökonomische Situation hat eine relativ hohe Bedeutung im Vergleich zu den Heiratsgründen Verheirateter (vgl. Tabelle 8). Über die Hälfte (52 %) plant die Heirat innerhalb der nächsten drei Jahre.

Der Kinderwunsch als meistgenanntes Heiratsmotiv der Personen, die in nichtehelichen Lebensgemeinschaften zusammenleben, wird insbesondere unter der Berücksichtigung von Frauen dargestellt.

Der Kinderwunsch der nichtehelich zusammenlebenden Paare (vgl. Tabelle 22) liegt bei den Männern etwas unterhalb dem der Frauen.

Besonders ausgeprägt ist der Kinderwunsch in der Altersgruppe der 18- bis 24jährigen Frauen mit 59 %. Ist eine Heirat beabsichtigt, so steigt der Kinderwunsch auf 79 %. Wird eine Heirat grundsätzlich abgelehnt, sinkt der Kinderwunsch auf 17 %. Frauen in nichtehelichen Lebensgemeinschaften wünschen sich zu 50 % zwei Kinder.

„Nach wie vor besitzt für junge Frauen, die noch vor dem Beginn einer „Familienkarriere" stehen, die Familie mit zwei Kindern zumindest als abstrakte Normvorstellung Gültigkeit." (Min. Präs. (NRW) (Hg.), 1985, S. 19).

Es spricht einiges dafür, daß gerade junge Menschen heiraten, wenn sie sich Kinder wünschen. Die emotionale und relative ökonomische Sicherheit, die eine Eheschließung vermitteln kann, wird dann wichtig, wenn das Paar langfristig gemeinsame Ziele, wie z. B. gemeinsame Kinder, verfolgt. Die Akzeptanz der Ehe hat sich gewandelt. Nichteheliche Lebensgemeinschaften ersetzen in bestimmten Alterskohorten die juristisch fixierte Lebensgemeinschaft Ehe bei kinderlosen Paaren. Der Kinderwunsch ist häufigstes Heiratsmotiv. Ehe als Basis der Familiengründung wird weitgehend akzeptiert.

Fassen wir zusammen: Sowohl Daten der amtlichen Statistik wie auch weitere Umfrageergebnisse lassen einen Einstellungswandel zur Ehe erkennen. Dies gilt vor allem für jüngere Altersgruppen, die meist noch keine Kinder haben. Es besteht jedoch in der Regel kein Substitutionsverhältnis nichtehelicher Lebensformen zur Ehe, die wenigsten Befragten lehnen eine Heirat grundsätzlich ab. Eine Phasenlänge für nichteheliche Lebensgemeinschaften läßt sich nicht eindeutig bestimmen, jedoch lebten die meisten Partner seit 1 bis 3 Jahren zusammen, die Hälfte wollte innerhalb der nächsten 3 Jahre heiraten. Die meistgenannten Heiratsgründe sind Kinder, Familienleben, aber auch rechtliche Absicherung.

1.4 Vollständige Familien

Die Akzeptanz von Familie wird getrennt nach vollständigen und unvollständigen Familien dargestellt. Die deskriptive Erfassung dieser Familienformen steht hier im Vordergrund.

Zur deskriptiven Erfassung vollständiger Familien ist es sinnvoll, zunächst die Daten der Familien mit und ohne Kinder und die Relation zu nicht-ehelich Lebendgeborenen darzustellen. Neben der Bedeutung der Familie und der Einstellung zum Kind werden der Kinderwunsch Verheirateter sowie die Motive für den Wunsch nach Kindern aufgezeigt.

Zur Darstellung der vollständigen Familien in der Bundesrepublik Deutschland ist zunächst der Familienbegriff der amtlichen Statistik zu definieren. Familien sind Ehepaare bzw. alleinstehende Väter oder Mütter, die mit ihren ledigen Kindern zusammenleben (Zweigenerationenfamilie). In der Familienstatistik wird von einem idealtypisch abgegrenzten Familienzyklus ausgegangen. Das bedeutet, daß als Familie auch Ehepaare vor der Geburt eines Kindes gelten (sog. „Kernfamilie"). Haben die Kinder den elterlichen Haushalt verlassen, verbleibt eine „Restfamilie". Zur Kategorie der Restfamilie gehören auch verheiratet Getrenntlebende, Verwitwete und Geschiedene, d. h. Personen, die zu einem früheren Zeitpunkt verheiratet waren, nicht jedoch alleinstehende Ledige. Nach dieser Abgrenzung des Familienbegriffes können in einem Privathaushalt mehrere Familien leben (vgl. Statistisches Bundesamt, (Hg.), 1985, S. 51).

Zunächst werden Familien insgesamt zahlenmäßig erfaßt, danach nach ihrer Vollständigkeit bzw. Unvollständigkeit sowie nach dem Vorhandensein von Kindern und deren Ordnungsnummer (vgl. Tabelle 23).

Die Anzahl der vollständigen Familien erreichte 1973 ihren Höchststand mit 9,8 Mio. und zeigt seitdem eine fallende Tendenz. Der Rückgang tritt vor allem bei den Familien mit mehr als zwei Kindern auf. Im Verhältnis zu den Ehepaaren zeichnet sich eine zunehmende Zahl kinderloser Ehen ab.

Zur Beurteilung der Daten über vollständige Familien mit Kindern – in der Abgrenzung der amtlichen Statistik die Ehepaare mit Kindern – ist es notwendig, die aufgezeigten Daten der Anzahl der Ehepaare insgesamt und der Anzahl der kinderlosen Ehepaare gegenüberzustellen (vgl. Tabelle 24). Insgesamt stieg der Anteil kinderloser Ehepaare von 33,7 % 1957 auf 41,7 % 1985.

Auch nichtehelich lebendgeborene Kinder werden – entsprechend der Definition der amtlichen Statistik – in einer Familie geboren. Zum Teil sind sie somit konstitutives Merkmal für Familie (Ein-Elternteil-Familie). Die Quote der nichtehelich Lebendgeborenen zeigt den Zusammenhang zwischen der Anzahl der Lebendgeborenen und dem gesellschaftlichen Legitimierungsverhalten auf (vgl. Tabelle 25). (Die Quote der nichtehelich Lebendgeborenen gibt die Anzahl der nichtehelich Lebendgeborenen je 1000 Lebendgeborene wieder. Die Quote zeigt für das Reichsgebiet: 1872, 88; 1902, 84; 1922, 106 und 1932, 116; und für das Bundesgebiet: 1952, 90,3; 1962, 55,6; 1970, 54,6; 1975, 61,2; 1980, 75,6; 1984, 90,7 und 1986, 95,5.) Auf der Basis der Ergebnisse von 1980 werden rund 30 % nichtehelich Lebendgeborener durch eine spätere Ehe der Eltern nachträglich legitimiert, 10 % bis 15 % werden adoptiert und etwa 3–4 % sterben vor dem 18. Lebensjahr (vgl. K. Schwarz, 1984, S. 6 u. 8).

Die amtliche Statistik zeigt die folgenden Entwicklungen auf:

Bei einer steigenden Anzahl von Familien im Sinne der Familiendefinition des statistischen Bundesamtes ging die Anzahl der vollständigen Familien zurück, was besonders auf die Familien mit drei und vier oder mehr Kindern zurückzuführen ist.

Kinderreiche Familien sind nur noch eine kleine Minderheit (vgl. H. Graupner, 1984, S. 7). Ebenfalls rückläufig ist die Anzahl der Ehepaare im Gegensatz zur steigenden Zahl der Ehepaare ohne Kinder.

Der steigende Anteil der Ehepaare ohne Kinder kann nicht ausschließlich auf einen Verzicht auf Kinder zurückgeführt werden. Es werden mehr Kinder außerhalb der Ehe geboren. Zunächst kann auch eine Verringerung des Zusammenhanges von Ehe und Kindern vermutet werden.

Der Familienbegriff der amtlichen Statistik erschwert die Analyse. Eine familienzyklische Betrachtung könnte differenziertere Ergebnisse ermöglichen.

In der weiteren Darstellung der Akzeptanz von Familie ist der gesellschaftliche Stellenwert der Familie von besonderem Interesse, gerade in Hinblick auf vollständige Familien. Die Bedeutung der Familie erfragte das Institut Allensbach (vgl. Tabelle 26) in Abhängigkeit von den Lebensphasen der Befragten. Familien mit Kindern zählen zu 94 % bzw. 93 % die Familie zu den wichtigsten Dingen. Im Vergleich dazu vertreten nur 68 % der jungen Paare ohne Kinder diese Ansicht.

Die Einstellung der Jugend in bezug auf Kinder und Familie erfragte das Emnid-Institut anhand einer Bewertungsskala (vgl. Tabelle 27). Der Perspektive, Kinder zu haben und ein glückliches Familienleben zu führen, stimmte 1985, wie auch in der Vorstudie 1983, die überwiegende Mehrheit der Jugendlichen zu. Nur ein geringer Anteil der Befragten lehnte Kinder vollkommen ab.

Der Kinderwunsch ist Teil der Lebensplanung. Er ist „. . . nicht die Regung eines Augenblicks, sondern die Folge einer Abschätzung des eigenen Lebenswegs nach psychischen, ökonomischen und sozialen Gesichtspunkten. . ." (BMJFG (Hg.), 1980, S. 30).

Die geäußerten Kinderwünsche ändern sich im Laufe des Lebens. „Nicht geplante Kinder werden später als gewünschte Kinder angesehen, oder die Geburt ursprünglich gewünschter zweiter und dritter Kinder unterbleibt, weil sich die Situation der Eltern nach den ersten Kindern unerwartet so geändert hat, daß sie ihre Kinderwünsche vorübergehend oder für immer reduzieren." (K. Schwarz, 1974, S. 407).

Die Bedeutung der Familie ist für den einzelnen offensichtlich stark abhängig von dem Vorhandensein von Kindern. Deswegen stellt sich die Frage nach der Einstellung zum Kind bezüglich des Lebensmodells Verheirateter. W. Habermehl befragte 1980 insgesamt 352 Verheiratete zu ihrer Einstellung zum Kind (vgl. Tabelle 28). 58 % der Befragten meinten, auch ohne Kinder glücklich leben zu können. Im Gegensatz zu 42 %, für die ein Leben ohne Kinder unvorstellbar ist. Die Einstellung zum Kind ist erheblich abhängig von der jeweiligen Phase im Fammilienzyklus. Aus der Sicht der Kinder ist das Gefühl der Zufriedenheit mit ihrer Lebenssituation vor allem in ihrer Familie begründet. „Mehr als 90 % der Kinder fühlen sich in ihrer Familie außerordentlich wohl. Weniger als 3 % fühlen sich dort nicht wohl." (H. Bertram, 1985, S. 402).

Die Ausprägung der Einstellung zum Kind kommt in dem Wunsch nach Kindern zum Ausdruck. Aus den Angaben über Kinderwünsche können jedoch „. . . keine zuverlässigen Schlußfolgerungen hinsichtlich des faktischen generativen Verhaltens gezogen werden" (Min. Präs. (NRW) (Hg.), 1985, S. 21). Gleichzeitig zur Einstellung zum Kind ermittelte W. Habermehl den Kinderwunsch der Verheirateten in der Bundesrepublik Deutschland (vgl. Tabelle 29). Insgesamt wünschten sich 52 % der Befragten zwei Kinder. Der Wunsch nach 3 Kindern liegt nur unerheblich höher als der nach einem Kind.

Aus einer Korrelation von gewünschten und vorhandenen Kindern wird die Umsetzung des Kinderwunsches deutlich. Die Beziehung zwischen der in Ehen vorhandenen Kinderzahl und der als realisierbar angesehenen gewünschten Kinderzahl untersuchten H. W. Jürgens und K. Pohl für 1969 (vgl. Tabelle 30). Die Tabelle zeigt eine große Übereinstimmung zwischen vorhandener und gewünschter Kinderzahl. Ist die vorhandene Kinderzahl größer als der Kinderwunsch, wurden also mehr Kinder geboren als erwünscht, ist mit steigender Kinderzahl ansteigende Unzufriedenheit mit der vorhandenen Kinderzahl festzustellen.

Der Kinderwunsch wird mit steigender Kinderzahl reduziert. Mit dem Übergang von Ehe zu Familie wird „... im psycho–sozialen Bereich eine sensible Phase" eingeleitet (H. W. Jürgens, K. Pohl, 1975, S. 102), die als Erst-Kind-Effekt zu einer Reduzierung der endgültigen Familiengröße nach der Geburt des ersten Kindes führt (H. W. Jürgens, K. Pohl, 1975, S. 102). Neue Untersuchungen zeigen, daß von einem allgemeinen „Babyschock" jedoch nicht die Rede sein kann (vgl. Min. Präs. (NRW) (Hg.), 1985, S. 21).

Unter einer großen Familie wird überwiegend (33,7 %/58,8 %) die Familie mit 4 bzw. 5 und mehr Kindern verstanden. Als gesellschaftliche Norm wird vor allem die Zwei-Kind-Familie angesehen (65,4 %). Die individuell ideale Kinderzahl deckt sich weitgehend mit den Normvorstellungen. Zentraler Wert der individuell idealen, gewünschten und der vorhandenen Kinderzahl ist die Zwei-Kinder-Familie, jedoch ist der Streuungsgrad bei der vorhandenen Kinderzahl am ausgeprägtesten (vgl. Tabelle 31).

Zur Beurteilung der Entwicklung des Kinderwunsches als wichtiger Faktor der Akzeptanz von Familie ist eine kontinuierliche Betrachtungsweise notwendig. Das Institut Allensbach erfragte seit Anfang der 50er Jahre in mehrjährigen Abständen die ideale Kinderzahl in der Bundesrepublik Deutschland (vgl. Tabelle 32). Auch hier zeigt sich der Trend zur idealen Familiengröße mit zwei Kindern. 1953 gaben 50 % zwei Kinder als ideale Kinderzahl an, bis 1984 stieg dieser Wert auf 64 %. „Die Bevölkerung favorisiert ganz stark die Zwei-Kinder-Familie ..." (K. Schwarz, 1977, S. 2).

Nach der Darstellung des quantitativen Aspektes des Kinderwunsches der Verheirateten und der Idealvorstellungen der Bevölkerung der Bundesrepublik Deutschland ist der qualitative Aspekt aufzuzeigen. W. Toman untersuchte die Motive für den Wunsch nach Kindern (vgl. Tabelle 33).

„Freude an Kindern" wurde am häufigsten als Motiv für Kinder genannt. Am seltensten wurde dieser Grund von Familien mit ein oder zwei Kindern genannt, was die aufgezeigten Ergebnisse von H. W. Jürgens und K. Pohl unterstützt.

Kinder geben Lebensinhalt vor allem bei Familien mit drei und mehr Kindern. In Familien mit ein bis zwei Kindern besteht eine höhere Motivation, den bereits vorhandenen Kindern Geschwister zu geben.

Insgesamt zeichnet sich ab, daß die Bedeutung, die die Familie für den einzelnen hat, abhängig ist von der jeweiligen Lebensphase. Sind Kinder vorhanden, nimmt die Bedeutung der Familie zu. Sie bekommt im Verlauf des Familienzyklus wachsende Bedeutung. Die Übereinstimmung zwischen vorhandener und gewünschter Kinderzahl ist ab dem zweiten Kind sehr hoch. Die angestrebte Familiengröße ist meist die vier-Personen-Familie. Die Familie mit zwei Kindern entspricht der gesellschaftlichen Norm. Kinderlosigkeit entspricht nicht den Normvorstellungen Verheirateter. Innerhalb der Gesamtbevölkerung ist Kinderlosigkeit nur bei 6 % bis 2 % die Idealvorstellung. Herausragendes Motiv für den Wunsch nach Kindern ist die „Freude an Kindern".

1.5 Unvollständige Familien

Merkmal unvollständiger Familien ist das Fehlen einer Ehebeziehung. Zwei Familientypen sind hier zu unterscheiden. Die eine Gruppe umfaßt alle nicht ledigen Alleinstehenden wie Geschiedene und Verwitwete ohne Kinder. Die zweite Gruppe besteht aus Geschiedenen, Verwitweten und Ledigen mit Kindern – den Alleinerziehenden.

Tabelle 34 zeigt eine steigende Zahl unvollständiger Familien, auch in Relation zur gestiegenen Zahl der Familien insgesamt. Die Anzahl und vor allem der relative Anteil der Alleinerziehenden an den unvollständigen Familien ist um ca. 1/4 zurückgegangen, zeigt aber seit Mitte der 70er Jahre eine leicht steigende Tendenz. Schwarz führt diesen Anstieg auf die Zunahme der Ehescheidungen zurück (vgl. K. Schwarz, 1984, S. 3). Als weiterer Grund für die steigende Zahl unvollständiger Familien kann die Lösung des Zusammenhangs von Familie und Arbeitsorganisation angesehen werden. Der Rückgang des ökonomisch bedingten Rollenergänzungszwanges und die zunehmende Möglichkeit der selbständigen Existenz als unvollständige Familie machen diese Familienform erst überlebensfähig (vgl. M. Mitterauer, 1979, S. 113–116).

Die amtliche Statistik weist eine wachsende Zahl unvollständiger Familien aus. Die Zahl der Alleinerziehenden ist insgesamt gesunken, zeigt jedoch in den letzten Jahren steigende Tendenz. Der Schwerpunkt dieses Rückganges liegt bei den Alleinerziehenden mit mehr als zwei Kindern. Die festgestellte steigende Tendenz betrifft Alleinerziehende mit ein und zwei Kindern und wird auf die steigende Zahl der Scheidungswaisen zurückgeführt. Im historischen Vergleich zeigt sich, daß unvollständige Familien vor dem 17. Jahrhundert sehr häufig vorkamen. Die Christianisierung des Ehelebens führte zeitweise zu einem Rückgang der unehelichen Kinder und damit der unvollständigen Familien. Die heute wieder wachsende Unabhängigkeit durch Abnahme der normativen Kontrolle und durch die Möglichkeit des Aufbaues einer eigenen Existenzgrundlage ermöglicht auch unvollständigen Familien das Überleben. Die Trennung von Ehe und Familie wird möglich.

1.6 Komponentenergebnis

– methodisch

Methodisch bleibt folgendes festzuhalten. Die Akzeptanz der Ehe konnte aufgezeigt werden. Ob und wenn ja, wann jemand das erste Mal heiratet, wurde deutlich. Hieraus ergibt sich die Akzeptanz der Erstheirat. Es interessiert natürlich, welche Einstellungen zur Ehe führen. Ein idealer Indikator wäre, die Erhebung der Einstellung zur Heirat und die hieran anschließende Messung des tatsächlichen Verhaltens der Befragten. Da ein solcher idealer Indikator nicht erhoben wird, muß das tatsächliche Verhalten aus der amtlichen Statistik und die Einstellungen aus weiteren nicht amtlichen Untersuchungen abgeleitet werden. Hieraus ergibt sich ein Mosaik, das ausreichend für einen ersten Bewertungsansatz ist, sofern eine kontinuierliche Erhebung gewährleistet wird. Für den Bereich des tatsächlichen Verhaltens ist dies weitgehend erfüllt. Die Messung der Einstellung erfolgt nur sporadisch. Der Vergleich verschiedener Studien erweist sich als schwierig, da die angewandte Methodik meist nicht einheitlich ist. Einen ersten Ansatz zeigte die Untersuchung des Instituts Allensbach für verschiedene Zeitpunkte. Aber auch hier ist eine durchgängige Methodik nicht gegeben.

Ein idealer Indikator zur Scheidung ist die Messung der Einstellung zur Ehe auf der Basis von Eheerfahrungen sowie die hieraus resultierende Bereitschaft, erneut eine Ehe einzugehen. Dieser Einstellungsmessung müßte wieder eine Untersuchung zum tatsächlichen Verhalten der Befragten folgen. Die amtliche Statistik erfaßt jedoch nur das tatsächliche Verhalten. Die Hintergründe und Einstellungen ebenso wie die Ursachen für die Umsetzung der Einstellung in konkrete Verhaltensweisen bleiben weitgehend offen. Das vorhandene Datenmaterial kann Tendenzen aufzeigen und kann durch kontinuierliche Beobachtung erheblich erweitert werden.

Um den Zusammenhang zwischen der Wahl einer nichtehelichen Lebensgemeinschaft und der späteren Entscheidung für oder gegen eine Ehe erfassen zu können, müßten Art, Umfang und materielle Bedingung nichtehelicher Lebensgemeinschaften analysiert werden, ebenso wie die emotionalen Beziehungen und die Vorstellung für das zukünftige Zusammenleben, wobei vor allen Dingen die Umsetzung dieser Einstellung in konkrete Verhaltensweisen im Vordergrund stände. Die amtliche Statistik trägt nur unzureichend zur Klärung von Art und Umfang sowie der Lebensbedingungen in nichtehelichen Lebensgemeinschaften bei. Immerhin sind auf dieser Datenbasis Schätzungen möglich. Zu den Einstellungen zur nichtehelichen Lebensgemeinschaft liegt eine Untersuchung vor, die Ergebnisse zu Zukunftsperspektiven von nichtehelichen Lebensgemeinschaften aufzeigt. Es fehlen jedoch, wie meistens, die Daten darüber, wie solche Einstellungen in konkrete Verhaltensweisen umgesetzt werden. Immerhin kann man auf der Grundlage der durchgeführten Schätzungen eine starke Verbreitung von nichtehelichen Lebensgemeinschaften feststellen. Daher wäre eine umfassendere und kontinuierlichere Erfassung wünschenswert, vor allen Dingen jedoch die kontinuierliche Einstellungsmessung sowie auch hier die daraus resultierende Umsetzung von Einstellungen.

Die im folgenden aufgeführten Datensätze werden – mit Ausnahme derjenigen aus der amtlichen Statistik – nicht kontinuierlich erhoben und entstammen methodisch und konzeptionell sehr unterschiedlichen Untersuchungen. Für diese Datensätze ist aus familienpolitischer Perspektive eine kontinuierliche, repräsentative Erhebung wünschenswert.

Die vorhandenen Daten lassen eine Bewertung der Akzeptanz von Familie zu. Wünschenswert wäre jedoch eine einheitliche Methode sowie die kontinuierliche Durchführung von Studien.

Zielkomponente	Tab.Nr.	*)	Datensatz
Erst-Ehen	1	X	Eheschließungen und allgemeine Eheschließungsziffern
	2	X	Durchschnittliches Heiratsalter Lediger
	3	X	Heiratsziffer Lediger
	4		Die Bedeutung der Ehe
	5		Bevorzugtes Lebensmodell für Verheiratete
	6		Angenommener Stellenwert der Ehe für das Lebensgefühl
	7		Familie - Voraussetzung für individuelles Lebensglück?
	8		Gründe für die Heirat
	9		Einschätzung der Zukunft der Ehe
	10		Die Ehe - notwendig oder überlebt?
Ehelösungen und weitere Ehen	11	X	Anzahl der Ehelösungen und Verteilung nach Hauptursachen
	12	X	Verheiratetenquote, Scheidungsquote und Wiederverheiratungsquote Geschiedener
	13		Einstellung zur Scheidung

Zielkomponente	Tab.Nr.	*)	Datensatz
Nichteheliche Lebensformen	14	X	Anteil der Ledigen an der Gesamtbevölkerung
	15	X	Personen in nichtehelichen Lebensgemeinschaften
	16		Nichteheliche Lebensgemeinschaften nach Altersgruppen- und Geschlechtsverteilung sowie Veränderungsraten
	17		Verteilung nichtehelicher Lebensgemeinschaften 1983 nach Alter und Geschlecht
	18		Soziodemographische Grunddaten der unverheiratet Zusammenlebenden
	19		Zusammenleben mit dem jetzigen Partner
	20		Eheschließungsperspektive Unverheirateter
	21		Heiratsgründe und Lebensplanung
	22		Kinderwunsch der nicht ehelich zusammenlebenden Paare
Vollständige Familie	23	X	Anzahl und Anteil vollständiger Familien nach der Kinderzahl
	24	X	Anzahl und Anteil kinderloser Ehepaare
	25	X	Nichtehelich-lebendgeborenen-Quote
	26		Stellenwert der Familie in verschiedenen Lebensphasen
	27		Statements zum Leben mit Kindern
	28		Einstellung zum Kind
	29		Kinderwunsch
	30		Die gewünschte Kinderzahl nach der Anzahl der bereits vorhandenen Kinder
	31		Vorhandene Kinderzahl, Kinderwunsch und Normvorstellungen im generativen Bereich 1969
	32		Ideale Kinderzahl
	33		Motive für den Wunsch nach Kindern
Unvollständige Familien	34	X	Anzahl der unvollständigen Familien mit Kindern und nach der Ordnungsnummer der Kinder

X) Der amtlichen Statistik entnommen.

– **empirisch**

Als empirisches Komponentenergebnis bleibt festzuhalten, daß die Ehe nach wie vor die überwiegende Lebensform ist. Ein Einstellungswandel zur formalen Form des Zusammenlebens ist allerdings festzustellen. Die nichtehelichen Lebensgemeinschaften nehmen zu. Der Rückgang der Zahl der Erstehen ist vor dem Hintergrund besonders hoher Eheschließungsziffern in den 60er Jahren zu sehen, die mit einem damals sinkenden Durchschnittsalter bei der Heirat einhergehen. Es ist historisch kurzsichtig, die heute sinkenden Heiratsziffern mit diesem Heiratshoch zu vergleichen.

Steigende Ehescheidungszahlen sind außerdem kein Indiz für zunehmende Instabilität des Familiensystems. Es ist vielmehr ein Wandel in den Ehelösungsursachen festzustellen. War es früher der Tod, der zur Instabilität der Ehe und Familie führte, so sind es heute die Scheidungen. Die Frage muß offen bleiben, ob die zunehmenden Scheidungsziffern Konsequenz sinkender Akzeptanz der Ehe als Lebensform sind oder auf das neue Erfordernis einer jahrzehntelangen Ehedauer zurückzuführen sind. Ehelösungen führen nicht notwendigerweise zu einer weiteren Eheschließung. Ursache könnte hier der Abbau des ökonomischen Zwanges, zum anderen aber auch die zunehmende Akzeptanz anderer Formen des Zusammenlebens sein. Zunehmend leben Menschen, vor allen Dingen in den jüngeren Altersgruppen, in nichtehelichen Lebensgemeinschaften mit einem Partner zusammen. Wichtigstes Heiratsmotiv für diese nichtehelichen Lebensgemeinschaften ist der Kinderwunsch. Die große Mehrheit dieser Altersgruppe kann sich eine spätere Heirat vorstellen. Ein Drittel hat sogar feste Heiratsabsichten. Hieraus kann ein Trend zur zeitlichen Verschiebung der Heirat abgeleitet werden.

Bei den vorliegenden Orientierungsdaten zeigt sich die Akzeptanz von Familie im Zusammenleben von Ehepartnern mit Kindern. Die Einstellung zu Familie und Kindern differiert offensichtlich in Abhängigkeit von Alters- und Ehekohorten. Die Umsetzung dieser Einstellungen wird in der Zahl der tatsächlich vorhandenen Familien und in der realisierten Kinderzahl deutlich. Die Einstellungen wurden durch Untersuchungen erfaßt, die auf sehr unterschiedlichen statistischen Methoden basieren. Eine Angleichung wäre, wie gesagt, wünschenswert. Zur kontinuierlichen Erfassung des tatsächlichen Verhaltens wurde die amtliche Statistik herangezogen.

Unvollständige Familien sind ein Indiz dafür, daß die Einstellung der Gesellschaft und der Individuen sich zur Familie ohne Lebenspartner aber mit Kindern verändert. Die Realisierung dieses Familientyps konnte anhand der Daten der amtlichen Statistik aufgezeigt werden. Ungeklärt bleiben allerdings die Ursachen, die zu der jeweiligen Situation führten, ebenso wie die Einstellungen potentiell Betroffener sowie die Umsetzung der Einstellung zur unvollständigen Familie in reale Verhaltensweisen. Die vorhandenen Daten reichen für eine Situationsanalyse des Verhaltens aus, nicht aber zur Erfassung der Ursachenzusammenhänge. Wünschenswert also auch hier eine kontinuierliche Erfassung der Einstellungsänderungen sowie die der Umsetzung dieser Einstellungen.

Trotz sinkender Zahl von Familien mit Kindern sind Kinder für die überwiegende Mehrheit das wichtigste Merkmal für Familie. Mit Kindern nimmt für den einzelnen die Bedeutung von Familie zu. Die angestrebte Kinderzahl, in erster Linie zwei Kinder, wird von den meisten Familien realisiert. Insgesamt zeigt sich eine hohe Akzeptanz der Vier-Personen-Familie.

2. Stabilität der Familie in zeitlicher Dimension

2.1 Demographische Entwicklung

Ausgangspunkt der Betrachtung der demographischen Entwicklung in der Bundesrepublik Deutschland ist die Bevölkerungsentwicklung (vgl. Tabelle 35). Die Bevölkerungsentwicklung verläuft in Bevölkerungskonjunkturen. Bezogen auf das Bundesgebiet hat sich die Bevölkerung von 1871 bis 1974 mehr als verdreifacht. Seit 1974 zeichnet sich ein Rückgang ab. Die Bevölkerungsentwicklung vollzieht sich langsam, abrupte Veränderungen sind selten (vgl. R. von Schweitzer, 1983, S. 229). Für den politischen und ökonomischen Handlungsbedarf von größerer Bedeutung als die Bevölkerungszahl sind jedoch die Veränderungen im Altersaufbau (vgl. Deutsches Institut für Wirtschaftsforschung (Hg.), 1984, S. 277). Die Ursachen für schwankende Bevölkerungszahlen und damit für die Ausprägung der Bevölkerungskonjunkturen liegen neben Wanderungsgewinnen bzw. verlusten im Altersaufbau der Bevölkerung, der hier exemplarisch für 1983 und 1985 dargestellt wird (vgl. Tabelle 36). Die unterschiedliche Besetzung der einzelnen Alterskohorten führt nicht nur zu Bevölkerungskonjunkturen, sondern auch zu Wandlungen im Familien- und Lebenszyklus.

Die unterschiedliche Besetzung der einzelnen Kohorten zeigt Wellenberge und Wellentäler (vgl. G. Mackenroth, 1953, S. 108). So zeigt sich ein „Rentnerberg" bei den über 75jährigen, der Geburtenausfall während des Ersten Weltkrieges bei der Kohorte der 70jährigen, ein Geburtenhoch vor dem Zweiten Weltkrieg, Geburtenausfälle nach dem Zweiten Weltkrieg, ein Geburtenberg in der Zeit des Wirtschaftswunders bei den über 20jährigen und der „Pillenknick" ab Mitte der 60er Jahre bei den unter 20jährigen Kohorten.

Die Steigerung der Lebenserwartung ist (vgl. Tabelle 38) neben der Verlängerung der Lebensphase vor allem bedingt durch die größere Anzahl lebendgeborener Kinder, die auch tatsächlich ein hohes Alter erreichen. In den Familien überleben also mehr der geborenen Kinder. Die Eltern dieser Kinder werden älter. Kinder erleben ihre Großeltern und vielleicht sogar ihre Urgroßeltern.

In der Zeit von 1871/81 bis 1981/83 hat sich die fernere Lebenserwartung Neugeborener verdoppelt. Die Entwicklung der ferneren Lebenserwartung zeigt einen quantitativen Trend in der Verlängerung der Lebenszeit (für 50jährige Männer: + 6,43 Jahre, Frauen + 10,36 Jahre im dargestellten Zeitabschnitt) und einen qualitativen Trend, in dem mehr Personen ein höheres Alter erreichen (u. a. durch die Verringerung der Kindersterblichkeit). Die Tendenzen setzen sich 1983/85 fort.

Die Lebenserwartung der Frauen ist im Vergleich zur Lebenserwartung der Männer stärker gestiegen. Aus der erhöhten Lebenserwartung in Verbindung mit dem Altersaufbau ergibt sich der Problembereich der steigenden Altersbevölkerung, d. h. immer mehr Personen erreichen ein höheres Alter (vgl. Tabelle 39). Im Zeitraum von 1950–1982 hat sich die Anzahl der über 65jährigen verdreifacht. Je höher das Alter, desto stärker ist der relative Zuwachs in diesem Zeitraum. Abhängig von der Annahme über die Lebenserwartung zeigen Modellrechnungen für das Jahr 2000 weiterhin höhere Zuwachsraten der 85jährigen und älteren Altersgruppen (zwischen 30 % und 95 %). Für die Familie ergeben sich aus dieser Entwicklung erste Hinweise auf mögliche Problemlagen im Bereich der Gesundheitsversorgung, insbesondere der Pflege älterer Familienangehöriger, aber auch im Bereich der Altersversorgung, da die Gesetzliche Rentenversicherung „... nicht auf diese schwingenden Bevölkerungsdynamiken der wandernden Problemberge eingerichtet" ist (Ph. Herder–Dorneich, 1978, S. 175– 185, insbes. S. 175). Eine differenziertere Bewertung der steigenden Anzahl Hochbetagter wird möglich, wenn man der Zahl der über 75jährigen die jüngeren Altersklassen gegenüberstellt (vgl. Tabelle 40). Immer weniger jüngere (unter 75jährige) stehen einer gleichbleibenden, oder unter der Annahme der steigenden Lebenserwartung gestiegenen Anzahl Hochbetagter gegenüber.

Kamen 1880 auf einen über 75jährigen 79 jüngere Personen, so waren es 1982 noch 15,8 Jüngere. Modellrechnungen lassen vermuten, daß sich dieses Verhältnis weiter verringert. Den größten relativen Rückgang haben in dieser Entwicklung die Altersgruppen der unter 20jährigen zu verzeichnen, ihr Verhältnis zu den Hochbetagten verringerte sich von 1890 36 bis 1982 auf 4. Auf der Basis der Modellrechnung des DIW für das Jahr 2000 zeigt die Relation einen Wert von 2,6.

2.2 Familie im Lebenszyklus

Die demographische Entwicklung hat Einfluß auf die Familienstruktur. Dargestellt sind im Folgenden Lebenszyklusphasen und deren zeitliche Verteilung auf die Lebensspanne von Frauen. Dies geschieht u. a. durch die Untersuchung von Ehedauer, vorehelicher und nachelterlicher Phase sowie der Witwenschaft von Frauen in den Jahren zwischen 1680 und 1983 (vgl. Tabelle 41).

Die Lebensspanne von Frauen hat sich im dargestellten Untersuchungszeitraum um 20 Jahre verlängert. Die durchschnittliche Ehedauer stieg um 50 % von 49,8 % der Lebensspanne auf 59,2 %. Der Anteil der vorehelichen Phase, bestimmt durch das durchschnittliche Heiratsalter, schwankt zwischen 46,5 % (1680/1779) und 30,4 % (1981/1983).

Die durchschnittliche Ehedauer orientiert sich an der ferneren Lebenserwartung des Mannes im Verhältnis zur Frau zum Zeitpunkt der Heirat. War 1680/1779 die den Frauen verbleibende Lebensspanne nach der Heirat der ehelichen Phase zuzurechnen (mit 53,6 % der Lebensspanne insgesamt), so verlängerte sich die durchschnittliche Ehedauer bis 1981/83 um 15 Jahre. Ihr relativer Anteil an der Lebensspanne von 58,3 % ging zurück. Entsprechend entwickelte sich die Witwenschaft mit einem Anteil von 11,4 % 1981/83.

Innerhalb der Ehe entwickelte sich die nachelterliche Phase (vgl. A. Imhof, 1981, S. 164–166). 1680/1779 ist sie nicht feststellbar, bis zum Ende des 19. Jahrhunderts hatte sie in der Lebensspanne von Frauen kaum eine Bedeutung, ab 1900 beginnt sie sich langsam zu entwickeln und 1981/83 erreicht sie fast den gleichen Anteil wie die voreheliche Phase innerhalb der Lebensspanne von Frauen.

Die Kernfamilienphase ebenso wie die Reproduktions- und nachelterliche Phase werden in zeitlichen Bezug zur Ehedauer gesetzt. Diese Untersuchungen umfassen wieder den Zeitraum zwischen 1680 und 1983. Hieraus ergibt sich dann ein detailliertes Bild von der Rolle der Familie in zeitlicher Dimension für ein Menschenleben (vgl. Tabelle 42). Die Kernfamilienphase entsprach 1680 bis 1869 der gesamten Ehedauer, wogegen sie 1981/83 nur noch 52,5 % der Ehedauer beträgt. Bedingt ist diese Entwicklung hauptsächlich durch den Rückgang der Reproduktionsphase um 4/5. Im gleichen Maße wie der Rückgang der Kernfamilienphase entwickelte sich die nachelterliche Phase in der Relation zur Ehedauer. 1981/83 machte sie 47,5 % der Ehedauer aus und kommt somit in ihrer Phasenlänge der Kernfamilienphase gleich.

Neben diese Bedeutung von Familie innerhalb der Lebenszyklusphasen – allein aufgrund der Phasenlänge – tritt die individuelle Einschätzung der Bedeutung von Familie in den einzelnen Lebensphasen (vgl. Tabelle 43). Da der Familienzyklus gekennzeichnet ist durch gegenseitigen Austausch von Gratifikationen und Belastungen, schwankt die Einschätzung der Familie mit den Lebenszyklusphasen. Besonders hoch sind physische und materielle Belastungen bei Familien mit Kindern. Gerade in dieser Lebensphase wird der Familie eine besonders hohe Bedeutung zugemessen. Weniger unter psychischen als unter materiellen Aspekten hat gerade für junge Singles die Familie eine große Bedeutung. Familien ohne Kinder betonen den Freiraum und den Entfaltungsspielraum, den die Familie ihnen bietet.

2.3 Komponentenergebnis

– methodisch

Der ideale Indikator für die Stabilität der demographischen Entwicklung zeigt, wie viele Menschen wie lange leben. Daten zur bisherigen demographischen Entwicklung liegen, zumindest für die letzten 100 Jahre, in umfassender Form vor. Über die zukünftige Entwicklung gibt es Schätzungen, deren Annahmen sich jedoch an der bisherigen Entwicklung orientieren. Die Daten der amtlichen Statistik geben die demographische Entwicklung relativ umfassend wieder, so daß sie zu einer Bewertung ausreichend erscheinen. Bei Prognosen über die weitere Entwicklung ist die Berücksichtigung der den Szenarien zugrundeliegenden Annahmen für eine Beurteilung von besonderer Bedeutung.

Der ideale Indikator für Familie im Lebensverlauf sollte den Raum, den Familie im Leben einnimmt, sowie die Abschnitte im Familienleben und deren individuelles Erleben in bezug auf Familie aufzeigen. Dies wird jeweils im Zeitablauf sowie für Geburts- und Eheschließungskohorten dargestellt.

Dieser Indikator muß, um Veränderungen aufzuzeigen, in einem längeren Zeitzusammenhang beobachtet werden. Auf der Basis der amtlichen Statistik ist dies jedoch nur bedingt möglich, so daß Sekundäranalysen historischer Aufzeichnungen herangezogen werden müssen, um zumindest Teilbereiche des idealen Indikators abbilden zu können.

Einstellungen in bezug auf Familie und in Abhängigkeit zur Lebens- und Familienphase zeigt nur eine Untersuchung. Ungeachtet der methodischen Vorgehensweise eröffnet sich hierdurch eine Perspektive, zukünftige Entwicklungen kontinuierlich zu beobachten.

Zielkomponente	Tab.Nr.	X)	Datensatz
Demographische Entwicklung	35	X	Wohnbevölkerung der Bundesrepublik Deutschland
	36	X	Altersaufbau 1983 und 1985
	37	X	Anteile der Wohnbevölkerung nach Familienstand, Altersgruppen und Geschlecht
	38	X	Durchschnittliche fernere Lebenserwartung
	39	X	Entwicklung der Altersbevölkerug
	40	X	Entwicklung des Verhältnisses der über 75-jährigen zu den jüngeren Altersklassen
Familie im Lebenszyklus	41		Lebensphasen von Frauen im Zeitvergleich
	42		Familienphasen von Frauen im Zeitvergleich
	43		Gratifikationen und Belastungen der Familie in den Lebensphasen

X) Der amtlichen Statistik entnommen.

Aufgrund des vorhandenen Datenmaterials ist eine grobe Annäherung an den idealen Indikator möglich, die sich auf Querschnittsdaten stützt. In einem Geburtskohortenansatz könnten allerdings genauere Ergebnisse erzielt werden (vgl. G. Feichtinger, 1978, S. 145).

– empirisch

Sowohl die demographische Entwicklung als auch die Entwicklung der Lebenszyklusphasen ist durch einen langsamen Wandel gekennzeichnet. Quantitative Veränderungen in der demographischen Entwicklung führen zu Bevölkerungskonjunkturen. Diese Veränderungen in Lebensdauer und Besetzungsstärke der Alterskohorten führen zu Änderungen der Familienstruktur und des Familienzyklus. Sowohl verringerte Kindersterblichkeit als auch zunehmende Lebenserwartung erhöhen die Stabilität der Familie. Der wesentliche Instabilitätsfaktor der vorindustriellen Zeit, die Sterbeziffer der Eltern und die hohe Sterbehäufigkeit der Kleinstkinder, entfällt. Die Veränderung der Familienzyklusphasen führt zu einer Aufgabenverlagerung innerhalb der Familie. Es werden weniger Kinder geboren, die Reproduktionsphase schrumpft. Auf der anderen Seite steigt der Anteil von alten und hochbetagten Menschen in der Familie. Neue Anforderungen entstehen im Bereich der Hochbetagtenversorgung. Insgesamt zeigt die starke zeitliche Ausweitung der Familienphase eine gewachsene Stabilität in der Familienzusammensetzung und im Beziehungsgefüge von Ehepaaren.

3. Funktionen der Familie

Ein weiterer Bereich der im Rahmen der Orientierungsdaten interessieren muß, sind die Funktionen, die die Familie übernimmt. Die Sozialisations- und die Pflegefunktion wurden bereits angesprochen. Die Sozialisationsfunktion ist hier primär aus der Sicht der Familie zu deuten und bezieht sich auf die Verweildauer von Kindern in der Familie, außerfamiliäre Kinderbetreuung und vor allem den von der Familie zu tragenden Aufwand für Kinder. Die Pflegefunktion der Familie resultiert aus der Zunahme der Altenbevölkerung. Im Zusammenhang mit der zeitlichen Dimension der Stabilität von Familie wurde die zunehmende Bedeutung dieser Funktion deutlich. Eine dritte Funktion der Familie muß jedoch noch einbezogen werden: Die hauswirtschaftliche Versorgung der Familienmitglieder als Grundlage des familiären Zusammenlebens.

3.1 Sozialisation

Die Sozialisationsleistungen der Familie für Kinder werden zunächst zeitlich begrenzt durch die Verweildauer von Kindern in der Herkunftsfamilie. Eine weitere wichtige Determinante sind die Aufwendungen der Herkunftsfamilie für Kinder.

Die Verweildauer von Kindern in ihrer Herkunftsfamilie kann von zwei Ansätzen aus betrachtet werden.

1. Ansatz: Alter von 18 Jahren, 2. Ansatz: Heirat der Kinder. Hierbei kann die Zeitspanne zwischen Geburt und Heirat als Verweildauer in der Herkunftsfamilie interpretiert werden.

Die Ermittlung der Verweildauer von Kindern in der Herkunftsfamilie auf der Basis der amtlichen Statistik zeigt, daß fast alle Kinder unter 18 Jahren in Familien leben (vgl. Tabelle 44). Mehr als ein Viertel aller in Familien lebenden ledigen Kinder sind älter als 18 Jahre.

Aufgrund einer fehlenden weitergehenden Altersdifferenzierung der ledigen Kinder in Familien kann die Verweildauer von Kindern in der Herkunftsfamilie anhand der amtlichen Statistik nicht näher bestimmt werden.

Nicht alle Kinder wachsen in ihrer Herkunftsfamilie auf. Entsprechend übernimmt auch die Jugendhilfe die Aufgabe der Sozialisation von Kindern, Jugendlichen und jungen Erwachsenen. Im Rahmen der Jugendhilfestatistik werden im vierjährigen Abstand die Anzahl der Einrichtungen der Jugendhilfe ermittelt, um einen Überblick über die institutionellen Voraussetzungen für die Jugendhilfe zu vermitteln. Im Erhebungsprogramm 1982 wurden, soweit statistisch feststellbar, die Zahl der verfügbaren Plätze in Heimen ermittelt (vgl. Tabelle 45).

Die erzieherischen Hilfen wurden für 1983 im Rahmen der Jugendhilfestatistik ermittelt (ebenso für 1985), die nicht nur mit der Heimunterbringung der Kinder und Jugendlichen verbunden sind, sondern auch in anderen (fremden) Familien stattfinden. Erzieherische Hilfen als Mittel öffentlicher Erziehung gliedern sich in Hilfe zur Erziehung, freiwillige Erziehungshilfe und Fürsorgeerziehung. Jeweils die Hälfte ist in Heimen bzw. in anderen Familien untergebracht. Die Häufigkeit der Erziehungsmaßnahmen steigt mit zunehmendem Alter (vgl. Tabelle 46).

Als weitere Determinante der Sozialisationsleistungen von Familie werden die Aufwendungen für Kinder dargestellt. Die Aufwendungen der Herkunftsfamilie für ihre Kinder lassen sich in Geldaufwendungen und Zeitaufwand unterteilen.

Die Messung und Bewertung der Lebenshaltungskosten für Kinder kann zunächst anhand von Verbrauchseinheiten vorgenommen werden. Hierbei wird davon ausgegangen, daß die einzelnen Haushaltsmitglieder in unterschiedlichem Maße an dem Verbrauch von Waren und Dienstleistungen beteiligt sind. Weiter wird davon ausgegangen, daß die Höhe des Verbrauchsanteils mit bestimmten Merkmalen des Haushaltsmitgliedes im engerem Zusammenhang steht und daß diese Zusammenhänge sich in einer Verbrauchseinheitenskala darstellen lassen (vgl. M. Euler, 1974, S. 322).

Basis für die Aufstellung von Verbrauchseinheitenskalen bilden anhand von ernährungsphysiologisch gemessenen oder geschätzten Ergebnissen die Verbrauchsmengen. Dadurch wird ein von Preisen und time lags unabhängiger Maßstab gewonnen. Auf der Grundlage der Verbrauchsverhältnisse vor dem Beginn des zweiten Weltkrieges sind einige „neuere" Werte dargestellt (vgl. Tabelle 47).

Auf der Grundlage der Verbrauchseinheitenrechnung in Verbindung mit den Ergebnissen der Einkommens– und Verbrauchsstichprobe 1973 stellte der wissenschaftliche Beirat für Familienfragen die Aufwendungen für ein Kind in Abhängigkeit von der Familiengröße dar (vgl. Tabelle 48). Hierbei sind sinkende Aufwendungen pro Kind bei wachsender Kinderzahl festzustellen. Schmucker erklärt das nicht mehr proportionale Wachstum der Ausgaben zur steigenden Kinderzahl mit der nicht sofortigen proportionalen Änderung der fixen Kosten und der Anpassung des Lebensniveaus an das niedrigere Pro-Kopf-Einkommen.

Ein weiterer Einflußfaktor auf die Aufwendungen für Kinder ist das Haushaltseinkommen. Ausgehend vom steigenden Haushaltsnettoeinkommen wird dessen Einfluß auf die Verbrauchsausgaben für ein Kind dargestellt (vgl. Tabelle 49). Unabhängig von der Kinderzahl steigen die Aufwendungen für ein Kind bei steigendem Haushaltsnettoeinkommen. Der wissenschaftliche Beirat für Familienfragen bezieht die durchschnittlichen Aufwendungen für ein Kind auf die Gesamtkinderzahl unter 18 Jahren (vgl. Tabelle 50). Als Ergebnis ist der Anteil der Aufwendungen für Kinder am privaten Verbrauch mit 17,5 % in 1972, 16,6 % in 1973 und 17,1 % für 1974 angegeben.

Problematisch am Ergebnis des wissenschaftlichen Beirates für Familienfragen ist die Anwendung des Faktors „0,7 Vollpersoneneinheiten", der sich als gewogener Durchschnitt aus der Vollpersonenaufwandsskala des Statistischen Reichsamtes ergibt (vgl. BMJFG (Hg.), 1979, S. 105). Euler kam zu dem Schluß, daß Verbrauchseinheitenrechnungen aus methodischen Gründen und insbesondere dann, wenn der Verteilung des Gesamtverbrauches veraltete Verbrauchseinheiten zugrundeliegen, nicht zu befriedigenden Ergebnissen führen (vgl. M. Euler, 1974, S. 323).

Eine weitere Möglichkeit zur Ermittlung der Lebenshaltungskosten für Kinder bietet die Methode des Statistischen Bundesamtes. Sie ist eine Kombination aus Einzelnachweisen für einzelne Aufwandsgruppen und Verbrauchseinheitenrechnungen (vgl. M. Euler, 74, S. 323/324), für Vier–Personen–Arbeitnehmerhaushalte jeweils mit mittlerem (Haushaltstyp 2) und gehobenem (Haushaltstyp 3) Einkommen (vgl. Tabelle 51). Der pauschal zu verteilende Aufwand ist mit drei verschiedenen Ansätzen am Gesamtaufwand berechnet (vgl. M. Euler, 1974, S. 324). Entsprechend dieser Methode durchgeführte Rechnungen für verschiedene Jahre (vgl. Tabelle 52), zeigen im Vergleich zur Berechnung mit dem Faktor 0,7 des wissenschaftlichen Beirates für Familienfragen (für das hier vergleichbare Jahr 1973) geringere Beträge.

Ein weiterer Ansatz zur Ermittlung der Geldaufwendungen für Kinder ist die Auswertung von Einzelfallstudien. Blosser–Reisen und Seifert ermittelten den Gesamtgeldaufwand für die Lebenshaltung in Abhängigkeit vom Alter der in den Haushalten Befragten (vgl. Tabelle 53). Es ergeben sich für die einzelnen Altersgruppen der Kinder erhebliche Unterschiede (282,90 DM Differenz zwischen Klein– und Schulkindern). Diese Ergebnisse liegen erheblich über dem Ergebnis vorher aufgezeigter Ansätze.

Bei der Ermittlung des Unterhaltsbedarfs („Unter dem Unterhaltsbedarf ist die Summe der Geld– und Sachleistungen zu verstehen, die für erforderlich gehalten wird, den Lebensunterhalt von Einzelpersonen oder von Personengruppen zu gewährleisten." (M. Euler, 1974, S. 320)) von Kindern basieren die Ergebnisse auf subjektiven Schätzungen. Eine Bedarfsschätzung für Unterhaltsleistungen wird bei der Durchsetzung von Unterhaltsansprüchen ehelicher und nichtehelicher Kinder vorgenommen. Die sogenannte „Düsseldorfer Tabelle" ist Orientierungsgrundlage für familienrechtliche Entscheidungen (vgl. Tabelle 54).

Der Deutsche Familienverband, Landesverband BadenWürttemberg, stellte eine Bedarfsschätzung des Lebenshaltungsbedarfs anhand von Erfahrungswerten und des Alltagslebens für einen 12jährigen Jungen als Mittelwertvertreter für Kinder zwischen 0 und 18 Jahren auf (vgl. Tabelle 55). Das geschätzte Ergebnis für 1976 von 526,40 DM monatlich wurde fortgeschrieben mit etwa 600,– DM für 1978. Diese Werte liegen über den nach der Methode des Statistischen Bundesamtes ermittelten Ergebnissen.

Eine weitere wichtige Größe zur Ermittlung des Gesamtaufwandes für Kinder ist neben dem Geldaufwand auch der zeitliche Aufwand. Der Zeitaufwand ist von verschiedenen Faktoren abhängig: Zunächst wird differenziert nach der Erwerbstätigkeit der Frau. Bei Erwerbstätigkeit wird der Zeitaufwand für die Kinderbetreuung reduziert. Ein weiterer Einflußfaktor ist die Anzahl der Kinder. Bei zwei Kindern wurde bei Kössler eine Zeitaufwandsreduzierung von über 50 % ermittelt (vgl. St LDA (BW), 1984, S. 31). Mitentscheidend für den Zeitaufwand ist das Alter der Kinder. Je jünger die Kinder sind, desto höher ist der Zeitaufwand (Tabelle 56). Aufgrund unterschiedlicher methodischer Ansätze kann jedoch keine eindeutige Angabe über den Zeitaufwand für die Kinderbetreuung gemacht werden.

Der wissenschaftliche Beirat für Familienfragen schätzte den Arbeitsaufwand für Kinder insgesamt (für 1974). Hierzu ermittelte er den durchschnittlichen Zeitaufwand pro Familie nach Anzahl der Kinder und multiplizierte dieses Ergebnis mit der Anzahl der Familien (vgl. Tabelle 57). Das so ermittelte Ergebnis wurde mit

Bruttostundenlöhnen monetär bewertet und ergab eine Summe zwischen 209.456,– Mio. DM und 150.457,– Mio. DM, abhängig vom gewählten Bruttostundenlohn, pro Jahr (vgl. Tabelle 58). Diese Berechnungen vermitteln eine Vorstellung über die Opportunitätskosten für den Arbeitszeitaufwand der Kinderbetreuung.

Zusammenfassend bleibt festzuhalten, daß exakte Daten über die Verweildauer von Kindern in ihrer Herkunftsfamilie nicht vorliegen. Sie liegt über 18 Jahre und wird durch die Heirat der Kinder spätestens begrenzt. Die Mehrzahl aller Kinder und Jugendlichen unter 18 Jahren lebt in Familien. Der staatlichen Jugendhilfe unterliegen ca. 8–9 % der Kinder unter 18 Jahren, jeweils die Hälfte ist in Heimen bzw. in anderen (fremden) Familien untergebracht. Die Aufwendungen für Kinder bestehen zum einen aus Geldaufwendungen, zum anderen aus dem Zeitaufwand, der für Kinder aufgebracht wird. Die Geldaufwendungen lassen sich auf der Basis des vorhandenen Datenmaterials nur schwer allgemein darstellen, da sie in Abhängigkeit von der Familiengröße und dem Familieneinkommen innerhalb weiter Ausgabenspannen liegen. Über die „richtige" Ermittlung des Geldaufwandes für Kinder kann keine Aussage gemacht werden, da alle aufgezeigten Ansätze aus methodischer Sicht Mängel aufweisen. Schätzungen zum Unterhaltsbedarf für Kinder unterliegen subjektiven Einflüssen und haben keine rational–statistische Grundlage. Aufgrund verschiedener Studien zum Zeitaufwand der Kinderbetreuung, die nach unterschiedlichen Methoden vorgingen, ist eine eindeutige Feststellung des Zeitaufwands nicht möglich. Die Berechnungen des Wissenschaftlichen Beirates für Familienfragen liefern trotz methodischer Verkürzung einen Eindruck über die Größenordnung über Geld– und Zeitaufwand der Familien für Kinder.

3.2 Pflegeleistungen

Die Pflegeleistungen stellen eine weitere wichtige Funktion der Familie dar. Ihr kommt wachsende Bedeutung zu, wie die demographische Entwicklung deutlich machte. Die Voraussetzungen der Pflegeleistungen werden anhand der hilfeleistenden Personen nach dem Alter und dem Verwandtschaftsverhältnis in Zusammenhang mit dem Haushaltszugehörigkeitsstatus aufgezeigt. Die Betroffenheit (insbesondere von Familien) durch Pflegesituationen wird anhand der Art des Zusammenlebens mit Pflegebedürftigen dargestellt. Wünsche und Vorstellungen zur Pflegeperson in Zusammenhang mit Art und Umfang der zu leistenden Pflegetätigkeit liefern weitere Informationen zu diesem Themenkomplex. Die zeitliche Dimension vermittelt einen Einblick in den Umfang der familiären Pflegeleistungen.

Das Ausmaß der Pflegeleistungen zeigt die von Socialdata 1978 durchgeführte Studie zu „Anzahl und Situation zu Hause lebender Pflegebedürftiger" (vgl. BMJFG (Hg.), 1980) auf (vgl. Tabelle 59).

Der größte Anteil der Hilfe erfolgt durch den eigenen Haushalt (63 %). Mit zunehmendem Grad der Hilfsbedürftigkeit nimmt die Leistung des Haushaltes, aber auch die der außerhalb des Haushaltes lebenden Angehörigen zu. Der Anteil der Hilfe von außerhalb des Haushaltes lebenden Angehörigen entspricht derjenigen durch Arzt oder Ärztin (je 30 %).

Freunde, Bekannte und Nachbarn helfen etwa im gleichen Verhältnis wie institutionelle und professionelle Hilfskräfte zusammen mit teilstationären Einrichtungen (je 17 %).

Bei der Differenzierung der Helfenden nach dem Alter wird weiterhin unterschieden nach Haushaltszugehörigkeitsstatus (vgl. Tabelle 60). Die Hauptlast der Pflegetätigkeit trägt bei den Haushaltsmitgliedern die Altersgruppe der 60- bis 69jährigen mit 38 %. In den Altersgruppen der 30- bis 59jährigen, deren Anteil an der Pflegeleistung jeweils 35 % beträgt, pflegt vor allem die Gruppe der 50- bis 59jährigen Pflegebedürftige mit dem höchsten Hilfebedürftigkeitsgrad.

Tabelle 61 zeigt die Rolle der Familie bei den Pflegeleistungen in einem Ansatz nach dem Familientyp. Hierbei wird wiederum nach der Haushaltszugehörigkeit unterschieden. Innerhalb des Haushaltes übernimmt zu 3/4 die Kernfamilie die Pflegeaufgaben. Die Herkunftsfamilie hat nur geringe Bedeutung. Die Bedeutung der Pflegeleistungen durch andere Verwandte nimmt mit zunehmender Hilfsbedürftigkeit ab. Nicht verwandte Haushaltsmitglieder spielen fast keine Rolle bezüglich der Pflegeleistungen. Bei Pflegeleistungen, die nicht innerhalb des Haushaltes erbracht werden, trägt die Familie noch etwa 2/3. Freunde, Bekannte und Nachbarn haben einen Anteil von ca. 13 %.

Die geschlechtsspezifische Verteilung der Hilfeleistungen wurde von Socialdata anhand einer qualitativen Studie ermittelt (vgl. Tabelle 62). Die Hauptpflegeperson ist in 75 % der Fälle weiblich, zu 24 % männlich. Vor allem Frauen pflegen ihren Ehepartner und in der Regel leisten Frauen intergenerative Pflegehilfe. Dieses Ergebnis wird durch die Verteilung der verwandtschaftlichen Beziehungen der Hauptpflegepersonen zum Hilfebedürftigen unterstützt (vgl. Tabelle 63). Die überwiegende Zahl der Pflegepersonen ist weiblich. Innerhalb der Familie pflegt zu 26 % die Ehefrau, zu 20 % der Ehemann. Am intergenerativen Austausch von Pflegeleistungen beteiligen sich 20 % Töchter/Schwiegertöchter und 3 % Söhne/Schwiegersöhne. Mütter beteiligen sich zu 11 %.

Die Betroffenheit der Familie durch die Pflegesituationen zeigt sich im Zusammenleben der Generationen und dem jeweiligen Anteil der Pflegebedürftigen (vgl. Tabelle 64). In einer Studie über die Lebenslage älterer Menschen im ländlichen Raum (BMJFG (Hg.), 1983) wurde festgestellt, daß 50,2 % der über 65jährigen im Haushalt oder im gleichen Haus mit ihren Kindern leben. 12,6 % hiervon waren pflegebedürftig. In den Familien der befragten jüngeren Generation lebten 32,3 % mit über 65jährigen im gleichen Haus oder Haushalt, von denen 31 % ganz oder teilweise auf Hilfe angewiesen waren.

Für den Fall einer Pflegebedürftigkeit konnten die über 65jährigen Befragten unter verschiedenen Pflegepersonen auswählen (vgl. Tabelle 65). Im überwiegenden Fall wünschten sie sich ihre Kinder (69 %) bzw. nahe Verwandte (13,1 %).

An zweiter Stelle wurde institutionelle Hilfe gewünscht wie Gemeindeschwester (28,5 %) und Sozialstation (9,8 %). Dies insbesondere in den Fällen, in denen Kinder oder Verwandte nicht unmittelbar zur Verfügung stehen.

Aus der Perspektive der jüngeren Generation sind wiederum die Kinder die geeignetsten Pflegepersonen für ältere Menschen (70,1 %) (vgl. Tabelle 66). Nahe Verwandte wurden erst in zweiter Linie genannt. Besondere Bedeutung haben aus der Sicht der jüngeren Generation Gemeindeschwestern und Sozialstationen, die in erster Linie zu 17,7 % und in zweiter Linie zu 64 % genannt werden.

Die Betroffenheit der Familie durch Pflegetätigkeit zeigt sich auch in der Art der Hilfeleistungen (vgl. Tabelle 67). Hilfe für im gleichen Haus lebende ältere Familienmitglieder wird vor allem bei der Hausarbeit und beim Kochen gegeben. Außerdem werden Pflegetätigkeiten übernommen. Besteht eine räumliche Distanz zum älteren Familienmitglied, werden Pflegeleistungen seltener übernommen, Hilfen bei der Hausarbeit und zur Mobilität stehen im Vordergrund. Es bestehen große Unterschiede in den Hilfeleistungen, differenziert nach der räumlichen Distanz, was sich auch im durchschnittlich aufgewendeten Zeitaufwand niederschlägt.

Nach der Darstellung der Pflegesituation bedarf es einer erweiterten Sicht des zeitlichen Aufwandes für Pflegeleistungen. Hierzu soll zunächst der Zusammenhang zwischen der Dauer der Krankheit, der Pflegebedürftigkeit und der Pflegetätigkeit aufgezeigt werden (vgl. Tabelle 68).

Hierbei fällt auf, daß der Pflegebedarf sehr lange andauern kann, ebenso die Pflegeleistungen – 1/3 länger als 5 Jahre. Die annähernd gleiche Verteilung von Pflegebedürftigkeit und Pflegetätigkeit kann auf eine Kontinuität der Pflegeperson hinweisen. Die zeitliche Belastung der Familie zeigt sich in der Verteilung des durchschnittlichen täglichen Zeitaufwandes für die Pflegetätigkeit (vgl. Tabelle 69). Obwohl nur ein relativ geringer Teil der Pflegebedürftigen praktisch immer der Pflege bedarf, benötigen doch ein Viertel der Pflegebedürftigen 10 und mehr Stunden Hilfe pro Tag. Weitere 10 % benötigen 6 bis zu 10 Stunden Hilfe. Die meisten Befragten (81,2 %) gaben an, in der aufgewendeten Zeit dem Pflegebedarf nachzukommen.

Untersucht wurde nochmals die Verteilung der Pflegeleistungen auf die Familienmitglieder (vgl. Tabelle 70). Hieraus ergibt sich eine ungleichmäßige Verteilung. Die Hauptlast der zeitlichen Beanspruchung trägt die Tochter bzw. Schwiegertochter. In zweiter Linie tragen Enkelkinder und Schwiegersöhne in zeitlicher Dimension zur Pflege bei. Hilfeleistungen werden vor allem innerhalb des Haushaltes erbracht, in dem die Hilfsbedürftigen leben.

Insgesamt wird Hilfe innerhalb des Haushaltes in erster Linie von 50- bis 69jährigen geleistet. Hilfe von außerhalb des Haushaltes erbringen in den meisten Fällen 30- bis 49jährige. Innerhalb des Haushaltes wird die Pflegeleistung fast ausschließlich von der Familie erbracht, vor allem von der Kernfamilie. Von außerhalb des Haushaltes steht die familiäre Hilfeleistung zwar noch im Vordergrund, ist jedoch nicht mehr so dominierend. Hauptpflegepersonen sind vor allem Frauen, insbesondere Ehefrauen. Hilfe wird in erster Linie durch Kinder gewünscht, die sich wiederum selbst als geeignetste Pflegepersonen sehen. Stehen Kinder nicht zur Pflege zur Verfügung, wird auf institutionelle Hilfe von Gemeindeschwester und Sozialstation verwiesen. Pflegeleistungen werden häufig für Familienangehörige im gleichen Haus geleistet. Pflegetätigkeit ist oft eine Langzeitaufgabe und benötigt häufig die meiste Zeit des Tages. Für 40 % der Betroffenen ist Pflege ein „full-time-job".

3.3 Hauswirtschaftliche Versorgung

Als Maßstab für die Messung der hauswirtschaftlichen Versorgung bietet sich in erster Linie der für die Hausarbeit aufgewendete Zeitaufwand an.

Insbesondere deshalb, weil im Rahmen der Hausarbeit die unterschiedlichsten Arbeiten ausgeführt werden, die einem etwa monetären Ansatz durch unterschiedliche Bewertungen und Qualifikationsniveaus entgegenstehen. Zunächst soll ein Eindruck vom Umfang des benötigten Zeitaufwandes für Hausarbeit, vor allem im Zusammenhang mit dem Zeitaufwand für Kinder und Pflegeleistungen, vermittelt werden. Weiter wird der Zeitaufwand in Abhängigkeit von Anzahl und Alter der Kinder sowie der Erwerbstätigkeit der Eltern und der Anzahl der Haushaltsmitglieder aufgezeigt.

Zur Beurteilung der vorgestellten Daten ist vorauszuschicken, daß keine einheitliche Definition des Begriffes Hausarbeit vorliegt. Dies wird u. a. im Bereich der Rechtsprechung von J. Schacht problematisiert (vgl. J. Schacht, 1974, S. 33). Deshalb wird neben den jeweils einzelnen Abgrenzungen des Begriffes „Hausarbeit" berücksichtigt, daß sie „von Erziehungsarbeit und Liebesdienst" (I. Block, 1981, S. 45) nicht zu trennen ist, sie nicht gebündelt abgeleistet werden kann, sondern sich über den ganzen Tag verteilt und sich an den Bedürfnissen und Verpflichtungen der Familienmitglieder orientiert (vgl. I. Block, 1981, S. 45).

H. Pross untersuchte die durchschnittlich aufgewandte Zeit für Hausarbeit auf der Grundlage von Schätzungen durch Hausfrauen (vgl. H. Pross, 1975) (vgl. Tabelle 71). Es wird hier ein Überblick über den Teil der hauswirtschaflichen Versorgung vermittelt, der durch Hausfrauen erbracht wird, sowie deren hierfür benötigten Zeitaufwand als Schätzwert. Im Vergleich der einzeln gemachten Angaben zu der Gesamtschätzung zeigt sich eine leichte Überschätzung der Einzelangaben pro Woche.

In der Gegenüberstellung des für Hausarbeit geschätzten Zeitaufwandes zu weiteren Tätigkeiten, die speziell für Kinder (zusätzlich, soweit vorhanden) und für die Pflege von Alten und Kranken geschätzt wurden, zeigt sich die Zeitrelation der hauswirtschaftlichen Versorgung zu weiteren Funktionen der Familie.

Der für die Hausarbeit benötigte Zeitaufwand ist in hohem Maße abhängig von der Anzahl und dem Alter der Kinder, die in der Familie leben.

Der wissenschaftliche Beirat für Familienfragen zeigt die Arbeitszeitaufwendungen für die gesamte Hausarbeit und für Familienpflege differenziert nach der Anzahl der Kinder (vgl. Tabelle 72). Für die Hausarbeit wird mit zunehmender Kinderzahl mehr Zeit benötigt. Die Familienpflege hat nach dieser Darstellung einen Anteil von 25 % am Gesamtzeitaufwand für Hausarbeit.

Ein weiter wichtiger Aspekt ist die Unterscheidung des Arbeitszeitaufwandes nach dem Alter der Kinder. L. Blosser-Reisen und M. Seifert ermittelten den Gesamtarbeitszeitaufwand in Abhängigkeit zum Alter der Kinder nach Altersgruppen (vgl. Tabelle 73). Die erfaßten Tätigkeiten beschränken sich hier auf die durchzuführenden Arbeiten für die Lebenshaltung, die als Ernährung, Bekleidung, Bildung/Freizeit, Gesundheits- und Körperpflege und Schlafbereich sowie Allgemeines definiert sind.

Es zeigt sich, daß der Arbeitszeitaufwand für die Lebenshaltung mit zunehmendem Alter der Kinder abnimmt. Die Entlastung mit zunehmendem Alter betrifft vor allem die Ernährung, Bekleidung sowie den Bereich Bildung/Freizeit.

Im Rahmen einer Zusatzerhebung zur Einkommens- und Verbrauchsstichprobe 1983 wurde die Zusammensetzung der Hausarbeit ausgewählter Haushaltstypen ermittelt (vgl. Tabelle 74). Dem Zeitaufwand für einzelne Hausarbeitsgruppen ist hier neben dem Familienstand und der Anzahl der Kinder auch das Merkmal der Erwerbstätigkeit zugeordnet.

Grundsätzlich wird mehr Zeit für die Hausarbeit aufgewendet, wenn eine Erwerbstätigkeit nicht vorliegt. Liegt eine Erwerbstätigkeit beider Ehepartner (Doppelverdiener) vor, wird der Zeitaufwand für alle Hausarbeitsgruppen eingeschränkt. Diese Einschränkung betrifft bei kinderlosen Ehepaaren die Nahrungszubereitung, bei Ehepaaren mit Kindern in erster Linie die Kinderbetreuung.

Besonders deutlich wird die Veränderung an zwei typischen Beispielen im Zusammenhang mit der Entscheidung für Kinder:

a) Entschließt sich eine alleinstehende Arbeitnehmerin zu heiraten, ein Kind zu bekommen und aus dem Erwerbsleben auszuscheiden, wird sich die zeitliche Belastung von 186 Minuten/Tag auf 652 Minuten/Tag mehr als verdreifachen.

b) Die Entscheidung für ein Kind bedeutet für ein kinderloses Ehepaar, vorausgesetzt ein Ehepartner scheidet aus dem Berufsleben aus, eine Verdoppelung des Zeitaufwandes.

Eine weitere Studie zum durchschnittlichen wöchentlichen Zeitaufwand wurde von H. Schulz-Borck (H. Schulz-Bock, 1980) 1976/77 in städtischen Haushalten erhoben. Bezugspunkt für den Zeitaufwand einzelner erfragter Tätigkeitsmerkmale ist hier die Haushaltsgröße.

Als neuen Aspekt bietet diese Studie eine Darstellung der Belastungsverteilung des Zeitaufwandes der Haushaltsmitglieder.

Im Vierpersonenhaushalt sind Hausfrau und Ehemann am stärksten belastet. Mit wachsender Personenzahl sinkt ihre Belastung und mehr Aufgaben werden von Kindern und sonstigen Personen übernommen (vgl. U. Lakemann, 1984, S. 96) (vgl. Tabelle 75).

Dargestellt wird in Tabelle 76 die prozentuale Arbeitsteilung zwischen Mann und Frau unter Berücksichtigung der Erwerbstätigkeit der Frau. In den verschiedenen erfaßten Tätigkeitsbereichen zeigt sich in den Bereichen Ernährung und Haushaltstätigkeit, den besonders belastenden sich wiederholenden Tätigkeiten, eine starke Dominanz der Frau.

Die Verteilung der Hausarbeit, differenziert nach Haushaltszusammensetzung, Erwerbstätigkeit und monatlichem Nettoeinkommen, spiegelt sich in Tabelle 77 wieder. Die Hausarbeit verteilt sich unter den oben genannten Aspekten auf Mann, Frau, Kinder und sonstige Personen höchst ungleichgewichtig. Die Entlastung der Familien durch sonstige Personen ist abhängig vom Einkommen. Bei Nichterwerbstätigkeit der Frau beträgt der Anteil des Mannes an der Hausarbeit ca. 20 %, unabhängig von der Kinderzahl. Ein relativ großen Teil der Befragten ist mit der tatsächlichen Aufgabenverteilung und der Asymmetrie der Arbeitsteilung zufrieden (vgl. U. Lakeman, 1984, S. 131).

Die starke zeitliche Einschränkung der Kinderbetreuung im Falle der Erwerbstätigkeit beider Elternteile läßt auf eine Doppelbelastung, gerade bei Frauen, schließen.

3.4 Komponentenergebnis

– methodisch

Ein idealer Indikator der Sozialisationsleistungen könnte aufgezeigt werden durch die Untersuchung ob, wie lange und mit welchem zeitlichen und monetären Aufwand Kinder in der Familie betreut werden. Zur Messung dieses Indikators gibt es verschiedene Ansätze, ohne daß sich einer als „richtiger" Ansatz ergeben hat. Vor allem der qualitative Aspekt muß gänzlich vernachlässigt werden.

Weder die amtliche Statistik noch weitere Untersuchungen geben ein umfassendes und eindeutiges Bild der Sozialisationsleistungen wieder. Somit kann der Indikator zur Zeit nur annäherungsweise abgebildet werden, eine Bewertung ist nur mit Abstrichen möglich. Ein Handlungsbedarf ist hier auf allen Teilgebieten gegeben, wird jedoch durch die unterschiedlichen methodischen Ansätze erschwert.

Der ideale Indikator für Pflegeleistungen kann bestimmt werden durch die Verteilung, Umfang, Art und Intensität der durch die Familie geleisteten Pflege für familienangehörige ältere Menschen. Dies kann in Verbindung zur Einstellung zur Pflegetätigkeit gesehen werden. Neben der Situationsbeschreibung kann der Indikator das Bereitschaftspotential der Familie zur Pflegetätigkeit aufzeigen. Die amtliche Statistik liefert keine Daten über Pflegeleistungen der Familie. Verschiedene Untersuchungen zeigen Daten für Teilbereiche der Pflegeleistungen auf.

Da Datenerhebungen jeweils nur Teilbereiche abdecken, sich unterschiedlicher Methodik bedienen und jeweils nur einmalig durchgeführt wurden, kann auf eine kontinuierliche Beobachtung und einheitliche Erfassung nicht zurückgegriffen werden.

Der ideale Indikator für die hauswirtschaftliche Versorgung kann durch Messung, Bewertung und Verteilung der im Haushalt durchzuführenden Tätigkeiten im Zusammenhang mit der Haushaltsgröße, Altersschichtung, dessen Mitglieder und Erwerbstätigkeit der Ehepartner dargestellt werden.

Es liegen verschiedene Studien vor, die den Zeitaufwand für hauswirtschaftliche Versorgung aufzeigen. Ihre Ergebnisse sind jedoch nicht miteinander vergleichbar, da ihnen zum großen Teil die Repräsentativität fehlt, sowie methodisch unterschiedlich vorgegangen und abgegrenzt wurde. Eine Studie zeigt darüber hinaus eine Bewertung der Hausarbeit.

Eine einheitliche, kontinuierliche und repräsentative Datenerhebung ist notwendig, um die Bewertung der hauswirtschaftlichen Versorgung vornehmen zu können.

Die Datensätze entstammen fast alle der nicht-amtlichen Statistik, werden weder repräsentativ noch kontinuierlich erhoben. Damit liegen über einen Zentralbereich des Familiensystems nur äußerst wenig verläßliche und systematische Informationen vor. Abhilfe ist hier besonders dringlich zu fordern.

Zielkomponente	Tab.Nr.	X)	Datensatz
Sozialisations-leistungen	44	X	Verweildauer der Kinder in Familie
	45	X	Verfügbare Plätze in Heimen nach Art des Trägers
	46	X	Institutionelle Erziehungsleistungen
	47		Ausgewählte Verbrauchseinheiten - Skalen für Ernährung
	48		Aufwendungen für ein Kind nach der Familiengröße 1973/74
	49		Einfluß eines steigenden Haushaltsnettoeinkommens auf die Verbrauchsausgaben von Ehepaarhaushalten für ein Kind nach der Kinderzahl 1973
	50		Materielle Aufwendungen für die heranwachsende Generation 1972-1974
	51		Ermittlung der Lebenshaltungskosten eines Kindes aufgrund der Ergebnisse der laufenden Wirtschaftsrechnung 1984
	52		Angaben für den privaten Verbrauch pro Kind pro Monat
	53		Gesamtgeldaufwand für die Lebenshaltung pro Person und Tag
	54		Düsseldorfer Tabelle (1.1.1985)
	55		Was kostet ein Kind?
	56		Der Zeitaufwand für die Kinderbetreuung im Überblick verschiedener empirischer Studien
	57		Geschätzter Zeitaufwand der Familien für die nachwachsende Generation
	58		Arbeitszeitaufwendungen für Kinder, mit Bruttolohnansätzen bewertet, 1974

X) Der amtlichen Statistik entnommen.

Zielkomponente	Tab.Nr.	X) Datensatz
Pflegeleistungen	59	Hilfeleistende Personengruppen und Einrichtungen
	60	Pflege durch nicht berufsmäßige Helfer (nach Altersgruppen)
	61	Familienbeziehungen der Pflegetätigen
	62	Anteil der Hauptpflegepersonen nach dem Geschlecht
	63	Verwandtschaftliche Beziehungen der Hauptpflegepersonen
	64	Zusammenleben der älteren und jüngeren Generation und Anteil der Hilfs- und Pflegebedürftigen
	65	Erwünschte Hilfspersonen
	66	Geeignetste Pflegepersonen für ältere Menschen aus der Sicht der jüngeren Generation
	67	Art und Umfang der Hilfeleistungen für familienangehörige ältere Menschen
	68	Verteilung der Dauer der Krankheit, Pfegebedürftigkeit und Pflegetätigkeit
	69	Verteilung und Bewertung des durchschnittlichen Zeitaufwandes für die Versorgung und Pflege
	70	Die an der Pflege beteiligten Personen und die Reihenfolge ihrer zeitlichen Beanspruchung
Hauswirtschaftliche Versorgung	71	Schätzwerte der aufgewandten Zeit für Hausarbeit, Kinder und Pflege
	72	Arbeitszeitaufwendungen für die gesamte Hausarbeit und für Familienpflege nach der Kinderzahl
	73	Gesamtarbeitszeitaufwand für die Lebenshaltung
	74	Zusammensetzung der Hausarbeit bei ausgewählten Haushaltstypen
	75	Durchschnittlicher wöchentlicher Arbeitsaufwand in den städtischen Haushalten
	76	Innerfamiliäre Arbeitsteilung
	77	Hausarbeit je Haushalt nach ausgewählten Haushaltstypen

X) Der amtlichen Statistik entnommen.

– empirisch

Sozialisationsleistungen werden in überwiegendem Maße von Familien erbracht. Der Geld- und Zeitaufwand von Familien wird über einen verhältnismäßig langen Zeitraum, von 18 bis zu 24–26 Jahren, erbracht. Obwohl keine allgemeingültigen Aussagen zu den Aufwendungen der Familien für Kinder gemacht werden können, zeigen die verschiedenen Ansätze, daß die Leistungen jedenfalls erheblich sind. Aussagen über den qualitativen Aspekt der familialen Erziehung sind damit natürlich noch nicht gemacht.

Bei den Pflegeleistungen stehen die Familien an erster Stelle der Hilfeleistenden, insbesondere Frauen leisten Hilfe. Es zeigt sich eine große Abhängigkeit von der familiären Wohnsituation, da Pflegeleistungen für Familienangehörige in erster Linie im gleichen Haus erbracht werden. Pflegeleistungen werden häufig für einen sehr langen Zeitraum übernommen und sind äußerst zeitintensiv.

Die Erfassung der hauswirtschaftlichen Versorgung von und durch Familie ist nicht einheitlich, was zum Teil zu sehr unterschiedlichen Ergebnissen führt. Kinder bedeuten eine erhebliche Ausweitung der Familientätigkeit. Da Frauen fast den gesamten Arbeitsanfall im Familienhaushalt alleine bewältigen müssen, tritt gerade bei Frauen, wenn sie erwerbstätig sind und Kinder haben, Doppelbelastung auf.

4. Die ökonomische Lage der Familie

4.1 Die generelle ökonomische Lage

Bei der Betrachtung der Familie aus ökonomischer Perspektive ist es sinnvoll, die Einnahmen- und Ausgabenströme zu erfassen und Möglichkeiten einer Gegenüberstellung der Größen zu finden. Einen weiteren Schritt wird die Gegenüberstellung von Einnahmen und Ausgaben in spezifischen Familiensituationen bilden.

Daten zur Einkommenssituation liefert vor allem die amtliche Statistik. Sie erfaßt die Einkommen der Privathaushalte. Auf die Problematik der haushaltbezogenen Daten im Zusammenhang mit Familie wurde vorher schon eingegangen. In der amtlichen Statistik stehen zur Erfassung von Einkommen drei Statistiken mit unterschiedlichen Zielvorgaben zur Verfügung. Die volkswirtschaftliche Gesamtrechnung als Rechensystem zeigt das verfügbare Einkommen privater Haushalte pro Jahr auf. Sie bietet eine Gesamtschau aller Einkommen. Eine Aufgliederung nach Personen wird nicht vorgenommen, so daß sie für die Beobachtung von Familie keine ausreichend gegliederten Informationen liefert. Die Einkommensteuerstatistik zeigt den Gesamtbetrag der Einkünfte, die auf der Basis der steuerlichen Angaben der zur Einkommensteuer veranlagten Personen errechnet werden. Das Fehlen großer Bevölkerungsgruppen und die Reduktion von Merkmalsausprägungen (Gemeinsam nach dem Steuersplitting-Verfahren veranlagte Ehepaare werden als ein Steuerpflichtiger gezählt. (Vgl. M. Euler, 1985, S. 57)) läßt die Anwendung dieser Statistik in Hinblick auf Familie wenig sinnvoll erscheinen. Im Rahmen der Einkommens- und Verbrauchsstichproben werden das Nettohaushaltseinkommen sowie die Käufe privater Haushalte in Fünfjahresabständen auf freiwilliger Basis und mit einem maximal 0,3 prozentigem Stichprobenumfang erhoben. Problematisch erscheint hier neben den relativ großen Abständen zwischen den Erhebungen die zeitliche Distanz zwischen Erhebung und Veröffentlichung. (Die Ergebnisse der Einkommens- und Verbrauchsstichprobe 1978 zu Einnahmen und Ausgaben privater Haushalte wurden 1982 veröffentlicht (vgl. M. Euler, 9/1982, S. 659), bis Januar 1985 lagen keine neueren Ergebnisse hierzu vor.)

Aus diesem Grund wird hier für die Darstellung von Ausgaben auf Daten der laufenden Wirtschaftsrechnung zurückgegriffen, die kontinuierlich (monatlich) und innerhalb relativ kurzer Zeit (innerhalb etwa eines halben Jahres) Ergebnisse liefert. Ihr Erhebungsprogramm ist weitgehend identisch mit dem der Einkommens- und Verbrauchsstichprobe, es werden jedoch nur drei ausgewählte Haushaltstypen, die rund 6 % aller privaten Haushalte repräsentieren, erfaßt (vgl. M. Euler, 1/1985, S. 56). Der Bereich der Einkommen privater Haushalte wird anhand der Ergebnisse des normalerweise jährlich durchgeführten Mikrozensus aufgezeigt. Obwohl die Einkommenssituation nur als Gliederungsmerkmal im Rahmen einer Selbsteinstufung in vorgegebenen Größenklassen und für einen Kalendermonat im Jahr vorgenommen wird, wird hier der weitestgehende Zusammenhang mit anderen Merkmalen hergestellt und erfaßt (vgl. M. Euler, 1985, S. 56). Dies wirkt sich für die Darstellung von Familie positiv aus.

Ausgehend vom monatlichen Nettoeinkommen der Bezugsperson liegen auf der Basis der Mikrozensusergebnisse 1982 (und 1985) die meisten Familien mit Kindern in der Einkommensgruppe zwischen 1. 800 DM und 2. 500 DM. Der Problembereich liegt in den unteren Einkommensgruppen bis 1. 200,– DM mit insgesamt 1.222.000 (1.102.000) Familien (vgl. Tabelle 78). Es ist zu vermuten, daß hier vor allem junge Ehepaare mit Kindern sowie Alleinerziehende vertreten sind.

Zum Vergleich sei auf das Bedarfsniveau der Hilfe zum Lebensunterhalt nach dem Bundessozialhilfegesetz hingewiesen. Es setzt sich zusammen aus dem Regelsatz pro Familien- bzw. Haushaltsmitglied (soweit hilfebedürftig gem. § 11 BSHG) zuzüglich tatsächlicher Miet- und Heizungskosten sowie ggf. Mehrbedarfszuschläge und einmaliger Leistungen (z. B. für notwendige Anschaffungen von Kleidung, Haushaltsgeräten usw.). Dieses Bedarfsniveau lag bei Ehepaaren mit einem Kind unter 7 Jahren, 1982 bei 880 DM, einschließlich Mehrkosten bei ca. 1. 143 DM (für die Berechnung der Mietkosten wurde der durchschnittliche Anteil vom Nettoeinkommen angesetzt, den Haushalte der unteren Verbrauchergruppe 1982 für Wohnungsmieten aufgewendet haben – = 22,9 % –). Für Alleinerziehende mit einem Kind unter 7 Jahren lag das Bedarfsniveau entsprechend bei ca. 563 DM ohne Miet- und Heizungskosten. Die Entwicklung der Regelsätze ist in Tabelle 82 aufgezeigt (siehe dort sowie neuerdings: Antwort der Bundesregierung auf die Große Anfrage der Fraktion DIE GRÜNEN „Armut und Sozialhilfe in der Bundesrepublik Deutschland", Bundestagsdrucksache 10/6055, insbesondere S. 6). Basis für die Regelsatzberechnung ist ein Warenkorb, der auf Bedarfsmengen des Jahres 1985 basiert (sog. „alternativer Warenkorb„). Es ist jedoch aufgrund kaum vergleichbarer Beziehungsgrößen fraglich, ob das Bedarfsniveau der Hilfe zum Lebensunterhalt als Armutsgrenze angesehen werden kann.

Im Gegensatz zum Leistungsniveau der Hilfe zum Lebensunterhalt nach dem Bundessozialhilfegesetz (inklusive Miet- und Heizungskosten, Mehrbedarfszuschlag, einmalige Leistungen), die das Familieneinkommen von Sozialhilfeempfängern darstellen, zeigt das monatliche Nettoeinkommen der Bezugsperson des Haushaltes nicht das vollständige Familieneinkommen auf. Nicht berücksichtigt wird u. a. das Einkommen des Ehepartners und Transfereinkommen. Weiterhin erscheint eine Differenzierung nach Alter der Familienmitglieder sowie nach Anzahl und Alter der Kinder zweckmäßig.

Ausgehend von der Anzahl der Familien in Abhängigkeit von der Kinderzahl wird unterschieden zwischen Familien mit einem sowie nach Familien mit zwei und mehr Kindern. Weiter differenziert wird die finanzielle Situation von Familien durch die prozentuale Verteilung der Familientypen auf die Nettoeinkommensgruppen (vgl. Tabelle 79) (Ergebnisse für 1985 lagen bis Dezember 1987 noch nicht vor).

Das Einkommen des größten Teils der Familien ohne Kinder bewegt sich im finanziellen Rahmen zwischen 1. 400,– DM und 2. 000,– DM. Der größte Teil der Familien mit Kindern verdient zwischen 1.600,– DM und 2.000,– DM. Bei einem Kind liegt in den meisten Fällen das Einkommen bei 1.400,– DM bis 2.500,– DM, bei zwei und mehr Kindern bei 1.600,– DM bis 3.000,– DM. Auch diese Differenzierung nach der Anzahl der Kinder reicht bei weitem nicht aus, um die ökonomische Situation von Familie hinreichend darzustellen. Neben dem Einkommensbegriff, hier wird wiederum vom monatlichen Nettoeinkommen der Bezugsperson ausgegangen (geschlechtsspezifisch in der amtlichen Statistik den Männern zugeordnet), fehlt in diesem Zusammenhang das wichtige Merkmal des Alters der Bezugsperson und der Kinder. Der Grund für diese eingeschränkte Darstellung ist u. a. in dem weit gefaßten Familienbegriff der amtlichen Statistik zu sehen. Zum Einkommen von Familien, die sich in einer Problemlage befinden, zeigt dieser Datensatz zu wenig, um konkrete Aussagen machen zu können.

Das Einkommen von Familien besteht nicht nur aus dem Nettoeinkommen der Bezugsperson. Auch der Ehepartner, in der Regel die Ehefrau, kann zum Einkommen der Familie beitragen (vgl. Tabelle 80) (Ergebnisse für 1985 lagen im Dezember 1987 noch nicht vor). Die zusätzliche Einkommensmöglichkeit ist aus der Sicht der Familie abhängig von den freien Zeitressourcen, die vor allem durch

Anzahl und Alter der Kinder bestimmt werden. Wie gezeigt, sinkt mit zunehmendem Alter der Kinder der für sie benötigte Zeitaufwand. Ungefähr 40 % der Ehefrauen tragen zum Familieneinkommen bei. Der Beitrag zum Familiennettoeinkommen ist unterschiedlich hoch. Die meisten Ehemänner haben ein Nettoeinkommen zwischen 1.800,DM und 2.500,– DM, die größte Anzahl der Ehefrauen hat ein Nettoeinkommen zwischen 600,– DM und 1.200,– DM monatlich. Mit zunehmendem Alter der Kinder sind Ehefrauen auch in höheren Einkommensgruppen vertreten. Aus der relativ großen Anzahl mithelfender familienangehörender Ehefrauen kann geschlossen werden, daß dieser Status eher mit Kindern zu vereinbaren ist als andere Formen der Erwerbstätigkeit. Aus dem relativ niedrigen Einkommen der Ehefrauen kann auf häufige Teilzeitbeschäftigungen geschlossen werden, ohne hierzu quantitative Angaben machen zu können. Die hohe Zahl der Ehefrauen, die kein Einkommen beziehen und Kinder unter 3 Jahren haben (ca. 60 %), zeigt, daß Kinder für sie häufig einen „Karriereknick" durch die Aufgabe der Erwerbstätigkeit bedeuten. Die mit dem steigenden Alter der Kinder zunehmende Zahl erwerbstätiger Frauen zeigt offensichtlich die Bemühungen um Reintegration in das Erwerbsleben.

Durch die Einbeziehung des Einkommens des Ehepartners wird ein erstes Indiz für die Höhe von Familieneinkommen gegeben. Der Nettoeinkommensbegriff berücksichtigt jedoch nur Einkommen aus Erwerbstätigkeit. Weitere Einkommensarten, die auch der Familie zur Verfügung stehen könnten, müssen ebenso wie Transferzahlungen des Staates einbezogen werden.

Anhand eines so erweiterten Einkommensbegriffes der Familie berechnete das Deutsche Institut für Wirtschaftsforschung das verfügbare Einkommen von Familien (ohne Alleinerziehende) nach Familientypen (vgl. Tabelle 81). „Als verfügbares Einkommen der privaten Haushalte und der Familien ergibt sich derjenige Einkommensstrom, der nach der Verteilung des Erwerbs– und Vermögenseinkommens und nach der Umverteilung über empfangene und geleistete laufende Übertragungen für den privaten Verbrauch und die private Ersparnis zur Verfügung steht." (DIW 1982, S. 53). Die dargestellte Einkommensschichtung der Familien zeigt bis zu einem Einkommen von 4.000,– DM im Monat eine starke Abhängigkeit von der Anzahl der Kinder. Ehepaare ohne Kinder haben zu 82 % ein verfügbares Einkommen unter 4.000,– DM. Entsprechend der angesprochenen Abhängigkeit liegen unter diesem Einkommen 70 % der Ehepaare mit einem Kind, 56 % derjenigen mit zwei Kindern, 37 % mit drei Kindern und bei vier und mehr Kindern insgesamt 23 %. Aufgrund des gewählten Einkommensbegriffs liegt das verfügbare Familieneinkommen nicht unter dem Sozialhilfeniveau (siehe oben).

Die Verbrauchsausgaben von Familien insgesamt können aufgrund zweier statistischer Methoden aufgezeigt werden. Hierbei wird von unterschiedlichen Datengrundlagen der amtlichen Statistik ausgegangen. Eine Methode benutzt das Ergebnis der volkswirtschaftlichen Gesamtrechnung und nimmt eine Aufteilung des privaten Verbrauchs nach Bedarfsbereichen vor. (Exemplarisch für dieses Vorgehen sind Berechnungen des DIW (vgl. Deutsches Institut für Wirtschaftsforschung, 1985, S. 553–556)). Ein weiteres Vorgehen basiert auf Daten der laufenden Wirtschaftsrechnung. Diese Erhebung umfaßt unter anderem die Ausgaben dreier verschiedener Haushaltstypen. Der private Verbrauch bezieht sich auf die Marktentnahme durch Käufe von Waren und Dienstleistungen für den Eigenverbrauch der beobachteten Haushalte. Weiterhin werden unterstellte Käufe wie der Mietwert der Eigentümerwohnung einbezogen. Die Tabelle 83 zeigt einen Vergleich der mittleren und gehobenen Verbrauchergruppe.

In der mittleren Verbrauchergruppe wird ein höherer Anteil der Ausgaben für die Haushaltsführung ausgegeben. Die gehobene Verbrauchergruppe zeigt eine überproportionale Steigerung der Ausgaben vor allem in den Bereichen Körper- und Gesundheitspflege sowie bei der persönlichen Ausstattung und sonstigen Gütern.

Im Vergleich zur unteren Verbrauchergruppe zeigt sich eine erhöhte Bedeutung der Ausgaben für die Haushaltsführung (vgl. Tabelle 84). Ausgaben für Nahrungsmittel und Wohnungsmiete zusammen haben in dieser Gruppe den höchsten Anteil mit 50,2 %. Die Erstellung einer ökonomischen Bilanz von Familie ist, sofern nicht von Globalgrößen der volkswirtschaftlichen Gesamtrechnung ausgegangen wird, kaum möglich, da die Daten der amtlichen Statistik untereinander nur bedingt vergleichbar sind. Die Erfassung der Einnahmen ist innerhalb der Mikrozensusergebnisse sehr umfassend, als Bezugspunkt liegt hier jedoch der Haushalt und nicht die Familie zugrunde. Er beruht auf einer Selbsteinschätzung der Haushalte. Die Lage der Einkommensverteilung ist für Familien in besonderem Maße abhängig von dem der Erhebung zugrundeliegenden Einkommensbegriff.

Etwa 40 % der Ehefrauen tragen zum Familieneinkommen bei, in zunehmendem Maße bei älter werdenden Kindern. Die Verteilung der verfügbaren Einkommen zeigt mit zunehmender Kinderzahl eine relativ schwächere Besetzung der unteren Einkommensgruppen.

Das Ausgabenverhalten der privaten Haushalte zeigt mit wachsendem Einkommen einen sinkenden Ausgabenanteil für die grundlegenden Bedürfnisse sowie einen engen positiven Zusammenhang zwischen der Höhe der Einnahmen und Ausgaben.

4.2 Die ökonomische Lage in spezifischen Lebenszyklusphasen

Für die Betrachtung der ökonomischen Lage der Familie ist es notwendig, die finanzielle Situation in besonderen Familienphasen darzustellen. Insbesondere ist hier an Phasen gedacht, die für Familien eine besondere Belastung (critical-life events) bedeuten, wie die Geburt von Kindern, die Übernahme von Pflegetätigkeit, die Situation in der nachelterlichen Phase, bei Scheidung und Verwitwung. Aufgrund des vorliegenden Datenmaterials kann sich die Darstellung nur auf die Einkommenslage Geschiedener und Verwitweter erstrecken. Verbrauchsausgaben können aufgrund fehlender Differenzierung der Erhebungen gleichfalls nicht dargestellt werden.

a) Problemfall: Scheidung

Das monatliche Nettoeinkommen Geschiedener wird in Abhängigkeit von der Anzahl der ledigen Kinder dargestellt (vgl. Tabelle 85) (Ergebnisse für 1985 lagen im Dezember 1987 noch nicht vor). In der Familiendefinition der amtlichen Statistik bilden auch Geschiedene ohne Kinder eine Familie. Die meisten Männer in dieser Gruppe hatten im April 1982 ein monatliches Nettoeinkommen zwischen 1.400,– DM und 2.000,– DM. Im Vergleich dazu lagen Frauen im Bereich zwischen 600,– und 1.600,– DM, wobei ein geringeres Nettoeinkommen innerhalb dieser Spanne häufiger genannt wurde. Sind Kinder vorhanden, erhöht sich das Nettoeinkommensniveau um ca. 200,– DM.

Es sind starke geschlechtsspezifische Unterschiede festzustellen. Im Zusammenhang mit der Anzahl der Kinder zeigt sich ein relativ höheres Nettoeinkommen bei Frauen mit einem Kind als bei Frauen mit zwei und mehr Kindern. Es ist hier nicht feststellbar, inwieweit Transferleistungen, staatliche wie von anderen Personen (Unterhaltszahlungen), in die Schätzungen der Befragten eingegangen sind. Im Vergleich zum monatlichen Nettoeinkommen von vollständigen Familien zeigen sich für die geschiedenen Männer nur geringe Unterschiede im Einkommensniveau. Dagegen lassen die Angaben der geschiedenen Frauen auf eine nahezu Halbierung der monatlichen Nettoeinkommen schließen.

b) Problemfall: Verwitwung

Eine weitere spezifische Lebenszyklussituation stellt die Verwitwung dar, da sich hier neben dem Verlust des Ehepartners die finanzielle Situation der Familie ändert. Dies insbesondere dann, wenn ledige Kinder in der Familie vorhanden sind (vgl. Tabelle 86) (Ergebnisse für 1985 lagen im Dezember 1987 noch nicht vor). Bei der Analyse der Ergebnisse ist zu beachten, daß Leistungen an Waisen hier nicht berücksichtigt werden, ebenso Transferzahlungen. Etwa 15 % der Verwitweten leben mit ihren ledigen Kindern zusammen in einem Haushalt. Verwitwete Männer haben ein höheres monatliches Nettoeinkommen, die meisten liegen zwischen 1.600,– DM und 2.000,– DM, als verwitwete Frauen, von denen die meisten Beträge zwischen 600,– DM und 1.400,– DM nannten. Mit zunehmender Kinderzahl zeigt sich keine Verbesserung der Einkommenssituation. Im Vergleich zu vollständigen Familien mit Kindern zeigt sich hier insgesamt ein verringertes Einkommensniveau, das bei Frauen besonders ins Gewicht fällt.

Die Rentenansprüche, die aus der abgeleiteten Sicherung der ausschließlich familientätigen Frauen resultieren, liegen im Durchschnitt höher als die eigenständigen Rentenansprüche erwerbstätiger Frauen (vgl. Tabelle 86). Im Juli 1984 lag die Witwenrente von Frauen, die nur Anspruch auf Witwenrente hatten, im Durchschnitt bei 820,– DM monatlich (vgl. Tabelle 88). Über ein Drittel der 60- bis 75jährigen Witwen, die überwiegend von Renteneinkommen leben, beziehen parallel zu ihrer eigenen Versichertenrente eine Witwenrente. Dennoch ist auch bei Kumulation beider Rentenarten die Gesamtversorgung mit durchschnittlich 1.260,– DM monatlich regelmäßig niedriger als die Versorgungsansprüche der Männer (BT-DR 10/1807, 31. 07. 1984, S. 19).

Die unzureichende Alterssicherung gerade der ausschließlich familientätigen Frauen wird deutlich, wenn man ihre Rentenansprüche mit den Sozialhilfesätzen vergleicht. Der Sozialhilfeanspruch einer alleinlebenden Frau über 65 Jahre betrug 1984:

Regelsatz	356,– DM
Mehrbedarfszuschläge	71,– DM
Pauschalbetrag für einmalige Leistungen	53,– DM
Wohnungsaufwendungen (fiktiv)	320,– DM
Gesamtbedarf	800,– DM

Der Sozialhilfeanspruch bei einer Wohnungsmiete von 320,– DM beläuft sich mit 800,– DM auf Werte in der Größenordnung der durchschnittlichen Rentenansprüche.

So wundert es nicht weiter, daß ältere Frauen die größte auf Sozialhilfe angewiesene Gruppe darstellen (vgl. Tabelle 89). 1983 waren rund 80 % der über 65jährigen Sozialhilfeempfänger Frauen. Die Hauptursache der Hilfegewährung sind unzureichende Versicherungs- und Versorgungsansprüche (K. Phillips, 1984, S. 327 f.).

4.3 Komponentenergebnis

– methodisch

Der ideale Indikator für die ökonomische Bilanz von Familie stellt das Verhältnis der Höhe von Einnahmen und Ausgaben in verschiedenen Lebenszyklusphasen dar, wobei das Alter der Familienmitglieder berücksichtigt wird. Diese ökonomische Situation wird verglichen mit dem Einkommensniveau, das für die Aufrechterhaltung des existenzminimalen Lebensstandards notwendig ist.

Der ideale Indikator wird nicht erhoben. Für Einnahmen und Ausgaben stellt das Statistische Bundesamt Daten zur Verfügung (Einkommens- und Verbrauchsstichproben), die aufgrund mangelnder Aktualität und längerer Erhebungsintervalle sowie aufgrund methodischer Ausgrenzung von Teilen der Bevölkerung nur mit Einschränkung in eine Bewertung einbezogen werden können. Es kann jedoch auf eine Sekundärauswertung der amtlichen Statistik, der Verteilungsrechnung des Deutschen Instituts für Wirtschaftsforschung zurückgegriffen werden. Im Bereich der Verbrauchsausgaben liefert die amtliche Statistik Daten aus der laufenden Wirtschaftsrechnung. Der Maßstab des minimalen Lebensstandards orientiert sich am Niveau der Sozialhilfe, das aufgrund der veralteten Berechnungsgrundlage sehr angefochten wird.

Eine weitgehend ausgeglichene ökonomische Bilanz von Familie kann die Stabilität des Familiensystems aufzeigen. Eine Bewertung ist aufgrund methodischer Schwierigkeiten nur eingeschränkt möglich. Die kontinuierliche Berechnung der Einnahmen sowie differenziertere Erhebungen der Ausgaben von Familie sind hierzu notwendig, ebenso eine Differenzierung nach dem Alter der Familienmitglieder.

Als idealer Indikator für die ökonomische Situation in spezifischen Lebenszyklussituationen kann die Höhe von Einnahmen und Ausgaben von Familien in besonderen Belastungsphasen unter Berücksichtigung des Zeitvergleichs und dem Alter der Familienmitglieder verwendet werden.

Die Meßbarkeit dieses Indikators ist im gleichen Umfang wie bei der ökonomischen Bilanz möglich. Hier stehen jedoch nur für einen Teil der spezifischen Lebenszyklussituationen Daten der amtlichen Statistik zur Verfügung. Für eine

Zielkomponente	Tab.Nr.	X)	Datensatz
Die generelle ökonomische Lage	78	X	Familie mit Kindern nach monatlichem Nettoeinkommen der Bezugsperson
	79	X	Verheiratete Zusammenlebende in Familien nach dem Einkommen der Bezugsperson
	80	X	Ehepaare nach Beteiligung am Erwerbsleben und dem Einkommen des Ehepartners
	81		Einkommensschichtung der Familien 1981
	82		Regelsätze nach dem BSHG
	83	X	Monatliche Verbrauchsausgaben
	84	X	Monatliche Verbrauchsausgaben der unteren Verbrauchergruppe
Die ökonomische Lage in spezifischen Lebensphasen	85	X	Geschiedene in Familien nach dem Einkommen der Bezugsperson
	86	X	Verwitwete in Familien nach dem Einkommen der Bezugsperson
	87		Durchschnittsbeträge der Altersruhegelder an Frauen
	88		Durchschnittsbeträge der Witwenrenten
	89	X	Personen mit gleichzeitigem Bezug einer Rente aus der Gesetzlichen Rentenversicherung und Sozialhilfe

X) Der amtlichen Stastik entnommen.

Bewertung sind diese Daten aufgrund der methodischen Abgrenzung des Einkommens-und Verbrauchsbegriffs nur bedingt verwendbar.

Für viele Bereiche der spezifischen Lebenszyklussituationen sind keine Daten vorhanden (bei der Geburt des ersten Kindes, Rückkehr in das Erwerbsleben, speziell von Frauen etc.). Hierin, im Bereich der methodischen Abgrenzung des Einkommensbegriffs und in der kontinuierlichen Beobachtung liegt ein möglicher Handlungsbedarf.

Diese Datensätze sollten um die oben angesprochenen Datensätze ergänzt werden. Nur so kann die ökonomische Situation der Familie adäquat dargestellt werden. Vor allem in spezifischen Lebenszyklusphasen zeichnen sich Konfliktlagen ab, besonders hier sind zusätzliche repräsentative Erhebungen zur Lebens- und Einkommenssituation wünschenswert.

– empirisch

Die ökonomische Bilanz von Familien ist aufgrund des vorhandenen Datenmaterials nur schwer darstellbar. Das durchschnittliche verfügbare Einkommen steigt mit zunehmender Kinderzahl. Problemgruppen innerhalb der Familien zeichnen sich in Abhängigkeit von der gewählten Armutsgrenze (als minimaler Ausgabenbedarf) ab. Familien, deren Einkommen an der unteren Grenze der minimalen Lebenshaltungskosten liegt, haben zumeist zwei bis drei Kinder.

Die finanzielle Situation in spezifischen Lebenszyklussituationen stellt sich, vor allem wenn Kinder vorhanden sind, schlechter dar als bei vollständigen Familien, wobei geschlechtsspezifisch große Unterschiede zum Nachteil von Frauen erkennbar sind. Die Nachteile treffen vor allem unvollständige Familien mit Frauen als Haushaltsvorstand mit zwei und mehr Kindern.

Gerade ältere verwitwete Frauen, die hauptsächlich familientätig waren, sind von Einkommensarmut bedroht.

5. Generatives Verhalten

5.1 Allgemeine Fruchtbarkeit

Ansatzpunkt für die Darstellung der Fruchtbarkeit der Bevölkerung in Zusammenhang mit Familie kann zunächst die Verteilung der Lebendgeborenen nach der Legitimität sein, um die Bedeutung und den Rahmen der Fruchtbarkeit innerhalb und außerhalb vollständiger Familien zu beschreiben. Als Meßgröße für die Fruchtbarkeit bieten sich neben der Anzahl der Geburten pro Jahr deren Relation zur Gesamtbevölkerung bzw. zur gebärfähigen Bevölkerung an. Eine differenziertere Analyse ermöglicht die Nettoreproduktionsrate, die zusätzlich auf der Basis von Querschnittsdaten dynamische Aspekte in die Darstellung einbringt.

Ansätze zu einer Längsschnittsanalyse bietet die altersspezifische Fruchtbarkeitsziffer von Geburtskohorten, die neben kohortenspezifischen Aspekten weitergehende Darstellungen der Fruchtbarkeitsstruktur ermöglicht.

Grundlage aller Darstellungen über Fruchtbarkeit ist die Zahl der Lebendgeborenen pro Jahr (vgl. Tabelle 90). In dieser Zahl sind alle Lebendgeborenen, unabhängig vom Familienstand der Eltern, erfaßt. Für das Fruchtbarkeitsverhalten der Familien ist die Unterscheidung der Lebendgeborenen nach der Legitimität aufschlußreich, weil ehelich Lebendgeborene in einer Familie geboren werden, nichtehelich Lebendgeborene hingegen in den meisten Fällen konstitutives Merkmal für eine unvollständige Familie (Ein-Elternteil-Familie) sind.

Die Entwicklung der Anzahl der Lebendgeborenen verläuft nicht einheitlich, die Ursache für Veränderungen in der Zahl der Lebendgeborenen können anhand dieser Daten nicht beurteilt werden. Hierzu soll die Anzahl der Lebendgeborenen mit der Bevölkerung in Zusammenhang gebracht werden. Die allgemeine Lebendgeborenenziffer gibt die Relation der Anzahl der Lebendgeborenen eines Jahres zu 1000 der durchschnittlichen Bevölkerung des Jahres an (vgl. L. Herberger, W. Linke, 1981, S. 550. Ebenso K. M. Bolte, D. Kappe, J. Schmidt, 1980, S. 18.). Innerhalb von 100 Jahren zeigt sich eine Strukturveränderung. Die Ziffer ging von 1872 bis 1972 von 39,5 auf 11,3 zurück.

Innerhalb einer Gesamtbevölkerung sind nicht alle Altersgruppen gleichmäßig am Reproduktionsprozeß beteiligt. Den entscheidenden Anteil am Fruchtbarkeitsverhalten haben Frauen zwischen 15 und 45 Jahren. Deshalb ist es notwendig, die Anzahl der Lebendgeborenen auf die Bevölkerungsgröße dieser reproduktionsfähigen Altersgruppe zu beziehen (vgl. Tabelle 91). So ergibt sich die allgemeine (weibliche) Fruchtbarkeitsziffer (vgl. L. Herberger, W. Linke, 1981, S. 550). Die Entwicklung der allgemeinen Fruchtbarkeitsziffer zeigt im langfristigen Vergleich ein rückläufiges Fruchtbarkeitsverhalten. 1983 und auch 1985 wurde ein Viertel weniger Kinder je 1000 Frauen zwischen 15 und 45 Jahren geboren wie 1871/72.

Die allgemeine Fruchtbarkeitsziffer basiert auf der Anzahl der Lebendgeborenen insgesamt. Deshalb zeigt sie die Reproduktion der Gesamtbevölkerung. Wichtig für die Struktur des generativen Verhaltens in bezug auf die Fruchtbarkeit ist jedoch die Reproduktion der reproduktionsfähigen Bevölkerung. Weiter bleibt die Sterblichkeit innerhalb dieser Altersgruppe unberücksichtigt. Diesem Aspekt wird in der Nettoreproduktionsrate Rechung getragen (vgl. Tabelle 92).

Die Nettoreproduktionsrate ist seit 1967 fast kontinuierlich gesunken. Ausgehend von 1984 ersetzt sich die reprodukionsfähige Bevölkerung zu 60,5 %. Das vorläufige Ergebnis von 1986 zeigt eine Steigerung auf 63,3 %. Die Entwicklung der Nettoreproduktionsrate zeigt, daß aus einem sinkenden Trend, wie die Daten von 1930 bzw. 1950 zeigen, nicht zwingend auf zukünftige Entwicklungen geschlossen werden kann.

Im Vergleich der Nettoreproduktionsrate der Gesamtbevölkerung der Bundesrepublik mit derjenigen der Deutschen zeigt sich ein großer Einfluß der nichtdeutschen Bevölkerung auf das Niveau der Nettoreproduktionsrate. Neuere Daten von 1985 deuten auf eine Angleichung der verschiedenen Bevölkerungsgruppen hin (vgl. Statistisches Bundesamt (Hg.) 1987, S. 102).

Die Verwendung von Querschnittsdaten bei der Berechnung der Nettoreproduktionsrate bewirkt, daß sich Änderungen des Fruchtbarkeitsverhaltens innerhalb einer Generation nur langsam in den Daten ausprägen.

Zur Beschreibung der Fruchtbarkeit innerhalb einer Generation ist ein Übergang von reinen, bisher gezeigten Periodendaten auf Kohortendaten notwendig. Problematisch daran ist, speziell für die Bundesrepublik Deutschland, „. . . daß exakte Kohortendaten für Deutschland bis heute nicht existieren." (R. Dinkel, 1984, S. 26).

Eine Annäherung an eine Kohortenanalyse ist möglich, indem die von der amtlichen Statistik jährlich ermittelten altersspezifischen Fruchtbarkeitsziffern (Die altersspezifische Fruchtbarkeitsziffer gibt die Relation der Anzahl der Lebendgeborenen von Müttern eines Geburtsjahrganges zu 1000 Frauen entsprechenden Alters wieder (vgl. Statistisches Bundesamt, (Hg.), 1985, S. 51)) durch Kohortenzuordnung von Querschnitts- auf Längsschnittsdaten umgestellt werden (vgl. Tabelle 93 und 94). Das Statistische Bundesamt stellt eine solche Ausweitung für ausgewählte Geburtsjahrgänge in seiner neusten Veröffentlichung der Fachserie 1, Reihe 1 Gebiet und Bevölkerung 1985 dar (vgl. Statistisches Bundesamt (Hg.) 1987, S. 104). Hier zeigt sich ein Nachteil der Kohortenanalyse. Endgültige Aussagen sind nur für diejenigen Jahrgänge möglich, deren reproduktive Phase bereits abgeschlossen ist (vgl. R. Dinkel, 1984, S. 26). Aus diesem Grund wurde zwischen Tabelle 93 und Tabelle 94 unterschieden. Im Gegensatz zu einer vollständigen Kohortenanalyse zeigen die so gewonnenen Daten zwei Unterschiede. Die umgestellten Querschnittsdaten gehen für jedes Jahr jeweils von einer vollständigen Kohorte (1000 Frauen) aus. Bei einer Kohortenanalyse verringert sich der Anfangsbestand einer Kohorte (1000 Frauen) durch Sterblichkeit und Wanderungen. Eine Bereinigung der Daten ist aufgrund fehlender Kohortensterbetafeln nicht möglich. Insgesamt führt dies zu einer leichten Überschätzung der Kohortenfruchtbarkeit (vgl. R. Dinkel, 1984, S. 27).

Aus der Tabelle 93 geht hervor, daß sich die endgültige Fruchtbarkeit benachbarter Geburtskohorten nur relativ wenig unterscheidet. Es ist jedoch offensichtlich, daß sich die Daten für einzelne Kalenderjahre sowie im Vergleich einzelner Altersstufen der Geburtskohorten erheblich unterscheiden. Das Verhalten der reproduktionsfähigen Geburtskohorten kann noch nicht abschließend beurteilt werden. Die bisherige Entwicklung ist in Tabelle 94 aufgezeigt. Die Kohortenanalyse der Fruchtbarkeit zeigt zwei wesentliche Einflußkomponenten, anhand derer strukturelle Veränderungen aufgezeigt werden können. Erstens ist eine zeitliche Komponente zu berücksichtigen, die eine Vorverlegung oder ein Hinausschieben von Geburten aufzeigt. Daneben zeigt eine generative Komponente Verschiebungen in der Gesamtzahl der Geburten.

Die Anzahl der Lebendgeborenen ist stark zurückgegangen, auch in der Relation zur Gesamtbevölkerung, zeigt jedoch für 1986 eine steigende Tendenz. Der Rückgang betrifft vor allem die ehelich Lebendgeborenen, die Zahl der nichtehelich Lebendgeborenen zeigt in der Bundesrepublik derzeit eine steigende Tendenz, was in der Relation auch für 1986 gilt. Ein starker Geburtenrückgang zeigt sich auch in Relation zur gebärfähigen Bevölkerung. Zum gleichen Resultat kommt die Diskussion der Nettoreproduktionsrate, die jedoch, wie die vorher gezeigten Verhältniszahlen, auf Querschnittsdaten beruht und somit eine Strukturanalyse nur ansatzweise gestattet. Es zeigt sich für die Geburtskohorten, deren Fruchtbarkeit endgültig beurteilt werden kann, eine zeitliche Vorverlagerung der Geburten und eine Konzentration der Geburten auf das Lebensalter zwischen 23 und 27 Jahren. Bei jüngeren Geburtskohorten, deren Fruchtbarkeit noch nicht abschließend beurteilt werden kann, zeigt sich tendentiell ein Herausschieben von Geburten auf insgesamt niedrigerem Niveau.

5.2 Timing

Bei der Untersuchung des Timings, der zeitlichen Abfolge der Geburten von Kindern, sind unterschiedliche Einflußgrößen zu berücksichtigen, die in ihrer Gesamtheit weder erfaßt noch berücksichtigt werden können.

Dargestellt wird hier die zeitliche Ausprägung der zusammengefaßten Einflußgrößen in Verbindung mit der quantitativen Ausprägung. Grundlage für die Bewertung des zeitlich-generativen Verhaltens ist die Relation der Kinderzahl zur Ordnungsnummer. Einen ersten Ansatzpunkt bildet der zwischen den Geburten liegende Zeitabstand. Die zeitliche Struktur kann in einer familienzyklischen Betrachtung anhand der Ehedauer und ehedauerspezifischen Geburtenziffer erschlossen werden. Ein Lebenszykluskonzept von Frauen kann mit Hilfe des durchschnittlichen Alters bei der Geburt von Kindern Aufschluß über die Altersstruktur von Müttern geben.

Zunächst soll der Anteil ehelich lebendgeborener Kinder nach der Lebendgeburtenfolge ermittelt werden (vgl. Tabelle 95).

Die gezeigte Darstellung bezieht sich auf den Zeitraum von 1955–1985. Die Gesamtzahl der ehelich Lebendgeborenen reduziert sich von 1965 bis 1985 um fast 50 %, wobei sich der Anteil der erst- und zweitgeborenen Kinder vergrößerte. Der Anteil der Familien mit drei und mehr Kindern nahm hingegen stark ab. Der aufgezeigte Trend verläuft relativ kontinuierlich. Für 1986 ist damit zu rechnen, daß eine Steigerung der Anzahl der ehelich Lebendgeborenen festzustellen ist. Dieses wird sich vor allem im Bereich der zweiten Kinder auswirken.

Von besonderer Bedeutung für das Timing von Geburten ist der durchschnittliche zeitliche Abstand zwischen den Geburten (vgl. Tabelle 96). Der Abstand zwischen den Geburten ist abhängig von der Ordnungsnummer der Kinder. Waren 1959 die Abstände zwischen dem zweiten, dritten bis fünften Kind relativ ähnlich, so gilt dies 1982/1985 nur noch für das dritte bis fünfte Kind. Das zweite Kind folgt dem ersten Kind in relativ kurzem Abstand. Insgesamt verlängerte sich der Abstand zwischen den Geburten, mit Ausnahme des zweiten Kindes, von 1959 bis 1982/1985 um etwa ein Jahr. Gesondert zu betrachten sind die Abstände für sechste und siebente Kinder, die ursprünglich relativ kurz waren, jedoch überdurchschnittlich und kontinuierlich anstiegen. Bei kurzfristiger Betrachtung zeigt sich insgesamt jedoch eine leichte Verkürzung der Geburtenabstände in den 80er Jahren.

Grundsätzlich läßt sich das Geburten-Timing von zwei unterschiedlichen Gesichtspunkten aus betrachten. Zum einen auf der Basis der Ehedauer, was eine Orientierung am Familienzykluskonzept beinhaltet. Innerhalb der Ehe haben sich die Reproduktionszeitpunkte verlagert (vgl. Tabelle 97). Dargestellt wird die Entwicklung der Ehedauer zum Zeitpunkt der Geburt des ersten Kindes anhand einer Querschnittsanalyse.

Eine Verlängerung der durchschnittlichen Ehedauer zum Zeitpunkt der Geburt des ersten Kindes ist festzustellen. Daraus ergibt sich eine Veränderung des unmittelbaren Zusammenhanges zwischen Eheschließung und Umsetzung des Kinderwunsches. Die Geburten der zweiten, dritten und vierten Kinder verlagern sich auf einen relativ späteren Zeitpunkt der Ehe. Insgesamt ergibt sich hier eine zeitliche Verlagerung der ehelichen Reproduktionsphase bei einer insgesamt niedrigeren Anzahl ehelich lebendgeborener Kinder. Das zeitliche Reproduktionsverhalten in der Ehe muß in Relation gesetzt werden zur potentiell gebärfähigen verheirateten Bevölkerung, um die mengenmäßige Verteilung der verheirateten Frauen in Relation zu den Müttern, abhängig von Ehedauer und Ordnungszahl der Kinder, darzustellen. Die ehedauerspezifische Geburtenziffer (Anzahl der ehelich Lebendgeborenen je 1000 verheirateten Frauen unter 45 Jahren) für 1982 (vgl. Tabelle 98) zeigt, daß insgesamt die meisten Kinder während der ersten 7 Ehejahre geboren werden. Dies bezieht sich hauptsächlich auf das erste und zweite Kind, der Zeitraum für das dritte Kind verlängert sich um weitere 4 Jahre. Der Schwerpunkt der Geburt der vierten und weiteren Kinder liegt zwischen dem 9. und 12. Ehejahr. Für 1982 zeigt sich, daß die Entscheidung für das erste Kind sehr viel seltener nach dem 4. Ehejahr fällt. Nach dem 10. Jahr hat die Entscheidung für ein Kind nur noch wenig Bedeutung. Für 1985 stehen in diesem Bereich leider keine neuen Daten zur Verfügung (vgl. Statistisches Bundesamt (Hg.), 1987, S. 103).

Ein weiterer Ansatz ist die Analyse des Geburten-Timing, der sich auf das durchschnittliche Alter der Frau bezieht, in Anlehnung an eine lebenszyklische

Betrachtung von Frauen. Hierzu wird das durchschnittliche Alter der Mütter bei der Geburt ihrer lebendgeborenen Kinder herangezogen (vgl. Tabelle 99).

Hier ist im Gegensatz zu den anderen Aspekten keine Strukturverschiebung festzustellen. Insgesamt liegt die Altersspanne der Reproduktion zwischen 25,5 und 34,5 Jahren, in Abhängigkeit von der Ordnungsnummer der Kinder, die in etwa gleichem Altersabstand geboren werden. Von 1982 bis 1985 verringerte sich die Altersspanne auf 26,2 bis 34,2 Jahre.

Bezüglich des Lebenszyklus von Frauen hat sich die zeitliche Abstimmung des Reproduktionsverhaltens nur unwesentlich verändert. Der relative Anteil erster und zweiter Kinder ist gestiegen. Der Abstand vom ersten und zweiten Kind hat sich verringert. Eine Längsschnittbetrachtung zeigt für 1982 eine hohe Konzentration der ersten Kinder innerhalb der ersten 4 Ehejahre. Die zeitliche Verschiebung der Geburt des ersten Kindes auf einen späteren Ehezeitpunkt kann als Trennung der Entscheidung zur Ehe von der Entscheidung für das erste Kind gedeutet werden. Es ist eine zeitliche Veränderung der Struktur des Familienzyklus festzustellen. Die Reproduktionsphase verkürzt sich, da immer seltener die Entscheidung für ein drittes Kind fällt.

5.3 Komponentenergebnis

– methodisch

Der ideale Indikator der Fruchtbarkeit kann durch die Anzahl der Lebendgeborenen verschiedener Alterskohorten anhand einer Längsschnittanalyse aufgezeigt werden. Die Verteilung der Geburten innerhalb der reproduktiven Lebensphase verschiedener Alterskohorten erlaubt die Darstellung generativer Strukturen, ebenso wie die Veränderung generativen Verhaltens.

Der ideale Indikator wird in der Bundesrepublik Deutschland nicht erhoben, es ist jedoch eine weitgehende Annäherung möglich.

Trotz methodischer Schwächen des Datenmaterials ist eine Bewertung unter Beachtung methodisch bedingter Abweichungen möglich. Ein Handlungsbedarf kann in der Umstellung der amtlichen Statistik von Querschnitts– auf Längsschnittdaten gesehen werden.

Der ideale Indikator für das Timing von Geburten kann anhand einer Längsschnittanalyse dargestellt werden.

Es kann erfaßt werden, wann welches Kind nach der „Ordnungsnummer" geboren wird, in Abhängigkeit zu der Alterskohorte der Mutter und der Eheschließungskohorte.

Zielkomponente	Tab.Nr.	X)	Datensatz
Fruchtbarkeit	90	X	Anzahl der Lebendgeborenen, allg.Lebendge-Legitimität
	91	X	Allgemeine Fruchtbarkeitsziffer
	92	X	Die Nettoreproduktionsrate
	93	X	Altersspezifische Fruchtbarkeitsziffer nach Geburtskohorten 1927-1940
	94		Altersspezifische Fruchtbarkeitsziffer nach Geburtskohorten 1941-1970
Timing	95	X	Ehelich Lebendgeborene nach der Lebendgeburtenfolge
	96	X	Zeitlicher Abstand der Geburten im Durchschnitt
	97	X	Durchschnittliche Ehedauer bei der Geburt ehelich lebendgeborener Kinder
	98	X	Ehedauerspezifische Geburtenziffer 1982
	99	X	Durchschnittliches Alter der Mütter in Jahren, bei der Geburt ihrer ehelich lebendgeborenen Kinder

X) Der amtlichen Statistik entnommen.

Das Timing der Geburten ist im Rahmen der amtlichen Statistik meßbar. Es liegen jedoch ausschließlich Querschnittsdaten vor, was bei einer Analyse zu berücksichtigen ist. Strukturelle Veränderungen werden von Querschnittsdaten nur unzureichend wiedergegeben.

Ein Handlungsbedarf kann hier in der Umstellung der Erhebungsmethode bzw. der Datenaufbereitung im Hinblick auf Längsschnittdaten gesehen werden.

– empirisch

Die generative Struktur der Familien in der Bundesrepublik hat sich verändert. Insgesamt werden weniger Kinder geboren. Innerhalb der Geburtskohorten der reproduktionsfähigen Bevölkerung ist eine Verschiebung der Struktur feststellbar. Jüngere Geburtskohorten weisen eine gesunkene Fruchtbarkeit auf, es besteht jedoch die Möglichkeit, daß hier in erster Linie strukturelle Veränderungen in zeitlicher Dimension (Herausschieben der Geburten) stattfindet. Für Familie bedeutet ein Herausschieben von Geburten auf einen späteren Zeitpunkt eine Lösung des Zusammenhanges zwischen der Entscheidung zur Ehe und der für Kinder. Es ergibt sich insgesamt eine Verkürzung der Reproduktionsphase durch den häufigen Verzicht auf dritte und weitere Kinder.

6. Familie und Haushaltsstruktur

Familie ist mehr als die zusammen wohnenden und wirtschaftenden Menschen. Die Struktur der familiären Beziehungen wird in einem ersten Schritt anhand der Haushaltsstruktur aufgezeigt, wobei sich eine Beschränkung auf die privaten Haushalte als sinnvoll erweist.

Die privaten Haushalte werden in der amtlichen Statistik in Mehrpersonen- und Einpersonenhaushalte unterteilt. Die Entwicklung dieser Haushaltstypen verdeutlich die Struktur des Zusammenwohnens. Allerdings fehlt hier zunächst der familiale Bezug. Zur Betrachtung der Mehrpersonenhaushalte erscheint es sinnvoll, zunächst die Entwicklung der Privathaushalte insgesamt darzustellen, um das Verhältnis der Haushaltstypen zueinander aufzuzeigen. Einen weiteren Bezugspunkt für die Anzahl der Mehrpersonenhaushalte bietet die Zahl der in Mehrpersonenhaushalten lebenden Personen. Deren Struktur wird anhand der Entwicklung der Altersverteilung verschiedener Altersgruppen erläutert. Bezüglich der Struktur von Familien ist der Privathaushalt als Form des Zusammenlebens von Familien bedeutungsvoll.

6.1 Mehrpersonenhaushalte

Zur Erschließung der Haushaltsstruktur muß die Betrachtung der Anzahl der Mehrpersonenhaushalte und der in ihnen lebenden Personen am Anfang stehen (vgl. Tabelle 100). Seit 1871 hat sich die Gesamtzahl der Privathaushalte verdreifacht. Die Anzahl der Haushaltsmitglieder wuchs im entsprechenden Zeitraum nur um 1/3. Dies wirkt sich auf die Anzahl der durchschnittlich in einem Haushalt lebenden Personen aus. Trotz schwankender Anzahl von Haushaltsmitgliedern verringerte sich die Haushaltsgröße kontinuierlich.

Unterscheidet man zwischen Ein- und Mehrpersonenhaushalten, ergibt sich für die letzteren ein differenzierteres Bild (vgl. Tabelle 101). Von 1871 bis zum Beginn des Zweiten Weltkrieges stieg ihre Anzahl stark an. Bis 1985 konnte diese Zahl trotz kontinuierlicher Steigerung nicht wieder erreicht werden. Die Anzahl der in Mehrpersonenhaushalten lebenden Personen zeigt seit 1972 eine insgesamt rückläufige Tendenz (vgl. Tabelle 102).

Aufgeschlüsselt nach Altersgruppen zeigt sich die größte Abnahme bei den unter 25jährigen, weitgehend unabhängig vom Geschlecht. Auch in der Altersgruppe der 25- bis unter 45jährigen ist ein Rückgang festzustellen, der vor allem bei Männern ausgeprägt ist.

Eine gegensätzliche Tendenz zeigt die Altersgruppe der 45- bis 65jährigen, wobei hier die Zunahme vor allem auf Männer zurückzuführen ist. Festzustellen ist, daß trotz steigender Zahl von Mehrpersonenhaushalten deren Mitgliederzahlen, vor allem in jüngeren Altersgruppen, sinken.

6.2 Einpersonenhaushalte

Die Struktur der Einpersonenhaushalte muß zunächst in bezug zur Gesamtzahl der Privathaushalte gesetzt werden. Anhand der Verteilung auf Altersgruppen und Geschlechter wird die Entwicklung der Anzahl der Einpersonenhaushalte verdeutlicht. Aus der Relation der Altersstruktur zur Gesamtbevölkerung können erste Schlüsse auf die Struktur der Alleinlebenden bezüglich Alter und Geschlecht gezogen werden. Aus der Differenzierung der Einpersonenhaushalte nach dem Familienstand werden weitergehende Rückschlüsse auf deren Struktur ermöglicht.

Die quantitative Relation zwischen Privathaushalten und Mehrpersonenhaushalten bzw. Einpersonenhaushalten wird in Tabelle 103 dargestellt (vgl. Tabelle 103). Wie bereits festgestellt, ist die steigende Anzahl der Privathaushalte nicht in erster Linie auf steigende Zahlen von Mehrpersonenhaushalten zurückzuführen, sondern auf die Entwicklung der Einpersonenhaushalte. Die Anzahl der Einpersonenhaushalte versechzehnfachte sich im Zeitraum von 1871–1982. 1982 betrug der Anteil der Einpersonenhaushalte 31,3 % der Privathaushalte. Nach dem Zweiten Weltkrieg verlief diese Entwicklung besonders rasch und hält noch immer an. Dies zeigen die Daten für 1985 besonders deutlich, der Anteil der Einpersonenhaushalte stieg weiter auf 33,6 %.

Insgesamt sind die größten Zuwächse in den Altersgruppen unter 25 sowie 65 Jahre und älter bei Frauen festzustellen (vgl. Tabelle 104). Bei der männlichen Bevölkerung fällt vor allem die Altersgruppe der 25- bis 45jährigen mit besonders hohen Zuwächsen aus dem Rahmen. Die Daten für 1985 zeigen eine deutliche Entwicklung in dem oben beschriebenen Trend auf.

Vergleicht man die Anteile der in Einpersonenhaushalten lebenden Altersgruppen mit der Gesamtzahl der Bevölkerung der entsprechenden Altersgruppe, ergibt sich ein hoher Anteil (65–75 Jahre: 47,5 % und über 75 Jahre: 61,3 %) der weiblichen Bevölkerung über 65 Jahre, der in Einpersonenhaushalten lebt. Die Anteile der weiblichen Bevölkerung unter 35 Jahre in Einpersonenhaushalten verdoppelten sich innerhalb von 10 Jahren. Die größten Anteile alleinlebender Männer finden sich in den Altersgruppen der 25- bis 35jährigen (18,6 %) und den über 75jährigen (23,5 %) (vgl. Tabelle 105).

Die Steigerung der Anzahl der Einpersonenhaushalte ist zur Hälfte auf die Ledigen zurückzuführen, wobei sich die Anteile etwa gleichmäßig auf die Geschlechter verteilen (vgl. Tabelle 106). Den weitaus größten Anteil machen die Verwitweten aus, insbesondere die Frauen. Die Steigerung der geschiedenen Alleinlebenden verteilt sich fast gleichmäßig auf Männer und Frauen.

6.3 Generationenhaushalte

Weiteren Aufschluß über die Haushaltsstruktur in der Bundesrepublik gibt die Darstellung der Privathaushalte nach Generationen. Hier wird eine Verbindung zwischen Alter und Familienstand in Mehrpersonenhaushalten hergestellt (vgl. Tabelle 107). Unter einem Eingenerationenhaushalt sind diejenigen Haushalte zu verstehen, die aus Ehepaaren bestehen, die entweder noch keine Kinder haben, oder mit diesen nicht mehr zusammenleben. Dementsprechend sind Zweigenerationenhaushalte Ehepaare oder Einzelpersonen, die mit ihren Kindern zusammenleben. Weiterhin wird differenziert nach nicht gradliniger Verwandschaft und nicht verwandten Personen. Den größten Zuwachs bei den Mehrpersonenhaushalten hatten Haushalte mit nicht verwandten Personen zu verzeichnen. Ihr Anteil an den Mehrpersonenhaushalten hat sich mehr als vervierfacht. Diese Entwicklung ist in erster Linie auf die gezeigte starke Zunahme der nichtehelichen Lebensgemeinschaften zurückzuführen.

Haushalte mit nicht gradlinig Verwandten haben stark an Bedeutung verloren. Seit 1972 hat sich die Anzahl von Dreigenerationenhaushalten relativ verringert, ihr Anteil an den Privathaushalten betrug 1985 nur noch 1,7 %. Die Anzahl der Zweigenerationenhaushalte hat sich kaum verändert, ihr Anteil an Privathaushalten hat jedoch abgenommen. Von 1982 bis 1985 hat sich auch ihre Anzahl um ca. 400.000 verringert. Trotz steigender Anzahl der Eingenerationenhaushalte ist ihr Anteil seit Mitte der 70er Jahre fast konstant geblieben.

6.4 Komponentenergebnis

– methodisch

Daten zu Mehrpersonenhaushalten werden im Rahmen der amtlichen Statistik erhoben. Haushalte stellen den Anlaufpunkt der amtlichen Befragungen dar. Haushaltsgröße und –zusammensetzung sind wesentliche Elemente des Erhebungsprogramms der amtlichen Statistik. Entsprechend steht hier umfangreiches Datenmaterial zur Verfügung. Für eine Bewertung im Hinblick auf Familie stehen ausreichend Daten zur Verfügung. Eine kontinuierliche Erhebung der Daten ist, abgesehen von grundsätzlichen Problemen der amtlichen Statistik, als sicher anzusehen.

Eine Bewertung im Hinblick auf die Struktur der Einpersonenhaushalte ist anhand der vorhandenen Daten möglich. Eine erweiterte Darstellung durch alterskohortenspezifische Betrachtungen würde weiteren Aufschluß im Hinblick auf Familie geben können.

Als idealer Indikator für die Teilkomponente der Generationenhaushalte kann die Anzahl und Verteilung der familiären Beziehungen innerhalb der Privathaushalte für verschiedene Zeitpunkte herangezogen werden.

Die Daten für diesen Indikator können aus der Korrelation der Angaben über die verwandtschaftlichen Beziehungen der Haushaltsmitglieder zueinander gewonnen werden. Die Erhebungen erstrecken sich auf einen relativ kurzen Zeit abschnitt. Eine Korrelation mit dem Alter der Haushaltsmitglieder wäre wünschenswert. Aufgrund der fehlenden Altersangaben ist eine umfassende Bewertung nur eingeschränkt möglich. Eine weitere kontinuierliche Beobachtung ist angezeigt, eine Konzepterweiterung im aufgezeigten Sinne ließe weitergehende Analysen zu.

Zielkomponente	Tab.Nr.	X)	Datensatz
Mehrpersonen-haushalte	100	X	Privathaushalte, Haushaltsmitglieder, durchschnittliche Haushaltsgröße
	101	X	Anzahl der Mehrpersonenhaushalte
	102	X	Bevölkerung in Privathaushalten nach Altersgruppen
Einpersonen-haushalte	103	X	Anteil der Einpersonenhaushalte an den Privathaushalten insgesamt
	104	X	Einpersonenhaushalte nach Altersgruppen und Geschlecht
	105	X	Quoten der Einpersonenhaushalte nach Altersgruppen und Geschlecht
	106	X	Einpersonenhaushalte nach Familienstand und Geschlecht
Generationen-haushalte	107	X	Privathaushalte nach Generationen

X) Der amtlichen Statistik entnommen.

– empirisch

Einer steigenden Anzahl von Privathaushalten steht eine sinkende durchschnittliche Haushaltsgröße gegenüber. Die sinkende Zahl der Haushaltsmitglieder in Mehrpersonenhaushalten ist, neben sinkenden Kinderzahlen, auf die Altersgruppe der 25- bis 45jährigen (insbesondere Männer) zurückzuführen.

Gegenüber den Mehrpersonenhaushalten ist die Anzahl der Einpersonenhaushalte stark gestiegen. Für die höheren Altersgruppen zeigt die Struktur der Einpersonenhaushalte eine größere räumliche Distanz zu ihren Kindern, insbesondere bei Verwitwung, was auch die starke Abnahme der Dreigenerationenhaushalte zeigt. Die Zunahme der Einpersonenhaushalte innerhalb der jüngeren Altersgruppe zeigt eine Tendenz zu einer erhöhten räumlichen Distanz zur Herkunftsfamilie. Die erhöhte Zahl alleinlebender Geschiedener ist, aufgrund des relativ niedrigen Wiederverheiratungsniveaus, auf die gestiegene Zahl der Scheidungen zurückzuführen. Die wesentliche Strukturverschiebung innerhalb der Haushaltsstruktur ist die stark gestiegene Anzahl der Einpersonenhaushalte.

Es ist die höchste Steigerung bei der Anzahl der Mehrpersonenhaushalte mit nicht verwandten Haushaltsmitgliedern festzustellen, was auf die starke Zunahme der nichtehelichen Lebensgemeinschaften zurückgeführt werden kann. Die Anzahl der Dreigenerationenhaushalte ist stark zurückgegangen, die der Zweigenerationenhaushalte ist nahezu konstant geblieben. Insgesamt zeigt sich eine Strukturverschiebung zu Lasten des Zusammenwohnens von mehr als zwei Generationen und mit weiteren Verwandten im selben Haushalt.

7. Soziale Kontakte

Ein wichtiger Faktor zur Erfassung von Familie über die Haushaltsstruktur hinaus sind ihre sozialen Kontakte. Grundvoraussetzung für soziale Kontakte ist das Vorhandensein von Kontaktmöglichkeiten unter besonderer Berücksichtigung der Familie sowie die familiale Wohnstruktur. Die Bedeutung der sozialen Kontakte, die über den Familienhaushalt hinausgehen, kommt in Art und Umfang der Leistungsströme zwischen den Haushalten zum Ausdruck. Es werden die über die Grenzen des Familienhaushalts hinausreichenden intergenerativen Hilfeleistungen dargestellt, abgesehen von denjenigen, die bereits unter dem Aspekt der familialen Funktionen behandelt wurden.

Als Datengrundlage kann hier auf verschiedene Untersuchungen zurückgegriffen werden, die wiederum untereinander nicht vergleichbar sind. Dies ist auf unterschiedliches methodisches Vorgehen, aber auch auf verschiedene Zielsetzungen zurückzuführen. Daten der amtlichen Statistik stehen nicht zur Verfügung.

7.1 Kontaktpotential und familiale Wohnstruktur

Das Kontaktpotential als Grundvoraussetzung für die Beurteilung der sozialen Kontakte macht zunächst die Ausstattung mit Kontaktmöglichkeiten deutlich und stellt einen Bezug zwischen innerfamiliären und anderen Kontaktpersonen dar. Von besonderer Bedeutung ist die Wohnstruktur. Im Zusammenhang mit der Haushaltsstruktur wurde deutlich, daß viele jüngere und ältere Menschen in zunehmendem Maße in Einpersonenhaushalten leben und die Zahl der Dreigenerationenhaushalte stark zurückgegangen ist. Die Auswirkungen auf Familie können jedoch erst auf dem Hintergrund der Kontaktstruktur in Verbindung mit der Wohnentfernung beurteilt werden.

Zunächst werden die Voraussetzungen für soziale Kontakte dargestellt. Hierzu gehört das Vorhandensein von Personen, mit denen Kontakte gepflegt werden können, wie Kinder, Geschwister, andere Verwandte, Freunde und Bekannte. Weiterhin bestimmend für die Kontaktmöglichkeiten ist die Wohnentfernung. M.-L. Stiefel untersuchte Kontaktmöglichkeiten älterer Menschen in Stuttgart in Abhängigkeit von soziodemographischen Daten der Befragten (vgl. Tabelle 108).

Abhängig vom Geschlecht der Befragten ergab sich eine bessere Ausstattung mit Kontaktmöglichkeiten für Frauen. Bezüglich des Familienstandes ist die schlechteste Versorgung bei den Ledigen festzustellen. Kinder haben einen sehr großen Einfluß auf die gute Ausstattung mit Kontaktmöglichkeiten. Bei der Einbeziehung der finanziellen Situation ist die mittlere Ausstattung mit Kontaktmöglichkeiten bei ungünstiger finanzieller Situation auffällig. Bezüglich der Wohnsituation schneiden die Personen am besten ab, die bei ihren Kindern leben.

E. Pfeil und J. Ganzert untersuchten die durchschnittliche Anzahl der Verwandten- und Bekanntenfamilien mit denen bei den befragten Kernfamilien Besuchsverkehr besteht (vgl. Tabelle 109). Hierbei unterscheiden sie nach Schichtzugehörigkeit sowie nach Innen- und Außenbezirkskontakten. Sie stellten mit steigender Schichtzugehörigkeit insgesamt eine fallende Anzahl von Verkehrsparteien fest, wobei sich das Verhältnis zwischen Bekannten und Verwandten reziprok zur Schichtzugehörigkeit entwickelt. Im Innenbezirk wurde ein höheres Besuchspotential festgestellt. Bei schichtspezifischer Entzerrung ergibt sich ein höherer Verwandtenverkehrsanteil.

Zur Darstellung der Kontaktstrukturen bei Heimbewohnern befragte R. Schmitz-Scherzer Heimbewohner nach ihren Besuchern (vgl. Tabelle 110). Den größten Anteil der sie besuchenden Personen machten Verwandte, Kinder und Enkelkinder aus. An zweiter Stelle stehen Freunde und Personen aus ihrem früheren Lebensumfeld. Neue Kontakte in ihrem neuen Wohnumfeld wurden selten genannt.

Die Kontaktstrukturen älterer Menschen in Berlin (West) untersuchte E. Kuhlmeyer. Sie untersuchte das Kontaktpotential, die tatsächlichen Besuchskontakte sowie die Wohnentfernung (vgl. Tabelle 111). Innerhalb Berlins hatten 88,4 % der Befragten Kontaktpersonen zur Verfügung, zu denen in 93 % der Fälle Besuchskontakt bestand. Auffällig bei der Untersuchung der Wohnentfernung ist, daß entweder die Kontaktpersonen im gleichen Bezirk (50,5 %) oder nur in einem anderen Bezirk wohnte (40 %). Kontakte in unterschiedlichen Bezirken gaben nur 9,4 % der Befragten an. Über die Hälfte der Personen gab an, Kontakte außerhalb des Hauses zu haben.

Neben der Ausstattung mit Kontaktmöglichkeiten ist die Wohnentfernung ein wichtiger Faktor für die sozialen Kontakte. E. Bröschen untersuchte die Wohnentfernungen der über 65jährigen zum nächstlebenden Kind im ländlichen Raum (vgl. Tabelle 112). Die Hälfte der Befragten gab an, mit mindestens einem Kind im selben Haus zu wohnen, darunter 35 % im selben Haushalt. 1/5 der Befragten hatte mindestens ein Kind im Ort oder einem nahegelegenen Ort.

Aus der Sicht der jüngeren Generation lebt 1/3 mit mindestens einem Elternteil im selben Haus, davon die Hälfte in einem Haushalt. 40 % der Befragten gaben an, im selben Ort oder einem nahegelegenen Ort zu leben (vgl. Tabelle 113).

Die Kontaktstruktur der Familie in der Großstadt untersuchte E. Pfeil für das Jahr 1964. Sie unterscheidet nach Verwandten und Bekannten sowie nach Stadtteil und gesamtstädtischem Gebiet (vgl. Tabelle 114). Der Besuchsverkehr mit Bekannten im eigenen Stadtteil ist doppelt so hoch wie der mit Verwandten im eigenen Stadtteil. Unabhängig von den Kontaktpersonen ergab die Studie, daß der lokale Besuchsverkehr insgesamt etwa die Hälfte der Bedeutung des urbanen Besuchsverkehrs hat.

Ebenfalls untersuchte E. Pfeil den Einfluß der Wohnlage auf die Häufigkeit der Besuche im innerstädtischen Verwandtenverkehr (vgl. Tabelle 115). Wohnen die Verwandten im gleichen Stadtteil, so finden Besuche in den meisten Fällen häufig statt. Mit zunehmender Wohnentfernung nimmt die Häufigkeit der Besuche stark ab.

E. Pfeil und J. Ganzert untersuchten 1968 speziell den Besuchsverkehr der jüngeren Generation mit ihrer Herkunftsfamilie (vgl. Tabelle 116). Hierbei zeigte sich der 1964 von E. Pfeil gezeigte Trend in ausgeprägterer Form. Bezogen auf die Bekannten trifft man sich mit ihnen innerhalb des eigenen Stadtteils vorwiegend häufig oder mittelhäufig, in benachbarten Stadtteilen vor allem 1−4 mal im Monat, bei weiterer Entfernung überwiegend selten oder sehr selten.

Befragt wurden Männer und Frauen ab 55 Jahren zu ihren Vorstellungen über die Wohnentfernung zu ihren Kindern. Hierbei wurde zwischen dem Zusammenleben im selben Haushalt und der räumlichen Nähe zur jüngeren Generation unterschieden (vgl. Tabelle 117). Fast 2/3 der Befragten lehnen das Zusammenleben in einem Haushalt ab, 1/4 der Befragten ist unentschieden. Im Gegensatz hierzu befürworten 2/3 die räumliche Nähe, wiederum 1/4 ist unentschieden.

Bezüglich der Vorstellungen über die bevorzugten Wohnformen für das Zusammenleben der Generationen wurden Personen im Alter von 14 bis 65 Jahren befragt (vgl. Tabelle 118). Durchgehender Trend in allen Lebensphasen ist die Favorisierung der getrennten Wohnungen im gleichen Ort oder Stadtteil. An zweiter Stelle wird die Wohnung im gleichen Haus genannt. Die gemeinsame Wohnung wird vom größten Teil aller Altersgruppen abgelehnt.

7.2 Häufigkeit und Intensität sozialer Kontakte

Es ist für die Erfassung der sozialen Kontakte notwendig, die sozialen Kontakte innerhalb der Familie mit Kontakten zu anderen, nichtfamiliären Gruppen wie Freunde, Bekannte oder Vertretern von Einrichtungen zu vergleichen. Ebenso ist es zweckmäßig, die Kontakthäufigkeit aus verschiedenen Perspektiven jeweils der der jüngeren und älteren Generation darzustellen. Zur strukturellen Erfassung ist ebenfalls ein zeitlicher Bezug herzustellen, um Veränderungen des Kontaktverhaltens im Zeitablauf aufzeigen zu können. Ein weiterer Aspekt ist die Zufriedenheit mit der Kontakthäufigkeit. Die Intensität sozialer Kontakte wird anhand der Einschätzung der subjektiven Kontaktsituation aufgezeigt. Ebenso wird ein inhaltlicher Bezug der Kontakte hergestellt und eine Bewertung versucht.

Bei der Analyse der sozialen Kontakte muß der Aspekt der Häufigkeit von Treffen berücksichtigt werden. Fauser untersuchte hierzu die Antworten von 2000 Müttern nach der Häufigkeit von Treffen mit Verwandten (vgl. Tabelle 119). Der größte Teil der Befragten gab an, sich 1–2 mal und häufiger in der Woche mit Verwandten zu treffen, der geringste Teil antwortete, sich fast nie mit Verwandten zu treffen oder keine Verwandten zu haben bzw. machte keine Angaben. Das Mittelfeld, das gekennzeichnet ist durch Treffen, die ungefähr 2–3 mal im Monat oder auch seltener als 2 mal pro Monat stattfinden, macht immerhin fast 50 % der Befragten aus.

Die sozialen Kontakte der älteren Generation nicht nur mit Verwandten, sondern auch mit Freunden und Bekannten untersuchte E. Kuhlmeyer. 5.125 Personen wurden nach der Häufigkeit von Besuchen von und bei Verwandten, Freunden und Bekannten befragt (vgl. Tabelle 120). Treffen in kürzeren Abständen (täglich bis zu alle 2–3 Wochen) finden häufiger bei den Befragten statt als Treffen in längeren Abständen (1 mal monatlich oder seltener), wobei die Treffen bei den Verwandten, Freunden und Bekannten stattfinden. Ein weitaus größerer Teil gibt an, Freunde, Bekannte und Verwandte gar nicht zu besuchen und keinen Besuch der genannten Personengruppen zu erhalten. Der Anteil der Befragten, der keine Besuche bekommt und keine Besuche macht, ist mit je 0,1 % verschwindend gering.

Für die Jahre 1970 und 1979 wurden die regelmäßigen familiären Kontakte der älteren Generation erfaßt (vgl. Tabelle 121). Der Anteil der Befragten mit relativ häufigem Kontakt („täglich" bis zu „paarmal im Monat") ist fast konstant geblieben. Lediglich die Anteile nach der Besuchshäufigkeit haben sich verschoben. 1979 trafen sich 10 % der Befragten weniger „täglich, fast täglich" mit ihren Verwandten, jedoch stieg der Anteil derjenigen mit Kontakten „mehrmals pro Woche, einmal pro Woche und paarmal im Monat". Ebenfalls ist eine Verschiebung bei Treffen, die „seltener" oder „nie" stattfinden, zu verzeichnen, 1979 waren hiervon 3 % bzw. 2 % der Befragten weniger betroffen.

Das Gegenstück der Frage zu den familiären Kontakten der älteren Generation ist die Befragung der jungen Generation zu Kontakten mit der Elterngeneration, wobei Voraussetzung ist, daß die Eltern nicht im selben Haushalt leben. Unterschieden wird hier außerdem nach Besuchs- und Telefonkontakten (vgl. Tabelle 122). Unter Berücksichtigung der getrennten Wohnungen ist der Prozentsatz von 69 % der jungen Generation, die öfter als 1–2 mal im Monat Besuchskontakt zu den Eltern hat, relativ hoch einzustufen. Frauen pflegen häufiger Kontakt zu ihren Eltern als Männer. Auch beim telefonischen Kontakt, mit dem sich auch weitere Entfernungen überbrücken lassen, sind Frauen stärker vertreten. Besonders häufig wurde der telefonische Kontakt 1–2 mal in der Woche genannt.

Einen ähnlichen Ansatz zeigt G. Lüschen, indem er sowohl Brief- und Telefonkontakte als auch Besuchskontakte für einzelne Familien ermittelt (vgl. Tabelle 123). Seine Studien sind insbesondere von Interesse, weil er einzelne Merkmale sowohl für 1969/70 als auch für 1983/84 erhoben hat. Im Bereich der generellen Kontakte stellte er durchschnittliche Werte für Deutsche Metropolen von 4,3 Kontakten durch Briefe und Telefon pro Familie im Jahr 1969/70 fest. Leider fehlt hier der zeitliche Bezugsrahmen sowie die Ermittlung für 1983/84. Im Bereich der Besuchskontakte pro Familie stellte er steigende durchschnittliche Fallzahlen fest. Insbesondere in der Kategorie „mindestens alle 3 Monate" ermittelte er für Bremen und Köln wesentlich höhere Werte für 1983/84 als 1969/70. Besonders hervorzuheben ist, daß G. Lüschen zusätzlich zur Ermittlung der Besuchszahl diese ins Verhältnis zur Verfügbarkeit von Verwandten setzte (G. Lüschen, 1970, S. 272). Für 1969/70 ergab sich ein leichtes Übergewicht der generellen Kontakte zu den Besuchen, jeweils im Verhältnis zur Verfügbarkeit.

Ein weiterer wichtiger Aspekt bezüglich der Häufigkeit der Kontakte stellt der Wunsch nach Kontaktveränderung dar. Befragt wurden ältere Menschen nach ihren Wünschen der Kontaktveränderung, wobei als Kontaktpersonen Verwandte sowie Freunde und Bekannte unterschieden wurden. Leider sind die Verwandten nicht nach dem Verwandtschaftsgrad differenziert. Unklar bleibt die Rolle der Kinder (vgl. Tabelle 124). Der größte Teil der Befragten gab an, mit der Kontakthäufigkeit zufrieden zu sein, insbesondere Männer. Mehr Kontakte wünschen sich 1/5 der Männer und 1/4 der Frauen.

M.-L. Stiefel untersuchte die Quantität der Kontakte älterer Menschen nach verschiedenen soziodemographischen Gesichtspunkten (vgl. Tabelle 125). Die meisten Befragten hatten mindestens eine zufriedenstellende Kontaktmöglichkeit zu verzeichnen, wobei Männer besser ausgestattet waren als Frauen. Das Alter hat wenig Einfluß auf die Quantität der Kontakte, dagegen geht das Vorhandensein der Kinder mit starken positiven Auswirkungen einher. Abhängig von der Wohnsituation zeigt sich eine ähnliche Verteilung bei Alleinlebenden wie bei Personen, die mit ihren Kindern leben.

Mit zunehmendem Einkommen verbessert sich die Kontaktsituation älterer Menschen.

Unter den gleichen Voraussetzungen wurde die Qualität der Kontakte erhoben. Als qualitative Merkmale wurde das Verhältnis zu den Kindern und das Vorhandensein eines Ansprechpartners bei Problemen gewertet (vgl. Tabelle 126). Alle Befragten sind zum weitaus größten Teil qualitativ gut versorgt. Hierbei wirkt sich wieder vor allem das Vorhandensein von Kindern positiv aus. Mit zunehmendem Alter steigt der Anteil der gut Ausgestatteten. Auch bei der Wohnsituation treten die Befragten positiv hervor, die mit ihren Kindern leben. Die Einkommenssituation hat wenig Einfluß.

Als weiteren Aspekt untersucht M.-L. Stiefel die subjektive soziale Situation in Zusammenhang mit den Aspekten Einsamkeit, Zufriedenheit mit der Kontaktsituation und Belastung durch die Wohnsituation (vgl. Tabelle 127). Insgesamt waren 2/3 der Befragten zufrieden, insbesondere Männer. Bezüglich des Familienstandes fällt der große Unterschied zwischen Verheirateten, die besonders zufrieden waren, und den Verwitweten auf. Altersspezifisch sind kaum Unterschiede festzustellen. Sind keine Kinder vorhanden, stellt sich die Situation negativer dar, was ebenfalls auf fast die Hälfte der Alleinlebenden zutrifft.

Zur weiteren Spezifizierung der Qualität der Kontakte unterscheidet R. Fauser die aufgewendete Zeit für Kontakte und die Themen (vgl. Tabelle 128). Der größte Teil der Zeit wird für Gespräche und Diskussionen verwendet. Bei der Verteilung der Gesprächsthemen stehen Kinder, Erziehung, Schule etc. im Vordergrund. Ebenfalls häufig genannt wurden aktuelle Ereignisse. Relativ häufig werden auch Haushaltsdinge sowie Ehefragen besprochen.

E. Pfeil und J. Ganzert unterwerfen sowohl Kontakthäufigkeiten als auch Gesprächsinhalte im Hinblick auf Familie einer Punktbewertung. Unterschieden wird hier nach Verwandten und Bekannten sowie der räumlichen Nähe des Besuchsverkehrs und der Schichtzugehörigkeit (vgl. Tabelle 129). Im innerstädtischen Verwandtschaftsverkehr steigt die Intensität mit der Schichtzugehörigkeit, beim Bekanntenverkehr ist das Verhalten umgekehrt proportional. Außerhalb der Stadtgrenzen finden sehr viel seltener Kontakte statt, wobei die Verwandten mit steigender Schichtzugehörigkeit an Bedeutung verlieren. Insgesamt zeigt sich eine fallende Tendenz mit steigender Schichtzugehörigkeit.

Auf die Frage nach den Vertrauenspersonen älterer Menschen gaben mehr als 1/3 der Befragten die nächsten Familienangehörigen als Ansprechpartner an. Keine Angaben machten fast 30 % der Befragten, was auf deren spezielle Situation als Sozialhilfeempfänger zurückzuführen ist (vgl. Tabelle 130).

Grundsätzlich ist eine relativ große Häufigkeit der Besuchskontakte mit Verwandten festzustellen. Ältere Menschen erhalten häufiger Besuch als sie selbst Besuche machen, wobei Treffen in kürzeren Abständen häufiger stattfinden als Treffen in längeren Abständen. Aus der Sicht der älteren Generation bleiben regelmäßige familiäre Kontakte im Zeitvergleich erhalten. 69 % der jungen Generation haben öfter als 1 bis 2 mal im Monat Besuchskontakt mit den Eltern, bei getrennten Wohnungen. Die Besuchshäufigkeit mit Verwandten in Relation zu deren Verfügbarkeit hat sich innerhalb von 14 Jahren für zwei bundesdeutsche Großstädte mehr als verdoppelt. Der größte Teil der Befragten der älteren Generation zeigt sich zufrieden mit ihrer Kontaktsituation, wobei Männer besser mit Kontakten ausgestattet sind. Vor allem das Vorhandensein von Kindern wirkt sich positiv auf die Qualität der Kontakte aus. Insgesamt zeigt sich eine große Zufriedenheit mit den sozialen Kontakten, als Problemgruppen zeigen sich hier jedoch Verwitwete und Alleinlebende ohne Kinder. Im Rahmen sozialer Kontakte stehen familiäre Themen im Vordergrund. Mit aufsteigender Schichtzugehörigkeit wächst die Intensität der Verwandtschaftskontakte. Vertrauenspersonen älterer Menschen sind in erster Linie nächste Familienangehörige.

7.3 Intergenerative Hilfeleistungen

Soziale Kontakte bedeuten nicht nur Teilhabe am Leben anderer, vor allem Familienangehöriger durch gegenseitige Verständigung, sie bedeuten auch gegenseitige Unterstützung. Ein Teil dieser Unterstützung wird im Bereich der Funktionen der Familie aufgezeigt, wobei sich die Darstellung auf Leistungen im Kernfamilienbereich weitgehend beschränkte. Deshalb ist es notwendig, Strukturen intergenerativer Hilfeleistungen, gelöst von konkreten Problembereichen und in einem erweiterten Familienkreis, zu betrachten. Art und Umfang der Hilfeleistungen werden jeweils aus der Sicht der älteren und jüngeren Generation verdeutlicht. Ebenso wird auf die Beurteilung des quantitativen Aspektes sowie auf das Austauschverhältnis von Hilfen eingegangen. Ein weiterer Komplex der Hilfeleistungen ist die Kinderbetreuung, deren Struktur in Abhängigkeit von der Person des Hilfeleistenden und dem Alter der Kinder.

In erster Linie werden innerfamiliäre Hilfeleistungen untersucht. Diese müssen jedoch im Zusammenhang mit anderen hilfeleistenden Personen und Institutionen gesehen werden. E. Kuhlmeyer untersuchte die Hilfeleistungen für ältere Menschen in ihrer Verteilung auf die Hilfeleistenden (vgl. Tabelle 131). Das auffälligste Ergebnis ist die Antwort, bisher noch nie Hilfe benötigt zu haben, die von fast der Hälfte der Befragten gegeben wurde. Wenn Hilfe geleistet wird, steht die Familie im Vordergrund. Staatliche und kirchliche Einrichtungen fallen kaum ins Gewicht (zusammen weniger als 5 %).

E. Bröschen untersuchte bezüglich der Lebenslage älterer Menschen im ländlichen Raum die Verteilung der Hilfspersonen auf die verschiedenen Hilfeleistungen (vgl. Tabelle 132). Auch hier ist festzustellen, daß außerfamiliäre Hilfe selten geleistet wird. Hauptsächlich wird Hilfe durch die Familie geleistet, was bei räumlicher Nähe stärker ausgeprägt ist.

Auf die Frage „Kümmern sich ihrer Meinung nach die jüngeren Menschen heutzutage sehr viel, viel, wenig, sehr wenig um die älteren Menschen?" antworteten 58,4 % der Befragten mit „wenig". Demgegenüber stehen 32,5 %, die der Meinung sind, die jüngere Generation kümmere sich viel um die älteren Menschen (vgl. Tabelle 133).

Abbildung 1: Unterstützung durch die Elterngeneration (vgl. Tabelle 134)

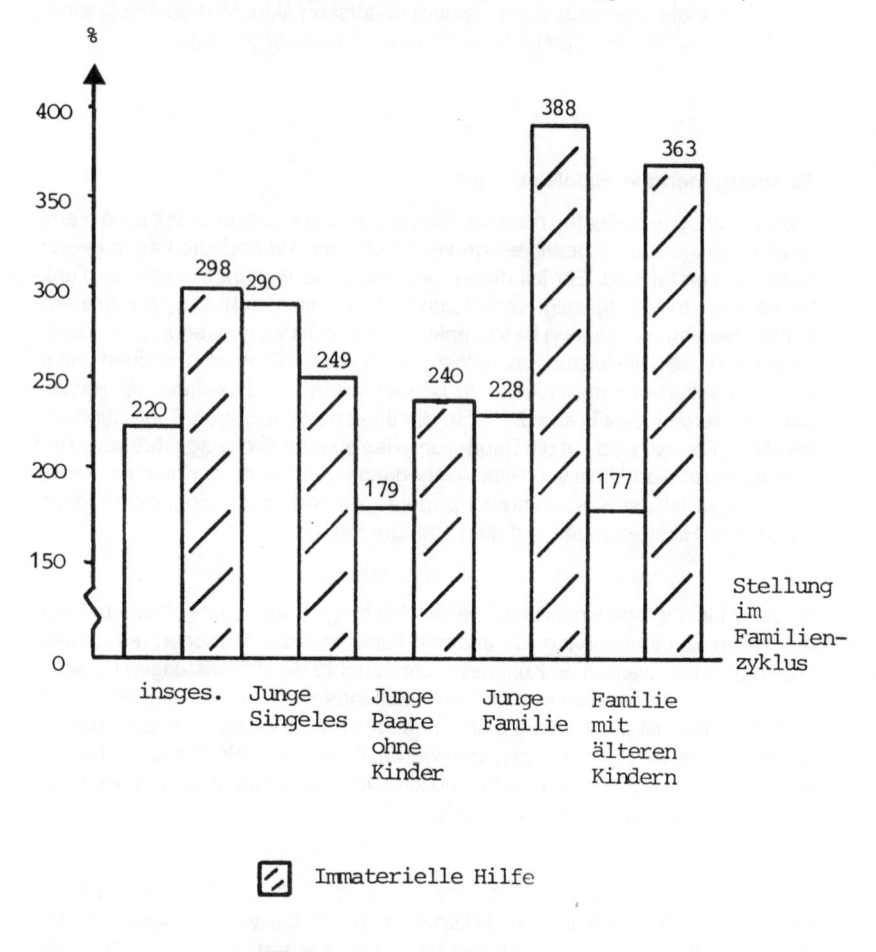

%
- insges.: 220 / 298
- Junge Singeles: 290 / 249
- Junge Paare ohne Kinder: 179 / 240
- Junge Familie: 228 / 388
- Familie mit älteren Kindern: 177 / 363

Stellung im Familienzyklus

▨ Immaterielle Hilfe

☐ Materielle Hilfe

Bezüglich der intergenerativen Hilfeleistungen muß hinsichtlich der Art der Hilfeleistung unterschieden werden. Das Institut Allensbach unterscheidet nach materieller und immaterieller Unterstützung der jungen Generation durch die Elterngeneration (vgl. Tabelle 134). Die Befragten, deren Eltern noch leben, setzten sich aus verschiedenen Gruppen innerhalb des Familienzyklus zusammen, den jungen Singles, jungen Paaren ohne Kinder, jungen Familien und Familien mit älteren Kindern. Die größte materielle Unterstützung erhalten Familien mit älteren Kindern sowie junge Paare ohne Kinder. Den größten Anteil nach Art der materiellen Hilfe bei allen Gruppen macht die Unterstützung in finanziellen Schwierigkeiten aus; ein weiterer großer Anteil die Unterstützung bei größeren Anschaffungen. Besondere materielle und vor allem immaterielle Unterstützung erfahren junge Familien. Dies sind hauptsächlich Leistungen für Enkelkinder, wie „Betreuung, wenn die Eltern abends ausgehen wollen", und „Einspringen im Krankheitsfall". Zusammenfassend ist festzustellen, daß materielle Hilfe mehr an die jüngere Generation ohne Kinder gegeben wird, immaterielle Hilfe jedoch hauptsächlich den Familien mit Kindern geleistet wird.

W. Glatzer untersuchte die Unterstützung privater Haushalte in Notfällen für das Jahr 1980, wobei er eine Rangfolge der Präferenz berücksichtigte (vgl. Tabelle 135). Im Falle einer Erkrankung der Person, die überwiegend die Hausarbeit erledigt, würden 1/3 der Befragten in erster Linie jemanden im Haushalt um Hilfe bitten. Größer ist jedoch der Anteil (40,0 %) derjenigen, die in erster Linie auf Verwandte außerhalb des Hauses zurückgreifen wollen. Sind andere Personengruppen in erster Präferenz relativ unbedeutend, steigt ihre Bedeutung bei der Zweitnennung. Verwandte außerhalb des Haushalts werden in zweiter Präferenz noch immer von fast 1/3 der Befragten genannt. Staatliche und konfessionelle Einrichtungen haben kaum Bedeutung.

Neben der hypothetischen Fragestellung nach potentiellen Hilfspersonen untersuchte W. Glatzer auch die Hilfeleistungen in sozialen Netzwerken nach Art der Hilfeleistungen und Empfängern (vgl. Tabelle 136). Auf die Frage: „Welche Hilfeleistungen haben sie in den letzten zwei bis drei Jahren für Verwandte, Freunde/Bekannte und Nachbarn erbracht?", gaben von 2396 Befragten bezüglich der personenbezogenen Leistungen je 1/5 an, Verwandten bzw. Freunden bei persönlichen Problemen geholfen zu haben. Die Beaufsichtigung kleiner Kinder wird fast doppelt so häufig für Verwandte wie für Freunde geleistet. Noch größer ist die Differenz bei der Betreuung Kranker oder Behinderter. Bei den güterbezogenen Leistungen wird mehr Hilfe innerhalb der Familie erbracht.

Korrespondierend hierzu fragte W. Glatzer auch nach der erhaltenen Hilfeleistung und deren subjekiven Einschätzung (vgl. Tabelle 137). Ein sehr großer Teil der Befragten gab an, es seien keine Hilfsbeziehungen vorhanden (fast 50 %), die andere Hälfte der Befragten war zufrieden mit den erhaltenen Hilfeleistungen, wobei innerfamiliale besonders positiv bewertet wurden.

W. Glatzer setzt weiterhin erhaltene und erbrachte Hilfeleistungen in Relation und untersucht die subjektive Einschätzung dieses Verhältnisses (vgl. Tabelle 138).

Der größte Teil der Befragten, unabhängig von Familienstand, Kinderzahl und Familienform, gab an, genausoviel Hilfe zu erhalten wie Hilfe zu geben. An zweiter Stelle ist ebenfalls für alle Befragtengruppen die Kategorie, keine Hilfsbeziehungen zu haben, mit durchschnittlich 1/3 zu nennen. Nur sehr wenige waren der Meinung, mehr Hilfe zu erhalten. Hervorzuheben sind hier die Alleinlebenden mit einem relativ hohen Wert von 12,4 %.

Innerhalb der intergenerativen Hilfeleistungen ist die Betreuung von Kindern besonders hervorzuheben. Im Falle einer kurzzeitigen Betreuung (vgl. Tabelle 139) von Kindern übernehmen hauptsächlich Großmütter/Großeltern diese Aufgabe. Etwa 1/4 der Kinder bleibt ohne Aufsicht. Ein weiteres Drittel wird kurzzeitig von Personen und Einrichtungen außerhalb der Familie betreut.

Einen wichtigen Faktor bezüglich der Kinderbetreuung stellt das Alter der Kinder dar. Fauser stellte diese Problematik für die Betreuung durch Verwandte dar, wobei er zwischen Großeltern und anderen erwachsenen Verwandten unterscheidet (vgl. Tabelle 140). Die größte Häufigkeit der Betreuung durch Großeltern findet sich bei den 4- bis 6jährigen. Mit zunehmendem Alter der Kinder nimmt die Betreuung der Kinder ab.

Ebenfalls nach dem Alter der Kinder unterscheidet das Emnid-Institut den Aufenthaltsort des Kindes erwerbstätiger alleinstehender Mütter während der Erwerbstätigkeit (vgl. Tabelle 141). Hier zeigt sich eine Schwerpunktverlagerung der Betreuung von den Großeltern auf institutionelle Einrichtungen. Bei der Betreuung von Kleinstkindern steht jedoch nach wie vor die Familie im Vordergrund.

7.4 Komponentenergebnis

– methodisch

Der ideale Indikator des Kontaktpotentials und der familialen Wohnstruktur sollte aufzeigen, wie viele Personen für soziale Kontakte zur Verfügung stehen und in welcher räumlichen Distanz sie leben. Dies sollte abhängig von der Familienphase, Geburtskohorte sowie für verschiedene Zeitpunkte ermittelt werden.

Zur Messung dieses Indikators existieren verschiedene Ansätze. Die Wohn- und Familienstruktur wird in der amtlichen Statistik nur im Rahmen der Haushaltserhebung aufgezeigt. Andere Erhebungen zeigen den Indikator nur teilweise auf. Unterschiedliches statistisches Vorgehen sowie der Verzicht auf Repräsentativität dieser Studien schränken die Vergleichbarkeit ein. Insgesamt können sie nur einen Eindruck der Strukturen vermitteln. Ein einheitliches und kontinuierliches Vorgehen bei der Datenerhebung könnte die Datenlage im Hinblick auf eine mögliche Bewertung verbessern.

Der ideale Indikator zu Häufigkeit und Intensität sozialer Kontakte kann abhängig von Lebens- und Familienzyklusphasen für verschiedene Zeitpunkte darstellen, wer sich wann, wie oft und mit wem innerhalb welcher Beziehungsgefüge trifft. Weiterhin muß das quantitative und qualitative Zufriedenheitsniveau der Befragten analysiert werden. Die Messung dieses Indikators muß zum einen an der gegebenen Situation ansetzen, zum anderen bei der Umsetzung des Wunsches nach Kontaktveränderung. Der qualitative Aspekt als mehrdimensionales komplexes psychologisches Problem wird nur annäherungsweise erfaßbar sein.

Die idealen Indikatoren werden nicht erhoben. Es liegen verschiedene Studien vor, die in unterschiedlicher Weise Daten zu diesem Komplex liefern. Bis auf eine Studie wurden die Erhebungen bisher einmalig durchgeführt. Aus der Gesamtheit der vorliegenden Daten ist keine einheitliche Bewertung der Indikatoren möglich, dazu sind die Studien zu unterschiedlich (zum Teil nicht repräsentativ oder eingeschränkt repräsentativ, zeitlich weit auseinanderliegend, unterschiedliches methodisches Vorgehen). Hier ist ein Handlungsbedarf für eine Beobachtung der Struktur sozialer Kontakte im Hinblick auf einheitliches Vorgehen und kontinuierliche Datenerhebung gegeben.

Der ideale Indikator zu intergenerativen Hilfeleistungen als Konkretisierung der innerfamilialen Kontaktstrukturen kann die Faktoren beinhalten: Wer leistet Hilfe, für wen, wobei und in welchem Umfang; abhängig von der Lebensphase und der familiären Situation, unter Berücksichtigung der verschiedenen Zeitpunkte?

Zielkomponente	Tab.Nr.	X)	Datensatz
Kontaktpotential und familiale Wohnstruktur	108		Ausstattung mit Kontaktmöglichkeiten
	109		Durchschnittliche Anzahl der Verwandten- und Bekanntenfamilien im Hamburger Stadtraum 1968
	110		Besuche bei Heimbewohnern
	111		Kontakte mit Verwandten, Freunden und Bekannten
	112		Wohnentfernung der über 65-jährigen zum nächstlebenden Kind
	113		Wohnentfernung zu den nächstlebenden Eltern
	114		Besuchsverkehr von in vier Hamburger Stadtteilen befragten Familien 1964
	115		Der Einfluß der Wohnlage, 1968
	116		Der Einfluß der Wohnlage auf die Häufigkeit der Besuche im innerstädtischen Verwandtenverkehr
	117		Gemeinsamer Haushalt oder Nähe auf Distanz?
	118		Bevorzugte Wohnformen für das Zusammenleben der Generationen

Zielkomponente	Tab.Nr.	X) Datensatz
Häufigkeit und Intensität sozialer Kontakte	119	Die Häufigkeit von Treffen mit Verwandten
	120	Besuche von und bei Verwandten, Freunden und Bekannten
	121	Regelmäßige familiäre Kontakte der älteren Generation
	122	Kontakte mit der Elterngeneration
	123	Durchschnittliche Zahl der generellen Kontakte
	124	Wunsch nach Kontaktveränderung
	125	Quantität der Kontakte
	126	Qualität der Kontakte
	127	Subjektive soziale Situation im bezug auf Kontakte
	128	Zeitverwendung und Themen bei Kontakten
	129	Die Intensität des Verwandten- und Bekanntenverkehrs
	130	Vertrauenspersonen älterer Menschen
Intergenerative Hilfeleistungen	131	Hilfeleistungen für ältere Menschen in dringenden Fällen
	132	Personen, die in verschiedenen Lebensbereichen Hilfe leisten nach Hilfs-/Lebensbereich
	133	Beurteilung der Hilfe der jüngeren Generation
	134	Unterstützung durch die Elterngeneration
	135	Die Unterstützung privater Haushalte in Notfällen
	136	Hilfeleistungen in sozialen Netzwerken
	137	Die subjektive Beurteilung des Umfanges der erhaltenen Hilfe
	138	Die subjektive Bilanz von Unterstützung und Hilfe
	139	Kurzzeitige Betreuung von Kindern bei Abwesenheit der Mutter
	140	Kurzzeitige Betreuung von Kindern verschiedenen Alters durch Verwandte
	141	Der Aufenthaltsort des Kindes

X) Der amtlichen Statistik entnommen.

Der Indikator ist anhand materieller und immaterieller Austauschbeziehungen meßbar. Der ideale Indikator wird nicht erhoben, gleichwohl kann durch Heranziehung verschiedener Studien versucht werden, zumindest einen Eindruck der intergenerativen Hilfeleistungen zu vermitteln. Für eine Bewertung ist eine systematische Erweiterung des Erhebungsumfanges notwendig, um die einzelnen Teilgebiete des Indikators auf der Basis einheitlichen methodischen Vorgehens erfassen zu können. Hierin sowie in einer kontinuierlichen Erfassung dieser Daten ist ein Handlungsbedarf aufzeigbar.

– empirisch

Mit fortschreitendem Familienzyklus nimmt die Bedeutung von Familie für die sozialen Kontakte zu, entsprechend entwickelt sich mit zunehmendem Lebensalter die Familie zum herausragenden Kontaktpotential. Besuchskontakte bestehen auch über weitere Entfernungen, ihre Häufigkeit nimmt jedoch mit wachsender Wohnentfernung ab. Das Zusammenleben mehrerer Generationen im selben Haushalt wird weitgehend abgelehnt, kurze Wohnentfernungen von allen favorisiert und praktiziert. Ältere Menschen erhalten häufiger Besuch, insbesondere haben sie regelmäßige familiale Kontakte auch im Zeitvergleich, und sind weitgehend zufrieden mit ihrer Kontaktsituation. Bei Familien zeigt eine Studie eine wesentliche Steigerung der Besuchshäufigkeiten mit Verwandtenfamilien im Zeitvergleich. Tendenziell kann man auf eine hohe Intensität der Verwandtenkontakte schließen. Regelmäßige Hilfe für die ältere Generation wird vor allem durch die Familie im engeren Wohnumfeld geleistet. Die jüngere Generation erhält Leistungen im materiellen Bereich, insbesondere junge Singles, aber auch junge Familien mit Kindern, denen auch in Form von Betreuung der Kinder immaterielle Hilfen zukommen. Hilfe durch Verwandte steht im Vordergrund der genannten Leistungstransfers. Die Austauschbilanz der Hilfsbeziehungen vor allem mit Verwandten, wird subjektiv als ausgeglichen bewertet.

8. Familie und Erwerbsarbeitswelt

Die Indikatoren zur Funktionserfüllung der Familie verdeutlichen bereits, daß meist Frauen die notwendige Arbeit in der Familie leisten. Entsprechend stellt sich gerade für Frauen das Problem der Vereinbarkeit von Familien- und Erwerbstätigkeit. Die folgenden Orientierungsdaten beschränken sich daher auf die Erwerbstätigkeitsstruktur der Frauen, da faktisch davon auszugehen ist, daß die Erwerbsbeteiligung der Männer derzeit nur peripher durch ihre familialen Verpflichtungen tangiert ist.

Neben der Struktur der Frauenerwerbstätigkeit sollen vor allem die familienzyklisch schwankenden Vereinbarkeitsprobleme aufgezeigt werden.

Hierbei bedienen wir uns der Ergebnisse der Beschäftigungsstatistik, die zunächst hinreichend Auskunft gibt. Zu Arbeitszeitpräferenzen werden Umfrageergebnisse hinzugezogen.

8.1 Struktur der Frauenerwerbstätigkeit

1984 war die überwiegende Mehrheit der erwerbstätigen Frauen (87,03 %) abhängig beschäftigt, 7,41 % der Frauen waren als mithelfende Familienangehörige und 5,56 % als Selbständige tätig (vgl. Tabelle 144). Für die Gruppe der abhängig beschäftigten Frauen zeigt sich, daß der überwiegende Teil von ihnen als Angestellte (59,76 %) beschäftigt war, 34,52 % als Arbeiterinnen und 5,72 % von ihnen gehörten zur Gruppe der Beamtinnen (BMAuS (Hg.), 1985, S. 10). Der Schwerpunkt der Frauenerwerbsarbeit hat sich in den letzten Jahrzehnten deutlich auf die Angestelltentätigkeiten verlagert.

Eine Betrachtung der erwerbstätigen Frauen nach Wirtschaftsbereichen zeigt, daß 1982 6 % der Frauen in der Landwirtschaft, 36 % im produzierenden Gewerbe, 17 % im Handel und Verkehr und 41 % in sonstigen Wirtschaftsbereichen (Dienstleistungen) tätig waren. Während der Bereich des produzierenden Gewerbes als Domäne der Männer bezeichnet werden kann, ist der Anteil der Frauen an den insgesamt Erwerbstätigen im Dienstleistungsbereich signifikant hoch (1982: 53 %) (vgl. G. Harsch, 1984, S. 377). 1982 waren rund 90 % der erwerbstätigen Frauen in 12 Berufsgruppen tätig. Die größte Zahl der Frauen befindet sich in den Organisations-, Verwaltungs- und Büroberufen, gefolgt von den Berufen der Warenkaufleute und den Gesundheitsberufen (vgl. Tabelle 145).

Tendenziell läßt sich in den letzten beiden Jahrzehnten eine Schwerpunktverlagerung der Frauenberufe feststellen, der Anteil der Frauen in Berufen der Landwirtschaft nahm, gemessen an der Gesamtzahl der erwerbstätigen Frauen, von 23,2 % 1961 bis 1982 auf 6 % ab, gewerbliche Berufe verloren quantitativ an Bedeutung. Im gleichen Zeitraum stieg der Anteil der Frauen in Dienstleistungsberufen (vgl. G. Harsch, 1984, S. 374).

Von den abhängig beschäftigten Frauen waren 1982 39,8 % Verkäuferinnen oder Facharbeiterinnen, 12,3 % der Frauen gingen einer Tätigkeit als Sachbearbeiterin oder Vorarbeiterin nach. In der Position einer herausgehobenen, qualifizierten Fachkraft oder einer Meisterin sind 6,4 % der weiblichen Erwerbstätigen vorzufinden, als Sachgebietsleiter, Referent bzw. Handlungsbevollmächtigte arbeiten 0,5 % der Frauen, nur 0,4 % von ihnen üben eine Tätigkeit als Abteilungsleiter bzw. Prokurist aus, und 0,5 % der erwerbstätigen Frauen insgesamt gehen einer Beschäftigung als Direktor, Amtsleiter und Betriebsleiter nach. Diese Differenzierung der Erwerbstätigen nach Stellung in Beruf und Stellung im Betrieb gibt nicht nur Aufschluß „über den Verantwortungsgrad in der Betriebshierarchie (...), sondern (relativiert) auch das Gewicht der Berufsangabe (...)." (H. Mörtl, 1984, S. 414).

Es zeigt sich, daß nahezu 40 % der weiblichen Erwerbstätigen auf der untersten Stufe der Betriebsstruktur zu finden sind, wo im Normalfall keine oder nur eine praktische Ausbildung vorausgesetzt wird und die Erwerbstätigen allenfalls geringe Eigenverantwortung bei ihrer Tätigkeit tragen. Auch bei allen anderen Stufen, die einen höheren Qualifizierungsgrad voraussetzen, sind die Relationen zugunsten der Männer verteilt. Einzige Ausnahme ist die Ebene der Sachbearbeiter und Vorarbeiter; dies ist zumindest teilweise darauf zurückzuführen, daß hier sowohl das zahlenmäßige Gewicht der Angestellten größer ist, als auch mehr Frauen als Männer beschäftigt sind (vgl. H. Mörtl, 1984, S. 414). Demnach sind Frauen in Führungspositionen außergewöhnlich unterrepräsentiert.

Hinzu kommt, daß selbst in den vorwiegend weiblichen industriellen Branchen Frauen nur selten statushohe Positionen einnehmen. So bleibt z. B. die Aufsicht über un- und angelernte Arbeiterinnen, die Positionen von Sachbearbeitern oder leitenden Angestellten meist den Männern vorbehalten (vgl. A. Willms, 1983, S. 158 ff.). Lediglich im Bildungswesen des öffentlichen Sektors nehmen Frauen obere Positionen ein, jedoch in einem wesentlich geringerem Ausmaß als Männer. Frauen sind nicht nur primär in „unteren" Berufen tätig, vielmehr läßt sich quer durch alle Berufe eine jeweils geschlechtsspezifische Arbeitsteilung feststellen; so sind Frauen in den unteren und Männer in den oberen Positionen überrepräsentiert (vgl. E. Beck-Gernsheim, 1976, S. 20).

Ein Vergleich der Einkommen von Frauen und Männern zeigt, daß Frauen auch heute noch signifikant weniger verdienen als Männer (vgl. Tabelle 146). Der Abstand zwischen den Bruttoeinkommen der Geschlechter verringerte sich in den letzten Jahrzehnten deutlich, allerdings hat sich in den letzten Jahren „die Lohnschere nicht weiter geschlossen" (BMJFG, 1984, S. 23). Der durchschnittliche Bruttomonatsverdienst der weiblichen Angestellten in Industrie und Handel (ohne Teilzeitbeschäftigte) machte 1981 lediglich 64,6 % der Verdienste der männlichen Angestellten in diesem Bereich aus. Vollzeitbeschäftige Arbeiterinnen in der Industrie verdienten im Durchschnitt 68,8 % des Bruttowochenverdienstes von Arbeitern (BMJFG, 1984, S. 23).

Auch ein Vergleich der Nettoeinkommen zeigt, daß Männer in Relation zu den Frauen mehr verdienen: während 1982 über 40 % der erwerbstätigen Frauen ein monatliches Nettoeinkommen bis 1.000,– DM erhielten, waren es bei den Männern weniger als 10 %. 47,1 % der erwerbstätigen Männer wiesen ein Nettoeinkommen von 1.400,– DM bis 2.200,– DM auf, bei den Frauen lag der Prozentsatz in diesen Einkommensgruppen bei 25,8 %; höhere Einkommensklassen, 2.200,– DM und mehr, werden von erwerbstätigen Frauen nur in geringem Ausmaß erreicht (vgl. Tabelle 146). Nimmt man für den Vergleich der Einkommensgruppe von Männern und Frauen die variable „Stellung im Beruf" hinzu, dann ändert sich das oben erwähnte Bild nicht, vielmehr wird deutlich, daß der Anteil der Frauen auch bei gleicher Stellung im Beruf in den unteren Nettoeinkommensgruppen höher ist als bei Männern. Frauen haben generell einen deutlich negativen Einkommensabstand zu Männern. Sie verdienen in allen Einkommensgruppen ungefähr ein Drittel weniger als Männer, wobei sich der Abstand der Einkommen im Laufe der Zeit tendenzieller reduziert hat (vgl. I. Hofmann, 1981, S. 8 ff.). So hat 1960 der Unterschied zwischen den durchschnittlichen Bruttowochenverdiensten der Frauen und Männer noch 36 % betragen, während sich die Verdienstdifferenzspanne bis 1983 auf 29 % verkleinert hat (vgl. G. Harsch, 1984, S. 378).

Zwischen den einzelnen Branchen weichen die Löhne häufig stärker voneinander ab als zwischen Qualifikationsstufen, wobei der Branchenanteil der Frauen ein wichtiger Einflußfaktor ist: je höher der Frauenanteil eines Wirtschaftszweiges ist, desto geringer werden im allgemeinen die Löhne sein. Die Branche der Textil- und Bekleidungsindustrie mit einem traditionell mehrheitlichen Frauenanteil weist z. B. in einem überproportionalem Umfang Arbeiterinnen mit qualifizierten Tätigkeiten auf, dennoch ist das allgemeine Lohnniveau in dieser Sparte unterdurchschnittlich (vgl. G. Harsch, 1984, S. 378).

8.2 Erwerbsarbeitszeiten der Frauen

Von den im Juni 1984 über 10 Millionen erwerbstätigen Frauen brachten ca. 17 % eine wöchentliche Erwerbsarbeitszeit von weniger als 21 Stunden auf, fast 15 % der berufstätigen Frauen gingen einer Beschäftigung mit 21–39 geleisteten Wochenerwerbsarbeitsstunden nach. Ein Anteil von etwa 10 % der erwerbstätigen Frauen war 42 und mehr Stunden in der Woche erwerbstätig. Die überwiegende Mehrheit (57,43 %) der Frauen leistet 40–41 Stunden Erwerbsarbeit in der Woche (vgl. Tabelle 147).

Mithin zeigt sich, daß nahezu ein Drittel der erwerbstätigen Frauen eine wöchentliche Arbeitszeit von 39 Stunden nicht überschreitet, wobei der überwiegende Teil dieser Frauen eine wöchentliche Arbeitszeit von unter 21 Stunden aufweist. Lediglich ein geringer Prozentsatz der nicht vollerwerbstätigen Frauen arbeitet zwischen 36 und 39 Stunden in der Woche, damit geht in der Regel die von Frauen geleistete Teilarbeitszeit nicht über 35 Stunden in der Woche hinaus (vgl. BMJFG, 1984 b, S. 223) (vgl. Tabelle 147). Zieht man die männlichen Erwerbstätigen mit in die Betrachtung ein, so kommt man zu dem Ergebnis, daß der Frauenanteil an den Teilzeitarbeitenden extrem hoch ist. So sind im Juni 1984 90,4 % aller Erwerbstätigen mit einer wöchentlichen Arbeitszeit von weniger als 21 Stunden Frauen, ihr Anteil an der Gruppe der Erwerbstätigen mit einer Arbeitszeit von 21–39 Stunden beträgt fast 84 %. Frauen stellen nur knapp ein Drittel aller Erwerbstätigen mit einer Erwerbsarbeitszeit von 40–41 Stunden (vgl. BMJFG, 1984 b, S. 49). Tendenziell läßt sich festhalten, daß mit zunehmender Zahl der geleisteten wöchentlichen Erwerbsarbeitsstunden der Frauenanteil an der Gesamtheit der Erwerbstätigen zurückgeht, wobei insbesondere das

Absinken des Frauenanteils an den Erwerbstätigen von 83,9 % (in der Gruppe der Berufstätigen mit einer Wochenerwerbsarbeitszeit von 21–39 Stunden) auf einen Anteil von nur 31,0 % (bei der Gruppe der Erwerbstätigen, die zwischen 40 und 41 Stunden in der Woche arbeitet) auffällt (vgl. Statistisches Bundesamt, 1985, S. 99).

Die Ergebnisse der Beschäftigtenstatistik geben allerdings ein unzureichendes Bild des Teilzeitarbeitsumfangs wieder. Bedenkt man, daß hier zum einen die Teilzeitbeschäftigten nicht erfaßt werden, die unterhalb der Sozialversicherungsgrenze liegen und zum anderen teilzeitarbeitende Beamte und Beamtinnen, Selbständige und mithelfende Familienmitglieder nicht aufgeführt werden, so muß von einer wesentlich höheren tatsächlichen Teilzeitarbeitsquote ausgegangen werden.

Ein Vergleich der Beschäftigtenstatistik mit den Ergebnissen des Mikrozensus (Im Mikrozensus sind auch diejenigen erfaßt, die mit weniger als 15 Arbeitsstunden in der Woche als geringfügig Beschäftigte bezeichnet werden.) zeigt, daß die Beschäftigtenstatistik 1982 in etwa 73,6 % der erwerbstätigen Frauen auswies, hingegen lediglich 51,6 % der weiblichen Teilzeitbeschäftigten (Berechnungen nach: Statistisches Bundesamt, Jahrbuch 1983, S. 96 und S. 101; sowie Fachserie 1, 4. 2 1982, S. 31). Obwohl man berücksichtigen muß, daß im Mikrozensus teilzeitarbeitende Beamtinnen und mithelfende Familienangehörige aufgeführt werden, kann grob geschätzt davon ausgegangen werden, daß nur jede dritte bis vierte teilzeitarbeitende Frau in einem sozialversicherungspflichtigen Arbeitsverhältnis steht (vgl. C. Möller 1983, S. 10). Bielenski vermutet, daß die Zahl der nicht sozialversicherungpflichtigen weiblichen Teilzeitbeschäftigten für 1977 zwischen 500. 000 und 800. 000 lag. Dies alleine sind 5 bis 10 % aller abhängig beschäftigten Frauen (vgl. H. Bielenski 1979, S. 303). Chr. Brinkmann/ H. Kohler errechneten einen Anteil von 6,41 % (vgl. Chr. Brinkmann/H. Kohler 1981, S. 139). Entsprechend der Arbeitsmarktlage anhaltend hohe Erwerbslosigkeit, insbesondere die der Frauen – dürfte die Dunkelziffer der geringfügigen Beschäftigung von Frauen noch erheblich gestiegen sein (vgl. C. Möller 1983).

8.3 Lebenszyklus und Erwerbstätigkeit von Frauen

8.3.1 Alter und Familienstand

In der Bundesrepublik Deutschland lebten 1984 11.269.000 weibliche Erwerbspersonen, von ihnen waren 805.000 Frauen Ausländerinnen und 10.464.000 Frauen Deutsche; die Zahl der weiblichen Erwerbstätigen betrug 10.171.000. Im Juni 1984 betrug die Frauenerwerbsquote der 15- bis 65jährigen Frauen 51,7 % (vgl. Tabelle 142).

Für die Erwerbsquote der Frauen ergibt sich: die Altersgruppe der 20- bis 25jährigen weist mit 71,3 % die höchste Erwerbsquote auf. Für die Altersklasse der 25- bis 40jährigen Frauen sinkt sie bis auf 59,8 % ab, die Gruppe der 40- bis 45jährigen Frauen zeigt wieder eine leicht steigende Erwerbsquote (vgl. Tabelle 143).

Für das Erwerbsverhalten von Frauen unter Berücksichtigung der Variable „Alter" stellt man zunächst ein Anwachsen der Erwerbstätigenquote der 15- bis 65jährigen Frauen fest, mit fortschreitendem Alter der Frauen nimmt ihre Erwerbsbeteiligung allerdings durchgängig ab.

Differenzierungen des Familienstandes der Frauen machen zum Teil abweichende Entwicklungstendenzen deutlich, generell läßt sich sagen, daß die Änderung des Familienstandes zu sehr unterschiedlicher Beteiligung am Erwerbsleben führt; 1982 betrug die Erwerbstätigenquote von Frauen insgesamt 87,7 %, ledige Frauen wiesen eine Erwerbstätigenquote von 50,7 % auf, der Anteil der am Erwerbsleben beteiligten verwitweten Frauen lag bei 9,7 %, von den geschiedenen Frauen waren 57,8 % erwerbstätig (vgl. BMAuS (Hg.), 1985, S. 37). Für verheiratete Frauen ergeben sich abhängig davon, ob sie mit ihrem Ehepartner zusammenlebten oder nicht, stark voneinander abweichende Quoten. Sofern sie – verheiratet getrennt lebten, waren 54,7 % von ihnen berufstätig, im Falle eines Zusammenlebens mit dem Ehemann war ihr Anteil (39,1 %) deutlich geringer.

Die Gruppe der verheirateten Frauen verzeichnete im Juni 1984 in den Altersklassen der 20- bis 25jährigen (62,8 %) und der 25-bis 30jährigen (58,1 %) Frauen die höchsten Erwerbsquoten. In der Altersgruppe der 30- bis 35jährigen verheirateten Frauen sank die Erwerbsquote deutlich auf 53,4 % ab, Frauen im Alter von 35–45 Jahren wiesen wieder höhere Erwerbsquoten auf. Vom 45. Lebensjahr der verheirateten Frauen an sank die Erwerbsquote sprunghaft (vgl. Statistisches Bundesamt (Hg.), 1985, S. 98).

Betrachtet man die Entwicklung der Erwerbsquote verheirateter Frauen unter Berücksichtigung der Variable „Alter", so ist die Änderung der Erwerbsquote der Altersgruppe der 25- bis 30jährigen Frauen hervorzuheben, sie ist seit 1970 von einem Anteil von 39,8 % auf 52,7 % 1983 gestiegen, wobei jedoch die Erwerbsquote von Frauen dieser Altersgruppe seit den 80er Jahren auf einem annähernd gleichen Niveau bleibt. Ein augenfälliges Anwachsen der Erwerbsquoten von verheirateten Frauen der Altersgruppen von 40 bis 45 Jahren und 45 bis 50 Jahren ergibt sich insbesondere für die letzten Jahre (vgl. BMA (Hg.), 1985, S. 37).

Bei der Gruppe der ledigen Frauen sind zunächst die in allen Altersstufen recht hohen Erwerbsquoten signifikant, sie lagen besonders in den Altersgruppen der 30- bis 45jährigen Frauen in den letzten Jahren recht hoch; 1984 betrug die Erwerbsquote von den 25 bis 30 Jahre alten Frauen 80,9 %, die Quoten der Frauen im Alter von 30 bis 45 Jahren lagen auf einem Niveau von ungefähr 90 %.

Ledige Frauen zeichneten sich – auch in höheren Altersgruppen – durch relativ hohe Erwerbsquoten aus (vgl. Statistisches Bundesamt (Hg.), 1985, S. 98).

Der Anteil der verwitweten Frauen war in allen Altersklassen deutlich geringer als der von ledigen oder geschiedenen Frauen. Im Alter von 30 bis 40 Jahren zeigen die Frauen relativ konstante Erwerbsquoten, vom 40. bis 45. Lebensjahr der Frauen steigt die Erwerbsquote auf 68,4 %, in den folgenden Altersklassen sinkt die Erwerbsquote wieder ab. In Relation zu den anderen Frauen gleicher Altersgruppe war die Diskrepanz zwischen den Erwerbsquoten der verwitweten Frauen im Alter von 50 bis 55 Jahren (55,4 %) und von 55 bis 60 Jahren (37,6 %) besonders gravierend.

Bezüglich der verwitweten und geschiedenen Frauen fällt vorrangig die Steigerung der Erwerbsquote von Frauen der Altersklasse von 35 bis 40 Jahren auf, 1970 lag sie bei 71,8 %, 1983 erreichte sie einen Wert von 81,2 %. Ebenso wie bei den verheirateten Frauen ergibt sich für die 40- bis 50jährigen Frauen in den letzten Jahren eine deutliche Erhöhung ihrer Erwerbsquoten (vgl. BMA (Hg.), 1985, S. 23, S. 37).

8.3.2 Zahl und Alter der Kinder

Zwischen Zahl und Alter der Kinder und der Erwerbsbeteiligung der Mütter bestehen eindeutige Zusammenhänge (vgl. BMJFG, 1984 b, S. 38). Wie bei der Betrachtung der Determinanten „Alter und Familienstand" wird im folgenden die Personengruppe der in der Land- und Forstwirtschaft Beschäftigten nicht einbezogen.

Mit zunehmender Kinderzahl nimmt die Erwerbsbeteiligung von Müttern ab, während im April 1982 von den Frauen mit einem Kind unter 18 Jahren 46,1 % erwerbstätig waren, betrug die Erwerbstätigenquote von Frauen mit zwei Kindern dieser Altersklasse 36,5 % und die der Frauen mit drei und mehr Kindern 25,2 %. Frauen mit zwei oder mehr Kindern sind zum großen Teil überhaupt nicht erwerbstätig, im Fall der Erwerbstätigkeit sind sie meist nicht vollzeitbeschäftigt. Die Erwerbstätigenquote von Frauen ohne Kinder lag 1982 bei 33,3 %, die entsprechende Quote von Frauen mit Kindern unter 18 Jahren bei 40,0 % (vgl. Tabelle 148 und 149).

Vergleicht man diese Zahlen mit Ergebnissen vorangegangener Jahre, so zeichnet sich eine allgemeine Erhöhung des Ausmaßes der Erwerbsbeteiligung von Frauen, insbesondere von Müttern, ab (vgl. Tabelle 148).

Im weiteren erscheint es sinnvoll, nicht nur nach der Zahl der Kinder, sondern auch nach dem jeweiligen Alter der Kinder zu differenzieren. Auf diese Weise wird das Ausmaß der durch das jeweilige Alter der Kinder gegebenen Belastung auf die Erwerbsbeteiligung der Mütter verdeutlicht. Es zeigt sich, daß die Erwerbstätigenquote von Frauen, sofern Kinder unter 15 Jahren zu betreuen sind, deutlich geringer ist als die von Frauen mit Kindern bis 18 Jahre, wobei vor allem die Konstellation 3 Kinder und mehr unter 15 Jahren eine Absenkung der Erwerbsbeteiligung der Mütter aufweist, 21,5 % im Vergleich dazu 25,2 % als Quote bei den Müttern mit 3 und mehr Kindern unter 18 Jahren (vgl. Tabelle 149).

Führt man die Betrachtung der Erwerbsbeteiligung von Müttern durch eine Unterscheidung nach Anzahl und Alter der Kinder unter 6 Jahren fort, ergibt sich für die Frauen insgesamt eine sehr viel niedrigere Erwerbstätigkeitsquote (33,1 %) als für die Gruppe der Frauen mit Kindern unter 18 Jahren (40,0 %). Während von den Müttern mit einem Kind unter 15 Jahren noch 44,9 % erwerbstätig sind, sinkt die Quote der erwerbstätigen Mütter mit einem Kind unter 6 Jahren erheblich (36,8 %). Die Erwerbsbeteiligung von Müttern mit zwei und mehr Kindern unter 6 Jahren liegt sogar unter der der Mütter von drei und mehr Kindern im Alter von bis zu 15 Jahren. Damit ergibt sich, daß die Beteiligung der Mütter am Erwerbsleben weniger durch die Gesamtzahl der Kinder, als vielmehr durch die Anzahl der Kinder unter 6 Jahren, die eine intensivere Betreuung benötigen, beeinflußt wird.

Vergleicht man die Situation alleinerziehender Mütter mit Kindern unter 18 Jahren mit der von verheirateten Frauen, so zeigt sich, daß sie zu einem wesentlich größeren Teil (60,9 %) als Mütter in vollständigen Familien mit Kindern dieses Alters (41,5 %) erwerbstätig sind. In besonderem Ausmaß sind hier ledige und geschiedene Mütter im Alter unter 35 Jahren berufstätig, in einem Alter also, in dem sie in der Regel Kinder unter 15 Jahren zu versorgen haben (vgl. BMJFG, 1984 b, S. 41).

Die angeführten Erwerbstätigkeitsquoten von Müttern machen deutlich, daß die Aufrechterhaltung der Berufstätigkeit von Frauen in starker Abhängigkeit zu ihrer Kinderzahl steht. Betrachtet man den Trend zu einer kleinen Kinderzahl je Ehe, so läßt sich daraus tendenziell ableiten, daß in Zukunft die Beibehaltung der Erwerbstätigkeit von Müttern häufiger mit der Kinderzahl vereinbar wird.

8.3.3 Einkommen der Ehegatten

Eine allgemeine Betrachtung der Erwerbsquoten von Frauen mit Kindern zeigt eine relative Zunahme der Müttererwerbsquoten auf, die umso stärker ist, je mehr Kinder vorhanden sind. Es läßt sich jedoch beobachten, daß die Abhängigkeit der Erwerbsbeteiligung verheirateter Mütter von den Haushaltsnettoeinkommen stärker ist als von der Kinderzahl. Liegt das Haushaltsnettoeinkommen sehr niedrig, dann gehen Frauen auch bei einer größeren Kinderzahl in starkem Ausmaß einer Erwerbstätigkeit nach. Generell ist festzustellen, daß die Erwerbstätigkeit von Müttern mit wachsendem Einkommen des Ehemannes signifikant zurückgeht (vgl. Tabelle 150).

Sowohl für die Frauen aus jüngeren als auch aus älteren Arbeiterehen ergibt sich eine Minderung der Erwerbsbeteiligung mit zunehmendem Einkommen des Ehemannes, insbesondere senkt sich das Beteiligungsniveau der berufstätigen Mütter in jüngeren Ehen, sofern die Ehemänner ein monatliches Nettoeinkommen von 1.800,– DM bis 2.500,– DM erhalten, gegenüber dem der Ehefrauen von Männern mit einem Nettoeinkommen von unter 1.800,– DM. In älteren Arbeiterehen ist ebenfalls ein Absinken der Erwerbsbeteiligung von Müttern bei steigendem Einkommen der Männer zu verzeichnen, allerdings bleibt das Erwerbsbeteiligungsniveau hier, verglichen mit dem von Müttern in jüngeren Arbeiterehen insgesamt höher.

Ähnliche Ergebnisse weist eine Untersuchung der Erwerbsbeteiligung von Müttern in Beamten- und Angestelltenehen auf. In jüngeren Ehen sinkt die Erwerbsbeteiligung der Frauen mit Kindern gravierend von 52 % in den unteren Einkommensklassen auf 28,8 % bei der höchsten. In älteren Beamten- und Angestelltenehen wird mit zunehmender Ehedauer der Trend zu einer Verringerung der Erwerbsbeteiligung der Mütter deutlich, jedoch auch da, ebenso wie bei den Arbeiterehen auf einem höheren Niveau als in jüngeren Ehen. In vielen Arbeiter- und Angestelltenfamilien mit Kindern gewährt das Einkommen beider Ehepartner erst eine ausreichende Existenzgrundlage.

Erwerbstätigkeit bedeutet für verheiratete Frauen, vor allem wenn sie Kinder haben, eine Zusatzbelastung. Für Frauen stellt sich nicht die Alternative Erwerbstätigkeit oder Familientätigkeit. Bei der herrschenden Arbeitsteilung in der Ehe bedeutet für Frauen Erwerbstätigkeit, daß sie zusätzlich zur Familientätigkeit geleistet werden muß.

Daher nimmt es nicht wunder, daß das Haushaltsnettoeinkommen eine wichtige Determinante der Frauenerwerbstätigkeit ist. In der Vergangenheit führte eine Verbesserung der Lebensverhältnisse zu einer Stagnation der marktvermittelten Erwerbstätigkeit verheirateter Frauen, da sie einen Abbau dieser Doppelbelastung erlaubte (vgl. W. Müller, 1983, S. 55–107, insb. S. 63).

„Diminished financial pressure within the family increased their (der verheirateten Frauen) control over the allocation of their time. The choice, however, was not between wage earning and leisure, nor between productivity and nonproductivity. It was between forms of economic and household activity – family-oriented work" (L. Tilly, I. Scott 1978, S. 205).

Zum Beginn der Industrialisierung unterbrachen die Mütter ihre Erwerbstätigkeit, sobald die Kinder alt genug waren, zum Familieneinkommen beizutragen. Denn dann konnten sie sich ihren hauswirtschaftlichen und produktiven Verpflichtungen widmen, ohne den Zusatzarbeitsplatz marktvermittelter Erwerbstätigkeit ausfüllen zu müssen (vgl. L. Tilly/I. Scott 1978, S. 219). Offensichtlich war die primäre Einflußgröße das Familieneinkommen und nicht die Belastung im reproduktiven Bereich, erst wenn das notwendige Einkommen gesichert war, konnten Überbelastungen gerade der Frauen abgebaut werden.

Heute tritt neben den Bedarfsfaktor (notwendige Ergänzung des Familieneinkommens durch Arbeit der Frau) verstärkt auch die Belastung im Reproduktionsbereich als Einflußfaktor. Zu bedenken ist, daß die Belastung im Reproduktionsbereich mit der Pädagogisierung der Kindererziehung beträchtlich zunahm. Mütter verzichten mit steigendem Einkommen des Ehemannes vor allem wegen der Kinder auf Erwerbstätigkeit. Gerade bei Frauen mit Kindern unter 6 Jahren, bei denen die Erwerbstätigenquote marktvermittelter Erwerbstätigkeit in der unteren Einkommensgruppe über dem Durchschnitt liegt, fällt beim Übergang in die nächsthöhere Einkommensgruppe die Erwerbstätigkeit stark ab, von 65 % auf 25 % (vgl. H. Hofbauer, 1979, S. 222.).

Der positive Zusammenhang zwischen Kinderzahl der Ehen und Einkommen des Mannes besteht jedoch nur, wenn die Ehefrau nicht erwerbstätig ist. Die meisten Kinder haben in allen Einkommensgruppen die Familien, in denen die Ehefrau nicht erwerbstätig ist. Im Falle der erwerbstätigen Ehefrau zeigt sich ein differiertes Bild, die durchschnittliche Kinderzahl sinkt mit dem Nettoeinkommen der Frau (vgl. Tabelle 151).

Auch diese Tabelle verdeutlicht noch einmal, daß „Nur-Hausfrauen" die meisten, vollzeitbeschäftigte Frauen die wenigsten Kinder haben und die Anzahl der Kinder mit dem Einkommen des Mannes steigt. Außer bei denjenigen Ehen, in denen das monatliche Nettoeinkommen des Mannes unter 1.000 DM liegt, ist der Einfluß der Erwerbstätigkeit der Frauen auf die Kinderzahl größer als der Einfluß des Einkommens des Mannes.

8.3.4 Das Ausbildungsniveau der Frauen

Die Opportunitätskosten der Kindererziehung werden signifikant durch das Ausbildungsniveau der Mutter bestimmt. Besser ausgebildete Frauen verzichten auf ein größeres Erwerbseinkommen, wenn sie sich ausschließlich der Erziehung von Kindern widmen. Außerdem besteht die Tendenz, die in die Ausbildung investierten Kosten (finanziell und zeitlich) auch produktiv zu nutzen (Ressourcen-Investitions Hypothese).

Dieses Verhalten müßte sich in einer höheren Erwerbstätigenquote der verheirateten Frauen mit qualifizierter Ausbildung niederschlagen. In der Bundesrepublik Deutschland steigt die Erwerbstätigenquote mit dem Bildungsniveau der Frauen. Diese erhöhte Erwerbstätigenquote ist jedoch hauptsächlich mit dem Erwerbsverhalten von Lehrerinnen erklärbar. 2/3 der Frauen mit Abitur sind als Lehrerinnen ausgebildet. Lehrerinnen mit Kindern sind zu 54 % erwerbstätig. Mütter mit Abitur, die nicht als Lehrerinnen tätig waren, sind nur zu 33 % erwerbstätig, damit liegt ihre Erwerbstätigenquote nur knapp über der bei Frauen mit

Volks- und Hauptschulbildung oder mittlerer Reife (vgl. H. Hofbauer, 1979, S. 220).

Da gerade Lehrerinnen Freiräume im Hinblick auf ihre Zeiteinteilung haben, ist zu vermuten, daß die bessere Vereinbarkeit von Familien- und Erwerbstätigkeit zu der erhöhten Erwerbstätigenquote führte und nicht die Nutzung des in Bildung investierten Kapitals.

8.4 Komponentenergebnis

– methodisch

Die Indikatoren zu Familie und Arbeitswelt sollten idealerweise die Struktur der Frauenerwerbstätigkeit unter dem spezifischen Aspekt der parallel zu leistenden Familientätigkeit darstellen.

Beantwortet werden von der amtlichen Statistik die Frage nach dem Einfluß der Belastung durch Familientätigkeit auf das Einkommen der Frauen, die Stellung in der Berufshierarchie und die Frage nach den Determinanten der Erwerbsbeteiligung.

Zielkomponente	Tab.Nr.	X)	Datensatz
Struktur der Frauenerwerbstätigkeit	142	X	Bevölkerung nach Beteiligung am Erwerbsleben
	143	X	Erwerbspersonen nach Altersgruppen sowie Erwerbsquoten
	144	X	Weibliche Erwerbstätige
	145	X	Erwerbstätige Frauen im April 1982 nach Berufsgruppen
	146	X	Erwerbstätige im Juni 1985 nach Stellung im Beruf und Nettoeinkommensgruppen
Erwerbsarbeitszeiten der Frauen	147	X	Erwerbstätige Frauen nach der normalerweise geleisteten Wochenarbeitszeit
	148	X	Verheiratete deutsche Frauen im April 1978 nach der Zahl der im Haushalt lebenden ledigen Kinder, der Ehedauer und der Beteiligung am Erwerbsleben
Lebenszyklus und Erwerbstätigkeit von Frauen	149	X	Erwerbstätigenquote von Müttern nach Altersgruppen und Zahl der Kinder in der Famimlie
	150	X	Erwerbsbeteiligung der Mütter in den Beamten- und Angestelltenehen sowie in den Arbeiterehen nach dem Monats-Nettoeinkommen des Mannes 1981
	151		Ausgewählte Familienstrukturen der Eheschließungsjahrgänge 1961-65 nach dem Nettoeinkommen beider Ehegatten

X) Der amtlichen Statistik entnommen.

Die Teilzeitarbeit mit Erwerbsarbeitszeit unter 15 Stunden pro Woche (geringfügige Beschäftigung), gerade eine „Domäne" der Frauen, wird jedoch nur unzureichend erfaßt. Hier gilt es eine Lücke zu schließen. Außerdem fehlen zufriedenstellende Daten bezüglich der Arbeitszeitpräferenzen.

Die tatsächliche Arbeitsbelastung von Frauen kann nur ermittelt werden, wenn gleichzeitig methodisch abgestimmt, kontinuierlich Daten zur Arbeitsbelastung im Familienhaushalt erhoben werden. Die Gesamtarbeitsleistung, die Frauen belastet – wenn sie sich für Familie entscheiden – kann erst hinreichend erfaßt werden, wenn die Statistik – neben dem Zeitaufwand für Erwerbstätigkeit – auch denjenigen für Familientätigkeit erfaßt, was derzeit nicht hinreichend geschieht.

– empirisch

Frauen arbeiten hauptsächlich im tertiären Sektor. Frauen sind in Führungspositionen außergewöhnlich unterrepräsentiert. Sie haben generell einen deutlich negativen Einkommensabstand zu Männern. Teilzeitarbeit ist ihre Domäne. Frauen arbeiten häufig in geringfügigen Beschäftigungsverhältnissen, dies hat gravierende Folgen für ihre sozialversicherungsrechtliche Absicherung.

Die Erwerbsbeteiligung der Frauen stieg generell für alle Altersklassen an, sank allerdings mit fortschreitendem Alter in Abhängigkeit vom Familienstand. Mit zunehmender Kinderzahl nimmt die Erwerbsbeteiligung der Mütter ab. Insgesamt zeigt sich, daß die Erwerbsbeteiligung mehr noch als durch die Gesamtzahl der Kinder durch das Alter der Kinder beeinflußt wird. Liegt jedoch das Haushaltsnettoeinkommen sehr niedrig, dann gehen Frauen auch bei einer größeren Kinderzahl in starkem Ausmaß einer Erwerbstätigkeit nach. Mit wachsendem Einkommen des Ehemannes geht die Erwerbstätigkeit der Mütter zurück. In vielen Familien sichert nur die Erwerbsbeteiligung beider Ehepartner eine ausreichende Existenzgrundlage. Mütter bieten keine freien Zeitressourcen am Arbeitsmarkt an, sie sind, zumal wenn sie vollzeitwerbstätig sind, wahrscheinlich meist überbelastet.

Die Erwerbstätigenquote der Frauen steigt mit dem Bildungsniveau der Frauen. Die erhöhte Erwerbstätigenquote ist hauptsächlich mit dem Erwerbsverhalten von Lehrerinnen erklärbar, für die gerade aufgrund der etwas freieren Zeiteinteilung Erwerbstätigkeit und Familie leichter vereinbar sind.

9. Vergleich der Orientierungslage im Zielbereich Familie mit anderen Orientierungslagen

Die dargestellte Orientierungslage im Zielbereich Familie fordert zu einem Vergleich heraus, insbesondere mit dem Zielbereich Wirtschaft und dem Zielbereich Gesundheit.

9.1 Der Sachverständigenrat zur Begutachtung der gesamtwirtschaftlichen Entwicklung

Die Wirtschaftspolitik kann sich auf seit langem ausgebaute, kontinuierlich erhobene Datengrundlagen stützen. Zu dieser Orientierungslage in der Wirtschaftspolitik tragen vielfache amtliche und nichtamtliche Erhebungen z. B. durch das Statistische Bundesamt, die Bundesbank, die Kammern und die Betriebe bei. Die wissenschaftliche Beurteilung und Auswertung der Daten leistet der „Sachverständigenrat zur Begutachtung der gesamtwirtschaftlichen Entwicklung". Im wirtschaftlichen Bereich besteht eine breite Informationsbasis, die durch ein unabhängiges Wissenschaftlergremium kontinuierlich ausgewertet und beurteilt wird. Diese Informationslage ist einzigartig.

Der Sachverständigenrat zur Begutachtung der gesamtwirtschaftlichen Entwicklung beruht auf Gesetz vom 14. August 1963. Der Sachverständigenrat ist ein unabhängiges wissenschaftliches Gremium und kein politisches. Der Sachverständigenrat soll in seinem Gutachten die jeweilige gesamtwirtschaftliche Lage und deren absehbare Entwicklung darstellen. Der Sachverständigenrat zeigt zwar Fehlentwicklungen und Möglichkeiten zu ihrer Vermeidung oder deren Beseitigung auf, er hat jedoch keine Empfehlungen für bestimmte wirtschafts- oder sozialpolitische Maßnahmen zu geben. Allerdings erscheint dieses Ansinnen schon aus wissenschaftstheoretischer Sicht als fraglich. Bereits in der Auswahl und der Zusammenstellung der Themen liegen Wertungen. Das ganz besonders, wenn der Sachverständigenrat mehrere Alternativen vorstellt, von denen eine dann sich unausgesprochen als die optimale ergibt. In neuester Zeit hat der Sachverständigenrat auch direkte Empfehlungen gegeben. Daraus läßt sich ersehen, daß ein Sachverständigenrat einen analytischen Auftrag haben sollte, von der Sache her ergibt sich jedoch, daß er notwendigerweise auch normativ berichten wird.

Dem Sachverständigenrat zur Begutachtung der gesamtwirtschaftlichen Entwicklung gehören fünf unabhängige Wissenschaftler an. Der Bundespräsident beruft auf Vorschlag der Bundesregierung die jeweils neuen Mitglieder. Wenn also auch formell eine Einflußnahme der einzelnen Interessengruppen ausgeschlossen ist, so kann man jedoch informell davon ausgehen, daß die Interessengruppen ihren Einfluß bei der Bundesregierung geltend machen werden, um Mitglieder ihrer Wahl im Sachverständigenrat zu sehen. Daraus ergibt sich, daß u. U. , vor allen Dingen im normativen Bereich, eine Einigung nicht zu erreichen ist, und daß demzufolge Minderheitsvoten entstehen. Der Sachverständigenrat äußert sich jährlich, aber auch in Sondergutachten.

9.2 Der Sachverständigenrat im Gesundheitswesen

Im Bereich des Gesundheitswesens liegt gleichfalls eine Fülle amtlichen und nichtamtlichen Datenmaterials vor. Wichtige Datenlieferanten sind hier:

- das Statistische Bundesamt, das durch Gesetz und Verordnung ermächtig ist, Daten über das Gesundheitswesen zu erfassen und diese in Fachserien und sonstigen Veröffentlichungen darzustellen,
- das Bundesministerium für Arbeit und Sozialordnung, das ebenfalls zahlreiche Forschungsberichte und Mitteilungen herausgibt,
- die Kassen, die zur Erstellung ihrer Jahresrechnungsergebnisse, zu der sie laut RVO verpflichtet sind, eine Fülle von Daten heranziehen,
- und die Kassenärztlichen Vereinigungen, die durch ihre Abrechnungen mit den Ärzten über Informationen verfügen.

Die Erhebung all dieser Ziffern erfolgt jeweils präzise nach der speziellen Rationalität jeder einzelnen Organisation. Das führt dazu, daß alle diese Daten je nach ihrer Eigengesetzlichkeit unverbunden nebeneinander stehen. So wird beispielsweise der Jahreswirtschaftsbericht, der vom Bundeswirtschaftsministerium erstellt wird, als Grundlage für die Konzertierte Aktion im Gesundheitswesen benutzt, obwohl diese Daten in erster Linie Orientierungsdaten für die Wirtschaftspolitik sind, also nicht nur Prognosen, sondern auch Zielgrößen beinhalten. Sie sind also nicht speziell nach Erfordernissen der Konzertierten Aktion im Gesundheitswesen erfaßt worden, für die speziell nur Prognosen der wirtschaftlichen Entwicklung notwendig wären. Die Kassenärztlichen Vereinigungen verwenden ihre Daten ganz spezifisch zur Abrechnung mit den Krankenkassen und Ärzten, die Kassen erstellen ihre Statistiken speziell zur Festlegung des Beitragssatzes und nutzen sie in Verhandlungen mit den Politikern für neue Sozialreformen in ihrem Sinne. Wenn wir so die Fülle der Daten im Gesundheitswesen durchgehen, so stellen wir fest, daß die meisten zu ganz bestimmten bürokratischen und ökonomischen Zwecken erstellt worden sind, und daß es deshalb sehr fraglich ist, inwieweit man sie für medizinische Fragestellungen heranziehen kann. Die ökonomischen, juristischen und politischen Rationalitäten herrschen vor.

Für die Gesundheitspolitik reichte allerdings bislang die wissenschaftliche Auswertung dieser Datengrundlage nicht aus. Die Konzertierte Aktion im Gesundheitswesen berief im September 1985 einen Sachverständigenrat hierzu ein.

Der Sachverständigenrat der Konzertierten Aktion im Gesundheitswesen beruht auf dem Erlaß vom 12. 12. 1985 über die Errichtung eines Sachverständigenrates für die Konzertierte Aktion im Gesundheitswesen beim Bundesministerium für Arbeit und Sozialordnung. Der Sachverständigenrat berichtet der Konzertierten Aktion. Die Mitglieder werden vom Bundesminister für Arbeit berufen aufgrund von Vorschlägen des vorbereitenden Ausschusses der Konzertierten Aktion. Dem Sachverständigenrat gehören 7 Wissenschaftler an.

Auch dieser Sachverständigenrat hat einen analytischen Auftrag. Er soll die Konzertierte Aktion dabei unterstützen, Empfehlungen zur Ausgabenbegrenzung und zu strukturellen Fragen im Bereich des Gesundheitswesens auszuarbeiten. Dieser Sachverständigenrat wird erstmals im Frühjahr 1987 berichten. Man wird sehen, welches Gewicht er entwickeln kann.

Auch im Zielbereich Gesundheit steht eine relativ umfassende Datenlage und häufig ihre Bewertung und Beurteilung durch ein unabhängiges Gremium bei der politischen Entscheidungsfindung zur Verfügung.

9.3 Ein Sachverständigenrat für Familienpolitik

Verglichen hiermit ist die Orientierungslage im Zielbereich Familie weniger zufriedenstellend. Unter Punkt I. B. wurde gezeigt, daß sich „common sense" Annahmen bei wissenschaftlicher Betrachtung als falsch erweisen können. Gerade im Bereich „Familie", wo normative Urteile oft die Fakten dominieren, sind Orientierungsdaten Voraussetzung einer rationalen Politik.

Das hier vorgestellte „Pegelwerk" zeigt die Orientierungslage im Zielbereich Familie und zeigt den Bedarf einer Erweiterung in methodischer, datentechnischer und konzeptioneller Hinsicht auf, wobei kontinuierliche und aufeinander abgestimmte Erhebung repräsentativer Daten ein Ziel darstellt.

Ein wichtiger Punkt bei der Entwicklung eines „Pegelwerks" ist die Festlegung von Definitionen für die untersuchten Faktoren im Zielbereich Familie, sowie die Definition des Familienbegriffs selbst. Eine Bestandsaufnahme von Datensätzen der nichtamtlichen Statistik konnte das Spektrum der verschiedenen Ansätze und Definitionsbereiche darstellen (vgl. Band 2) und einen Handlungsbedarf zur Vereinheitlichung von Untersuchungen aufzeigen.

Für eine rationale Politik erweist es sich als notwendig, die zur Verfügung stehende Datenbasis zu erweitern. Grundsätzlich muß hier bei der Datengewinnung angesetzt werden. Eine Reihe von Merkmalen sollten kontinuierlich erhoben werden, um als Zeitreihen in die Orientierungsdaten eingehen zu können. Hierdurch wird erst eine Zeitreihenbetrachtung ermöglicht, die die Entwicklungen umfassender beschreiben kann, was auch dem modelltheoretischen Hintergrund zugute kommen wird.

Insbesondere im Hinblick auf den Zielbereich Familie ist eine Erweiterung der Anwendung von Längsschnittdaten erforderlich, um eine dynamische Betrachtungsweise des dynamischen Zielbereiches Familie zu ermöglichen.

Als besonders gravierende Lücke beim Datenmaterial fiel die unzureichende und nicht repräsentative Erfassung von Umfang und Zeitbedarf der hauswirtschaftlichen Versorgung auf. Es fehlen damit nicht nur wichtige Informationen zu einer zentralen Funktion der Familie, auch die Beurteilung der tatsächlichen Arbeitsbelastung der Familientätigen ist so nicht möglich.

Spezielle Bedeutung erhalten auch Datensätze zur sozialen Kontaktstruktur. Wird Familie nicht mehr als Haushaltsgemeinschaft, sondern als soziales Beziehungsgeflecht definiert, so müssen die bisherigen Ergebnisse der amtlichen Statistik zur Haushaltsstruktur unbedingt durch Daten zur Kontaktstruktur ergänzt werden, um Aussagen zur Lage der Familie machen zu können.

Die Orientierungslage im Zielbereich Familie erweist sich zwar als breit, aber als lückenhaft und diffus. Aus dem Vergleich mit den vorgestellten Konzepten der Sachverständigenräte in den Zielbereichen Wirtschaft und Gesundheit ergibt sich der Gedanke an eine analoge Konzeption im Zielbereich Familie.

Problemlagen im Zielbereich Familie sind komplex und mehrdimensional. Nicht nur unterschiedliche Träger und Politikbereiche sind angesprochen, auch wissenschaftlich erweist sich die Beschäftigung mit der Familie als Querschnittsaufgabe. Die interdisziplinäre Analyse der Orientierungsdaten im Zielbereich Familie ist zu fordern. Der Sachverständigenrat sollte kein fachlich zu eng besetztes Gremium sein. Gerade wenn es um die Familie geht, sind unterschiedliche Wissenschaftszweige aufgerufen z. B. Soziologen, Sozialpolitiker, Haushaltswissenschaftler, Ökonomen, Demographen usw.

Familienpolitische Probleme berühren unterschiedlichste Interessen und Träger. Träger und Ausführende von familienpolitischen Entscheidungen sind nicht nur der Bund, Länder und Kommunen, auch nichtstaatliche Träger, wie z. B. die freien Verbände sind tangiert.

Erfolgreiche Familienpolitik setzt Konzertierte Aktion voraus, allerdings nicht nur bei der Umsetzung bereits getroffener politischer Entscheidungen, schon bei der Analyse und Bewertung von Problemlagen kann sich der Sachverstand und die Mitarbeit der wichtigen durch Entscheidungen tangierten Gruppen als sinnvoll erweisen, zumal bei der Formulierung familienpolitischer Ziele, bei der Früherkennung und Bewertung von Problemen und der Sensibilisierung für bestimmte Problemlagen. „Je mehr politisch handelnden Menschen und Institutionen (Minister, Kabinett, Parlamentarier, Fraktionen, Publikationsmedien, Verbände) die Bedeutung des Anliegens bewußt wird und aufgrund vorhandener Zielkongruenz zum eigenen Handlungsantrieb wird, um so größer ist die Beeinflussungschance" (G. Dietzel, 1978, S. 108).

Ein Sachverständigenrat für Familienpolitik sollte sich die Erfahrungen aus der Wirtschaftspolitik und dem Gesundheitswesen zu Nutze machen. Wenn es gelingen sollte, eine Konzertierte Aktion zur Familienpolitik zu konstituieren, erlaubt die Zuordnung des Sachverständigenrates zu der Konzertierten Aktion die Analyse und Berücksichtigung der unterschiedlichen Interessen der Beteiligten.

Auch dieser Sachverständigenrat sollte in erster Linie einen analytischen Auftrag haben. Da im Bereich Familie die Datenlage besonders schlecht ist, sollte sein

Auftrag zunächst in der Erarbeitung einer ausreichenden Datengrundlage bestehen. Er sollte zu bestimmten Terminen, z. B. jährlich, berichten. Die Familienberichte der Bundesregierung werden hierdurch nicht tangiert. Da diese nur vereinzelt und in unregelmäßigen Abständen entstehen, und zudem zum Teil Schwerpunktthemen wählen. Gerade das Moment der kontinuierlichen umfassenden Datenerhebung kann durch die Familienberichte nicht geleistet werden.

Die Zusammensetzung der Sachverständigenräte variiert zwischen fünf im Sachverständigenrat zur Begutachtung der gesamtwirtschaftlichen Lage und sieben im Sachverständigenrat für die Konzertierte Aktion im Gesundheitswesen. Der Sachverständigenrat zur Begutachtung familienpolitischer Fragen sollte sich auch aus unabhängigen Wissenschaftlern zusammensetzen. Benannt bzw. vorgeschlagen sollten diese Wissenschaftler durch folgende Institutionen und Gruppen werden.

1. Das Bundesministerium für Arbeit und Soziales und Bundesministerium für Jugend, Familie, Frauen und Gesundheit,
2. das Statistische Bundesamt,
3. die Tarifpartner,
4. Familien- und Frauenverbände,
5. Gesundheitswesen.

Formell sollten die Mitglieder auch dieses Sachverständigenrates wie die Sachverständigen des Sachverständigenrates im Gesundheitswesen berufen werden.

III. Familie in der Lebensplanung

A. Problemstellung aus dem empirischen Befund

Die in Kapitel II. vorgestellte Datenbasis bietet eine erste Orientierung im Handlungsfeld Familie. Die Bestandsaufnahme, Analyse und Kritik familienpolitischer Orientierungsdaten zeigt ein strukturiertes, offenes Datensatzmodell, auf dessen Grundlage erste Schlußfolgerungen für ordnungspolitisch orientierte Familienpolitik vertretbar sind.

1. Zentrale empirische Ergebnisse der Orientierungsdaten

– Akzeptanz von Ehe und Familie

Die Akzeptanz der formalen Legitimierung einer Partnerschaft, die Ehe, hat abgenommen. Dies betrifft jedoch nicht die Einstellung zu einer partnerschaftlichen Lebensform, wie aus einer überwiegenden Ablehnung des Alleinlebens zu ersehen ist. Partnerschaftliche nichteheliche Lebensformen sind vor allen Dingen bei der jüngeren Generation zu beobachten. Die Option einer späteren Heirat und Familiengründung wird dabei offengehalten.

Ehe und Familie bedeuten nicht mehr unbedingt die lebenslange Bindung an einen Partner, dies wurde durch gestiegene Scheidungszahlen und die Anzahl der unvollständigen Familien mit Kindern deutlich. Die Entscheidung für Kinder fällt zwar häufig mit der Entscheidung zur Ehe zusammen, zeigt aber auch zunehmend Unabhängigkeit von der formalen Legitimierung einer Partnerschaft. Die steigenden Scheidungsziffern müssen jedoch nicht auf eine verringerte Akzeptanz der Ehe hindeuten, sie können auch die Antwort auf die „neue" Aufgabe sein, jahrzehntelang mit einem Partner sehr unterschiedliche Lebensphasen zu durchleben.

– Stabilität in zeitlicher Dimension

In zeitlicher Dimension ist die Familie durch einen langsamen Wandel gekennzeichnet. Die Lebenserwartung steigt. Die hohe Sterblichkeit der Kinder und Erwachsenen, insbesondere der Mütter, führte bis vor einigen Jahrzehnten nach zu „. . . instabilen und im eigentlichen Wortsinn kurzlebigen Familienkonstellationen". (R. Münz, 1984, S. 2) Selbst angesichts steigender Scheidungsziffern, erweist sich die Familie aber heutzutage aufgrund der generell gestiegenen Lebenserwartung als relativ stabil.

- **Funktionen der Familie**

Auch in funktionaler Hinsicht ist die Familie durch relative Stabilität gekennzeichnet. Von Funktionsverlust kann keine Rede sein. Sozialisations- und Pflegeleistungen veränderten sich ihrem Umfang und Inhalt nach mit der demographischen und sozialhistorischen Entwicklung. Mit der Pflege älterer Menschen entstand für die Familie zudem eine neue z. T. sehr zeitintensive Aufgabe, die sie zusätzlich zur Pflege und Erziehung der Kinder übernimmt. Die hauswirtschaftliche Versorgung, die trotz technischem Fortschritt einen erheblichen Zeitaufwand erfordert, insbesondere wenn Kinder vorhanden sind, wird durch die Familie fast vollständig geleistet. Alle drei Funktionen Sozialisation, Pflege und hauswirtschaftliche Versorgung werden in der Familie hauptsächlich durch Frauen erbracht.

- **Ökonomische Lage der Familie**

In Abhängigkeit von der gewählten Definition der minimalen Lebenshaltungskosten, können Problemgruppen aufgezeigt werden. Als eindeutig kritisch erweist sich die finanzielle Lage von Frauen in spezifischen Lebenssituationen. Verwitwete Frauen und geschiedene Frauen mit Kindern sind die größte von Armut bedrohte Gruppe in der Bundesrepublik Deutschland.

- **Generatives Verhalten**

Das generative Verhalten änderte sich von Geburtskohorte zu Geburtskohorte. Generell sank das Fruchtbarkeitsniveau. Insgesamt werden also weniger Kinder geboren. Der quantitative Rückgang der Lebendgeburten ist vor allem auf weniger dritte und weitere Kinder zurückzuführen, und schlägt sich insgesamt in einer zeitlichen Verkürzung der Reproduktionsphase im Familienzyklus nieder. Veränderungen sind aber auch in zeitlicher Dimension feststellbar. Die Geburten werden auf spätere Altersjahre verschoben.

- **Haushaltsstruktur**

Die Haushaltsstruktur ist gekennzeichnet durch die Zunahme von Einpersonen-Haushalten. Diese kann zum einen auf die erhöhte Zahl junger Lediger, sowie zum anderen auf die häufigere räumliche Distanz älterer Verwitweter zu ihren Kindern zurückgeführt werden. Letztere Veränderung wird auch anhand der Struktur der Generationenhaushalte deutlich. Bei relativ konstanter Zahl von Zwei-Generationen-Haushalten sinkt die Zahl der Drei-Generationen-Haushalte. Eine starke Zunahme zeigen neben den Einpersonen-Haushalten auch die Haushalte, in denen nicht verwandte Personen zusammenleben, dies hängt mit der Entwicklung der nichtehelichen Lebensgemeinschaften zusammen.

- **Soziale Kontakte**

Aus diesen Ergebnissen zur Haushaltsstruktur kann nun nicht auf zunehmende Sozialisolation geschlossen werden. Die Menschen wohnen zwar zunehmend nicht mehr beieinander, aber sie leben miteinander. Familie ist mehr als zusammenwohnende und -wirtschaftende Menschen.

Mit zunehmendem Alter steigt z. B. die Bedeutung der Familie für die soziale Kontaktsituation. Auf diese Kontaktsituation hat die Wohnentfernung zu den Familienmitgliedern einen großen Einfluß. Ein gemeinsamer Haushalt wird fast generell abgelehnt, dafür jedoch Wohnen in erreichbarer Nähe begrüßt.

Die Kontakte mit Verwandten zeigen eine hohe Intensität und sind zudem gekennzeichnet durch den Transfer von Hilfeleistungen. Interfamiliale Hilfeleistungen werden der eigenen Einschätzung nach den Bedürfnissen der Familienmitglieder am ehesten gerecht und zeigen dabei ein ausgeglichenes Verhältnis zwischen den Generationen.

Neben materiellen Hilfeleistungen der Elterngeneration stehen vor allem die Betreuungsleistungen für Enkel im Vordergrund, der intergenerativen Austauschbeziehungen zwischen Eltern– und Kindergeneration. Umgekehrt leisten Kinder für ihre Eltern häufig Unterstützung in hauswirtschaftlicher und pflegerischer Versorgung, wenn die Eltern aufgrund von Pflegebedürftigkeit dazu nicht mehr vollständig in der Lage sind.

- **Familien- und Erwerbsarbeitswelt**

Frauen verdienen weniger als Männer. Frauen sind in der unteren Berufshierarchie überrepräsentiert. Frauen arbeiten in der Hauptsache teilzeit, das Ausmaß der Teilzeitarbeit (geringfügige Beschäftigung) wird nur unzureichend erfaßt. Generell für alle Altersklassen stieg die Erwerbsbeteiligung der Frauen. Der Konflikt der Vereinbarung von Familienund Erwerbstätigkeit wird für immer mehr Frauen akut. Außerdem werden von immer mehr Frauen die Nachteile (geringere Verdienstchancen, Karriereknick) realisiert, die ihnen durch die Übernahme von Familientätigkeit erwachsen.

2. Ansatzpunkte für Familienpolitik

Für Familienpolitik geben sinkende Heiratsziffern und steigende Scheidungszahlen nur Anlaß zur Weltuntergangsstimmung, wenn man die Entwicklung an einer sehr engen und formalen Ehe- und Familiendefinition mißt. Menschen leben miteinander, entscheiden sich für Kinder – wenn auch für weniger. Menschen gründen Familien, auch wenn sie erst mal auf die formale Legitimierung ihrer Beziehung verzichten.

Familienpolitik muß vom Defizitmodell der Familie abrücken. Die Familie erweist sich hinsichtlich der Erfüllung ihrer Aufgaben als effizient und leistungsstark. Problematisch ist einzig, daß fast ausschließlich Frauen die Arbeit in der Familie leisten und ihnen hieraus Nachteile in anderen Lebensbereichen erwachsen.

Für Familienpolitik ist wichtig, daß Kinder auch weiterhin zum Lebensplan der meisten jungen Menschen gehören. Aber man bekommt meist nur zwei Kinder und die zu einem späteren Zeitpunkt im Lebenszyklus. Es kann nicht Aufgabe von Familienpolitik sein, diese Entscheidung zu beeinflussen. Anzahl der Kinder und Zeitpunkt ihrer Geburt gehören eindeutig in den Entscheidungsbereich des einzelnen. Familien- und Sozialpolitik muß es allerdings ermöglichen, daß Lebenspläne, die Kinder einschließen, umsetzbar sind und nicht zu Diskriminierungen der potentiellen Eltern führen.

Aufgabe von Familienpolitik ist es, das soziale Beziehungsgeflecht Familie vor negativen Einflüssen durch sekundäre Systeme zu schützen und Überlastungen der Familien – vor allem der Frauen durch familienergänzende und unterstützende Leistungen zu verhindern und, wo vorhanden, abzubauen.

Im Zusammenhang mit der Entscheidung für Kinder fordern drei Aspekte eine nähere Untersuchung im weiteren Verlauf des Projekts. Kinder gehören zum Lebensplan der meisten jungen Menschen. Die Vereinbarung der Lebensbereiche Familie und Erwerbstätigkeit erweist sich als Problem der individuellen Lebensplanung. Für Frauen und in Zukunft auch verstärkt für Männer ist die Entscheidung für Kinder verbunden mit der Aufgabe die beiden Arbeitsbereiche – Familie und Erwerbstätigkeit – sinnvoll und schlüssig miteinander zu verbinden. Wie kann Familienpolitik dazu beitragen, schlüssige Lebensplanung für Mütter und Väter zu ermöglichen?

Gerade in spezifischen Lebenssituationen (Alter/Witwenschaft/Scheidung) erweist sich, daß Familientätige sozial unzureichend abgesichert sind. Wer sich für ein Kind und damit für Familie entscheidet, akzeptiert derzeit erhebliche Einbußen in ökonomischer und sozialer Hinsicht. Wie kann Familienpolitik hier Gleichberechtigung von Familientätigkeit und Erwerbstätigkeit verwirklichen, um die Entscheidung für Kinder nicht weiterhin gesellschaftlich negativ zu sanktionieren?

Die Familien in der Bundesrepublik Deutschland erweisen sich als stabile und leistungsstarke Beziehungsgefüge. Was kann Familienpolitik dazu beitragen, daß die Menschen, die sich für Familie entscheiden, ihre Leistungen honoriert sehen. Wie kann Familienpolitik verhindern, daß sekundäre Systeme negative Anreize setzen, die das Leben in und mit Familie erschweren?

Diese drei zentralen Aspekte, schlüssige Lebensplanung, Gleichberechtigung von Familientätigkeit und Erwerbstätigkeit sowie Chancengleichheit von Familie in Konkurrenz mit sekundären Systemen erweisen sich auf der Basis der Orientierungsdaten als die zentralen Interventionspunkte einer Familienpolitik, die die Entscheidung für Kinder im Auge hat.

B. Wandlungen des Lebens- und Familienzyklus – Auswirkungen auf die Lebensplanung

1. Lebenszyklus

1.1 Lebenszyklische Betrachtung

Wie andere Spezies auch unterliegt der Mensch körperlichen Änderungen, einem Reifeprozeß bis zum Erwachsensein, einem langsamen Nachlassen der Kräfte bis zum Tode. Diesem physiologischen Lebenszyklus entsprechen kulturelle Verhaltenserwartungen, die sich nach physiologischen Altersstufen richten. In gewissem Ausmaß determiniert das Nachlassen der Kräfte und die Einschränkung der physischen und psychischen Beweglichkeit die sozialen Verhaltenserwartungen, im wesentlichen jedoch sind sie kulturell geprägt durch Traditionen und Gesetze. Sie können verschieden sein je nach Gesellschaft oder Zeitalter. Den einzelnen Lebensaltern wird eine duale Bedeutung zugemessen je nach physiologischem oder soziologischem Lebenszyklusmuster (D. Bogue, 1969, S. 150).

1.2 Änderungen des Lebenszyklus im Verlauf von dreihundert Jahren

Einzelne Lebensphasen unterlagen einer sich wandelnden unterschiedlichen relativen Bedeutung (vgl. Tabelle 41, Band 2).

– Kindheits- und Jugendphase

Der prozentuale Anteil der Kindheits- und Jugendphase an der gesamten Lebensspanne ist gesunken. Die Menarche tritt bei jungen Mädchen früher ein. Außerdem ist das Heiratsalter beträchtlich gesunken von durchschnittlich 26,9 Jahren 1680–1779 auf 22,9 Jahre 1974 (A. Imhoff, 1981, S. 165). Mit diesem zeitlichen Bedeutungsverlust geht kein inhaltlicher Bedeutungsverlust parallel. Kindheits- und Jugendphase als intensive Erziehungs- und Ausbildungszeit entsteht erst in den vergangenen 300 Jahren. (Ph. Aries, 1978)

– aktive Familienphase

Wenig geändert hat sich der prozentuale Anteil, den Frauen in ihrem Leben als Ehefrauen verbringen. Aufgrund der gestiegenen Lebenserwartung ist die Ehedauer um 50 % gestiegen. Beträchtlich geändert hat sich die relative Bedeutung einzelner Familienphasen in ihrem Leben. Die Reproduktionszeit, die Zeitspanne, in der eine Frau Kinder bekommt, sank von 22,9 % auf 5,9 % ihres Lebens bei zwei Kindern und auf 9,7 % bei drei Kindern. Besonders gravierend ist die Abnahme der aktiven Familienphase. Bis zum Beginn dieses Jahrhunderts versorgte eine Mutter mehr als die Hälfte ihres Lebens Kinder unter 20 Jahren, heutzutage umfaßt dieser Zeitraum nur noch ein Drittel ihres Lebens. Mit der zeitlichen Reduktion geht kein inhaltlicher Bedeutungsverlust einher. In dem Maße, wie Kindererziehung als wichtige familiale Aufgabe erkannt wurde, entwickelte sie sich zu einer zwar begrenzten, aber höchst zeitintensiven und verantwortungsvollen Aufgabe im Leben einer Frau.

– **nachelterliche Phase**

Angestiegen ist, korrespondierend zur Verkürzung der aktiven Familienphase, die empty-nest-Phase.

Gab es sie früher so gut wie gar nicht, so macht sie heute ungefähr ein Viertel des Lebens einer Frau aus. Aufgrund der gestiegenen Lebenserwartung dehnte sich auch die Phase der Witwenschaft aus. Mußte im Verlauf der letzten 300 Jahre eine Frau nur höchst selten damit rechnen, eine längere Phase als Witwe zu verbringen, so sind es heute 10,9% ihres Lebens, die sie unter Umständen als Witwe verlebt.

– **mögliche Phase der Pflegebedürftigkeit**

Parallel zur steigenden Lebenserwartung wuchs die Möglichkeit einer Pflegebedürftigkeit im Alter. Auf diese in ihrer Dauer und Ausprägung neue Lebensphase muß der einzelne Mensch reagieren lernen. Zunächst durch Prävention, indem man bestrebt ist, so lange wie möglich seine Eigenkompetenz zu wahren, aber auch indem man dem Unvermeidlichen ins Auge sieht und bereits frühzeitig bemüht ist, sich für den Fall der Pflegebedürftigkeit abzusichern. Insofern entstand hier im hohen Alter eine neue Lebensphase und Aufgabe.

Diese Entwicklung hat Konsequenzen speziell für die Lebensplanung einer Frau. Mutterschaft, Familientätigkeit unterliegen, dies machen obenstehende Zahlen deutlich, einem zeitlichen Bedeutungswandel im Leben der Frau. Soviel steht jetzt bereits fest, Lebensläufe, die vor 300, 200, ja vielleicht auch vor 50 Jahren noch die Regel waren, sind für die heute lebenden jungen Frauen die Ausnahme. Familienpolitik muß dies berücksichtigen.

„It is well-known that changes occur in people's attitudes and behavior as they grow older, but many of these changes may be associated less with the biological process of aging than with the influence of age upon the individual's family membership. Thus, the critical dates in the life of an individual may not be his birthday so much as the days when a change occurs in his family status, for example, when he marries or when his child is born." (J. B. Lansing, L. Kisk, 1957, S. 512–19, insb. S. 512–13.)

Die lebenszyklische Betrachtung soll durch eine familienzyklische ergänzt werden, da die Entscheidungen der in und mit Familie lebenden Menschen gerade durch familiale Bezüge geprägt sind.

2. Familienzyklus

2.1 Das Familienzyklus-Konzept

Der Vater des klassischen Konzepts des Familienzyklus ist der Bevölkerungsstatistiker Paul C. Glick. Glick unterteilt den Familienzyklus in 6 Phasen von der Eheschließung bis zum Tod, seinem Zyklus liegt das Modell der Kernfamilie zugrunde. Die Phasenlängen berechnet er, indem er das Durchschnittsalter von Mann und Frau ermittelt.

Klassisches Konzept

– a: Heirat

– b: Geburt des ersten Kindes

– c: Geburt des letzten Kindes

– d: Heirat des ersten Kindes

– e: Heirat des letzten Kindes

– f: Tod des Ehemannes, wenn er als erster stirbt

– g: Tod der Ehefrau, wenn sie als letzte stirbt

(P. C. Glick, 1947, S. 165–174).

Die WHO-Studiengruppe lehnt sich an Glicks Konzept an, erneuert jedoch die Terminologie, die den zyklischen Charakter des Familienlebens anschaulicher werden läßt (vgl. Übersicht 5).

Entsprechend der Tatsache, daß Kinder aus anderen Gründen als aus dem der Heirat das Elternhaus verlassen, wird Heirat in diesem Modell durch das Verlassen des Elternhauses ersetzt. Man unterstellt, daß die Kinder mit durchschnittlich 18 Jahren das Elternhaus verlassen. (Was übrigens für die Unterschicht bereits immer galt, man denke an Dienstmädchen, Mägde, Knechte und Lehrjungen).

Übersicht 5: Phasen des WHO-Familienzyklus

Phasen des Lebens- zyklus der Familie	Ereignisse, welche den Beginn bzw. das Ende der Phase kennzeichnen	
	Beginn	Ende
I. Bildung	Eheschließung	Geburt des 1. Kindes
II. Entfaltung	Geburt des 1. Kindes	Geburt des letzten Kindes
III. Beendete Entfaltung	Geburt des letzten Kindes	1. Kind verläßt Elternhaus
IV. Schrumpfung	1. Kind verläßt Elternhaus	letztes Kind verläßt Elternhaus
V. Vollendete Schrumpfung	letztes Kind hat Elternhaus verlassen	1. Elternteil stirbt
VI. Auflösung	1. Elternteil stirbt	Tod des überlebenden Ehepartners

Quelle: H. Hansluwka, Mortality and the life cycle of the family, Some implications of recent research, World Health Statistics Report, Vol. 29 1976, S. 220–227.

2.2 Das zeitliche Muster des Familienzyklus

Wichtige Aufgabe der Familiendemographie ist es, ein zeitliches Muster des Familienlebenszyklus zu zeichnen. Untersucht wird das Tempo der Familienbildungs- und -lösungsprozesse. Aufgabe von Familiendemographie ist also die Behandlung der Zusammenhänge zwischen Änderung der Familienstruktur und Timing der Familienkarriere einerseits und den konstituierenden Prozessen der konventionellen Demographie andererseits. (G. Feichtinger, 1978, S. 172–164, insb. S. 144 ff.)

Unterteilt wird der Familienzyklus dabei in sogenannte „family events". Dies sind Ereignisse wie Heirat, Geburt und Tod. „... All these events can be studied in relation to the structure and the size of the family before the event, the age of the family as an unit or other family characteristics, exactly like the death of a person is studied in conventional demography in relation to his age or other personal characteristics" (H. V. Muhsam, 1976, S. 133–146, insb. S. 134 f.)

Übersicht 6 gibt einen ersten Einblick in die Dauer der verschiedenen Familienzyklusphasen heutzutage.

Aus demographischer Sicht stellt sich die Messung der Phasenlänge als methodisches Problem (vgl. Ch. Höhn, 1982). Für unser Forschungsinteresse muß nicht, wie für Demographen wünschenswert, die exakte Phasenlänge genannt werden. Die Phasen dienen lediglich zur Definition charakteristischer familialer

Konstellationen, die die Familie vor spezifische Aufgaben stellt. Es sind diese phasentypischen Aufgaben, ihre spezifischen Belastungen und Anforderungen, denen wir unser Hauptaugenmerk widmen.

Übersicht 6: Phasenlängen de WHO-Familienzyklus

Ereignisse, welche den Beginn bzw. das Ende der Phase kennzeichnen		durchschnittl. Dauer der Phase
Beginn	Ende	in Jahren
I. Eheschließung	Geburt des ersten Kindes	8,2
II. Geburt des ersten Kindes	Geburt des letzten Kindes	
III. Geburt des letzten Kindes	erstes Kind verläßt Elternhaus	11,6
IV. erstes Kind verläßt Elternhaus	letztes Kind verläßt Elternhaus	6,4
V. letztes Kind hat Elternhaus verlassen	erster Elternteil stirbt	19,9
VI. erster Elternteil stirbt	Tod des anderen Ehepartners	6,9

Quelle: L. Herberger, Contemporary demographic patterns, in: WHO (Hg.), Health and the family, Genf 1978, S. 21–71

2.3. Das Problem der Normalbiographie

Das Modell weist spezifische Schwächen auf, da es eine Normalbiographie unterlegt. Der Familienzyklus erhält einen quasi normativen Charakter, implizit wird unterstellt, daß es für jedermann erstrebenswert sein sollte, eben diesen als normal beschriebenen Zyklus zu durchleben. Scheidung, vorzeitiger Tod des Ehegatten, Kinderlosigkeit, ledige Mutter- oder Vaterschaft oder freiwillige bzw. unfreiwillige Ehelosigkeit bleiben als spezifische Familienkonstellation außer Betracht, obwohl gerade Abweichungen von der Normalbiographie häufiger werden.

Von den Anfang bis Mitte der 70er Jahre geschlossenen Ehen werden schätzungsweise 22 %–24 % geschieden. (Ch. Höhn, 1980, S. 335–371, insb. S. 361). Die Heiratsneigung der jungen Generation nimmt stetig ab, schätzungsweise 10 %– 20 % der jüngeren Generation werden zeit ihres Lebens nicht heiraten, aber dennoch in einer eheähnlichen Beziehung leben und sich für Kinder entscheiden. (K. Schwarz, 1980, S. 24–37, insb. S. 31)

Durch Einbeziehung von Scheidungen, kinderlosen Familien, Waisen und Scheidungswaisen, Ein-Eltern-Familien, Wiederverheiratung und nicht-ehelichen Lebensgemeinschaften muß das Familienzykluskonzept realitätsnah erweitert werden (Ch. Höhn, 1982, S. 87).

Trotz dieser Einwände werden wir uns im folgenden nur dem unterstellten Normalfall zuwenden, um die Grundprobleme sichtbar zu machen und Erkenntnisse für eine schlüssigere Konstruktion der sekundären Systeme zu sammeln. Spezialprobleme, die in den beschriebenen Situationen auftreten können, sollen an anderer Stelle erörtert werden.

2.4 Erweiterung des Familienkonzepts

Die oben beschriebenen Familienkonstellationen können sich recht unterschiedlich darstellen, wenn die Kernfamilie in einen Familienverband integriert ist, der in spezifischen Belastungssituationen zu Unterstützungen bereit ist. Concepcion und Landa-Jocano versuchen, durch einen erweiterten Familienbegriff diesen Aspekt des Familienlebens in das Familienzyklusmodell zu integrieren, indem sie den Elternhaushalt als zentral und die Neugründungen der Kinderhaushalte als Satellitenhaushalte auffassen. (M. Concepcion, F. Landa-Jocano, 1975, S. 252-262.) Wir werden uns weiter unten bemühen, diesen Aspekt in unsere Familienzyklusbetrachtung gleichfalls zu integrieren.

Die Belastungssituationen im Familienhaushalt sind geprägt durch die Anzahl der Kinder. Es empfiehlt sich, hier zu differenzieren nach Ein-, Zwei-, Drei-, sowie Vier- und Mehr-Kinder-Familien. In Abhängigkeit von der Kinderzahl wird sich sowohl die ökonomische Situation als auch die psychische und physische Aufgabenstellung an die Familie ändern.

In der Phase der möglichen Pflegebedürftigkeit stellt sich für Familien das Problem der Pflege eines älteren Familienmitgliedes. Natürlich tritt diese Familienphase keinesfalls mit Notwendigkeit ein. Oben stehende Daten (vgl. Orientierungsdaten) lassen jedoch vermuten, daß die Risikowahrscheinlichkeit in Zukunft wachsen wird. Um auch diese spezifische Familienkonstellation zu berücksichtigen, wird diese Phase von uns eingeführt.

Zu bedenken ist außerdem, daß der oben stehende in zeitliche Dimensionen gefaßte Familienlebenslauf nur für heute Gültigkeit beanspruchen kann.

Umfaßte die aktive Familienphase Ende des letzten Jahrhunderts fast die gesamte Ehedauer – hier erlebten die Eltern z. T. den 20. Geburtstag ihres letzten Kindes überhaupt nicht – so währt die aktive Familienphase heute bei zwei Kindern gut die Hälfte der Ehezeit (53,9%) und bei drei Kindern 60,5%. Die nacheheliche Gefährtenschaft beträgt heute bei zwei Kindern 46,1% der Ehedauer, und bei drei Kindern 39,5% der Ehedauer (A. E. Imhof, 1981, S. 164–166, vgl. Tabelle 42, Band 2). Die familiale Lebensgestaltung hat sich grundlegend geändert. Mit ihr auch die Aufgaben, die die Familie, der Familienhaushalt und die einzelnen Familienmitglieder zu bewältigen haben.

3. Lebensplanung als Problem

Es entstanden neue Lebens- und Familienphasen, die sozial nicht definiert sind und neue Lebensplanungen bzw. Perspektiven mit sich bringen.

Lebenslange Familientätigkeit in der eigenen Familie war die gängige Lebensperspektive einer Frau in früher Zeit. Familie war ein full-time job nicht nur rund um die Uhr, sondern auch lebenslang. Weniger Kinder und gestiegene Lebenserwartung ließen heutzutage z. B. die nachelterliche Phase entstehen. Hier können u. U. Funktionslücken auftreten. Die Kinder verlassen das Haus, der Arbeitsanfall verringert sich, es entsteht eine funktionale Lücke. Hier gilt es Alternativen anzubieten z. B. in Form von Familientätigkeit in anderen Familien (ehrenamtliche Tätigkeit) oder durch Rückkehrmöglichkeiten in die Erwerbstätigkeit.

Aber es entstehen nicht nur Funktionslücken, auch Überlastungen können die „neuen" Lebensphasen bringen. Die potentielle neue Phase der Pflegebedürftigkeit stellt die Familientätigen vor neue zeitintensive, physisch und psychisch belastende Aufgaben. Hier ist es Aufgabe von Familienpolitik Überlastungen zu vermeiden, indem sie der Familie ein ausreichendes und differenziertes Hilfsangebot macht.

Ereignisse im Lebensablauf stellen die Familienmitglieder vor Probleme und Lebensentscheidungen, die aber für sie in einer zunehmend immer weniger familienfreundlichen Umwelt immer schwieriger zu lösen sind. In dem Maße wie das Leben in und mit Familie sich schwierig gestaltet, wird der Entschluß zur Familiengründung, die Entscheidung für Kinder, erschwert.

3.1 Was macht Lebensereignisse kritisch?

Die Lebensereignisse im Familienzyklus können unter bestimmten Bedingungen für die Familie als Ganzes oder für einzelne Familienmitglieder leicht oder schwer zu bewältigen sein. Sie können die Familie voll beanspruchen, Phasen von Unter- oder Überlastung bringen, oder aber die Kräfte der Menschen in der Familie gänzlich übersteigen. Lebensereignisse werden unter bestimmten Bedingungen zu „kritischen Lebensereignissen".

– **Fehlende Optionen**

Sollen Entscheidungen in Freiheit getroffen werden, müssen Optionen offen sein. Gibt es nur „entweder-oder-Entscheidungen" (Optionsfixierung), sind in aller Regel nur unbefriedigende Lösungen (suboptimale Entscheidungen) möglich. Gegenwärtig gibt es bei vielen familialen Lebensentscheidungen keine oder doch zu wenig Optionen.

Geht es z. B. um die Frage, Kinder ja oder nein, oder um die Übernahme von Pflegetätigkeit im Familienhaushalt, so eröffnet sich für die meisten erwerbstätigen Familientätigen gegenwärtig nur eine „entweder-oder-Option". Aufgrund der Verfassung des Arbeitsmarktes stehen die Familientätigen vor der Frage, entweder sich für ein Kind bzw. für die Übernahme von Pflegetätigkeit zu entscheiden oder für Erwerbstätigkeit.

– **Unaufschiebbarkeit**

Unaufschiebbarkeit belastet Entscheidungen. So wird von vielen Erwerbstätigen der Übergang vom Erwerbsleben in den Ruhestand als unaufschiebbar und zu plötzlich erlebt: „Rentnerschock". Er läßt sich, wie neuere Beispiele zeigen, in zeitlicher Dimension strecken und damit weniger belastend für den zukünftigen Rentner und seine Familie gestalten.

– **Kumulation**

Lebensereignisse und vor allem ihre psychisch, physisch und finanziell belastenden Folgen können kumulieren und so zu Überlastungen führen. Wenn die Familie z. B. die Pflege eines älteren Familienmitglieds übernimmt, kumulieren für die Familientätigen oft die Belastungen durch Beruf, Haushalt, Kinder und Pflege. Hier kann Hilfe von außen z. B. durch Sozialstationen unterstützend eingreifen und Spitzenbelastungen ebnen, wodurch die Bereitschaft und Möglichkeiten des Familienhaushalts, Überlastungsphasen zu überstehen, gefördert wird. Ähnliches gilt, wenn Aufbau eines Berufes, Haushaltsgründung und Geburt des ersten Kindes als wichtige Ereignisse im Familienzyklus kumulieren.

– **Keine rationale Planbarkeit**

Lebensentscheidungen und ihre Folgen müssen kalkulierbar und planbar sein. Planbarkeit setzt schlüssige Systeme voraus. Lebensentscheidungen werden u. U. in nicht gewollte Richtungen abgedrängt, wenn sie im Rahmen von Systemen getroffen werden müssen, die Anreize auf Nichtgewolltes setzen.

– **Fehlende Durchlässigkeit**

Lebensentscheidungen müssen rational planbar, aber auch revidierbar sein. Gegenwärtig bedeutet im allgemeinen die Übernahme von Familientätigkeit, die eigentlich nur vorübergehendes Ausscheiden aus der Erwerbstätigkeit notwendig macht, einen Verzicht auf Erwerbstätigkeit für immer. Durchlässigkeit, der Wechsel im Lebensplan, muß möglich sein, soll der einzelne bei seinen Entscheidungen nicht überfordert werden.

3.2 Lebensentscheidungen sind nicht „von Natur aus" kritisch

Lebensentscheidungen, die sich jedem Menschen im Verlauf des Familienzyklus stellen, sind nicht notwendigerweise, also gewissermaßen von „Natur aus", kritisch. Problematisch werden sie vor allem, wenn man von subjektiven Faktoren abstrahiert, durch fehlende Optionen, Unaufschiebbarkeiten, Kumulation, Nichtplanbarkeit und mangelnde Durchlässigkeit. Vieles davon ist sozial bedingt. Aufgabe von Familien- und Sozialpolitik ist es, die sozialen Systeme dahingehend zu überprüfen, ob sie Lebensentscheidungen „künstlich" zu kritischen machen. Schlüssige Lebensplanung setzt – auch aufgrund der sich wandelnden Lebens- und Familienzyklusphasen – voraus, daß für den einzelnen unterschiedliche Kombinationen zwischen Familien-und Erwerbstätigkeit möglich werden.

Die Orientierungsdaten weisen gerade hier auf einen Problemschwerpunkt hin. Die Kombination von Familien- und Erwerbstätigkeit führt zu Nachteilen am Arbeitsmarkt, die Einschränkung der Erwerbstätigkeit zu Einbußen der sozialen Sicherung und die gleichzeitige Tätigkeit in Familie und Beruf wahrscheinlich häufig zu Überlastungen.

C. Familien- und Erwerbstätigkeit

1. Ziele von Familien- und Erwerbstätigkeit

Familien- und Erwerbstätigkeit sind Arbeit, die sich auf Ziele richtet. Einige Ziele erscheinen besonders wichtig:

– Einkommen
  Erwerbstätigkeit ist auf monetäre Einkommenserzielung gerichtet. Familientätigkeit in der eigenen Familie erbringt zwar kein monetäres Einkommen, wohl aber Realeinkommen. Je nach Familienphase (Familiengründung, aktive Familienphase, nachelterliche-Phase) wird das monetäre oder auch das reale Einkommensziel im Vordergrund stehen.

– Soziale Sicherheit
  Soziale Sicherheit erlangt man in erster Linie durch Erwerbstätigkeit. Die abgeleitete Sicherung in den Sozialversicherungen gewährt jedoch auch den

Familienangehörigen und damit den Familientätigen in gewissem Umfang Schutz. Durch die Einführung der „Babyjahre" wird erstmals Familientätigkeit auch für eine eigenständige Alterssicherung relevant.

– Soziale Kontakte
Familientätigkeit ermöglicht spezifische intensive emotionale Beziehungen, dagegen weniger weitreichende soziale Kontakte. Erwerbstätigkeit bietet demgegenüber die Chance, weitreichendere soziale Kontakte zu knüpfen, sofern aus arbeitsorganisatorischen oder technischen Gründen keine Isolierung der Arbeitenden erfolgt.

– Selbstverwirklichung
Familientätigkeit, das Gefühl, gebraucht zu werden und etwas Sinnvolles zu tun, wird von vielen gerade in der Phase, wenn Kinder heranwachsen, oder auch Pflegebedürftigen beizustehen ist, als befriedigende Aufgabe empfunden. Erwerbstätigkeit bietet in Abhängigkeit von der beruflichen Stellung und oft eintöniger Routinearbeit vielfache Selbstverwirklichungsmöglichkeiten.

– Status (Prestige)
Familientätigkeit müßte – betrachtet man ihr Tätigkeitsprofil – sich eines sehr hohen Prestiges erfreuen, das ihr jedoch in einer zunehmend auf Erwerbstätigkeit zentrierten Welt immer mehr abhanden gekommen ist. Status (Prestige) bietet in erster Linie außerhäusliche Erwerbstätigkeit.

Entsprechend dem Wandel der Bedürfnisse im Lebensverlauf wird für die Menschen in der Familie einmal das eine und dann das andere Ziel mit unterschiedlicher Intensität in den Vordergrund rücken. So überwiegen im Laufe des Lebens, z. B. in der Aufbauphase des Familienhaushalts, die monetären Einkommensinteressen, in anderen Lebensabschnitten gewinnen unter Umständen die Ziele Selbstverwirklichung und soziale Kontakte mehr Gewicht.

Die Ziele, die die einzelnen Menschen anstreben, sind also nicht nur verschieden sondern wechseln auch im Zeitablauf. Entsprechend wäre es falsch, durch politische Maßnahmen für alle ein einziges Lebensschema, z. B. lebenslange Vollerwerbstätigkeit oder ausschließliche Familientätigkeit vorzugeben.

2. Familientätigkeit – inhaltliche Annäherung

2.1 Entstehung der Hausarbeit

Hausarbeit im heutigen Sinne gab es vor dem 20. Jahrhundert nicht (G. Kittler, 1980, S. 25). Das Familienmodell, das sich im Verlauf des 19. Jahrhunderts zunächst im Bürgertum entwickelte und die arbeitszentrierte Kultur durch eine familien- und hauszentrierte Kultur ablöste, führte zur Entstehung dessen, was wir heute unter Familienhaushalt verstehen (L. Tilly, J. W. Scott, 1978, S. 208). Die Reduktion der Frauen auf die 3 großen K entwickelte sich im Verlauf des 19. Jahrhunderts (I. Weber-Kellermann 1974, S. 102).

In der klassischen liberalen Wirtschaftstheorie unterscheidet man zwischen produktiver und unproduktiver Arbeit. „Es gibt eine Art Arbeit, die den Wert eines Gegenstandes, auf den sie verwandt wird, erhöht, und es gibt eine andere, die diese Wirkung nicht hat. Jene kann als produktiv bezeichnet werden, da sie einen Wert hervorbringt, diese hingegen als unproduktiv." (A. Smith, 1974, S. 272). Hausarbeit gilt in diesem Sinne als unproduktiv, da sie nirgends sichtbar wird, „weder in einem Werkstück noch in einem käuflichen Gut,". Die in diesem Sinne „unproduktive" Arbeit der Frauen, also Kindererziehung und Haushalt, beschränkte die Zeit der Frauen für „produktive" Arbeit.

Die Tatsache, daß Frauen Kinder gebären, beeinflußte auch in vorindustrieller Zeit die Art ihrer Arbeit. Frauen leisteten in vorindustrieller Zeit wie die Männer „produktive" Arbeit. Sie wandten dafür jedoch weniger Zeit auf. Männer arbeiteten in diesem Sinne „produktiv" ungefähr 250 Tage pro Jahr, Frauen hingegen 125 bis 180 Tage. Den Rest ihrer Zeit mußten sie für Haushalt, Geburt und die notwendigste Pflege der Kinder einsetzen (L. Tilly, I. Scott, 1978, S. 50).

Die Festlegung der Frau, auf „unproduktive" Arbeit als ihr Verantwortungsbereich bestand also auch in vorindustrieller Zeit, allerdings in grundsätzlich anderem Kontext (L. Tilly, I. Scott, 1978, S. 44). Kinder und Verantwortung für den hauswirtschaftlichen Bereich beeinflußte die Art der Arbeit von Frauen (z. B. in der Landwirtschaft keine lange Abwesenheit vom Haus), aber bedeutete keine Schonung bei der Schwere der Arbeit. Absolutes Primat wurde der „produktiven" Arbeit eingeräumt (L. Tilly, I. Scott, 1978, S. 48).

Störten z. B. Kinder die Mutter bei der Wahrnehmung ihrer Aufgaben, so wurden sie zumindest für die ersten Lebensjahre häufig einer Amme anvertraut. Ein Zeitgenosse aus dem Jahre 1677: „Was nun die Kinder in der Wiege betrifft, so kann man in den Pariser Wohnungen keine solche finden, weil sie alle bei einer Amme sind" (zitiert nach Ph. Aries, 1978, S. 515). 1780 berichtet der Polizeichef von Paris, daß von den 21000 geborenen Kindern, 17000 zu einer Säugamme gegeben wurden, 2000–3000 ins Kinderheim kamen. 700 Babys wurden im elterlichen Haushalt durch eine Säugamme betreut, weitere 700 durch die eigenen Mütter (L. de Mause, 1980, S. 46). Das Ammenwesen war besonders da stark entwickelt, wo Frauen eine wichtige Rolle in Handwerks- oder Händlerunternehmen innehatten. Die Überlebenschancen der Kinder in der Obhut von Ammen waren äußerst gering, die Priorität der Mütter und Väter eindeutig gesetzt (E. Shorter, 1977, S. 203).

Die aufgabenorientierte Zeiteinteilung in vorindustrieller Zeit führte allerdings dazu, daß die Trennung zwischen Arbeit und Leben wenig ausgeprägt war

(E. P. Thompson, 1973, S. 81–112, insb. S. 84). Die Zeitmessung in allen Arbeitsbereichen erfolgte nach vertrauten Vorgängen des Arbeitszyklus oder der Hausarbeit (E. P. Thompson, 1973, S. 82). Demgegenüber ist die vollausgebildete Industriegesellschaft durch eine klare Trennung von Leben und Arbeit gekennzeichnet (E. P. Thompson, 1973, S. 101). Leben findet zu Hause in der Familie statt. Die im Familienhaushalt produzierten Güter und Dienstleistungen orientieren sich an den Bedürfnissen der Menschen, unterliegen also einem grundsätzlich anderen Arbeitsrythmus als die Erwerbsarbeit, die im Laufe der Industrialisierung zunehmend nach Zeit-Kosten-ökonomischen Gesichtspunkten organisiert wurde. Hausarbeit ist, wie vormals auch die „produktive" Arbeit im ganzen Haus, nicht auf Gewinnmaximierung gerichtet, sondern auf Sicherung und Erhaltung des Gegebenen (I. Ostner, 1978, S. 98).

2.2 Inhalte der Familientätigkeit

Die Inhalte von Hausarbeit waren in vorindustrieller Zeit andere. Hausarbeit umfaßte den hauswirtschaftlichen und haushälterischen Bereich, je nach Haushaltsgröße und ökonomischer Situation differierte der Arbeitsaufwand. Der Anspruch aus einem Haus ein Heim zu machen, die Beziehungen der Familienmitglieder zu pflegen, sich den Kindern zu widmen, stellte sich nicht. Erst mit der Entstehung der Kindheit trat an die Stelle der produktiven Funktionen der Frau in und um das Haus die Beziehung Mutter–Kind als primäre Aufgabe der Frau (I. Ostner, 1978, S. 157). Erst hiernach wurde Hausarbeit zu Familientätigkeit.

E. Egner sieht den Haushalt durch 3 Merkmale gekennzeichnet:

– Der Haushalt ist kein selbständiges isoliertes System, sondern ist Teil eines umfassenden sozialen Systems.

– Ziel des Haushalts ist die Bedarfsdeckung der in ihm lebenden Menschen.

– Der Haushalt wird dieser Aufgabe gerecht durch einheitliche Verfügungen über Güterbeschaffung und -verwendung (E. Egner, 1976, S. 34).

So gesehen ist der Haushalt in erster Linie über seine dispositiven Aufgaben definiert als System zur Sicherung der Bedarfsdeckung der zugehörigen Menschen, durch die Verfügung über knappe Mittel. Die Aufgabe des Haushalts ist jedoch nicht auf diese Deckung der materiellen Bedarfe beschränkt, hier geht es um „die Sicherung der Bedarfsdeckung für die Gesamtheit menschlicher Lebensbedarfe, also auch der immateriellen" (L. Blosser-Reisen, 1976, S. 37).

Der moderne Familienhaushalt ist durch drei zentrale Tätigkeitsbereiche gekennzeichnet. Der hauswirtschaftliche Bereich erfaßt die Herstellung von Sachgütern und die Erbringung von Dienstleistungen, wie z. B. Putzen, Waschen, Kochen usw. Die Hälfte ihrer Hausarbeitszeit verbringt die Hausfrau mit solchen repetitiven, physisch belastenden und psychisch unterfordernden Tätigkeiten. Hinzukommen als haushälterische Tätigkeiten Planung, Organisation und Koordination der Hausarbeit und Haushaltsführung. Arbeit im Familienhaushalt bedeutet zu allererst „Beziehungsarbeit", sprich liebevolle Zuwendung, zuhören können, stetig verfügbar sein für die Sorgen, Freuden und Aggressionen der anderen Familienmitglieder (I. Kettschau, 1981, S. 76 ff.).

2.3 Arbeitsaufwand im Familienhaushalt

Die 5 Untersuchungen, denen die unten stehenden Zahlen entnommen wurden, basieren auf sehr unterschiedlichen theoretischen Ansätzen. Der Tagebuchmethode bedienen sich hierbei die Untersuchungen von Zander, Schulz-Borck und die internationale Zeitbudgetstudie. Die Fragebogenmethode findet Anwendung in den Untersuchungen von Pross und Schoeps. Die Datensammlung für die Kalkulation der Kosten und des Arbeitszeitbedarfs im Haushalt ermittelt im Gegensatz zu den vorstehenden Untersuchungen nicht den de facto Zeitaufwand sondern den Bedarf, differenziert nach Anspruchsniveau für bestimmte Arbeitsbereiche. Den Zahlen der Tabelle liegt ein mittleres Anspruchsniveau zugrunde.

Während der hauswirtschaftliche Tätigkeitsbereich in allen Untersuchungen (Ausnahme Einkäufe bei der Untersuchung von M. Schoeps) dezidiert nach verschiedenen Arbeitsfeldern erfaßt wird, sind die haushälterischen Tätigkeiten (Informationsarbeit, Planungs- und Organisationsarbeit, Verwaltungsarbeit) nur in drei Untersuchungen mit berücksichtigt.

Die Betreuung, Pflege und Erziehung der Kinder wird wieder von allen Studien erfaßt. Allerdings beziehen sich die Daten meist nur auf die physische Erhaltung und Überwachung der Kinder. Tätigkeiten, die auf emotionale, psychische, soziale und kognitive Entwicklung der Kinder gerichtet sind, werden nicht berücksichtigt. Ausnahme ist hier die internationale Zeitbudgetstudie, die auch vorlesen, erzählen, spielen, basteln einbezieht. Mit Ausnahme der Zeitbedarfsstudie erfolgt keine Differenzierung des Zeitbedarfs nach dem Alter der Kinder. Die Datensammlung des KTBL erfaßt differenziert nach vier Altersstufen die Hilfe bei der Mahlzeiteinnahme, Hilfe beim An- und Auskleiden und Hilfe bei der Körperpflege. Sie kommt für die Altersstufen Säugling bis zum Alter von 5 Jahren zu einem Zeitbedarf der zwischen 19,6 und 6,3 Stunden pro Woche schwankt – nur für die Versorgung, also physische Erhaltung der Kinder.

Als Restgröße verbleibt die Kategorie sonstige Tätigkeiten. Hier wird besonders deutlich, wie unklar abgegrenzt der Bereich der Hausarbeit ist. Arbeiten wie Nähen, Handarbeit und Gartenarbeit, die bei Zander unter Sonstiges als Arbeit erfaßt werden, subsumieren Pross/Schoeps unter Hobby (H. Pross, 1976, S. 98).

Übersicht 7:

Zeitaufwand für Tätigkeiten im Haushalt
in Stunden pro Woche bei nicht-erwerbstätigen Hausfrauen

	Zeitaufwand				Zeitbedarf
	IZS	Zander	Pross	Schulz-Borck	KTBL*)
Nahrungsbreitung	15,3	11	15	11,9	14
Reinigung und Pflege d.Wohnung und Einrichtungsgegenstände	18,3	15	28	15,7	15,5
Reinigung und Pflege der Wäsche	7,3	5,2	4,5	4,9	10,6
Einkäufe	4,2	3,8	3	4,9	-
hauswirtschaftliche Tätigkeiten insgesamt:	45,1	35	50,5	37,4	40,1
haushälterische Tätigkeiten		1,3		1,3	
Betreuung, Pflege und Erziehung der Kinder	10,9	6,5	21	9,0	Alter 0-1 16,8 1-2 19,6 2-3 17,5 3-5 6,3
sonstige Tätigkeiten	6,1	5,2		5,3	
insgesamt:	62,1	48	71,5	53,0	

*) Anspruchstufe 2

Quelle: A.Szalai (Hg.), The use of time, Daily actwities of urban
and suburban populations in twelve countries, Den Haag,
Paris 1972.
E. Zander, Arbeitszeitaufwand in ausgewählten privaten
Haushalten, Karlsruhe 1976.
H.Pross, Die Wirklichkeit der Hausfrau, Reinbek bei Hamburg
1976.
M.Schoeps, Zeitbudgetvergleich zwischen erwerbstätigen
und nicht-erwerbstätigen Hausfrauen in der Bundesrepublik
Deutschland, unveröffentlichter Bericht, Bonn/Gießen 1975.
KTBL, Datensammlung für die Kalkulation der Kosten und des
Arbeitszeitbedarfs im Haushalt, Darmstadt 1979.
H.Schulz-Borck, Zum Arbeitszeitaufwand in privaten Haushalten,
Hauswirtschaft und Wissenschaft, 1980, S.117-128.

Übersicht 8:

Zeitaufwand für Tätigkeiten im Haushalt
in Stunden pro Woche bei erwerbstätigen Hausfrauen

Zeitaufwand					Zeitbedarf
	IZS	Zander	Schoeps	Schulz-Borck*)	KTBL
Nahrungsbereitung	11,2	9,9	16,5	11,9	14
Reinigung und Pflege d. Wohnung und Einrichtungsgegenstände	14,2	12,8	19	15,7	15,5
Reinigung und Pflege der Wäsche	6,5	4	4,8	4,9	10,6
Einkäufe	3,4	3,4	-	4,9	-
hauswirtschaftliche Tätigkeiten insgesamt:	35,3	30,1	39,5	37,4	40,1
haushälterische Tätigkeiten		0,8		1,3	
Betreuung, Pflege und Erziehung der Kinder	8,3	5,7	17	9,0	Alter 0-1 16,8 1-2 19,6 2-3 17,5 3-5 6,3
sonstige Tätigkeiten	3,7	2,8	-	5,3	
insgesamt:	47,3	39,4	56,5	53,0	

*) Keine Differenzierung nach Teil- oder Vollzeit-Erwerbstätigkeit

Quelle: A.Szalai (Hg.), The use of time, Daily actvities of urban and suburban populations in twelve countries, Den Haag, Paris 1972.
E. Zander, Arbeitszeitaufwand in ausgewählten privaten Haushalten, Karlsruhe 1976.
H.Pross, Die Wirklichkeit der Hausfrau, Reinbek bei Hamburg 1976.
M.Schoeps, Zeitbudgetvergleich zwischen erwerbstätigen und nicht-erwerbstätigen Hausfrauen in der Bundesrepublik Deutschland, unveröffentlichter Bericht, Bonn/Gießen 1975.
KTBL, Datensammlung für die Kalkulation der Kosten und des Arbeitszeitbedarfs im Haushalt, Darmstadt 1979.
H.Schulz-Borck, Zum Arbeitszeitaufwand in privaten Haushalten, Hauswirtschaft und Wissenschaft, 1980, S.117-128.

Die stark differierenden Ergebnisse erklären sich somit einesteils durch unterschiedliche Forschungsmethoden und anderenteils durch die zum Teil nicht repräsentativen Grundgesamtheiten, mitentscheidend ist jedoch auch die unterschiedliche Abgrenzung des Begriffs Hausarbeit.

Die Zeitaufwendungen für Hausarbeit in Haushalten mit einer nicht-erwerbstätigen Hausfrau schwanken zwischen 48 und 71,5 Stunden pro Woche. Hiervon nimmt der hauswirtschaftliche Bereich, der allgemein in erster Linie mit Hausarbeit assoziiert wird, den weitaus größten Teil ein. Er umfaßt zwischen 78,6 und 69,8 % des Gesamtzeitaufwandes.

Für Kinderbetreuung werden demgegenüber zwischen 13,5 und 29,4 % der Zeit aufgewandt. Mit Kinderbetreuung, dies wurde bereits dargelegt, ist das Arbeitsfeld Beziehungsarbeit unzureichend erfaßt. Beziehungsarbeit meint den Aufbau und die Pflege der familialen Beziehungen. Die Studien erfassen jedoch nur Tätigkeiten, bis auf eine Ausnahme, die auf die physische Versorgung der Kinder ausgerichtet sind. Konkrete Beziehungsarbeit, also Zeit haben, zuhören können, mitdenken und fühlen, sowie all diejenigen Tätigkeiten, die auf eine Förderung der Kinder in kognitiver und emotionaler Hinsicht gerichtet sind, werden vernachlässigt. Mithin ist der Zeitaufwand für Beziehungsarbeit zu gering veranschlagt (vgl. I. Kettschau, 1981).

Insgesamt gesehen kommen alle Untersuchungen zu einem Arbeitszeitaufwand, der trotz der Nichterfassung wichtiger zeitintensiver Dimensionen der Hausarbeit oft bis zu 31 Stunden über der 40-Stunden-Woche liegt. Die Vermutung, daß bei rationellerer Gestaltung der Hausarbeit Zeitersparnisse möglich sind, wird angesichts dieses erheblichen Zeitaufwandes vielfach geäußert. Ausgangspunkt ist, daß der Zeitaufwand erwerbstätiger Frauen im Ergebnis einiger Studien geringer ist als derjenige der nichterwerbstätigen Frauen (vgl. Tabelle 6 und 7). Als Ursache für diesen Mehraufwand wird vermutet, das Nur-Hausfrauen, die keine marktmäßige Bestätigung ihrer Anstrengungen bekommen, auf diesem Weg Selbstbestätigung suchen. „The results of housework do not serve this (economic) justification in a satisfactory manner because they are accepted as natural and are only noticed when they are absent. It is therefore the work itself whose existence must be felt and acknowledged; working long hours and working on Sunday can serve to demonstrate this" (S. Ferge zitiert nach I. Vanek, 1980, S. 82–90, insb. S. 88). Auch H. Pross vermutet, daß Nur-Hausfrauen „die Hausarbeit von der Erwerbsarbeit vor sich selbst und vor dem Mann zu rechtfertigen, um ebenfalls einen voll ausgefüllten Arbeitstag vorweisen zu können." (H. Pross 1976, S. 409).

Der Zeitaufwand für Hausarbeit in Haushalten mit erwerbstätigen Frauen liegt zwischen 39,4 und 56,5 Stunden pro Woche. Im Durchschnitt der drei Untersuchungen wenden die erwerbstätigen Frauen 80 % der Zeit, die nicht-erwerbstätige Frauen für Hausarbeit in den Bereichen hauswirtschaftliche Tätigkeit und

Kinderbetreuung benötigen, auf. Bei dieser Zahl ist zu bedenken, daß die unterschiedliche Größe der Haushalte bei Durchschnittswerten nicht berücksichtigt wird. Aufgrund der Korrelation zwischen Haushaltsgröße und Erwerbstätigkeit der Frau ist aber gerade bei den nicht-erwerbstätigen Frauen eine im Durchschnitt höhere Belastung durch Hausarbeit zu vermuten. Nach der Untersuchung von Schulz-Borck beträgt die Hausarbeitszeit je Haushalt für einen Zwei-Personen-Haushalt 35,7 Stunden pro Woche, für einen Drei-Personen-Haushalt 49,6 Stunden und für einen Vier-Personen-Haushalt 61 Stunden pro Woche (H. Schulz-Borck, 1980, S. 117–128. insb. S. 117). Es empfiehlt sich also Haushalte mit gleicher Personenzahl danach zu untersuchen, wie der Arbeitszeitaufwand bei erwerbstätigen bzw. bei nicht-erwerbstätigen Hausfrauen schwankt.

Zander kommt in seiner Untersuchung (vgl. E. Zander, 1976) für einen Vier-Personen-Haushalt zu einem Arbeitsaufwand von 58,6 Stunden pro Woche bei Haushalten mit nicht-erwerbstätigen Frauen und 53,6 Stunden mit erwerbstätigen Frauen. Im Haushalt der nicht-erwerbstätigen Frau ergibt sich eine 7-Tage-Woche mit einer durchschnittlichen täglichen Arbeitszeit von 8 Stunden und 20 Minuten. Im Haushalt der erwerbstätigen Frau beträgt an 7 Tagen in der Woche der Arbeitsaufwand 7 Stunden und 40 Minuten. Der Mehraufwand im Haushalt der nicht-erwerbstätigen Hausfrau beträgt also ungefähr 1 Stunde täglich. Da der erwerbstätigen Hausfrau – wenn auch nur in geringerem Umfang – mehr geholfen wird als der nichterwerbstätigen Hausfrau, ergibt sich für die erwerbstätige Hausfrau ein durchschnittlicher Arbeitsaufwand an 7 Tagen in der Woche von 5 Stunden und 40 Minuten. Die nicht-erwerbstätige Hausfrau arbeitet gleichfalls an 7 Tagen in der Woche ungefähr 7 Stunden täglich.

Vergleicht man also Haushalte mit gleicher Größe miteinander, beträgt der prozentuale Anteil der Arbeitszeitaufwendungen im Haushalt der erwerbstätigen Frauen an den Zeitaufwendungen im Haushalt der nicht-erwerbstätigen Frauen ungefähr 90 %.

Welch durchschlagenden Einfluß das Anspruchsniveau auf den Arbeitszeitaufwand hat, weist die Datensammlung für die Kalkulation der Kosten und des Arbeitszeitbedarfs im Haushalt aus. Das KTBL unterscheidet drei Anspruchsstufen. Beschränkt auf den Bereich der Nahrungsmittelzubereitung ergibt sich hier differenziert nach Anspruchsstufen für einen Vier-Personen-Haushalt bei drei Mahlzeiten folgender Zeitbedarf. Bei der Anspruchsstufe 1 benötigt man täglich 1 Stunde und 10 Minuten für die Nahrungszubereitung, bei der Anspruchsstufe 2 benötigt man schon fast 2 Stunden und bei der Anspruchsstufe 3 2 Stunden und 20 Minuten täglich (KTBL, 1979, S. 58).

Die höheren Zeitaufwendungen im Haushalt mit nichterwerbstätigen Frauen erklären sich offensichtlich sehr gut durch ein höheres Anspruchsniveau solcher Haushalte. Der Rückgriff auf psychologische subjektive Faktoren ist nicht unbedingt notwendig. In Haushalten mit nicht-erwerbstätigen Hausfrauen werden eine mittlere Haushaltsgröße unterstellt – Güter und Dienstleistungen in höherer Qualität produziert – als in Haushalten mit erwerbstätigen Ehefrauen. Psychologische subjektive Faktoren, wie das Zeitstrecken, erklären, diesem Eindruck kann man sich hier nicht verschließen, nur einen geringen Teil der unterschiedlichen Zeitaufwendungen.

2.4 Familienzyklische Belastungsschwankungen

2.4.1 Modellbetrachtung

Die Belastungen im Familienhaushalt sind, gerade wenn Kinder zu versorgen sind, erheblich und werden phasenweise unterschiedlich sein. Für eine Modellbetrachtung lassen sich Belastungsschwankungen der Familienhaushalte in den verschiedenen Familienzyklusphasen durch die Versorgungs-, Pflege- und Erziehungsaufgaben schematisch erfassen.

Der Gesamtarbeitszeitaufwand eines Familienhaushalts ergibt sich aus

– den haushälterischen Vorgegebenheiten (Wohnungsgröße, Wohnform, Standort, haustechnische und haushaltstechnische Ausstattung;

– der Anzahl der zu versorgenden Personen und dem Niveau ihrer Ansprüche;

– aus den phasenspezifischen Zusatzversorgungsansprüchen, bedingt durch Alter der Haushaltsangehörigen, Krankheiten und Behinderung sowie dem Grad der Gastlichkeit und sozialen Dienstbereitschaft für andere Haushalte.

Abbildung 2: Familienzyklisch schwankende Belastungen im Familienhaushalt

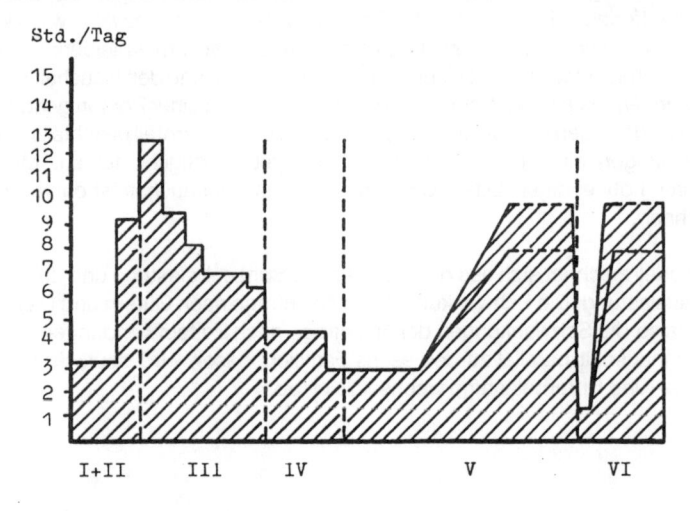

Wenn wir von einer 4-Personen-Arbeitnehmerfamilie in einer städtischen Mietwohnung ausgehen, läßt sich für die familienzyklische Betrachtung nachfolgendes Schema einer Belastungsschwankung durch Versorgungs-, Erziehungs- und Pflegeleistungen im Familienzyklus annehmen.

Die Phasenlängen wurden analog der obenstehend zitierten Berechnungen von Herberger gewählt.

In den ersten beiden Phasen des Familienzyklus, im Zeitraum der Eheschließung und der Geburt der Kinder, ist ein rascher Anstieg der notwendigen Zeitaufwendungen, also der Nachfrage nach Dienstleistungen und Gütern im Familienhaushalt zu verzeichnen. Sind die beiden Kinder – das Modell geht von einer Familie mit zwei Kindern aus – geboren, so kann man während der dritten Phase des Familienzyklus mit einem allmählichen Nachfragerückgang nach Dienstleistungen und Gütern rechnen. Die Kinder werden selbständiger, kommen in die Schule, gehen eigenen Interessen nach und beanspruchen weniger intensive Zuwendung und Pflege. Zu Beginn der vierten Familienphase verläßt zunächst das erste Kind und dann das zweite Kind den Familienhaushalt. Am Ende dieser Phase ist der Zeitaufwand für die Haushaltsproduktion auf den Ausgangspunkt zurückgesunken, da jetzt wieder beide Elternteile alleine leben. Die Aufgabe des Familienhaushalts besteht wie zu Anfang in der Versorgung von zwei Personen. Später kann jedoch eine neue Phase intensiver Beanspruchung anbrechen. Im Falle der Pflegebedürftigkeit eines der beiden Ehepartner wird die Nachfrage nach Zeitaufwendungen, für Dienstleistungen und Güterbereitstellung, wieder steigen. Gewöhnlich dürfte, den soziodemographischen Daten zufolge, der Ehemann zuerst pflegebedürftig werden. Je nachdem ob ein leichter oder schwerer Grad der Pflegebedürftigkeit vorliegt, werden die notwendigen Zeitaufwendungen differieren. Diese fünfte und längste Phase im Familienzyklus wird durch den Tod des pflegebedürftigen Ehegatten beendet. Der zurückbleibende Elternteil wird zunächst wieder mit einem geringeren Zeitaufwand den Haushalt bewältigen können, da es nun ja nur noch um die Versorgung einer Person geht. Möglicherweise werden sich bei diesem schon recht alten Elternteil gleichfalls Alterserscheinungen einstellen, die u. U. zur Pflegebedürftigkeit führen. Mit der Zunahme notwendiger Zeitaufwendungen im Familienhaushalt ist dann wieder zu rechnen.

Das Modell zeichnet sich aus durch Zeiten der Spitzenbelastung und Zeiten der Unterauslastung. Die Schwankungen der Nachfrage nach Gütern und Dienstleistung, also die Schwankungen der Nachfrage nach Zeitaufwendungen für den Familienhaushalt parallel zu den sechs Familienphasen wird deutlich. Phasen der Über- und Unterbelastung wechseln sich ab.

2.4.2 Intergenerativer Ausgleich intertemporaler Belastungsschwankungen

Welche Möglichkeiten hat der Familienhaushalt, den intertemporalen Ausgleich dieser Belastungsvariation zu erzielen?

Der Blick auf den Familienzyklus eines einzigen Familienhaushalts wird dem Problem nicht gerecht. Die festgestellten empirisch oft intensiven Beziehungen zwischen Eltern- und Kindergeneration ermöglichen einen Ausgleich der Belastungen in der Kombination der Familienzyklen von Generationen. Abbildung 3 stellt denn auch eine intergenerative Kombination von familienzyklisch bedingten Schwankungen der Dienstleistungs- und Güterproduktion des Familienhaushalts dar. Wir betrachten drei Generationen, die Eltern-, die Kinder- und

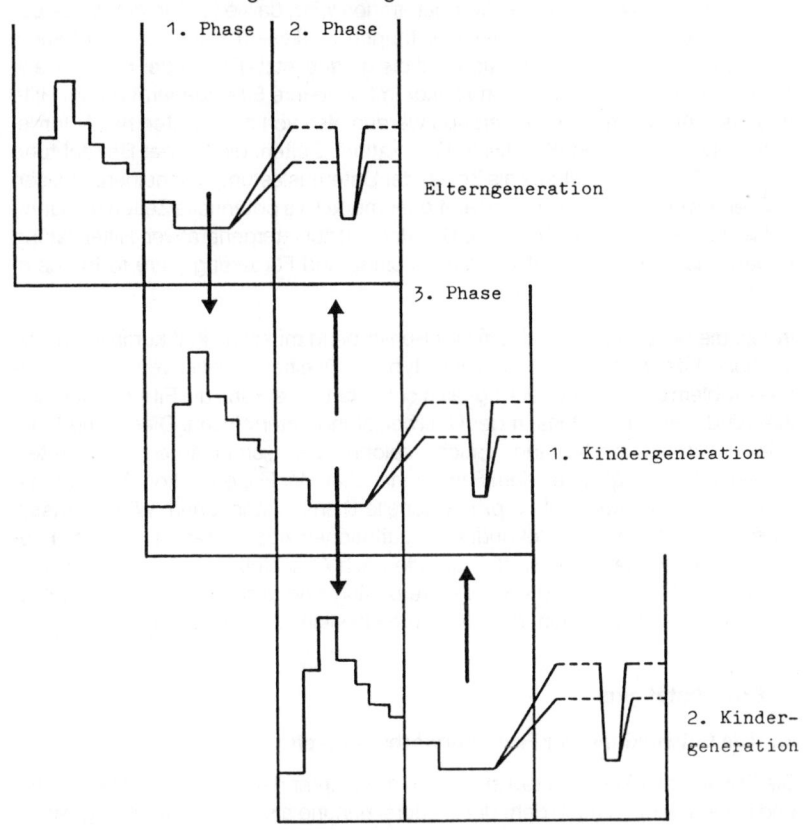

Abbildung 3: Intergenerative Kombination der familialen Belastungsschwankungen

die Enkelkindergeneration. Offensichtlich treten durch die Phasenverschiebungen in den einzelnen Generationen Zeiten der Spitzenbelastung in der einen Generation, Zeiten der Nichtauslastung in der anderen Generation gegenüber. Tritt die Elterngeneration z. B. in der fünften Phase des Familienzyklus beim Eintritt der potentiellen Pflegebedürftigkeit in eine Phase der Aus- bzw. Überlastung des vorhandenen Potentials, so beobachten wir in der Kindergeneration, da hier deren Kinder – die Enkelkinder der Elterngeneration also den Familienhaushalt verlassen, freie Zeitressourcen, die zur Verfügung stehen. Die erweiterte Sicht auf die Mehrgenerationenfamilie verdeutlicht, daß die in der einen Familie auftretenden freien Zeitressourcen durch die Elternfamilie nachgefragt werden können. Die intergenerative Kombination der familienzyklisch bedingten Belastungsschwankungen verweist auf den möglichen intertemporalen Belastungsausgleich zwischen den Generationen.

Ein Blick auf die erste Kindergeneration macht in der Phase 2 jedoch auch Probleme sichtbar. Nicht nur die Elterngeneration wird, da sie u. U. in die Phase der Pflegebedürftigkeit eintritt, Dienstleistungen in diesem Haushalt nachfragen. Auch die zweite Kindergeneration, auf die gerade jetzt die Zeit der Spitzenbelastung durch die Kindererziehung zukommt, wird ihre Elterngeneration um Hilfe angehen. An die mittlere Generation werden also von zwei Seiten her Anforderungen herangetragen (Sandwich-Generation). Zeiten, die bei der Betrachtung nur eines Familienhaushalts als Zeiten der Unterauslastung erscheinen, müssen bei der erweiterten Sicht im Generationenmodell als potentielle Zeiten der Überbelastung gelten. Die vorhandene Bereitschaft zur intergenerativen Hilfeleistung bedarf, dies wird hier deutlich, der Stützung und Förderung (care to the caregiver).

Indes, die Belastungen in einem Familienverband müssen nicht kumulieren. Die in Phase 1 dargestellte Situation wäre typisch für einen Familienverband, in dem das Problem der Pflegebedürftigkeit nicht auftritt. Hier kann die Elterngeneration ihre Kinder während Phasen der Überbelastung unterstützen. Diese innerfamiliale Leistungsübertragung, auch salopp als „ambulante Großmutter" bezeichnet, ermöglicht es dem Familienhaushalt der 2. Generation, Belastungsphasen zu bewältigen, ohne professionelle Dienstleistungen im Wirtschaftssystem oder bei anderen sekundären Institutionen nachzufragen. Die Orientierungsdaten zeigten jedoch, daß gerade nach Abschluß der eigenen Familienphase Frauen zunehmend wieder erwerbstätig sind, also über keine freien Zeitressourcen mehr verfügen, die sie für ihre Enkelkinder verwenden können.

3. Erwerbstätigkeit

3.1 Die Entwicklung der Frauenerwerbstätigkeit

Die Erwerbstätigkeit der Frau stand und steht unter dem Primat der Hausarbeit, und in heutiger Zeit auch dem der Kindererziehung also der Familientätigkeit.

Um die Enwicklung der Erwerbstätigkeit der Frauen zu erfassen, empfiehlt es sich, zwischen domesic mode of producion und industrial mode of production zu unterscheiden (vgl. L. Tilly, I. Scott, 1978). Ersteres bezieht sich auf die Zeit, da das ganze Haus Produktion und Reproduktion in einem leistete. Letzteres meint die heute übliche Produktionsweise mit der strikten Trennung von Reproduktion und Produktion.

Im Übergang von der domestic mode of production zur industrial mode of production fand ein Wandel der Arbeitsformen statt. Familiale Arbeitsformen, z. B. als mithelfende Familienangehörige, erlauben eine andere Integration von Familienleben und Arbeit als marktvermittelte Arbeitsformen (A. Willms, 1980, S. 7, vgl. auch Punkt II. C. Orientierungsdaten). Die Beziehung zwischen Arbeitsform und Lebensphase wird erst mit dem Übergang zur industriellen Produktionsweise zum Problem (A. Willms, 1980, S. 9).

Entscheidend für den Arbeitszusammenhang von Mann und Frau in damaliger Zeit war, daß Zeitmessung analog zu vertrauten Vorgängen des Arbeitszyklus oder der Hausarbeit erfolgte (E. P. Thompson, 1973, S. 81–112). Mann und Frau hatten, wenn sie auch in unterschiedlichen Aufgabenbereichen arbeiteten, doch den gleichen Arbeitsbegriff. Im Verlauf der Industrialisierung wurde Erwerbsarbeit, die schwerpunktmäßig den Männern zugewiesen wurde, nach zeit- und kostenökonomischen Gesichtspunkten strukturiert. Den Frauen blieb der Haushalt als Aufgabenfeld. Da dieser notwendig bedarfsorientiert ist, war und ist diese Arbeit abhängig vom Rhythmus sozial geformter biologischer Bedürfnisse, sowohl der eigenen als auch derjenigen der anvertrauten Menschen (I. Ostner, 1978, S. 116). Die Verantwortlichkeit für den Reproduktionsbereich, der im Laufe der Industrialisierung einen grundsätzlich anderen Arbeitsrhythmus behielt als der Produktionsbereich, liegt fast ausschließlich bei den Frauen und bestimmt damals wie heute Umfang und Art ihrer Tätigkeit im Produktionsbereich (L. Tilly, I. Scott, 1978, S. 92 ff.).

Unter der domestic mode of production konnte es den Frauen z. T. gelingen, ihre produktiven und haushälterischen Tätigkeiten aufgrund des engen Zusammenhangs von Leben und Arbeit zu vereinbaren. Diese Vereinbarkeit von Hausarbeit und Erwerbsarbeit wird bei der industrial mode of production erheblich erschwert aufgrund der sehr unterschiedlichen Arbeitsorientierung, die im Arbeitsbereich durch das Kosten-Nutzen-Kalkül determiniert ist und im Haushalt primär bedürfnisorientiert sein muß.

Im Laufe der Industrialisierung verloren die Frauen ihre traditionellen haushaltsintegrierten Erwerbsmöglichkeiten. Der Wandel der Arbeitsformen hin zu einer nach Zeit-Kosten-ökonomischen Gesichtspunkten strukturierten marktvermittelten Erwerbstätigkeit erschwerte es für die Frauen erheblich, gleichzeitig ihre Aufgaben im Familienbereich zu erfüllen (U. Gerhard, 1978, S. 48). Unter der domestic mode of production waren Arbeiten, die eine lange, ununterbrochene

Abwesenheit von zu Hause erforderten, Männerarbeit. Die Arbeiten zu Hause hingegen, die ein flexibles Zeitarrangement erlaubten, Frauenarbeit (L. Tilly, I. Scott, 1978, S. 44). Die Frauen nahmen gegenüber ihren Männern untergeordnete Positionen ein. Tätigkeiten, die bestimmter erlernter Fähigkeiten bedurften, waren den Männern vorbehalten, da eine längere Ausbildung sich für Frauen nicht „rentierte" angesichts der verlorenen Zeit bei der Geburt von Kindern und vor allem der hohen Müttersterblichkeit (vgl. hierzu E. Shorter, 1984, S. 51 ff.). Die Zuordnung reproduktiver Arbeit im Familienhaushalt ist auch heute eine Ursache für die spezifische Situation der Frau am Arbeitsmarkt (vgl. II. C. Orientierungsdaten).

Unternehmen stellen ihre Mitarbeiter auf der Basis von Alltagserfahrungen, gängigen Vorurteilen und Rentabilitätsüberlegungen ein. Für Frauen lauten die: Alle Frauen, auch die ledigen, haben mindestens potentiell eine Zusatzbelastung durch Familientätigkeit zu tragen. Damit ist ihre volle betriebliche Leistungsfähigkeit eingeschränkt. Die Einarbeitungs- und Ausbildungskosten amortisieren sich langsamer. Geben Frauen die Erwerbstätigkeit ganz auf, dann sind nicht nur die Einarbeitungskosten und das betriebsinterne Wissen verloren, es fallen auch Kosten für Neueinstellungen an. Die Unternehmen werden daher rationalerweise ihre Stammbelegschaft für qualifizierte Berufe mit Aufstiegschancen durch Männer besetzen. Die de facto bestehende oder nur zugeschriebene Alternative Familientätigkeit führt zu einem erhöhten Fluktuationsrisiko für die Nachfrageseite (C. Offe, 1984, S. 73 ff.).

3.2 Drei Strategien zur Vereinbarung von Familientätigkeit und marktvermittelter Erwerbstätigkeit

Im Verlauf dieses Jahrhunderts entwickelten die Familien unterschiedliche Strategien, um Familientätigkeit und Erwerbstätigkeit zu vereinbaren. Die Lösungsstrategien sind dabei durch die Verpflichtung der Frau auf Familientätigkeit geprägt.

Nach § 194 des Allgemeinen Landrechts von 1794 ist die Frau es „schuldig", dem Hauswesen des Mannes nach dessen Stande und Range vorzustehen. Das Bürgerliche Gesetzbuch sah in § 1356 ebenfalls vor, daß die Frau „berechtigt und verpflichtet (ist), das gemeinschaftliche Hauswesen zu leiten. " Erst mit der Ehe- und Familienrechtsreform des Jahres 1977 ist juristisch in § 1356 festgehalten „die Ehegatten regeln die Haushaltsführung in gegenseitigem Einvernehmen",. Eine einseitige Verpflichtung der Frau auf Familientätigkeit besteht juristisch nicht mehr, faktisch ist die Frau jedoch weiterhin weitgehend verantwortlich für die Hausarbeit.

Männer beteiligen sich in geringem Umfang an der Haushaltsproduktion, sie nutzen sie, es gelingt ihnen jedoch, die Kosten zu externalisieren (vgl. III. 2. 3), die einerseits in Form der Einkommenseinbußen, andererseits in Form der spezifischen Nachteile am Arbeitsmarkt entstehen (vgl. Orientierungsdaten II. C.).

Wollen Frauen Doppelbelastung vermeiden, so empfiehlt es sich u. U. im Hinblick auf die zeitliche Belastung durch Hausarbeit, die Erwerbstätigkeit in Abhängigkeit von den Belastungen im Reproduktionsbereich aufzugeben – sofern ihnen dies ökonomisch möglich ist. De facto treffen heute viele Frauen in Abhängigkeit vom Haushaltseinkommen und familialen Belastungen die Entscheidung für oder gegen ausschließliche Familientätigkeit (H. Hofbauer, 1979, S. 217 ff. ; BMJFG, 1984, S. 46, vgl. Orientierungsdaten II. C.).

Zum Beginn der Industrialisierung unterbrachen die Mütter ihre Erwerbstätigkeit, sobald die Kinder alt genug waren, zum Familieneinkommen beizutragen. Dann nämlich konnten sie sich ihren hauswirtschaftlichen und sonstigen Verpflichtungen widmen, ohne den Zusatzarbeitsplatz einer marktvermittelten Erwerbstätigkeit ausfüllen zu müssen (L. Tilly, I. Scott 1978, S. 219). Offensichtlich war die primäre Einflußgröße das Familieneinkommen und nicht die Belastung im reproduktiven Bereich. Erst wenn das notwendige Einkommen gesichert war, konnten Überbelastungen der Frauen abgebaut werden.

Heute tritt neben den Bedarfsfaktor (notwendige Ergänzung des Familieneinkommens durch Erwerbsarbeit der Frau) verstärkt auch die Belastung im Reproduktionsbereich als Einflußfaktor auf das Erwerbsverhalten der Frauen. Zu bedenken ist, daß die Belastung im Reproduktionsbereich mit der Pädagogisierung der Kindererziehung und der „neuen" Reinlichkeit beträchtlich zunahm.

Mütter verzichten mit steigendem Einkommen vor allem wegen der Kinder auf Erwerbstätigkeit. Gerade bei Frauen mit Kindern unter 6 Jahren, bei denen die Erwerbstätigenquote in der unteren Einkommensgruppe über dem Durchschnitt liegt, nimmt beim Übergang in die nächst höhere Einkommensgruppe die Erwerbstätigkeit stark ab, von 65 auf 25 % (H. Hofbauer, 1979, S. 222). Besonders die Zahl der Kinder hat einen entscheidenden Einfluß auf die Erwerbsbeteiligung der Frauen. Sind bei einem Kind unter 18 Jahren noch 47,1 % der Frauen erwerbstätig, so sinkt die Erwerbsbeteiligung bei zwei Kindern auf 39,8 % und bei drei Kindern auf nur 33,9 % (vgl. Orientierungsdaten II. C.).

Die Erwerbsquote verheirateter Frauen stieg um 10 %. Gerade im mittleren Lebensalter zwischen 35 und 50 Jahren gehen erheblich mehr Frauen einer Erwerbstätigkeit nach (vgl. Orientierungsdaten II. C.). Dieser Anstieg kann nicht durch phasenspezifisch verändertes Erwerbsverhalten wie z. B. verstärkte Rückkehr ins Erwerbsleben nach Abschluß der aktiven Familienphase erklärt werden (vgl. A. Myrdal, V. Klein, 1960). Sie ist vielmehr auf generationsspezifisch verändertes Erwerbsverhalten zurückzuführen (F. Weltz, 1971, S. 201–215, insbesondere S. 204). Der Anstieg der marktvermittelten Erwerbsbeteiligung geht nicht auf ein dem Drei-Phasen-Modell entsprechendes Verhalten zurück, sondern ist durch die durchgängig gestiegene Zunahme der Erwerbsbeteiligung in der ersten und zweiten Lebensphase derjenigen Frauenkohorten zu erklären, die nun in der dritten Phase angelangt sind.

Die Heiratskohorten vor 1930 folgten, wenn ihnen das ökonomisch möglich war, dem bürgerlichen Muster bei der Eheschließung. Die Frauen gaben ihre marktvermittelte Erwerbstätigkeit bei der Eheschließung auf. Leitvorstellung war das bürgerliche Familienleben – die Frau verantwortlich für Haushalt und Kinder, der Mann für den Broterwerb. Auch wenn breite Schichten der Bevölkerung dieses Modell nicht leben konnten, da nur eine zusätzlich erwerbstätige Mutter das Familieneinkommen sichern konnte, galt diese Arbeitsteilung in der Familie als erstrebenswert.

Die Frauen, die nach der Heirat ausschließlich Hausfrau und Mutter sind, sind mit nur minimaler Wahrscheinlichkeit in späteren Familienphasen erwerbstätig. Arbeiterfrauen, die gezwungen sind, erwerbstätig zu sein, nehmen die Doppelbelastung Haushalt und Erwerbstätigkeit auf sich. Seit den 20er Jahren entscheidet (gerade für die Vorkriegskohorten/ Heiratskohorten 1925/1930) in hohem Maße das Erwerbsverhalten zum Zeitpunkt der Heirat über die Erwerbstätigkeit im Familienzyklus (W. Müller, 1981, S. 22.).

Die Heiratsjahrgänge 1930–40 modifizierten bereits dieses Modell. Die Frauen gaben ihre marktvermittelte Erwerbstätigkeit auf, wenn das erste Kind kam (auch hier die Einschränkung, sofern dies ökonomisch möglich war). Für diese Heiratskohorten hat das 3-Phasen-Modell von Myrdal-Klein eine gewisse Relevanz. Nach Abschluß der Familienphase suchten diese Frauen einen Weg zurück ins Erwerbsleben. Dieses Muster kohortenspezifischer Erwerbsbeteiligung könnte darauf zurückgeführt werden, daß die Eheleute zu Beginn der Ehe eine neue Rolleneinteilung einübten (beide erwerbstätig), auf die in späteren Lebensphasen zurückgegriffen werden kann (W. Müller, 1981, S. 16 ff.). Entscheidender dürfte jedoch sein, daß sich gerade im tertiären Bereich zunehmend Arbeitsplätze für Frauen boten, die über die Heirat hinaus wahrgenommen werden konnten (vgl. Dienstmädchen), und das Frauen, die nur kurzfristig den Kontakt zur Arbeitswelt verloren haben, mit größerer Wahrscheinlichkeit den Schritt zurück ins Berufsleben wagen (F. Weltz, 1971, S. 204).

Für die Heiratskohorten nach dem Zweiten Weltkrieg zeichnet sich zunehmend die Tendenz ab, daß Frauen nur sehr kurzfristig, wenn überhaupt, ihre Erwerbstätigkeit unterbrechen, eine möglichst kontinuierliche Erwerbsbiographie anstreben und Belastungen im Reprodukionsbereich durch Flexibilisierung ihrer Arbeitszeit zu kompensieren suchen (W. Müller, 1983, S. 55–107).

Im Lebensplan des einzelnen und im Familienzyklus kann der Erwerbstätigkeit und der Familientätigkeit ein jeweils unterschiedlicher Stellenwert eingeräumt werden. Klassische Kombination der beiden Tätigkeiten ist die Einverdiener-

Familie, wobei ein Familienmitglied vollzeit marktvermittelt erwerbstätig ist (gewöhnlich der Mann), während ein anderes sich ausschließlich der Familientätigkeit (Hausfrau) widmet. Als Variation ist ein Familienmitglied vollzeit und ein anderes teilweise und/oder teilzeit erwerbstätig. Flexibel ist die Gestaltung, wenn beide Familienmitglieder teilzeit bzw. wechselseitig auch einmal vollzeit erwerbstätig sind.

In der gegenwärtigen Arbeitsmarktsituation werden oft lange Einarbeitungszeiten, Erfahrung und Verantwortung im Beruf verlangt. Kontinuierliche, langjährige und ganztägige Erwerbstätigkeit sind hier gefordert und führen entsprechend zu höherem Einkommen, höherer sozialer Sicherheit und zu höherem Status. Ermöglicht Familientätigkeit parallel in hohem Maße Realeinkommen (Dienstleistungen müssen nicht teuer am Markt eingekauft werden), in hohem Maße Selbstverwirklichung und Status, dann erweist es sich als rational im Sinne einer Maximierung der Ziele (Einkommen, soziale Sicherheit, soziale Kontakte, Selbstverwirklichung, Prestige), daß ein Familienmitglied ganztätig erwerbstätig ist und ein anderes sich ganztätig der Familientätigkeit widmet. Dies ist die „klassische Arbeitsteilung" oder „feste Arbeitsteilung" in einer Ehe, die vornehmlich von den Heiratskohorten vor 1930 praktiziert wurden, aber auch heute gewählt wird.

Demgegenüber haben sich aber zunehmend viele Tätigkeiten vom Beruf zum „Job" entwickelt. Lebenslange Vollzeittätigkeit, Erfahrung und Verantwortung werden weniger verlangt und führen kaum noch zu Einkommensvorteilen. Status und Selbstverwirklichung sind bei solchen „Jobs" weniger zu gewinnen. Auch viele Haushaltungen sind zu klein geworden, um eine Vollzeitbeschäftigung zu bieten. Entsprechend gering sind die Möglichkeiten zur Erwirtschaftung von Dienstleistungen und damit von Realeinkommen zu Hause. Der Haushalt bietet bestenfalls eine Teilzeitbeschäftigung, besonders wenn keine Kinder zu versorgen sind. Die Lebenseinstellungen änderten sich. Für viele Frauen ist lebenslange Familientätigkeit unvereinbar mit ihrem Streben nach Einkommen, sozialer Sicherheit, sozialen Kontakten, Selbstverwirklichung und Prestige. Unter solchen Bedingungen kann eine andere innerfamiliale Arbeitsteilung rational werden, sollen die oben genannten Ziele für beide Partner erreichbar sein: Beide Ehepartner erbringen ein flexibles Arbeitsangebot und sind sowohl erwerbs- als auch familientätig. So wird jedem Partner die Möglichkeit gegeben, seine Ziele durch die Kombination beider Tätigkeitsbereiche zu verwirklichen. Es empfiehlt sich eine „flexible" Arbeitsteilung. Auch im Zeitablauf über die verschiedenen Familienphasen hin kann die Partnerschaft der flexiblen Arbeitsteilung Vorteile bieten. Die Bedeutung der Tätigkeitsziele wechselt im Familienzyklus. Wir haben oben gezeigt, daß das Ziel der Einkommensmaximierung dann besonders hoch ist, wenn die Einkommensbelastung der Familie in der Familiengründungsphase kumuliert. Ziele wie sozialer Kontakt und Status gewinnen u. U. in der nachelterlichen Phase an Gewicht. Auf solche Verschiebungen der Zielstruktur kann eine flexible Arbeitsteilung in der familialen Partnerschaft besonders eingehen. (Diese Strategien werden zunehmend von den Heiratskohorten nach 1940 verfolgt.)

D. Familiale Konfliktlagen bei unterschiedlichen Strategien zur Vereinbarung von Familien- und Erwerbstätigkeit

1. Familiale Konfliktlagen bei ausschließlicher Familientätigkeit der Frau

Die klassische Lösungsstrategie, die die Familie für die Vereinbarung von Erwerbs- und Familientätigkeit einschlägt, ist die ausschließliche Familientätigkeit der Frau (vgl. Orientierungsdaten II. C.). In unterschiedlichen Bereichen können hierdurch Konfliktlagen auftreten.

1.1 Individuelle und gesellschaftliche Wertschätzung der Familientätigkeit

Obwohl Frauen, die sich ganz der Familientätigkeit widmen, im allgemeinen ein beträchtliches Maß der Zufriedenheit mit ihrer Arbeit verbinden (H. Pross, 1976, S. 172), zeigte die repräsentative Untersuchung in Baden-Württemberg, daß sich nur 47 % der Hausfrauen durch ihre Aufgaben in der Familie voll und ganz befriedigt fühlen, obwohl sie die Zufriedenheit ihrer Familie wahrnehmen und die eigene Leistung als anerkannt bewerten (MAGS (Hg.) 1983, S. 97).

Frauen, die keiner Erwerbstätigkeit nachgehen, sind unzufrieden, weil sie sich abhängig und unterdrückt fühlen (H. Pross, 1976, S. 174). Familientätige Frauen leiden unter Isolation, dem Mangel an sozialen Kontakten, darunter, daß sie auf ihre innerfamiliale Position begrenzt sind. Bei der Wiederaufnahme einer Erwerbstätigkeit hat der Wunsch nach mehr sozialen Kontakten Priorität (MAGS (Hg.) 1983, S. 116 ff.). Individuell als Problem stellt sich auch die ökonomische Abhängigkeit vom Mann dar. Insbesondere für junge Frauen, die schon im Erwerbsleben integriert und engagiert waren, ist diese Abhängigkeitssituation vom Einkommen des Mannes ein potentieller Konfliktbereich (MAGS (Hg.) 1983, S. 31).

Einen weiteren möglichen Konfliktbereich für ausschließlich familientätige Frauen stellt der Status oder das Prestige dar. Obgleich die Arbeit der Frau im Haus in Form von Hausarbeit und Kindererziehung einen unverzichtbaren Beitrag zur Reproduktion der Familie darstellt und der Wert der Familientätigkeit gesellschaftlich allgemein nicht infrage gestellt wird, ist eine gesellschaftliche Minderbewertung der Arbeit von Frauen festzustellen (R. v. Schweitzer, 1981, S. 167–192, insb. S. 168). Die gesellschaftliche Geringschätzung der nichtberuflichen Arbeits- und Lebensform ist dadurch bedingt, daß nur das als Arbeit gesellschaftlich anerkannt wird, „was in ökonomischen Kategorien meßbar ist, die Berufsarbeit also" (E. Beck-Gernsheim, I. Ostner, 1980, S. 279). Familientätigkeit als unbezahlte, nicht professionalisierte Tätigkeit – also als privat erbrachte Leistung – wird danach in einen Randbereich gedrängt, der wenig gesellschaftliche Unterstützung erfährt.

1.2 Konflikte bei der sozialen Sicherung

Entscheidet sich eine Frau dafür, nicht mehr erwerbstätig zu sein und sich stattdessen ganz einer Aufgabe in der Familie zu widmen, ändert sich ihre Stellung im System der sozialen Sicherheit grundsätzlich.

– **Arbeitslosenversicherung**

In der Arbeitslosenversicherung wird die Stellung der Frau als nicht erwerbstätige Frau dadurch gekennzeichnet, daß sie im Gegensatz zur erwerbstätigen Frau keine Ansprüche auf Arbeitslosengeld besitzt, es sei denn, sie ist innerhalb der letzten drei Jahre vor Eintritt der Arbeitslosigkeit mindestens 360 Tage erwerbstätig gewesen (AFG § 104, § 106).

– **Gesetzliche Krankenversicherung**

In der Gesetzlichen Krankenversicherung wird die nicht erwerbstätige Frau als mitversichertes Familienmitglied geführt. Sie besitzt einen aus dem Versicherungsverhältnis des Mannes abgeleiteten Versicherungsschutz. In bezug auf die Sachleistungen wird keinerlei Unterschied zwischen erwerbstätigen und nicht erwerbstätigen Frauen gemacht (RVO § 305, 205 a). Einziger Unterschied ist das Mutterschaftsgeld. Nicht erwerbstätige Frauen erhalten kein Mutterschaftsgeld im Gegensatz zu erwerbstätigen Frauen.

– **Gesetzliche Unfallversicherung**

In der Gesetzlichen Unfallversicherung besitzen die nicht mehr oder noch nicht wieder erwerbstätigen Frauen keine eigenständigen Ansprüche. Die Gesetzliche Unfallversicherung ist eine spezifische Unfallversicherung der Unternehmen zugunsten der Beschäftigten. Dadurch werden Unfälle, die aus der Verrichtung der Familientätigkeit resultieren, zum Problem. In diesem Tätigkeitsbereich sind allerdings erwerbstätige Frauen genauso wenig versichert wie nicht erwerbstätige Frauen (BMJFG, 1984 b, S. 244).

– **Gesetzliche Rentenversicherung**

Entscheidet sich eine Frau für die Aufgabe ihrer Erwerbstätigkeit, um sich ganz oder zeitweise der Aufgabe der Erziehung ihrer Kinder zu widmen oder aber auch um die Pflege der Familienangehörigen zu übernehmen, treten Diskontinuitäten in ihrer Versicherungsbiographie auf. Zudem bedeuten Unterbrechungen der Erwerbsbiographie Karriereverzicht und in der Folge geringere Rentenversicherungsbeiträge. Beide Tatbestände gelten als Ursache für die geringen Versichertenrenten an Frauen (R. Hauser, H. Cremer-Schäfer, U. Nouvertne, 1981, S. 285 f.; vgl. Orientierungsdaten II. C.).

Mit der Anerkennung von Kindererziehungszeiten als rentenbegründend und rentensteigernd wurde ein erster Schritt zur Gleichberechtigung von familientätigen und erwerbstätigen Frauen getan, so daß durch Familientätigkeit auch eigenständige Rentenansprüche erworben werden können. Gerade das Bedürfnis nach sozialer Sicherheit ist ein häufiges Motiv für Frauen, einer Erwerbstätigkeit nachzugehen. In der Repräsentativuntersuchung in Baden-Württemberg gaben 42 % der befragten Frauen an, daß die Sicherung der eigenen Altersversorgung ein Grund für den Wiedereintritt in den Beruf darstellte (MAGS (Hg.) 1983, S. 119).

1.3 Konflikte bei der ökonomischen Sicherung

Verzichtet die Frau aufgrund der familialen Belastungen auf eine Erwerbstätigkeit, ist sie ökonomisch abhängig von ihrem Mann. Die Entscheidung für eine „Hausfrauen-Ehe" bedeutet aufgrund dieser Abhängigkeit ein unkalkulierbares ökonomisches Risiko (B. Wiegmann, 1980).

Für die Mehrzahl der geschiedenen Frauen mit Kindern, die ungefähr die Hälfte der Geschiedenen ausmachen, besteht ein Bedarf an Ehegattenunterhalt (W. Braun, 1984, S. 988–993). Ursache ist die Aufgabe einer eigenen Erwerbstätigkeit während der Ehe oder die Reduzierung auf Teilzeitarbeit infolge der familialen Belastungen. Von den geschiedenen Frauen mit Kindern nehmen 30 % einen Unterhaltsanspruch wahr. Von den geschiedenen Frauen ohne Kinder nehmen 10 % den Ehegattenunterhalt in Anspruch (B. Caesar–Wolf, D. Eidmann, B. Willenbacher, 1983, S. 202–246), d. h. 4 % aller Geschiedenen erhalten Ehegattenunterhalt und 16 % aller geschiedenen Frauen Erziehungsunterhalt. Nach 5 bis 10 Jahren erhalten nur noch 1 % Ehegattenunterhalt und 16 % aller geschiedenen Frauen Erziehungsunterhalt. Die Regelungen zum Unterhalt betreffen in erster Linie Frauen. Die realisierten Unterhaltsansprüche von Männern liegen unter 1 % (L. Müller-Alten, 1984). 1977/78 betrug der Unterhaltsanspruch durchschnittlich 420,– DM monatlich, 32 % der geschiedenen Mütter erhalten Sozialhilfe (vgl. B. Wiegmann, 1980, S. 57).

Vergleicht man die Einkommenssituation der geschiedenen Männer und Frauen, so dokumentiert sich, daß geschiedene Frauen ökonomisch schlecht dastehen. Von den geschiedenen Frauen mit einem Kind verfügen 30,6 % über ein monatliches Nettoeinkommen unter 1.200 DM. Männer kommen in dieser Einkommensgruppe nicht vor, sie verfügen über ein monatliches Nettoeinkommen von

1.600 DM und mehr. In dieser Einkommensgruppe befinden sich nur 28,4 % der Frauen. Die geschiedenen Frauen mit zwei Kindern verfügen zu 47,9 % über ein monatliches Nettoeinkommen unter 1.200 DM. Geschiedene Männer, die zwei Kinder zu versorgen haben, sind nicht aufgeführt (vgl. Orientierungsdaten II. C.).

Hauptursache des niedrigen Ehegattenunterhalts ist die Einkommenslage der Männer. 60 % verfügen über ein Nettoeinkommen bis zu 1.800 DM monatlich, 24 % bis zu 2.500 DM monatlich und 14 % über 2.500 DM monatlich (Statistisches Bundesamt, 1982). Zahlt der geschiedene Mann bereits Unterhalt für seine Kinder – lt. Düsseldorfer Tabelle bei einem Einkommen unter 1.800 DM für Kinder bis 6 Jahre 228 DM, für Kinder bis 12 Jahre 276 DM und für Kinder bis 18 Jahre 327 DM monatlich (Stand 01. 01. 1985) –, dann sind seine finanziellen Ressourcen bereits ausgeschöpft. Die Belastung des Unterhaltspflichtigen durch Kindesunterhalt und die Höhe des Einkommens führen zum geringen Ehegattenunterhalt.

Die Hausfrauenehe ist unter dem Aspekt einer ökonomischen Absicherung bei Scheidung nicht finanzierbar. Das ökonomische Risiko ist kaum kalkulierbar, denn erstens kann niemand garantieren, ob eine Ehe hält, und zweitens reicht das Einkommen des Mannes zur ökonomischen Risikosicherung im Fall der Scheidung meist nicht aus.

2. Die familiale Strategie gleichzeitiger Familien– und Erwerbstätigkeit

Entscheiden sich in einer Familie beide Ehepartner, erwerbstätig zu sein, so stellt sich die Aufgabe, die Familienpflichten mit den Anforderungen des Erwerbslebens in Einklang zu bringen. „Kinder und Erwachsene brauchen Privatheit, Intimität, unmittelbar personenbezogene Zuwendung, Pflege, Versorgung" (R. Süssmuth, 1981, S. 76). Wäre es möglich, die private Alltagsarbeit vollständig zu delegieren, stünden der vollen Teilhabe von Männern und Frauen an dem Lebensbereich Erwerbsarbeit keinerlei Schwierigkeiten im Wege. Hausarbeit und Engagement für mitmenschliches Zusammenleben lassen sich bislang jedoch nicht kollektivieren (R. Süssmuth, 1981, S. 74). Die räumliche Trennung von Familien- und Erwerbstätigkeit erschwert die Vereinbarung der Familienaufgaben mit den Aufgaben des Berufslebens.

2.1 Kinderbetreuung

Problematisch wird die Vereinbarung von Familien- und Erwerbstätigkeit, wenn die Ehe sich zur Familie erweitert. Rund ein Drittel der Frauen sehen Probleme bei der Vereinbarung von Beruf, Haushalt und Familie. Ihre männlichen Partner sehen im allgemeinen weniger Konflikte. Dennoch waren 83 % der berufstätigen Ehemänner der Ansicht, daß im Interesse der Kinder ein Verzicht der Mutter auf Erwerbstätigkeit grundsätzlich wünschenswert sei (MAGS (Hg) 1983, S. 49 f.).

Mehr als ein Drittel der Frauen gab an, daß sie bei der Vereinbarung von Arbeitszeit und Kinderbetreuung Koordinierungsprobleme haben. Die erwerbstätigen Mütter haben Schuldgefühle wegen mangelnder Präsenz und Sorge für ihre Kinder (BMJFG (Hg.) 1984 b, S. 102). Bei den Vätern tritt dieses Problem weitaus seltener auf. Tendenziell nehmen die Koordinierungsprobleme mit zunehmendem Alter der Kinder ab. Vor allen Dingen bei Kleinkindern wird die Vereinbarung von Arbeitszeit und Kinderbetreuung als Problem gesehen (MAGS (Hg.) 1983, S. 53 ff.). Es bestehen erhebliche Engpässe im Betreuungsangebot für Kinder im Alter bis zu drei Jahren sowie für Schulkinder (BMJFG (Hg.) 1984 b, S. 153). 1980 lag der Versorgungsgrad an Kinderkrippenplätze, die Kinder bis zu drei Jahren ganztägig betreuen, im Bundesdurchschnitt bei 1 % (BMJFG (Hg.), 1983, S. 127). Bei Kindergartenplätzen bestand ein durchschnittlicher Versorgungsgrad von 75,5 %. Bei Kinderhorten sieht es demgegenüber schlechter aus, denn hier besteht nur ein Versorgungsgrad im Bundesdurchschnitt von 1,02 % (BMJFG (Hg.), 1983, S. 127 ff.).

Als zweites Problem tritt die mangelnde Koordination zwischen der Arbeitzeit der Eltern und den Betreuungszeiten in familienergänzenden Einrichtungen. Dies gilt für die Öffnungszeiten der institutionellen Betreuungseinrichtungen, da sie im allgemeinen ein standardisiertes Angebot an Öffnungszeiten bieten. Die meisten Kindergärten sind z. B. vormittags von 8 bis 12 Uhr, und in einigen Bundesländern auch nachmittags von 14 bis 16 Uhr geöffnet. Problematisch ist, daß sich die Vormittagszeiten häufig nicht einmal mit den Arbeitszeiten der Teilzeitbeschäftigten decken (BMJFG (Hg.), 1983, S. 133 f.).

Beim Wechsel vom Kindergarten zur Schule nehmen die Konflikte der Vereinbarung von Familien- und Erwerbstätigkeit wieder zu, da hier im allgemeinen keine kontinuierlich wiederkehrenden Öffnungszeiten bestehen. Also muß auch für Schulkinder – solange die Halbtagsschule die Regel ist – nachmittags auf institutionelle Betreuungseinrichtungen zurückgegriffen werden.

In dieser Situation helfen den meisten Familien die Großeltern (vgl. Orientierungsdaten II. C.). Betrachtet man jedoch die Entwicklung der letzten Jahre zu einer zunehmend durchgängigen Erwerbstätigkeit von Frauen, dann ist abzusehen, daß diese Betreuungsinstanz in Zukunft sehr wahrscheinlich eingeschränkt sein wird – immer mehr „Großmütter" werden selbst erwerbstätig sein. Infolge dessen ist damit zu rechnen, daß noch mehr Familien bei gleichzeitiger Erwerbstätigkeit beider Elternteile auf institutionelle Betreuungseinrichtungen angewiesen sind. Damit wird ein flexibles Zeitarrangement bei den institutionellen Betreuungseinrichtungen zunehmend wichtiger.

2.2 Altenpflege

Rund 90 % des Pflegebedarfs wird über unbezahlte Selbsthilfe in den Familien geleistet (BMJFG (Hg.), 1980). Für erwerbstätige Frauen (und Männer) wird die

Pflege der älteren Familienangehörigen bei gleichzeitiger Erwerbstätigkeit durch die Zeitintensität der Pflegetätigkeit nahezu unmöglich. Ähnlich wie bei der Betreuung von Kindern ist die ständige Präsenz der Pflegenden oft erforderlich, so daß eine gleichzeitige außerhäusliche Erwerbstätigkeit mit starrer Arbeitszeitregelung kaum die Möglichkeit bietet, den Anforderungen an die Pflege älterer Menschen gerecht zu werden. Allgemein wird die Zunahme der Frauenerwerbstätigkeit als ein Grund dafür genannt, daß die Fähigkeit und Bereitschaft zur Pflege in der Familie im Zeitverlauf zurückgehen wird (Bund-Länder-Arbeitsgruppe, 1981, S. 48). Problematisch wird die Pflege im Familienhaushalt zusätzlich durch ein unzureichendes Angebot ambulanter Dienstleistungen (G. Buttler, Ph. Herder-Dorneich, F. Fürstenberg, H. Klages, H. Schlotter, K. Oettle, K. Winterstein (Hg.), 1985, S. 36).

2.3 Doppelbelastung

In den meisten Familien wird die Familientätigkeit von Frauen geleistet. Dies gilt auch für die Familien, in denen beide Ehepartner erwerbstätig sind. Zwei Drittel aller berufstätigen und 59 % der vollzeitbeschäftigten Frauen mit Partnern geben an, daß die Männer nur sporadisch bei den häuslichen Aufgaben Hilfe leisten (MAGS (Hg.) 1983, S. 34). So bedeutet Erwerbstätigkeit für Frauen häufig Doppelbelastung. Konfliktverstärkend wirkt oft, daß Frauen ihre tradierte Rolle verinnerlicht haben. Sie betrachten ihre außerhäusliche Erwerbsarbeit als Entgegenkommen des Ehemannes und fühlen sich deshalb verpflichtet, „die weiterhin an sie gestellten häuslichen Anforderungen so zu erfüllen, daß männliche Reproduktionswünsche nicht beeinträchtigt werden." (H. Rudolph, M. Duran, M. Klähn, M. Nassauer, J. Naumann, 1981, S. 209). Damit verschärft sich natürlich die Belastungssituation von Frauen, denn während sie durch ihre Hintergrundarbeit in den Familien die berufstätigen Männer entlasten, erfahren sie selbst bei ihrer Erwerbstätigkeit kaum eine Entlastung (E. Beck-Gernsheim, 1980, S. 124). Wie verteilt sich der beträchtliche Arbeitsanfall im Familienhaushalt auf die einzelnen Mitglieder? Der Zeitaufwand der Männer für Hausarbeit beträgt der Studie von Zander zufolge (E. Zander, 1976, S. 55) bei nichterwerbstätigen Ehefrauen 7,3 Stunden wöchentlich, bei erwerbstätigen Frauen 8,8 Stunden wöchentlich, wobei die Männer Einkäufe, haushälterische Tätigkeiten und zum Teil Kinderbetreuung übernehmen. „Hoch" ist der Aufwand auch im Bereich „Sonstiges", da hier die klassische Männerarbeit wie z. B. kleine Reparaturen anfallen. Für die erwerbstätige Ehefrau verbleiben ungefähr 38,6 Std. pro Woche an zusätzlicher Hausarbeit, während der Mann zusätzlich zur Erwerbsarbeit nur 8,8 Std. leistet.

Zu einem ähnlichen Ergebnis kommt eine neuere Untersuchung (MAGS (Hg.), 1983, S. 34 ff.). Zwei Drittel aller berufstätigen Frauen und 49 % der ganztags beschäftigten Frauen gaben an, daß ihre Männer sporadisch oder überhaupt nicht im Haushalt mitarbeiten.

Die aktuellsten Daten verdanken wir einer Zusatzerhebung zur Einkommens- und Verbrauchsstichprobe 1983, ermittelt durch das Statistische Landesamt Baden-Württemberg für 12 ausgewählte Haushaltstypen (Statistisches Landesamt Baden-Württemberg (Hg.), 1984). Untersucht werden die Arbeitszeitaufwendungen der Haushaltsmitglieder für Erwerbstätigkeit und Hausarbeit.

Übersicht 9 zeigt, daß ein Mann durch die Heirat seinen Arbeitsaufwand verringert, indem er die hauswirtschaftliche Versorgung an seine Frau delegiert. Hierbei spielt es offensichtlich keine Rolle, ob die Frau erwerbstätig ist oder nicht. Die Zusatzbelastung Erwerbstätigkeit für die Frau führt nicht immer zur partnerschaftlichen Arbeitsteilung in der Familie.

Inwieweit Heirat für die Frau mehr Arbeit bedeutet, hängt von ihrer familialen Situation und ihrer Entscheidung bezüglich Erwerbstätigkeit ab. Gibt die Frau mit der Heirat ihre Erwerbstätigkeit auf und widmet sich ausschließlich dem Haushalt, so arbeitet sie, solange keine Kinder da sind, durchschnittlich 6,4 Stunden wöchentlich weniger als ihr Mann. Bereits beim ersten Kind entsteht eine relativ gleiche Verteilung des Arbeitsaufwandes zwischen Mann und Frau, wird die traditionelle Arbeitsteilung – Mann erwerbstätig, Frau verantwortlich für den Haushalt – praktiziert.

Übersicht 9:
Individueller Arbeitsaufwand für Erwerbstätigkeit und Hausarbeit
(Wochendurchschnitt in Stunden)

Haushalts- zusammensetzung	Stellung im Erwerbsleben	Arbeitszeit je Person (Hausarbeit und Erwerbstätigkeit)	
Alleinlebender Mann	erwerbstätig	63,1	
Alleinlebende Frau	erwerbstätig	64,5	
Alleinlebender Mann	nicht erwerbstätig	32,9	
Alleinlebende Frau	nicht erwerbstätig	37,9	
		Mann	Frau
Kinderloses Ehepaar	Frau nicht erwerbst.	54,4	48,0
Kinderloses Ehepaar	beide erwerbstätig	55,8	58,9
Kinderloses Ehepaar	beide nicht erwerbst.	22,8	42,0
Ehepaar mit 1 Kind	Frau nicht erwerbst.	58,3	58,9
Ehepaar mit 1 Kind	beide erwerbstätig	59,5	69,4
Ehepaar mit 2 Kindern	Frau nicht erwerbst.	59,2	58,6
Ehepaar mit 2 Kindern	beide erwerbstätig	57,4	64,6

Quelle: vgl. Statistisches Landesamt Baden-Württemberg (Hg.), Arbeitszeitbudgets ausgewählter privater Haushalte in Baden-Württemberg – Ergebnisse einer Zusatzerhebung zur Einkommens- und Verkaufsstichprobe 1983, S. 12, Stuttgart 1984 sowie eigene Berechnungen.

Inhaltlich sehen beide Tätigkeitsbereiche, wie weiter oben ausführlich dargestellt, höchst unterschiedlich aus. Für die Frau bedeutet die Konzentration auf Haushalt und Kind und die Aufgabe ihrer Erwerbstätigkeit einen tiefgreifenden Wechsel in allen Lebensumständen.

Versucht eine Frau, die Entscheidung für Kinder und Erwerbstätigkeit zu kombinieren, so bedeutet dies zwei Arbeitsplätze und erheblich mehr Arbeitsaufwand verglichen mit dem Ledigenstatus. Die Abkehr von der traditionellen Arbeitsteilung (ob aus ökonomischer Notwendigkeit oder freier Entscheidung) geht zu Lasten der Frau. Zwar helfen Männer in Belastungssituationen mehr im hauswirtschaftlichen Bereich, zur Kompensation schränken sie jedoch Tätigkeiten im handwerklichen Bereich ein. Erwerbstätige Frauen mit mehr als einem Kind arbeiten zwischen 7 und 10 Stunden wöchentlich mehr als ihre Partner.

3. Die familiale Strategie des Drei-Phasen-Modells

Die Verwirklichung des von Myrdal und Klein vorgestellten Drei-Phasen-Modells bietet in seiner Konstruktion durch das Hintereinanderschalten einzelner Phasen den Familientätigen prinzipiell die Möglichkeit, Familie und Beruf zu vereinbaren. Auch hier sind jedoch Probleme zu beachten.

3.1 Diskontinuität im Erwerbsleben

Der Erwerbsverlauf von Männern ist im allgemeinen durch eine kontinuierliche Erwerbstätigkeit gekennzeichnet. Dies ist nur bei wenigen Frauen der Fall, da sie infolge der Übernahme von Familienaufgaben seltener durchgängig erwerbstätig sind. Problematisch erscheint die diskontinuierliche Erwerbstätigkeit von Frauen vor dem Hintergrund, daß der Wechsel von der Familientätigkeit zur Erwerbstätigkeit schwierig werden kann, denn aus diesem spezifischen Erwerbsverhalten der Frauen wird häufig eine mangelnde Berufsorientierung abgeleitet. Eine Untersuchung zur Wiedereingliederung von Frauen in qualifizierte Berufstätigkeit nach längerer Berufsunterbrechung, im Auftrag des Ministeriums für Soziales, Gesundheit und Umwelt in Rheinland-Pfalz erstellt, kommt zu dem Ergebnis, daß aus Sicht der befragten Arbeitgeber die „Wiedereingliederungsfähigkeit" von Frauen u. a. von der Wahrscheinlichkeit abhängt, daß Frauen wegen familiärer Belastungen wieder aus dem Erwerbsleben ausscheiden (Ministerium für Soziales, Gesundheit und Umwelt (Hg.), 1984, S. 127).

3.2 Qualifizierung während der Familienphase

Die Wiedereingliederungschancen der Frauen sind einmal von der allgemeinen Arbeitssituation abhängig. Die gegenwärtig ungünstige allgemeine Arbeitsmarktlage wird also konfliktverstärkend sein, wenn Frauen versuchen, nach einer

Phase der ausschließlichen Familientätigkeit wieder in ihren Beruf zurückzukehren (BMJFG, 1984 b, S. 253).

Entscheidende Bedeutung erlangt jedoch die Qualifikation der Frauen. Besonders problematisch wird die Rückkehr für diejenigen Frauen, die vorher keine qualifizierte Ausbildung absolviert haben. In der Untersuchung zur Wiedereingliederung von Frauen in Rheinland-Pfalz wurde festgestellt, daß von den befragten, in das Erwerbsleben zurückgekehrten Frauen diejenigen, die über einen Hauptschulabschluß verfügten, mit 20 % im Vergleich zu etwa 14 % der übrigen Frauen weitaus häufiger länger als ein halbes Jahr nach einer Stelle suchten (MSGU (Hg.) 1984, S. 267). Diese negative Korrelation bestätigt sich noch einmal, wenn man die Berufspositionen vor der Unterbrechung der Erwerbstätigkeit und die Dauer der Arbeitsplatzsuche untersucht. Frauen in gering qualifizierten Tätigkeitsbereichen suchten zu größeren Anteilen länger als ein halbes Jahr nach einem Arbeitsplatz. Ein niedriges Qualifikationsniveau wirkt sich hemmend bei der Arbeitsplatzsuche aus.

Problematisch bleibt die Rückkehr ins Erwerbsleben auch für Frauen mit qualifizierter Ausbildung. Für sie besteht das Problem darin, eine ihren Fähigkeiten entsprechende Stelle zu finden. Vor allem, wenn die Qualifikation der Frau in einem „typisch männlichen Beruf" liegt, führt ihre Berufsunterbrechung dazu, daß die männliche Konkurrenz ihre Rückkehr erschwert (H. Schreiner-Huber, 1974, S. 86).

Besonders nachteilig für die Qualifikation der Frau wirkt sich die Dauer der Unterbrechung aus. Während der Ehemann in der Lage ist, sich weiterzubilden und seinen beruflichen Aufstieg zu verfolgen, werden die Leistungen und Erfahrungen, die die Frau in der Familienphase gewinnt, im Erwerbsleben häufig nicht anerkannt. Durch das fehlende „training on the job" wird die ehemalige berufliche Qualifikation verhältnismäßig schnell reduziert. „Diese Tendenz wird noch verstärkt, wenn die vorhergehende Berufsausbildung nur kurz war (z. B. 1 Jahr Handelsschule) und die Arbeit suchende Frau sich in der Praxis bisher nur spezielle Fertigkeiten aneignen konnte, die teilweise wegen der inzwischen aufgetretenen organisatorischen und technischen Veränderungen gar nicht mehr gefragt sind." (H. Hofbauer, U. Bintig, W. Dadzio, 1969, S. 714).

IV. Familie in der Gesellschaft

A. Familie als primäre Gruppe

1. Primäre Gruppen und ihre Leistungen

1.1. Versorgungen und Begegnungen

Der Mensch hat verschiedene Bedürfnisse. Was er braucht, können wir sicher nicht im einzelnen aufzählen, wohl aber in Gruppen gefaßt nebeneinander gestellt denken: materielle und immaterielle Güter, Dienste und Leistungen, Begegnungen mit anderen und mit sich selbst. Man hat versucht, durch einfaches Numerieren der verschiedenen Versorgungsbereiche ein wenig Übersicht über die Breite der menschlichen Versorgung zu schaffen, und unterscheidet demnach den „primären" Versorgungsbereich als die Versorgung mit landwirtschaftlichen Gütern, den „sekundären" Versorgungsbereich als Versorgung mit Industriewaren, den „tertiären" Versorgungsbereich als Versorgung mit Dienstleistungen. Dem läßt sich ein „quartärer" Versorgungsbereich als Versorgung mit Verwaltung und Sicherheit (öffentlichen Diensten) und ein „quintärer" mit Infrastrukturen und Umweltsicherung anfügen.

Diesem Katalog, der sich sicherlich noch fortführen ließe, sollte man aber unbedingt eine Gruppe „Null" voranstellen, die hier gegenüber den „Versorgungsbereichen" als „Begegnungsbereiche" bezeichnet werden.

01 – Begegnung mit sich selbst (Freizeit, Meditation);
02 – Begegnung mit der Natur (mit Pflanzen und Blumen, Tieren, Wäldern, Seen, Strand, also kurz „Umwelt");
03 – Begegnung mit dem „Du" (Kameradschaft, Freundschaft, Ehe);
04 – Begegnung mit dem „Wir" (Teamarbeit, Kongresse, Demonstrationen).

Die Begegnungen sind jeweils auch mit einem Minusvorzeichen als „agressive Begegnungen" vorstellbar. Es gibt für den Menschen auch ein Bedürfnis, seine Agressionen abzureagieren.

1.2 Primäre und sekundäre Versorgungssysteme

Wir stellen nun den eben unterschiedenen „Versorgungsbereichen" (primärer, sekundärer . . .) „Versorgungssysteme" gegenüber, um herauszufinden, welche Versorgungssysteme für die Produktion von „Versorgungen" und welche für die Bereitstellung von „Begegnungen" besonders geeignet sind. Wir treffen dabei eine einfache Unterscheidung der Versorgungssysteme und trennen die „Großorganisationen", in denen die Menschen anonym, indirekt und ohne persönlichen Kontakt zusammenwirken, von den „Kleingruppen", in denen jeder seinen Partner persönlich kennt, mit ihm direkt und in persönlichem Kontakt (also gewissermaßen in Tuchfühlung) zusammenarbeitet (I. Kickbusch, A. Torjan, (Hg.), 1980). Auch hier können wir einer alten Übung folgen und die Unterschiede durch Numerieren kenntlich machen: Wir unterscheiden die „sekundären Systeme" (Großorganisationen) von den „primären Gruppen" (Kleingruppen). Die Familie erweist sich hierbei als primäre Gruppe besonderer Art, denn sie leistet nicht nur Versorgung, sie produziert zudem Güter im Begegnungsbereich.

Ein kurzer Rückblick in die Geschichte zeigt, daß die primären Versorgungsorganisationen früher in der Überzahl waren. Die Sammler und Jäger arbeiteten ausschließlich in Kleingruppen, aber auch die germanischen Stämme und historische Genossenschaften waren noch Kleingruppen. Und noch im Mittelalter war die Kleingruppenorganisation vorherrschend. Selbst die großen Städte hatten im Mittelalter im wesentlichen den Charakter von Kleingruppen, zumindest, was die herrschenden Gruppen anging.

Mit dem Aufkommen neuer Verkehrs- und Kommunikationstechniken wurden zunehmend Großorganisationen möglich. Zu den Erfindungen der Produktionstechnik kamen die Erfindungen der Sozialtechnik hinzu. Hier markiert das Jahr 1776 einen Wendepunkt: James Watt konstruiert die Dampfmaschine, Adam Smith beschreibt die Gesetze der Marktwirtschaft, in der USA wird die Demokratie konstituiert. Die Entwicklung von Industrie, Marktwirtschaft und Demokratie aus diesen Anfängen heraus kennzeichnet die Aufstiegsbewegungen des 19. Jahrhunderts. Deutschland folgt ihr zunächst mit Zeitverzögerung. Gut 100 Jahre später kommen dann gerade hier neue Sozialtechniken hinzu: 1881 kündigt Bismarck die Sozialversicherung an, 1891 wird mit der Koalitionsfreiheit das Verbandswesen möglich.

Der Rückblick zeigt, wie die sekundären Systeme das Übergewicht über die primären Gruppen erhalten haben. Es sind eine Vielzahl von sehr unterschiedlichen sekundären Systemen erfunden, eingerichtet und entwickelt worden. Produktion und Versorgung erfolgt heute vielfach nur noch in sekundären Systemen (R. Itzwerth, 1979, S. 255–263).

Die Entwicklung ist in ihrer Folgerichtigkeit leicht erklärlich, denn Produktion und Versorgung in sekundären Systemen läßt sich weitaus kostengünstiger organisieren als in Kleingruppen. Die Großorganisationen vermögen in viel höherem Maße als die Kleingruppen, Kapital an sich zu ziehen (vgl. die Aktiengesellschaft als „anonyme" Organisation, „societé anonyme"), neue Techniken einzusetzen (vgl. das „Gesetz der Mehrergiebigkeit der Produktionsumwege" von Böhm-Bawerk, 1921) und die Kostenvorteile der Massenproduktion und ihrer Kostendegression für sich auszunutzen (vgl. das „Gesetz der Massenproduktion", also das sogenannte Büchersches Gesetz von 1910, das die Kostenvorteile der Großserien zeigt) (Ph. Herder-Dorneich, 1984, S. 21 36).

Immer mehr Produktionen sind damit langsam aber sicher und notwendigerweise aus der Kleingruppenorganisation in die Großorganisationen ausgewandert: in der Produktion vom Handwerk in die Industrie; in der Landwirtschaft vom Familienbetrieb in die Farm (als landwirtschaftlicher Großbetrieb); im Dienstleistungsbereich von der Zwergschule in die Gesamtschule oder vom Krankenhaus in die Großklinik. Auch in den staatlichen Verwaltungen haben wir die Entwicklung vom Duodezfürstentum über den Nationalstaat zu den europäischen (und den Welt-)Organisationen erlebt. Die Großorganisationen funktionieren tendenziell anonym, indirekt und ohne persönlichen Kontakt. Das macht gerade ihre hohe Effizienz aus. Es hat sich immer wieder ergeben, daß Effizienz, Größe und anonymes indirektes Funktionieren positiv voneinander abhängig waren. Unpersönlichkeit und Entfremdung schienen der Preis für höhere Effizienz. Aufgrund ihrer größeren Effizienz in allen anderen Bereichen konnten die Großorganisationen die primären Gruppen aus fast allen Versorgungsbereichen nach und nach hinausdrängen. Daß die Großorganisationen eben aufgrund ihrer inneren Struktur höchst ineffizient sind in der Bereitstellung von Begegnungen und solchen Diensten, bei denen persönlicher Kontakt essentiell ist, blieb zunächst unbeachtet (Th. Thiemeyer, 1981, S. 203–217).

In der Tat sind die Großorganisationen (sekundäre Systeme) aufgrund ihrer Anonymität und Unpersönlichkeit in der Produktion der Güter der „Null-Serie", aber auch vieler Dienste des „tertiären Sektors" in hohem Maße ineffizient.

1.3 Unterversorgung mit primären Begegnungen

Menschliche Zuwendung, Naturerleben („Umwelt") sind Güter, deren Fehlen sich für die Gesundheit der Gesellschaft ebenso bemerkbar macht wie das Fehlen von Vitaminen für die Gesundheit des Einzelwesens, nämlich langsam, schleichend, unerkannt, aber unerbittlich.

Die Seeleute litten Jahrzehnte unter Skorbut, ohne zu wissen, daß dies auf Vitaminmangel zurückzuführen war. Sie waren gewohnt, genügend Vitamine mit der gewöhnlichen Nahrung aufzunehmen. Was allerdings auf See an Nahrungsmitteln bei einer monatelangen Reise noch haltbar blieb, enthielt wenig oder gar keine Vitamine mehr. Und so traten notwendig, wenn auch zunächst unerklärlich, die Ausfallerscheinungen des Skorbut auf.

Auch in der Massengesellschaft des modernen Sozialstaates beginnen wir erst allmählich zu erkennen, daß uns etwas fehlt, was früher selbstverständlich und nebenbei aufgenommen worden war (F. Hegner, 1980).

Bei den früheren Verfahren in der Landwirtschaft, im Handwerk und in den Dienstleistungen entstand eine Fülle an menschlichen Kontakten und damit in der Produktion der Güter („menschliche Zuwendung" und „Kontakt mit der Natur"). Die Versorgung mit diesen wichtigen Gütern war solange gesichert, wie die Produktion eben in Kleingruppen erfolgte. In dem Maße, in dem sich jedoch Großorganisationen bildeten, wurden diese zwar in der Erstellung ihrer eigentlichen Produktion effizienter, die „Abfallprodukte", die bisher nebenher angefallen waren – nämlich „menschliche Zuwendung" und „Kontakt mit der Natur" – kamen aber nun nicht mehr zustande.

Die Menschen waren über Jahrtausende gewohnt, daß die Güter der „Nullserien" (Begegnung mit sich, der Natur und anderen) nebenher und ohne eigenes Aufsehen mitproduziert wurden. Man bemühte sich um primäre, sekundäre, tertiäre Güter und Leistungen.

Heute erfolgt Produktion und Versorgung mit primären, sekundären, tertiären (usw.) Gütern anonym und in hoch effizienten Großorganisationen. Aber die wichtigen Güter der „Nullserie" und vor allem all das, was wir unter dem Sammelbegriff „menschliche Zuwendung" verstehen, fällt nicht mehr nebenher an. Die Großorganisationen sind von Mensch und Natur befreit, aber auch entfremdet. Die Systeme sind schwach an menschlichen Beziehungen (Ph. HerderDorneich, A. Schuller, 1982).

2. Die Familie als primäre Gruppe besonderer Art

2.1 Wachsende Interdependenz als Problem

Im bäuerlichen und handwerklichen Bereich erstellten die im „ganzen Haus" wirtschaftenden Menschen die lebensnotwendigen Güter und Dienstleistungen in Eigenproduktion. Neben die landwirtschaftliche oder handwerkliche Produktion trat auch die gewerbliche. Es wurden Häuser gebaut, Kleider selbst geschneidert, Werkzeuge und Schuhe produziert sowie eine umfangreiche Vorratshaltung betrieben. Zwar war das „ganze Haus" nie ökonomisch autark, es kam diesem Zustand jedoch schon sehr nahe. Die Hausproduktion deckte fast alle Grundbedürfnisse ab. Das „ganze Haus" leistete Produktion und Reproduktion in einem (E. Egner, 1964, S. 15 f).

Die Beziehungen eines solchen annähernd autarken Systems zu anderen Umweltsystemen waren natürlich relativ gering ausgeprägt. Das „ganze Haus" konnte weitgehend auf ökonomische Umweltbeziehungen verzichten.

Demgegenüber ist der Familienhaushalt der Industriegesellschaft weitgehend auf den Reproduktionsbereich beschränkt. Er sichert die hauswirtschaftliche Versorgung und Regeneration seiner Familienmitglieder. Einerseits besteht die Aufgabe des Familienhaushalts in einer Vermittlerposition zwischen den Produkten, die am Markt erworben werden, und der bedürfnisgerechten Umsetzung dieser Produkte z. B. Speisen. Zum anderen bietet der Familienhaushalt einen Raum der Entspannung und Erholung, der den Familienmitgliedern die Regeneration ihrer Leistungsfähigkeit ermöglicht (BMJFG, 1984 b, S. 73).

Ausdifferenzierte Systeme, die der Familie im extrafamilialen Bereich gegenübertreten, übernehmen die Produktionsfunktionen. Produktion und Reproduktion wird in der hochdifferenzierten Industriegesellschaft im Gegensatz zur traditionellen Gesellschaft durch verschiedene sekundäre Systeme geleistet. Darüber hinaus treten der Familie in bestimmten Bereichen professionelle Systeme gegenüber, die die vormals ausschließlich im „ganzen Haus" geleisteten Aufgaben mit übernehmen, z. B. die Kindererziehung oder Krankenpflege. Dies liegt, gerade auch in den angesprochenen Beispielen, an den im Laufe der Zeit beträchtlich gestiegenen individuellen und gesamtgesellschaftlichen Anspruchsstandards. Die Familie ist aus gesamtgesellschaftlicher Sicht gesehen ein Subsystem mit speziellem Aufgabenbereich.

Die Familie muß ihren spezifischen Aufgabenbereich gegenüber anderen Systemen (Bildungssystem, Wirtschaftssystem, Sozialversicherungssystem) abgrenzen und definieren. Mit der Wandlung des „ganzen Hauses" als in Grenzen autarkes System zur Familie der Modernen wird aufgrund der entstandenen Interdependenzen zwischen Familiensystem und den anderen Subsystemen der Gesellschaft die Ordnung dieser Beziehungen und die Aufgabenverteilung zum Problem. Soziale Ordnungspolitik ist gefordert.

2.2 „Emotionalität und Intimität" als spezifisch familiale Aufgaben

Das „ganze Haus" definierte sich als Gemeinschaft aller Mitglieder, die zusammen lebten und arbeiteten. Maßgeblich für ihr Zusammengehörigkeitsgefühl war das gemeinsame Wirtschaften. Der Hausvater fühlte sich verantwortlich für Leben und Wohlergehen aller Hausbewohner. Dies nicht aufgrund einer wie auch immer gearteten emotionalen Beziehung, sondern aufgrund der ökonomisch bestimmten Lebensgemeinschaft (M. Mitterauer, 1978, S. 80).

Familie im heutigen Sinne des Wortes meint etwas anderes als die zusammenlebende und wirtschaftende Gemeinschaft Kleinfamilie. Familie ist nicht durch die gemeinsame Erfüllung der Haushaltsfunktion definiert und begrenzt. Die gemeinsame Erfüllung der Haushaltsfunktion verliert zunehmend an Bedeutung. Nicht nur die Drei-Generationen-Familie wird immer mehr zum Grenzfall, es ist auch ein deutlicher Trend zum Alleinleben feststellbar (vgl. Orientierungsdaten II. C.). Besonders die über 65jährigen scheinen sich immer mehr für das Alleinleben zu entscheiden. Der Anteil der Ein-Personen-Haushalte mit einem Haushaltsvorstand über 65 Jahren an allen Ein-Personen-Haushalten beträgt 1982 45,7 % (K. Schwarz, 1983, S. 241-258).

Diese vermehrt getrennte Wahrnehmung der Haushaltsfunktionen kann jedoch nicht als eine Abnahme der familialen Hilfeleistungen und Bindungen gedeutet werden. „Intimität auf Distanz" (L. Rosenmayer, 1976) scheint eine Konsequenz der wachsenden Neigung zu unabhängiger und individueller Lebensführung auch und gerade der älteren Generation zu sein. Konstitutiv für das heutige Familiensystem ist nicht mehr die gemeinsame Haushaltsfunktion, sondern eine emotionale und soziale Bindung der Familienmitglieder untereinander. Familiale Hilfeleistung z. B. zwischen Zentral- und Satellitenhaushalt ist wichtiger Ausdruck dieser Emotionalität (R. v. Schweitzer, 1983, S. 238).

Hiermit wird die Brisanz der gesellschaftlich funktionalen Aufgabenzuteilung an das Familiensystem und die Beziehungen des Familiensystems zu anderen Institutionen deutlich. Die spezifische Funktionalität der Familie „Emotionalität und Intimität" muß in Konkurrenz zu den sekundären Organisationen, die ihre Stabilität der rationellen und ökonomischen Problembewältigung verdanken, unterstützt werden, um ihre Verdrängung durch die unter bestimmten Gesichtspunkten effizienteren sekundären Institutionen zu verhindern.

2.3 Familie – Spezialisierung auf Güter und Dienstleistungen besonderer Qualität

Das „ganze Haus" übernahm Reproduktions-, Produktion- und Sicherungsfunktionen. Mit der Industrialisierung wurde die gewerbliche Produktion und z. T. die Sicherungsfunktion in zunehmendem Maße auf extrafamiliale Institutionen und Systeme verlagert. Das Familiensystem wurde von diesen Funktionen entlastet und verfügte damit über Ressourcen für die Erfüllung anderer Funktionen. Hierbei wurden neben und im Rahmen der Sozialisationsfunktion die Emotionalität und Intimität des familialen Binnenklimas zentral wichtig. Wir konstatieren eine Funktionsverlagerung. Stand im „ganzen Haus" die Produktionsfunktion im Mittelpunkt, so ist heute weitaus mehr die Herstellung eines emotionalen und intimen Klimas, die Erziehung der Kinder und die Bereitstellung bestimmter Güter und Dienstleistungen Funktion der Familie (M. Mitterauer, 1979, S. 118 ff.).

Im Rahmen der Haushaltsproduktion entstehen im Familienhaushalt Güter unterschiedlichster Art, z. B. Dienstleistungen wie Kindererziehung, Kranken- und Altenpflege, Haushaltsproduktion, z. B. Essenkochen, Einmachen usw. Rein ökonomische Überlegungen wie z. B. der Rentabilitätsgesichtspunkt, daß die Produktion u. U. kostengünstiger im extrafamilialen Bereich geleistet werden könnte oder daß die Produktion Opportunitätskosten verursacht durch den Verzicht eines Familienmitglieds auf Erwerbstätigkeit, vernachlässigen oft, daß die im Familienhaushalt produzierten Güter und Dienstleistungen von besonderer Qualität sind. Zu bedenken ist, daß die primäre Motivation zur Produktion von Güter und Dienstleistungen durch und in der Familie in der emotionalen Verbindung der Familienmitglieder zu suchen ist. Damit erhalten die in der Familie produzierten Güter und Dienstleistungen ihre besondere Qualität (H. Tyrell 1979, S. 26). Sie sind quasi Kuppelprodukte. Besonders Dienstleistungen erhalten durch die Kuppelproduktion von Verrichtung einer Dienstleistung und dem Bewußtsein, daß dies vor dem Hintergrund einer emotionalen Motivation geschieht, ihre besondere Qualität. Ein Beispiel: Kindererziehung durch die Eltern als soziale Dienstleistung, die sich in Essenkochen, Schulaufgaben beaufsichtigen, Krankenpflege usw. manifestiert, hat eben eine grundsätzlich andere Qualität als die Dienstleistung, die durch „Professionals" geleistet wird. Da in der Familie der motivationale Hintergrund kein ökonomisches Interesse ist, entstehen mit der Verrichtung der Dienstleistungen Zuneigung, Geborgenheit und Nähe als immaterielle Güter (vgl. I. Ostner, 1978). Diese immateriellen Güter entstehen als Kuppelprodukte mit der Produktion einer sozialen Dienstleistung in der Familie.

Die im Familienhaushalt produzierten Güter und Dienstleistungen können demnach im Rahmen des Gesamtsystems als zentral wichtig gelten, da sie spezielle Güter und Dienstleistungen darstellen, die von anderen Systemen und Institutionen nur unzureichend und vor allem in essentiel anderer Qualität produziert werden können. Besonders bei Dienstleistungen, die eben durch die besondere Emotionalität des familialen Klimas ihre spezielle Qualität erhalten, ist es unbedingt notwendig, die Produktion durch den Familienhaushalt sicherzustellen (R. v. Schweitzer, 1981, S. 190).

2.4 Abgabe von Funktionen an sekundäre Systeme

Heute umfaßt die Familie, auch wenn man über die Kernfamilie hinaus von der extended family (A. Michel, 1972) ausgeht, nur wenige Personen. Eine Ursache ist u. a. , daß Familie als soziale Gruppe sich heute unter dem Abstammungsgesichtspunkt strukturiert, während das „ganze Haus" als soziale Gruppe alle gemeinsam wirtschaftenden Menschen definierte. Die heutzutage verringerte Zahl der Familienmitglieder schränkt die Möglichkeiten eines Risikoausgleichs bereits erheblich ein. Als weiteres gravierenderes Problem stellen sich die ausdifferenzierten Tätigkeitsbereiche dar, die in der Kernfamilie jeweils nur durch eine Person besetzt sind, z. B. Erwerbstätigkeit des Mannes, Familientätigkeit der Frau mit ihren sehr unterschiedlichen Beiträgen zur Bestandserhaltung des Haushalts. Der Ausfall des Erwerbseinkommens des Mannes, sei er Folge von Alter oder Krankheit, ist aufgrund der hochspezialisierten Tätigkeitsprofile schwerlich durch Mehrarbeit eines anderen Familienmitglieds wieder einzubringen.

Jedoch übernimmt auch das heutige Familiensystem einen Ausgleich bei Spitzenbelastungen. Zumeist wird der Haushalt der Elterngeneration zum Zentralhaushalt, der wichtige Funktionen für die Satellitenhaushalte der jüngeren Familien der erwachsenen Kinder übernimmt (R. v. Schweitzer, 1976, S. 21–101, insb. S. 95 f.). Diese Funktionsverteilung kann sich bei Alter und Gebrechlichkeit der Eltern umkehren. Die Kapazität der modernen Familie zum Ausgleich von Phasen der Spitzenbelastung oder zur Übernahme spezieller sozialer Dienstleistungen darf jedoch nicht überschätzt werden. Die moderne Familie ist nur in begrenztem Umfang in der Lage, einen Ausgleich für Lebensrisiken zu schaffen.

Damit kristallisiert sich ein weiteres Problem des modernen Familiensystems heraus, das sich der Gemeinschaft des „ganzen Hauses" in dieser Form nicht stellte. Zum Teil ist Risikoausgleich heute durch andere Systeme eine Notwendigkeit, die die Bestandserhaltung des Familiensystems garantiert, wie z. B. Sicherung im Alter durch die Gesetzliche Rentenversicherung, Sicherheit bei Krankheit durch die Gesetzliche Krankenversicherung. Für diese Aufgabe stehen der Familie keine ausreichenden Ressourcen zur Verfügung. Bestimmte Aufgabenbereiche aber können nur um den Preis der Funktionsentleerung vom Familiensystem in andere Institutionen verlagert werden. Die veränderte Form des Risikoausgleichs der modernen Gesellschaft stellt mithin eine konkrete Ausformung des Problems der Ordnung der Beziehungen zwischen sozialen Systemen dar (Ph. Herder-Dorneich, 1984, S. 179–200, insb. S. 181)

3. Aufgaben an Soziale Ordnungspolitik

Inwieweit können die Rationalitäten der mit der Familie kooperierenden sozialen Systeme zu Verhaltensänderungen führen, die das Familiensystem gefährden? Im weiteren Verlauf der Arbeit werden die Rationalitäten der mit der Familie kooperierenden und konkurrierenden Systeme analysiert. Eine ordnungspolitisch orientierte Familienpolitik wird bemüht sein, die Umweltsysteme der Familie so zu gestalten, daß das der Familie zur Verfügung stehende Potential zum Ausgleich von Risiken in Anspruch genommen wird, Überbelastungen genauso verhindert werden wie Unterauslastungen, die in Funktionsentleerungen münden können.

Eben dies erweist sich jedoch als schwierig, da gerade die mit der Familie kooperierenden und konkurrierenden Systeme aufgrund ihrer speziellen Konstruktion in der Familie Verhaltensänderungen hervorrufen können, z. B. die Auslagerung von familienspezifischen Funktionen an sekundäre Institutionen. Dies kann aus zwei Gründen unerwünscht sein. Zum einen, weil die Produktion durch sekundäre Institutionen zwar für die Familie eine kostengünstigere Lösung darstellt, gesamtgesellschaftlich jedoch zu Mehraufwendungen führt, da eine Externalisierung von Kosten vorliegt. Zum anderen jedoch vor allem, weil die Produkte der sekundären Institutionen, da hier Kuppelprodukte fehlen, von grundsätzlich anderer Qualität sind (Ph. Herder-Dorneich, S. 181).

Eine schlüssige Konstruktion der Systeme und der Beziehungen zwischen den Systemen kristallisiert sich hier als Aufgabe an soziale Ordnungspolitik heraus, um das Familiensystem der Modernen zu stabilisieren. Bestimmte Aufgabenbereiche der Familie müssen speziell gefördert werden, gerade um zu verhindern, daß sie, da die Produktion unter rein ökonomischen Gesichtspunkten effizienter im Marktbereich erfolgt, ausgelagert werden. Emotional und sozial würde dies nicht nur Verluste bringen. Auch die Basis der Familie wird gefährdet.

Auf der gesamtgesellschaftlichen Ebene stellt sich demnach aufgrund der gewachsenen Interdependenz zwischen dem Familiensystem und den sekundären Institutionen das Problem der Aufgabenzuweisung und Ordnung der Beziehungen zwischen dem Familiensystem und den anderen Organisationen. Welche Aufgaben sollen und müssen in den Bereich der Familie fallen, um eine Funktionsentleerung zu verhindern? Welche Aufgaben aber auch würden die Familie überlasten? Wo also bedarf sie der Unterstützung sekundärer Institutionen, um ihren Bestand zu sichern? Im Falle der Kooperation zwischen dem Familiensystem und den sekundären Institutionen müssen die Beziehungen zwischen der Familie und den anderen Systemen schlüssig geordnet werden, um Fehlsteuerungen zu verhindern.

B. Konkurrierende sekundäre Systeme

Während in der vorindustriellen Gesellschaft die Familie der wichtigste und oft sogar einzige Kristallisationspunkt für menschliche Beziehungen war, entstanden im Verlauf der letzten hundert Jahre zunehmend neue gesellschaftliche Institutionen. Sie traten in Konkurrenz mit der Familie um die Wahrnehmung vieler wirtschaftlicher und sozialer Funktionen. Diese neuen Institutionen waren im allgemeinen „sekundär", d. h. bürokratisch organisiert. Im Unterschied zur Familie als sozialem Mikrosystem bildeten sich neue Formen von sozialen Makrosystemen. Mit ihren neuen Organisationsprinzipien erwiesen sie sich in vielen Aufgaben als effizienter, und es gelang ihnen, im Wettbewerb mit der Familie dieser Funktionen abzunehmen (vgl. Ch. H. Cooley, 1964). Auf diese Weise kam es zu einer säkularen Funktionen**übertragung** von primären auf sekundäre Institutionen.

Die neuen sozialen Institutionen entwickelten entsprechend ihrer jeweiligen Struktur jeweils auch ihre eigenen sehr spezifischen Rationalitäten. Wir wollen im folgenden sechs verschiedene Rationalitäten sekundärer Systeme beobachten und versuchen, ihre Auswirkungen auf die Familie festzustellen.

1. Rationalität der Dienstleistungen

In diesem Jahrhundert bringt der Übergang von der **Industrie**gesellschaft zur **Dienstleistungs**gesellschaft neue, ökonomische Probleme für den Familienhaushalt. Während nämlich die Familie in der Erbringung von persönlichen Dienstleistungen bislang ein „Monopol" hatte, gerät sie aus zwei Gründen in diesem speziellen Versorgungsbereich zunehmend ins Hintertreffen:

– Wegen der im Verhältnis zu industriellen Prozessen geringeren Rationalisierungsmöglichkeiten persönlicher Dienste werden diese relativ gesehen immer teurer. Diesen Zusammenhang stellt das sog. „Fourastie-Theorem" (vgl. Ph. Herder-Dorneich, W. Kötz, 1972, S. 13 ff.) dar. Damit wird es für die Familien immer weniger möglich, Dienste von außen über den Markt zur Ergänzung ihres eigenen Dienstleistungspotentials hinzuzukaufen.
– Die qualitativen Ansprüche an Dienstleistungen sind rasch angestiegen (vgl. B. Badura, R. Gross, 1976, S. 267 ff.): Die Familie kann mit ihren Laienkräften diesen gestiegenen qualitativen Anforderungen immer weniger nachkommen (Beispiel Krankenpflege: hier ist die pflegende Mutter – gemessen am medizinischen Standard – rasch überfordert). Laiendienste sind qualitativ zum Teil unzulänglich.

Der Bedarf an persönlichen Diensten in der Familie ist in hohem Maße wechselnd, unvorhersehbar und dabei dringlich. Das heißt, es treten typische und dann gravierende Belastungsspitzen auf, z. B. bei Baby-, Kranken- und Altenpflege. Wenn es der Familie nicht mehr möglich ist, dafür von außen Hilfskräfte vorübergehend und ergänzend anzukaufen, muß sie das entsprechende qualifizierte Kräftepotential ständig selbst vorhalten. Das ist für sie nicht nur immens teuer, sondern auch – für die Zeit der Unterbeschäftigung zwischen den Belastungsspitzen – frustrierend.

Die Rationalität der Dienstleistungsgesellschaft wirkt sich so aus ihrer Eigengesetzlichkeit heraus gegen die Familie aus, denn sie führt einerseits die Dienstleistungen aus der Familie heraus und macht andererseits die Befriedigung des dann gerade besonders dringlichen Restbedarfes unmöglich. Hier ist eine grundlegende ordnungspolitische Neuorientierung nötig, um diese Rationalität der Dienstleistungen abzufangen bzw. ihr eine andere Richtung zu geben.

2. Ökonomische Rationalität: Gesetz der großen Zahl

In der agrarischen Gesellschaft war die intergenerative Einkommensumschichtung bei Alter und Krankheit weithin durch einen innerfamilialen Generationenvertrag, der teilweise sogar kodifiziert war, organisiert. Das Unterpfand der

Sicherung lag in der Hofstelle, die nur gegen entsprechende Sicherungszusagen abgegeben wurde. Mit der Entwicklung der kapitalistischen Gesellschaft ging die Alterssicherung zunehmend auf die Ansammlung von Kapital in der Erwerbsphase und dessen Auflösung in der Altersphase über. Die neu entstandenen Kapital- und Geldmärkte boten hierzu das Instrument.

Im weiteren Ausbau solcher Sicherungssysteme gelang es im Übergang von der individuellen Vorsorge (Eigenkapitalbildung) zur kollektiven Vorsorge (Versichertengemeinschaft), das „Gesetz der großen Zahl" zum Tragen zu bringen und so neue kostengünstigere Verfahren zu entwickeln. Im System der Sozialversicherung wurde es schließlich möglich, den Kapitalstock zunächst zu simulieren und schließlich im Umlageverfahren sogar ganz auf ihn zu verzichten. Damit waren diese außerfamilialen, sekundären ökonomischen Systeme in der Funktion der Alterssicherung zunehmend kostengünstiger und sachgerechter geworden. Sie konnten ein Sicherungsangebot machen, mit dem die Familie überfordert wäre. Die bürokratischen Makrosysteme konnten das Gesetz der großen Zahl für sich arbeiten lassen, die Familie nicht.

Entsprechende Vorteile galten auch für die finanzielle Sicherung bei Krankheit. Auch im Krankheitsfall kann in einem „Verbund der großen Zahl" die finanzielle Sicherung durch eine (private oder gesetzliche) Krankenkasse kostengünstiger als durch individuelle Vorsorge gewährleistet werden. Das „Gesetz der großen Zahl" mit seinen Kostenvorteilen bildet auch hier eine Rationalität, die der Familie nicht offen steht. Der Rationalität der Makrosysteme folgend sind so die Sicherungsaufgaben aus der Familie zunehmend abgewandert.

Die so die Familie sinnvollerweise ergänzenden sekundären Systeme haben Einfluß auf die Familie. Hier besteht sorgfältiger ordnungspolitischer Handlungsbedarf, um zu verhindern, daß die sekundären Systeme der Familie nicht schaden anstatt ihr zu helfen.

3. Politische Rationalität: Die Begünstigung von Organisationen mit politischem Gewicht

Mit der Einrichtung von demokratischen Institutionen im 19. Jahrhundert und schließlich der Entwicklung der demokratischen Gesellschaft nach dem Zweiten Weltkrieg erwies es sich, daß für die politische Rationalität das Thema „Familie" immer weniger interessant wurde. Die Politiker wandten sich den organisierten Interessen zu. Unter dem Konkurrenzdruck der Parteien und dem Zwang, Stimmenmehrheiten zu gewinnen, wurden für die Politiker diejenigen Institutionen entscheidend, die ihnen Stimmen zuführen konnten. Das waren die großen Verbände wie z. B. Gewerkschaften und Berufsverbände (vgl. Ph. Herder-Dorneich, 1979, S. 26 ff.). Demgegenüber erwiesen sich die Familien – und das heißt hier konkret die Individuen, die in einer familialen Phase nicht erwerbstätig, sondern familientätig sind – als kaum organisierbare Gruppe. Zwar entstanden auch Familien-Verbände, aber diese erlangten als eher künstliche Organisationen wenig effektives Stimmengewicht.

4. Rationalität professioneller Systeme

Bürokratien wurden eingerichtet, Professionelle eingestellt, um in den neu entstandenen gesellschaftlichen Institutionen die diesen übertragenen Aufgaben auszuführen und die dazu benötigten finanziellen Ressourcen zu verwalten. Die Professionellen und Bürokraten hatten so zunächst eine ausführende Funktion; sie bildeten eine abhängige Variable.

Doch aus diesem rein instrumentellen Ansatz entwickelt sich alsbald eine Eigendynamik. Die Professionellen und Bürokraten verfolgen zunehmend ihre eigenen Interessen: Einkommen, Macht, Prestige sind ihre persönlichen Ziele (vgl. Ph. Herder-Dorneich, 1983, S. 53 ff.). Zug um Zug wird ihre ausführende zu einer führenden Funktion; sie werden zur unabhängigen Variablen.

Die persönlichen Ziele der Professionellen und Bürokraten lassen sich immer dann mit den institutionellen Zielen harmonisch verbinden, wenn die Institutionen wachsen. Die wachsende Institution garantiert den Funktionären gleichzeitig auch wachsendes Einkommen und wachsende Macht. Wächst das Aufgabenfeld der Institutionen, wachsen auch die Budgets und die Stellenpläne. Umso eher können auch die Bürokraten und Professionellen in ihnen aufsteigen, ihre Einkommen verbessern, sich gegenseitig Beförderungen zusichern und ihren Machtbereich durch steigende Zahl an Untergebenen ausweiten. Professionelle Systeme entwickeln so aus sich heraus ein Interesse und einen Druck auf eigenes Wachstum.

5. Rationalität der Erwerbstätigkeit

Ein wesentlicher Unterschied zwischen der Familientätigkeit und der Tätigkeit in ökonomischen und bürokratischen Systemen ist die Honorierung durch Einkommen und eigenständige soziale Sicherheit. Die Familientätigkeit in der eigenen Familie wird monetär nicht honoriert und sichert nur abgeleitete Ansprüche gegenüber den Systemen der sozialen Sicherung. Erwerbstätigkeit wird demgegenüber durch Geldeinkommen und eigenständige soziale Sicherung vergütet. Zwei Entwicklungstendenzen bahnen sich an: Durch die eine wird die honorierte Erwerbstätigkeit zunehmend privilegiert. Sie gilt als höherwertig. Die „Nur-Hausfrau" wird dagegen nach dem Motto: „Was nichts kostet, ist nichts wert", abgewertet. Somit führt eine Orientierung am nominalen (in Geldeinkommen erzielten) Familieneinkommen zu einer Bevorzugung von Erwerbstätigkeit gegenüber Familientätigkeit (vgl. Ph. Herder-Dorneich, (Hg.), 1984, S. 3-68, hier: S. 58 f.).

In der anderen Entwicklung wird die Erwerbstätigkeit belastet – nicht nur durch Steuern, sondern auch durch Sozialversicherungsbeiträge. Die durch Familientätigkeit hevorgebrachten Güter und Dienste sind dagegen steuer- und abgabenfrei. Sie erhöhen das **reale** (Geldeinkommen plus selbsterzeugte Sach- und Dienstwerte) Familieneinkommen.

Soziale Sicherheit, zumindest eine eigenständige Absicherung, konnte bis vor kurzem ausschließlich durch Erwerbstätigkeit erzielt werden. Erst die Einführung der Babyjahre in der Gesetzlichen Rentenversicherung bedeuten den ersten Schritt zur Gleichberechtigung von Familien- und Erwerbstätigkeit.

6. Rationalität der kollektiven Versorgung

Die Aufgaben der Lebenssicherung (z. B. Alter, Krankheit, Invalidität) wurden früher familienindividuell geleistet. Eltern erziehen Kinder, auch damit sie ihrerseits im Alter und bei Pflegebedürftigkeit wiederum Unterstützung und Pflege erfahren. Die Rationalität der individuellen Versorgung läßt es geraten erscheinen, möglichst viele Kinder aufzuziehen, weil dann die Versorgungsaufgaben auf mehr Personen aufgeteilt werden können. Aufgeteilt werden sie leichter tragbar, und entsprechend wächst für die Eltern die Sicherheit, daß die Versorgung im Falle des Bedarfs auch wirklich erbracht wird.

Durch die Institutionen der sozialen Sicherung des Sozialstaates werden die Sicherungsaufgaben nicht mehr individuell, sondern kollektiv erbracht. Das bringt zwar große Kostenvorteile mit. Es kehrt allerdings die individuelle Rationalität in eine kollektive Rationalität um. Jetzt ist die soziale Sicherung durch Pflichtbeiträge vom Erwerbseinkommen gesichert. Sicherung erfolgt also durch Nebenwirkung der Erwerbstätigkeit, aber nicht durch Aufziehen von Kindern. Diese Kosten und Mühen bleiben individuell, der Ertrag (daß Kinder später als Erwachsene Versorgungsbeiträge erbringen) wird sozialisiert (vgl. H. Geissler, 1980, S. 56–68).

C. Systemdefekte

1. Maßstäbe zur Feststellung von Systemdefekten

Die Beziehungen zwischen der Familie als gesellschaftlichem Subsystem und den sekundären Organisationen – Wirtschaft, Gesetzliche Krankenversicherung, Gesetzliche Rentenversicherung, Erziehungssystem, um einige zu nennen

– lassen sich unter substitutiven und komplementären Gesichtspunkten ordnen. Diese Beziehungen sind durch die eingangs aufgeführten sechs Rationalitäten bestimmt. Hieraus ergeben sich bei statischer Betrachtung drei Ordnungsprinzipien, die Soziale Ordnungspolitik bei der Gestaltung von Familienpolitik verfolgen muß.

– Monopolbereich:
In bestimmten Bereichen ist der Familie ein Alleinvertretungsanspruch zuzubilligen. Hier muß jede Konkurrenz mit anderen Institutionen ausgeschlossen werden. In bestimmten familialen Lebensbereichen, wobei z. B. an die primäre Sozialisation bzw. an die „zweite Geburt" des Menschen als sozialkulturelle Persönlichkeit zu denken wäre (R. König, 1955, S. 119–156, insb. S. 143 f.), ist der Familie eine Monopolstellung bzw. ein Alleinvertretungsanspruch zuzusichern.

– Der Prärogativbereich:
In anderen Bereichen erscheint die Existenz sekundärer Organisationen als sinnvoll, aber die Familie hat eine Prärogative. Sie ist grundsätzlich besserzustellen. Hier gilt also nicht das Ausschalten der Konkurrenz, sondern ihre Einordnung in das Subsidiaritätsprinzip. Beispielhaft ist hier die Situation von Kindern im Kindergartenalter anzuführen. Der Familie ist eine Prärogative zuzugestehen, darüber hinaus jedoch ist anzuerkennen, daß die Kindergartenerfahrung eine wichtige Erweiterung des sozialen Umfeldes für das Kind darstellt (vgl. W. R. Heinz, 1980, S. 354–367, insb. S. 359 f.).

– Der Konkurrenzbereich:
Der dritte Bereich umfaßt die Funktionen, um die die Familie mit anderen Institutionen konkurriert. Im Bereich der Pflege alter bzw. kranker Menschen können bestimmte Tätigkeiten, die keine professionellen Vorkenntnisse erfordern, durch die Familie erbracht werden. In solchen Bereichen ist die Verdrängung der Familie durch professionelle Systeme zu vermeiden. Vielmehr ist der Familie Chancengleichheit zu gewähren. Prinzipiell muß es der gesellschaftliche Rahmen ermöglichen, daß derartige Funktionen durch die Familie und nicht durch sekundäre Organisationen erfüllt werden.

Die Umweltsysteme können nun auch stützende Funktionen in bezug auf Familie übernehmen. Solche komplementären Beziehungen sind vor allem auch im Bereich der Altenpflege vorstellbar. Wenn die sekundären Institutionen, z. B. Sozialstationen, die Familie von bestimmten, sie u. U. medizinisch überfordernden Pflegeleistungen entlasten, dann ist eine Konzentration des familialen Angebots auf affektive emotional akzentuierte Dienstleistungen zu vermuten. Auch bei der Erziehung von Kindern können subsidiäre Hilfen wie z. B. ausreichendes Angebot an Krabbelgruppen, Kindergärten und Spielplätze Überlastungen der Familie vermeiden und ihr den Aufbau und die Pflege eines expressiven und intimen Klimas in der Familie erleichtern.

Gerade dieser Funktionskomplex der Intimität und Expressivität familialen Verhaltens gehört schwerpunktmäßig zum spezifischen Leistungsangebot der Familie (H. Tyrell, 1979, S. 44). Die komplementäre Funktion der sekundären Organisationen liegt also in der Stärkung des spezifischen familialen Dienstleistungsangebots, sofern es Sozialer Ordnungspolitik gelingt, die Konkurrenzbeziehungen zwischen Familie und sekundäreren Organisationen zu ordnen.

Die Mindestforderung einer ordnungspolitisch orientierten Familienpolitik ist, Chancengleichheit für die Familie bei der Übernahme und Erfüllung von Aufgaben zu sichern. Die Familie erweist sich den sekundären Systemen gegenüber als abhängige Variable. In der Vergangenheit paßte sich die Familie den Rationalitäten ihrer Umweltsysteme an. Für die Zukunft ist ihre Gleichstellung erstrebenswert.

Es konnte gezeigt werden, daß die Familie nicht nur eine primäre Gruppe besonderer Art ist, sondern daß sie zudem Güter und Dienstleistungen ganz spezieller Qualität produziert. Diese sind aufgrund der Kuppelproduktion mit Gütern der „Nullserie" nicht durch die Produkte der sekundären Systeme substituierbar. Die Familie ist daher in ihrer Funktionserfüllung zu privilegieren.

Dieses Privileg genießt sie auch gegenüber anderen primären Gruppen (z. B. Selbsthilfegruppen), da die Familie zum einen eine gewisse zeitliche Stabilität aufweist, zum anderen eine spezifische Verläßlichkeit in bezug auf die Funktionserfüllung garantiert.

Chancengleichheit für Familie und für Familientätigkeit erfordert eine vergleichende Betrachtung zwischen Familie und sekundären Systemen.

2. Familie und sekundäre Systeme

2.1 Familie und Arbeitsmarkt – Notwendigkeit einer flexiblen Gestaltung

Arbeitskraft wird am Arbeitsmarkt gegenwärtig in großen Losgrößen eingebracht, da sie nur so auf Nachfrage durch die Unternehmen und Verwaltungen rechnen kann. Die 40- bzw. 38,5-Stunden-Woche ist die Norm. Eine andere Arbeitszeitdauer wird von den Unternehmen aufgrund der gesetzlichen und tariflichen Organisation des Arbeitsmarktes bisher nur wenig nachgefragt, würde aber gerade von Familientätigen gerne wahrgenommen.

Im Lebensplan des Einzelnen und im Familienzyklus kann der Erwerbstätigkeit und der Familientätigkeit ein jeweils unterschiedlicher Stellenwert eingeräumt werden. Die Entscheidung für eine flexible oder feste Arbeitsteilung in der familialen Partnerschaft fällt in den Bereich der einzelnen, die ihre Entscheidungen entsprechend ihrer unterschiedlichen und wechselnden Ziele individuell zu fällen haben. Es muß darum gehen, Rahmenordnungen zu schaffen, die es den Menschen erlauben, die Entscheidung über partnerschaftliche Arbeitsteilung, ob fest oder flexibel, nach ihrer Wahl zu treffen. Freie Wahl setzt voraus, daß die angesprochenen Alternativen auch wirklich umsetzbar sind und die entsprechenden Möglichkeiten, z. B. ausreichende Flexibilität am Arbeitsmarkt, vorhanden sind.

Umfrageergebnisse zu Arbeitszeitwünschen erlauben trotz einiger methodischer Einwände Trendaussagen zu den Präferenzen für Teilzeitarbeit. Dies besonders, wenn man die Befragten nach individuellen Merkmalen, nach Erwerbs- und Einkommenspositionen sowie Arbeitsbedingungen unterscheidet (M. Landenberger, 1986). M. Landenberger wertete 24 Befragungen, die zwischen 1979 und 1982 erschienen, aus und kommt zu dem Ergebnis, daß verheiratete Frauen zwischen 30 und 45 mit minderjährigen Kindern und einem vollzeiterwerbstätigen Mann besonders häufig Teilzeitarbeit wünschen. Männer haben insgesamt deutlich weniger Interesse an Teilzeittätigkeit, nur bei älteren Arbeitnehmern steigt dieses Interesse an. Männliche Facharbeiter, Beamte und höhere Angestellte wünschen am seltensten Teilzeitarbeit, dagegen äußern Frauen aller Berufsgruppen und Ausbildungsstufen den Wunsch nach Teilzeitarbeit. Rund 15 % der Vollzeitbeschäftigten im produzierenden Gewerbe und im Handels-, Verkehr- und Dienstleistungsbereich würden lieber auf eine Teilzeitstelle wechseln.

Die meistgewünschte Arbeitszeitdauer schwankt zwischen 25 und 35 Wochenstunden. Besonders geringes Interesse besteht an einer Arbeitszeit unter 20 Stunden. Ausnahme sind hier aufgrund der familialen Belastungen die jüngeren verheirateten Frauen mit Kindern. Die Arbeitszeit wünschen rund die Hälfte der Befragten vormittags abzuleisten, ungefähr 10 % plädieren für nachmittags und 5 % würden ihre Arbeitszeit gerne auf einige Tage der Woche verteilen. Für rund ein Drittel der Teilzeitarbeitenden weicht die tatsächliche Lage ihrer Arbeitszeit von der gewünschten ab (M. Landenberger, 1986).

Teilzeitarbeit ist **die** Möglichkeit des Familientätigen, die entweder-oder-Option auf ein sowohl als auch zu erweitern und trotz der zeitlichen Belastung durch Familientätigkeit erwerbstätig zu sein. Erst eine in Grenzen flexible Zeiteinteilung erlaubt es den Erwerbstätigen, ihre Familienpflichten mit der Erwerbstätigkeit zu vereinbaren.

Bei bestimmten Teilzeitarbeitsformen wie der Kapovaz ist allerdings die Vereinbarkeit von Familien- und Erwerbstätigkeit schon durch die Ausgestaltung der Teilzeitarbeit gleichfalls problematisch. Bei einer Arbeit auf Abruf ist die Anpassung der Familientätigkeit an die Erwerbstätigkeit schon deshalb ausgeschlossen, weil Flexibilität und Souveränität vor allem für den Betrieb im Hinblick auf seine Kapazitätsauslastung angestrebt wird. Für den Familientätigen ergibt sich bei einer Arbeit auf Abruf eine verkürzte und erschwerte Handlungs- und Planungsperspektive.

Andere Formen der Teilzeitarbeit bieten aufgrund ihrer speziellen zeitlichen Ausgestaltung die Möglichkeit einer besseren Vereinbarkeit von Familien- und Erwerbstätigkeit.

Teilzeitarbeitende finden allerdings kaum qualifizierte Tätigkeitsbereiche. Sie müssen sich mit minderwertigen, monotonen und stark belastenden Jobs im unteren Bereich der Berufshierarchie zufrieden geben (S. Gensior, 1984, S. 112–130, insb. S. 121 ff.).

Für Teilzeitarbeitende bieten sich kaum berufliche Aufstiegsmöglichkeiten. Auch berufliche Qualifikationen sind kaum möglich (I. J. Dyck, 1978).

Teilzeitarbeitende sind in geringem Maße sozial abgesichert. Es besteht bei ihnen meist kein Anspruch auf Überstundenvergütung, da Überstunden erst dann vorliegen, wenn die tarifliche Normalarbeitszeit überschritten ist. Wenn eine Teilzeitarbeit unter 19 Stunden wöchentlich vereinbart ist, entfällt der Arbeitslosengeldanspruch.

2.2 Familie und Gesetzliche Rentenversicherung

Die Alterssicherung als Einkommensumschichtung zwischen den Generationen (intertemporäre Einkommensumschichtung) leistete in vorindustrieller Zeit die Familie bzw. das „ganze Haus" (vgl. hierzu I. B. 3.2). Diese Aufgabe hat heute zu einem erheblichen Teil die Gesetzliche Rentenversicherung mit ihrer „Generationensolidarität" übernommen. Die gesamte Gruppe der Erwerbstätigen finanziert aus ihrem Erwerbseinkommen im Umlageverfahren die Renten der Nicht-mehr-Erwerbstätigen.

Die Sicherung der Altersversorgung erfolgt nicht nur durch die Zahlung von Beiträgen zur Gesetzlichen Rentenversicherung (Zwei-Generationen-Vertrag), sondern auch durch das Auf- und Erziehen der nachfolgenden Generation, die ihrerseits für die Elterngeneration die Alterssicherung zu erarbeiten hat (Drei-Generationen-Solidarität). Dieser reale Zusammenhang muß in der Konstruktion des Systems der Gesetzlichen Rentenversicherung berücksichtigt werden.

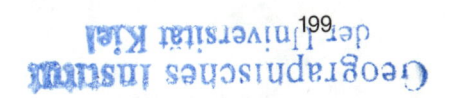

Während die beträchtlichen Belastungen durch Kinder den Familienhaushalt individuell belasten, werden durch das System der Gesetzlichen Rentenversicherung gerade diejenigen Familien, die keine Reproduktionsaufgabe übernehmen, gleich viel oder sogar mehr Rente beziehen. Bei rein individuellem ökonomischen Kalkül ist der Nutzenzuwachs des Familienhaushalts durch die Leistungen der Gesetzlichen Rentenversicherung bedeutend höher, wenn er auf das Aufziehen von Kindern verzichtet und stattdessen verstärkt der Erwerbstätigkeit nachgeht.

Die Nachteile für die Familientätigen liegen darin, daß sie enweder keine eigene oder doch nur eine gestückelte „Rentenbiographie" herstellen können. In Zeiten besonders hoher familialer Belastungen muß der Familientätige ganz auf eine Erwerbstätigkeit verzichten bzw. kann nur einer Teilzeitarbeit nachgehen. Dies führt zu niedrigen Einkommen, niedriger persönlicher Bemessungsgrundlage und zu einer diskontinuierlichen Versicherungsbiographie (weniger Versicherungsjahren). Daraus resultieren dann die oft nur sehr geringen Versichertenrenten an Frauen.

Für Frauen „zahlt sich" aufgrund der Konstruktion der Gesetzlichen Rentenversicherung Kindererziehung wirtschaftlich nicht aus. Im Gegenteil, für einige ist Armut im Alter die Konsequenz. Familientätigkeit wird im System der Gesetzlichen Rentenversicherung nicht honoriert. Dieses Ungleichgewicht muß abgebaut und Familientätigkeit stärker berücksichtigt werden.

2.3 Familie und Gesetzliche Krankenversicherung
– Abbau von Diskriminierungen der Familienpflege

Der sehr heterogenen Bedarfslage der Pflegebedürftigen steht im Pflegebereich ein in Versorgungsschichten gegliedertes Angebot gegenüber. Je höher die Versorgungsschichten sind, desto mehr Kapital und desto mehr und qualifizierteres Personal sind nötig. Mit den Schichten steigt also die Kostenintensität der erbrachten Dienstleistungen. Die Basis in diesem Schichtenaufbau der Pflege bilden der Familienverband, Pflege- und Hilfeleistungen durch Bekannte und Nachbarn sowie durch Selbsthilfegruppen. Darauf folgt ein Bereich der ambulanten ärztlichen Versorgung und der ambulanten Pflege durch Sozialstationen. Letztere sind noch im Aufbau, ihre Finanzierung ist vielfach zufällig und ungesichert. Die nächste Stufe erfaßt die teilstationäre Versorgung in Tageskliniken bzw. Heimen. Dem schließt sich im Rahmen der stationären Pflege im Krankheitsfall das Krankenhaus bzw. das Fachkrankenhaus an, im Pflegefall das Altenwohnheim bzw. Altenpflegeheim. Diese Versorgung ist in der Vergangenheit stark expandiert. Sie wird durch vielfache Subventionen und finanzielle Privilegien bevorzugt.

Das Schichtenmodell zeigt die verschiedenen Versorgungsschichten und ihren zunehmend „kopflastig" gewordenen Ausbau.

Abbildung 4: „Schichtenmodell"

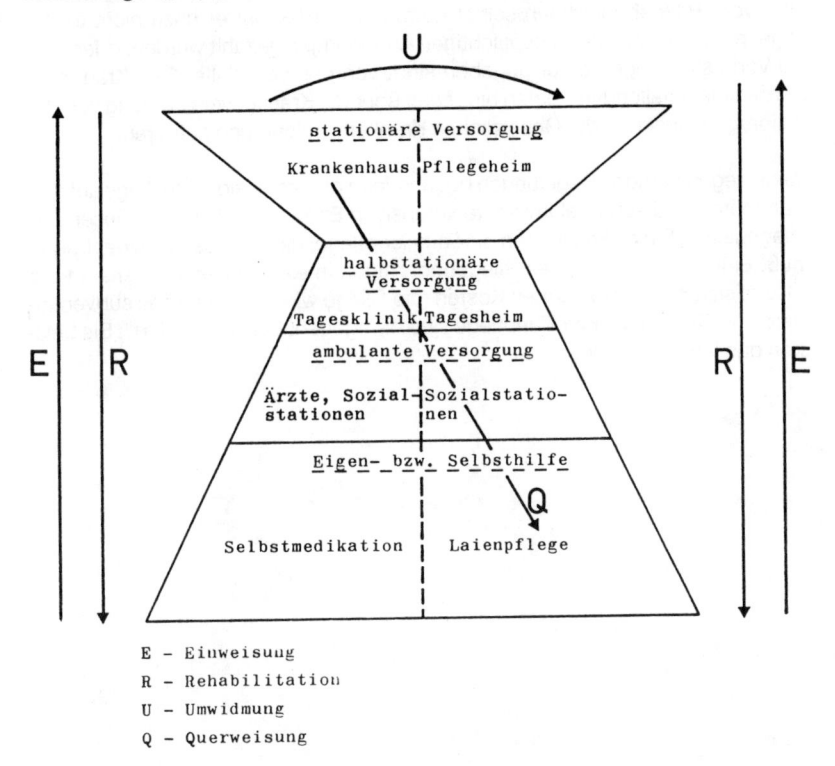

```
                        U
        ┌─────────────────────────────┐
         stationäre Versorgung
          Krankenhaus  Pflegeheim

              halbstationäre
                Versorgung
            Tagesklinik  Tagesheim
             ambulante Versorgung
           Ärzte, Sozial- │ Sozialstatio-
           stationen      │ nen
              Eigen- bzw. Selbsthilfe
                                   Q
           Selbstmedikation │ Laienpflege
```

E – Einweisung
R – Rehabilitation
U – Umwidmung
Q – Querweisung

Im Schichtenmodell lassen sich typische Verlagerungen und Wanderungen beobachten.

Der Strom der Einweisungen bzw. Überweisungen führt Patienten und Pflegebedürftige nach oben. Demgegenüber bleibt der Strom der Rehabilitation (in der Krankenversorgung) und der Relevation (im Pflegebereich) zurück. Daraus ergibt sich notwendig eine Expansion der oberen Versorgungsschichten. Der stationäre Sektor expandiert stärker als der ambulante Sektor. Das System beginnt zunehmend „kopflastig" zu werden. Da die kostenexpansiven Versorgungsschichten so stärker wachsen, wird das System zunehmend teurer.

Auf die Pflegebedürftigen als Nachfrager wirkt ein institutionalisiertes Interesse, Versorgung möglichst im Krankenhaus zu suchen. Problematisch, aber für die Kostenübernahme ausschlaggebend, ist die Unterscheidung zwischen „Kranken" und „Pflegebedürftigen". Ambulante Pflege, die außerhalb von

(Kranken-)Behandlung (z. B. bei Altersgebrechlichkeit, Behinderung) anfällt, muß vom Pflegebedürftigen selbst getragen werden. Ist er dazu nicht in der Lage, muß sie von unterhaltspflichtigen Angehörigen gezahlt werden, oder, falls die Voraussetzungen dafür gegeben sind, von der Sozialhilfe. Bei „Krankheit" werden die anfallenden Kosten hingegen über die Krankenversicherung von der Solidargemeinschaft der Gesetzlichen Krankenversicherung getragen.

Diese gegenwärtigen Regelungen begünstigen die professionelle Pflege auf den stationären und somit relativ kostenintensiven Ebenen der Krankenhäuser und Pflegeheime. Sie diskriminieren die Familienpflege, die alle Kosten selber tragen muß. Eine Überweisung des Pflegebedürftigen in ein Krankenhaus erlaubt die „Sozialisierung" der gesamten Kosten (die Pflege wird in voller Höhe subventioniert). Die Kosten der Familienpflege sind demgegenüber „privatisiert". Sie belasten das familiale Budget.

V. Ordnungspolitisch orientierte Familienpolitik – Prinzipien, Ziele, Maßnahmen

A. Konzeption einer ordnungspolitisch orientierten Familienpolitik

1. Grundproblematik einer ordnungspolitisch orientierten Familienpolitik

Im Titel werden zwei Begriffe miteinander verbunden, einmal „Entscheidung für Kinder" und zum anderen „Ordnungspolitik". Aufgabe ist es, ordnungspolitisches Denken in die Familienpolitik einzubringen. Dies ist ein bereits vielfach geforderter Gedanke (M. Wingen, 1964). Eine Konzeption wurde bisher nicht vorgelegt. Dies ist auch leicht verständlich, denn klassische Ordnungspolitik hatte einen anderen Gegenstand, die wettbewerbliche Ordnung von Wirtschaft und Gesellschaft. Sie zielte einerseits auf Wirtschaft, andererseits auf die Gestaltung der Gesamtgesellschaft und hatte als Gegenstand die Ordnung eines speziellen sekundären Systems im Auge. Im weiteren ging Ordnungstheorie und -politik dazu über, nicht nur auf das sekundäre System „Marktwirtschaft" Aufmerksamkeit zu lenken, sondern auch andere sekundäre Systeme in die Analyse mit einzubeziehen. Dieses hat insbesondere die Konzeption der „Sozialen Ordnungspolitik" verfolgt, die nicht nur Märkte, sondern auch Verbände, Gesundheitswesen usw. berücksichtigt. Jedoch auch der Ansatz der Sozialen Ordnungspolitik hat nur sekundäre Systeme einbezogen. Insofern tritt hier ein neues Problem auf, da es nun gilt, eine Ordnungspolitik im primären Raum zu etablieren, bei der Familie als eine spezielle Organisationsform primärer Gruppen anzusehen ist.

In der vorliegenden Arbeit soll Familienpolitik nicht in ihrer Gesamtheit ordnungspolitisch ausgedeutet werden. Gegenstand ist vielmehr lediglich eine Phase des Familienzyklus, diejenige Phase, in der die Entscheidung für Kinder fällt. Die neuere Familienpolitik bezieht in ihre Betrachtung auch andere Familienphasen mit ein, so der vierte Familienbericht, der sich insbesondere mit der Integration älterer Menschen in die Familie befaßt. Diese Betrachtung von Familie ist insofern etwas Neues, als der Begriff „Familie" oft auf die Familie mit Kleinkindern begrenzt blieb. Die Ausweitung auf den ganzen Familienzyklus, Familiengründung, Kinder, empty-nest und Pflegephase, sowie die Betrachtung intergenerationeller Verknüpfungen und Interdependenzen bringt demgegenüber eine neue Problemstellung.

Im Verlauf unserer Arbeit haben wir gesehen, daß eine solche ausgeweitete dynamische Betrachtung von Familie auch für unsere Fragestellung von Interesse ist. Zwar wird sie für den ersten Eindruck durch den Titel ausgeschlossen, auf die erweiterte Sicht der Familie kann allerdings nicht verzichtet werden; denn die Entscheidung für Kinder ist weitgehend von den Erwartungen bezüglich zukünftiger Familienphasen und von der Interdependenz intergenerativer Familienbeziehungen abhängig. Ist z. B. eine Großmutter zur Kinderbetreuung bereit, lebt sie im Haus, in der Nähe oder sehr fern, ist sie pflegebedürftig oder selbst unterstützungsbereit, so ist dadurch die Entscheidung für Kinder mitbetroffen.

2. Prinzipien einer ordnungspolitisch orientierten Familienpolitik

Ordnungspolitik ist immer auch Politik, bedeutet also Handeln im Hinblick auf politische Ziele. Die Konzeption von Ordnungspolitik beinhaltet deshalb nicht nur theoretische Sätze, nämlich Ordnungstheorie, sondern auch normative Sätze (Prinzipien). Die klassische Ordnungspolitik (1936–1948)umfaßte situationsbedingt eine bestimmte Auswahl von Prinzipien. Wichtigstes Prinzip dieser Ordnungspolitik ist das Prinzip der Schlüssigkeit der Systeme, in der Sprache der klassischen Ordnungspolitik „Marktkonformität". Zweites wichtiges Prinzip ist Freiheit, spezifisch auf das hier im Blickpunkt stehende Wirtschaftssystem ausgedeutet als „Konsumentensouveränität", Verantwortung, Haftung usw. Diese typischen Prinzipien der klassischen Ordnungspolitik sind indes nur bedingt übertragbar auf eine ordnungspolitisch orientierte Familienpolitik. Deswegen ist ein grundsätzliches Überdenken notwendig.

Fraglos ist, daß die beiden klassischen Prinzipien Systemschlüssigkeit und Freiheit übernommen werden. Es müssen aber weitere Prinzipien, wie z. B. Gerechtigkeit, hinzukommen, und die Prinzipien müssen adäquat ausformuliert werden.

Systemschlüssigkeit muß für eine ordnungspolitisch orientierte Familienpolitik unter zwei Aspekten gesehen werden. Einmal muß die Institution Familie in sich schlüssig organisiert sein. Es dürfen nicht derart eklatante Widersprüche bestehen, daß Handeln unmöglich wird. Handeln heißt bei unserer Problemstellung speziell: Entscheidung für Kinder.

Zweitens aber darf nicht nur die Institution Familie unter dem Schlüssigkeitsaspekt betrachtet werden, auch die anderen sie umgebenden primären und sekundären Systeme müssen in die Analyse einbezogen werden. Diese Systeme sollten schließlich so gestaltet sein, daß sie die Handlungen der Familie nicht erschweren, hier speziell die Entscheidung für Kinder. Wir werden dies im Verlauf unserer Arbeit untersuchen und sehen, daß z. B. die Gesetzliche Rentenversicherung in sich eine Rationalität aufweist, die auf die Familie zurückschlägt und die Entscheidung für Kinder stark beeinflußt.

Das Freiheitsprinzip erfordert, daß in großem Umfange freie Entscheidungen möglich sind. Dies setzt Optionen voraus. Denn nur bei Verhaltensspielräumen, also der Wahl zwischen verschiedenen Optionen, sind freie Entscheidungen de facto möglich. Gerade bei der Entscheidung für Kinder sind die langfristigen

Optionen für die Zukunft wichtige Voraussetzung einer freien Entscheidung. Wir haben uns eingehend mit der Problematik ausreichender Optionen auseinandergesetzt und feststellen müssen, daß die Familie in vielen Bereichen unter Optionenmangel leidet.

In der klassischen Ordnungstheorie steht das Freiheitsprinzip im Vordergrund als Forderung nach einer Rahmenordnung für eine freie Marktwirtschaft. In ihrer zweiten Phase als „Soziale Marktwirtschaft" trat neben das Freiheitsprinzip ein Sozial- und Gerechtigkeitsprinzip mit der Forderung eines Ordnungsrahmens für eine **soziale** Marktwirtschaft. Dieses Sozial- und Gerechtigkeitsprinzip war indes eher zweitrangig. Für eine ordnungspolitisch orientierte Familienpolitik genießen demgegenüber Freiheits- und Gerechtigkeitsprinzip den gleichen Rang. Andererseits wird unsere Analyse zeigen, daß Gerechtigkeit und Freiheitsforderung sich im Grunde einander nicht widersprechen, sondern unterstützen. So ist z. B. die Diskriminierung von Familientätigkeit gegenüber Erwerbstätigkeit ungerecht. Ein Familientätiger wird keine oder nur eine geringe eigene Rente beziehen. Gerade seine Kinder werden jedoch die Rente der Erwerbstätigen zahlen. Dieser Tatbestand widerspricht auch dem Freiheitsprinzip, denn die Chancengleichheit in den Optionen Familien- oder Erwerbstätigkeit ist grundlegend gestört. Die Option Erwerbstätigkeit ist durch den gegenwärtigen Ordnungsrahmen im hohen Maße priviligiert, die Option Familientätigkeit diskriminiert.

3. Ziele einer ordnungspolitisch orientierten Familienpolitik

An wen wendet sich eine ordnungspolitisch orientierte Familienpolitik? In der Literatur werden verschiedene Adressaten und Ziele genannt.

Ein Adressat ist die Bevölkerung, wobei unterstellt wird, daß die Gesellschaft bevölkerungspolitische Ziele entwickelt, etwa das der stationären oder wachsenden Bevölkerung. Familienpolitik erscheint dann als Mittel der Gesellschaft, ihre bevölkerungspolitischen Ziele zu verwirklichen. Konkret würde das heißen, daß die Gesellschaft in der gegenwärtigen Situation die Entscheidung für Kinder fördert, weil sie keine schrumpfende Bevölkerung hinnehmen will, sondern andere Ziele, etwa das einer konstanten Bevölkerung, hat. Dieses vielfach vertretene Ziel kann für eine ordnungspolitisch orientierte Familienpolitik nicht maßgeblich sein, denn es zeigte sich, daß eine solche Zielvorgabe weder politisch bestimmt noch in anderer Form operationalisiert vorgegeben werden kann. Es herrscht kein Konsens über die optimale Bevölkerungsziffer und es ist auch nicht absehbar, daß eine optimale Bevölkerungszahl politisch vorgegeben werden könnte. Der Verfasser lehnt deswegen bevölkerungspolitische Ziele für eine ordnungspolitisch orientierte Familienpolitik ab.

Ordnungspolitisch orientierte Familienpolitik wendet sich den Entscheidenden zu, sie sind Adressaten. Ziel ist hier, dem Menschen in der im Rahmen unseres Forschungsprojekts diskutierten Entscheidungssituation die Entscheidungen zu erleichtern, sie grundsätzlich möglich zu machen und Diskriminierungen zu beseitigen. Hier steht das Prinzip der Freiheit im Vordergrund. Die Entscheidung soll in Freiheit und möglichst wenig unter Zwang getroffen werden. Speziell richtet sich hier Familienpolitik an die Eltern als Entscheidungsträger.

Es geht auch um die Verwirklichung von Gerechtigkeitsprinzipien. So sollte z. B. die gesamtgesellschaftlich höchst wichtige individuelle Leistung, sich für ein Kind zu entscheiden, in den sekundären Systemen auch entsprechend honoriert werden (z. B. in der Gesetzlichen Rentenversicherung).

Dritter Adressat von Familienpolitik sind die Kinder selbst, über die entschieden wird. Hier kann es nicht um Freiheitsprinzipien gehen, da die Kinder am Entscheidungsprozeß nicht beteiligt sind. Wohl aber kommt hier das Gerechtigkeitsprinzip zum Zuge. Hier geht es auch um die Frage des Ungeborenenschutzes. Wenn berichtet wird, daß 1983 86 529 Abtreibungen aufgrund sozialer Indikation stattfanden (man geht von einer Dunkelziffer von 200 000 Abtreibungen jährlich aus), so erhebt sich die Frage, ob hier nicht die sozialen Verhältnisse geändert werden können. Wenn es gelänge, die sozialen Verhältnisse zu bessern, käme man dem familienpolitischen Ziel nahe, solche Entscheidungen gegen Kinder überflüssig zu machen.

Ein weiterer Adressat ordnungspolitisch orientierter Familienpolitik sind nicht Personen, sondern ist die Institution „Familie" selbst. Dem liegt die Vorstellung zugrunde, daß die Institution Familie unabhängig von den Menschen, die in ihr leben, einen Eigenwert besitzt. So wird durch das Grundgesetz „Ehe und Familie unter den besonderen Schutz der staatlichen Ordnung" (Art. 6 GG) gestellt. Hier wird ausdrücklich die Institution Ehe und Familie geschützt.

Lange Zeit war die Familie eine grundlegende und nicht in Frage gestellte Institution. Man hätte ihre Position als die einer „unabhängigen Variablen" bezeichnen können. Die Umwelteinflüsse auf Familie waren relativ gering. Insbesondere durch den gesellschaftlichen Wandel seit der Industrialisierung hat sich das zunehmend rasch verändert. Die Familie wurde zur „abhängigen Variablen" der neu aufkommenden sekundären Institutionen wie z. B. der Gesetzlichen Rentenversicherung, der Gesetzlichen Krankenversicherung und vor allem des Arbeitsmarktes. Mit diesem Aspekt haben wir uns ausführlich auseinandergesetzt. Die Familie paßte sich den Wandlungen der sekundären Systeme an, d. h. viele Wandlungen des Familiensystems sind nicht endogen, sondern exogen begründet. Familie ist insoweit abhängige Variable. Es erhebt sich nun die Frage, ob es ordnungspolitisch akzeptiert werden kann, daß die Ordnung bzw. die Unordnung der sekundären Systeme die Familie bestimmt. Es ist durchaus auch die Konzeption denkbar, daß die Institution Familie die unabhängige Variable ist und die sekundären Systeme sich an die Familie anzupassen haben.

Dieser Gedanke ist schon seit längerer Zeit wirksam, denn fast alle sekundären Systeme weisen sogenannte familienpolitische Komponenten auf. Es sind Anpassungsbemühungen eingebracht, z. B. in das Steuersystem (Kinderfreibeträge), in die Gesetzliche Rentenversicherung (Witwenrente) und in die Gesetzliche Krankenversicherung (Familienmitversicherung). Hier sehen wir bereits, daß man bemüht ist, die Veränderungen der Gesellschaft nicht einseitig zu Lasten der Familie auszutragen, sondern die sekundären Systeme so zu gestalten, daß sie die Familie berücksichtigen.

Es erweist sich allerdings, daß hier ordnungspolitisch zwei Defizite bestehen. Die familienpolitische Komponente der sekundären Systeme ist zu gering oder die einzelnen Komponenten sind untereinander nicht abgestimmt, d. h. ungeordnet oder widersprüchlich.

Damit haben wir vier Ziele und Adressaten ordnungspolitisch orientierter Familienpolitik genannt. Eine Bewertung der Ziele untereinander zeigt, daß das bevölkerungspolitische Ziel nicht in Ordnungspolitik einzubringen ist, es bleibt subjektiv in der politischen Diskussion. Aus den anderen Zielen lassen sich ordnungspolitische Ziele ableiten, die wir im einzelnen behandelten, z. B. die Norm der ausreichenden Optionen.

Lebensereignisse und vor allem ihre finanziell, psychisch und physisch belastenden Folgen können kumulieren und so zu Überlastungen führen. Wenn die Familie z. B. die Pflege eines älteren Familienmitglieds übernimmt, kumulieren für die Familientätigen oft die Belastungen durch Beruf, Haushalt, Kinder und Pflegeperson. Hier kann Hilfe von außen z. B. durch Sozialstationen unterstützend eingreifen und Spitzenbelastungen ebnen, wodurch Bereitschaft und Möglichkeiten des Familienhaushalts, Überlastungsphasen zu überstehen, gefördert werden. Ähnliches gilt, wenn Aufbau eines Berufes, Haushaltsgründung und Geburt des ersten Kindes als wichtige Ereignisse im Familienzyklus kumulieren. Es wird nicht immer möglich sein, die Folgen der Ereignisse wesentlich zu entzerren. Staatliche Transferzahlungen (z. B. Familiengründungsdarlehen) bieten sich hier als Hilfe an.

Lebensentscheidungen und ihre Folgen müssen kalkulierbar und planbar sein. Planbarkeit setzt schlüssige Systeme voraus. Lebensentscheidungen werden u. U. in nicht gewollte Richtungen abgedrängt, wenn sie im Rahmen von Systemen getroffen werden müssen, die in massiver Weise falsche Anreize setzen, z. B. die Gesetzliche Rentenversicherung.

Wie wir im einzelnen gesehen haben, setzt die Arbeitsmarktverfassung – insbesondere die Tarifpartner – massiv Anreiz, daß das Arbeitsmarktangebot nur in großen Losgrößen (ganztags) erfolgt. Teilzeitarbeit wird derzeit diskriminiert. Unter dem Druck dieser massiven Einflußnahme fallen Familienentscheidungen suboptimal aus.

Gelänge es, die genannten sekundären Systeme schlüssig und insbesondere familienfreundlich zu organisieren, so würden damit viele Familienentscheidungen leichter.

Lebensentscheidungen müssen planbar aber auch revidierbar sein, z. B. müssen die Konsequenzen einer heute gefällten Entscheidung zur Familientätigkeit auch wieder zurückgenommen werden können. Für den einzelnen und die Familie ist die Übernahme von Familientätigkeit überschaubar, wenn z. B. die soziale Absicherung des Familientätigen gewährleistet ist und er später die Chance hat, wieder erwerbstätig zu werden. Gegenwärtig bedeutet die Entscheidung für ein Kind, die **vorübergehendes** Ausscheiden aus der Erwerbstätigkeit notwendig macht, oft einen Verzicht auf Erwerbstätigkeit für **immer**. Durchlässigkeit, der Wechsel im Lebensplan muß möglich sein, soll der einzelne bei seinen Entscheidungen nicht überfordert werden. Durchlässigkeit zwischen zwei Lebensplänen bedeutet, daß prinzipiell der Wechsel von Familientätigkeit in Erwerbstätigkeit und umgekehrt nicht nur möglich, sondern auch kalkulierbar ist.

Im Lebensplan des einzelnen und im Familienzyklus kann der Erwerbstätigkeit und der Familientätigkeit ein jeweils unterschiedlicher Stellenwert eingeräumt werden. Klassische Kombination der beiden Tätigkeiten ist die Einverdiener-Familie, wobei ein Familienmitglied vollzeit erwerbstätig ist (gewöhnlich der Mann), während ein anderes sich ausschließlich der Familientätigkeit (Hausfrau) widmet. Als Variation ist ein Familienmitglied vollzeit und ein anderes teilzeit erwerbstätig. Flexibel ist die Gestaltung, wenn beide Familienmitglieder teilzeit bzw. wechselseitig auch einmal vollzeit erwerbstätig sind.

Die Entscheidung für eine flexible oder feste Arbeitsteilung in der familialen Partnerschaft fällt in den Bereich der einzelnen, die ihre Entscheidungen entsprechend ihrer unterschiedlichen und wechselnden Ziele individuell zu fällen haben. Es ist nicht Aufgabe von Familienpolitik, das eine oder andere Modell vorzugeben. Es muß vielmehr darum gehen, Rahmenordnungen zu schaffen, die es den Menschen erlauben, die Entscheidung über partnerschaftliche Arbeitsteilung, ob fest oder flexibel, nach ihrer Wahl zu treffen. Freie Wahl setzt voraus, daß die angesprochenen Alternativen auch wirklich umsetzbar sind und die entsprechenden Möglichkeiten, z. B. ausreichende Flexibilität am Arbeitsmarkt, vorhanden sind.

Ordnungspolitische Ziele sind die Bereitstellung ausreichender Optionen,

Durchlässigkeit, Planbarkeit, Schlüssigkeit der Systeme sowie ein ausreichendes Angebot von Hilfen, wenn Belastungssituationen kumulieren, und die Gleichberechtigung von Familien- und Erwerbstätigkeit sowie eine Flexibilisierung der Arbeitszeit, um die Vereinbarkeit von Familien- und Erwerbstätigkeit zu erhöhen.

4. Eingriff versus Ordnungspolitik

Ordnungspolitik geht von der hohen Interdependenz jeglicher sozialer Maßnahmen aus. Sie sieht, daß ein Einzeleingriff an einer Stelle unmittelbar, aber auch darüberhinaus in vielfacher Form mittelbar, Auswirkungen auf viele Bereiche hat und fordert, diese Auswirkungen mit zu bedenken. So hat z. B. die Ausgestaltung von beitragsfreien Zeiten in der Gesetzlichen Rentenversicherung eine familienpolitische Auswirkung. Wenn beitragsfreie Zeiten gewährt werden für Ausbildung und Wehrdienst, jedoch nicht für Familientätigkeit, Erziehungs- oder Pflegetätigkeit, so hat dies natürlich Auswirkungen auf das Verhalten in der Familie. Ordnungspolitik nimmt sich also nicht spezielle Ziele vor, wie z. B. eine bestimmte Bevölkerungszahl. Sie beschränkt sich darauf, die Voraussetzung zu schaffen, daß die Adressaten von Familienpolitik ihre individuellen Ziele aufstellen können und in der Lage sind, zieladäquate Entscheidungen zu treffen. Dazu zählt, daß sie in der Lage sind, für die einzelnen Familienphasen Lebenspläne aufzustellen und genügend Optionen zur Verfügung stehen, um freie Entscheidungen möglich zu machen. Damit ist Ordnungspolitik immer auf Rahmenordnungen ausgerichtet. In unserem Fall geht es um zwei Rahmenordnungen, einmal um den Rahmen für Familie und zum anderen um den Ordnungsrahmen für sekundäre Systeme im Umfeld der Familie.

Ordnungspolitisch orientierte Familienpolitik kann sich nicht darauf beschränken, die Institution Familie zu ordnen, sondern muß sich notwendig auch auf die Ordnung der sekundären Systeme in ihrem Umfeld erstrecken. Insofern ist ordnungspolitisch orientierte Familienpolitik übergreifend und stellt auch Forderungen an Steuerpolitik, Rentenpolitik, Gesundheitspolitik usw.

Die auf die Institution Familie ausgerichtete ordnungspolitisch orientierte Familienpolitik kann sich auch nicht auf den engen Familienbegriff beschränken. Zwar fällt die Entscheidung für Kinder in einer ganz bestimmten Lebensphase, nämlich in derjenigen, in der sich die neue Kernfamilie konstituiert. Aber diese Entscheidung ist nicht nur von den Bedingungen in dieser Lebensphase abhängig, sondern fällt vor dem Horizont zukünftig erwarteter Lebens- und Familienphasen. Ordnungspolitisch orientierte Familienpolitik muß also notwendig einen erweiterten dynamischen Familienbegriff zugrunde legen, der die Phasenfolge und Phasenüberlagerungen mit beachtet. Hier kommt uns zugute, daß sich auch die neuere Familienpolitik – z. B. der 4. Familienbericht – auf diesen erweiterten Familienbegriff stützt.

5. Operationalisierung der ordnungspolitisch orientierten Familienpolitik

Die Vorgehensweise von ordnungspolitisch orientierter Familienpolitik kann auf zwei Arten definiert werden. Einmal geht es darum, welche positiven Leistungen zu erbringen sind, zum anderen, welche negativen (Fehl-) Leistungen abgebaut werden sollen. Beide Vorgehensweisen sind legitim. Es zeigt sich aber bei der Abwägung, daß es relativ schwer ist, positive Gestaltungsvorschläge zu machen. Dagegen ist es leichter, negativ vorzugehen, also zu fragen, welche Diskriminierungen abzubauen sind.

Die Faktoren, die gerade auf die hier analysierte Entscheidung für Kinder einwirken, sind unendlich vielfältig, man könnte sie im einzelnen kaum alle feststellen und in ihrem absoluten wie relativen Gewicht bestimmen. Außerdem ist die Interdependenzfrage aufgeworfen, bei jeder Einzelmaßnahme sind Folgeerscheinungen mit zu bedenken. Dies mündet offensichtlich in einen schwierigen und unendlichen Handlungsbedarf.

Demgegenüber ist die andere negative Vorgehensweise erheblich einfacher. Man konzentriert sich nicht darauf, wie die Situation grundsätzlich verbessert werden kann, sondern man beschränkt sich darauf, dort Maßnahmen zu ergreifen, wo die gravierendsten Diskriminierungen liegen, und versucht diese zu beseitigen.

Zunächst ist ein Bereich festzustellen, in welchem die Familie eine unbedingte Sonderstellung vor jeder anderen Institution hat. Dieser Raum ist ihr nicht verliehen, sondern sie hat ihn aus sich selbst. Er muß ihr als ein absoluter Freiraum gesichert werden. Sodann ist ein Bereich festzustellen, in welchem die Familie zwar neben anderen Institutionen steht, die für sie tätig sind; die Familie hat aber Prärogative. Ihr ist ein Vorsprung einzuräumen, in welchen sie subsidiär andere Institutionen nachziehen kann. Hier muß die Subsidiarität gesichert werden. Schließlich ist ein Bereich festzustellen, in welchem die Familie in Konkurrenz zu anderen Institutionen steht. Hier ist sie gleichberechtigt und muß sich durch bessere Leistung durchsetzen. Auf diesem Gebiet ist Chancengleichheit für die Familie zu gewährleisten.

Wenn wir diese drei Bereiche nebeneinanderstellen, so ergibt sich eine deutliche Rangfolge. Der wichtigste Bereich ist sicherlich derjenige, der eine unbedingte Sonderstellung für die Familie erfordert. Dies ist der Bereich, indem die Familie gewissermaßen ein „Monopol" hat, wenngleich natürlich dieses Wort die Lage gerade nicht trifft, denn die Leistungen aus dieser Sonderstellung werden ja nicht „verkauft". Andererseits zeigt die Rede vom Monopol, daß hier eben keine Konkurrenz besteht. Im Bereich, in dem die Familie eine Prärogative hat, ist ihre Substitution durch Leistung anderer Institutionen immer dann möglich, wenn die Familie subsidiär Unterstützung braucht, also ihre Leistungen nicht ausreichend erbringen kann. Immerhin ist ihr ein Vorsprung einzuräumen, und daraus wird ersichtlich, daß diesem Bereich der zweite Rang zukommt. Der Konkurrenzbereich ist auf den dritten Rang verwiesen. Hier geht es offensichtlich um Leistungen der Familie, die grundsätzlich von anderen Institutionen erbracht werden können, von deren Produktion die Familie jedoch nicht ausgeschlossen sein darf.

Auch hier zeigt sich im praktischen Vorgehen, daß die drei Möglichkeiten von unterschiedlicher Dringlichkeit sind. Versucht man, diejenigen Diskriminierungen abzubauen, durch die Chancengleichheit verletzt wird, und versucht, zumindestens Chancengleichheit zu erreichen, wird – selbst wenn darüber hinausgehende Ziele bestehen und nicht erreicht werden – zumindest schon ein Schritt in die richtige Richtung getan. In einer zweiten Phase könnte daran gedacht werden, die Prärogative oder zusätzlich den Monopolbereich der Familie abzustecken und zu sichern. Daraus ergibt sich die Mindestanforderung, die eine ordnungspolitisch orientierte Familienpolitik erreichen muß, bzw. umgekehrt diejenigen Eingriffspunkte mit höchster Priorität. Es geht darum, die gravierendsten Diskriminierungen abzubauen, und am gravierendsten sind offenbar diejenigen, wo nicht einmal Chancengleichheit besteht. Auf diese Weise erhalten wir die Priorität für ordnungspolitisch orientierte Familienpolitik, die uns aus der unendlichen Vielfalt der Probleme die vordringlichsten Ansatzpunkte zeigt. Sicher wird damit nicht eine optimale Problemlösung erreicht, wohl aber das Bestmögliche in einer unbefriedigenden Situation angestrebt.

6. Ressourcen einer ordnungspolitisch orientierten Familienpolitik

Die gegenwärtig für eine ordnungspolitisch orientierte Familienpolitik zur Verfügung stehenden Ressourcen sind in hohem Maße beschränkt. Zusätzliche Finanzmittel stehen in den staatlichen Etats praktisch nicht zur Verfügung. Die Beschaffung neuer Mittel durch Umschichtungen ist nur sehr begrenzt möglich. Andererseits besteht politischer Handlungsbedarf nicht nur in der Familienpolitik, sondern auch in anderen Politikbereichen wie z. B. der Alterssicherung. Damit ergibt sich Handlungsbedarf insofern, als daß bei anstehenden Reformen im System der Alterssicherung den familienpolitischen Belangen Raum gewährt werden kann, zumindestens Verschlechterungen vermieden werden können. Ähnlich stellt sich die Situation der Gesundheitspolitik dar. So geht es z. B. bei der Krankenhausfinanzierungsreform aus familienpolitischer Sicht darum, zu verhindern, daß familiale Pflege diskriminiert wird. Ein wichtiger Ansatzpunkt ist auch der Arbeitsmarkt, wo durch Flexibilisierung der Arbeitszeit familienfreundliche Lösungen gefunden werden sollten.

Die Veränderung von Rahmenordnung ist grundsätzlich etwas anderes als Etatpolitik. Rahmenordnungen können geändert werden, ohne daß zwangsläufig neue oder ausgeweitete Budgetpositionen notwendig werden. Eine realistische Ordnungspolik stellt allerdings in Rechnung, daß jede Veränderung von Daten – und Rahmenordnungen stellen solche Daten dar – einen Anpassungsbedarf hervorruft, der seinerseits kostenträchtig ist. Die Anpassung der Individuen an neue Rahmenordnungen verursacht Kosten. Hier ist daran zu denken, daß die Eingriffe von ordnungspolitisch orientierter Familienpolitik in Rahmenordnungen möglichst wenig Kosten verursachen sollten. Ziel einer rationalen Ordnungspolitik muß es sein, Maßnahmen möglichst kostengünstig zu gestalten. Dabei stellen Kosten nicht nur die aufgewendeten Finanzmittel der öffentlichen Hand, der Betriebe und Individuen dar, sondern auch die politischen Kosten sind zu bewerten, d. h. Stimmenverluste müssen Politiker in Rechnung stellen.

7. Träger einer ordnungspolitisch orientierten Familienpolitik

Träger von Familienpolitik sind vornehmlich die politischen Träger Bund, Länder und Kommunen. Aber es sind nicht nur die staatlichen Träger angesprochen, auch die freien Verbände sind tangiert. So haben z. B. die Arbeitsmarktverbände, die Tarifpartner, die Aufgabe, familienfreundliche Arbeitszeitregelungen zu finden. Die Selbstverwaltungen der Sozialversicherungen haben die Aufgabe, die familienpolitischen Komponenten ihrer Systeme auszubauen und aufeinander abzustimmen. Außerdem sind natürlich die freien Wohlfahrtsverbände, die mit ihren Sozialstationen und sonstigen Einrichtungen einen maßgeblichen Einfluß auf familiales Verhalten gewinnen, angesprochen. Sie können familienfreundliche oder auch familienfeindliche Tageskliniken und Sozialstationen einrichten. Schließlich sind die Betriebe in der Verantwortung, denn diese können im Rahmen von Tarifverträgen familienfreundliche Arbeitsplätze und Arbeitsbedingungen bereitstellen. Aber auch die Familie selbst ist angesprochen. Manche Familien fühlen sich überfordert, nicht zuletzt deshalb, weil sie an einem Informationsdefizit leiden. Es herrscht Unwissen im bezug auf die zur Verfügung stehenden familienergänzenden und unterstützenden Leistungen. Von der Familie ist zu fordern, daß sie sich über die ihr zur Verfügung stehenden Hilfen informiert. Last not least sind natürlich die Individuen selbst angesprochen. Nimmt man nun dies alles zusammen, so wird für jeden einzelnen Träger die Frage auftauchen, welche Defizite sind für ihn vordringlich, welche Mittel kann er einsetzen.

Familienpolitik als Konzertierte Aktion der unterschiedlichen Träger von Familienpolitik erweist sich als wünschenswert.

B. Ein Katalog des Realisierbaren – Darstellung dringlicher familienpolitischer Maßnahmen

1. Ordnungspolitische Prinzipien zur Beurteilung sozial- und familienpolitischer Maßnahmen

Betrachten Männer oder Frauen ein oder mehrere Kinder als Bestandteil ihres Lebensplanes, so ergeben sich je nach Ausrichtung des individuellen Lebensplanes Problemlagen. Die anstehenden Aufgaben in Familie und Beruf führen zu Konfliktsituationen. „Es zeigt sich, daß gegenwärtig für bestimmte Lebensphasen typische Planungsprobleme entstehen, die für viele unüberwindbar sind..." (Ph. Herder-Dorneich, 1984, S. 89).

Ordnungspolitisch orientierte Familienpolitik zielt auf die primäre Gruppe schlechthin, auf die Familie (Ph. Herder-Dorneich, 1983, S. 243). Der Sozialen Ordnungspolitik im Rahmen von Familienpolitik stellt sich die Aufgabe, durch Einsatz geeigneter Instrumente den Familienmitgliedern die Möglichkeiten zu einer schlüssigen Lebensplanung zu bieten. Damit verschiedene Lebenspläne für den einzelnen zur freien Wahl stehen können, müssen nach Wingen „ganz bestimmte Verhaltensmuster spezifische sozial- und familienpolitische (sozialrechtliche) und sozialpädagogische Randbedingungen in Gesellschaft und Wirtschaft bestehen. Mehr noch: Die gesellschaftlichen und materiellen Grundbedingungen der verschiedenen Alternativen müßten in etwa aneinander angepaßt sein." (M. Wingen, 1981, S. 446–469, insbes. S. 458).

Die einzelnen Familienmitglieder streben unterschiedliche Ziele an. Diese Ziele ändern sich in Abhängigkeit von der Phase des Familienzyklus. Der Tatbestand unterschiedlicher Zielvorstellungen macht bereits deutlich, daß sich eine am Postulat der Wahlfreiheit orientierte Familienpolitik nicht auf die Favorisierung eines bestimmten Verhaltensmusters beschränken kann. Es ist also Aufgabe der ordnungspolitisch orientierten Familienpolitik, die Gestaltung der Rahmenbedingungen in Angriff zu nehmen, „innerhalb derer die einzelnen ihren Lebensplan erarbeiten wollen..., (so) daß es möglich wird, freie Entscheidungen über Art und Ausmaß von Erwerbstätigkeit und Familientätigkeit zu treffen." (Ph. Herder-Dorneich, 1984, S. 194).

Soll die Entscheidung für ein bestimmtes Lebensplanmodell eine freiheitliche sein, so knüpft sich hier an die Bedingung, daß sich dem einzelnen nicht lediglich eine Option bietet, sondern vielmehr vielfältige Wahlmöglichkeiten bestehen. Es geht um die Schaffung bzw. Erweiterung von Handlungsspielräumen für die Familienmitglieder. Gerade hinsichtlich der Vereinbarkeit von Familien- und Erwerbstätigkeit kommt dem Ordnungsprinzip der Optionenvielfalt zentrale Bedeutung zu. Die aufgezeigten Konfliktbereiche machen deutlich, daß vielfach, so z. B. bei der Entscheidung für Kinder, „entweder oder" Situationen auftreten, die wirkliche Wahlfreiheit bzw. Vereinbarkeit der beiden Lebensbereiche Familie und Beruf für die Eltern nicht oder nur begrenzt zulassen. Wingen formuliert in diesem Zusammenhang die Forderung, daß „die einzelnen Eltern ... in unserer Sozialordnung ... die Freiheit der Wahl zwischen verschiedenen Möglichkeiten, unterschiedlichen Rollenanforderungen im Spannungsfeld von Familie und Beruf zu entsprechen (haben sollten)" (M. Wingen, 1981, S. 455).

Für den Problembereich einer schlüssigen Lebensplanung konnten wir weitere Ordnungsprinzipien herausarbeiten. Es muß langfristig möglich sein, von einem Lebensplanmodell in ein anderes zu wechseln, d. h. die Korrektur einer einmal getroffenen Entscheidung muß im Ablauf des Familienzyklus möglich sein (Prinzip der Durchlässigkeit). Für familientätige Frauen kumulieren oftmals die Belastungen durch Kindererziehung, Haushalt und Beruf. Hieraus ergibt sich unmittelbar ein weiteres Ordnungsprinzip schlüssiger Lebensplanung: Maßnahmen sind dahingehend zu überprüfen, inwieweit sie eine Vermeidung der Kumulation von Belastungen in einzelnen Phasen gewährleisten können (Vermeidung von Kumulation). Ein weiteres regulatives Prinzip ist die zeitliche Entzerrung von Entscheidungssituationen. Übergänge zwischen einzelnen Lebensphasen müssen schrittweise möglich sein. Beispielhaft wären hier, um Übergangsschocks zu vermeiden, Hilfen, die die Einstellung auf eine neue Situation erleichtern (zeitliche Entzerrung). Wichtige Voraussetzung individueller Lebensplanung ist, daß Lebensentscheidungen rational planbar sind. Wählt ein Familienmitglied z. B. die ausschließliche Familientätigkeit für einen bestimmten Zeitraum, so sollte diese Entscheidung sowie ihre Folgen für den einzelnen planbar und damit auch kalkulierbar sein (Prinzip der Planbarkeit).

Aus gesamtgesellschaftlicher Sicht muß zu dieser individuellen Perspektive auch eine Makroperspektive für familienpolitische Maßnahmen treten.

Versorgungs-, Pflege- und Erziehungsleistungen werden nicht ausschließlich in den Familien erbracht, sondern andere gesellschaftliche Institutionen sind prinzipiell dazu in der Lage, solche Leistungen zu übernehmen. Erst im Verbund von Familie und Kollektiv wird die Daseinsvorsorge insgesamt gesichert (R. von Schweitzer, 1978, S. 218–224, insbs. 218). Bei der Leistungserbringung stehen Familie und sekundäre Institutionen zueinander in einem substitutiven wie auch komplementären Verhältnis. Während einerseits die Familie bei der Erfüllung ihrer Aufgaben Abstützung durch die sekundäre Systeme benötigt, sind andererseits auch diese auf Leistungserbringung durch die Familie angewiesen (Ph. Herder–Dorneich, 1984, S. 198). Die professionellen Systeme sind nun so zu gestalten, daß sie ein Interesse an Zusammenarbeit mit den Familien gewinnen und ihr Interesse nicht darin sehen, die Familie zu schwächen, um so Aufgabenfelder für die eigene Expansion zu schaffen (Ph. Herder-Dorneich, 1984, S. 183).

Geht es um eine funktionsgerechte Ordnung der Konkurrenz zwischen Familie und sekundären Institutionen, so bieten sich, wie gezeigt, drei Ordnungsprinzipien an. In bestimmten Bereichen steht die Familie in Konkurrenz zu anderen Institutionen. Die Leistungserbringung kann grundsätzlich durch die Familie oder auch durch die sekundären Institutionen erfolgen. Hier gilt es, der Familie Chancengleichheit zu gewährleisten, „prinzipiell muß die Familie in die Lage versetzt werden, mit den sekundären Organisationen gleichberechtigt konkurrieren zu können" (Ph. Herder-Dorneich, 1985, S. 117). Im weiteren Bereich geht es um die Sicherung von Subsidiarität. In diesem Bereich hat die Familie eine unbedingte Sonderstellung vor jeder anderen Institution. Ihr ist eine Monopolstellung einzuräumen, Konkurrenz als Ordnungsprinzip also auszuschließen. Hinsichtlich familienpolitischer Maßnahmen ist zu überprüfen, inwieweit sie diesen Freiraum der Familie berücksichtigen. Als Zwischenbereiche zwischen diesen beiden Extremen ist der Prärogativbereich anzusiedeln. In diesem Bereich können Aufgaben sowohl durch die Familie als auch durch sekundäre Institutionen erfüllt werden. Der Familie ist jedoch prinzipiell ein Vorsprung gegenüber den sekundären Institutionen einzuräumen, auch hier geht es also um die Sicherung von Subsidiarität.

Aus individueller wie gesamtgesellschaftlicher Perspektive ergeben sich Ordnungsprinzipien, an denen sich die zu diskutierenden familienpolitischen Maßnahmen messen lassen. Aus individueller Perspektive geht es bei schlüssiger Lebensplanung darum, daß die familienpolitischen Maßnahmen zur Optionenvielfalt, zur Durchlässigkeit von Lebensplänen, zur Vermeidung von Kumulationen, zur zeitlichen Entzerrung von Entscheidungssituationen und zur rationalen Planbarkeit von Lebensentscheidungen beitragen. Aus gesamtgesellschaftlicher Perspektive muß es darum gehen, die Familie zu befähigen, mit den sekundären Institutionen und ihren speziellen Rationalitäten zu konkurrieren, der Familie aber in bestimmten Bereichen ein Monopol oder Prärogativ einzuräumen. Es geht um die Privilegierung der Familie im Wettbewerb mit den sekundären Institutionen.

2. Maßnahmenkatalog für eine ordnungspolitisch orientierte Familienpolitik am Arbeitsmarkt

2.1 Arbeitsmarktpolitische Maßnahmen

Die Aufgabenverteilung im Familienhaushalt steht vielfach schon aufgrund ökonomischer Notwendigkeit nicht zur Diskussion. Männer haben häufig eine bessere Ausbildung als Frauen, verdienen besser und haben günstigere Karrierechancen. Die Familie muß mit jedem Pfennig rechnen, wer Familientätigkeit übernimmt, ist präjudiziert. Diese Festlegung aufgrund ökonomischer Bedingungen wird so selbstverständlich hingenommen, daß sie, wie z. B. in der ökonomischen Theorie der Familie, als sozusagen naturgegeben betrachtet wird.

Entscheidungsfreiheit erfordert jedoch nicht nur die theoretische Möglichkeit, sondern auch die faktische Chance, sich für etwas zu entscheiden. Voraussetzung für Entscheidungsfreiheit im diskutierten Fall ist eine Verbesserung der Stellung der Frau am Arbeitsmarkt.

2. 1. 1 Ausbildung von Frauen

Frauen bzw. Mädchen konzentrieren sich auf bestimmte, als typisch weiblich geltende Ausbildungsberufe. Immer mehr junge Frauen verfügen über qualifizierte Berufsabschlüsse. Im Bereich der schulischen Ausbildung hat sich die Qualifikation von Frauen und Männern angenähert. Es sind jedoch weiterhin Ausbildungsdefizite bei den Frauen festzustellen, durch die ihre Chancen am Arbeitsmarkt eingeschränkt werden (MSGU (Hg.), 1982, S. 15 f.).

Die Hälfte der durch die Arbeitsämter vermittelten Ausbildungsplätze werden nur für Männer angeboten, etwa ein Viertel für Männer und Frauen und wiederum ein Viertel nur für Frauen (BMJFG, 1984, S. 11). Diese Einengung der Ausbildungsmöglichkeiten von Mädchen kann dazu führen, daß Frauen in geringerem Umfang als Männer qualifizierte Berufe ausüben.

Selbst wenn Frauen die Möglichkeit zu einer qualifizierten Ausbildung haben, findet eine gleichwertige Berufsausbildung oft nicht statt, da junge Frauen sich nur auf einige wenige Ausbildungsberufe beschränken. So ist z. B. „der Ausschöpfungsgrad der Beschäftigungsmöglichkeiten durch Frauen insbesondere bei gewerblichen Berufen gering." (BMA (Hg.), 1977, S. 21). Um dieses Berufsbildungsdefizit von Mädchen abzubauen, wird ein breiterer Zugang junger Frauen zu einer beruflichen Erstausbildung vor allen Dingen auch im gewerblich technischen Bereich gefordert (D. Wilms, (Hg.), 1984, S. 8–9).

a) Frauenförderung im gewerblich technischen Bereich

Diesem Problem stellt man sich derzeit bereits auf Bundes- und Landesebene. Das durch die Bundesregierung geförderte Modellprogramm „Erschließung gewerblich technischer Berufe für junge Frauen" umfaßt insgesamt 21 Projekte in allen Ländern der Bundesrepublik Deutschland, in denen insgesamt 1 200 junge Frauen ausgebildet wurden bzw. noch werden. Auf die Entwicklung und Durchführung dieses Modellprogramms führt man zurück, daß sich zwischen 1977 und 1982 die Zahl von Frauen, die in einem sogenannten Männerberuf ausgebildet wurden, von 13 240 auf 48 778 erhöhte (Deutscher Bundestag (Hg.), 1984, S. 231). Bei jüngeren Frauen mangelt es nicht an der Motivation, einen Ausbildungsberuf im gewerblich technischen Bereich zu wählen. Voraussetzung sind jedoch ausreichende Informationen über den Beruf, Unterstützung in ihrem sozialen Umfeld und die Sicherheit, daß der Ausbildungsstatus auch Frauen einen sicheren Arbeitsplatz gibt (B. Stiegler, 1985, S. 139–144, insbs. S. 141).

Mit diesen Maßnahmen zur Ausbildung von jungen Mädchen im gewerblich technischen Bereich ist das Ziel einer Aufwertung der qualifizierten Beschäftigungsmöglichkeiten für Frauen nur bedingt erfüllt. Junge Frauen werden in für männliche Bewerber weniger attraktiven Ausbildungsgängen des gewerblich technischen Bereichs ausgebildet. Als Folge befürchtet die Sachverständigenkommission zur Aufstellung des 6. Jugendberichts, daß möglicherweise die berufliche Benachteiligung von Frauen mit diesen Maßnahmen nicht beseitigt, sondern nur auf andere Berufsbereiche verlagert wird. Mädchen, die eine gewerblich technische Berufsausbildung absolviert haben, werden seltener von den Betrieben in feste Beschäftigungsverhältnisse übernommen (Deutscher Bundestag (Hg.), 1984, S. 231).

Vor allem ist jedoch zu bedenken, daß die Segmentierung des Arbeitsmarktes auch eine bestimmte Schutzfunktion für Frauen hat. Mit der Erschließung eines breiteren Berufsspektrums treten die Frauen verstärkt in Konkurrenz zu Männern. Aufgrund ihrer normativ immer noch bestehenden primären Verpflichtung auf Familientätigkeit kann dieser Konkurrenzdruck für Frauen nachteilig sein. Dieser „frauenspezifische" Nachteil am Arbeitsmarkt wird erst aufgehoben, wenn Männer wie Frauen gleichermaßen normativ verpflichtet sind, Familientätigkeit zu übernehmen. Der hier notwendige grundsätzliche Einstellungswandel kann natürlich durch arbeitsmarktpolitische Maßnahmen nicht herbeigeführt werden. Indirekt findet ein Einfluß statt, wenn Erwerbstätigkeit von Frauen nicht mehr als eine Übergangsphase gesehen wird, und Mädchen prinzipiell die gleichen Ausbildungschancen erhalten wie Jungen.

b) Quotenregelung bei der Vergabe von Ausbildungsplätzen

Diskutiert wird gegenwärtig auch die Einführung von Quoten bei der Vergabe von Ausbildungsplätzen (Deutscher Bundestag (Hg.), 1984, S. 234). Bei der Besetzung von Ausbildungsplätzen sollen quantitative Zielvorgaben für den Geschlechterproporz gesetzt werden. Die Quotenregelung zielt darauf ab, per Gesetz die Betriebe zu veranlassen, sowohl Ausbildungs- als auch qualifizierte Arbeitsplätze so lange vorrangig mit Frauen zu besetzen, bis der Frauenanteil im Betrieb bei 50 % liegt.

Quotierungsregelungen sind aus ordnungspolitischer Sicht kritisch zu beurteilen. Eine Quotierung schränkt den Grundsatz der freien Berufswahl ein. „Das Grundrecht auf freie Entfaltung der Persönlichkeit (verbietet) dem Staat eine Ordnungspolitik, die darauf zielt, wie und in welcher Richtung jemand seine Persönlichkeit zu entfalten hat." (J. Scharioth, R. von Gizycki, (Hg.), 1983, S. 142).

2.1.2 Stellung im Beruf

a) Geschlechtsneutrale Stellenausschreibung

Geschlechtsbezogene Stellenausschreibungen sind eine Behinderung der Chancengleichheit der Frauen am Arbeitsmarkt (MSGU (Hg.), 1982, S. 72). Im August 1980 trat ein arbeitsrechtliches EG-Anpassungsgesetz zur Gleichbehandlung von Männern und Frauen am Arbeitsplatz in Kraft. Stellenangebote sollen hiernach geschlechtsneutral ausgeschrieben werden. „Der Arbeitgeber soll einen Arbeitsplatz weder öffentlich noch innerhalb des Betriebs nur für Männer oder nur für Frauen ausschreiben." (§ 611 b BGB). Eine Ausnahme ist nur zulässig, „so weit eine Vereinbarung oder eine Maßnahme die Art der vom Arbeitnehmer auszuübenden Tätigkeit zum Gegenstand hat und ein bestimmtes Geschlecht unverzichtbare Voraussetzung für diese Tätigkeit ist" (§ 611 b BGB, in Verbindung mit § 611 a Abs. 1, Satz 2 BGB).

Folge hiervon ist die allmähliche Reduktion geschlechtsspezifischer Stellenangebote. Da das Gesetz nur eine Sollvorschrift enthält, ist die Wirkung des Gesetzes allerdings beeinträchtigt (MSGU (Hg.), 1982, S. 27).

b) Frauenförderpläne

Frauenförderpläne haben den Abbau struktureller Ungleichheit und Benachteiligung von Frauen am Arbeitsmarkt zum Ziel. Durch planmäßige und gezielte Strategien der Personalpolitik, aber auch durch Veränderung der Arbeitsorganisation sollen Frauen mehr und qualifiziertere berufliche Möglichkeiten erhalten (M. Weg, M. Gotzes, U. Knapp, 1985, S. 100). Im Rahmen von Frauenförderplänen wird die Forderung nach einer Quotierung bei der Vergabe von Stellen aufgestellt.

Während es auf Bundesebene keine gesetzlich geregelten Vorschriften zur Quotierung gibt, lassen sich auf Länderebene zahlreiche Bemühungen aufzeigen. So sind z. B. in den Bundesländern Bremen und NordrheinWestfalen Maßnahmen vorgesehen, die Frauen bei Einstellungen und der Besetzung höher bewerteter Stellen im öffentlichen Dienst – bei gleicher Qualifikation wie ihre männlichen Mitbewerber – bevorzugen, wenn sie in den komparablen Funktionen des jeweiligen Ressort unterdurchschnittlich vertreten sind (U. Hollands-Lührs, A. Bohnsack, 1985, S. 38 f.). Ähnliche Bestrebungen sind in der Privatwirtschaft und im Medienbereich aufzuzeigen. Bei Einstellungen werden qualifizierte Frauen besonders berücksichtigt, um Frauen eine Entwicklung in der Führungslaufbahn zu ermöglichen.

Prinzipiell bestehen bei Quotierungsverfahren zu der Vergabe von beruflichen Stellungen die gleichen Probleme wie bei der Quotierung von Ausbildungsplätzen. Aus ordnungspolitischer Sicht erweisen sich derartige Verfahren als problematisch.

2. 1. 3 Geschlechtsspezifische Sonderstellung

In der Bundesrepublik gilt derzeit eine Mutterschutzfrist von 6 Wochen vor der Geburt des Kindes und 8 Wochen unmittelbar nach der Entbindung (bei Mehrlings- oder Frühgeburten beträgt die Frist nach der Entbindung 12 Wochen), in dieser Zeit ist den Arbeitgebern untersagt, die Frauen zu beschäftigen (MuSchG § 3 Abs. 2, § 6 Abs. 1). Während dieser Zeit ist der Arbeitgeber zur Zahlung des Differenzbetrages vom maximalen Entgelt von Krankenkasse und Bund zum durchschnittlichen Arbeitsgeld der (werdenden) Mutter verpflichtet (MuSchG, § 14 Abs. 1). Dieser Beitrag ist umso höher, je mehr die Frau verdient. „Diese Kostenverteilung wirkt sich auf die Entlohnung und Einstellungschancen von Frauen negativ aus, da die Arbeitgeber ein Interesse daran haben, den Lohn niedrig zu halten, bzw. Betriebe sich scheuen, aufgrund des Kostenrisikos Frauen überhaupt einzustellen." (BMJFG, 1983, S. 114).

Eine Gleichstellung der Frauen am Arbeitsmarkt könnte hier erreicht werden, indem eine gesetzliche Arbeitgeberabgabe eingeführt wird. Der Arbeitgeber würde dann anstatt einer individuell zu erstattenden Ausgleichszahlung eine allgemeine Abgabe in Form einer Steuer entrichten, die von ihrem Umfang her dem durchschnittlichen betrieblichen Aufwand zu Mutterschaftskosten entspricht (BMJFG (Hg.), 1983, S. 117). Bereits jetzt versucht man, Kleinbetriebe vor hohen und unkalkulierbaren Lasten zu schützen, um gleichzeitig die Beschäftigungschancen von Frauen in Klein- und Mittelbetrieben zu fördern, indem Arbeitgebern die Kosten für unter Mutterschutz fallende Arbeitnehmerinnen ausgeglichen werden. Mit dem Beschäftigungsförderungsgesetz 1985 wird für Kleinbetriebe das Ausgleichsverfahren im Mutterschutz erweitert. Seit 1986 werden in das Ausgleichsverfahren auch die vom Arbeitgeber gezahlten Zuschüsse zum Mutterschaftsgeld einbezogen (BMA (Hg.), 1985, S. 42).

Eine weitere Benachteiligung der Frauen am Arbeitsmarkt resultierte aus dem § 9 a des Mutterschaftsgesetzes, der dem Arbeitgeber die Kündigung des Arbeitsverhältnisses während des Mutterschaftsurlaubs und bis zum Ablauf von 2 Monaten nach Beendigung des Mutterschaftsurlaubs verbot. Begrüßenswert ist hier die Einführung des Erziehungsurlaubs seit 01. 01. 1986. Den Erziehungsurlaub können sowohl Mütter als auch Väter in Anspruch nehmen. Während des Erziehungsurlaubs darf der Arbeitgeber das Arbeitsverhältnis nicht kündigen, es sei denn, die für den Arbeitsschutz zuständige oberste Landesbehörde erklärt die Kündigung in besonderen Fällen ausnahmsweise für zulässig. Da diese

Garantie zur Wiederaufnahme der Beschäftigung nach der Erziehungsphase sowohl für Männer als auch Frauen gilt, wird das Ausfallrisiko wegen der Betreuung eines Kleinkindes in den ersten Lebensmonaten grundsätzlich auch auf Männer ausgeweitet, so daß ein Arbeitgeber nicht mehr mit Sicherheit davon ausgehen kann, daß bei einem Mann in Folge von Elternschaft keine Kosten anfallen. Inwieweit allerdings die Konkurrenzfähigkeit von Frauen auf dem Arbeitsmarkt durch die Einführung eines Erziehungsurlaubs wahlweise für beide Elternteile vergrößert wird, bleibt letztlich abhängig von der Bereitschaft der Väter, auch wirklich von der Möglichkeit der Arbeitsfreistellung Gebrauch zu machen.

2.1.4 Gleichberechtigung am Arbeitsmarkt als familienpolitische Zielsetzung

Einige Modifikationen des Terminus Gleichberechtigung scheinen an dieser Stelle angebracht. Wird formale Gleichberechtigung für Frauen am Arbeitsmarkt gefordert, z. B. „gleicher Lohn für gleiche Arbeit", gleiche „Aufstiegschancen für Frauen", so wird hierbei oft ausgeblendet, daß derartige Forderungen formaler Gleichheit das Problem nicht treffen.

Frauen können am Arbeitsmarkt aufgrund der größeren Wahrscheinlichkeit, mit der sie die Familientätigkeit übernehmen, nicht gleichberechtigt mit Männern konkurrieren. Natürlich kann man gleichen Lohn für gleiche Arbeit fordern, doch dann stellen die ökonomisch rational handelnden Unternehmen vorzugsweise Männer ein, die weniger durch Familientätigkeit belastet sind.

Man kann auch gleiche Aufstiegschancen für Frauen fordern. Aber da Frauen sich weitaus häufiger phasenweise ganz oder teilweise für Familientätigkeit entscheiden, ist nicht von gleichberechtigter Konkurrenz mit den kontinuierlich erwerbstätigen Männern auszugehen.

Die Forderung nach formaler Gleichheit, dies wird deutlich, löst das Problem nicht. Materielle Gleichheit erfordert stark dirigistische Maßnahmen z. B. in Form einer Priviligierung der Frauen durch Quotenlösung oder einer Subventionierung von Frauenarbeitsplätzen. Dies erweist sich jedoch als eine nicht ursachenadäquate Strategie. Die „schlechteren" Chancen der Frauen am Arbeitsmarkt resultieren aus ihrer Prädisposition für Familientätigkeit. In die innerfamiliale Arbeitsteilung kann und darf Familienpolitik jedoch nicht eingreifen. Diese Entscheidung fällt eindeutig in den privaten Bereich.

In dieser Zielrichtung führt Familienpolitik in eine Sackgasse. Die Forderung nach materieller Gleichheit führt letztlich zur Ungleichbehandlung, hebt sich also auf.

Die Voraussetzungen dafür, daß formale Gleichheit auch zu materiell gleichen Chancen führen, sind durch Familienpolitik nicht herbeizuführen, sondern fallen in die Entscheidung der Individuen.

Maßnahmen zur Verbesserung der Stellung der Frau am Arbeitsmarkt schaffen mehr Optionen für die Familie und ermöglichen ihr „freie" Entscheidungsfindung. Die mit diesen Reformen vielfach einhergehende Forderung nach faktischer, nicht nur formaler Gleichberechtigung der Frau am Arbeitsmarkt kann sich nicht an Familienpolitik richten. Faktische Gleichberechtigung von Mann und Frau setzt gleiche Verantwortung und Einsatzbereitschaft beider Geschlechter in der Familie voraus. Familienpolitik kann hier günstigere Rahmenbedingungen setzen, die Entscheidung fällt jedoch in den privaten Bereich.

2.2 Arbeitszeitpolitische Maßnahmen

Herausragende Determinanten der individuellen Optionen bezüglich Familien- und Erwerbstätigkeit der Planbarkeit und der Durchlässigkeit sind Lage und Dauer der Arbeitszeit. Rund zwei Drittel der Erwerbstätigen sprechen sich dafür aus, daß beide Ehepartner eine Arbeitszeit unter der Vollerwerbsgrenze vereinbaren, um sich die Arbeit für Haushalt und Kinder zu teilen. Während Arbeiter und ältere Befragte diesem Modell distanziert gegenüberstehen, findet es besonders bei jüngeren Befragten, Angestellten und Beamten Zustimmung (U. Engfer, K. Heinrichs, C. Offe, H. Wiesenthal, 1983, S. 91–105).

Arbeitszeit ist nach der Arbeitszeitordnung (AZO) „die Zeit vom Beginn bis zum Ende der Arbeit ohne Ruhepausen." (G. Rohwer, 1982, S. 191). Die Arbeitszeit kann hinsichtlich Lage und Umfang variieren (B. Teriet, 1976, S. 3). Im diskutierten Zusammenhang wird unterschieden zwischen standardisierter Arbeitszeitregelung, die bei Lage und Umfang der Arbeitszeit genau fixiert sind (8-Stunden-Tag), und flexiblen Arbeitszeitregelungen, bei denen sich dem einzelnen Entscheidungsspielräume hinsichtlich Lage und Umfang seiner Erwerbstätigkeit eröffnen.

Die Verkürzung des standardisierten Normalarbeitstages durch kollektive Arbeitszeitverkürzung bzw. die Verkürzung der Wochen- und Jahresarbeitszeit durch längere Urlaubszeit und Elternurlaub sowie die Verkürzung der Lebensarbeitszeit durch vorzeitigen Ruhestand strebt die „traditionelle Arbeitszeitpolitik" an (D. Mertens, 1982, S. 199 ff.). Ausgehend von den Interessengegensätzen der kapitalistischen Gesellschaft geht es ihr primär um die Verteilung materieller Ressourcen (R. Heinze u. a., 1979, S. 277). Als Mangel dieser Politik gilt, daß die starre Einteilung der Arbeitszeit mit ihrem kollektiven Zwangscharakter beibehalten wird (B. Teriet, 1980, S. 713).

Arbeitszeitflexibilisierung wird im Gegensatz zu kollektiver Arbeitszeitverkürzung von der „neuen Arbeitszeitpolitik" angestrebt. Die „flexiblen" Arbeitszeitkonzepte sind die Flexibilisierung der Tages- und Wochenarbeitszeit durch Gleitzeitsysteme, variable Teilzeitarbeit und die Flexibilisierung der Jahres- und Lebensarbeitszeit durch Sabbaticals. Sie können von der tariflichen Regelarbeitszeit dem „Umfang nach abweichen und/oder hierin sowie im bezug auf die Arbeitszeitlage Selbstbestimmungsmöglichkeiten aufweisen. " (A. Hoff, 1981a, S. 1). Die „neue Arbeitszeitpolitik" zielt auf mehr „Zeitsouveränität" der Arbeitnehmer (B. Teriet, 1980, S. 712 f.).

2.2.1 Maßnahmen zur Verkürzung der Arbeitszeit

a) Wochenarbeitszeit

„Der Umfang der tarifvertraglich vereinbarten Wochenarbeitszeit ist auch aus familienpolitischer Perspektive bedeutsam, da dadurch für Eltern (Väter und/ oder Mütter), die als Vollzeitbeschäftigte tätig sind, der Spielraum möglicher Familientätigkeit in allgemeiner, rein quantitativer Form abgesteckt wird. " (BMJFG, 1984, S. 210). Wochenarbeitszeitverkürzung meint hier ganz allgemein Reduzierung der pro Woche zu leistenden Arbeitszeit um eine oder mehrere Stunden (MAGS/NW, (Hg.), 1983, S. 79). Eine Verkürzung der tarifvertraglich vereinbarten Arbeitszeit erhöht potentiell den Spielraum für Vollzeitbeschäftigte, sich der Familientätigkeit zu widmen. Dies allerdings nur, wenn mit Reduzierung der tariflich geregelten Wochenarbeitszeit auch eine Senkung der faktischen Arbeitszeit einhergeht und die benötigten Zeitressourcen für Wegezeiten zum Arbeitsplatz, Regeneration und Nebentätigkeiten nicht weiter zunehmen (BMJFG, 1984, S. 212).

Eine Verkürzung der Arbeitszeit stellt zwar eine Erleichterung für die Familientätigen dar, lineare Arbeitszeiten sind jedoch schwerlich vereinbar mit einem an menschlichen Bedürfnissen orientierten Familienhaushalt. Aus familienpolitischer Perspektive ergibt sich hiermit, daß die Erwerbstätigkeit, wenn sie pauschal reglementiert ist und als Block den spezifischen Erfordernissen aus Familientätigkeit gegenübersteht, nur in begrenztem Umfang als geeignete Maßnahme zur besseren Vereinbarkeit von Familien- und Erwerbstätigkeit gelten kann.

b) Jahresarbeitszeit

Neben der Verkürzung der Wochenarbeitszeit wird auch eine Verlängerung des Jahresurlaubs diskutiert. Auch bei der Verlängerung des Jahresurlaubs tritt jedoch die Arbeitszeitverkürzung en bloc ein (MAGS/NW (Hg.), 1983, S. 85).

Die Verlängerung des Jahresurlaubs bietet den Familientätigen spezielle Chancen, ihren eigenen Urlaub mit den Schulferien der Kinder zu koordinieren. Gerade während der Schulferien stellt sich erwerbstätigen Eltern das Problem, die Betreuung ihrer Kinder auch tagsüber zu gewährleisten. Allerdings ist hier zu bedenken, daß der en bloc-Ausfall von Arbeitnehmern während der Schulferienzeit den üblichen Betriebsablauf stören wird und insofern von der Arbeitgeberseite als wenig wünschenswert betrachtet werden muß (MAGS/NW, 1983, S. 86). Die familienpolitische Relevanz einer solchen Maßnahme ist außerdem relativ gering. Es ist anzunehmen, daß die Vereinbarkeit von Familien- und Erwerbstätigkeit lediglich der Tendenz nach gefördert werden kann.

2.2.2 Maßnahmen zur Flexibilisierung der Arbeitszeit

a) Gleitende Arbeitszeit

Gleitende Arbeitszeit eröffnet den Arbeitnehmern speziell in der chronologischen Dimension Wahlmöglichkeiten. Den Beschäftigten eröffnet sich ein Dispositionsspielraum hinsichtlich Arbeitsbeginn und Arbeitsende innerhalb eines vorgegebenen Rahmens. Gleitzeit bringt also wachsende individuelle Optionen (BMJFG, 1984, S. 221). Innerhalb eines limitierten Rahmens entstehen auch bezüglich der Dauer der Arbeitszeit Gestaltungsspielräume, sofern die tariflich festgelegte Arbeitszeitdauer am Ende eines Abrechnungszeitraumes erreicht wird. Dies geschieht durch die Übertragung von Zeiteinheiten über die Woche oder den Monat hinaus. Der Beschäftigte kann zwischen einer täglichen Kernzeit und einer gesetzlich vorgeschriebenen Arbeitszeit von maximal 10 Stunden täglich und 48 Stunden wöchentlich wählen (BMJFG, 1983, S. 71).

Es sind allerdings lediglich 12 % der Befragten in der Lage, innerhalb des vereinbarten Zeitraumes ihren Arbeitszeitbeginn bzw. das Arbeitszeitende selbst zu beeinflussen. Der Anteil der Gleitzeitarbeitenden betrug 1981 bei Angestellten und Beamten 20 %, bei Arbeitern waren es lediglich 5 % (J. Scharioth, R. von Gizycki, 1983, S. 61). Diese Beschränkung der Gleitzeitregelungen auf bestimmte Wirtschaftsbereiche ist allerdings nicht zwingend. Dies macht der Tatbestand deutlich, daß sie auch im Produktionsbereich und von un- und angelernten Arbeitern teilweise praktiziert wird (BMJFG, 1983, S. 72 f.).

Den Unternehmern entstehen durch die gleitende Arbeitszeit zusätzliche Kosten, die jedoch durch Vorteile, beispielsweise aufgrund von sinkenden Fehlzeiten, gemindert werden. Arbeitnehmer beurteilen die Gleitarbeitszeit durchgängig positiv (BMJFG, 1983, S. 73).

Da die lineare Arbeitszeitgestaltung beibehalten wird, ist diese Flexibilisierungsmaßnahme nur von geringem Einfluß auf die Vereinbarkeit von Familie und

Erwerbstätigkeit. Immerhin wird jedoch in Grenzen eine Anpassung der Arbeitszeit an den eigenen Lebensrythmus und andere vorgegebene Zeitstrukturen, z. B. dem Unterrichtsbeginn bei Kindern, auf diese Weise erleichtert. Eine Ausweitung der Gleitzeitarbeit ist aus familienpolitischer Perspektive also zu begrüßen.

b) Job-Sharing

Unter Job-Sharing als ein Modell zur individuellen Arbeitszeitflexibilisierung wird allgemein verstanden, daß zwei oder mehr Beschäftigte auf demselben Arbeitsplatz die Aufteilung der Arbeitszeit innerhalb der festgelegten Gesamtarbeitszeit frei vereinbaren. Dieser Wechsel kann halbtäglich, täglich oder auch wöchentlich erfolgen. Job–Sharing wird gegenwärtig auf dem bundesdeutschen Arbeitsmarkt nur in geringem Umfang praktiziert (BMJFG, 1984, S. 234). Ganz im Gegensatz zu anderen Teilzeitformen ist das Job–Sharing Positionen vorbehalten, die höhere qualifikatorische Anforderungen stellen. Ebenfalls im Unterschied zu anderen Teilzeitarbeitsformen ist es den Arbeitnehmern freigestellt, untereinander die Gestaltung ihrer Arbeitszeit zu regeln (R. Fiedler-Winter, 1984, S. 242). Gerade unter diesem Aspekt kommt dem Job-Sharing aus familienpolitischer Perspektive eine besondere Bedeutung zu, da zusätzlich Spielräume für die Erfüllung von Familientätigkeit und gleichzeitiger Erwerbstätigkeit entstehen.

Aus familienpolitischer Sicht gewinnt in diesem Zusammenhang besonders der § 5 des Beschäftigungsförderungsgesetzes 1985 eine besondere Bedeutung: „Vereinbarte der Arbeitgeber mit zwei oder mehr Arbeitnehmern, daß diese sich die Arbeitszeit an einem Arbeitsplatz teilen (Arbeitsplatzteilung), so sind bei Ausfall eines Arbeitnehmers die anderen in die Arbeitsplatzteilung einbezogenen Arbeitnehmer zu einer Vertretung nur aufgrund einer für den einzelnen Vertretungsfall geschlossenen Vereinbarung verpflichtet." (§ 5 Abs. 1 Satz 1 Beschäftigungsförderungsgesetz 1985). Ausnahmen hiervon sind nur möglich, wenn sie vorab für den Fall eines dringenden betrieblichen Erfordernisses vereinbart werden. Ein Arbeitnehmer ist nur dann zur Vertretung verpflichtet, wenn es ihm im einzelnen Fall zumutbar ist.

Geht man davon aus, daß Job-Sharing gerade deshalb von vielen Arbeitnehmern gewählt wird, da sie Familien- und Erwerbstätigkeit in Einklang bringen wollen, so wird deutlich, daß gerade außerplanmäßige berufliche Verpflichtungen, wie sie bei einem Vertretungszwang des Job-Sharings-Partners auftreten würden, die problemlösende Abstimmung von Familien und Erwerbstätigkeit beeinträchtigen würde. Insofern ist in der Regelung des § 5 Abs. 1 Beschäftigungsförderungsgesetz 1985 ein Schritt in Richtung der Förderung der Vereinbarkeit von Familien- und Erwerbstätigkeit zu sehen.

Im Hinblick auf die Forderung nach Optionsvielfalt, Planbarkeit und Durchlässigkeit wäre auch daran zu denken, den Arbeitnehmern, die sich zeitweise für Job-Sharing entscheiden, vertraglich die Möglichkeit zuzusichern, daß sie wieder als Vollzeitbeschäftigte arbeiten können, wenn sich ihre familiäre Situation verändert (BMJFG, 1984, S. 235).

Aus der Sicht des Arbeitnehmers führt Job-Sharing gegenüber Vollzeitarbeit zu erheblichen finanziellen Einbußen, denn die einzelnen Modellvarianten gestehen den Job-Sharing-Partnern nur zusammen das Gehalt eines Vollzeitarbeitenden zu (J. G. Bischoff, T. Bischoff, 1984, S. 47). Damit wird Job-Sharing für viele Familien von vornherein nicht zu einem realistischen Entscheidungsmuster. Voraussetzung dafür, auch mit halben Monatseinkommen die ökonomische Situation einer Familie zu sichern, ist ein relativ hohes berufliches Qualifikationsniveau und das hieraus in aller Regel resultierende hohe Einkommen.

c) Kapazitätsorientierte variable Arbeitszeit

Eine Variante von Teilzeitarbeit ist die kapazitätsorientierte variable Arbeitszeit. Dieses Konzept geht davon aus, daß die Personaleinsatzplanung so verfeinert wird, daß der Arbeitseinsatz des Personals gemäß wechselnden betrieblichen Erfordernissen vorgenommen wird (H. Rudolph u. a., 1981, S. 206). In Arbeitsverträgen werden dann lediglich die Stundenzahl in einer Zeitperiode und das Gehalt festgelegt. Dauer und Lage der jeweiligen Arbeitszeit wird dem Arbeitnehmer kurzfristig mitgeteilt.

Diese Arbeitszeitform bedeutet für den Erwerbstätigen eine steigende Arbeitsbelastung. Pausenzeiten entfallen, das Erholungsbedürfnis wird überwiegend in den Reproduktionsbereich verlagert und die freien Zeitressourcen für Hausarbeit werden zusätzlich verringert. Hinzu kommt, daß „der variable, nicht beeinflußbare, unvorhersehbare Einsatz, d. h. die Verfügbarkeit der Arbeitnehmer gemäß wechselnden betrieblichen Erfordernissen . . . im Hinblick auf die Vereinbarkeit von Erwerbstätigkeit mit Familienpflichten (bedeutet), daß der Bereich Familie dem Erwerbsarbeitsbereich ebenso nachgeordnet werden muß wie bei starren Arbeitszeiten." (BMJFG, 1983, S. 88). Aus familienpolitischer Sicht ist deshalb die Flexibilisierungsvariante kapazitätsorientierter variabler Arbeitszeit als Teilzeitarbeitsform abzulehnen.

d) flexible Teilzeitarbeit

Als Teilzeitarbeitsform hat in der Bundesrepublik Deutschland die halbtägige Vormittag-Teilzeitarbeit eine eindeutige Präferenz (H. J. Scharioth, R. von Gizyki, 1983, S. 54). In der Regel umfaßt sie 20 Stunden pro Woche und wird vormittags von Montag bis Freitag verrichtet. Arbeitsbeginn und Arbeitsende sind nicht flexibel, sondern festgesetzt. Diese Teilzeitarbeitsvariante unterscheidet sich also von der tariflichen Regelarbeitszeit im Hinblick auf die Dauer der Arbeitszeit.

Für teilzeitarbeitende Elternteile bedeutet diese Teilzeitarbeitsform eine Erleichterung der Vereinbarkeit von Erwerbstätigkeit und Familientätigkeit. Berufstätigkeit kann in der Regel am Vormittag während der Unterrichtszeiten und Kindergartenzeiten der Kinder geleistet werden (BMJFG, 1983, S. 80). Eingeschränkt werden muß diese optimistische Einschätzung allerdings bereits, wenn man Eltern mit Kindern in den ersten Schuljahren betrachtet. Hier variieren nämlich die Unterrichtszeiten oft. Neben einer Abstimmung der Schulzeiten und der Anfangs- und Endzeiten in Kinderbetreuungseinrichtungen ist hier als flankierende Maßnahme die Realisierung von Gleitarbeitszeit auch bei teilzeitbeschäftigten Arbeitnehmern zu fordern. Erst diese Flexibilisierungsmaßnahme ermöglicht den Eltern weitere wichtige Gestaltungsspielräume zur Vereinbarung von Familien und Erwerbstätigkeit.

Ganz allgemein birgt das Konzept der Teilzeitarbeit in sich die Chance, Familientätigkeit mit Erwerbstätigkeit zu verbinden und die „Entweder oder" Entscheidungssituation zwischen einem Rückzug aus dem Erwerbsleben und einem voll belastenden tariflichen Normalarbeitszeittag zu vermeiden. Gerade die Vielfalt der Ausgestaltungsmöglichkeiten der Teilzeitarbeit ist unter familienpolitischer Perspektive zu begrüßen. Allein eine quantitative Ausweitung von Teilzeitarbeit zu fordern würde jedoch qualitative Kriterien unberücksichtigt lassen.

In der Bundesrepublik Deutschland ist gegenwärtig eine unzureichende qualitative Differenzierung der verfügbaren Teilzeitarbeitsplätze festzustellen. Teilzeitarbeitsplätze werden primär für Tätigkeiten bereitgestellt, die als typische Frauenerwerbstätigkeiten gelten (G. Bäcker, 1981, S. 194–203, insb. S. 197). Damit wird die Chance der Männer, einen Teilzeitarbeitsplatz zu finden, limitiert. Hinzu kommt noch, daß es die Qualifikationsstruktur und die Entlohnung der Teilzeitbeschäftigung Männern, die in der Regel den Hauptverdiener in der Familie stellen, nicht erlauben, eine solche Arbeitszeitform zu wählen. In diesem Kontext wären Maßnahmen, welche die Teilzeitarbeitsplätze im Vergleich zu Vollzeitarbeitsplätzen aufwerten – beispielsweise indem sie bessere Aufstiegsmöglichkeiten für Teilzeitbeschäftigte ermöglichen – aus zweierlei Gründen von familienpolitischer Bedeutung. Zum einen könnte so die Bereitschaft von Männern, eine Teilzeitbeschäftigung und, damit verbunden, vermehrt Familientätigkeit zu übernehmen, gefördert werden, zum anderen wird so der wachsenden beruflichen Qualifizierung von Frauen Rechnung getragen (MSGU (Hg.), 1982, S. 77).

Aus sozialpolitischer Perspektive rückt ein anderes Problem in den Vordergrund. Da Teilzeitarbeit gegenwärtig häufig in geringfügigen Beschäftigungsverhältnissen geleistet wird und die Teilzeitbeschäftigten keine eigenen Rentenansprüche aus ihrer Erwerbstätigkeit erwerben können, wird die soziale Absicherung zum Problem. Im Zusammenhang mit einer Ausweitung der Teilzeitarbeitsmöglichkeiten könnte die Einführung einer generellen Versicherungspflicht für alle Teilzeitbeschäftigten diskutiert werden. Ebenso wäre eine Änderung rechtlicher Rahmenbedingungen zu bedenken, die Arbeitnehmern mit einem Einkommen unterhalb der Geringfügigkeitsgrenze ein Beitragsrecht zur Sozialversicherung einräumt (G. Bäcker, 1983, S. 232 ff.).

Mit dem Beschäftigungsförderungsgesetz 1985 wird die arbeitsrechtliche Seite der Teilzeitarbeit dahingehend präzisiert, daß dem Arbeitgeber nicht erlaubt wird, „einen teilzeitbeschäftigten Arbeitnehmer wegen der Teilzeitarbeit gegenüber vollzeitbeschäftigten Arbeitnehmern unterschiedlich zu behandeln, es sei denn das sachliche Gründe eine unterschiedliche Behandlung rechtfertigen." (§ 2 Abs. 1 Beschäftigungsförderungsgesetz 1985). Für Arbeitgeber besteht nun die Unterrichtungspflicht, er muß Arbeitnehmern, die ihm gegenüber ein Interesse an einer Veränderung der Arbeitszeit angezeigt haben, über entsprechende Arbeitsplätze, die im Betrieb eingerichtet werden, informieren (vgl. § 3 Beschäftigungsförderungsgesetz 1985). Beide Aspekte erscheinen unter familienpolitischer Perspektive begrüßenswert.

Aus betrieblicher Sicht können durch die Aufteilung der Vollzeitarbeitsplätze in Teilzeitarbeitsplätze Zusatzkosten entstehen, so durch Arbeitsplatzausstattungen oder durch längere Einarbeitungszeiten, die bei der Einstellung von Teilzeitbeschäftigten entstehen. Andererseits bildet z. T. die Art der Tätigkeit selbst ein Hindernis. Tätigkeiten, die dispositive Funktionen beinhalten, erlauben nur schwerlich eine Aufteilung in Teilzeitarbeitsplätze (MAGS-NW (Hg.), 1983, S. 232 ff.). Natürlich sind diese Kosten z. T. vorübergehender Natur, fallen beispielsweise weg, wenn die Einarbeitungszeit von Teilzeitbeschäftigten beendet ist. Außerdem könnten staatliche Zuschüsse im Rahmen einmaliger Zahlungen die zusätzlichen Kosten mindestens z. T. abdecken. Den Kosten stehen zudem Ersparnisse bei der Einrichtung von Teilzeitarbeitsplätzen gegenüber. Mit der Umstellung von Vollzeitarbeit auf Teilzeitarbeit wird der Arbeitsausfall durch Fehlzeiten reduziert, werden die Produktionskapazitäten besser ausgelastet und die Arbeitsintensität von Teilzeitbeschäftigten ist häufig höher als die von vollzeitbeschäftigten Arbeitnehmern.

Hieraus ergibt sich auch gleich eine zusätzliche Problemlage der teilzeitbeschäftigten Familientätigen. Denn wenn der rein quantitative Spielraum durch die Teilzeitarbeit die Vereinbarkeit von Familien- und Erwerbstätigkeit auch erhöht, so wird die Vereinbarkeit de facto nur gering erweitert, wenn z. B. aus der verstärkten Arbeitsbelastung des Arbeitnehmers im Bereich der Erwerbstätigkeit ein höheres Regenerationsbedürfnis resultiert.

e) flexibler Jahresarbeitszeitvertrag

Ein weiteres Flexibilisierungskonzept ist der flexible Jahresarbeitszeitvertrag. Er regelt die während eines Kalenderjahres zu leistende Arbeitszeit. Das Volumen der vereinbarten Jahresarbeitszeit wird dabei im voraus festgelegt, ebenso wie die Fixierung der abzuleistenden Arbeitsstunden pro Arbeitszeitraum. In der Regel erhält der Arbeitnehmer seine Arbeitsleistung jeden Monat mit einem Zwölftel des festgesetzten Jahreseinkommens vergütet. Hinsichtlich der Arbeitsperioden läßt der Jahresarbeitsvertrag den Beschäftigten grundsätzlich weitgehende Gestaltungsspielräume. So kann die Arbeitszeit beispielsweise täglich oder monatlich variiert werden (BMJFG, 1983, S. 103 ff.).

Unter familienpolitischen Aspekten erweist sich diese Flexibilisierungsform als ambivalent. Einerseits können familiale Belange der Beschäftigten berücksichtigt werden – so etwa, wenn eine Arbeitszeitplanung möglich ist, die es den Eltern erlaubt, während der Schulferien ihrer Kinder nicht zu arbeiten. Problematisch wird es jedoch, wenn der Jahresarbeitszeitvertrag Regelungen einschließt, die die Arbeitszeit in Grenzen je nach Arbeitsanfall entsprechend unternehmerischen Erfordernissen variiert. Hierbei kann die Erledigung familialer Aufgaben bei gleichzeitiger Erwerbstätigkeit erheblich erschwert werden.

Da in der Bundesrepublik die Arbeitszeitform des Jahresarbeitszeitvertrages bislang kaum realisiert wird, könnte im Rahmen von Modellprojekten untersucht werden, ob sie Familien begünstigen oder benachteiligen und inwieweit dieses Arbeitszeitkonzept es dem Arbeitnehmer ermöglicht, die Familienpflichten mit seinen Arbeitszeitpräferenzen zu koordinieren.

2.3 Maßnahmen zur Erleichterung der Rückkehr ins Erwerbsleben

Wichtig ist hier eine zielgruppengerechte Ausgestaltung der Umschulungs- und Fortbildungsmaßnahmen. Eine wirksame Unterstützung stellt eine allgemeine Motivations- und Orientierungsphase als konzeptioneller Bestandteil von Umschulungsmaßnahmen dar (BMJFG (Hg.), 1984, S. 27). Auf diese Weise kann die Motivation, überhaupt an einer Bildungsmaßnahme teilzunehmen, gehoben werden.

Besonders problematisch ist häufig die Koordinierung von familialen Pflichten und die Teilnahme an beruflichen Bildungsmaßnahmen. Auch die Schaffung günstiger Rahmenbedingungen zur Vereinbarung von Familientätigkeit und beruflichen Interessen wird daher ein Moment sein, die Rückkehr von Frauen ins Berufsleben zu erleichtern (J. Scharioth, R. von Gizycki, 1983, S. 139). Ergebnisse von Modellversuchen lassen den Schluß zu, daß insbesondere ein ausreichendes Angebot an öffentlichen Einrichtungen zur wohnungsnahen und eventuell ganztägigen Kinderbetreuung sowie die Berücksichtigung familialer Pflichten bei der zeitlichen und örtlichen Ausgestaltung der Bildungsmaßnahmen eine Rückkehr in den Beruf fördern (A. Calame, M. Fiedler, 1982, S. 155 f.).

Gegenwärtig werden auch befristete Arbeitsverträge als Mittel zur Erleichterung der beruflichen Wiedereingliederung von Frauen diskutiert. Das Beschäftigungsförderungsgesetz 1985 legt fest, daß für die Zeit vom 1. Mai 1985 bis zum 1. Januar 1990 Arbeitsverträge geschlossen werden können, die einmalig und auf maximal 18 Monate befristet sind. Als Ziel dieser Maßnahme wird u. a. die Verbesserung der Chancen für eine Wiedereingliederung genannt. Befristete Arbeitsverträge werden als Zugangsbrücke zu unbefristeten Arbeitsverhältnissen gesehen (BMA (Hg.), 1985, S. 11 ff.). Problematisch bei den befristeten Arbeitsverträgen ist, daß möglicherweise Nachteile im Hinblick auf die soziale Absicherung der Arbeitnehmer oder den beruflichen Aufstieg der eingegliederten Personen entstehen.

An Berufsunterbrecher kann das Angebot gehen, an den Fortbildungsveranstaltungen des früheren Arbeitgebers teilzunehmen. In diesem Kontext ließe sich untersuchen, inwiefern Wiedereinstellungsklauseln in Firmen- und Branchentarifverträgen integrierbar sind, „die vorsehen, daß Wiedereinstellung von Rückkehrern aus einer Familientätigkeit erwogen und bei Erfüllung bestimmter Voraussetzungen qualitativer Art vollzogen wird, soweit ein Unternehmen Arbeitskräftebedarf hat." (BMJFG (Hg.), 1984, S. 139).

Ein weiteres Problem der Wiedereingliederung Familientätiger könnte sein, daß diese häufig in einem Alter ins Berufsleben zurückkehren, indem sie an ein formales Lernen nicht mehr gewohnt sind. Die Ausgestaltung der Fortbildungsmöglichkeiten sollte hinsichtlich der Inhalte auf die Lernmöglichkeiten dieser Menschen ausgerichtet sein (J. Scharioth, R. von Gizycki, 1983, S. 139). Hierbei käme der integrierten Vermittlung fachpraktischer Lernschritte und theoretischer Lerninhalte einige Bedeutung zu.

Auch aus einer anderen Perspektive erscheint das Alter der Rückkehrwilligen als Problem. Es bestehen Altershöchstgrenzen. Diese gegenwärtig vorgeschriebenen Altershöchstgrenzen sollten für solche Bewerber, die sich aufgrund der Betreuung kleiner Kinder vor Erreichung des allgemeinen Höchstalters beworben haben, außer Kraft gestellt werden (M. Wingen, 1981, S. 461). Diese Überprüfung von Höchstaltersgrenzen, die den Zugang zu einer Ausbildung, Umschulung oder einem Beruf erschweren, könnte grundsätzlich die Wahlfreiheit von Frauen im Lebenszyklus erhöhen. Der Abbau bzw. die Anhebung von Höchstaltersgrenzen trägt dazu bei, die Aufhebung einer einmal getroffenen Entscheidung im Ablauf des Familienzyklus zu revidieren. Beispielhaft in diesem Zusammenhang wäre die Altershöchstgrenze von 32 Jahren in der Bundeslaufbahnverordnung zu nennen. Eine Erhöhung auf 38 Jahre fördert die Wiedereingliederungschancen von Berufsunterbrechern.

3. Transferpolitische Maßnahmen im Rahmen des Familienlastenausgleichs

Einkommensmäßige Förderung der Familien soll dazu beitragen, daß ökonomische Zwänge einer Erwerbstätigkeit beider Eltern wegfallen und hierdurch die Entscheidungsmöglichkeiten erweitert werden (W. Glatzer, 1979, S 2 f.). Die Zahlung des Erziehungsgeldes soll u. a. ein bedingter Ausgleich für den Verzicht auf das Erwerbseinkommen eines Ehepartners sein. In der Einkommenseinbuße durch einen zeitweiligen Verzicht auf Erwerbstätigkeit wegen Kinderversorgung ist damit eine Begründung für die Einrichtung eines Erziehungsgeldes zu sehen. Voraussetzung für die Gewährung des Erziehungsgeldes ist, daß die betreuende Person keiner Erwerbstätigkeit bzw. nur einer geringfügigen Teilzeitbeschäftigung nachgeht (vgl. Presse und Informationszentrum des Deutschen Bundestages (Hg), 1985, S. 45). Dies bedeutet, daß eine Erwerbstätigkeit der Betreuungsperson dann den Anspruch auf Erziehungsgeld unberücksichtigt läßt, wenn sie die Hälfte der üblichen Arbeitszeit, höchstens aber 20 Stunden in der Woche, nicht übersteigt.

Das Erziehungsgeld wird für die ersten sechs Monate nach Ablauf der Mutterschutzfrist unabhängig von der Höhe des Einkommens pauschal in Höhe von 600 DM monatlich gewährt. Ab dem 7. Monat gelten Einkommensgrenzen, d. h. das Erziehungsgeld wird in Abhängigkeit von den Einkommen der Ehegatten gewährt. Von 1986 an wurde das Erziehungsgeld 10 Monate lang gezahlt, seit 1988 ist eine Ausweitung des Bezugszeitraumes auf 12 Monate vorgesehen.

Als Teil des Familienlastenausgleichs stellt das Erziehungsgeld eine Umverteilungsmaßnahme zugunsten von Familien mit Kindern dar. Es wirkt während der ersten 6 Monate der gesamten Bezugszeit horizontal, d. h. unabhängig von der Einkommenshöhe. Während der Folgezeit ist es Teil der vertikalen Umverteilung. Erziehungsgeld wird neben anderen Sozialleistungen zusätzlich gewährt, es erfolgt keine Anrechnung auf Sozialhilfe oder Wohngeld. (Die Ausgaben für das Erziehungsgeld trägt der Bund, die Zuständigkeit für die Ausführung liegt vorrangig bei den Ländern.)

Eine sozialpolitische Wirkung der Einführung des Erziehungsgeldes ist die Verringerung der unterschiedlichen Lebensstandards zwischen Familien mit einem oder zwei Einkommensbeziehern. Prinzipiell stellt das Erziehungsgeld eine Hilfe für die Versorgung und Erziehung des Kleinkindes dar, die es den Eltern erleichtert, auf das Erwerbseinkommen eines Elternteils zu verzichten. Diese Maßnahme trägt also zur Optionenvielfalt bei.

Problematisch ist die zeitliche Ausgestaltung des Bezugszeitraumes. Bereits die Sachverständigenkommission des 3. Familienberichts fordert, daß Erziehungsgeld mindestens bis zur Vollendung des zweiten Lebensjahres des Kindes gezahlt werden sollte. Noch besser wäre eine Gewährung dieser Transferzahlung für drei Lebensjahre, um der Familie eine kontinuierliche Aufbauphase und somit auch die Geburt und Betreuung von mehr als einem Kind zu ermöglichen (BT-DR 8/3121, 1979, S. 169). Angesichts der Infrastruktur bei der Kinderbetreuung – der Versorgungsgrad mit Kinderkrippenplätzen, die Kinder bis zu drei Jahren ganztags versorgen, liegt bei 1 % im Bundesdurchschnitt (vgl. BMJFG, 1983, S. 127) – muß man realistisch mit einer Unterbrechung der Erwerbstätigkeit von drei Jahren rechnen. Schlüssige Familienpolitik, deren Ziel Optionenvielfalt ist, sollte auf eine Ausdehnung des Bezugszeitraumes hinwirken und den Versorgungsgrad bei der institutionellen Betreuung von Kindern verbessern.

4. Institutionelle Maßnahmen

4.1 Kinderbetreuung

Konflikte bei der Betreuung der Kinder ergeben sich u. a. aufgrund der unzureichenden Koordinierung der Arbeitszeit mit institutionellen Öffnungszeiten. Ein erster Schritt zu mehr Optionenvielfalt wäre eine Flexibilisierung der Öffnungszeiten (BMJFG, 1984, S. 156 f.). Umfrageergebnissen zufolge wünscht die überwiegende Mehrzahl der Eltern von Klein- und Vorschulkindern eine Ausweitung der allgemeinen Öffnungszeit der familienergänzenden Betreuungseinrichtungen (BMJFG, 1983, S. 23). Empfehlenswert wäre eine Ausweitung der Öffnungszeit von 8–18 Uhr mit einem Mittagessenangebot. Um auch bei ganztägiger Erwerbstätigkeit eine Koordinierung zu erlauben, bietet sich auch eine Betreuungszeit von 7. 00 bis 18. 30 Uhr an.

Ein zusätzliches Problem schaffen die täglich variierenden Schulzeiten. Eine bereits erhebliche Erleichterung wäre hier die Einführung allgemeinverbindlicher Schulzeiten, mit regelmäßigem täglichen Schulbeginn und Schulende. Vorgeschlagen wird eine tägliche Schulzeit von 8–13 Uhr, wobei in der Grundschule die Möglichkeit besteht, neben Unterrichtsstunden auch Spielphasen in dieser Zeitspanne anzusiedeln (BMJFG, 1983, S. 138).

Andere Untersuchungsergebnisse weisen darauf hin, daß gerade bei Müttern ein großes Interesse daran besteht, daß ihre Kinder ganztägig von der Schule betreut werden. Erwerbstätige Eltern erfahren zum einen durch die mittägliche Versorgung ihrer Kinder und zum anderen durch die täglich anfallenden Schularbeiten besondere Belastungen. Es empfiehlt sich unter diesen Umständen die Einführung einer kostenlosen Schularbeitenhilfe am Nachmittag in der Schule im Anschluß an ein schulisches Mittagessen (MAGS-BW, 1984, S. 84 ff.). Die Forderung nach einer besseren Koordinierung der Öffnungszeiten von Erziehungsinstitutionen mit den Arbeitszeiten der erwerbstätigen Eltern ist eine alte Forderung, die bereits von der Sachverständigenkommission zur Erstellung des 3. Familienberichts aufgestellt wurde (BT-DR 8/3121, 1979, S. 170).

Die Flexibilisierung der Öffnungszeiten ist eine Voraussetzung für ein offenes System der arbeitsteiligen Betreuung von Kindern – zum einen durch die Familie, zum anderen durch familienergänzende Institutionen der Gesellschaft. Nicht die Familie hat sich nach den Öffnungszeiten der Institution zu richten, die Institutionen müssen ihre Öffnungszeiten den Bedürfnissen der Familie anpassen.

Im Zusammenhang mit der Einführung des Erziehungsurlaubs zum 1. 1. 1986 erhält der Ausbau von Tagesbetreuungseinrichtungen für Kinder im Alter bis zu drei Jahren eine besondere ordnungspolitische Bedeutung. Während die familiale Betreuung eines Kleinkindes nun im ersten Lebensjahr durch die Möglichkeit der Inanspruchnahme des Erziehungsurlaubs weitgehend sichergestellt ist, tritt der Konflikt zwischen Kinderbetreuung und Erwerbstätigkeit dann in unvermindertem Umfange wieder ein, wenn die Kinder zwischen dem 1. und 3. Lebensjahr auf die Bereitstellung von Kleinstkinder-Betreuungseinrichtungen angewiesen wären. Ein Übergang in den Kindergarten ist erst für Kinder im Alter ab drei Jahren vorgesehen.

Ein Ansatzpunkt zur Ermöglichung einer Kleinstkinderbetreuung war das Projekt „Tagesmütter" (BMJFG, 1976, S. 2). Es zeichnete sich ab, daß die Eltern, deren Kinder durch Tagesmütter betreut wurden, nicht nur eine Arbeitsentlastung erfuhren, sondern darüber hinaus auch in psychischer Hinsicht entlastet wurden. Das Tagesmüttermodell stellt eine kostengünstige Alternative zu kommunalen Einrichtungen dar. Der Vorteil auch anderer privater Initiativen könnte in eventuell geringeren Personal- und Sachkosten liegen. Im weiteren ist auch davon auszugehen, daß derartige private Initiativen den Bedarfssituationen der Eltern eher gerecht werden. Innovative Formen informeller Arrangements in Form nachbarschaftlicher und sozialer Dienste zur Unterstützung der Familie gelten als finanziell zu unterstützende Maßnahmen, die über eine Organisation der Betreuung und Erziehung der Kinder die Gleichzeitigkeit von Familien- und Erwerbsarbeit erleichtern helfen (BT-DR 8/3121, 1979, S. 176). Betreuung für Kleinst- und Kleinkinder durch andere gesellschaftliche Institutionen ist nicht als familienersetzende Leistung zu sehen, sondern als familienergänzende. Ein bedarfsgerechtes Angebot an außerfamilialen Betreuungseinrichtungen bedeutet für die Eltern eine Entlastung von Aufgaben. Damit wird dem Prinzip der Vermeidung von Kumulation genüge getan. Zum anderen wird eine größere Optionenvielfalt möglich. Es stellt sich nicht die Frage, entweder Kind(er) oder Erwerbstätigkeit.

4.2 Ausweitung sozialpflegerischer Dienste

Neben die Kinderbetreuung tritt als zweite wichtige familiale Aufgabe im Rahmen der Mehr-Generationen-Solidarität die Pflege hilfebedürftiger Angehöriger. Um die Verbindung von Pflegetätigkeit und Erwerbstätigkeit zu ermöglichen und zu erleichtern, ist an einen Ausbau der sozialpflegerischen Dienste zu denken. Dabei ist jedoch zu beachten, daß eine Beibehaltung der Erwerbstätigkeit bei gleichzeitiger Pflege selbst bei einer Abstützung durch andere soziale Netze nur bei leichteren Pflegefällen möglich sein wird. Eine komplementäre Absicherung der Pflege durch soziale Dienste kann auch aufgrund der Unabdingbarkeit eines hohen Maßes an Fachlichkeit und wissenschaftlicher Fundierung der praktischen Arbeit auf diesem Gebiet gefordert werden (G. Naegele, 1985, S. 394–403, insb. S. 401). Die Unterstützung der häuslichen Pflege durch Sozialstationen, die ambulante Dienste im medizinischen, pflegerischen und hauswirtschaftlichen Bereich erbringen, würde allgemein die Bedingungen für eine gleichzeitige Erwerbstätigkeit und Pflegetätigkeit verbessern und auch bei ganztägiger Pflege- und Familientätigkeit Entlastungsmöglichkeiten eröffnen.

5. Maßnahmen in der Sozialversicherung

5.1 Maßnahmen im Bereich der Arbeitslosenversicherung

Die Aufgabe der Erwerbstätigkeit, beispielsweise in Folge familialer Pflichten, führt zu einem Verfall des Anspruchs auf Arbeitslosengeld. Dem Ziel folgend, daß „Personen, die zur Wahrnehmung von Familienaufgaben für immer oder vorübergehend ihre Erwerbstätigkeit aufgeben, in bezug auf den Grad ihrer sozialen Absicherung keine Nachteile in Kauf nehmen müssen", empfiehlt der wissenschaftliche Beirat für Familienfragen zu prüfen, „ob man nicht in einer Erwerbslosigkeit aufgrund der Übernahme von Familientätigkeit nur eine Unterbrechung der Erwerbstätigkeit sehen sollte, die konsequenterweise nicht zum Verfall erworbener Sozialleistungsansprüche führt, sondern nur zu einer Unterbrechung des Fristablaufes." (BMJFG, 1984, S. 247, S. 249). Vorgeschlagen wird also die Einführung von Verfallfristen.

Eine Unterbrechung des Fristablaufes bereits erworbener Sozialleistungsansprüche ist aus ordnungspolitischer Sicht begrüßenswert, da dies eine gleichwertige Behandlung von Familien- und Erwerbstätigkeit in der Arbeitslosenversicherung impliziert. Außerdem erhöht sich hierdurch die Optionenvielfalt, indem auf diese Art die Korrektur einer einmal getroffenen Entscheidung im Ablauf des Familienzyklus ermöglicht wird. Die einzelnen Lebensentscheidungen können hierdurch planbarer werden.

5.2 Maßnahmen in der Gesetzlichen Rentenversicherung

Zum 1. 1. 1986 trat das neue Hinterbliebenen- und Erziehungszeitengesetz in Kraft. Ebenso wie durch die alte Regelung wird durch die Neuordnung der Hinterbliebenenversorgung prinzipiell die Wahlfreiheit von Eheleuten gefördert, sich im Lebensplan für Familientätigkeit oder für Erwerbstätigkeit bzw. eine Kombination zu entscheiden. Die Hinterbliebenenrente, die 60 % der Rente des Verstorbenen beträgt, übernimmt die Unterhaltsfunktion, die darin besteht, den durch den Tod eines Ehegatten entfallenden Unterhalt zu ersetzen. Sowohl Männern wie Frauen wird damit grundsätzlich die Möglichkeit eingeräumt, auf den eigenen Erwerb von Rentenansprüche durch Erwerbstätigkeit zu verzichten, da sie auf abgeleitete Rentenansprüche zurückgreifen können.

Die Realisierung des Modells der Hinterbliebenenrente mit Freibetrag bringt jedoch gerade für Hausfrauen, deren Alterssicherung sich als besonderes Konfliktfeld darstellt, keinerlei Verbesserungen. 60 % der Rente des verstorbenen Mannes reicht oft, wie beschrieben, zum Leben nicht aus, wenn der Mann nur wenig verdiente, lange Zeit arbeitslos oder nicht versicherungspflichtig tätig war.

Zweiter sozialpolitischer Schwerpunkt ist neben der Neuordnung der Hinterbliebenenrente die Anrechnung von Kindererziehungszeiten. Durch die Berücksichtigung von Kindererziehungszeiten in der Rentenversicherung wird die Chance für familientätige Personen, eine eigene Alterssicherung wenigstens in Höhe des soziokulturellen Existenzminimums zu erreichen, verbessert. Zum anderen soll auf diese Weise der Beitrag von Familien mit Kindern zur Erhaltung der Funktionsfähigkeit des Systems der sozialen Sicherung in Form eines Mehr-Generationen-Vertrages anerkannt werden.

Künftig wird Müttern oder Vätern für jedes Kind ein Versicherungsjahr angerechnet (§ 1227 Abs. A Satz 1 RVO). Das Kindererziehungsjahr wird grundsätzlich dem Elternteil angerechnet, der das Kind erzieht. Diese Regelung gilt unabhängig davon, ob die Kindererziehungszeit vor dem 1. Januar 1986 oder nach diesem Zeitpunkt liegt. Haben mehrere Personen die Erziehung des Kindes übernommen, ist der Elternteil versichert, der das Kind überwiegend erzieht (vgl. § 1227 A Abs. 3 RVO).

Die Kindererziehungszeiten wirken rentenbegründend. Sie werden ohne besondere Voraussetzungen auf die erforderliche Wartezeit für einen Rentenanspruch angerechnet. Damit haben sie die gleiche Rechtswirkung wie Versicherungsjahre, die auf versicherungspflichtigen Tätigkeiten beruhen. Am 1. Januar 1984 wurde die Wartezeit für ein Altersruhegeld durch das Haushaltsbegleitgesetz von bisher 15 Jahren auf 5 Versicherungsjahre herabgesetzt. Seit 1. Januar 1986 kann diese Wartezeit teilweise oder sogar vollkommen durch Kindererziehungszeiten erfüllt werden. Zeiten der Kindererziehung gelten auch für die Wartezeit für

Berufs- und Erwerbsunfähigkeitsrenten, für Hinterbliebenenrenten sowie für vorgezogene flexible Altersruhegelder mit. Müttern bzw. Vätern, die bei Inkrafttreten der Regelung kurz vor Vollendung des 65. Lebensjahres standen, wurde die Möglichkeit eingeräumt, sich nach Entrichten freiwilliger Beiträge die erforderliche Wartezeit für ein Altersruhegeld von 5 Jahren zu erfüllen.

Neben der Rentenbegründung durch Kindererziehungszeiten läßt sich auch eine rentensteigernde Wirkung feststellen. Das Kindererziehungsjahr wird auch bei den anzurechnenden Versicherungsjahren berücksichtigt. Kindererziehungszeiten werden für alle Erziehungspersonen so verrechnet, als wären 75 % des Durchschnittsverdienstes aller Versicherten verdient worden. Daraus ergibt sich nach dem Stand von 1986 eine Rente von etwa 25 DM pro Kind im Monat. Eine Person, die während der Kindererziehung gleichzeitig eine versicherungspflichtige Erwerbstätigkeit ausübt, erhält für den Fall, daß das Versichertenentgelt aus der Erwerbstätigkeit niedriger ist als 75 % des Durchschnittsbruttoverdienstes aller Versicherten, das Versichertenentgelt bis zu diesem Wert aufgestockt. Diese Regelung kommt vor allen Dingen Frauen zugute, die während der Kindererziehungszeit einer Teilzeitbeschäftigung nachgehen. Die Regelung folgt dem Gedanken, daß derjenige, der neben der Erziehung eines Kindes gleichzeitig eine versicherungspflichtige Beschäftigung oder Tätigkeit ausübt, aufgrund dieser Erwerbstätigkeit bereits sozial abgesichert ist, sofern er ein höheres als das bei der Kindererziehung zugrunde gelegte Entgelt bezieht. Liegt sein Verdienst jedoch unter 75 % des Durchschnittsverdienstes, so soll ihm kein Nachteil erwachsen. Daher erfolgt die Aufstockung des Wertes für die Beitragszeit auf 75 % des Durchschnittsverdienstes.

Ordnungspolitisch problematisch ist die Anerkennung von nur einem Jahr Erziehungszeit pro Kind. Angesichts des derzeitigen Ausbaues familienergänzender Kinderbetreuungseinrichtungen ist ein Bruch in der Versichertenbiographie häufig unvermeidlich. Die Benachteiligung familientätiger Mütter bzw. Väter wird in der sozialen Absicherung zwar abgeschwächt, nicht aber beseitigt. Kritikwürdig ist auch die Festsetzung der Bemessungsgrundlage auf 75 % des Bruttoarbeitsentgelts. Sollen nämlich Erwerbstätigkeit und Familientätigkeit als gleichwertig gelten, so muß eine Bemessungsgrundlage für die beitragsfreie Versicherungszeit in Höhe des Durchschnitts des Bruttoarbeitsentgeltes verwendet werden (W. Albers, 1981, S. 41–61, insbs. S. 54).

Ebenso wie bei der Kindererziehung handelt es sich bei der Pflege von Angehörigen um eine Leistung, die im Interesse der Gemeinschaft erbracht wird. In diesem Zusammenhang läßt sich die Forderung nach einer Anerkennung von Pflegejahren für Frauen und Männer in der Gesetzlichen Rentenversicherung aufstellen. So wurde z. B. von der Bund-Länder-Arbeitsgruppe zur Sicherung einer bedarfsgerechten Pflege vorgeschlagen, als gesetzlich begründete Leistung im häuslichen Bereich Beiträge zur Sozialversicherung für Pflegende zu übernehmen (Bund-Länder-Arbeitsgruppe, 1981, S. 52; S. 57). Zu fordern ist eine Familienpolitik, „die sich nicht nur, wie die gegenwärtige, auf die Versorgung von Kindern in der Familie ausrichtet,sondern auch künftig auf die Versorgung älterer Menschen erstreckt" (G. Buttler u. a., 1985, S. 36).

Die Verwirklichung der Anerkennung von Pflegezeiten läßt sich parallel zu der von Kindererziehungszeiten begründen. Frauen oder Männer, die aufgrund der Pflegetätigkeit häufig gezwungen sind, auf eine Erwerbstätigkeit zu verzichten, erwerben dadurch oft wegen fehlender Beitragszeiten geringe oder keine Rentenansprüche. Durch eine Anerkennung von Zeiten der Pflege- neben der von Kindererziehungszeiten könnte ebenfalls der Gleichbewertung familiärer Leistung mit außerhäuslicher Erwerbstätigkeit Rechnung getragen werden.

Problematisch bleibt, in welchem Umfang die Pflegezeiten anerkannt werden sollten. Die Dauer der Pflegetätigkeit ist vom Grad der Pflegebedürftigkeit abhängig. Prinzipiell würde eine Anerkennung von Pflegezeiten in der Rentenversicherung die Chancengleichheit der Familie in bezug auf sekundäre Institutionen erhöhen. Die Übernahme von Familientätigkeit würde im Hinblick auf die Altersicherung mit weniger Nachteilen verbunden sein.

6. Konzertierte Aktion in der Familienpolitik

Aus dem vorliegenden Forschungsbericht wird deutlich, daß Familienpolitik weiter greift als sie einzig durch Politik des Bundes zu leisten wäre. So schreibt auch der 4. Familienbericht: Dem „breiten Spektrum entfalteter Familienpolitik muß eine mehrgliedrige Trägerschaft entsprechen. Die Ansatzpunkte der aufgezeigten Maßnahmen liegen auf unterschiedlichen Ebenen: Auf der Ebene der Politik von Bund, Ländern und Gemeinden..., aber auch der Tarifpartner. Kooperation verschiedener Träger familienbezogener Hilfen und Dienste ist dabei eine wichtige Voraussetzung für eine wirksame Hilfe an alte Menschen und ihre Familien" (4. Familienbericht, 1986, S. 180). „Schaffung einer Konzertierten Aktion derjenigen Gruppen, die für die Rahmenbedingungen verantwortlich sind, unter denen Pflegeleistungen erbracht werden (insbesondere Tarifparteien, Organe der sozialen Selbstverwaltung, Betriebe, Gewährleistungsträger, Wohlfahrtsverbände und Betriebskörperschaften)" ist zu fordern (4. Familienbericht, 1986, S. 179, Ziff. 22). Diese Aussagen beziehen sich natürlich entsprechend der Ausrichtung des 4. Familienberichts auf die Altenpflege, sie haben jedoch auch Geltung für andere Bereiche der Familienpolitik.

6.1 Konzertierte Aktion in der Wirtschaftspolitik

Konzertierte Aktion ist immer dann zweckmäßig, wenn eine staatliche Instanz oder eine Gruppe (öffentlich rechtliche oder freie) nur dann effektiv handeln kann, sofern ein Partner kooperiert. Wenn aber die Partner unterschiedliche Rechtsgrundlagen haben, z. B. öffentlich rechtliche und privatrechtliche, dann kann eine solche Kooperation nicht „befohlen" oder angeordnet werden. Sie beruht dann auf freier Vereinbarung. Das heißt, sie funktioniert nur dann, wenn sich ein do ut des entwickeln läßt, der Partner also ein Eigeninteresse an der Kooperation hat.

Es wäre schwierig, für jeden Einzelfall ein solches do ut des–Verhältnis zu organisieren. In einer Konzertierten Aktion über einen längeren Zeitraum läßt es sich jedoch leichter erzielen. Die Partner werden so lange an der Konzertierten Aktion mitwirken als sie erkennen, daß für ihre eigene Politik mehr an Nutzen herausspringt, als sie selbst an Opfer, Lasten und Mühen einbringen.

So hat sich z. B. in der Konzertierten Aktion in der Wirtschaftspolitik ergeben, daß sie in sehr starkem Maße konjunkturabhängig war. Das heißt, sie funktionierte in der Depressionsphase gut, als die Tarifpartner (Arbeitgeberverbände und Gewerkschaften) eine Zusammenarbeit mit der staatlichen Konjunkturpolitik für nützlich hielten. Das Interesse nahm mit dem Konjunkturaufschwung ab und verfiel schließlich, als die Gewerkschaften erkennen mußten, daß die Konzertierte Aktion in der Wirtschaftspolitik von ihnen einseitig Zurückhaltung in der Lohnpolitik forderte – also Maßhalten erforderte, ohne daß ihnen auf der anderen Seite entsprechende Gegenleistungen etwa von seiten der Unternehmer in Form einer maßvollen Preispolitik zugesichert werden konnten. Die Arbeitgeberverbände haben keinen Einfluß auf die Preispolitik der Unternehmen, sie dürfen sie aus kartellrechtlichen Gründen auch gar nicht ausüben. So gewannen die Gewerkschaften den Eindruck, daß die Konzertierte Aktion sich für sie nicht mehr auszahlte. Sie kündigten die Konzertierte Aktion auf und sie zerfiel nach 10 Jahren im Jahre 1977.

6.2 Konzertierte Aktion im Gesundheitswesen

Im selben Jahr, als die Konzertierte Aktion in der Wirtschaftspolitik zerbrach, wurde sie im Gesundheitswesen gegründet. Hier mußte die staatliche Politik erkennen, daß das Ziel „Beitragsstabilität" nicht durch staatliche Verordnungen erreicht werden kann, denn die Festlegung der Beiträge in der Gesetzlichen Krankenversicherung steht in der Kompetenz der Selbstverwaltungen, die paritätisch durch Arbeitgeber– und Arbeitnehmervertreter besetzt sind.

Beitragsstabilität kann also weder die Bundesregierung noch die zentralen Bundesverbände der Kassen garantieren. Immerhin kann die Bundesregierung einen Druck auf die Spitzenverbände ausüben, den diese an ihre regionalen Partner weitergeben können. Eine Anordnungsmöglichkeit besteht nicht. Es besteht nur die Möglichkeit, die Tarifpartner vor Ort für eine solche Strategie zu gewinnen.

Die Konzertierte Aktion im Gesundheitswesen begann im Gegensatz zur Konzertierten Aktion in der Wirtschaftspolitik in einer Expansionsphase 1976/77. Die Verantwortlichen in Kassen und Kassenärztlichen Vereinigungen hatten erkannt, daß diese Expansion systemgefährdend sein würde. Es handelte sich nicht mehr um ein konjunkturell wünschenswertes „Wachstum", sondern um „Kostenexplosion". Würde diese Kostenexplosion über weitere Jahre anhalten, müßte das System zusammenbrechen. So erhielten die Tarifpartner im Gesundheitswesen ein Eigeninteresse an der Stabilisierung der Beitragssätze. Sie gaben 1976 die sogenannten „Empfehlungsvereinbarungen" heraus. Die Politik von seiten des Staates zog im Jahr darauf (1977) mit dem Kostendämpfungsgesetz und der darin festgelegten Konzertierten Aktion nach.

Eine Schwierigkeit der Konzertierten Aktion im Gesundheitswesen ist, daß die einzelnen Partner sehr unterschiedlich organisiert sind. Die öffentlich rechtlichen Tarifpartner, die Kassen und die Kassenärztlichen Vereinigungen sind durch ihre Bundesverbände vertreten. Der Arzneimittelbereich ist durch den Bundesverband der Arzneimittelindustrie vertreten, der allerdings weder die gesamte Arzneimittelindustrie umfaßt, noch in der Lage ist, Vereinbarungen, die er in der Konzertierten Aktion mitgetragen hat, bei seinen Mitgliedern durchzusetzen. In ähnlicher Weise ist auch der Krankenhausbereich organisiert. Er wird zwar durch die Krankenhausgesellschaft vertreten, aber diese hat keinerlei Weisungs- oder Durchsetzungsbefugnis.

Das zeigt, daß die Strategie „Anordnung" im Gesundheitswesen praktisch versagen muß. Deswegen ist die Strategie „Gewinnung durch Eigeninteresse" die einzig mögliche.

6.3 Konzertierte Aktion in der Familienpolitik

Ein Beispiel für einen Aktionsbereich einer Konzertierten Aktion in der Familienpolitik bietet das Problem der Altenpflege. Insbesondere diese Frage hat der 4. Familienbericht auch zum Gegenstand seiner Analyse gemacht.

Altenpflege wird gegenwärtig zu ca. 90 % durch die Familie geleistet (vgl. Orientierungsdaten Kap. II.). Andererseits wird Altenversorgung aber auch durch stationäre Einrichtungen (Krankenhäuser, Altenheime) und durch ambulante Versorgungsträger (Ärzte und Sozialstationen) erbracht. Träger sind sowohl kommunale Einrichtungen wie freie Wohlfahrtsverbände.

Im Zentrum der finanziellen Überlegungen steht folgendes Kalkül: Altenpflege in stationären Einrichtungen ist zwar leicht organisierbar, aber finanziell außerordentlich aufwendig. Altenpflege in Familien und ambulanten Einrichtungen ist sehr viel schwieriger organisierbar, aber humaner, vielfach effizienter und auch billiger.

Die Anbieter im stationären Bereich sind gut organisierte Professionelle. Sie haben großes politisches Gewicht. Die Anbieter in der Familie und im ambulanten Bereich sind dagegen weniger professionell. Sie sind meist Laien und politisch nur schwach organisiert; haben also nur geringes politisches Gewicht. Daraus ergibt sich in der Politik eine Tendenz zur Verschiebung von Altenpflege aus dem familiären ambulanten Bereich in den stationären Bereich. Soll diese Tendenz umgekehrt werden, ist dies nur durch eine Konzertierte Aktion möglich, in der die Partner mit geringem politischen Gewicht stärker zur Geltung gebracht werden können.

Es bestehen in diesem speziellen Fall folgende Interessen und Kooperationslagen:

a) **Krankenhäuser:** Diese haben in den letzten Jahren ihre Kapazitäten oft mit Pflegefällen ausgelastet. Das Interesse der Krankenhäuser am Abbau klinischer Pflegeversorgung kann durch Abgehen vom tagesgleichen Pflegesatz zugunsten einer Einzelleistungsvergütung (Forderung nach einer Krankenhausgebührenordnung mittleren Umfangs mit Einzelleistungskomplex Gebühren) geweckt werden, so daß die Krankenhäuser besonders an den Fällen interessiert werden, an denen viele und aufwendige medizinische Leistungen zu erbringen sind. Das Interesse an wenig aufwendigen (Pflege-)Fällen zur Vollbelegung der Betten würde damit zurückgehen. Bei tagesgleichem vollpauschalierten Pflegesatz müssen die kostengünstigeren (Pflege-)-Fälle zum kostenmäßigen Ausgleich für die schwereren (kostenintensiveren) Fälle beitragen. Diesen Zwang zu einer Mischkalkulation könnten die Krankenhäuser bei einer ansatzweisen Einzelleistungsvergütung aufgeben.

b) **Ambulante Ärzte:** Bei den ambulanten Ärzten kann das Interesse an einer Zusammenarbeit mit Sozialstationen durch Vergütung in der Gebührenordnung geweckt werden. (Die Zusammenarbeit der niedergelassenen Ärzte mit Sozialstationen muß also in der Gebührenordnung verstärkt berücksichtigt werden.) Unterstützt wird das Interesse der niedergelassenen Ärzte an Kooperation mit den vorgelagerten Versorgungsschichten dadurch, daß die Ärzte bei einer solchen Kooperation ihre Patienten in ihrer Praxis behalten und weiterbehandeln können, statt sie ins Krankenhaus überweisen zu müssen. Dies bremst die Überweisung nach oben. Auch eine Relevation vom Krankenhaus zu den Sozialstationen könnte durch die Ärzte gefördert werden.

c) **Krankenkassen:** Diese müssen in die Lage versetzt sein, wirtschaftlich zu prüfen, ob eine Versorgung in Selbsthilfe, professionell gestützter Selbsthilfe, ambulanter oder stationärer Versorgung für sie günstiger ist. Sie müßten also auch Kosten für die Versorgung durch die Sozialstationen übernehmen können. Ihre Bereitschaft dazu wird dadurch gefördert, daß die Kosten im Pflegebereich niedriger liegen als im Gesundheitsbereich. (Dazu müßte der 185 RVO neu gefaßt werden.)

d) **Wohlfahrtsverbände:** Die Wohlfahrtsverbände (Caritas, Diakonisches Werk, Arbeiterwohlfahrt, Deutscher Paritätischer Wohlfahrtsverband, Rotes Kreuz, Zentrale Wohlfahrtsstelle der Juden) sind Träger vieler Sozialstationen. Sie sollten durch staatliche Finanzhilfe Mittel dafür erhalten, ein flächendeckendes Angebot an Sozialstationen zu schaffen. Solche Mittel können bereitgestellt werden, wenn es gelingt, durch verstärkte Kooperation und Relevation die teureren stationären Versorgungsformen zurückzuführen. Selbst wenn dies in absoluten Einsparungen nicht gelingen sollte, wäre eine Dämpfung des Wachstumstrends schon ein Erfolg.

Die zusätzliche Nachfrage nach Personal, die eine Expansion der unteren Versorgungsschichten (Familienpflege, Sozialstationen) mit sich bringen würde, könnte befriedigt werden durch:
a) den Markt für Pflegekräfte,
b) Zivildienstleistende,
c) Ausbau des freiwilligen sozialen Jahres,
d) Ermutigung ehrenamtlicher Kräfte,
e) Aktivierung von kleinen Sozialen Netzen.

e) **Länder, Kommunen:** Sie können ein Interesse darin sehen, die Errichtung von Sozialstationen zu finanzieren (z. B. durch Umverteilung des Finanzierungsvolumens von Krankenhäusern zugunsten kostengünstigerer Sozialstationen). Die Kommunen stehen vor dem finanziellen Kalkül, was vorzuziehen sei: Mit Sozialhilfeausgaben der Nachfrage hinterherzulaufen oder in Zusammenarbeit mit einer „Konzertierten Aktion im Pflegebereich" ein kostengünstigeres Angebot als die stationäre Versorgung in den ambulanten Versorgungen der Sozialstationen und der Familienpflege bereitzustellen.

f) **Familienpolitik:** Die Sozialstationen können nur in Verbindung mit der Familienpflege wirklich effizient werden. Aufgabe der Familienpolitik ist es daher, die Familien wieder zu Pflegeleistungen instand zu setzen. Dazu können Maßnahmen dienen im Wohnungsbau, in der Steuerpolitik, z. B. Altensplitting, und direkte Transferzahlungen, um auf diese Weise möglichst viele an der Selbsthilfe und Eigenhilfe zu beteiligen. Stärker diskutiert und erprobt werden sollten auch geeignete Modelle zur Förderung von Selbsthilfegruppen. Hier müssen Kommunen und Wohlfahrtsverbände mit der Familie kooperieren.

Ein Überblick über die mit der Altenpflege befaßten Institutionen ergibt ein breites Spektrum. Zwar werden 90 % der Pflegebedürftigen in Familien gepflegt, dennoch wird durch die oben gegebene Übersicht sichtbar, daß eine Stärkung der Familienpflege nicht allein durch Familienpolitik erreicht werden kann. Die Familien sind in der Tat nur beschränkt zu pflegerischen Aufgaben fähig. Ihre Pflegekapazität kann aber erhalten und erweitert werden durch die Kooperation mit sekundären Institutionen. Es fällt allerdings auf, daß diese anderen Institutionen durch den Ausbau der familiären Pflege zusätzliche Aufgaben erhalten (z. B. Sozialstationen und ambulante Ärzte) ihnen aber auch viele Aufgaben entzogen werden (z. B. den Krankenhäusern). Diese Partner in der Altenpflege werden an den ihnen zuwachsenden Aufgaben Interesse finden, wenn man Wege findet, dieses Interesse zu wecken (z. B. die Wohlfahrtsverbände könnten an dem Ausbau der Sozialstation interessiert werden, wenn man ihnen staatliche Subventionen garantiert). Die ambulanten Ärzte können an einer Kooperation mit den Sozialstationen und Familien interessiert werden, wenn in der Gebührenordnung solche Hilfeleistungen besonders dotiert werden. Die Kommunen sind selbstverständlich an einem Abbau ihres Sozialhilfeetats interessiert. Sie können dieses Ziel erreichen, indem sie sich gleichzeitig um den Ausbau von Sozialstationen bemühen.

Die Krankenhäuser sind an der Abgabe von Pflegefällen nicht interessiert, sie können jedoch interessiert werden, wenn die Finanzierung durch den tagesgleichen Pflegesatz abgebaut und eine Krankenhausgebührenordnung mittleren Umfanges entwickelt würde.

Die Teilnehmer aus dem Gesundheitsbereich sind sehr gut organisiert (Tarifpartner: Kassen und KVen). Das Krankenhauswesen ist dagegen schwach organisiert. Die Organisation wird aber gegenwärtig aus den Erfordernissen der Konzertierten Aktion im Gesundheitswesen heraus vorangetrieben. Die Wohlfahrtsverbände sind zwar organisiert in Spitzenverbänden, ihre Schlagkraft könnte aber erheblich gestärkt werden, wenn ihnen Aufgaben im Rahmen einer Konzertierten Aktion zufielen. Familien- und Frauenverbände existieren, sind aber als politische Kräfte wenig effizient. Die Tarifpartner am Arbeitsmarkt sind stark organisiert.

Die Beobachtung der Organisationsgrade der unterschiedlichen Partner bei einer Konzertierten Aktion in der Familienpolitik zeigt, daß die Partner sehr unterschiedlich organisiert sind. Einige sind öffentlich-rechtlich, andere privat-rechtlich organisiert, einige sind stark, sogar mit Pflichtmitgliedschaft, andere sind schwach und auf freiwilliger Basis organisiert. Daraus folgt, daß eine Konzertierte Aktion nicht einfach zusammenzubringen ist. Andererseits kann erwartet werden, daß durch den Kooperationsprozeß in der Konzertierten Aktion selbst die Organisation der beteiligten Partner wächst und sie ihre Mittel und Fähigkeiten, Absprachen innerhalb der Konzertierten Aktion an ihre Mitglieder weiterzugeben, verbessern werden.

Ein **weiteres Beispiel** für den Aufgabenbereich einer Konzertierten Aktion läßt sich anhand der Vereinbarkeit von Familien- und Erwerbstätigkeit aufzeigen. Familientätigkeit ist, wie gezeigt, in hohem Maße beeinträchtigt durch die Nichtvereinbarkeit mit Erwerbstätigkeit. Maßnahmen zu einer besseren Vereinbarkeit von Familien- und Erwerbstätigkeit kann Bundespolitik allein jedoch nicht leisten. Dies ist nur möglich durch Kooperation der Tarifpartner am Arbeitsmarkt, der Betriebe und der institutionellen Versorgungs- und Bildungseinrichtungen für Kinder. Die Vereinbarkeit setzt in hohem Maße Arbeitszeitflexibilisierung voraus. Es zeigt sich, daß auch dieses Problem nur durch eine Konzertierte Aktion aufgegriffen werden kann. Lösungsstrategien sind nicht durch Gesetz oder Anordnung durchzusetzen. Ein gangbarer Weg ist, daß man Arbeitgeber, Gewerkschaften, öffentliche Verwaltungen und institutionelle Betreuungseinrichtungen an einer Kooperation mit der Familie und untereinander interessiert. Die Voraussetzungen hierzu kann die staatliche Arbeitsmarkt und Arbeitszeitpolitik schaffen. Für die hier besprochenen Aufgaben „Altenpflege" und „Arbeitszeitflexibilisierung" wird sichtbar, daß eine Familienpolitik des Bundes allein diese Aufgaben nicht leisten kann, daß aber Politik des Bundes wohl in der Lage ist, die Interessen der genannten Partner in der Weise auszurichten, daß Kooperation zustandekommt.

Bisher gibt es nur Teilkooperationen, z. B. zwischen den ambulanten Ärzten und den Sozialstationen sowie zwischen den Sozialstationen und der Pflege in Selbsthilfe. Diese Teilkooperationen müssen noch erheblich verstärkt und finanziell abgesichert werden. Krankenhäuser, Kommunen und Wohlfahrtsverbände sind einzubeziehen.

Auf mögliche Teilnehmer an der Konzertierten Aktion in Familienpolitik wurde bereits hingewiesen. Es sollten Vertreter des Bundesministeriums für Jugend, Familie und Gesundheit, des Bundesministeriums für Arbeit und Sozialordnung, Vertreter des Statistischen Bundesamtes, der Tarifpartner, der Familien- und Frauenverbände sowie des Gesundheitswesens sein.

Der Ausblick auf die Konzertierte Aktion im Gesundheitswesen und in der Wirtschaftspolitik zeigte, daß solche Aktionen langfristig konzipiert werden müssen, um effizient zu sein. Auch für eine Konzertierte Aktion in der Familienpolitik ist ein entsprechend langer Zeitraum ins Auge zu fassen, bis sich erste Erfolge zeigen.

VI. Hauptaussagen und Hauptforderungen

Im folgenden Kapitel sollen „Hauptaussagen und Hauptforderungen" pointiert dargestellt werden. Das Kapitel ist keine Kurzfassung des langen Textes, sondern hat zum Ziel, für Politik Wichtiges hervorzuheben.

Zu Kapitel I.

Hauptaussagen:

1. Das Thema der Untersuchung „Entscheidung für Kinder" scheint auf eine bevölkerungsorientierte Familienpolitik zu verweisen. Dem wird hier grundsätzlich widersprochen. Familienpolitik könnte nämlich Bevölkerungspolitik gar nicht leisten. Die durch den Bevölkerungsrückgang gegenwärtig existierenden Defizite, z. B. in der Rentenversicherung, müssen durch Maßnahmen in diesem Bereich und nicht durch Bevölkerungspolitik gelöst werden. Entsprechend wird hier die Konzeption entwickelt: Familienpolitik als Ordnungspolitik.

2. Die soziologische Ursachenforschung zu Determinanten des generativen Verhaltens ist sehr umfangreich. Ihr politisch nutzbarer Erklärungswert ist dennoch beschränkt. Als Grundlage für politische Entscheidungen im Zielbereich Familie bleibt sie unzureichend.

3. Die ökonomische Theorie der Familie untersucht nicht nur Ursache-Wirkungs-Zusammenhänge, sondern auch breitere Entscheidungskalküle. Ihr Erklärungswert ist zwar beträchtlich, für politische Entscheidungen jedoch noch unzureichend, da sozialhistorische und aktuelle, für die deutschen Verhältnisse wichtige Faktoren (noch) nicht mit einbezogen werden.

4. Die Entscheidung für Kinder ist keine isolierte Einzelentscheidung, sondern eingebettet in ein Netz von Entscheidungen zur gesamten Lebensplanung. Solche Entscheidungen können nicht durch Begünstigung mit Einzeleingriffen gefördert werden, sondern erfordern einen über lange Fristen verläßlichen und damit Lebenspläne tragenden Datenkranz. Familienpolitik als Ordnungspolitik heißt, solche verläßlichen Rahmenordnungen für den Bereich Familie zu schaffen.

Hauptforderung:

Aus den Hauptaussagen des Kapitel I. ergibt sich die Forderung, Familienpolitik, die lange Zeit als Eingriffspolitik gestaltet war (besonders typisch in der Ära Würmeling), als Ordnungspolitik zu konzipieren. Das heißt, es ist eine langfristige, verläßliche, in sich schlüssige Rahmenordnung zu schaffen.

Zu Kapitel II.

Hauptgedanken:

1. Die Durchsicht der Datenerhebungen zur Familie ergeben umfangreiches Datenmaterial (in Band 2 dokumentiert). Dieses Datenmaterial erweist sich allerdings nur als bedingt brauchbar für ein „Pegelwerk familienpolitischer Orientierungsdaten".

2. Es zeigt sich, daß der Familienbegriff der amtlichen Statistik zu Fehlinterpretationen führt. Familie als dynamischer Prozeß erfordert langfristige kontinuierliche Beobachtung auch des sozialen Beziehungsgefüges Familie. Die Erhebungen der nichtamtlichen Statistik ermöglichen zwar den Einblick in die für Familienpolitik relevanten Zusammenhänge dieses sozialen Beziehungsgefüges Familie, aber die Erhebungen erfolgen aus vielfältigem Interesse heraus, außerdem nicht kontinuierlich und ohne Koordination.

3. Die gegenwärtig vorliegenden Daten sind nur bedingt für ein „Pegelwerk familienpolitisch relevanter Orientierungsdaten" verwendbar. Die Daten sind z. T. nicht repräsentativ. Sie werden nicht kontinuierlich erhoben und sind weithin oft nicht vergleichbar. Hier besteht also Handlungsbedarf im Bereich der Orientierungslage.

Hauptforderung:

Aus den Hauptaussagen des Kapitels II ergibt sich die Forderung nach einem für ordnungspolitisch orientierte Familienpolitik geeigneten „Pegelwerk familienpolitischer Orientierungsdaten,". Die bisherige Entwicklung hat gezeigt, daß ein solches „Pegelwerk" nicht spontan zustande kommt. Es ist deshalb ein Sachverständigenrat mit einer solchen Aufgabe zu betreuen. Ein solcher Sachverständigenrat könnte nach den Vorbildern der Sachverständigenräte in der Wirtschafts- und Gesundheitspolitik eingerichtet werden.

Zu Kapitel III.

Hauptaussagen:

1. Die Funktionen der Familie, z. B. Sozialisation, Pflege und hauswirtschaftliche Versorgung, fallen zu unterschiedlichen Zeitpunkten unterschiedlich schwerwiegend, zeitintensiv und dauerhaft an. In familien- oder lebenszyklischer Perspektive ergeben sich Phasen potentieller Überbelastung, wenn in der Familie z. B. die Erziehung kleiner Kinder, Berufstätigkeit und die Pflege eines älteren Familienmitglieds kumulieren. Es entstehen jedoch auch „Funktionslücken", z. B. in der nachelterlichen Phase. Diese Phase ist noch wenig sozial definiert und führt u. U. phasenweise zu Funktionsentleerung.

2. Der Lebens- und Familienzyklus heute erfordert eine weitaus flexiblere Lebensplanung als früher. Hausarbeit vor 100 oder auch noch vor 50 Jahren war eine lebenslange Aufgabe. Der Aufgabenanfall im Familienhaushalt wies weitaus weniger Schwankungen auf. Höhere Anforderungen an die Erziehung der Kinder, gestiegene Lebenserwartung und nicht zuletzt die verringerte Zahl der Kinder führt dazu, daß die Belastungen im Familienhaushalt phasentypisch schwanken. Für den Familientätigen wechseln Phasen der vollen, vielleicht sogar der Überbelastung möglicherweise mit Phasen, die als unausgefüllt empfunden werden, ab. Aus individueller Sicht kann Lebensplanung zum Problem werden, wenn zu wenig Optionen bestehen, Durchlässigkeit zwischen Erwerbs- und Familientätigkeit nicht gegeben ist, Hilfen bei Problemkumulationen fehlen und das System der sozialen Sicherheit in sich widersprüchlich ist (Rationalitätenfalle) und damit eine rationale Planung erschwert.

3. Schon bei der Betrachtung von Lebens- und Familienzyklus wurde deutlich, auf welch entscheidende Änderungen sich die Familie einstellen mußte. Besonders schwierig gestaltet sich für die Familie die Anpassung an einen sich wandelnden Arbeitsmarkt. Erwerbstätigkeit wurde für Frauen zunehmend schwieriger mit Familientätigkeit vereinbar. Waren sie vor 100 Jahren noch häufig als mithelfende Familienangehörige tätig, sind sie heute fast ausschließlich marktvermittelt erwerbstätig. Hiermit wurde die Vereinbarung von Familien- und Erwerbstätigkeit zunehmend zum Problem.

4. Es kristallisieren sich drei Strategien heraus, mit denen der Familienhaushalt dieses neue Problem zu lösen sucht. Das **klassische Modell,** in dem ein Familienmitglied durchgängig erwerbstätig ist und ein anderes durchgängig die Familientätigkeit übernimmt; das **Drei-Phasen-Modell,** wobei einer durchgängig erwerbstätig ist und ein anderer phasenweise seine Arbeitskraft allein der Familientätigkeit bzw. der Erwerbstätigkeit vollzeit oder teilzeit zur Verfügung stellt; das **flexible Modell,** wobei beide Ehepartner erwerbstätig

sind und ihre Arbeitszeit flexibel in Abhängigkeit von den familienzyklisch schwankenden Belastungen gestalten.

5. Damit die Erwirtschaftung von realem Einkommen ins Gewicht fällt, ist eine ausreichende Familiengröße notwendig. Dann braucht der Familienhaushalt keine teuren Dienstleistungen am Markt zu erwerben, sondern produziert sie im Familienhaushalt selber. Um die Erwirtschaftung von monetärem Einkommen zu verbessern, ist es notwendig, die Erwerbstätigkeit am Markt kontinuierlich lebenslang, professionell und als Karriere zu gestalten. Das klassische Modell empfiehlt sich also, wenn ein Partner Berufskarriere machen kann und der andere bei ausreichender Familiengröße reales Einkommen zu erwirtschaften vermag. Diese Bedingungen, die früher die Regel waren, sind dies gegenwärtig nicht mehr. Viele Erwerbstätigkeiten bieten nicht mehr berufliche Karriere, sondern sind zum „Job" geworden. Viele Familien sind zu klein, um reales Einkommen zu erwirtschaften. In diesem Falle empfehlen sich andere Modelle zur Erwirtschaftung von monetärem und realem Einkommen.

6. Für viele Menschen stehen im Familienhaushalt nicht die Einkommensinteressen im Vordergrund, sondern andere Ziele wie sozialer Kontakt, Selbstverwirklichung und Status. Haben nun die Ehepartner das Gefühl, daß nur durch eine Kombination von Erwerbstätigkeit und Familientätigkeit diese Ziele für den einzelnen adäquat verwirklicht werden, so empfiehlt sich aufgrund dieser höchst persönlichen Einstellung eine entsprechende Arbeitsteilung. Unter Umständen kann der Familienhaushalt auf Einkommensmaximierung verzichten und wählt stattdessen ein flexibles Arbeitsangebot der Ehepartner.

7. Die Entscheidung für Familien- und Erwerbstätigkeit/Familien- oder Erwerbstätigkeit kann Familienpolitik nicht vorgeben. Für den einen kann sich Selbstverwirklichung in der Familie bieten, der andere wird sie in der Erwerbstätigkeit suchen. Für den einen Menschen sind intensive soziale Kontakte im Familienkreis erstrebenswert, der andere wünscht sich die weitreichenderen des Erwerbslebens. Für den einen erscheint der Status eines Erwerbstätigen, für den anderen der Status eines Familientätigen wünschenswert.

8. Die Ziele variieren jedoch nicht nur interpersonell, sondern, wie wir gesehen haben, auch intertemporär. Steht in jungen Jahren u. U. das Einkommensziel im Vordergrund, so können in späteren Familienphasen, vor allen Dingen in der nachelterlichen Phase, Ziele wie Selbstverwirklichung, sozialer Kontakt und Status in den Vordergrund treten. Aufgrund der im Lebens- und Familienzyklus wechselnden Ziele empfiehlt sich u. U. ein Drei-Phasen- oder vielleicht auch ein Mehr-Phasen-Modell: Leben in der Familie als Kind – Ausbildung und Erwerbstätigkeit – Familientätigkeit als Mutter oder Vater – nachelterliche Phase – erneute Erwerbstätigkeit – Familientätigkeit in der Altenpflege.

9. Für dieses interpersonell und intertemporär flexible Arbeitsangebotsverhalten sind derzeit am Arbeitsmarkt höchst ungünstige Bedingungen vorherrschend. Für eine Gleichberechtigung von Familien- und Erwerbstätigkeit muß eine Flexibilisierung der Arbeitszeit als Voraussetzung gelten.

Hauptforderungen:

1. In Phasen der Überbelastung muß für die Familie ein differenziertes System subsidiärer Hifen zur Verfügung gestellt werden. In Phasen von Unterbelastung, z. B. empty-nest-phase, muß es für Familientätige möglich sein, sich neue Aufgaben zu erschließen – sei es in ehrenamtlicher Tätigkeit oder Erwerbstätigkeit. Dazu ist eine Gleichstellung von ehrenamtlicher Tätigkeit und Erwerbstätigkeit notwendig: arbeitsrechtlich, steuerrechtlich und statusmäßig.

2. Es müssen Rahmenordnungen geschaffen werden, die eine langfristige rationale Planung erlauben und die es dabei ermöglichen, in sich schlüssige Lebenspläne aus Einzelbausteinen und Einzelphasen zusammenzufügen, so z. B. eine die Altersversorgung sichernde Rentenbiographie. Die Rentenbiographie sollte sich aus Ansprüchen, die im Verlauf der Erwerbstätigkeit (Beitragszeit) und der Familientätigkeit (Erziehungszeiten, Pflegejahre) erworben wurden, zusammensetzen.

   In ähnlicher Weise sollten sich Lebenspläne, die sich auf die Ziele Einkommen, soziale Sicherheit, soziale Kontakte, Selbstverwirklichung und Status richten, bausteinartig zusammenfügen lassen.

3. Familien- und Erwerbstätigkeit sind gegenwärtig schwer kombinierbar. Es geht darum, Gleichberechtigung zwischen beiden zu schaffen, um die Option für unterschiedliche Kombinationen zwischen Erwerbs- und Familientätigkeit zu eröffnen. Für das **klassische Modell** innerfamilialer Arbeitsteilung kommt es in erster Linie darauf an, Chancengleichheit zwischen Familien und Erwerbstätigkeit herzustellen. Die Ziele Einkommen, soziale Sicherheit, soziale Kontakte, Selbstverwirklichung und Status müssen in beiden Tätigkeitsbereichen in gleicher Weise erreichbar sein. Derzeit ist vor allen Dingen im Bereich der sozialen Sicherheit die Familientätigkeit diskriminiert. Hier ist Abhilfe zu schaffen. Für das **Drei-Phasen-Modell** gilt es, dieselben Forderungen wie für das Modell der klassischen innerfamilialen Arbeitsteilung zu erfüllen. Hinzu tritt jedoch die Notwendigkeit, Durchlässigkeit zwischen Familien- und Erwerbstätigkeit herzustellen. Der Wiedereintritt ins Erwerbsleben muß planbar sein. Die Entscheidung für ausschließliche Familientätigkeit muß phasenweise, z. B. bei Funktionslücken, widerrufbar sein. Als Zentralvoraussetzung für das **flexible Modell** muß eine Flexibilisierung der Arbeitszeit realisiert werden.

Zu Kapitel IV.

Hauptaussagen:

1. Die spezifischen Leistungen der Familie beruhen auf Emotionalität und Intimität. Demgegenüber haben die sekundären sozialen Systeme durch ihre Arbeitsteilung und Professionalität höhere Effizienz. Damit haben sie in vielen Bereichen Wettbewerbsvorteile gegenüber der Familie gewonnen. Die unter diesen Gesichtspunkten scheinbar effizienteren sekundären sozialen Systeme haben die Familie verdrängt. Es wird erst allmählich sichtbar, daß die Bedürfnisse nach Emotionalität und Intimität durch die sekundären Systeme nicht ausreichend gedeckt werden können.

2. Die Chancengleichheit zwischen Familie und sekundären sozialen Systemen ist gestört. Die sekundären sozialen Systeme haben sich gegenüber der Familie Vorteile verschaffen können – dadurch, daß sie ihre Mitglieder zu höherer Professionalität führen und das Gesetz der großen Zahl für sich mobilisieren konnten –, indem sie politisches Gewicht für sich mobilisieren und monetäres Einkommen anbieten können. In all diesen Bereichen gerät die Familie ins Hintertreffen.

Hauptforderungen:

1. Die Mindestforderung einer ordnungspolitisch orientierten Familienpolitik ist, Chancengleichheit für die Familie bei der Übernahme und Erfüllung ihrer Aufgaben zu sichern. Bisher mußte sich die Familie an die sekundären, sozialen Systeme anpassen, für die Zukunft ist Gleichstellung zu fordern, d. h. die sekundären, sozialen Systeme müssen sich auch an die Familie anpassen.

2. Chancengleichheit zwischen Familie und sekundären sozialen Systemen ist nicht genug, in ganz spezifischen Bereichen ist die Familie zu privilegieren, z. B. bei der Erziehung von Kleinkindern.

3. Familienpolitik, die sich allein der Familie zuwendet, bleibt unzureichend. Soweit die Familie mit sekundären sozialen Systemen konkurriert und Chancengleichheit für die Familie hergestellt werden muß, läßt sich dies nicht durch Einzeleingriffe erreichen, sondern bedarf einer grundlegenden Ordnungspolitik. Die grundlegenden Rationalitäten der einzelnen Systeme müssen aufeinander abgestimmt werden. Das gesamte Umfeld muß im Hinblick auf Familie geordnet werden, so insbesondere die soziale Sicherung und der Arbeitsmarkt. „Familienpolitische Komponenten" anzuhängen ist nicht ausreichend, familienpolitisches Ziel muß die Schaffung von schlüssigen Rahmenordnungen sein.

Zu Kapitel V.

Hauptaussagen:

1. In der Familienpolitik werden eine Fülle von Einzelmaßnahmen diskutiert, so insbesondere: arbeitsmarkt- und arbeitszeitpolitische Maßnahmen, transferpolitische Maßnahmen im Rahmen des Familienlastenausgleichs, institutionelle Maßnahmen zur Erleichterung der Kinderbetreuung und Altenpflege und Maßnahmen in der Sozialversicherung (ALV, GKV, GRV). Familienpolitik als Ordnungspolitik kann sich mit Einzeleingriffen aber nie abfinden, sondern steht vor der Aufgabe, das einzelne zu schlüssigen Gesamtordnungen zusammenzufügen.

2. Ordnungspolitik heißt, einzelnes zu Gesamtordnungen zusammenzufügen, dazu sind folgende Prinzipien zu beachten: Optionenvielfalt, Durchlässigkeit von Lebensplänen, Vermeidung von Kumulationen, zeitliche Entzerrung von Entscheidungssituationen und rationale Planbarkeit von Lebensentscheidungen. Das Grundprinzip ist es, Chancengleichheit herzustellen.

3. Die Vielfalt der familienpolitischen Maßnahmen unter den regulativen und konstitutiven Prinzipien zusammenzufügen ist durch Bundespolitik allein nicht zu verwirklichen, es bedarf dazu der Mitwirkung von Ländern und anderen Trägern familienpolitischer Maßnahmen.

Hauptforderung:

Familienpolitik als Ordnungspolitik erfordert Konzertierte Aktion zwischen den verschiedenen familienpolitischen Trägern. So haben z. B. die Arbeitsmarktverbände – die Tarifpartner – die Aufgabe, familienfreundliche Arbeitszeitregelungen zu finden. Die Selbstverwaltungen der Sozialversicherungen haben die Aufgabe, die familienpolitischen Komponenten ihrer Systeme aufzubauen und aufeinander abzustimmen. Außerdem sind natürlich die freien Wohlfahrtsverbände, die mit ihren Sozialstationen und sonstigen Einrichtungen einen maßgeblichen Einfluß auf familiales Verhalten gewinnen, angesprochen. Sie können z. B. familienfreundliche oder auch familienfeindliche Sozialstationen und Kinderbetreuungseinrichtungen einrichten. Schließlich sind die Betriebe in der Verantwortung, denn diese können im Rahmen von Betriebsvereinbarungen familienfreundliche Arbeitsplätze und Arbeitsbedingungen bereitstellen. Da Familienpolitik die Abstimmung mit sekundären sozialen Systemen erfordert, ist deren Mitwirkung zu gewinnen. Daraus ergeben sich auch die notwendigen Teilnehmer einer Konzertierten Aktion in der Familienpolitik.

Übersichtenverzeichnis

Übersicht 1 Einflußfaktoren im Entscheidungsprozeß für oder gegen die Geburt von Kindern 24

Übersicht 2 Entwicklung der Frauenerwerbstätigkeit 1882–1980 39

Übersicht 3 SSDS–Indikatorentableau: Familienzusammensetzung, Familien und Haushalte 55

Übersicht 4 SPES–Indikatorentableau: Bevölkerung und Familie (Ausschnitt) . . 57

Übersicht 5 Phasen des WHO–Familienzyklus 151

Übersicht 6 Phasenlänge des WHO–Familienzyklus 152

Übersicht 7 Zeitaufwand für Tätigkeiten im Haushalt in Stunden pro Woche bei nicht-erwerbstätigen Hausfrauen 161

Übersicht 8 Zeitaufwand für Tätigkeiten im Haushalt in Stunden pro Woche bei erwerbstätigen Hausfrauen 162

Übersicht 9 Individueller Arbeitsaufwand für Erwerbstätigkeit und Hausarbeit . . 180

Abbildungsverzeichnis

Abbildung 1: Unterstützung durch die Elterngeneration 122

Abbildung 2: Familienzyklisch schwankende Belastungen im Familienhaushalt . . 165

Abbildung 3: Intergenerative Kombination der familialen Belastungs- schwankungen 167

Abbildung 4: „Schichtenmodell" 201

Literaturverzeichnis

Adamy, W., Naegele, G., Steffen, J.: Sozialstaat oder Armenhaus?, in: Sozialer Fortschritt, 9/1983, S. 193–200
Atteslander, P.: Methoden der empirischen Sozialforschung, 4. Aufl., Berlin New York 1975
Badura, B., Gross, R.: Sozialpolitische Perspektiven, München 1977
Badura, B., Ferber, Chr.von (Hg.): Selbsthilfe und Selbstorganisation im Gesundheitswesen, München, Wien 1981
Bäcker, G.: Teilzeitarbeit und individuelle Arbeitszeitflexibilisierung, in: WSI-Mitteilungen, Heft 4, 1981, S. 194–203
Bäcker, G., Bispinck, R.: 35-Stunden-Woche – Argumente zur Sicherung und Schaffung von Arbeitsplätzen und für mehr Zeit zum Leben, Berlin 1984
Ballerstedt, E.: Resümee der Diskussion zur Konstruktion gesellschaftlicher Zielsysteme, in: Zapf, W. (Hg.): Gesellschaftliche Zielsysteme, Frankfurt/Main, New York 1976, S. 96–102
Bartholomäi, R.Chr.: Wünsche der politischen Praxis an die sozialen Indikatoren, in: Hoffmann-Nowotny, H.-J. (Hg.): Messung sozialer Disparitäten, Frankfurt/Main, New York 1978, S. 185–199
Becker, G. S.: An Economic Analysis of Fertility in Demographic and Economic Change in Developed Countries, A Report of the National Bureau of Economic Research, New York, Princeton 1960
Becker, G.S.: A Theory of the Allocation of Time, in: Economic Journal, Sept. 1965, Vol. 75, S. 493–517
Becker, G. S.: A Theory of Marriage, in: Schultz, Th. (Hg.), Economics of the Family, Chicago 1974, S. 299–344
Becker, G. S.: The Economic Approach to Human Behavior, Chicago 1976
Becker, G. S.: A Treatise on the Family, Cambridge, London 1981
Becker, W.: Die Berechnung des Unterhalts für nichteheliche Kinder, in: Zentralblatt für Jugendrecht und Jugendwohlfahrt, 10/1971, S. 281–290
Beck-Gernsheim, E.: Der geschlechtsspezifische Arbeitsmarkt, Frankfurt/Main 1976
Beck-Gernsheim, E.: Das halbierte Leben, Frankfurt/Main 1980,
Beck-Gernsheim, E.: Vom Geburtenrückgang zur Neuen Mütterlichkeit, Frankfurt/Main 1984
Beck-Gernsheim, E., I.Ostner: Frauen verändern – Berufe nicht? in: Soziale Welt, Göttingen 1978, S. 257–287
Berk, R. A.: The New Home Economics: Agenda for Sociological Research, in: S. Fenstermaker-Berk (Ed) Women and Household Labor, Beverly Hills, London 1980, S. 113–148
Berkner, L. K.: Inheritance, Land Tenure and Peasant Family Structure, A German Regional Comparison, in: J. Goody (Hg.), Family and Inheritance, Cambridge 1976, S. 71–89
Bernsdorf, W. (Hg.): Wörterbuch der Soziologie 1969
Bertram, H.: Zur Situation der Kinder in unserer Gesellschaft – Einige Forschungsnotizen, in: Jugendwohl – Zeitschrift für Kinder- und Jugendhilfe, 11/1985, S. 399–407

Bertram, H.: Mythen der Familie, vervielfältigtes Exemplar, München 1984
Betz, G.: Der Stand der Arbeiten der Bundesregierung auf dem Gebiet der Sozialen Indikatoren, in: Statistisches Bundesamt, Wiesbaden (Hg.), Messung der Lebensqualität und amtliche Statistik, Sonderdruck, Wiesbaden 1974, S. 9–10
Betz, G.: Einstieg in die Gesellschaftsberichterstattung – ein Versuch der praktischen Gestaltung, in: Hoffmann-Nowotny, H.-J. (Hg.), Gesellschaftliche Berichterstattung zwischen Theorie und politischer Praxis, Frankfurt/Main, New York 1983, S. 17–26
Bielenski, H.: Barrieren gegen eine flexiblere Arbeitszeitgestaltung, MitAB, Heft 3/1979, S. 300–311
Bischoff, J. G., Bischoff, T.: Job-Sharing, Stuttgart 1984
Block, I.: Ich sehe was, was du nicht siehst, in: Block, I., Enders, U., Müller, S. (Hg.), Das unsichtbare Tagewerk, Reinbek b. Hamburg 1981, S. 11–78
Block, I., Enders, U., Müller, S. (Hg.): Das unsichtbare Tagewerk, Reinbek b. Hamburg 1981
Blosser-Reisen, L.: Grundlagen der Haushaltsführung, Baldmannsweiler 1976
Blosser-Reisen, L., Seifert, M.: Arbeitszeit- und Geldaufwand für die Lebenshaltung von Kindern verschiedener Altersgruppen im Familienhaushalt, Hauswirtschaft und Wissenschaft, 3/1984, S. 132–143
BMA (Hg.): Belastungsschwerpunkte und Praxis der Arbeitssicherheit, Bonn 1977
BMA (Hg.): Arbeits- und Sozialstatistik, Bonn 1978
BMA (Hg.): Arbeits- und Sozialstatistik, Bonn 1984
BMA (Hg.): Maßarbeit – neue Chancen durch das Beschäftigungsförderungsgesetz, Bonn 1985
BMA (Hg.): Rückkehr in Beruf soll leichter werden, in: Sozialpolitische Informationen, Heft 4, 1985
BMA (Hg.): Statistisches Taschenbuch 1985 – Arbeits- und Sozialstatistik, Bonn 1985
BMA (Hg.): Statistisches Taschenbuch 1987 – Arbeits- und Sozialstatistik, Bonn 1987
BMA (Hg.): Bundesarbeitsblatt 2/1985
BMA (Hg.): Bundesarbeitsblatt 7/8, 1986
BMBW (Hg.): Werthaltungen, Zukunftserwartungen und Bildungspolitische Vorstellungen der Jugend, Bad Honnef 1985
BMJ (Hg.): Bundesanzeiger, 37. Jg., Nr. 156a vom 23. 8. 1985 BMJ (Hg.): Gesetz über die Statistik der Bevölkerungsbewegung und die Fortschreibung des Bevölkerungsstandes, Bundesgesetzblatt, Teil I, Bonn, 4. 7. 1957, S. 694–695
BMJ (Hg.): Bekanntmachung der Neufassung des Gesetzes über die Statistik der Bevölkerungsbewegung und die Fortschreibung des Bevölkerungstandes, Bundesgesetzblatt, Teil I, Bonn, 14. 3. 1980, S. 308
BMJ (Hg.): Gesetz über die Statistik der Bevölkerungsbewegung und die Fortschreibung des Bevölkerungsstandes, Bundesgesetzblatt, Teil I, Bonn, 20. 3. 1980, S. 309–310
BMJ (Hg.): Gesetz zur Durchführung einer Repräsentativstatistik über die Bevölkerung und den Arbeitsmarkt (Mikrozensusgesetz), Bundesgesetzblatt, Teil I, Bonn, 21. 2. 1983, S. 201–206
BMJ (Hg.): Verordnung zur Aussetzung der Bundesstatistik über die Bevölkerung und das Erwerbsleben auf repräsentativer Grundlage (Mikrozensus) im Jahre 1983, Bundesgesetzblatt, Teil I, Bonn, 20. 12. 1983, S. 1493
BMJ (Hg.): Verordnung zur Aussetzung der Bundesstatistik über die Bevölkerung und das Erwerbsleben auf repräsentativer Grundlage (Mikrozensus) im Jahre 1984, Bundesgesetzblatt, Teil I, Bonn, 20. 12. 1984, S. 1679

BMJ (Hg.): Gesetz zur Durchführung einer Repräsentativstatistik über die Bevölkerung und den Arbeitsmarkt (Mikrozensusgesetz), Bundesgesetzblatt, Teil I, Bonn, 10. 6. 1985, S. 955–959
BMJ (Hg.): Gesetz über eine Volks-, Berufs-, Gebäude-, Wohnungs- und Arbeitsstättenzählung (Volkszählungsgesetz 1987), Bundesgesetzblatt, Teil I, Bonn, 8. 11. 1985, S. 2078–2083
BMJFG (Hg.): Reform des Familienlastenausgleich, Bonn-Bad Godesberg 1971
BMJFG (Hg.): Junge Familien, Stuttgart, Berlin, Köln, Mainz, 1975
BMJFG (Hg.): Psychosoziale Aspekte der Situation älterer Menschen, Stuttgart, Berlin, Köln, Mainz, 1975
BMJFG: Zwei Jahre Modellprojekt „Tagesmütter", Bonn 1976
BMJFG (Hg.): Die „Rolle des Mannes" und ihr Einfluß auf die Wahlmöglichkeiten der Frau, Stuttgart, Berlin, Köln, Mainz 1976
BMJFG (Hg.): Theorie und Praxis der Sozialhilfe, Stuttgart, Berlin, Köln, Mainz 1978
BMJFG (Hg.): Altenwohnheime, Personal und Bewohner, Eine empirische Studie in der Stadt Braunschweig, Stuttgart, Berlin, Köln, Mainz 1978
BMJFG (Hg): Leistungen für die nachwachsende Generation in der Bundesrepublik Deutschland, Stuttgart 1979
BMJFG (Hg.): Der Kinderwunsch in der modernen Industriegesellschaft, Stuttgart, Berlin, Köln, Mainz 1980
BMJFG (Hg.): Bevölkerungsentwicklung und nachwachsende Generation, Stuttgart, Berlin, Köln, Mainz 1980
BMJFG (Hg.): Anzahl und Situation zu Hause lebender Pflegebedürftiger, Stuttgart, Berlin, Köln, Mainz 1980
BMJFG (Hg.): Sozialhilfebedürftigkeit und „Dunkelziffer der Armut", Stuttgart, Berlin, Köln, Mainz 1981
BMJFG (Hg.): Die Lebenslage älterer Menschen im ländlichen Raum, Stuttgart, Berlin, Köln, Mainz 1983
BMJFG (Hg.): Familienfreundliche Gestaltung des Arbeitslebens, Stuttgart 1983
BMJFG: Frauen in der Bundesrepublik, Bonn 1984 a
BMJFG (Hg.): Familie und Arbeitswelt, Stuttgart, Berlin, Köln, Mainz 1984 b
BMJFG (Hg.): Nichteheliche Lebensgemeinschaften in der Bundesrepublik Deutschland, Stuttgart 1985
Bock, G., Duden, B.: Arbeit aus Liebe – Liebe als Arbeit, Zur Entstehung der Hausarbeit im Kapitalismus, in: Gruppe Berliner Dozentinnen (Hg.): Frauen und Wissenschaft, Berlin 1977, S. 118–199
Bogue, D.: Principles of Demography, New York 1969
Bollinger, H.: Hof, Haushalt und Familie, in: Ostner, I., Pieper, B. (Hg.): Arbeitsbereich Familie, Frankfurt, New York 1980
Bolte, K.M.: Plädoyer für die Suche nach Faktorstrukturen generativen Verhaltens, in: Rupp, S., Schwarz K. (Hg.): Beiträge aus der bevölkerungswissenschaftlichen Forschung, Boppard 1983, S. 11–24
Bolte, K.M., Kappe, D., Schmid, J.: Bevölkerung, Opladen 1980
Borscheid, P.: Altern zwischen Wohlstand und Armut: Zur materiellen Lage alter Menschen während des 18. und 19. Jahrhunderts im deutschen Südwesten, in: Conrad, Chr., Kondratowitz, H.-J. (Hg.): Gerontologie und Sozialgeschichte, Berlin 1983
Bortz, J.: Lehrbuch der Statistik, Heidelberg, New York 1977 Braun, R. u.a. (Hg.): Gesellschaft in der industriellen Revolution, Köln 1973

Braun, W.: Ehescheidungen 1983, in: Wirtschaft und Statistik 1984, S. 988–993
Brinkmann, Chr.: Der Wunsch nach Teilzeitarbeit bei berufstätigen und nicht berufstätigen Frauen, in: MittAB, 3/1979, S. 403–411
Brinkmann, Chr.: Erwerbsbeteiligung und Arbeitsmarktverhältnisse: Neue empirische Ergebnisse zur „Entmutigung" und zusätzlicher „Ermutigung" von weiblichen Erwerbspersonen, in: BeitrAB Nr. 44, Nürnberg 1980, S. 120–135
Brinkmann, Chr., Kohler, H.: Am Rande der Erwerbsbeteiligung: Frauen mit geringfügiger, gelegentlicher und befristeter Arbeit, in: BeirAB Nr. 56, Nürnberg 1981, S. 120–133
Brinkmann, G.: Ökonomik der Arbeit – Band I: Grundlagen, Stuttgart 1981
Brückner, G.: Jugendhilfe 85, in: Wirtschaft und Statistik, 4/1987, S. 326–331
Brunner, O.: Vom „ganzen Haus" zur Familie, in: Rosenbaum, H. (Hg.), Seminar: Familie und Gesellschaftsstruktur, Frankfurt/Main 1978
Buchholz, G.: Doppelfeld, E., Fischer, H.-D. (Hg.): Der Arzt. Profil eines freien Berufes im Spannungsfeld von Gesundheitspolitik, Wissenschaft und Publizistik, Festschrift für J. F. Volrad Deneke, Köln 1985
Bulatao, R.A., Fawcett, J.T. u.a.: The Value of Children in Asia and the United States: Comparative Perspectives, Hawaii 1975
Bulatao, R.A., Fawcett, J.T.: Influences on childbearing intentions across the fertility career, demographic and socioeconomic factors and the value of children, Hawaii 1983
Bund Katholischer Unternehmer e.V. (Hg.): Erklärung des BKU zur Familienpolitik, Bonn 1984
Bundesanstalt für Arbeit: Amtliche Nachrichten der Bundesanstalt für Arbeit, Arbeitsstatistik 1983 – Jahreszahlen, Nürnberg 1984
Bundesanstalt für Arbeit (Hg.): Kindergeld, Merkblatt 20, Nürnberg 1985
Bundesinstitut für Bevölkerungsforschung (Hg.): Demographische Fakten und Trends in der Bundesrepublik Deutschland, in: Zeitschrift für Bevölkerungswissenschaften, 3/1984, S. 295–397
Bundesratsdrucksache 553/84: Gesetzentwurf der Bundesregierung, Entwurf eines Gesetzes über eine Volks-, Berufs-, Gebäude-, Wohnungs- und Arbeitsstättenzählung (Volkszählungsgesetz 1986), Bonn 1984
Bundesratsdrucksache 609/84: Gesetzentwurf der Bundesregierung, Entwurf eines Gesetzes zur Durchführung einer Repräsentativstatistik über die Bevölkerung und den Arbeitsmarkt (Mikrozensusgesetz), Bonn 1984
Bundestags-Drucksache V/2532: Bericht über die Lage der Familien in der Bundesrepublik Deutschland – Erster Familienbericht, Bonn 1968
Bundestags-Drucksache 7/3502: 2. Familienbericht, Die Lage der Familien in der Bundesrepublik Deutschland, Bonn 1975
Bundestags-Drucksache 8/3121: 3. Familienbericht, Die Lage der Familien in der Bundesrepublik Deutschland, Bonn 1979
Bundestags-Drucksache 8/4437: Bericht über die Bevölkerungsentwicklung in der Bundesrepublik Deutschland, 1. Teil, Bonn 1980
Bundestags-Drucksache 10/863: Bericht über die Bevölkerungsentwicklung in der Bundesrepublik Deutschland, 2. Teil, Bonn 1984
Bundestags-Drucksache 10/1807: Lebensumstände älterer und hochbetagter Frauen in der Bundesrepublik Deutschland, Bonn 1985

Bundestags-Drucksache 10/2600: Gesetzentwurf der Fraktionen der CDU/CSU und FDP, Entwurf eines Gesetzes zur Durchführung einer Repräsentativstatistik über die Bevölkerung und den Arbeitsmarkt (Mikrozensusgesetz), Bonn 1984

Bundestags-Drucksache 10/2888: Entwurf eines Gesetzes zur Änderung unterhaltsrechtlicher, verfahrensrechtlicher und anderer Vorschriften, Bonn 1985

Bundestags-Drucksache 10/2972: Gesetzentwurf der Bundesregierung, Entwurf eines Gesetzes zur Durchführung einer Repräsentativstatistik über die Bevölkerung und den Arbeitsmarkt (Mikrozensusgesetz), Bonn 1985

Bundestags-Drucksache 10/3328: Beschlußempfehlung und Bericht des Innenausschusses, zu dem Entwurf eines Gesetzes zur Durchführung einer Repräsentativstatistik über die Bevölkerung und den Arbeitsmarkt (Mikrozensusgesetz), Bonn 1985

Bundestags-Drucksache 10/3843: Beschlußempfehlung und Bericht des Innenausschusses zu dem von der Bundesregierung eingebrachten Entwurf eines Gesetzes über eine Volks-, Berufs-, Gebäude-, Wohnungs- und Arbeitsstättenzählung (Volkszählungsgesetz 1986), Bonn 1985

Bundestags-Drucksache 10/6055: Antwort der Bundesregierung auf die Große Anfrage der Fraktion Die Grünen „Armut und Sozialhilfe in der Bundesrepublik Deutschland", Bonn 1986

Die Mitglieder des Bundesverfassungsgerichts (Hg.): Entscheidungen des Bundesverfassungsgerichts (BVerfGE), Band 65, Nr. 1 (Volkszählungsgesetz-Urteil), Tübingen 1984, S. 1–71

Bundeszentrale für politische Bildung (Hg.): Grundgesetz für die Bundesrepublik Deutschland, vom 23. 5. 1949, Bonn 1975

Bund-Länder-Arbeitsgruppe: Aufbau und Finanzierung ambulanter und stationärer Pflegedienste, Bonn 1981

Buttler, G., Herder-Dorneich, PH., Fürstenberg, F., Klages, H., Schlotter, H., Oettle, K. Winterstein, H. (Hg.): Wege aus dem Pflegenotstand, Baden-Baden 1985

Buttler, G., Oettle, K., Winterstein, K. (Hg.): Flexible Arbeitszeiten gegen starre Sozialsysteme, Baden-Baden 1986

Caesar-Wolf, L., Eidmann, D., Willenbacher, S.: Die gerichtliche Ehelösung nach dem neuen Scheidungsrecht, Zeitschrift für Rechtssoziologie, Heft 2, 1983, S.202–246

Calame, A., Fiedler, M.: Maßnahmen zugunsten einer besseren Vereinbarkeit von Familie und Beruf, Berlin 1982

Carspecken, F.: Die neue Jugendhilfestatistik, in: Zentralblatt für Jugendrecht, 5/1985, S. 181–183

Claessens, D., Milhoffer, P. (Hg.): Familiensoziologie, Königstein/Ts. 1980

Concepcion, M., Landa-Jocano, F.: Demographic factors influencing the family cycle, in: United Nation (Hg.), The Population Debate, New York 1975, S. 252–262

Conrad, Chr., Kondratowitz, H.-J. (Hg.): Gerontologie und Sozialgeschichte, Berlin 1983

Conze, W. (Hg.): Sozialgeschichte der Familie in der Neuzeit Europas, Stuttgart 1976

Cooley, Ch.: Human nature and the social order, New York erstmals 1902, Wiederabdruck 1964

Cramer, A.: Zur Lage der Familie und der Familienpolitik in der Bundesrepublik Deutschland, Opladen 1982

Cuisenier, J. (Hg.): The family life cycle in European societies, Paris 1977

Day, L., Taylor-Day, A.: Family Size in Industrialised Countries: An Inquiry into the Social-Cultural Determinants of Levels of Childbearing, in: Journal of Marriage and the Family, Vol 31, May 1969, S. 242–251

De Tray, D. N.: Child Quality and the Demand for Children, in: Th. W. Schultz, Economics of the Family, Chicago 1974, S. 91–116
Deininger, D.: Jugendhilfe 1982, in: Wirtschaft und Statistik, 3/1985, S. 241–248
Deininger, D.: Jugendhilfe 1983, in: Wirtschaft und Statistik, 7/1985, S. 585–593
Dettling, W. (Hg.): Schrumpfende Bevölkerung – Wachsende Probleme, München, Wien 1978
Deutscher Bundestag (Hg.): Probleme der Frauen unserer Gesellschaft, Große Anfrage – Gesetzentwürfe – 6. Jugendbericht. Beratungen des Bundestages am 12. April, Bonn 1984
Deutscher Bundestag: Stenographischer Bericht, 137. Sitzung, Plenarprotokoll 19/137, Bonn 1985, S. 10205–10212
Deutscher Bundestag: Stenographischer Bericht, 159. Sitzung, Plenarprotokoll 10/159, Bonn 1985
Deutscher Bundestag: Innenausschuß, Stellungnahme der Sachverständigen zur öffentlichen Anhörung des Innenausschusses zum Volkszählungsgesetz, Teil I, Ausschußdrucksache 10/72, Bonn 1985
Deutscher Bundestag: Stellungnahme der Sachverständigen zur öffentlichen Anhörung des Innenausschusses zum Volkszählungsgesetz, Teil II, Ausschußdrucksache 10/73, Bonn 1985
Deutscher Bundestag: Stenographisches Protokoll über die 49. Sitzung des Innenausschusses, Protokoll Nr. 49, Bonn 1985
Deutscher Bundestag: Stenographisches Protokoll über die 57. Sitzung des Innenausschusses, Bonn 1985
Deutsches Institut für Wirtschaftsforschung: Entwicklung einer Konzeption zur Darstellung der Einkommenslage der Familien in der Bundesrepublik Deutschland auf der methodischen Grundlage der Verteilungsrechnung des DIW, Berlin 1982
Deutsches Institut für Wirtschaftsforschung: Die Auswirkungen der Umverteilung auf die Einkommenslage der Familien in der Bundesrepublik Deutschland in den Jahren 1973 und 1981, Berlin 1984
Deutsches Institut für Wirtschaftsforschung: Längerfristige Perspektiven der Bevölkerungsentwicklung in der Bundesrepublik Deutschland, DIW Wochenbericht 24/1984, S. 277–286
Deutsches Institut für Wirtschaftsforschung: Jetzt auch Belebung der Verbrauchskonjunktur, DIW-Wochenbericht 49/1985, Berlin 1985, S. 553–556
Deutsches Zentrum für Altersfragen e. V. (Hg.): Altwerden in der Bundesrepublik Deutschland: Geschichte – Situation – Perspektiven, Berlin 1982
Dinkel, R.: Analyse und Prognose der Fruchtbarkeit am Beispiel der Bundesrepublik Deutschland, in: Zeitschrift für Bevölkerungswissenschaft 1/1983, S. 47–72
Dinkel, R.: Die Auswirkungen eines Geburten- und Bevölkerungsrückganges auf Entwicklung und Ausgestaltung von gesetzlicher Alterssicherung und Familienlastenausgleich, Berlin 1984
Düsseldorfer Tabelle, in: NJW 41/1984, S. 2330
Duwendag, D., Siebert, H. (Hg.): Politik und Markt, Stuttgart, New York 1980
Dyck, I. J.: Probleme der Teilzeitbeschäftigung von Frauen, Linz 1978
Eckelmann, H.: Schadenersatz bei Verletzung oder Tötung einer (berufstätigen) Frau oder Ehefrau wegen Beeinträchtigung oder Ausfalls in der Haushaltsführung und Kinderbetreuung, wegen Ausfalls eines Barbeitrags aus ihrem Einkommen zum Familien-

haushalt und wegen Ausfalls in der Mitarbeit im Geschäft des Ehemannes und – Schadenersatz bei Verletzung oder Tötung eines Mannes oder Ehemannes wegen Ausfalls des Barunterhalts, der Mitarbeit im Haushalt und wegen Ausfalls in der Mitarbeit im Geschäft der Ehefrau, 4. Aufl., Gielsdorf 1974

Egner, E.: Entwicklungsphasen der Hauswirtschaft, Göttingen 1964

Egner, E.: Der Haushalt, Berlin 1976

EMNID: Zur Situation von Alleinlebenden mit Kindern, Bielefeld, o. J.

EMNID: Lage, Dauer, Tatsachen, Entwicklungen, Erwartungen und Verteilung der Arbeitszeit, Bonn 1981

Engfer, U., Heinrichs, K., Offe, C., Wiesenthal, H.: Arbeitszeitsituation und Arbeitsverkürzung in der Sicht der Beschäftigten, Ergebnisse einer Arbeitnehmerbefragung, in: Mitt. AB 2/1983, S. 91–105

Eschburg, R.: Die Legitimation von Ordnungen, in: Dettling, W. (Hg.), Die Zähmung des Leviathan – Neue Wege der Ordnungspolitik, Baden-Baden 1980, S. 21–38

Euler, M.: Zur Problematik der Ermittlung des Unterhaltsbedarfes und der Unterhaltskosten eines Kindes, in: Wirtschaft und Statistik 5/1974, S. 320–324

Euler, M.: Einnahmen und Ausgaben der privaten Haushalte im Jahr 1978, in: Wirtschaft und Statistik 9/1982, S. 659–665

Euler, M.: Erfassung und Darstellung der Einkommen privater Haushalte in der amtlichen Statistik, in: Wirtschaft und Statistik 1/1985, S. 56–62

Fauser, R.: Zur Isolationsproblematik von Familien, München 1982

Fehr, H.: Die Rechtsstellung der Frau und der Kinder, Jena 1912

Feichtinger, G.: Altersstrukturen, Lebenserwartung und Familienzyklus – Grundlagen aus der Demographie – in: L. Rosenmayer (Hg.), Die menschlichen Lebensalter, München, Zürich 1978, S. 127–164

Felderer, B.: Wirtschaftliche Entwicklung bei schrumpfender Bevölkerung, Berlin, Heidelberg, New York 1983

Fiedler-Winter, R.: Der Acht-Stunden-Tag wird abgebaut, in: Arbeit und Sozialpolitik, Heft 7, 1984, S. 242–244

Fenstermaker-Berk, S. (Hg.): Women and Household Labor, Beverly Hills, London 1980

Fichtner, O.: Warenkorb und Regelsatz, in: Theorie und Praxis der sozialen Arbeit 11/1981, S. 411–423

Flandrin, I. L.: Familien – Soziologie – Ökonomie – Sexualität, Frankfurt/Main 1978

Fox, K. A.: Social Indicators and Social Theory, New York 1974

Franz, H.-W. (Hg.): 22. Deutscher Soziologentag 1984, Opladen 1985

Fürstenberg, F., Herder-Dorneich, Ph., Klages, H. (Hg.): Selbsthilfe als ordnungspolitische Aufgabe, Baden-Baden 1984

Gehlen A., Schelsky H. (Hg.): Soziologie, Düsseldorf, Köln 1955

Geissler, H.: Bevölkerungsentwicklung und Generationenvertrag, in: Besters, H. (Hg.), Bevölkerungsentwicklung und Generationenvertrag. Gespräche der List Gesellschaft, Bd. 5, Baden-Baden 1980, S. 56–68

Gensior, S.: Arbeitskraft als unbestimmte Größe? Frauenarbeit als Leerstelle in Forschung und Politik, in: Jürgens, V., Naschold, F. (Hg.), Arbeitspolitik, Leviathan, Sonderheft 5, Opladen 1984, S. 112–130

Gerhard, U.: Verhältnisse und Verhinderungen, Frauenarbeit, Familienform und Rechte der Frauen im 19. Jahrhundert, Frankfurt/Main 1978

Glaab, P.: Die Vorausschätzung der Fruchtbarkeit anhand von Kohortenexplorationen, in: Allgemeines Statistisches Archiv 3/4/1976, S. 415–433

Glatzer, W.: Systeme sozialer Indikatoren als Datengeber für Sozialprognose und gesellschaftliche Planung, in: Stachowiak, H., Herrmann, T., Stapf, K. (Hg.), Methoden und Analysen, in: Stachowiak, H., Ellwein, T., Herrmann, T., Stapf, K. (Hg.), Bedürfnisse, Werte und Normen im Wandel, Bd. II, München, Paderborn, Wien, Zürich 1982, S. 163–189

Glatzer, W.: Haushaltsproduktion in der modernen Gesellschaft – Repräsentative Daten zum Lebensstil in der Bundesrepublik, Universität Mannheim, Arbeitspapier Nr. 86, 1983

Glatzer, W., Krupp, H.-J.: Soziale Indikatoren des Einkommens und seiner Verteilung für die Bundesrepublik Deutschland, in: Zapf, W. (Hg.), Soziale Indikatoren – Konzepte und Forschungsansätze III, Frankfurt/Main, New York 1975, S. 193–238

Glatzer, W., Zapf, W. (Hg.): Lebensqualität in der Bundesrepublik – objektive Lebensbedingungen und subjektives Wohlbefinden, Frankfurt/Main, New York 1984

Glick, P. C.: The family cycle, in: American Sociological Review, Vol. 12, No. 2, April 1947, S. 164–174

Glick, P. C.: Neue Entwicklungen im Lebenszyklus der Familie, in: Kohli, M. (Hg.), Soziologie des Lebenslaufs, Darmstadt 1978, S. 140–172

Gnahs, D.: Strategien zur Einführung von Teilzeitarbeit, Materialien des Instituts für Entwicklungsplanung und Strukturforschung, Hannover 1985

Goody, J. (Hg.): Family and Inheritance, Cambridge 1976

Graupner, H.: Von der Großfamilie zur kinderlosen Ehe, in: Süddeutsche Zeitung: Fakten zur Familienpolitik – Sonderdruck, München 1984, S. 6–8

Grimm, J., Grimm, W.: Deutsches Wörterbuch, 3. Bd., Leipzig 1862

Grohmann, H.: Stellungnahme zum Fragen- und Sachverständigenkatalog für die öffentliche Anhörung zum Entwurf eines Gesetzes zur Durchführung einer Repräsentativstatistik über die Bevölkerung und den Arbeitsmarkt (Mikrozensusgesetz), in: Deutscher Bundestag, Innenausschuß: Stenographisches Protokoll über die 49. Sitzung des Innenausschusses, Protokoll Nr. 49, Bonn 1985, S. 281–302

Grunow, D.: Drei Generationen – Solidarität in der Familie, in: Weigelt, K. (Hg.), Familie und Familienpolitik zur Situation in der Bundesrepublik Deutschland, Konrad-Adenauer-Stiftung, Forschungsbericht 44, Melle, St. Augustin, 1985, S. 146–156

Gruppe Berliner Dozentinnen (Hg.): Frauen und Wissenschaft, Berlin 1977

Habermehl, W., Schulz, W.: Ehe und Familie in Österreich und der Bundesrepublik Deutschland – Ein Ländervergleich, in: Kölner Zeitschrift für Soziologie und Sozialpsychologie 1982, S. 732–747

Hamer, G.: Volkswirtschaftliche Gesamtrechnung und Messung der Lebensqualität, in: Statistisches Bundesamt, Wiesbaden (Hg.), „Messung der Lebensqualität und amtliche Statistik" – Sonderdruck, Wiesbaden 1974, S. 11–15

Hansluwka, H.: Demographie und Statistik der Familie, in: Weiler, R., Zsikovits, V. (Hg.), Familie im Wandel, Wien 1975, S. 53–67

Hansluwka, H.: Mortality and the life cycle of the family, Some implications of recent research, World Health Statistics Report, Vol. 29, Genf 1976, S. 220–227

Harsch, G.: Die Entwicklung der beruflichen und wirtschaftlichen Lage der Frau seit den 60er Jahren, in: Statistische Monatshefte 11/1984, S. 373–380

Hausen, K.: Die Polarisierung der „Geschlechtscharaktere" Eine Spiegelung der Dissoziation von Erwerbs- und Familienleben, in: Conze, W. (Hg.), Sozialgeschichte der Familie in der Neuzeit Europas, Stuttgart 1976, S. 363–393

Hauser, R., Cremer-Schäfer, H., Nouvertne, U.: Armut, Niedrigeinkommen und Unterversorgung in der Bundesrepublik Deutschland, Frankfurt/Main 1981
Heasmann, K.: Familie, Haushalt und Gesellschaft, Baltmannsweiler 1983
Hegner, F.: Fremdarbeit und Eigenarbeit in der ambulanten Sozial- und Gesundheitspflege: Sozialstationen als Versuch einer Kombination professsioneller und nichtprofessioneller Hilfe für Kranke, Altersschwache und Behinderte, Berlin 1980
Heinemann, K., Röhrig, P., Stadie, R.: Arbeitslose Frauen im Spannungsfeld von Erwerbstätigkeit und Hausfrauenrolle, Bd. 1, Analyse, Bd. 2, Datendokumentation, Forschungsbericht 10 der Konrad-Adenauer-Stiftung, Melle, St. Augustin 1980
Heinsohn, G., O. Steiger: Die Vernichtung der weisen Frauen, Hembsbach über Weinheim 1985
Heinz, W. N.: Familienpolitik und Sozialisationsforschung, in: Claessens, D., Milhoffer, P. (Hg.), Familiensoziologie, Königstein/Ts. 1980, S. 354–367
Hempel, C. G., Oppenheim, P.: Studies in the Logic of Explanation, in: Philosophy of Science, XV, 1948, S. 137–147
Herberger, L.: Contemporary demographic patterns, in: WHO (Hg.), Health and the family, Genf 1978, S. 21–71
Herberger, L., Linke, W.: Laufende Beobachtung und Analyse der Veränderungen der Geburtenhäufigkeit, in: Wirtschaft und Statistik 8/1981, S. 549–555
Herder-Dorneich, Ph.: Soziale Kybernetik, Die Theorie der Scheine, Stuttgart, Berlin, Köln, Mainz 1965
Herder-Dorneich, Ph.: Zur Theorie der sozialen Steuerung, Stuttgart, Köln 1965
Herder-Dorneich, Ph.: Sozialökonomischer Grundriß der Gesetzlichen Krankenversicherung, Köln 1966
Herder-Dorneich, Ph.: Wachstum und Gleichgewicht im Gesundheitswesen, Opladen 1976
Herder-Dorneich, Ph.: Bevölkerungspolitik als Ordnungspolitik, in: Dettling, W. (Hg.), Schrumpfende Bevölkerung – Wachsende Probleme, München, Wien 1978, S. 175–185
Herder-Dorneich, Ph.: Rentenreform als Ordnungspolitik, in: Repgen, K. (Hg.): Die dynamische Rente in der Ära Adenauer und heute, Stuttgart, Zürich 1978, S. 30–39
Herder-Dorneich, Ph.: Konkurrenzdemokratie – Verhandlungsdemokratie. Politische Strategien der Gegenwart, Stuttgart, Berlin, Köln, Mainz 1979
Herder-Dorneich, Ph.: Neue Politische Ökonomie und Ordnungstheorie, in: Duwendag, D., Siebert, H. (Hg.), Politik und Markt, Stuttgart, New York 1980, S. 209–224
Herder-Dorneich, Ph.: Gesundheitsökonomik, Systemsteuerung und Ordnungspolitik im Gesundheitswesen, Stuttgart 1980
Herder-Dorneich, Ph.: Substitution und Kombination von Ordnungen, in: Dettling, W. (Hg.), Die Zähmung des Leviathan, Baden-Baden 1980, S. 107–128
Herder-Dorneich, Ph.: Die Entwicklung der sozialen Marktwirtschaft und der Paradigmenwechsel in der Ordnungspolitik, in: Schriften des Vereins für Socialpolitik, Neue Folge, Band 116, Berlin 1981
Herder-Dorneich, Ph.: Die Steuerung des Sozialstaates als ordnungspolitisches Problem, Düsseldorf 1982
Herder-Dorneich, Ph.: Gesundheitspolitik als Ordnungspolitik, in: Ludwig Sievers Stiftung, Hans-Neuffer-Stiftung, Stiftung Zentralinstitut für die kassenärztliche Versorgung (Hg.), Gesundheitspolitik zwischen Staat und Selbstverwaltung, Köln 1982, S. 481–519

Herder-Dorneich, Ph.: Ordnungstheorie des Sozialstaates, Tübingen 1983
Herder-Dorneich, Ph.: Der Sozialstaat in der Rationalitätenfalle, Stuttgart, Berlin, Köln, Mainz 1983
Herder-Dorneich, Ph.: Sicherung schlüssiger Lebensplanung als Auftrag der Familienpolitik an Soziale Ordnungspolitik, in: Fürstenberg, F. u. a. (Hg.), Selbsthilfe als ordnungspolitische Aufgabe, Baden-Baden 1984, S. 179–200
Herder-Dorneich, Ph.: Sozialstaatstheorie und Soziale Ordnungspolitik, in: ders., Klages, H., Schlotter, H. G. (Hg.), Überwindung der Sozialstaatskrise. Ordnungspolitische Ansätze, Baden-Baden 1984
Herder-Dorneich, Ph.: Das Organisationsparadox der Selbsthilfegruppen, in: Fürstenberg, F., Herder-Dorneich, Ph., Klages, H.: Selbsthilfe als ordnungspolitische Aufgabe, Baden-Baden 1984, S. 21–36
Herder-Dorneich, Ph.: Sozialstaatskrise und Soziale Ordnungspolitik, in: Herder-Dorneich, Ph., Klages, H., Schlotter, H. G. (Hg.), Überwindung der Sozialstaatskrise, Baden-Baden 1984, S. 13–68
Herder-Dorneich, Ph.: Soziale Ordnungspolitik der Familie und ihre Pflegeleistungen – Paradigmen der Familienpolitik, in: Buchholz, G., Doppelfeld, E., Fischer, H.-D. (Hg.): Der Arzt. Profil eines freien Berufes im Spannungsfeld von Gesundheitspolitik, Wissenschaft und Publizistik, Festschrift für J. F. Volrad Deneke, Köln 1985, S. 110–124
Herder-Dorneich, Ph., Kötz, W.: Zur Dienstleistungsökonomik, Berlin 1972
Herder-Dorneich, Ph., Sieben, G. , Thiemeyer, Th.: Wege zur Gesundheitsökonomie, Schriftenreihe zur Robert-BoschStiftung, Gerlingen 1980
Herder-Dorneich, Ph., Schuller, A. (Hg.): Spontanität oder Ordnung. Laienmedizin gegen professionelle Systeme, Stuttgart 1982
Hill, C. , Stafford, F.: Allocation of Time to Preschool Children and Educational Opportunity, in: Journal of Human Resources, Heft 9, 1974, S. 323–341
Hilzenbecher, M.: Frauenerwerbstätigkeit, Familienzyklus und Zeitallokation, Wilfer 1984
Hilschier, G., Levy, R., Obrecht, W. (Hg.): Weltgesellschaft und Sozialstruktur – Festschrift zum 60. Geburtstag von Peter Heintz, Dissenhofen 1980
Höfer, J., Rahner, K. (Hg.): Lexikon für Theologie und Kirche, 2. Aufl., 4. Band, Freiburg 1960
Höhn, Ch.: Kinderzahl ausgewählter Ehejahrgänge, in: Wirtschaft und Statistik 8/1976, S. 484–488
Höhn, Ch.: Heiratstafeln Lediger 1972/74 – Querschnitts- und Längsschnittergebnisse für die deutsche Bevölkerung, in: Wirtschaft und Statistik 12/1976, S. 717–723
Höhn, Ch.: Kinderzahl ausgewählter Bevölkerungsgruppen, in: Wirtschaft und Statistik, Heft 5, 1978, S. 278–284
Höhn, Ch.: Rechtliche und demographische Einflüsse auf die Entwicklung der Ehescheidungen seit 1946, in: Zeitschrift für Bevölkerungswissenschaft, Heft 3/4, 1980, S. 335–371
Höhn, Ch.: Der Familienzyklus – Zur Notwendigkeit einer Konzepterweiterung, Wiesbaden 1982
Höhn, Ch., Schwarz, K.: Demographische Lage, in: BMJFG (Hg.), Bevölkerungsentwicklung und nachwachsende Generation, Stuttgart, Berlin, Köln, Mainz 1980, S. 31–638
Hölder, E., Herberger, L.: Stellungnahme zum Fragenkatalog für die öffentliche Anhörung des Innenausschusses zum Entwurf eines Volkszählungsgesetzes 1986, in: Deutscher Bundestag, Innenausschuß, Stellungnahmen der Sachverständigen zur öffent-

lichen Anhörung des Innenausschusses zum Volkszählungsgesetz, Teil II, Ausschußdrucksache 10/73, Bonn 1985, S. 9-306
Hölder, E., Herberger, L.: Stellungnahme zum Fragenkatalog für die öffentliche Anhörung
des Innenausschusses des Deutschen Bundestages am 25. 2. 1985 zum Entwurf
eines Gesetzes zur Durchführung einer Repräsentativstatistik über die Bevölkerung
und den Arbeitsmarkt (Mikrozensusgesetz), in: Deutscher Bundestag, Innenausschuß: Stenographisches Protokoll über die 49. Sitzung des Innenausschusses, Protokoll Nr. 49, Bonn 1985, S. 311-436
Hofbauer, H.: Das Erwerbsverhalten verheirateter Frauen, in: MittAB, Heft 2/1979, S. 217-
240
Hofbauer, H., Bintig, U., Dadzio, W.: Die Rückkehr von Frauen in das Erwerbsleben, in:
MittAB 1969, S. 713-733
Hofemann, K., Naegele, G.: Zwischenbericht zum Projekt „Konsumverhalten sozial
schwacher älterer Menschen" Überblick über die Ergebnisse der Repräsentativerhe-
bung, Köln 1976
Hoff, A.: Gewerkschaften und flexible Arbeitszeitregelungen II M/LMP 81-1 WZB, Berlin
1981
Hoff, A., Scholz, I.: Neue Männer in Beruf und Familie, FSA Print 3/85, Berlin 1985
Hoffmann-Nowotny, H.-J. (Hg.): Messung sozialer Disparitäten, Frankfurt/Main, New
York 1978
Hoffmann-Nowotny, H.-J.: Ein theoretisches Modell gesellschaftlichen und familialen
Wandels, in: Hilschier, G., Levy, R., Obrecht, W. (Hg.), Weltgesellschaft und Sozial-
struktur - Festschrift zum 60. Geburtstag von Peter Heintz, Dissenhofen 1980, S.
483-502
Hoffmann-Nowotny, H.-J.: Gesellschaftliche Berichterstattung zwischen Theorie und
politischer Praxis, Frankfurt/Main, New York 1983
Hofmann, I.: Zahlt sich Bildung aus? in: Materialien aus der Arbeitsmarkt- und Berufsfor-
schung, 8/1981, S. 8 ff.
Hohn, H.W.: Die Zerstörung der Zeit - Wie aus einem göttlichen Gut eine Handelsware
wurde, Frankfurt/Main 1984
Hollands-Lührs, U., Bohnsack, A.: Ihr da oben - wir nur unten? Frauenförderung im
öffentlichen Dienst, in: DäublerGmelin, H., Pfarr, H., Weg, M. (Hg.), Mehr als nur glei-
cher Lohn, Hamburg 1985, S. 36-49
Horstmann, K.: Der Level of Living Index als Beispiel für die Bestrebungen der Vereinten
Nationen Sozialindikatoren auszuwerten und zusammenzufassen, in: Allgemeines
Statistisches Archiv 1/1976, S. 64-77
Hubbard, W. H.: Familiengeschichte, München 1983
Imhof, A. E.: Die gewonnenen Jahre, München 1981
Imhof, A., Keller, G.: Körperliche Überlastung von Frauen im 19. Jahrhundert, in: Imhof, A.
(Hg.), Der Mensch und sein Körper, München 1983, S. 137-156
Institut der deutschen Wirtschaft (Hg.): Wo die großen Lücken klaffen, in: Informations-
dienst des Instituts der deutschen Wirtschaft, Nr. 30, Köln 25. 7. 1985, S. 3
Institut für Demographie der Österreichischen Akademie der Wissenschaften (Hg.):
Demographische Information 1984, Wien 1984
Itzwerth, R.: Von der Selbsthilfegruppe zur Dienstleistungsorganisation, in: Runde, P./
Heinze, R.G. (Hg.), Chancengleichheit für Behinderte. Sozialwissenschaftliche Ana-
lysen für die Praxis, Neuwied 1979, S. 255-263

Jürgens, H. W., Pohl, K.: Kinderzahl – Wunsch und Wirklichkeit, Stuttgart 1975
Jürgens, V., Naschold, F. (Hg.): Arbeitspolitik, Leviathan, Sonderheft 5, Opladen 1984
Jürgensen, H., Littmann, K., Rose, K. (Hg.): Jahrbuch für Sozialwissenschaft, Göttingen 1979
Jugendwerk der Deutschen Shell (Hg.): Jugendliche und Erwachsene im Vergleich, Bd. 3 Jugend der fünfziger Jahre – heute, Hamburg, Leverkusen 1985
Jurzyk, K.: Frauenarbeit und Frauenrolle, Frankfurt/Main, New York 1978
Juster, Th. (Ed.): Education, Income and Human Behavior, New York 1974
Kabinettsvorlage: Die Situation der älteren Menschen in der Familie – Vierter Familienbericht der Sachverständigenkommission der Bundesregierung, Bonn 1986
Karwatzki, I.: Politik zu Gunsten der Familie, in: Aus Politik und Zeitgeschichte, Beilage zur Wochenzeitung „Das Parlament", B 20/84, Bonn 1984, S. 2–13
Katholischer Familienverband Österreichs (Hg.): Familie und Arbeitswelt – 5. Badener Symposium, Wien 1982
Kaufmann, F.X.: Sicherheit als soziologisches und sozialpolitisches Problem, Stuttgart 1976
Kettschau, I.: Wieviel Arbeit macht ein Familienhaushalt, Diss. Dortmund 1981
Kickbusch, I., Torjan, A. (Hg.): Gemeinsam sind wir stärker. Selbsthilfegruppen und Gesundheit. Selbstdarstellungen – Analysen – Forschungsergebnisse, Frankfurt/Main 1980
Kittler, G.: Zur Geschichte einer „Natur-Ressource", München 1980
Klanberg, F.: Armutsstandards und Einkommensstatistik, in: Sozialer Fortschritt 6/1977, S. 126–129
Kmieciak, P.: Wertstrukturen und Wertwandlungen in der Bundesrepublik, in: Zapf, W. (Hg.), Gesellschaftpolitische Zielsysteme, Frankfurt/Main, New York 1976, S. 3–39
König, R.: Soziologie der Familie, in: Gehlen, A., Schelsky H. (Hg.), Soziologie, Düsseldorf, Köln 1955, S. 119–156
König, R.: Familie und Familiensoziologie, in: Bernsdorf, W. (Hg.) Wörterbuch der Soziologie, 1969, S. 247–262
Kohli, M. (Hg.): Soziologie des Lebenslaufs, Darmstadt 1978
Koliadis, E.: Mütterliche Erwerbstätigkeit und kindliche Sozialisation, Weinheim/Mosel 1975
Kreckel, R. (Hg.): Soziale Welt, Sonderband 2, Göttingen 1983
Kromphardt, J., Clever, P., Klippert, H.: Methoden der Wirtschafts- und Sozialwissenschaften, Wiesbaden 1979
Krupp, H.-J., Zapf, W.: Indikatoren II, soziale, in: Handwörterbuch der Wirtschaftswissenschaften, 1978, Bd. 4, S. 119–133
Külp, B., Schreiber W. (Hg.): Soziale Sicherheit, Köln, Berlin 1971
KTBL: Datensammlung für die Kalkulation der Kosten und des Arbeitszeitbedarfs im Haushalt, Darmstadt 1979
Kuczynski, J.: Geschichte des Alltags des deutschen Volkes, Berlin 1962
Lakemann, U.: Das Aktivitätsspektrum privater Haushalte in der Bundesrepublik Deutschland 1950–1980: Zeitliche und inhaltliche Veränderungen von Erwerbstätigen, unbezahlten Arbeiten und Freizeitaktivitäten, discussion papers – Wissenschaftszentrum Berlin IIM/LMP 84–19, Berlin 1984
Land, K. C.: Social Indicator Models: An Overview, in: Land, K. C., Spilerman, S. (Hg.), Social Indicator Models, New York 1975, S. 5–36

Land, K. C.: Spilerman, S. (Hg.), Social Indicator Models, New York 1975
Landenberger, M.: Arbeitszeitpräferenzen der Erwerbsbevölkerung, in: Buttler, G., Oettle, K., Winterstein K. (Hg.), Flexible Arbeitszeiten gegen starre Sozialsysteme, Baden–Baden, 1986 Landesfamilienrat (BW) (Hg.): Handlungsfeld Familie, 152 Empfehlungen zur Familienpolitik, Stuttgart 1983
Lange, U.: Der Einfluß der Pflegebedürftigkeit chronisch kranker älterer Menschen auf die Familliensituation in Mehrgenerationenhaushalten, Köln 1973
Lansing, J. B., Kisk, L.: Family Life Cycle as an Independent Variable, American Sociological Review 22, 1957, S. 512–519,
Laslett, P.: The Comparative History of Household and Family, in: Journal of Social History, 4, 1970, S. 75–86
Laslett, P. (Hg.): Household and Family in Past Time, Cambridge 1972
Laslett, P.: Die Rolle der Frau in der Geschichte der westeuropäischen Familie, in: Sullerot, E., Die Wirklichkeit der Frau, München 1979, S. 549–576
Leibenstein, H.: Economic Backwardness and Economic Growth, New York 1957
Leibowitz, A.: Education and the Allocation of Womens Time, in: Th. Juster (Ed.), Education, Income and Human Behavior, New York 1974, S. 171–197
Leitner, U.: Verfahren der Ermittlung des Kostenaufwandes für Waren und Dienstleistungen zur Deckung des Lebensunterhaltes von Kindern, Frankfurt/Main 1982
Le Roy-Ladurie E., Sullerot, E., Perrot, M., Aron, J.-P.: Das Leben der Frau in der Zeit zwischen dem 16. und dem 19. Jahrhundert, in: E. Sullerot (Hg.), Die Wirklichkeit der Frau, München 1979, S. 520–548
Linke, W.: Drei Verfahren zur Vorausschätzung der Privathaushalte, in: Zeitschrift für Bevölkerungswissenschaft 1/1983, S. 27–46
Linke, W., Rückert, G.-R.: Kinderzahl der Frauen in erster Ehe; Wirtschaft und Statistik 1974, S. 630–638
Ludwig Sievers Stiftung; Hans-Neuffer-Stiftung; Stiftung Zentralinstitut für die kassenärztliche Versorgung (Hg.): Gesundheitspolitik zwischen Staats- und Selbstverwaltung, Köln 1982
Lüschen, G.: Familie und Verwandtschaft – Interaktion und die Funktion von Ritualen, in:; Lüschen G., Lupri, E. (Hg.), Soziologie der Familie, Sonderheft 14 der Kölner Zeitschrift für Soziologie und Sozialpsychologie, Opladen 1970, S. 270–284
Lüschen, G.: Familie, Verwandtschaft und Ritual im Wandel – Eine vergleichende Untersuchung in vier Metropolen Finnlands, Irlands und der Bundesrepublik , in: Franz, H.-W. (Hg.), 22. Deutscher Soziologentag 1984, Opladen 1985, S. 125–127
Lüschen, G., Lupri, E. (Hg.): Soziologie der Familie, Sonderheft 14 der Kölner Zeitschrift für Soziologie und Sozialpsychologie, Opladen 1970
Mackenroth, G.: Bevölkerungslehre – Theorie, Soziologie und Statistik der Bevölkerung, Berlin, Göttingen, Heidelberg 1953
MAGS–BW (Hg.): Einstellungen zu Ehe und Familie im Wandel der Zeit, Stuttgart 1985
MAGS-BW (Hg.): Die Situation der Frau in Baden-Württemberg, Stuttgart 1983
MAGS-NW (Hg.): Modelle zur Arbeitszeitverkürzung und Arbeitszeitverteilung, Minden 1983
Marx, K.: Das Kapital, Bd.1, (MEW), Bd. 23, Berlin 1973
Mause, L. de: Hört Ihr die Kinder weinen, Frankfurt/Main 1980
Mc Cann-Erickson: Der kleine Unterschied, Studie über Lebensstile und Orientierungen, Köln 1984

Mc Kenzie, R., Tullock, G.: Homo oeconomicus, Frankfurt/Main 1984
Medick, H.: Zur strukturellen Funktion von Haushalt und Familie im Übergang von der traditionellen Agrargesellschaft zum industriellen Kapitalismus: Die Protoindustrielle Familienwirtschaft, in: Conze, W. (Hg.), Sozialgeschichte der Familie in der Neuzeit Europas, Stuttgart 1976, S. 254–287
Memorandum 1983: Qualitatives Wachstum, Arbeitszeitverkürzung, Vergesellschaftung, Alternativen zu Unternehmerstaat und Krisenpolitik, Köln 1983
Merz, P.-U.: 10 Jahre Sozialindikatorforschung: Zur Analyse des Dialogs zwischen politischer Praxis und Wissenschaft, in: Hoffmann-Nowotny, H.-J. (Hg.): Gesellschaftliche Berichterstattung zwischen Theorie und politischer Praxis, Frankfurt/Main, New York 1983
Michel, A.: Sociologie de la familie et du marriage, Paris 1972
Miller, A.: Kultur und menschliche Fruchtbarkeit, Stuttgart 1962
Mincer, J.: Labor Force Participation of Married Women: A Study of Labor Supply, in: Aspects of Labor Economics, A Report of the National Bureau of Economic Research, Princeton 1962, S. 63–73
Min. Präs. (NRW) (Hg.): Familienentwicklung in Nordrhein-Westfalen – Generatives Verhalten im regionalen Kontext, Düsseldorf 1985
Mitterauer, M.: Problematik des Begriffs „Familie" im 17. Jh., in: H. Rosenbaum (Hg.) Seminar: Familie und Gesellschaftsstruktur, Frankfurt/Main 1978 a, S. 73–82
Mitterauer, M.: Der Mythos von der vorindustriellen Großfamilie, in: Rosenbaum, H. (Hg.), Seminar: Familie und Gesellschaftsstruktur, Frankfurt/Main 1978 b, S. 128–151
Mitterauer, M.: Faktoren des Wandels historischer Familienformen, in: H. Pross (Hg.) Familie – wohin?, Hamburg 1979, S. 83–125
Mitterauer, M., Sieder, R.: Vom Patriarchat zur Partnerschaft, Zum Strukturwandel der Familie, München 1980
Möller, C.: Ungeschützte Beschäftigungsverhältnisse – verstärkte Spaltung der abhängig Arbeitenden, in: Beiträge zur Frauenforschung am 21. Deutschen Soziologentag, Bamberg 1982, S. 183–187
Möller, C.: Ungeschützte Beschäftigungsverhältnisse – verstärkte Spaltung der abhängig Arbeitenden. Konsequenzen für die Frauenforschung und die Frauenbewegung, in: Beiträge zur feministischen Theorie und Praxis, Nr.9/10, Neue Verhältnisse in Technopatria, Köln 1983, S. 7–16
Möller, H.: Die kleinbürgerliche Familie im 18. Jahrhundert, Berlin 1969
Möller, H.: Familie und Arbeitswelt in historischer Sicht, in: Katholischer Familienverband Österreichs (Hg.): Familie und Arbeitswelt – 5. Badener Symposium, Wien 1982, S. 18–24
Mörtl, H.: Beruf und Tätigkeitsmerkmale der Erwerbstätigen, in: Wirtschaft und Statistik, 5/1984, S. 408–419
Molt, W.: Geburtenrückgang als Konsequenz des Wertwandels, in: Bundesinstitut für Bevölkerungswissenschaft, Heft 9, Wiesbaden 1978, S. 133–148
MSGU RPf (Hg.): Frauen im Spannungsfeld von Familie und Beruf – Wege zu mehr Wahlfreiheit für Frauen, Mainz 1982
MSGU RPf (Hg.): Wiedereingliederung von Frauen in qualifizierte Berufstätigkeit nach längerer Berufsunterbrechung, Mannheim 1984
Müller, J.: Die Jugendhilfe in Zahlen – ein Bericht des Statistischen Bundesamtes, in: Zentralblatt für Jugendrecht 5/1985, S. 183–186

Müller, W.: Der Lebenslauf von Geburtskohorten, in: Kohli, M.(Hg.), Soziologie des Lebenslaufs, Darmstadt 1978, S. 54–77
Müller, W.: Familienzyklus und Frauenerwerbstätigkeit, Mannheim 1981
Müller, W.: Frauenerwerbstätigkeit im Lebenslauf, in: Müller, W., Willms, A., Handl, J.,Strukturwandel der Frauenarbeit 1880–1980, Frankfurt/Main, New York 1983, S. 55–106
Müller, W.: Gesellschaftliche Daten – Wissen für die Politik, in: Statistisches Bundesamt, Wiesbaden (Hg.), Datenreport, Bonn 1983, S. 17–31
Müller, W., Willms, A., Handl, J. (Hg.): Strukturwandel der Frauenarbeit 1880–1900, Frankfurt/Main, New York 1983
Müller-Alten, L.: Prozeßkostenhilfe in Ehesachen, Hannover 1984
Münz, R.: Kinder als Last, Kinder aus Lust, in: Institut für Demographie der Österreichischen Akademie der Wissenschaften (Hg.), Demographische Informationen 1984, Wien 1984, S. 2–20
Muhsam, H.V.: Family and demography, in: Journal of Comparative Family Studies, 7, 1976, S. 133–146
Myrdal, G.: Das politische Element in der nationalökonomischen Doktrinbildung, Berlin 1932
Myrdal, A., Klein, V.: Die Doppelrolle der Frau in Familie und Beruf, Köln, Berlin 1960
Naegele, G.: Voran mit der familiären Pflege – Ein Weg zurück, in: WSI-Mitteilungen 7/1985, S. 394–403
Netzler, A.: Soziale Gerechtigkeit durch: Familienlastenausgleich, Berlin 1985
Neugarten, B. L., Dantan, N,: Lebenslauf und Familienzyklus – Grundbegriffe und neue Forschungen, in: Rosenmayer, L. (Hg.), Die menschlichen Lebensalter – Kontinuität und Krisen, München 1978, S. 165–188
Neue Juristischen Wochenschrift 1984
Nienhaus, U.: Teilzeitarbeit – ein Heilmittel gegen Doppelbelastungsstreß und/oder Arbeitslosigkeit? in: Gruppe Frauenarbeit in FFBIZeV (Hg.), Weder Brot noch Rosen, Berlin 1979, S. 45–49
Offe, C.: Opfer des Arbeitsmarktes, Zur Theorie der strukturierten Arbeitslosigkeit, Neuwied 1977, S. 3–62
Offe, C. (Hg.): „Arbeitsgesellschaft" Strukturprobleme und Zukunftsperspektiven, Frankfurt/Main, New York 1984
Offe C., Hinrichs, K.: Sozialökonomie des Arbeitsmarktes und die Lage benachteiligter Gruppen von Arbeitnehmern, in: C.Offe, Opfer des Arbeitsmarktes, Zur Theorie der strukturierten Arbeitslosigkeit, Neuwied 1977
Offe, C., Hinrichs, K., Wiesenthal, H. (Hg.): Arbeitszeitpolitik – Formen und Folgen einer Neuverteilung der Arbeitszeit, Frankfurt/Main, New York 1982
Opielka, M.: Familienpolitik ist „Neue-Männer-Politik", in: Aus Politik und Zeitgeschehen, 20/1984, S. 34–46
Opp, K. D.: Methodologie der Sozialwissenschaften, Reinbek bei Hamburg 1970
Oppenheimer, V.: The Female Labor Force in the United States: Demographic and Economic Factors Governing its Growth and Changing Composition; Population Monograph Series, No. 5, Berkeley 1970
Ostner, I.: Beruf und Hausarbeit, Frankfurt/Main, New York 1978
Ostner, I.: Kapitalismus, Patriarchat und die Konstruktion der Besonderheit „Frau" in: R. Kreckel (Hg.), Soziale Welt, Sonderband 2, Göttingen 1983, S. 277–297

Ostner, I.: Haushaltsproduktion heute, Implikationen eines Konzepts und seine Realisierung, in: F. Fürstenberg u.a. (Hg.), Selbsthilfe als ordnungspolitische Aufgabe, Baden-Baden 1984, S. 143–178

Ostner, I., Pieper, B. (Hg.): Arbeitsbereich Familie, Frankfurt/Main, New York 1980

Peikert, I.: Frauen auf dem Arbeitsmarkt, in: Leviathan 4, 1976, S. 494–516

Pfeil, E.: Die Familie im Gefüge der Großstadt – Zur Sozialtopographie der Stadt, Hamburg 1965

Pfeil, E.: Die Großstadtfamilie, in: Lüschen, G., Lupri, E. (Hg.), Soziologie der Familie, Sonderheft 14 der Kölner Zeitschrift für Soziologie und Sozialpsychologie, Opladen 1970, S. 411–432

Pfeil, E.: Die Großstadtfamilie, in: Claessens, D., Milhoffer, P. (Hg.), Familiensoziologie, 5. Aufl., Königstein/Ts. 1980, S. 179–203

Pfeil, E., Ganzert, J.: Die Bedeutung der Verwandten für die großstädtische Familie, in: Zeitschrift für Soziologie 4/1973, S. 366–383

Phillips, K.: Sozialhilfeempfänger 1983, in: Wirtschaft und Statistik 1984, 4/1984, S. 321–330

Pieroth, E. (Hg.): Sozialbilanzen in der Bundesrepublik Deutschland: Ansätze – Entwicklungen – Beispiele, Düsseldorf, Wien 1978

Pinl, C.: Frauenarbeit, in: Vorgänge, 8/1974, S. 58–69

Presse- und Informationsamt der Bundesregierung (Hg.): Gesellschaftliche Daten, Bonn 1973/1977/1979/1982

Presse- und Informationsamt der Bundesregierung (Hg.): Bulletin, 1984

Presse- und Informationsamt der Bundesregierung: Sozialpolitische Umschau Nr. 150, 1985

Presse und Informationszentrum des Deutschen Bundestages (Hg.): Quoten für Einstellung von Frauen umstritten, in: Woche im Bundestag, Heft 8, 1984, S. 33

Presse und Informationszentrum des Deutschen Bundestages (Hg.): Mehrheitlich für Erziehungsgeld von 600 DM, in: Woche im Bundestag, Heft 22, 1985, S. 45

Pressot, P.: Population, Harmondsworth 1973

Pröbsting, H.: Ausgewählte Daten zur Entwicklung von Eheschließung und Geburtenzahlen, in: Wirtschaft und Statistik 1/1982, S. 37–41

Pröbsting, H.: Kinderzahl ausgewählter Bevölkerungsgruppen, in: Wirtschaft und Statistik 11/1983, 858–868

Pröbsting, H., Fleischer, H.: Bevölkerungsentwicklung 1984, in: Wirtschaft und Statistik 9/1985, S. 729–736

Pross, H.: Die Wirklichkeit der Hausfrau, Reinbek bei Hamburg 1976

Pross, H. (Hg.): Familie – wohin? Hamburg 1979

Pross, H., Lehr, U., Süssmuth, R. (Hg.): Emanzipation und Familie, Hannover 1981

Reif, H.: Die Familie in der Geschichte, Göttingen 1982

Reif, H.: Väterliche Gewalt und „Kindliche Narrheit", in: ders.: (Hg.): Die Familie in der Geschichte, Göttingen 1982, S. 82–113

Reulecke, J.: Zur Entdeckung des Alters als eines sozialen Problems in der ersten Hälfte des 19. Jhs., in: Chr.Conrad, H.-J.Kondratowitz (Hg.), Gerontologie und Sozialgeschichte, Berlin 1983

Riehl, W. H.: Die Familie – Naturgeschichte des deutschen Volkes, Bd.3, Stuttgart 1861

Ries, H. A.: Mittelfristige Veränderungen der Familie aufgezeigt anhand statistischer Indikatoren, Universität Trier, Abt. Pädagogik, Berichte und Studien Nr. 6, 1982

Roppel, U.: Die Geburtenentwicklung als Ergebnis von Konsum und Investitionsentscheidungen der Eltern, Beihefte der Konjunkturpolitik, Heft 26 Probleme der Bevölkerungsökonomie, Berlin 1980, S. 107–139

Rosenbaum, H.: Familie als Gegenstruktur zur Gesellschaft, Stuttgart 1973

Rosenbaum, H. (Hg.): Seminar: Familie und Gesellschaftsstruktur, Frankfurt/Main 1978

Rosenbaum, H.: Formen der Familie, Frankfurt/Main 1982

Rosenmayer, L.: Soziologie des Alters, in: R.König (Hg.), Handbuch zur empirischen Sozialforschung, Stuttgart 1976, S. 218–364

Rosenmayer, L. (Hg.): Die menschlichen Lebensalter, München, Zürich 1978

Rosenstiel, L.v.: Zur Motivation des generativen Verhaltens. Theoretische Konzepte und Untersuchungsansätze, in: Bundesinstitut für Bevölkerungsforschung, Materialien zur Bevölkerungswissenschaft, Wiesbaden 1978, Heft 9, S. 91–104

Rudolph, H.: Zwischen „Präferenzen" und Profit: Zur bedingten Flexibilität teilzeitarbeitender Frauen, in: C. Offe, K. Hinrichs, Wiesenthal, H. (Hg.), Arbeitszeitpolitik – Formen und Folgen einer Neuverteilung der Arbeitszeit, Frankfurt/Main, New York 1982

Rudolph, H., Duran, H., Klähn, M., Nassauer, M., Naumann, J.: Chancen und Risiken neuer Arbeitszeitsysteme, in: WSI- Mitteilungen 4/1981, S. 204–211

Rückert, W.: Bevölkerungsentwicklung und Altenhilfe von der Kaiserzeit bis zum Jahr 2000, vervielfältigtes Manuskript, Herbst 1984. Kuratorium Deutsche Altershilfe, An der Paulskirche 3, 5000 Köln 1

Runde, P., Heinze, R.G. (Hg.): Chancengleichheit für Behinderte. Sozialwissenschaftliche Analysen für die Praxis, Neuwied 1979

Rupp, S., Schwarz, K. (Hg.): Beiträge aus der bevölkerungswissenschaftlichen Forschung, Boppard 1983

Scheuch, E. K.: Die Verwendung von Zeit in West- und Osteuropa, in: E. K. Scheuch, R. Meyersohn (Hg.), Soziologie der Freizeit, Köln 1972

Scheuch, E. K., Meyersohn, R. (Hg.), Soziologie der Freizeit, Köln 1972

Schacht, J.: Die Bewertung der Hausarbeit im Unterhaltsrecht, Göttingen 1980

Scharioth, J., Gizycki, R. von (Hg.): Frauenbeschäftigung und neue Technologien, München, Wien 1983

Schiedermaier, H. H.: Stellungnahme zum Fragenkatalog für die öffentliche Anhörung des Innenausschusses des Deutschen Bundestages am 17. April 1985 zum Entwurf eines Volkszählungsgesetzes 1986, in: Deutscher Bundestag, Innenausschuß: Stellungnahme der Sachverständigen zur öffentlichen Anhörung des Innenausschusses zum Volkszählungsgesetz, Teil I, Ausschußdrucksache 10/72, Bonn 1985, S. 97–133

Schmid, G.: Kritische Bemerkungen zur „Indikatorbewegung", in: Zapf, W. (Hg.), Soziale Indikatoren – Konzepte und Forschungsansätze II, Frankfurt/Main, New York 1974, S. 243–263

Schmid, J.: Der Kinderwunsch in der modernen Industriegesellschaft, in: BMJFG (Hg.): Der Kinderwunsch in der modernen Industriegesellschaft, Stuttgart, Berlin, Köln, Mainz 1980, S. 20–38

Schmid, J.: Bevölkerungsveränderung in der Bundesrepublik Deutschland – Eine Revolution auf leisen Sohlen, Stuttgart, Berlin, Köln, Mainz 1984

Schmidtchen, G.: Gesellschaft der falschen Bedürfnisse – Beitrag zur Entwicklung eines Konzeptes sozialer Indikatoren für die Bundesrepublik, in: Hoffman–Nowotny, H.-J. (Hg.), Messung sozialer Disparitäten, Frankfurt/Main, New York 1978, S. 153–183

Schmucker, H.: Die materiellen Aufwendungen der Familie für die heranwachsende Generation, in: Jürgensen, H., Littmann, K., Rose, K. (Hg.), Jahrbuch für Sozialwissenschaft, Göttingen 1979, S. 337–357

Schöps, M.: Zeitbudgetvergleich zwischen erwerbstätigen und nicht-erwerbstätigen Hausfrauen in der Bundesrepublik Deutschland, unveröffentlichter Bericht, Bonn, Gießen 1975

Schreiber, W.: Kindergeld im sozio-ökonomischen Prozeß, Köln 1964

Schreiner-Huber, H.: Rückkehr von Frauen in den Beruf, in: Vorgänge, Heft 3, 1974, S. 83–87

Schubnell, H.: Haushalte und Familien II, in: Allgemeines statistisches Archiv 3/1959, S. 221–237

Schubnell, H.: Der Geburtenrückgang in der Bundesrepublik Deutschland, Bonn 1973

Schubnell, H., Borries, H.-J.: Was kann die amtliche Statistik zu familiensoziologischen Untersuchungen beitragen?, in: Kölner Zeitschrift für Soziologie und Sozialpsychologie 2/1975, S. 327–365

Schultz, T. W. (Ed.): Economics of the Family, Chicago 1974

Schulz-Borck, H.: Zum Arbeitszeitaufwand in privaten Haushalten, in Hauswirtschaft und Wissenschaft, 1980, S. 117–128,

Schwarz, K.: Lebenslauf einer Generation (anhand von Tafelberechnungen 1969/62), Stuttgart, Mainz 1969

Schwarz, K.: Veränderungen der Geburtenabstände und Auswirkungen auf die Geburtenentwicklung, in: Wirtschaft und Statistik 11/1973, S. 638–641

Schwarz, K.: Die Frauen nach der Kinderzahl, in: Wirtschaft und Statistik 6/1974, S. 404–410

Schwarz, K.: Erst- und Zweitehen und Kinderzahl von Frauen, in: Wirtschaft und Statistik 1/1975, S. 23–30

Schwarz, K.: Überblick über die demographische Lage, in Familie 2/3 1977, S. 1–6

Schwarz, K.: Gründe des Geburtenrückgangs 1966 bis 1975 und für „Nullwachstum" erforderliche Kinderzahl der Ehen, in: Wirtschaft und Statistik 6/1977, S. 374–378

Schwarz, K.: Erwerbstätigkeit verheirateter Frauen, in: Wirtschaft und Statistik, Heft 8/1978

Schwarz, K.: Demographische Ursachen des Geburtenrückgangs, in: Wirtschaft und Statistik 3/1979, S. 166–170

Schwarz, K.: Einkommen und Kinderzahl, in: Zeitschrift für Bevölkerungswissenschaft 1979, S. 299–315

Schwarz, K.: Information und Informationslücken – zur neuen Entwicklung in der Bundesrepublik Deutschland, in: Rupp, S., Schwarz, K., Wingen, W. (Hg.): Eheschließung und Familienbildung heute, Wiesbaden 1980, S. 24–37

Schwarz, K.: Erwerbstätigkeit der Frau und Kinderzahl, in: Zeitschrift für Bevölkerungswissenschaft, 1/1981, S. 59–86

Schwarz, K.: Die Alleinlebenden, in: Zeitschrift für Bevölkerungswissenschaft, 2/1983, S. 241–258

Schwarz, K.: Auswertung des Mikrozensus für Analysen des generativen Verhaltens, in: Rupp, S., Schwarz, K. (Hg.), Beiträge aus der bevölkerungswissenschaftlichen Forschung, Boppard a. Rhein 1983, S. 217–226

Schwarz, K.: Eltern und Kinder in unvollständigen Familien, in: Zeitschrift für Bevölkerungswissenschaft 1/1984, S. 3–36

Schwarz, K., Höhn, Ch.: Weniger Kinder – Weniger Ehen – Weniger Zukunft? Ottweiler 1985
Schweitzer, R. v.: Entwicklungstendenzen der Haushalts- und Familienstruktur sowie der Erwerbstätigkeit der Frau, in: Schweizer, R. v., Pross, H. (Hg.), Die Familienhaushalte im wirtschaftlichen und sozialen Wandel, Göttingen 1976, S. 21–101
Schweitzer, R. v.: Der Funktionswandel des Familienhaushalts im Zuge veränderter kollektiver Leistungen für die Versorgung, in: Hauswirtschaft und Wissenschaft, 1978, S. 218–224
Schweitzer, R. v. (Hg.): Leitbilder für Familie und Familienpolitik, Berlin 1981
Schweitzer, R. v.: Wert und Bewertung der Arbeit im Haushalt, in: ders., Leitbilder für Familie und Familienpolitik, Berlin 1981, S. 167–192
Schweitzer, R. v.: Chancen und Probleme der Verknüpfung der Haushalts- und Familienforschung, in: Rupp, S., Schwarz, K. (Hg.): Beiträge aus der bevölkerungswissenschaftlichen Forschung, Boppard a. Rhein 1983, S. 227–239
Schweitzer, R. v., Pross, H. (Hg.): Die Familienhaushalte im wirtschaftlichen und sozialen Wandel, Göttingen 1976
Schweitzer, R. v., Schubnell, H.: Stellungnahme zum Fragen- und Sachverständigenkatalog für die öffentliche Anhörung zum Entwurf eines Gesetzes zur Durchführung einer Repräsentativstatistik über die Bevölkerung und den Arbeitsmarkt (Mikrozensus), in: Deutscher Bundestag, Innenausschuß: Stenographisches Protokoll über die 49. Sitzung des Innenausschusses, Protokoll Nr. 49, Bonn 1985, S. 507–512
Senator für Arbeit und Soziales (Berlin) (Hg.): Dokumentation der Lebenssituation über 65 jähriger Bürger in Berlin, Berlin 1974
Sheldon, E.B., Moore, W.E.: Indicators of Social Change, New York 1967
Shorter, E.: Die Geburt der modernen Familie, Reinbek bei Hamburg 1977
Shorter, E.: Der weibliche Körper als Schicksal, München, Zürich 1984
Smith, A.: Entstehung und Verteilung des Sozialprodukts, Buch 1: „Wohlstand der Nation", München 1974
Stachowiak, H., Ellwein, Th., Herrmann, Th., Stapf, K. (Hg.): Bedürfnisse, Werte und Normen im Wandel, München, Paderborn, Wien, Zürich 1982
Stachowiak, H., Herrmann, Th., Stapf, K. (Hg.): Methoden und Analysen, in: Stachowiak, H., Ellwein, Th., Herrmann, Th., Stapf, K. (Hg.), Bedürfnisse, Werte und Normen im Wandel, Bd. II, München, Paderborn, Wien, Zürich 1982
Statistisches Bundesamt, Wiesbaden (Hg.): Statistische Jahrbücher, Stuttgart, Mainz, verschiedene Jahrgänge
Statistisches Bundesamt: Bevölkerung und Wirtschaft 1872–1972, Stuttgart 1972
Statistisches Bundesamt: „Messung der Lebensqualität und amtliche Statistik" – Sonderdruck, Stuttgart, Mainz 1974
Statistisches Bundesamt: Fachserie A, Bevölkerung und Kultur, Heft 7, Geburten, Stuttgart, Mainz 1974
Statistisches Bundesamt: Fachserie A Bevölkerung und Kultur, Reihe 5, Haushalte und Familien 1975, Stuttgart, Mainz 1976
Statistisches Bundesamt: Das Arbeitsgebiet der Bundesstatistik 1981, Stuttgart, Mainz 1981
Statistisches Bundesamt: Haushaltsgeld woher wohin?, Stuttgart, Mainz 1982
Statistisches Bundesamt: Fachserie 1, Bevölkerung und Erwerbstätigkeit, Reihe 3, Haushalte und Familien 1982, Stuttgart, Mainz 1983

Statistisches Bundesamt: Datenreport, Bonn 1983
Statistisches Bundesamt: Frauen in Familie, Beruf und Gesellschaft, Stuttgart, Mainz 1983
Statistisches Bundesamt: Fachserie 1, Bevölkerung und Erwerbstätigkeit, Reihe 1, Gebiet und Bevölkerung 1982, Stuttgart, Mainz 1984
Statistisches Bundesamt: Fachserie 15, Wirtschaftsrechnungen, Reihe 1, Einnahmen und Ausgaben privater Haushalte 1984, Stuttgart, Mainz 1985
Statistisches Bundesamt: Fachserie 1, Bevölkerung und Erwerbstätigkeit, Reihe 1, Gebiet und Bevölkerung 1985, Stuttgart, Mainz 1987
Statistisches Landesamt (BW) (Hg.): Arbeitszeitbudgets ausgewählter privater Haushalte in Baden–Württemberg – Ergebnisse einer Zusatzerhebung zur Einkommens- und Verkaufsstichprobe 1983, Stuttgart 1984
Statistisches Landesamt (BW) – Familienwissenschaftliche Forschungsstelle (Hg.), Ökonomische Rahmenbedingungen der Familie – Zwischenbericht –, Stuttgart 1983
Statistisches Landesamt (BW): Familie im Wandel – Überblick über Auswirkungen demographischer, wirtschaftlicher und sozialer Veränderungen auf Familie und Gesellschaft (Sonderveröffentlichung), Stuttgart 1985
Steger, A.: Problemdimensionen und soziale Indikatoren der Bevölkerungsentwicklung, in: Zapf, W. (Hg.), Lebensbedingungen in der Bundesrepublik, Frankfurt/Main 1977, S. 97–147
Stiefel, M.-L.: Hilfsbedürftigkeit und Hilfebedarf älterer Menschen im Privathaushalt, Berlin 1983
Stiegler, B.: Frauenförderung im gewerblich technischen Bereich, in: H. Däubler–Gmelin, H. Pfarr, M. Weg (Hg.), Mehr als nur gleicher Lohn, Handbuch zur beruflichen Förderung von Frauen, Hamburg 1985, S. 139–144
Stigler, G., Becker, G. S.: De Gustibus Non est Disputandum, in The American Economic Review, March 1977, S. 76–90
Stolte-Heiskanen, V.: Social indicators for the analysis of family needs related to the life cycle, in: J. Cuisenier, (Ed.) Le cycle de la vie familiale dans les societés europennes, Paris 1977
Süssmuth, R.: Frauenemanzipation und Familie, in: Pross, H., Lehr, U., Süssmuth, R. (Hg.): Emanzipation und Familie, Hannover 1981, S. 65–95
Sullerot, E.: Die Frau in der modernen Gesellschaft, München 1971
Sullerot, E. (Hg.): Die Wirklichkeit der Frau, München 1979
Szalai, A. (Hg.): The use of time, daily activities of urban and suburban populations in twelve countries, Den Haag, Paris 1972
Terriet, B.: Mit mehr Zeitsouveränität zu einer neuen Arbeitszeitpolitik, in: WSI-Mitteilungen 12/1980, S. 712–723
Thiemeyer, Th.: Selbsthilfe und Selbsthilfebetriebe aus ökonomischer Sicht, in: Badura, B. , Ferber, Chr. von (Hg.), Selbsthilfe und Selbstorganisation im Gesundheitswesen, München, Wien 1981, S. 203–217
Thompson, E. P.: Zeit, Arbeitsdisziplin und Industriekapitalismus, in: Braun, R. u. a. (Hg.), Gesellschaft in der industriellen Revolution, Köln 1973, S. 81–112
Tilly, L., Scott, J.: Women, Work and Family, New York 1978
Tofaute, H.: Splitting, Kinderfreibeträge, sozialer Familienlastenausgleich: Ein harmonischer Dreiklang, in: Soziale Sicherheit, Heft 11/1985, S. 330–337
Toman, W., Holzl, S., Koreny, V.: Faktoren der Bevölkerungsentwicklung – Ursachen und Beweggründe für den Kinderwunsch –, Erlangen, Nürnberg 1977

Transfer-Enquete-Kommission: Das Transfer-System der Bundesrepublik Deutschland, Stuttgart, Berlin, Köln, Mainz 1981

Tyrell, H.: Familie und gesellschaftliche Differenzierung, in: Pross, H. (Hg.), Familie wohin?, Hamburg 1979, S. 13–78

United Nations, Departement of Economic and Social Affairs, Statistical Office: Toward a system of social and demographic statistics, Studies in Methods, serie F No. 18, ST/ESA/STAT/SER. F/18, New York 1975

United Nations Secretariat: Towards a System of Social and demographic Statistics, ST/STAT 68, New York 1973

United States: Departement of Health, Education and Welfare: Toward a Social Report, Washington, D. C. 1969

Urdze, A., Rerrich, M.: Frauenalltag und Kinderwunsch, Frankfurt/Main 1981

Verband Deutscher Rentenversicherungsträger, VDR-Statistik, Rentenzugang des Jahres 1981, Frankfurt/Main 1982

Voskuhl, M.: Für Mütter und Väter, in: Bundesarbeitsblatt, Heft 10, 1985, S. 24–27

Waffenschmidt, H.: in: Deutscher Bundestag, Stenographischer Bericht 159. Sitzung, Plenarprotokoll 10/159, Bonn 1985, S. 11924C–11925C

Wander, H.: Ursachen des Geburtenrückganges in ökonomischer Sicht, Kiel 1980

Weber-Kellermann, I.: Die deutsche Familie, Frankfurt/Main 1974

Weber-Kellermann, I.: Die Familie – Geschichte, Geschichten, Bilder, Frankfurt/Main 1976

Weber-Kellermann, I.: Frauenleben im 19. Jahrhundert, München 1983

Weber, M.: Ehefrau und Mutter in der Rechtsverfassung (Tübingen 1907) Aalen 1971

Weber, M.: Wirtschaft und Gesellschaft, Tübingen 1972 (1922)

Weg, M., Gotzes, M., Knapp, U.: Von alleine kommt nichts, in: Däubler-Gmelin, H., Pfarr, H., Weg, M. (Hg.), Mehr als nur gleicher Lohn, Hamburg 1985, S. 100–107

Weigelt, K. (Hg.): Familie und Familienpolitik – zur Situation in der Bundesrepublik Deutschland, Forschungsbericht 44 der Konrad-Adenauer-Stiftung, Melle, St. Augustin 1985

Weiler, R., Zsikovits, V. (Hg.): Familie im Wandel, Wien 1975

Weltz, F.: Bestimmungsgrößen der Frauenerwerbstätigkeit, Mitteilungen aus der Arbeitsmarkt- und Berufsforschung, 1971, S. 201–215

Werner, R.: Methodische Ansätze zur Konstruktion sozialer Indikatoren, in: Zapf, W. (Hg.), Soziale Indikatoren, Konzepte und Forschungsansätze II, Frankfurt/Main, New York 1974, S. 192–215

Whelpton, P. K., Kiser, C. V. (Ed.): Social and Psychological Factors Affecting Fertility, Milbank Memorial Fund, 1951

WHO (Hg.): Health and the family, Genf 1978

Wiegand, E.: Die Entwicklung der Einnahmen– und Ausgabenstrukturen privater Haushalte seit der Jahrhundertwende, in: Wiegand, E., Zapf, W. (Hg.), Wandel der Lebensbedingungen in Deutschland, Frankfurt/Main, New York 1982, S. 155–235

Wiegand, E., Zapf, W. (Hg.): Wandel der Lebensbedingungen in Deutschland, Frankfurt/Main, New York 1982

Wiegmann, B.: Ende der Hausfrauenehe, Reinbek bei Hamburg 1980

Willis, R. J.: Economic Theory of Fertility Behavior, in: T. W. Schultz, Economics of the Family, Chicago 1974

Willms, A.: Die Entwicklung der Frauenerwerbstätigkeit im Deutschen Reich, Würzburg 1980

Willms, A.: Integration auf Widerruf? Ein Beitrag zur Entwicklung des Verhältnisses von Frauenarbeit und Männerarbeit in Deutschland 1882–1970, Marburg 1981

Willms, A.: Grundzüge der Entwicklung der Frauenarbeit von 1880–1980, in: W. Müller, A. Willms, J. Handl, Strukturwandel der Frauenarbeit 1880–1980, Frankfurt/Main, New York 1983, S. 25–54

Wilms, D.: Neue Berufschancen für Mädchen und Frauen, in: Schäuble,W. , Bötsch, W. (Hg.), Frauen in der Politik, Bonn 1984, S. 8–9

Wingen, M.: Familienpolitik, Paderborn 1954

Wingen, M.: Umrisse einer rationalen Familienpolitik, in: Sozialer Fortschritt, 8/1971, S. 169–172, S. 210–215

Wingen, M.: Familienpolitik, in: Handwörterbuch der Wirtschaftswissenschaften, 1980, S. 589–590

Wingen, M.: „Population Education" als bevölkerungspolitische Aufgabe, in: Zeitschrift für Bevölkerungswissenschaft, Nr. 3/4 1980, S. 273–215

Wingen, M.: Sozialrechtliche und sozialpolitische Rahmenbedingungen für eine Wahlfreiheit junger Eltern zwischen Familien- und Erwerbsleben, in: Zeitschrift für Sozialreform, Heft 7, Wiesbaden 1981, S. 446–469

Wingen, M.: Generative Entscheidungen im Spannungsfeld zwischen individueller und gesellschaftlicher Rationalität – Herausforderung an eine zukunftsorientierte Familienpolitik, Heft 9 der „Materialien und Berichte" der Familienwissenschaftlichen Forschungsstelle im Statistischen Landesamt Baden-Württemberg, Stuttgart 1983

Wingen, M.: Aspekte der demographischen Entwicklung in der Bundesrepublik Deutschland, in: Stimme der Familie 3/1985, S. 32–34

Wissenschaftlicher Beirat für Familienfragen: Zur Notwendigkeit einer Familienstatistik Gutachten des wissenschaftlichen Beirats für Familienfragen, in: Presse- und Informationsamt der Bundesregierung (Hg.), Bulletin, 20. 11. 1984, S. 1246–1247

WSI: Die Lebenslage der älteren Menschen in der Bundesrepublik Deutschland, Köln 1976

Wurzbacher, G.: Soziologische Grundlagen der Familienpolitik, in: Külp, B., Schreiber, W. (Hg.), Soziale Sicherheit, Köln, Berlin 1971, S. 347–358

Wysocki v., K.: Das Unternehmen in seiner Umwelt: Möglichkeiten und Grenzen der Sozialbilanz, in: Pieroth, E. (Hg.), Sozialbilanzen in der Bundesrepublik Deutschland: Ansätze – Entwicklungen – Beispiele, Düsseldorf, Wien 1978, S. 13–29

Zander, E.: Zeitaufwand für Hausarbeit in ausgewählten privaten Haushalten, Karlsruhe 1976

Zapf, W. (Hg.): Soziale Indikatoren – Konzepte und Forschungsansätze II, Frankfurt/Main, New York 1974

Zapf, W.: Sozialberichterstattung und amtliche Statistik, in: Statistisches Bundesamt Wiesbaden (Hg.), „Messung der Lebensqualität und amtliche Statistik" – Sonderdruck, Wiesbaden 1974, S. 3–8

Zapf, W.: Systeme sozialer Indikatoren: Ansätze und Probleme, Sonderdruck aus Soziale Indikatoren II, 1975

Zapf, W.: Soziale Indikatoren – Konzepte und Forschungsansätze III, Frankfurt/Main, New York 1975

Zapf, W.: Sozialberichterstattung: Möglichkeiten und Probleme, Göttingen 1976

Zapf, W.: Gesellschaftpolitische Zielsysteme, Frankfurt/Main, New York 1976

Zapf, W.: Soziale Indikatoren: Eine Zwischenbilanz, in: Allgemeines Statistisches Archiv, 1/1976, S. 1–16

Zapf, W.: Lebensbedingungen in der Bundesrepublik, Frankfurt/Main 1977
Zapf, W.: Einleitung in das SPES-Indikatorensystem, in: Lebensbedingungen in der Bundesrepublik, Frankfurt/Main 1977, S. 11–27
Zapf, W.: Soziale Indikatoren in der Umfrageforschung, in: Blücher, V., Scheuch, E. K., Mayntz, R., Zapf, W. (Hg.), Umfrageforschung als Sozialforschung, o. O., o. J., S. 18–36
Zapf, W., Berger, R., Brachtl, W., Diewald, M.: Die Wohlfahrtssurveys 1978 und 1980, in: Glatzer, W., Zapf, W. (Hg.): Lebensqualität in der Bundesrepublik – Objektive Lebensbedingungen und subjektives Wohlbefinden, Frankfurt/Main, New York 1984, S. 27–42
Zeppernick, R.: Kritische Bemerkungen zum Zusammenhang zwischen Alterslastenausgleich und Kinderlastenausgleich, Finanzarchiv 37. 2, Tübingen 1979
Zimmermann, K. F.: Humankapital, Kinderwunsch und Familiengröße, in: Zeitschrift für Bevölkerungswissenschaft 4/1982, S. 547–558
Zindler, H. J., Schmidt, J., Meyer, K.: Volkszählung 1986 Volkserhebung oder Stichprobe, in: Wirtschaft und Statistik, 2/1985, S. 79–94
O. V.: Der kleine Stowasser, München 1981

Die Entscheidung für Kinder als ordnungspolitisches Problem im Rahmen einer Mehrgenerationensolidarität

Forschungsbericht,
erstellt im Auftrag des Bundesministeriums
für Jugend, Familie, Frauen und Gesundheit

von Professor Dr. Philipp Herder-Dorneich

Juni 1986

Teil 2

Band 217

Schriftenreihe des Bundesministers
für Jugend, Familie, Frauen und Gesundheit

Verlag W. Kohlhammer
Stuttgart Berlin Köln Mainz

Inhaltsverzeichnis (Teil 2)

I. Darstellung einzelner Studien im Zielbereich Familie 279
   1. Liste der vorgestellten Studien 279
   2. Kurzdarstellung der Studien 281

II. Datensatztableau im Zielbereich Familie 297

III. Orientierungsdaten im Zielbereich Familie 303
   1. Akzeptanz 303
   2. Stabilität in zeitlicher Dimension 333
   3. Funktionen der Familie 343
   4. Die ökonomische Lage der Familie 375
   5. Generatives Verhalten 387
   6. Haushaltsstruktur 398
   7. Soziale Kontakte 407
   8. Familie und Erwerbsarbeitswelt 439

Literaturverzeichnis 451

Tabellenverzeichnis 454

I. Darstellung einzelner Studien im Zielbereich Familie

1. Liste der vorgestellten Studien

Einstellungen zu Ehe und Familie im Wandel der Zeit
MAGS (BW) (Hg.),
Stuttgart 1985

Die „Rolle des Mannes" und ihr Einfluß auf die Wahlmöglichkeiten der Frau
BMJFG (Hg.),
Stuttgart, Berlin, Köln, Mainz 1976

Ehe und Familie in Österreich und der Bundesrepublik Deutschland – Ein Ländervergleich
Habermehl, Werner; Schulz, Wolfgang
in: Kölner Zeitschrift für Soziologie und Sozialpsychologie,
Opladen 1982, S.732–747

Nichteheliche Lebensgemeinschaften in der Bundesrepublik Deutschland
BMJFG (Hg.),
Stuttgart, Berlin, Köln, Mainz 1985

Werthaltungen, Zukunftserwartungen und bildungspolitische Vorstellungen der Jugend 1985
BMBW (Hg.),
Bad Honnef 1985

Kinderzahl – Wunsch und Wirklichkeit
Jürgens, Hans W.; Pohl, Katharina
Stuttgart 1975

Faktoren der Bevölkerungsentwicklung – Ursachen und Beweggründe für den Kinderwunsch
Toman, Walter; Holzl, Siglinde; Koreny, Volker
Erlangen–Nürnberg 1977

Arbeitszeit und Geldaufwand für die Lebenshaltung von Kindern verschiedener Altersgruppen in Familienhaushalten
Blosser-Reisen, Lore; Seifert, Margit
in: Hauswirtschaft und Wissenschaft 3/1984, S.132–143

Zum Arbeitszeitaufwand in privaten Haushalten
Schulz-Borck, Hermann
in: Hauswirtschaft und Wissenschaft 3/1980, S.117-128

Die Wirklichkeit der Hausfrau
Pross, Helge
Reinbek bei Hamburg 1975

Zeitbudgetvergleich zwischen erwerbstätigen und nichterwerbstätigen Hausfrauen in der Bundesrepublik Deutschland
Schöps, Martina
unveröffentlichter Bericht, Bonn, Gießen 1975

Arbeitszeitbudgets ausgewählter privater Haushalte Baden-Württemberg
Statistisches Landesamt (BW) (Hg.),
Stuttgart 1984

Anzahl und Situation zu Hause lebender Pflegebedürftiger
BMJFG (Hg.),
Stuttgart, Berlin, Köln, Mainz 1980

Die Lebenslage älterer Menschen im ländlichen Raum
BMJFG (Hg.),
Stuttgart, Berlin, Köln, Mainz 1983

Der Einfluß der Pflegebedürftigkeit chronisch kranker älterer Menschen auf die Familiensituation in Mehrgenerationenhaushalten
Lange, Ulrich
Köln 1973

Hilfsbedürftigkeit und Hilfenbedarf älterer Menschen im Privathaushalt
Stiefel, Marie-Luise
Berlin 1983

Die Bedeutung der Verwandten für die großstädtische Familie
Pfeil, Elisabeth; Ganzert, Jeannette
in: Zeitschrift für Soziologie 4/1973, S.366-383

Dokumentation der Lebenssituation über 65jähriger Bürger in Berlin
Senator für Arbeit und Soziales Berlin (Hg.),
Berlin 1974

Die Familie im Gefüge der Großstadt – zur Sozialtopograhie der Stadt Hamburg 1965
Pfeil, Elisabeth
Hamburg 1965

Zur Isolationsproblematik von Familien
Fauser, Richard
München 1982

Familie, Verwandtschaft und Ritual im Wandel, eine vergleichende Untersuchung in vier Metropolen Finnlands, Irlands und der Bundesrepublik
Lüschen, Günther
in: Franz, Hans-Werner (Hg.): 22. Deutscher Soziologentag 1984,
Opladen 1985, S.125 – 127

Familie und Verwandtschaft, Interaktion und die Funktion von Ritualen
Lüschen, Günther
in: Lüschen, Günther; Lupri, Eugen (Hg.): Soziologie der Familie, Sonderheft 14 der Kölner Zeitschrift für Soziologie und Sozialpsychologie
Opladen 1970, S.270 – 284

2. Kurzdarstellung der Studien

Gegenwartsbezogene nichtamtliche Datenquellen dienen in erster Linie dem Ziel, einzelne Problembereiche im Handlungsfeld Familie und ihre Bedeutung aufzuzeigen. In der Regel kann von einem befragten Personenkreis von 1 000 bis 3 000 Familien in soziologischen Untersuchungen ausgegangen werden (Vgl. H. Schubnell, H.-J. Borries, 1975, S. 327). Aufgrund des Umfanges der jeweiligen Grundgesamtheiten können auch Motive und Einstellungen berücksichtigt werden. Hierdurch wird eine inhaltliche Interpretation und Gewichtung von Daten der amtlichen Statistik ermöglicht (Vgl. BMJFG, (Hg.), 1985, S. 23).

Im folgenden werden Studien, die zu Orientierungsdaten im Hinblick auf Familie beitragen können, vorgestellt. Es soll zum einen ein Überblick über die Vielfalt von Datenquellen und Ansätzen zur Datenerhebung gegeben werden ohne Anspruch auf Vollständigkeit, zum anderen eine spätere Einschätzung einzelner Datensätze hinsichtlich Datenherkunft und der bei der Datengewinnung verwendeten Methodik ermöglicht werden. Die Auswahl der vorgestellten Studien erfolgt anhand der Kriterien, in wieweit die einzelne Studie explizit oder implizit Familie berücksichtigt, einen entscheidenden Beitrag zur Orientierung im Handlungsfeld Familie leistet, und ob neue Datenquellen in Form von eigenen Erhebungen erschlossen werden, mit der Ausnahme der SekundärAnalyse von Fauser (R. Fauser, 1982), die einen speziellen Beitrag zur sozialen Kontaktsituation liefert.

Die Studie „**Einstellungen zu Ehe und Familie im Wandel der Zeit**" (MAGS (Hg.), 1985, für das Folgende vgl. S. 3 und Anhang „Untersuchungsdaten" wurde 1985 vom Ministerium für Arbeit, Gesundheit, Familie und Sozialordnung, Baden-Württemberg, herausgegeben.

Zunächst wurde eine umfassende Sekundäranalyse des im Allensbacher Archiv vorhandenen Datenmaterials über den Wandel der Bewertung von Ehe und Familie durchgeführt. Weiter wurde ein repräsentativer Querschnitt der Bevölkerung Baden-Württembergs befragt, ergänzt um eine Befragung junger Männer und Frauen sowie von Familienangehörigen. Die Befragung wurde als mündliche Befragung nach einem einheitlichen Frageformular von nebenberuflichen Mitarbeitern des Institutes Allensbach durchgeführt. Zu der Repräsentativität der aus der Sekundär–Analyse stammenden Daten werden keine Angaben gemacht, ebenso wie zu der Befragung der Familienangehörigen. Die Auswahl der befragten Personengruppe in der repräsentativen Querschnittsbefragung 1985 entspricht der gesammten Bevölkerung Baden-Württembergs zwischen 14 und 65 Jahren. Die Befragungen wurden in der Zeit vom 11. Juli bis zum 10. August 1985 durchgeführt. Befragt wurden Erwachsene zwischen 14 und 65 Jahren in Baden-Württemberg, insgesamt 2052 Personen, davon 1465 im Rahmen des repräsentativen Bevölkerungsquerschnitts und 587 Familienangehörige.

Die Befragten wurden aufgrund einer repräsentativen Quotenauswahl (vgl. zur Methode: Attenslander, P., 1975, S. 239) durch die Interviewer ausgewählt, wobei ihnen die Anzahl und statistischen Merkmale der zu befragenden Personengruppen vorgegeben wurden. Hiervon ausgehend wurden die Familienangehörigen im Schneeball-Verfahren befragt.

Diese Studie unterstellt die Einstellung der Bevölkerung zu Ehe und Familie. Insbesondere die Einbeziehung älterer Umfrageergebnisse seit den fünfziger Jahren ermöglicht eine Darstellung im Zeitvergleich. Es wird sehr umfangreiches Datenmaterial vorgestellt, das speziell auf Familie abgestellt ist und unterschiedliche Phasen im Familienzyklus berücksichtigt.

Für viele Aspekte von Familie werden zusätzliche Informationen dargestellt. Eine kontinuierliche Beobachtung ist jedoch nicht bei allen Fragestellungen möglich, da es sich bei Daten älterer Umfragen, auf die Rückgriff genommen wird, nicht um regelmäßig erhobene Fragen handelt. Weiterhin ist die gewählte Grundgesamtheit und deren Repräsentativität für unterschiedliche regionale und personale Abgrenzungen zu beachten, ebenso wie der gesellschaftliche Zusammenhang der Erhebungsjahre.

Die Studie **"Die ‚Rolle des Mannes' und ihr Einfluß auf die Wahlmöglichkeiten der Frau"** wurde 1976 vom Bundesminister für Jugend, Familie und Gesundheit herausgegeben (BMJFG, (Hg.), 1976, für das Folgende vgl. Vorbemerkungen, S. 3, 4, 128).

Zunächst wird die Meinung der Bevölkerung zur Ehe im Rahmen einer repräsentativen Stichprobe erhoben. Zusätzlich sollen Probleme der Ehe aus der Sicht der verheirateten Partner ermittelt werden. In diesem Zusammenhang wurde in der zweiten Stichprobe nicht mehr ein Individuum, sondern die Ehe als Grundeinheit befragt.

Die vorliegenden Daten basieren auf Repräsentativbefragungen des Instituts für angewandte Sozialwissenschaft (infas). Die Befragungen wurden im Januar/ Februar 1975 im Bundesgebiet durchgeführt. Insgesamt wurden 1 957 Bundesbürger zwischen 18 und 50 Jahren befragt. Zunächst wurde eine repräsentative Stichprobe von 1 088 Personen befragt; aus diesem Kreis wurden zusätzlich die Ehepartner der Verheirateten (667) in die Befragung mit einbezogen. Die Befragten wurden nach dem Quotenverfahren ausgewählt. Bei Verheirateten wurde der Ehepartner zusätzlich befragt.

Die Studie stellt die Ehe unter den Gesichtspunkten der gemeinsamen Lebensplanung und des gemeinsamen Alltages in ihrer Ausprägung als soziale Realität in der Gesellschaft sowie der Einstellungen einzelner und gesamtgesellschaftlicher Wertvorstellungen zu den festgestellten Rollen. Von besonderem Interesse ist hier die Einschätzung der Wichtigkeit der Ehe. Neben der kurz erwähnten Methodik der Befragung fehlen weitere Angaben über das Auswahlverfahren der Befragten sowie der Interviewer, die Reihenfolge der Fragen und die Befragungsweise. Im Handlungsfeld Familie kann diese Studie Hinweise auf die Bedeutung der Ehe geben.

Die Studie **"Ehe und Familie in Österreich und in der Bundesrepublik Deutschland – ein Ländervergleich"** wurde 1982 von W. Habermehl und W. Schulz veröffentlicht (W. Habermehl, W. Schulz, 1982, für das Folgende vgl. S. 732–735).

W. Habermehl führte in der Bundesrepublik in Anlehnung an das Fragenprogramm einer österreichischen Studie eine zweistufige empirische Untersuchung durch. Als Erhebungsverfahren wurde die postalische Befragung gewählt. Die Ergebnisse wurden nicht quotiert, die Autoren stufen die Repräsentativität als befriedigend ein.

Der erste Teil der Erhebung erfolgte im Laufe des Winters 1979/1980, der zweite Teil im Sommer 1980. Befragt wurden 918 Personen der erwachsenen Wohnbevölkerung in der Bundesrepublik Deutschland mit Berlin (West). Es werden Datensätze zu den komplexen Bewertungen der Ehe, Einstellung zur Scheidung, Einstellung zum Kind, Kinderwunsch, bevorzugtes Lebensmodell Verheirateter und Einschätzung der Zukunft der Ehe dargestellt.

Zu den verschiedenen Daten wird keine Aufschlüsselung nach dem Alter der Befragten gegeben. Die Merkmale Geschlecht, Alter und Familienstand wurden nicht bei allen Befragten erhoben, die Korrelation der Daten mit dem Alter und den Familienbeziehungen, abgesehen vom Familienstand, wurde nicht vorgenommen. Somit ist eine familien- oder lebenszyklische Betrachtung nicht möglich.

Die Studie **„Nichteheliche Lebensgemeinschaften in der Bundesrepublik Deutschland"** wurde 1985 vom Bundesminister für Jugend, Familie und Gesundheit herausgegeben (BMJFG, (Hg.), für das Folgende vgl. S. 6, 7, 12–17, 19, 21–24, 174–185).

Qualitative Studie

Im Rahmen der vorgeschalteten qualitativen Erhebung wurden intensive Einzelgespräche, Gruppendiskussionen und auch Zweitgespräche geführt. Mit 130 Personen wurden nach den folgenden methodischen Ansätzen Gespräche geführt:
- non-directive Tiefeninterviews mit verheirateten und in nicht-ehelichen Gemeinschaften zusammenlebenden Männern und Frauen (Einzelgespräche)
- non-directive Paar-Interviews mit verheirateten und nicht verheirateten Partnern
- Gruppendiskussionen

Die qualitative Studie soll Einstellungen und Motive der Einzelpersonen und Paare, auch aus geschlechtsspezifischer Sicht, aufdecken. Es sollen rational weniger zugängliche Problemfelder herausgearbeitet werden, Kommunikations- und Rollenverhalten sowie Einstellungshintergründe und Normensysteme. Hierdurch soll die qualitative Studie die Repräsentativumfrage ergänzen. Aufgrund der angewandten Methoden muß die Forderung nach Generalisierbarkeit der Ergebnisse offen bleiben. Die qualitative Studie bietet jedoch den interpretativen Hintergrund der Repräsentativerhebung und vertieft deren Ergebnisse.

Repräsentative Studie

Die repräsentative Erhebung wurde anhand eines Fragebogens mit insgesamt 96 Fragen durchgeführt. Die zweiphasige Untersuchung fand zwischen dem 21.

03. und 15. 08. 1983 statt, die Kontrollstichprobe „Ehepaare" zwischen dem 16. 06. und 10. 07. 1983. Durch die sukzessive Zerlegung der Grundgesamtheit (der Bundesrepublik Deutschland) wurden 210 Sample-Points repräsentativ hinsichtlich der Verteilung über Bundesland, Regierungsbezirke sowie der verschiedenen Ortsgrößenklassen gezogen. Um eine bundesweite repräsentative Basis zu schaffen, wurden 2 000 Interviews mit nichtehelichen Lebensgemeinschaften durchgeführt, wozu insgesamt 26 250 Kontakte benötigt wurden.

Im Rahmen der Umfrage wurden neben soziodemographischen Angaben, Motive, Wertvorstellungen, Bindungsverhalten, Rollenverhalten, die Bedeutung von Kindern und die soziale Akzeptanz nichtehelicher Lebensgemeinschaften erfaßt.

Die Studie **„Werthaltungen, Zukunftserwartungen und bildungspolitische Vorstellungen der Jugend 1985"** wurde 1985 vom Bundesminister für Bildung und Wissenschaft herausgegeben (BMBW, (Hg.), 1985, für das Folgende vgl. S. 3, 4, 46, 47).

Die Befragung erfolgte in Form mündlicher Interviews anhand eines Fragebogens. Die Stichprobe ist repräsentativ für die Grundgesamtheit der Jugendlichen von 14 bis 21 Jahren in der Bundesrepublik Deutschland. Die Befragung wurde in der Zeit vom 23. 08. bis zum 16. 09. 1985 durchgeführt. Innerhalb der Bundesrepublik Deutschland einschließlich Berlin (West) wurden 1 332 Interviews durchgeführt. Zur Auswahl der Zielpersonen (Quoten-Methode) erhielten die Interviewer genaue Quotenvorschriften bezüglich Geschlecht, Alter und Bildungsstand. Durch Zufallsauswahl von 210 Sample Points wurde eine repräsentative Verteilung der Bevölkerung in regionaler Gliederung erreicht. Zur Quantifizierung qualitativer Aspekte erfolgt die Darstellung teilweise nach dem Skalierungsverfahren (vgl. zur Methode: Bortz, J., 1977, S. 27–30).

Im Rahmen dieser Studie wurden Daten über allgemeine Einstellungen und bildungspolitische Auffassungen der Jugend erhoben. Insbesondere wird die Bedeutung von Familie und Kindern im Zusammenhang mit der Einstellung zu Lebenswerten aufgezeigt.

Neben möglichen zukünftigen Entwicklungen, die durch Einstellungen der Jugend mit beeinflußt werden, ist hier ein Ansatz gegeben, die Konsequenzen des gegenwärtigen familialen Verhaltens auf die nachfolgende Generation zu erfassen.

Die Studie **„Kinderzahl – Wunsch und Wirklichkeit"** wurde 1975 von H. W. Jürgens und K. Pohl veröffentlicht (H. W. Jürgens, K. Pohl, 1975, für das Folgende vgl. S. 26, 28, 30–33, 82, 92–94).

Die Befragung wurde mittels eines dreiteiligen Fragebogens durchgeführt:
Teil I: Sozio-demographische Basisdaten und deren subjektive Bewertung;
Teil II: Innerfamiliäre Situation, Meinungs- und Einstellungsfragen;
Teil III: Generatives Verhalten.

Die Auswahl der Befragten wird als „gute Annäherung an die Gesamtsituation im Bundesgebiet" (vgl. H. W. Jürgens, K. Pohl, 1975, S. 30) bezeichnet. Die Datenerhebung wurde im Sommer bis zum Jahrsende 1969 durchgeführt. Zielpersonen waren Ehefrauen, deren Heiratsjahr nicht vor 1954 lag, in Hamburg, Schleswig-Holstein und Rheinland-Pfalz. Die endgültige Stichprobe umfaßte 2 955 Familien. Die Stichprobe wurde nach dem Verfahren der eingeschränkten Zufallsauswahl gezogen. Zusätzlich wurde für 46 % der Stichprobe eine Quotierung nach dem Heiratsdatum und für 54 % nach der Kinderzahl vorgenommen.

Die in dieser Studie erhobenen Daten zur vorhandenen, gewünschten, idealen und normalen Kinderzahl werden zunächst in einer Querschnittsanalyse dargestellt. Dem folgt eine Darstellung des Kinderwunsches in Zusammenhang mit sozialen (schichtspezifischen), ökonomischen, religiösen, regionalen und emanzipatorischen Faktoren sowie im Verhältnis zur Ehedauer. Die Studie stellt grundsätzlich Zusammenhänge zwischen der gewünschten Kinderzahl und der idealen, normativen Kinderzahl dar, die Schwerpunkte liegen jedoch hauptsächlich auf soziologischen Gesichtspunkten (Schichtzugehörigkeit des Ehemannes, Einkommen etc.). Eine Darstellung des Kinderwunsches nach Alter der Mutter und Ehedauer fehlt.

Die Studie „**Faktoren der Bevölkerungsentwicklung – Ursachen und Beweggründe für den Kinderwunsch**" wurde 1977 von W. Toman, S. Hölzl und V. Koreny vorgelegt (W. Toman, S. Hölzl, V. Koreny, 1977, für das Folgende vgl. Vorwort, S. 1, 17, 19–21, 78).

Die Studie setzt sich aus einer Expertenbefragung und einer Paarbefragung zusammen. Die Datenerhebung der Paarbefragung erfolgte anhand eines Interviewleitfadens, der aufgrund der Expertenbefragung zusammengestellt wurde. Die Ergebnisse lassen nur trendmäßige Aussagen zu. Die Erhebung erfolgte in der zweiten Jahreshälfte 1976.

Insgesamt wurden vier verschiedene Gruppen in unterschiedlichen Reproduktionsphasen mit jeweils 40 Paaren, insgeamt 320 Personen, befragt.

Die Studie liefert im Rahmen einer Paarbefragung Daten über den Wunsch nach Kindern. Neben der Darstellung des Kinderwunsches wird auf seine Entstehung und Veränderung im Zeitablauf eingegangen. Die Betrachtung von vier Gruppen, die sich in einem jeweils anderen Stadium des Reproduktionsablaufes befinden, gibt einen Querschnitt der Bayerischen Bevölkerung in bezug auf den Kinderwunsch wieder. Aus dem Bereich der Zeitaufwendungen für Hausarbeit werden vier Studien vorgestellt und gemeinsam bewertet.

Die Studie **„Arbeitszeit – und Gesamtaufwand für die Lebenshaltung von Kindern verschiedener Altersgruppen in Familienhaushalten"** wurde 1984 von L. Blosser-Reisen und M. Seifert veröffentlicht (L. Blosser-Reisen, M. Seifert, 3/1984, für das Folgende vgl. S. 132–135).

Die Befragung wurde von Haushaltswissenschaftsstudenten anhand eines Gesprächsleitfadens mit dem Ziel durchgeführt, eine Situationsanalyse anhand von Einzelfallstudien zu erstellen. Die Datenerhebung fand zwischen 1980 und 1982 im Großraum Stuttgart statt. Einbezogen wurden 30 Kinder verschiedener Altersgruppen, je 15 männlich bzw. weiblich in Situationsanalysen von 16 Familienhaushalten. Dabei wurde die Methode der überschlägigen Kalkulation der Mittelaufwendung privater Haushalte mit Hilfe von standardisierten Plankostendaten angewandt.

Die Studie von Blosser-Reisen und Seifert stellt zunächst den ermittelten Arbeitszeit- und Geldaufwand für die Lebenshaltung von Kindern, gegliedert nach Altersklassen, und Erwachsenen dar. Hierbei wurde der ermittelte Aufwand, sofern nicht direkt zurechenbar, auf alle Kinder bzw. Haushaltsmitglieder verursachergemäß zugeordnet. Besonderes Gewicht wird im Bereich des Arbeitszeitaufwandes auf die Betreuungszeit gelegt. Der Geldaufwand wird nach veränderlichem und festem Aufwand gegliedert.

Die Studie **„Zum Arbeitszeitaufwand in privaten Haushalten"** wurde 1980 von H. Schulz-Borck veröffentlicht (H. Schulz-Borck, 3/1980, für das Folgende vgl. S. 117).

Die dargestellten Daten wurden Tagebuchaufschreibungen von Teilnehmerinnen an Meisterkursen entnommen. Die Ergebnisse beruhen nicht auf einer repräsentativen Auswahl der Zielpersonen. Die Aufschreibungen erfolgten über jeweils vier Wochen in den Jahren 1976/77.

Die Ergebnisse basieren auf der Auswertung von insgesamt 126 städtischen Haushalten mittlerer Haushaltsgröße. Auf eine Quotierung für die Auswahl von Kursteilnehmern wurde verzichtet. Die Studie liefert nichtrepräsentative Daten, die „. . .streng genommen nur für die untersuchten Haushalte gelten" (H. Schulz-Borck, 3/1980, S. 117), über den durchschnittlichen wöchentlichen Arbeitsaufwand in städtischen Haushalten, gegliedert nach sieben Tätigkeitsbereichen im Haushalt und Wochentagen. Hierzu wird differenziert nach leistungserbringenden Personen, Haushaltsgrößen und Erwerbstätigkeit der Hausfrau.

Die Studie **„Die Wirklichkeit der Hausfrau"** wurde 1975 von H. Pross veröffentlicht (H. Pross, 1975, für das Folgende vgl. S. 9, 22, 23, 260, 261).

Zusammen mit dieser Studie wurde ergänzend das Zeitbudget erwerbstätiger Hausfrauen durch M. Schöps erfragt. Beide Studien entstanden unter der Leitung von H. Pross.

Die Erhebung wurde als mündliche Befragung anhand eines 137 Fragen umfassenden – darunter fünf offenen Fragen – Fragebogens durchgeführt. Die Befragten stellen eine repräsentative Zufallsauswahl bei einer Unterrepräsentanz der konservativen Einstellungen zu Hausfrauenberuf durch überdurchschnittliche Interview-Verweigerung von Personen der Grundschicht dar.

Die Befragung wurde im April und Mai 1973 durchgeführt. Insgesamt wurden 1 219 nicht-erwerbstätige Ehefrauen im Alter von 18 bis 54 Jahren in vollständigen Familien befragt. Die Auswahl der Zielpersonen erfolgte zum einen aufgrund von Daten und Adressen von im Bundesgebiet zufällig ausgewählten Gemeinden, zum anderen durch die Auswahl der Interviewer bei vorgegebenem Quotenschema.

Die Studie von H. Pross ist die erste statistisch repräsentative Untersuchung über nicht-erwerbstätige Ehefrauen in der Bundesrepublik. Im Zentrum stehen Einstellungen der Betroffenen zu Fragen des Zeitaufwandes für Hausarbeit, dem Verhältnis zu Ehemann und Kindern, zum Bereich Berufstätigkeit sowie zur Rollenverteilung in der Ehe.

Die Studie **„Zeitbudgetvergleich zwischen erwerbstätigen und nichterwerbstätigen Hausfrauen in der Bundesrepublik Deutschland"** wurde 1975 von M. Schöps vorgestellt (M. Schöps, unveröffentlichter Bericht, 1975).

Die Datenerhebung wurde als schriftliche Befragung mit einem 58 Fragen umfassenden Fragebogen, die von der Untersuchung von H. Pross übernommen wurden, durchgeführt (vgl. I. Kettschau, 1981, S. 57).

Die Daten wurden 1974 erhoben (vgl. I. Kettschau, 1981, S. 53). Es wurden 403 teil- oder vollerwerbstätige Frauen zwischen 18 und 60 Jahren befragt (vgl. M. Hilzenbecher, 1984, S. 110). Die Erhebung ist mit der von H. Pross verwendeten Methodik durchgeführt worden (vgl. I. Kettschau, 1981, S. 53).

Fragen nach Häufigkeit, Dauer und Zeitpunkten bestimmter Hausarbeiten, Schätzung der Höhe des Zeitaufwandes durch die Befragten, von denen besonders der Zeitaufwand für die Kinderbetreuung hier hervorgehoben werden soll, stehen hier im Vordergrund (vgl. M. Hilzenbecher, 1984, S. 111/112). Weiterhin wird die Wertschätzung verschiedener Hausarbeiten und die Einstellung der Frauen zur Hausfrauentätigkeit erfragt (vgl. I. Kettschau, 1981, S. 58).

Die hauswirtschaftlichen Tätigkeiten werden in allen Untersuchungen – nach verschiedenen Arbeitsfeldern gegliedert – erfaßt. In der Untersuchung von Schöps fehlen Angaben zum Einkaufen.

Haushälterische Tätigkeiten werden jedoch nicht durchgängig erfaßt. Die physische Versorgung der Kinder wird in allen Studien angeführt; Beziehungsarbeit wie Aufbau und Pflege familialer Beziehungen sowie Sozialisationsleistungen, die auf die emotionale, psychische, soziale und kognitive Entwicklung der Kinder gerichtet sind, wird jedoch nicht aufgeführt, was auf eine tendenzielle Untererfassung in diesem Bereich schließen läßt. Kritikpunkte sind weiterhin unterschiedliche Abgrenzungen des Begriffes Hausarbeit („Insgesamt ist festzustellen, daß die meisten Studien begrifflich-theoretische Unzulänglichkeiten aufweisen, die einen systematischen Vergleich außerordentlich erschweren." U. Lakemann, 1984, S. 9), Verzicht auf repräsentative Stichproben (vgl. U. Lakemann, 1984, S. 15) sowie unterschiedliche Forschungsansätze (vgl. U. Lakemann, 1984, S. 14).

Die Studie **„Arbeitszeitbudgets ausgewählter privater Haushalte in Baden-Württemberg"** wurde 1984 vom Statistischen Landesamt Baden-Württemberg herausgegeben (Statistisches Landesamt, (BW), (Hg.), 1984, für das Folgende vgl. S. 4, 7–9).

Es werden Ergebnisse einer Zusatzerhebung zur Einkommens- und Verbrauchsstichprobe (EVS) 1983 dargestellt. Die Erhebung der Daten erfolgte als schriftliche Befragung ausgewählter Haushalte mittels eines Fragebogens. Die Befragung beschränkt sich auf 12 ausgewählte Haushaltstypen, es wurde keine Repräsentativstichprobe der Gesamtbevölkerung gezogen. Die Aufzeichnungen beziehen sich auf vier ausgewählte Wochen, die über das Jahr 1983 verteilt waren. Es wurden Angaben von 930 freiwillig mitwirkenden Haushalten in die Auswertung einbezogen. Diese erfaßten den täglichen Zeitaufwand für vorgegebene Tätigkeitsfelder, getrennt für jedes Haushaltsmitglied.

In der Zusatzerhebung zur EVS 1983 wurden Zeitaufwendungen für einzelne Bereiche der Hausarbeit für Alleinlebende, Alleinerziehende mit einem Kind, Ehepaare, ohne, mit einem und zwei Kindern ermittelt. Weiter bietet die Studie eine Darstellung der Lastverteilung der Hausarbeit auf verschiedene Haushaltsmitglieder für die untersuchten – nicht repräsentativen Haushaltstypen.

Zu den hier erhobenen Daten gibt es nur wenige vergleichbare Daten anderer Studien, da diese Erhebung methodisch mit anderen Untersuchungen zu diesem Thema nicht vergleichbar ist (z. B. die Abgrenzung der Mehrdimensionalität der Hausarbeit). Der Tätigkeitsbereich der Hausarbeit wird umfassend beschrieben, die durch den Haushalt erbrachten Leistungen werden in Abhängigkeit von der Haushaltsgröße, der Erwerbstätigkeit und der Einkommenssituation dargestellt.

Die Studie „**Anzahl und Situation zu Hause lebender Pflegebedürftiger**" wurde 1980 vom Bundesminister für Jugend, Familie und Gesundheit herausgegeben (BMJFG, (Hg.), 1980, für das Folgende vgl. S. G 27, 28, 32, 100).

Die Ermittlung der Repräsentativdaten erfolgte durch das Institut für empirische Sozialforschung als postalische Erhebung. Eine Überprüfung der Repräsentativität ergab eine nur unbedeutende Abweichung, so daß auf eine Quotierung der Ergebnisse verzichtet wurde. Die Befragung wurde 1978 durchgeführt. In einem mehrstufigen Befragungsvorgang wurden Haushalte mit „Hilfeverdächtigen" ermittelt und anschließend bei den „hilfewahrscheinlichen" Personen die Hauptuntersuchung durchgeführt.

Insgesamt wurden befragt:

	Vor-erhebung	Kontroll-erhebung	Haupt-erhebung
befragte Personen bzw. Haushalte	5811	6182 u. 1561	5811
Rücklaufquote in %	89,1	84,2	91,0

Den Befragten wurden bis zu viermal die Erhebungsunterlagen zugesandt und zusätzlich bis zu achtmal durch Erinnerungsschreiben um Auskunft gebeten.

Die Studie ermittelt zunächst den Umfang der Pflegebedürftigkeit an der Bevölkerung in der Bundesrepublik Deutschland, den Grad der Hilfebedürftigkeit, die hilfeleistenden Personen nach der Haushaltszugehörigkeit, die Altersverteilung der Pflegebedürftigen sowie der pflegenden Personen und die verwandtschaftlichen Beziehungen der Hauptpflegeperson zum Hilfebedürftigen.

Die Studie zeigt eine sehr hohe Rücklaufquote von 91 %. Diese wurde bei einem nicht näher beschriebenen Betreuungsservice und durch verschiedene Maßnahmen der persönlichen Ansprache erreicht. Keine Berücksichtigung findet hier der zeitliche Aufwand für die Pflege sowie die Vorstellung der Betroffenen über Art und Leistungserbringung bei Pflegebedürftigkeit.

Die Studie „**Die Lebenslage älterer Menschen im ländlichen Raum**" wurde 1983 vom Bundesminister für Jugend, Familie und Gesundheit herausgegeben (BMJFG, (Hg.), 1983, für das Folgende vgl. S. 69, 78, 80–83, 274).

Die Daten wurden durch eine mündliche Befragung mit einem standardisierten Fragebogen erhoben, Repräsentativität für den ländlichen Raum wurde angestrebt. Die Datenerhebung erfolgte von Anfang bis Mitte September 1980. Es wurden 792 über 65jährige und 791 22-55jährige aus den Gebieten des Oberbergischen Kreises, Bitburg-Prüm, Holzminden und dem Vogelsbergkreis befragt. Innerhalb der gewählten Kreise wurden Adressen von Bewohnern bestimmter Gemeinden durch Zufall ausgewählt.

Speziell für den ländlichen Raum stellt die Studie Daten zur Lage von über 65jährigen Menschen, die in Privathaushalten leben, zu den Bereichen Pflegeleistungen für ältere Menschen, deren hauswirtschaftliche Versorgung sowie zur sozialen Kontaktsituation zur Verfügung. Neben Quantität und Qualität der Kontakte sowie deren Intensität werden die sozialen Kontakte sowohl von der älteren als auch von der jüngeren Generation beurteilt. Weiterhin werden Daten über den Leistungsaustausch zwischen den Generationen im ländlichen Raum zur Verfügung gestellt. Insgesamt wird umfangreiches Datenmaterial zur Verfügung gestellt, das zum Teil auf Familie bezogen ist. Repräsentativität wurde angestrebt, es sollten „...jedoch keine exakten Schließverfahren von der Stichprobe auf die Grundgesamtheit angewendet werden..." (BMJFG, (Hg.), 1983, S. G 84). Weiterhin sind folgende methodischen Schwierigkeiten zu berücksichtigen:
– Bei der Ordnung der Dateien nach Gemeinden ist es möglich, daß kleinere Gemeinden unterrepräsentiert (übergangen) werden, wenn bei der Adressenauswahl jede n-te Karte gezogen wird.
– Ausfälle wegen Nicht-Aktualität des Adressenmaterials.
– Verzerrung der Stichproben durch Ausfälle wegen Nichterreichbarkeit und Ablehnung des Interviews bei älteren Menschen.
– Unterrepräsentation von älteren Menschen mit schlechtem Gesundheitszustand, insbesondere Pflegebedürftige.

Die Studie „**Der Einfluß der Pflegebedürftigkeit chronisch kranker älterer Menschen auf die Familiensituation in Mehrgenerationenhaushalten**" wurde 1973 von U. Lange veröffentlicht (U. Lange, 1973, für das Folgende vgl. S. 15–17).

Die Datenerhebung erfolgte anhand eines halbstrukturierten Fragebogens, der 163 geschlossene und offene Fragen umfaßte. Die geführten Einzelinterviews dauerten bis zu drei Stunden. Es wurden 149 Familien interviewt. Die Auswahl der Familien, die mit einem pflegebedürftigen älteren Menschen (über 65 Jahre) in einem Haushalt zusammenleben, ist beschränkt auf solche, die erfolglos einen Antrag auf Pflegeheimaufnahme gestellt hatten und/oder der Kranke Pflegegeld nach dem Bundessozialhilfegesetz erhält; „Da es keine Kartei gibt, in der alle pflegebedürftigen älteren Menschen geführt werden, mußte auf eine repräsentative Stichprobe verzichtet werden." (U. Lange, 1973, S. 13).

U. Lange beschreibt die Lage der pflegebedürftigen älteren Menschen, die im Mehrgenerationenhaushalt gepflegt werden. Neben den Wohnverhältnissen und den sozialen Kontakten der älteren Menschen, aber auch der Pflegenden, wird vor allem die Belastung der „Nachkommenschaftsfamilie" aufgezeigt. Insbesondere wird diese durch die Dauer der Krankheit bzw. Pflegebedürftigkeit der zu pflegenden Familienmitglieder und der Dauer der Pflegeleistung verdeutlicht.

Es werden keine Angaben über die befragten Personen gemacht, die durch die Pflegetätigkeit am stärksten Beanspruchten sollten interviewt werden. Die besondere Schwierigkeit liegt hier in der untersuchten Grundgesamtheit, die regional- und schichtspezifisch stark eingeschränkt ist. Unabhängig davon liefert die Studie Eindrücke über die physische und psychische Belastung der Familie durch chronisch pflegebedürftige ältere Familienangehörige.

Die Studie **„Hilfebedürftigkeit und Hilfenbedarf älterer Menschen im Privathaushalt"** wurde 1983 von M.-L. Stiefel veröffentlicht (M.-L. Stiefel, 1983, für das Folgende vgl. S. 16, 97–99, 103, 324).

Es wurden Interviews anhand eines standardisierten, 236 Fragen (zum Teil offene Fragen) umfassenden Fragebogens von einer durchschnittlichen Dauer von 95 Minuten geführt.

Die Befragung basiert auf einer repräsentativ ausgewählten Stichprobe älterer Menschen. Die Datenerhebung erfolgte im Frühjahr 1979 im Großraum Stuttgart. Die Stichprobenziehung führte das Statistische Amt der Stadt Stuttgart zum Stichtag 31. 1. 1979 durch. Insgesamt wurden 385 Adressen von 432 ausgewählten benötigt, um den gewünschten Stichprobenumfang von 270 verwertbaren Interviews (0,4 % der Grundgesamtheit) mit über 70-jährigen zu erreichen.

Die Studie ermittelte Daten über Art und Ausmaß von Hilfsbedürftigkeit alter Menschen sowie ihnen zukommende Hilfen in den Bereichen Gesundheit, häusliche Versorgung, Wohnen und im materiell-finanziellen Bereich. Ebenso bietet die Studie einen Überblick über die Kontaktsituation älterer Menschen. Durch eine zusammengefaßte Betrachtung mehrerer Merkmale und Fragenkomplexe, sind durch Indexierung Aussagen zu Kontaktpotential, -quantität, -qualität und der subjektiven Kontaktsituation unter verschiedenen Gesichtspunkten möglich.

Neben der Grundauswertung der erhobenen Daten und einfachen Korrelationen zwischen verschiedenen Merkmalen zeigt Stiefel durch Zusammenfassung mehrerer Fragen und Bewertung der Antworten mit Punkten (Indexierung) die Zusammenhänge der sozialen Kontakte mit verschiedenen sozioökonomischen Situationen auf.

Durch die Anwendung dieses Vorgehens auf die objektive und subjektive Kontaktsituation älterer Menschen wird der Zusammenhang zwischen sozioökonomischer Lage und der objektiven und subjektiven Kontaktsituation deutlich.

Es werden keine Daten über die Situation weiterer Familienmitglieder (außer: vorhanden, ja oder nein) vorgestellt.

Die Studie **„Die Bedeutung der Verwandten für die großstädtische Familie"** wurde 1973 von E. Pfeil und J. Ganzert veröffentlicht (E. Pfeil, J. Ganzert, 4/1973, für das Folgende vgl. S. 367, 368).

Diese familiensoziologische Untersuchung wurde im Zusammenhang mit einer Studie über Fortführung bzw. Wiederaufnahme der Berufstätigkeit von Müttern durchgeführt. Es wurden Mütter von Schulanfängern befragt, die in jeweils zwei Hamburger Innenstadtgebieten und Außenbezirken wohnten. Zur Repräsentativität der Studie werden keine Angaben gemacht. Die Erhebung wurde 1967 durchgeführt.

Insgesamt wurden 120 Mütter befragt, je 40 aus drei verschiedenen Schichten. Hierdurch ergab sich eine leichte Verzerrung der Aussagen, die durch Gewichtung der einzelnen Schichtergebnisse ausgeglichen werden kann.

Neben dem Umfang des Verwandtenverkehrs und der Dichte des Verwandtennetzes sowie dessen Bedeutung für Rat und Hilfeleistungen werden Daten für die Intensität des Verwandtenverkehrs vorgelegt.

Die Grundgesamtheit ist durch die Beschränkung auf Mütter von Schulanfängern sehr eingeschränkt. Die schichtspezifische Betrachtung im Verhältnis 1:1:1 gibt nicht die richtigen Relationen wieder und entspricht, laut den Autoren, eher dem Verhältnis 1:2:2.

Es werden einzelne Aspekte der Familenbeziehungen aufgezeigt, wie soziale Kontakte mit Verwandten und Bekannten in Abhängigkeit von der Wohnentfernung, Häufigkeit und Kontaktintensität.

Die Studie **„Dokumentation der Lebensbedingungen über 65jähriger Bürger in Berlin"** wurde 1974 vom Senator für Arbeit und Soziales, Berlin, herausgeben (SAS, (Berlin), (Hg.), 1974, für das Folgende vgl. S. 9, 10, Anhang).

Es wurden Interviews anhand eines Fragebogens mit insgesamt 102 Fragen durchgeführt. Die Auswahl der Zielpersonen erfolgte von Oktober bis Dezember 1972. Befragt wurden 5 802 Personen im Alter von über 65 Jahren in Berlin-West. Die Auswahl des Adressenmaterials wurde vom Statistischen Landesamt, Berlin, auf der Grundlage der Fortschreibung der letzten Volkszählung 1970 vorgenommen.

Die Studie bietet einen Überblick über die Lebenssituation älterer Menschen, unter Berücksichtigung der „Insellage" von Berlin-West. Neben Kontakten, vor allem Besuchskontakten, können Rückschlüsse auf hauswirtschaftliche Versorgung, insbesondere Hilfeleistungen im Haushalt und beim Kochen gezogen werden.

Im Vordergrund der Studie steht die Versorgung älterer Menschen. Deshalb sind Rückschlüsse auf Leistungen der älteren Generation für Jüngere nur bedingt möglich. Die überdurchschnittlich hohe Ausfallquote von 30 % zeigt neben den besonderen Problemen der untersuchten Teilbevölkerung (Tod, Aversion gegen amtliche Erhebungen/Behördenantipathie) die Veränderung in der Bevölkerung innerhalb von 2,5 Jahren (Volkszählung 1970 bis Oktober/Dezember 1972). Kuhlmeyer vermutet dazu, „. . .daß die erstrebte Repräsentation dennoch gewahrt sein dürfte." (SAS, (Berlin), (Hg.), 1974, S. G 9).

Die Studie **„Die Familie im Gefüge der Großstadt"** wurde 1965 von E. Pfeil veröffentlicht (E. Pfeil, 1965, für das Folgende vgl. S. 7, 13, 16).

Die Daten wurden durch Interviews, die anhand eines Fragebogens durchgeführt wurden, erhoben. Von 900 geplanten Interviews wurden 450 mit Familien in ausgewählten Teilen der vier Hamburger Stadtteile: Eilbek, Wandsbek, Braunfeld-Wellingsbüttel, Langenhorn-Nord durchgeführt. Diese Stichprobe wurde nach sozialer Schichtzugehörigkeit quotiert.

Die Studie macht Aussagen über den Besuchsverkehr von Verwandten und Bekannten mit Familien, differenziert nach der Wohnentfernung dieser von den befragten Familien und der Besuchsintensität, Anfang der 60er Jahre. Weiterhin wird Material über Vor- und Einstellungen zum Stadtviertel sowie die Einkaufs- und Verkehrssituation dargestellt.

Es werden nur wenige Informationen über die befragten Familien gegeben, es ist unklar, wer aus der Familie befragt wurde. Es gibt keine Angaben darüber, wann, wo und wie gefragt wurde, was eine Beurteilung der Daten behindert.

Die Studie **„Zur Isolationsproblematik von Familien"** wurde 1982 von R. Fauser veröffentlicht (R. Fauser, 1982, für das Folgende vgl. S. 5, 80, 81).

Hierbei handelt es sich um die Sekundär-Analyse einer Kombination von Daten zweier vorangegangener Erhebungen unter dem speziellen Gesichtspunkt der Isolationsproblematik von Familien. Grundlage der Sekundär-Analyse ist die Umfrage „Familie und Sozialisation" 1973, die für den 2. Familienbericht durchgeführt wurde. Die Repräsentativerhebung erfolgte im April 1973 anhand eines Fragebogens mit geschlossenen Fragen. Befragt wurden 2 000 Mütter, mit mindestens einem Kind zwischen 0 und 16 Jahren. Diese Datensätze wurden ergänzt durch Daten aus dem Projekt „Umwelt, Kind und Elementarbereich" des Zentrums I Bildungsforschung der Universität Konstanz. Diese Erhebung wurde im Herbst 1977 und im Frühjahr 1978 durchgeführt. Mittels eines Fragebogens wurden 2. 202 Familien mit Kindern zwischen 3 und 6 Jahren befragt, die Antworten wurden von Vätern und Müttern gegeben. Die Auswahl der Stichprobe erfolgte nach Strukturen der Wohnorte und Stadtviertel, was zu einer ökologischen Repräsentativität führte.

Die Befunde stützen sich zunächst auf Daten der Umfrage „Familie und Sozialisation„. Ergänzender Rückgriff wird auf die Studie „Umwelt, Kind und Elementarbereich" bei der Häufigkeit von Treffen mit Verwandten und Bekannten, Zusammensetzung des Bekanntenkreises und Hilfeleistungen bei der alltäglichen Betreuung der Kinder genommen. Die sozialen Kontakte der Familien werden unter anderem in Abhängigkeit von der innerfamiliären Rollenverteilung, Erwerbstätigkeit, Schichtzugehörigkeit und Wohnumfeld dargestellt.

Die Studie bietet eine breitgefächerte Darstellung der Kontaktsituation von Familien und eine umfassende Situationsanalyse. Entwicklungen und Veränderungen werden jedoch nicht aufgezeigt. Die sekundärstatistische Methode und die Kombination zweier Erhebungen mit zum Teil unterschiedlichen Konzepten, die im zeitlichen Abstand von etwa 5 Jahren durchgeführt werden, sind bei einer Datenbewertung zu berücksichtigen.

Die Studie **„Familie und Verwandschaft – Interaktion und die Funktion von Ritualen"** wurde 1970 von G. Lüschen veröffentlicht (G. Lüschen, 1970, für das Folgende vgl. S. 271, 272).

Die Daten wurden durch mündliche Interviews mit beiden Ehegatten in vier europäischen Großstädten im Januar 1970 erhoben. Die Daten wertet Lüschen als allenfalls repräsentativ für die untersuchten Schulbezirke in den Metropolen. Insgesamt wurden 598 Interviews abgeschlossen, von denen 581 ausgewertet wurden. Befragt wurden Familien mit Kindern im Grundschulalter in vier Metropolen (Köln 123, Dublin 160, Bremen 158, Helsinki 140). Die Stichprobe wurde durch Zufallsauswahl unter Berücksichtigung der sozialen Schichtzugehörigkeit, gleicher Anteile der unteren/oberen Unterschicht, untere Mittelschicht und obere Mittelschicht einschließlich Oberschicht, gezogen.

Lüschen und seine Mitarbeiter untersuchten zunächst die Besuchshäufigkeit von Familien mit ihren Verwandten und bezogen die gewonnenen Daten auf die verfügbaren Verwandten für die vier gewählten Metropolen, die nach Modernität der Gesellschaft sowie überwiegender konfessioneller Ausrichtung gewählt wurden. Weiter ist die durchschnittliche Besuchszahl, gegliedert nach dem Zeitpunkt der Besuche (während des Jahres – über Weihnachten), bezogen auf die Verwandten des Mannes und der Frau und die von diesen Verwandten erwarteten Hilfeleistungen dargestellt.

Zu dieser Studie wurde 1985 unter dem Titel **"Familie, Verwandtschaft und Ritual im Wandel"** von G. Lüschen eine Replikation durchgeführt (G. Lüschen, 1985, für das Folgende vgl. S. 125, 127). Diese zweite Erhebung wurde von Ende 1983 bis Anfang 1984 in gleicher Weise wie die erste durchgeführt. Es wurden nicht alle Angaben wie 1969/1970 erhoben. Deshalb war hier nur eine eingeschränkte Auswertung möglich.

Obwohl die Studien von Lüschen nicht repräsentativ sind und von den üblichen soziologischen Ansätzen abweichen – es „...stehen Fragen über Netzwerke im Vordergrund" (G. Lüschen, 1985, S. 125), zeigen die Studien Entwicklungstendenzen im Netzwerk Familie auf. Durch die Wiederholung der Umfrage nach 14 Jahren wird die gesellschaftliche Entwicklung der Familien mit Kindern im Grundschulalter wiedergegeben (Querschnittsdaten). Aussagen über die Entwicklung der Familienkontakte und der Hilfeerwartungen im Familenzyklus sind nicht möglich, dazu müßte das gleiche Sample wie 1969/1970 zusätzlich untersucht werden. Lüschen beschränkt sich auf die quantitative Erfassung der Besuche, deshalb sind weitere Aussagen über Qualität der Kontakte, Kontaktbedürfnisse (Niveaus) und Kontaktstruktur (wer mit wem, Alter, sonst. Situation der Familie) nicht möglich.

II. Datensatztableau im Zielbereich Familie

Zielbereich	Zieldimension	Zielkomponente	Tab.Nr.	*)	Datensatz
Familie	1. Akzeptanz	Erst-Ehen	1	X	Eheschließungen und allgemeine Eheschließungsziffern
			2	X	Durchschnittliches Heiratsalter Lediger
			3	X	Heiratsziffer Lediger
			4		Die Bedeutung der Ehe
			5		Bevorzugtes Lebensmodell für Verheiratete
			6		Angenommener Stellenwert der Ehe für das Lebensgefühl
			7		Familie - Voraussetzung für individuelles Lebensglück?
			8		Gründe für die Heirat
			9		Einschätzung der Zukunft der Ehe
			10		Die Ehe - notwendig oder überlebt?
		Ehelösungen und weitere Ehen	11	X	Anzahl der Ehelösungen und Verteilung nach Hauptursachen
			12	X	Verheiratetenquote, Scheidungsquote und Wiederverheiratungsquote Geschiedener
			13		Einstellung zur Scheidung
		Nichteheliche Lebensformen	14	X	Anteil der Ledigen an der Gesamtbevölkerung
			15	X	Personen in nichtehelichen Lebensgemeinschaften
			16		Nichteheliche Lebensgemeinschaften nach Altersgruppen- und Geschlechtsverteilung sowie Veränderungsraten
			17		Verteilung nichtehelicher Lebensgemeinschaften 1983 nach Alter und Geschlecht
			18		Soziodemographische Grunddaten der unverheiratet Zusammenlebenden
			19		Zusammenleben mit dem jetzigen Partner
			20		Eheschließungsperspektive Unverheirateter
			21		Heiratsgründe und Lebensplanung
			22		Kinderwunsch der nicht ehelich zusammenlebenden Paare
		Vollständige Familie	23	X	Anzahl und Anteil vollständiger Familien nach der Kinderzahl
			24	X	Anzahl und Anteil kinderloser Ehepaare
			25	X	Nichtehelich-lebendgeborenen-Quote
			26		Stellenwert der Familie in verschiedenen Lebensphasen
			27		Statements zum Leben mit Kindern
			28		Einstellung zum Kind
			29		Kinderwunsch
			30		Die gewünschte Kinderzahl nach der Anzahl der bereits vorhandenen Kinder
			31		Vorhandene Kinderzahl, Kinderwunsch und Normvorstellungen im generativen Bereich 1969
			32		Ideale Kinderzahl
			33		Motive für den Wunsch nach Kindern
		Unvollständige Familien	34	X	Anzahl der unvollständigen Familien mit Kindern und nach der Ordnungsnummer der Kinder

X) Der amtlichen Statistik entnommen.

Zielbereich	Zieldimension	Zielkomponente	Tab.Nr.	*)	Datensatz
		Demographische Entwicklung	35	X	Wohnbevölkerung der Bundesrepublik Deutschland
			36	X	Altersaufbau 1983 und 1985
			37	X	Anteile der Wohnbevölkerung nach Familienstand, Altersgruppen und Geschlecht
			38	X	Durchschnittliche fernere Lebenserwartung
			39	X	Entwicklung der Altersbevölkerug
			40	X	Entwicklung des Verhältnisses der über 75-jährigen zu den jüngeren Altersklassen
		Familie im Lebenszyklus	41		Lebensphasen von Frauen im Zeitvergleich
			42		Familienphasen von Frauen im Zeitvergleich
			43		Gratifikationen und Belastungen der Familie in den Lebensphasen
3. Funktionen der Familie		Sozialisationsleistungen	44	X	Verweildauer der Kinder in Familie
			45	X	Verfügbare Plätze in Heimen nach Art des Trägers
			46	X	Institutionelle Erziehungsleistungen
			47		Ausgewählte Verbrauchseinheiten - Skalen für Ernährung
			48		Aufwendungen für ein Kind nach der Familiengröße 1973/74
			49		Einfluß eines steigenden Haushaltsnettoeinkommens auf die Verbrauchsausgaben von Ehepaarhaushalten für ein Kind nach der Kinderzahl 1973
			50		Materielle Aufwendungen für die heranwachsende Generation 1972-1974
			51		Ermittlung der Lebenshaltungskosten eines Kindes aufgrund der Ergebnisse der laufenden Wirtschaftsrechnung 1984
			52		Angaben für den privaten Verbrauch pro Kind pro Monat
			53		Gesamtgeldaufwand für die Lebenshaltung pro Person und Tag
			54		Düsseldorfer Tabelle (1.1.1985)
			55		Was kostet ein Kind?
			56		Der Zeitaufwand für die Kinderbetreuung im Überblick verschiedener empirischer Studien
			57		Geschätzter Zeitaufwand der Familien für die nachwachsende Generation
			58		Arbeitszeitaufwendungen für Kinder, mit Bruttolohnansätzen bewertet, 1974
		Pflegeleistungen	59		Hilfeleistende Personengruppen und Einrichtungen
			60		Pflege durch nicht berufsmäßige Helfer (nach Altersgruppen)
			61		Familienbeziehungen der Pflegetätigen
			62		Anteil der Hauptpflegepersonen nach dem Geschlecht
			63		Verwandtschaftliche Beziehungen der Hauptpflegepersonen
			64		Zusammenleben der älteren und jüngeren Generation und Anteil der Hilfs- und Pflegebedürftigen
			65		Erwünschte Hilfspersonen

Zielbereich	Zieldimension	Zielkomponente	Tab.Nr.	*)	Datensatz
			66		Geeignetste Pflegepersonen für ältere Menschen aus der Sicht der jüngeren Generation
			67		Art und Umfang der Hilfeleistungen für familienangehörige ältere Menschen
			68		Verteilung der Dauer der Krankheit, Pfegebedürftigkeit und Pflegetätigkeit
			69		Verteilung und Bewertung des durchschnittlichen Zeitaufwandes für die Versorgung und Pflege
			70		Die an der Pflege beteiligten Personen und die Reihenfolge ihrer zeitlichen Beanspruchung
		Hauswirtschaftliche Versorgung	71		Schätzwerte der aufgewandten Zeit für Hausarbeit, Kinder und Pflege
			72		Arbeitszeitaufwendungen für die gesamte Hausarbeit und für Familienpflege nach der Kinderzahl
			73		Gesamtarbeitszeitaufwand für die Lebenshaltung
			74		Zusammensetzung der Hausarbeit bei ausgewählten Haushaltstypen
			75		Durchschnittlicher wöchentlicher Arbeitsaufwand in den städtischen Haushalten
			76		Innerfamiliäre Arbeitsteilung
			77		Hausarbeit je Haushalt nach ausgewählten Haushaltstypen
4. Die ökonomische Lage der Familie	Die generelle ökonomische Lage		78	X	Familie mit Kindern nach monatlichem Nettoeinkommen der Bezugsperson
			79	X	Verheiratete Zusammenlebende in Familien nach dem Einkommen der Bezugsperson
			80	X	Ehepaare nach Beteiligung am Erwerbsleben und dem Einkommen des Ehepartners
			81		Einkommensschichtung der Familien 1981
			82		Regelsätze nach dem BSHG
			83	X	Monatliche Verbrauchsausgaben
			84	X	Monatliche Verbrauchsausgaben der unteren Verbrauchergruppe
	Die ökonomische Lage in spezifischen Lebensphasen		85	X	Geschiedene in Familien nach dem Einkommen der Bezugsperson
			86	X	Verwitwete in Familien nach dem Einkommen der Bezugsperson
			87		Durchschnittsbeträge der Altersruhegelder an Frauen
			88		Durchschnittsbeträge der Witwenrenten
			89	X	Personen mit gleichzeitigem Bezug einer Rente aus der Gesetzlichen Rentenversicherung und Sozialhilfe
5. Generatives Verhalten	Fruchtbarkeit		90	X	Anzahl der Lebendgeborenen, allg.Lebendge-Legitimität
			91	X	Allgemeine Fruchtbarkeitsziffer
			92	X	Die Nettoreproduktionsrate
			93	X	Altersspezifische Fruchtbarkeitsziffer nach Geburtskohorten 1927-1940
			94		Altersspezifische Fruchtbarkeitsziffer nach Geburtskohorten 1941-1970

Zielbereich	Zieldimension	Zielkomponente	Tab.Nr.	*)	Datensatz
		Timing	95	X	Ehelich Lebendgeborene nach der Lebendgeburtenfolge
			96	X	Zeitlicher Abstand der Geburten im Durchschnitt
			97	X	Durchschnittliche Ehedauer bei der Geburt ehelich lebendgeborener Kinder
			98	X	Ehedauerspezifische Geburtenziffer 1982
			99	X	Durchschnittliches Alter der Mütter in Jahren, bei der Geburt ihrer ehelich lebendgeborenen Kinder
6. Haushaltsstruktur	Mehrpersonenhaushalte		100	X	Privathaushalte, Haushaltsmitglieder, durchschnittliche Haushaltsgröße
			101	X	Anzahl der Mehrpersonenhaushalte
			102	X	Bevölkerung in Privathaushalten nach Altersgruppen
	Einpersonenhaushalte		103	X	Anteil der Einpersonenhaushalte an den Privathaushalten insgesamt
			104	X	Einpersonenhaushalte nach Altersgruppen und Geschlecht
			105	X	Quoten der Einpersonenhaushalte nach Altersgruppen und Geschlecht
			106	X	Einpersonenhaushalte nach Familienstand und Geschlecht
	Generationenhaushalte		107	X	Privathaushalte nach Generationen
7. Soziale Kontakte	Kontaktpotential und familiale Wohnstruktur		108		Ausstattung mit Kontaktmöglichkeiten
			109		Durchschnittliche Anzahl der Verwandten- und Bekanntenfamilien im Hamburger Stadtraum 1968
			110		Besuche bei Heimbewohnern
			111		Kontakte mit Verwandten, Freunden und Bekannten
			112		Wohnentfernung der über 65-jährigen zum nächstlebenden Kind
			113		Wohnentfernung zu den nächstlebenden Eltern
			114		Besuchsverkehr von in vier Hamburger Stadtteilen befragten Familien 1964
			115		Der Einfluß der Wohnlage, 1968
			116		Der Einfluß der Wohnlage auf die Häufigkeit der Besuche im innerstädtischen Verwandtenverkehr
			117		Gemeinsamer Haushalt oder Nähe auf Distanz?
			118		Bevorzugte Wohnformen für das Zusammenleben der Generationen
	Häufigkeit und Intensität sozialer Kontakte		119		Die Häufigkeit von Treffen mit Verwandten
			120		Besuche von und bei Verwandten, Freunden und Bekannten
			121		Regelmäßige familiäre Kontakte der älteren Generation
			122		Kontakte mit der Elterngeneration
			123		Durchschnittliche Zahl der generellen Kontakte
			124		Wunsch nach Kontaktveränderung
			125		Quantität der Kontakte
			126		Qualität der Kontakte
			127		Subjektive soziale Situation im bezug auf Kontakte

Zielbereich	Zieldimension	Zielkomponente	Tab.Nr.	*)	Datensatz
			128		Zeitverwendung und Themen bei Kontakten
			129		Die Intensität des Verwandten- und Bekanntenverkehrs
			130		Vertrauenspersonen älterer Menschen
		Intergenerative Hilfeleistungen	131		Hilfeleistungen für ältere Menschen in dringenden Fällen
			132		Personen, die in verschiedenen Lebensbereichen Hilfe leisten nach Hilfs-/Lebensbereich
			133		Beurteilung der Hilfe der jüngeren Generation
			134		Unterstützung durch die Elterngeneration
			135		Die Unterstützung privater Haushalte in Notfällen
			136		Hilfeleistungen in sozialen Netzwerken
			137		Die subjektive Beurteilung des Umfanges der erhaltenen Hilfe
			138		Die subjektive Bilanz von Unterstützung und Hilfe
			139		Kurzzeitige Betreuung von Kindern bei Abwesenheit der Mutter
			140		Kurzzeitige Betreuung von Kindern verschiedenen Alters durch Verwandte
			141		Der Aufenthaltsort des Kindes
		Struktur der Frauenerwerbstätigkeit	142	X	Bevölkerung nach Beteiligung am Erwerbsleben
			143	X	Erwerbspersonen nach Altersgruppen sowie Erwerbsquoten
			144	X	Weibliche Erwerbstätige
			145	X	Erwerbstätige Frauen im April 1982 nach Berufsgruppen
			146	X	Erwerbstätige im Juni 1985 nach Stellung im Beruf und Nettoeinkommensgruppen
		Erwerbsarbeitszeiten der Frauen	147	X	Erwerbstätige Frauen nach der normalerweise geleisteten Wochenarbeitszeit
			148	X	Verheiratete deutsche Frauen im April 1978 nach der Zahl der im Haushalt lebenden ledigen Kinder, der Ehedauer und der Beteiligung am Erwerbsleben
		Lebenszyklus und Erwerbstätigkeit von Frauen	149	X	Erwerbstätigenquote von Müttern nach Altersgruppen und Zahl der Kinder in der Familie
			150	X	Erwerbsbeteiligung der Mütter in den Beamten- und Angestelltenehen sowie in den Arbeiterehen nach dem Monats-Nettoeinkommen des Mannes 1981
			151		Ausgewählte Familienstrukturen der Eheschließungsjahrgänge 1961-65 nach dem Nettoeinkommen beider Ehegatten

X) Der amtlichen Statistik entnommen.

III. Orientierungsdaten im Zielbereich Familie

1. **Akzeptanz**
   1.1 **Erst-Ehen**
   Tabelle 1   Eheschließungen und allgemeine Eheschließungsziffern
   Tabelle 2   Durchschnittliches Heiratsalter Lediger
   Tabelle 3   Heiratsziffer Lediger, 1910/11, 1970, 1983 und 1985
   Tabelle 4   Die Bedeutung der Ehe
   Tabelle 5   Bevorzugtes Lebensmodell für Verheiratete
   Tabelle 6   Angenommener Stellenwert der Ehe für das Lebensgefühl
   Tabelle 7   Familie – Voraussetzung für individuelles Lebensglück?
   Tabelle 8   Gründe für die Heirat
   Tabelle 9   Einschätzung der Zukunft der Ehe
   Tabelle 10 Die Ehe – notwendig oder überlebt?

   1.2 **Ehelösungen und weitere Ehen**
   Tabelle 11 Anzahl der Ehelösungen und Verteilung nach Hauptursachen
   Tabelle 12 Verheiratetenquote, Scheidungsquote und Wiederverheiratungsquote Geschiedener
   Tabelle 13 Einstellung zur Scheidung

   1.3 **Nichteheliche Lebensformen**
   Tabelle 14 Anteil der Ledigen an der Gesamtbevölkerung
   Tabelle 15 Zahl der in einer nichtehelichen Lebensgemeinschaft lebenden Männer und Frauen nach Alter, 1972 und 1982
   Tabelle 16 Anzahl der in nichtehelichen Lebensgemeinschaften lebenden Personen nach Altersgruppen und Geschlechtsverteilung sowie Veränderungsraten seit 1972
   Tabelle 17 Verteilung nichtehelicher Lebensgemeinschaften 1983 nach dem Alter und Geschlecht
   Tabelle 18 Soziodemographische Grunddaten der unverheirateten Zusammenlebenden 1983 nach Heiratsabsicht
   Tabelle 19 Personen, die unverheiratet mit einem Partner zusammenleben
   Tabelle 20 Eheschließungsperspektive Unverheirateter
   Tabelle 21 Heiratsgründe und Lebensplanung von Paaren mit Heiratsabsicht
   Tabelle 22 Kinderwunsch der nicht-ehelich zusammenlebenden Paare

   1.4 **Vollständige Familien**
   Tabelle 23 Vollständige Familien nach der Anzahl der Kinder und Anteil vollständiger Familien nach der Anzahl der Kinder an den Ehepaaren insgesamt

Tabelle 24	Anzahl und Anteil kinderloser Ehepaare
Tabelle 25	Quote der nichtehelich-Lebendgeborenen
Tabelle 26	Stellenwert der Familie in verschiedenen Lebensphasen
Tabelle 27	Statements zum Leben mit Kindern
Tabelle 28	Einstellung zum Kind
Tabelle 29	Kinderwunsch
Tabelle 30	Die gewünschte Kinderzahl nach der Anzahl der bereits vorhandenen Kinder
Tabelle 31	Vorhandene Kinderzahl, Kinderwunsch und Normvorstellungen im generativen Bereich 1969
Tabelle 32	Ideale Kinderzahl
Tabelle 33	Motive für den Wunsch nach Kindern

1.5 Unvollständige Familien

Tabelle 34	Anzahl der unvollständigen Familien, mit Kindern und nach der Ordnungsnummer der Kinder

Tabelle 1:

Eheschließungen und allgemeine Eheschließungsziffern

Jahr	Anzahl	Ziffer
Reichsgebiet		
1842	278.023	8,3
1852	274.404	7,7
1862	312.247	8,1
1872	423.900	10,3
1882	350.457	7,7
1892	398.775	7,9
1902	457.208	7,9
1912	523.491	7,9
1922	681.891	11,1
1932	509.597	7,9
1942	525.459	7,4
Bundesgebiet		
1952	483.358	9,5
1962	530.640	9,3
1970	444.510	7,3
1971	431.823	7,0
1972	415.132	6,7
1973	394.603	6,4
1974	377.265	6,1
1975	386.681	6,3
1976	365.728	5,9
1977	358.487	5,8
1978	328.215	5,4
1979	344.823	5,6
1980	362.408	5,9
1981	359.658	5,8
1982	361.966	5,9
1983	369.963	6,0
1984	364.140	5,9
1985	364.661	6,0
1986 *)	372.008	6,1

*) Vorläufiges Ergebnis

Quelle: Statistisches Bundesamt, Wiesbaden (Hg.):
- Bevölkerung und Wirtschaft 1872-1972, S.101-103;
- Fachserie 1 Bevölkerung und Erwerbstätigkeit, Reihe 1 Gebiet und Bevölkerung, 1982, S.32;
- Statistisches Jahrbuch 1987, S. 70.

Tabelle 2:

Durchschnittliches Heiratsalter Lediger

Jahr	Männer	Frauen
Reichsgebiet		
1912	27,4	24,7
1922	27,9	25,3
1932	27,5	25,3
1938 *)	28,8	26,2
Bundesgebiet		
1952	27,6	25,1
1962	25,8	23,7
1970	25,6	23,0
1971	25,5	22,9
1972	25,5	22,9
1973	25,5	22,9
1974	25,6	22,9
1975	25,3	22,7
1976	25,6	22,9
1977	25,7	22,9
1978	25,9	23,1
1979	26,0	23,2
1980	26,1	23,4
1981	26,3	23,6
1982	26,6	23,8
1983	26,9	24,1
1984	27,0	24,4
1985	27,2	24,6

*) Gebietsstand 31.12.1937

Quelle: Statistisches Bundesamt, Wiesbaden (Hg.):
- Bevölkerung und Wirtschaft 1872-1972, S. 105
- Fachserie 1 Bevölkerung und Erwerbstätigkeit, Reihe 1 Gebiet und Bevölkerung, 1982, S. 59
- Statistisches Jahrbuch 1987, S. 71.

Tabelle 3:

Heiratsziffer Lediger 1910/11, 1970, 1983 und 1985

Alter von... bis unter... Jahren	1910/11 Männer	1910/11 Frauen	1970 Männer	1970 Frauen	1983 Männer	1983 Frauen	1985 Männer	1985 Frauen
unter 16	-	0	-	1	-	0	-	1
- 17	-	2	-	17	-	2	-	2
- 18	0	7	0	50	0	6	0	4
- 19	0	21	9	112	3	30	2	22
- 20	1	45	33	166	12	46	8	34
- 21	4	75	56	206	24	70	18	54
- 22	25	116	145	286	36	91	30	74
- 23	60	140	147	269	50	106	41	92
- 24	98	162	172	258	68	118	56	106
- 25	138	175	189	248	80	123	70	114
- 26	163	174	181	217	91	122	83	118
- 27	169	165	185	204	97	114	91	115
- 28	176	155	178	173	98	104	95	107
- 29	167	133	153	141	92	90	90	96
- 30	165	124	143	128	88	79	88	88
- 31	148	101	123	105	81	70	79	72
- 32	142	87	109	92	72	60	71	62
- 33	124	73	94	76	62	53	63	52
- 34	112	63	77	65	53	49	55	47
- 35	98	52	68	57	47	43	47	40
- 40	71	38	47	38	34	28	32	29
- 45	34	18	28	20	20	14	18	14
- 50	18	10	17	13	11	9	11	9
- 55	9	5	11	8	7	6	6	6
- 60	5	2	6	4	6	3	4	3
- 65	0	0	5	2	5	2	3	2
- 70	0	0	3	1	3	1	2	1
70 und älter	0	0	0	0	2	0	0	0

Quelle: Statistisches Bundesamt Wiesbaden (Hg.):
- Statistisches Jahrbuch 1987, S.72;
- Fachserie 1 Bevölkerung und Erwerbstätigkeit Reihe 1 Gebiet und Bevölkerung, 1982, S.55.

Tabelle 4:

Die Bedeutung der Ehe*), (1975 in %)

	Bevölkerung insgesamt	Frauen	Männer
wichtig	35	40	45
nicht so wichtig	49	44	40
weiß nicht/ keine Angabe	16	16	15

*) Antwortverteilung auf die Frage "Ist es heutzutage wichtig, verheiratet zu sein, oder ist das nicht der Fall?"

Quelle: BMJFG (Hg.): Die "Rolle des Mannnes" und ihr Einfluß auf die Wahlmöglichkeiten der Frau, Stuttgart 1976, S.98.

Tabelle 5:

Bevorzugtes Lebensmodell für Verheiratete ("Welche Möglichkeit des Lebens erscheint Ihnen am attraktivsten?") (1980)

	% (n = 141)
Heiraten	60
Heiraten, aber nur, wenn man längere Zeit zusammengelebt hat	36
Prinzipiell ohne Trauschein zusammenleben	1
Überhaupt selbständig und unabhängig bleiben	4

Quelle: Habermehl, W.; Schulz, W.: Ehe und Familie in Österreich und in der Bundesrepublik Deutschland - Ein Ländervergleich, in: Kölner Zeitschrift für Soziologie und Sozialpsychologie, 1982, S. 743.

Tabelle 6:

Angenommener Stellenwert der Ehe für das Lebensgefühl 1)

Frage: "Glauben Sie, daß ein Mann bzw. eine Frau verheiratet sein muß, um wirklich glücklich zu leben, oder halten Sie das nicht für so wichtig?"

	verheiratete Männer			verheiratete Frauen		
	1949 %	1963 %	1976 %	1949 %	1963 %	1976 %
Nicht so wichtig	34	29	45	41	41	57
Man muß verheir. sein	57	58	42	51	45	29
Unentschieden	9	13	13	8	14	14
	---	---	---	---	---	---
	100	100	100	100	100	100

1) Bundesgebiet mit West-Berlin, verheiratete Männer und Frauen

Quelle: MAGS (BW) (Hg.): Einstellungen zu Ehe und Familie im Wandel der Zeit, Stuttgart 1985, S. 138.

Tabelle 7:

Familie – Voraussetzung für individuelles Lebensglück[1]?

FRAGE: "Glauben Sie, daß man eine Familie braucht, um wirklich glücklich zu sein
– oder glauben Sie, man kann allein genauso glücklich leben?"

	Bevölkerung von 18 bis 79 Jahren insgesamt	
	1953 %	1979 %
Man braucht eine Familie	78	73
Allein kann man genauso glücklich leben	14	16
Allein kann man glücklicher sein	1	1
Unentschieden	7	10
	100	100

1) Bundesgebiet mit Westberlin
Bevölkerung von 18 bis 79 Jahren

Quelle: MAGS (BW) (Hg.):
Einstellungen zu Ehe und Familie
im Wandel der Zeit, Stuttgart 1985, S. 5.

Tabelle 8:

Gründe für die Heirat [1)]

FRAGE: "Der genaue Zeitpunkt, wann jemand heiratet, hängt ja nicht nur davon ab, ob man sich liebt, sondern da spielt auch noch anderes mit. Was hat für Sie alles eine Rolle gespielt, als Sie den Entschluß faßten: Jetzt heiraten wir. Können Sie es nach dieser Liste hier sagen?"
(Vorlage einer Liste)

Verheiratete insgesamt

%

Wir wollten einfach verheiratet sein	53
Weil alles seine Ordnung haben sollte	26
Nachdem wir finanziell von den Eltern unabhängig waren	22
Nachdem wir eine Wohnung gefunden hatten	21
Weil wir ein Kind haben wollten	19
Weil ein Kind unterwegs war, weil wir ein Kind hatten	18
Um mich von meinen Eltern zu lösen	13
Nachdem die Eltern damit einverstanden waren	12
Nach der Ausbildung	11
Nachdem ich eine Stellung bekommen hatte	9
Weil mein(e) Partner(in) darauf drängte	7
Weil die Eltern das wollten	6
Wegen der steuerlichen Erleichterungen	5
Aus finanziellen Gründen	5
Nachdem mein(e) Partner(in) eine Stellung bekommen hatte	5
Weil wir sonst keine Wohnung bekommen hätten	4
	236
Unmöglich zu sagen	7

1) Baden-Württemberg, Verheiratete

Quelle: MAGS (BW) (Hg.):
Einstellungen zu Ehe und Familie im Wandel der Zeit; Stuttgart 1985, S.145.

Tabelle 9:

Einschätzung der Zukunft der Ehe ("Ich bin der Meinung, daß die gesellschaftliche Entwicklung der Ehe dahin geht, daß sich die Ehe auflöst.") (1980)

Bundesrepublik (n = 198)
stimmt   stimmt nicht
30 %   70 %

Quelle: Habermehl, W.; Schulz, W.: Ehe und Familie in Österreich und in der Bundesrepublik Deutschland - Ein Ländervergleich, in: Kölner Zeitschrift für Soziologie und Sozialpsychologie, 1982, S.743.

Tabelle 10:

Die Ehe - notwendig oder überlebt?

FRAGE: "Halten Sie die Einrichtung der Ehe grundsätzlich für notwendig oder für überlebt?"

1963 – Frauen – Im Alter von –

	Insgesamt	unter 25 Jahren	25-44 Jahren	45-59 Jahren	60 Jahren und älter
	%	%	%	%	%
Notwendig	92	86	92	91	96
Überlebt	2	x	2	3	x
Unentschieden	6	14	6	6	4
	100	100	100	100	100

1978 – Frauen – Im Alter von –

	Insgesamt	unter 25 Jahren	25-44 Jahren	45-59 Jahren	60 Jahren und älter
	%	%	%	%	%
Notwendig	61	38	50	67	85
Überlebt	17	37	19	12	5
Unentschieden	22	25	31	21	10
	100	100	100	100	100

FRAGE: "Halten Sie die Einrichtung der Ehe grundsätzlich für notwendig oder für überlebt?"

1963 – Männer – Im Alter von –

	Insgesamt	unter 25 Jahren	25-44 Jahren	45-59 Jahren	60 Jahren und älter
	%	%	%	%	%
Notwendig	86	81	90	84	88
Überlebt	4	5	3	6	4
Unentschieden	10	14	7	10	8
	100	100	100	100	100

1978 – Männer – Im Alter von –

	Insgesamt	unter 25 Jahren	25-44 Jahren	45-59 Jahren	60 Jahren und älter
	%	%	%	%	%
Notwendig	60	30	59	71	81
Überlebt	17	30	19	11	6
Unentschieden	23	40	22	18	13
	100	100	100	100	100

Quelle: MAGS (BW) (Hg.):
Einstellungen zu Ehe und Familie im
Wandel der Zeit; Stuttgart 1985, S. 136/137

Tabelle 11:

Anzahl der Ehelösungen und Verteilung nach Hauptursachen

Jahr	Ehelösungen Zusammen Anzahl	1) Davon durch Tod insgesamt Anzahl	des Mannes Anzahl	2) %	der Frau Anzahl	2) %	Scheidung Anzahl	2) %
1950	304.337	219.597	139.274	45,8	80.323	26,4	84.740	27,8
1960	343.849	294.528	202.401	58,9	92.127	26,8	48.874	14,3
1965	375.110	316.071	221.390	59,0	94.681	25,2	58.728	15,7
1970	413.575	336.864	238.390	57,6	98.474	23,8	76.520	18,5
1971	413.720	333.101	236.486	57,2	96.612	23,4	80.444	19,4
1972	419.702	332.968	237.156	56,5	95.812	22,8	86.614	20,6
1973	421.739	331.448	236.467	56,1	94.981	22,5	90.164	21,4
1974	426.482	327.788	233.471	54,7	94.314	22,1	98.584	23,1
1975	442.257	335.325	239.804	54,2	95.521	21,6	106.829	24,2
1976	434.902	326.539	233.649	53,7	92.890	21,4	108.258	24,9
1977	388.838	314.092	225.218	57,9	88.874	22,9	74.658	19,2
1978	352.242	319.664	230.243	65,4	86.421	25,4	32.462	9,2
1979	393.664	314.062	225.209	57,2	88.853	22,6	79.490	20,2
1980	408.263	311.912	224.792	55,1	87.120	21,3	96.222	23,6
1981	422.865	313.220	225.841	53,4	87.379	20,7	109.520	25,9
1982	429.026	310.417	223.071	52,0	87.346	20,4	118.483	27,6
1983	428.954	307.637	221.649	51,7	85.988	20,0	121.317	28,3
1984	428.449	297.705	215.009	50,2	82.696	19,3	130.744	30,5
1985	425.666	297.542	214.766	50,5	82.776	19,4	128.124	30,1

1) Einschl. Aufhebungen und Nichtigkeitserklärungen.
2) In % aller Ehelösungen.

Quellen: Demographische Fakten und Trends in der Bundesrepublik Deutschland, in: Zeitschrift für Bevölkerungswissenschaft, Heft 3/1984, S. 352.
Statistisches Bundesamt, Wiesbaden (Hg.), Statistische Jahrbücher, verschiedene Jahrgänge.
Eigene Berechnungen.

Tabelle 12:

Verheiratetenquote, Scheidungsquote und
Wiederverheiratungsquote Geschiedener (je 1000)

Jahr	Verheirate- tenquote *)	Scheidungs- quote	Wiederver- heiratungs- quote Geschiedener
1950	455,0	6,75	169,0
1960	470,5	3,50	-
1965	495,0	3,92	92,3
1970	501,5	5,09	85,6
1971	500,1	5,17	76,2
1972	499,6	5,51	73,6
1973	499,3	5,73	71,5
1974	497,4	6,24	71,0
1975	495,7	6,74	70,3
1976	493,3	6,88	70,2
1977	493,6	4,77	69,8
1978	493,4	2,08	60,5
1979	491,9	5,10	64,3
1980	490,1	6,13	66,3
1981	488,2	7,23	65,8
1982	486,5	7,84	66,2
1983	485,5	8,06	67,3
1984	483,8	8,71	64,9
1985	482,2	8,61	62,3

*) am Jahresende

Quelle: Statistisches Bundesamt Wiesbaden (Hg.):
- Bevölkerung und Wirtschaft 1872-1972;
- Statistische Jahrbücher, verschiedene Jahrgänge;
Eigene Berechnungen.

Tabelle 13:

Einstellung zur Scheidung ("Wenn es in einer Ehe, in der Kinder vorhanden sind, viel Streit gibt, soll man sich da eher scheiden lassen, oder soll man versuchen, die Ehe auf jeden Fall aufrechtzuerhalten?")
Basis: Verheiratete

	scheiden %	aufrecht-erhalten %	(n)
Total	47	53	(345)
Familienzyklus			
Kind unter 6 Jahren	54	46	(26)
Kind zwischen 6 und 14 Jahren	36	64	(39)
Kind älter als 14 Jahre	43	57	(51)

Quelle: Habermehl, W.; Schulz, W.: Ehe und Familie in Österreich und in der Bundesrepublik Deutschland - Ein Ländervergleich, in: Kölner Zeitschrift für Soziologie und Sozialpsychologie, 1982, S.737.

Tabelle 14:

Anteil der Ledigen an der Gesamtbevölkerung (in %)

Jahr	insgesamt	männlich	weiblich
Reichsgebiet			
1871	60,6	62,4	58,8
1880	60,0	62,1	58,1
1890	60,0	62,2	57,9
1900	59,5	61,7	57,4
1910	58,7	60,9	56,5
1925	52,9	54,6	51,3
1933	49,2	51,2	47,4
Bundesgebiet			
1950 *)	44,7	47,3	42,5
1961	40,9	44,1	38,1
1970	39,6	43,2	36,4
1971	39,5	43,1	36,1
1972	39,4	43,1	36,0
1973	39,3	43,2	35,8
1974	39,4	43,3	35,8
1975	39,2	43,3	35,6
1976	39,2	43,4	35,5
1977	39,2	43,5	35,4
1978	39,3	43,7	35,4
1979	39,5	43,8	35,4
1980	39,6	44,0	35,4
1981	39,6	44,2	35,4
1982	39,5	44,2	35,3
1983	39,5	44,2	35,3
1984	39,5	44,2	35,1
1985	39,5	44,3	35,1

*) Saarland: 14.11.1951.

Quelle: Statistisches Bundesamt Wiesbaden (Hg.):
- Bevölkerung und Wirtschaft 1872-1972;
- Statistische Jahrbücher, verschiedene Jahrgänge;
Eigene Berechnungen.

Tabelle 15:

Zahl der in einer nichtehelichen Lebensgemeinschaft
lebenden Männer und Frauen nach Alter, 1972 und 1982

Alter	Ge-schlecht	1972 Anzahl	1972 Anteil a.d. Bevölk. in %	1982 Anzahl	1982 Anteil a.d. Bevölk. in %
18-35	m	40.700	0,5	324.400	3,8
	w	40.800	0,5	348.800	4,4
36-56	m	30.900	0,4	115.400	1,4
	w	42.300	0,6	91.400	1,1
56 u.älter	m	64.900	1,1	75.700	1,4
	w	53.400	0,6	75.300	0,8
insgesamt	m	136.500	0,2	515.500	0,8
	w	136.500	0,2	515.500	0,8

Quelle: Schwarz, K.; Höhn, Ch.: Weniger Kinder – weniger Ehen – weniger Zukunft?, Ottweiler 1985, S.77.

Tabelle 16:

Anzahl der in nichtehelichen Lebensgemeinschaften lebenden Personen nach Altersgruppen und Geschlechtsverteilung sowie Veränderungsraten seit 1972

Jahr	1972 Anzahl	Veränd.	1978 Anzahl	Veränd.	1982 Anzahl	Veränd.
insgesamt	273.000		696.400		1.032.100	
davon						
ohne Kinder	222.800	100	595.400	+167	889.200	+299
mit Kinder	25.100	100	50.500	+101	70.900	+182
Anteil derer mit Kindern in %	18		15		14	

ohne Kinder:	Anteil		Anteil		Anteil	
18-35 Jahre m	29	100	59		66	
w	30	100	63		71	

davon:

18-25 Jahre m	14	100	31	+495	31	+804
w	19	100	46	+530	50	+940
26-35 " m	15	100	28	+400	35	+816
w	11	100	17	+372	21	+728
36-55 " m	19	100	18	+150	18	+273
w	26	100	15	+ 50	13	+100
56 u.älter m	52	100	23	+ 16	16	+ 12
w	44	100	22	+ 31	16	+ 43

Quelle: BMJFG (Hg.): Nichteheliche Lebensgemeinschaften in der Bundesrepublik Deutschland, Stuttgart 1985.

Tabelle 17:

Verteilung nichtehelicher Lebensgemeinschaften 1983
nach dem Alter und Geschlecht

Altersgruppen in Jahren	Männer in %	Frauen in %
18-24	34	49
25-29	32	20
30-39	21	16
40-59	9	10
60 und älter	4	5

Quelle: BMJFG (Hg.): Nichteheliche Lebensgemeinschaften in der Bundesrepublik Deutschland, Stuttgart 1985, S. 26.

Tabelle 18:

Soziodemographische Grunddaten der unverheirateten Zusammenlebenden 1983 nach Heiratsabsicht (in %)

	insgesamt	feste HA	H unklar	keine HA	grunds. Ablehnung
Grundgesamtheit n=	1.279	418	482	362	115
Geschlecht					
Männer	50	48	51	48	62
Frauen	50	52	49	52	38
Alter					
18-24 Jahre	35	49	38	17	21
25-29 Jahre	26	33	27	17	26
30-39 Jahre	21	13	24	25	26
40-59 Jahre	12	4	10	25	20
60 u.älter	5	0	0	17	7
Dauer der Partnerschaft					
bis 1 Jahr	15	12	18	15	19
1-3 Jahre	41	46	45	31	30
über 3 Jahre	42	40	35	52	47
Scheidungserfahrungen					
keiner der Partner	81	90	84	70	76
Kinder					
aus früherer Partnerschaft	25	14	22	43	37
aus gegenwärtiger Partnerschaft	5	3	6	5	4
keine Kinder	69	81	71	52	59

Quelle: BMJFG (Hg.): Nichteheliche Lebensgemeinschaften in der Bundesrepublik Deutschland, Stuttgart 1985, S.35.

Tabelle 19:

Personen, die unverheiratet mit einem
Partner zusammenleben

	insgesamt %
Es leben mit ihrem jetzigen Partner zusammen seit	
weniger als einem Jahr	9
1 bis unter 3 Jahren	40
3 bis unter 5 Jahren	21
5 bis unter 10 Jahren	17
10 Jahren und länger	7
keine Angabe	6

Quelle: MAGS (BW) (Hg.): Einstellung
zu Ehe und Familie im Wandel
der Zeit, Stuttgart 1985,
S. 143.

Tabelle 20:

Eheschließungsperspektive Unverheirateter[1]

FRAGE: "Können Sie sich vorstellen, daß Sie einmal heiraten werden?"

	insgesamt	Befragte, die mit einem Partner zusammenleben -				Männer im Alter von -		Frauen im Alter von -	
		im Alter von -							
		14-24 Jahren	25-39 Jahren	40-54 Jahren	55 Jahren und älter	14-24 Jahren	25-39 Jahren	14-24 Jahren	25-39 Jahren
	%	%	%	%	%	%	%	%	%
Ja	71	96	67	60	29	100	74	94	60
Nein	29	4	33	40	71	x	26	6	40
	100	100	100	100	100	100	100	100	100

1) Baden-Württemberg
   Befragte, die mit einem Partner zusammenleben.

Quelle: MAGS (BW) (Hg.):
Einstellungen zu Ehe und Familie im
Wandel der Zeit; Stuttgart 1985,
Tabelle A 22.

Tabelle 21:

Heiratsgründe und Lebensplanung von Paaren
mit Heiratsabsicht

Heiratsgründe
Kinder und ein richtiges Familienleben	53 %
Stärkung des Zusammengehörigkeitsgefühls	30 %
Berufliche Absicherung (Ausbildung abgeschlossen)	27 %
Finanzielle Absicherung (Arbeitsplatz gesichert)	18 %
Wichtigste Anschaffungen	16 %
Geeignete Wohnung	12 %
Finanzielle Vorteile	27 %

Lebensplanung
Eine Heirat soll stattfinden
- innerhalb von 3 Jahren	52 %
- längerfristiger Termin	11 %
- unklar	33 %

Quelle: BMJFG (Hg.):Nichteheliche Lebensgemeinschaften
in der Bundesrepublik Deutschland, Stuttgart
1985, S.37/38.

Tabelle 22:

Kinderwunsch der nicht-ehelich zusammenlebenden Paare
(insb. Frauen)

	Männer	Frauen
insgesamt	39 %	43 %
nach Einschätzung des Partners	35 %	40 %

von <u>Frauen</u>:

nach Altersgrupppen bis einschließl. 40 Jahre	49 %
18-24 Jahre	59 %
25-29 "	47 %
30-40 "	25 %
nach Heiratseinstellung	
Heirat beabsichtigt	79 %
Heirat ungeklärt	44 %
Heirat abgelehnt	17 %
nach Anzahl der gewünschten Kinder	
1 Kind	10 %
2 Kinder	50 %
3 Kinder	24 %
mehr als 3 Kinder	8 %
keine Angabe/weiß nicht	8 %

Quelle: BMJFG (Hg.): Nichteheliche Lebensgemeinschaften in der Bundesrepublik Deutschland, Stuttgart 1985, S.73/74.

Tabelle 23:

Vollständige Familien nach der Anzahl der Kinder
(in 1.000)

Jahr	vollständige Familien insgesamt	davon mit 1. Kind	2. Kinder	3. Kinder	4. und weitere Kinder
1961	8.871	4.098	2.904	1.174	696
1968	9.313	3.947	3.174	1.373	819
1970	9.376	3.983	3.212	1.354	826
1971	9.648	4.041	3.360	1.424	823
1972	9.695	4.071	3.364	1.444	817
1973	9.804	4.126	3.414	1.454	810
1974	9.634	4.091	3.376	1.388	779
1975	9.577	3.999	3.449	1.376	754
1976	9.431	3.958	3.422	1.337	714
1977	9.445	4.014	3.429	1.322	681
1978	9.363	3.982	3.456	1.287	640
1979	9.278	3.937	3.456	1.285	600
1980	9.295	3.975	3.502	1.254	563
1981	9.264	3.965	3.519	1.248	531
1982	9.193	4.015	3.497	1.188	493
1985	8.635	3.990	3.305	1.003	337

Anteil vollständiger Familien nach der Anzahl der Kinder an den Ehepaaren insgesamt in %

Jahr	Ehepaare insgesamt	davon mit 1. Kind	2. Kinder	3. Kinder	4. und mehr Kinder
1961	13.493	30,4	21,5	8,7	5,2
1968	14.819	26,6	21,4	9,3	5,5
1970	14.632	27,2	22,0	9,3	5,6
1971	15.089	26,8	22,3	9,4	5,5
1972	15.400	26,4	21,8	9,4	5,3
1973	15.572	26,5	21,9	9,3	5,2
1974	15.492	26,4	21,8	9,0	5,0
1975	15.410	26,0	22,4	8,9	4,9
1976	15.255	25,9	22,4	8,8	4,7
1977	15.256	26,3	22,5	8,7	4,5
1978	15.138	26,3	22,8	8,5	4,2
1979	15.088	26,1	22,9	8,5	4,0
1980	15.189	26,2	23,0	8,3	3,7
1981	15.163	26,1	23,2	8,2	3,5
1982	15.117	26,6	23,1	7,9	3,3
1985	14.799	27,0	22,3	6,8	2,3

Quelle: Statistisches Bundesamt, Wiesbaden (Hg.),
Fachserie 1 Bevölkerung und Erwerbstätigkeit
Reihe 3 Haushalte und Familien, 1982, S.140/1.
Eigene Berechnungen.
Daten für 1985 nachrichtlich vom Statistischen
Bundesamt, Wiesbaden.

Tabelle 24:

Anzahl und Anteil kinderloser Ehepaare (in 1000)

Jahr	Ehepaare insgesamt	davon ohne Kinder	%
1957	12.921	4.357	33,7
1961	13.493	4.622	34,3
1970	14.632	5.256	35,9
1971	15.089	5.441	36,1
1972	15.400	5.705	37,0
1973	15.572	5.768	37,0
1974	15.492	5.858	37,8
1975	15.410	5.833	37,0
1976	15.255	5.823	38,2
1977	15.256	5.811	38,1
1978	15.138	5.775	38,1
1979	15.088	5.810	38,5
1980	15.189	5.894	38,8
1981	15.163	5.899	38,9
1982	15.117	5.924	39,2
1985	14.799	6.164	41,7

Quelle: Statistisches Bundesamt, Wiesbaden (Hg.): Fachserie 1, Bevölkerung und Erwerbstätigkeit, Reihe 3, Haushalte und Familien, 1982, S.140;
Eigene Berechnungen.
Daten für 1985 nachrichtlich vom Statistischen Bundesamt, Wiesbaden.

Tabelle 25:

Quote der nichtehelich Lebendgeborenen

Jahr	Quote
Reichsgebiet	
1872	88
1882	92
1892	–
1902	84
1912	94
1922	106
1932	116
Bundesgebiet	
1938	66
1952	90,3
1957	71,9
1961	59,5
1962	55,6
1970	54,6
1971	58,1
1972	60,5
1973	62,7
1974	62,7
1975	61,2
1976	63,5
1977	64,7
1978	69,6
1979	71,3
1980	75,6
1981	79,0
1982	84,9
1983	88,3
1984	90,7
1985	94,0
1986 *)	95,5

*) Vorläufiges Ergebnis

Quelle: Statistisches Bundesamt, Wiesbaden (Hg.):
- Fachserie 1, Bevölkerung und Erwerbstätigkeit, Reihe 1, Gebiet und Bevölkerung, 1982, S.32,
- Bevölkerung und Wirtschaft 1872-1972, S.107/8,
- Statistisches Jahrbuch 1987, S.70.

Tabelle 26:

Stellenwert der Familie in verschiedenen
Lebensphasen 1)

Junge Singles	Junge Paare ohne Kinder	Lebensphasen Junge Familie	Familie mit älteren Kindern	Älteres alleinlebendes Ehepaar	Ältere Alleinstehende
%	%	%	%	%	%
47	68	94	93	85	41

1) Baden-Württemberg, Bevölkerung von 14 bis 65 Jahren

Quelle: MAGS (BW) (Hg.): Einstellung zu Ehe und Familie
im Wandel der Zeit, Stuttgart 1985, S. 24.

Tabelle 27:

Tabelle 3: Statements zum Leben mit Kindern

Frage: Gleich lese ich Ihnen einige Aussagen junger Leute zu unterschiedlichen Lebensbereichen vor. Sagen Sie mir bitte anhand dieser Liste, ob Sie den Aussagen zustimmen oder diese ablehnen. Sie können zwischen +3 „stimme voll und ganz zu" und −3 „stimme überhaupt nicht zu" wählen. Mit den Werten dazwischen können Sie Ihr Urteil abstufen.

		stimme voll und ganz zu				stimme überhaupt nicht zu		keine Angabe	Total Ø
		+3	+2	+1	0	−1	−2	−3	
		%	%	%	%	%	%	%	%
„Ich möchte Kinder haben und ein glückliches Familienleben führen"	1985	33	21	17	16	4	3	5	2	+1,4
	1983	32	22	17	17	4	3	4	3	+1,4
„Wer heute noch Kinder in die Welt setzt, handelt verantwortungslos"	1985	2	5	7	14	10	18	42	1	−1,5
	1983	3	3	9	18	15	20	29	2	−1,2

Quelle: BMBW (Hg.): Werthaltungen, Zukunfts-
erwartungen und bildungspolitische
Vorstellungen der Jugend 1985;
Bad Honnef 1985, S. 9.

Tabelle 28:

Einstellung zum Kind ("Können Sie sich vorstellen, auch ohne Kinder ein glückliches Leben zu führen oder ist das für Sie unvorstellbar?").
Basis: Verheiratete

	auch ohne Kinder glücklich %	ohne Kinder unvorstellbar %	(n)
Total	58	42	(352)
Familienzyklus			
Kind unter 6 Jahren	46	54	(26)
Kind zwischen 6 und 14 Jahren	50	50	(42)
Kind älter als 14 Jahre	39	61	(52)

Quelle: Habermehl, W.; Schulz, W.: Ehe und Familie in Österreich und in der Bundesrepublik Deutschland - Ein Ländervergleich, in: Kölner Zeitschrift für Soziologie und Sozialpsychologie, 1982, S.739.

Tabelle 29:

Kinderwunsch ("Wie viele Kinder hätten sie insgesamt gewollt?"),
Basis: Verheiratete

Anzahl	%	(n)
0	9	(50)
1	15	(84)
2	52	(288)
3	19	(103)
4 und mehr	6	(31)

Quelle: Habermehl, W.; Schulz, W.: Ehe und Familie in Österreich und in der Bundesrepublik Deutschland - Ein Ländervergleich, in: Kölner Zeitschrift für Soziologie und Sozialpsychologie, 1982, S.741.

Tabelle 30:

Die gewünschte (= in der Ehe erwartete) Kinderzahl nach der Anzahl der bereits vorhandenen Kinder (in %)

Gewünschte (= erwartete) Kinderzahl	Vorhandene Kinderzahl						%
	0	1	2	3	4	5 u. m.	
0	12,6	1,3	0,8	1,7	3,1	14,6	3,4
1	5,8	33,4	0,6	0,3	1,6	2,9	8,2
2	52,7	51,2	79,6	2,9	0,8	5,3	41,6
3	22,1	12,3	15,3	88,2	1,9	2,3	30,2
4	5,4	1,8	2,9	5,8	89,1	2,9	11,4
5 u. m.	1,4	–	0,8	1,1	3,5	72,0	5,2
N = 100 %	294	607	873	659	257	171	2861

Quelle: Jürgens, H.W.; Pohl, K.: Kinderzahl – Wunsch
und Wirklichkeit; Stuttgart 1975, S. 36

Tabelle 31:

Vorhandene Kinderzahl, Kinderwunsch und Normvorstellungen
im generativen Bereich 1969

Kinderzahl	Vorhanden	Gewünscht (=erwart.)	Indiv. Ideal	Normvorstellung.	große Familie
0	10,5	3,6	1,9	–	–
1	21,4	8,2	5,3	2,6	1,4
2	30,0	41,5	53,9	65,4	0,8
3	22,9	30,1	25,4	27,6	5,3
4	9,1	11,3	9,4	2,8	33,7
5 u.mehr	6,1	5,3	4,1	1,6	58,8
n = 100 %	2.955	2.870	2.703	2.911	

Quelle: Jürgens, H.-W.; Pohl, K.: Kinderzahl - Wunsch
und Wirklichkeit, Stuttgart 1975, S.42.

Tabelle 32:

Ideale Kinderzahl 1)

Frage: "Was betrachten Sie heute als die ideale Größe einer Familie: Vater, Mutter und wieviel Kinder?" 2)

	1953 %	1966 %	1976 %	1981 %	1984 %
1 Kind	11	9	11	12	9
2 Kinder	50	52	61	59	64
3 Kinder	23	26	19	18	19
4 Kinder	9	9	3	4	5
5 und mehr Kinder	2	2	1	1	1
keine Kinder	5	2	5	6	2
	100	100	100	100	100

1) Bundesgebiet mit West-Berlin, Bevölkerung ab 16 Jahre.
2) 1953: Bevölkerung ab 18 Jahre.

Quelle: MAGS (BW) (Hg.): Einstellung zu Ehe und Familie im Wandel der Zeit, Stuttgart 1985, S.162.

Tabelle 33:

Motive für den Wunsch nach Kindern

Motive [1]	insge-samt	Männer	Frauen	Gruppe [2] I	II	III	IV
Freude an Kindern	76			82	84	62	85
Kinder geben dem Leben Inhalt	32				33	34	46
Kinder "gehören einfach dazu"	35						
durch Kinder jung bleiben	25						
in den Kindern weiterleben	11	13	8				
um im Alter nicht allein zu bleiben	13						
Fortbestehen der Familie		11	4				
bereits vorhandenen Kindern Geschwister zu geben	10	17	9	14	19	14	

1) Mehrfachnennungen möglich
2) Gruppe I: Junge, noch nicht verheiratete Paare.
   "   II: Junge, noch kinderlose Ehepaare.
   "   III: Familien mit ein bis zwei Kindern.
   "   IV: Familien mit drei und mehr Kindern.

Quelle: Toman, W.: Faktoren der Bevölkerungsentwicklung - Ursachen und Beweggründe für den Kinderwunsch -, Erlangen-Nürnberg 1977, S. 19-21.

Tabelle 34:

Anzahl der unvollständigen Familien, mit Kindern und nach der Ordnungsnummer der Kinder (in 1000)

Jahr	Familien insges.	unvollst. Familien	davon mit Kindern	davon mit 1 Kind	mit 2 Kindern	mit 3 Kindern	mit 4 u.mehr Kindern
1957	18.716	5.795	2.046	1.290	497	183	74
1961	19.845	6.352	2.049	1.370	468	146	66
1970	21.219	6.588	1.563	1.083	313	104	64
1971	22.040	6.951	1.489	1.027	300	101	62
1972	22.405	7.005	1.471	1.010	302	98	61
1973	22.640	7.069	1.502	1.022	316	100	66
1974	22.493	7.002	1.460	990	310	98	62
1975	22.350	6.940	1.445	968	303	110	58
1976	22.377	7.122	1.457	980	309	107	61
1977	22.403	7.147	1.471	983	322	105	61
1978	22.431	7.293	1.516	1.014	333	111	58
1979	22.526	7.438	1.538	1.029	337	112	59
1980	22.680	7.491	1.566	1.048	352	111	56
1981	22.772	7.610	1.613	1.078	369	115	51
1982	22.882	7.765	1.658	1.116	384	109	51
1985	23.153	8.354	1.760	1.242	391	95	33

Quelle: Statistisches Bundesamt, Wiesbaden (Hg.):
– Fachserie 1 Bevölkerung und Erwerbstätigkeit, Reihe 3 Haushalte und Familien, 1982, S.140/1; Eigene Berechnungen; Daten für 1985 nachrichtlich vom Statistischen Bundesamt, Wiesbaden.

2. Stabilität in zeitlicher Dimension
2.1 Demographische Entwicklung

Tabelle 35 Wohnbevölkerung der Bundesrepublik Deutschland im Jahresdurchschnitt
Tabelle 36 Altersaufbau in 5er Kohorten
Tabelle 37 Anteile der Wohnbevölkerung nach Familienstand, Altersgruppen und Geschlecht
Tabelle 38 Durchschnittliche fernere Lebenserwartung im Alter X in Jahren
Tabelle 39 Entwicklung der Altersbevölkerung von 1950 bis 2000
Tabelle 40 Entwicklung des Verhältnisses der Zahl der über 75jährigen zu den jüngeren Altersklassen von 1890 bis 2000

2.2 Familie im Lebenszyklus

Tabelle 41 Lebensphasen von Frauen im Zeitvergleich
Tabelle 42 Familienphasen von Frauen im Zeitvergleich
Tabelle 43 Gratifikationen und Belastungen der Familie über die Lebensphasen hinweg

Tabelle 35:

Wohnbevölkerung der Bundesrepublik Deutschland
im Jahresdurchschnitt (in 1.000)

Jahr	insgesamt	männlich	weiblich
1950	49.989,3	23.219,2	26.773,1
1952	50.858,7	23.652,8	27.206,0
1960	55.433,1	25.974,2	29.458,9
1962	56.937,8	26.858,1	30.079,6
1965	59.011,7	28.032,2	30.979,5
1970*)	60.650,6	28.866,7	31.783,9
1971	61.283,6	29.254,7	32.028,9
1972	61.671,8	29.467,9	32.203,9
1973	61.975,9	29.646,3	32.329,7
1974	62.054,1	29.668,7	32.385,4
1975	61.829,4	29.499,4	32.330,0
1976	61.531,0	29.315,7	32.215,3
1977	61.400,5	29.243,3	32.157,2
1978	61.326,5	29.210,4	32.116,1
1979	61.358,8	29.252,9	32.106,0
1980	61.566,3	29.417,1	32.149,2
1981	61.682,0	29.501,3	32.180,7
1982	61.637,6	29.481,9	32.155,7
1983	61.423,1	29.364,7	32.058,4
1984	61.175,1	29.240,7	31.934,4
1985	61.024,1	29.181,1	31.842,9

*) Ergebnis der Volkszählung

Quelle: Statistisches Bundesamt, Wiesbaden (Hg.):
- Fachserie 1, Bevölkerung und Erwerbstätigkeit, Reihe 1, Gebiet und Bevölkerung, 1982, S. 180;
- Fachserie 1, Bevölkerung und Erwerbstätigkeit, Reihe 1, Gebiet und Bevölkerung, 1985, S.191;
- Statistisches Jahrbuch, verschiedene Jahrgänge

Tabelle 36:

Altersaufbau in 5er Kohorten (in 1.000)

Alter bis*)	1983 insgesamt	1983 männlich	1983 weiblich	Alter bis*)	1985 insgesamt	1985 männlich	1985 weiblich
- 5	3.005,8	1.540,1	1.465,8	- 5	2.986,1	1.530,4	1.455,8
- 10	2.951,5	1.507,2	1.444,3	- 10	2.880,5	1.471,6	1.408,9
- 15	3.999,5	2.047,8	1.951,8	- 15	3.365,6	1.716,5	1.649,1
- 20	5.256,3	2.705,5	2.550,8	- 20	4.902,1	2.518,1	2.384,0
- 25	5.070,6	2.609,4	2.461,2	- 25	5.293,1	2.724,9	2.568,3
- 30	4.474,3	2.302,7	2.171,5	- 30	4.694,1	2.425,0	2.269,0
- 35	4.278,7	2.186,5	2.092,2	- 35	4.271,8	2.175,6	2.096,2
- 40	3.747,7	1.916,0	1.831,6	- 40	3.889,9	1.991,8	1.898,1
- 45	4.791,3	2.458,6	2.332,7	- 45	4.210,5	2.147,4	2.063,1
- 50	4.408,2	2.250,9	2.157,4	- 50	4.777,1	2.430,1	2.347,1
- 55	3.657,9	1.841,1	1.816,7	- 55	3.714,8	1.871,2	1.843,6
- 60	3.522,3	1.572,2	1.950,1	- 60	3.613,5	1.724,0	1.889,5
- 65	3.182,3	1.260,6	1.921,7	- 65	3.372,8	1.346,7	2.026,1
- 70	2.308,2	874,3	1.433,9	- 70	2.141,6	811,3	1.330,3
- 75	2.827,8	1.028,5	1.799,3	- 75	2.729,4	981,6	1.747,8
- 80	2.110,8	730,4	1.380,4	- 80	2.186,8	733,0	1.453,8
- 85	1.203,6	372,8	830,8	- 85	1.294,4	403,9	890,5
- 90	474,1	119,6	354,5	- 90	527,7	134,9	392,8
älter	152,0	40,4	111,6	älter	172,0	42,9	129,1
insgesamt	61.423,1	29.364,7	32.058,4	insgesamt	61.024,1	29.181,1	31.842,9

*) in Jahren

Quelle: Statistisches Bundesamt, Wiesbaden (Hg.):
Statistisches Jahrbuch 1985, S.61.
Statistisches Jahrbuch 1987, S.61.

Tabelle 37:

Anteile der Wohnbevölkerung nach Familienstand, Altersgruppen und Geschlecht (in %)

Familien-stand	Geschl.	Altersgruppen			
		- 25	25-45	45-65	65 u. älter
1950					
ledig	m	96,8	21,9	5,6	5,2
	w	93,0	19,3	12,4	10,5
verheiratet	m	3,2	75,4	89,3	67,9
	w	6,8	70,4	67,5	34,1
verwitwet	m	-	0,7	3,6	26,1
	w	0,1	7,6	17,9	54,5
geschieden	m	-	2,0	1,5	0,8
	w	0,1	2,8	2,2	0,9
1983					
ledig	m	96,8	27,5	6,0	4,0
	w	91,3	14,4	7,5	9,4
verheiratet	m	3,1	67,3	87,6	75,1
	w	8,4	78,6	74,2	28,1
verwitwet	m	-	0,3	2,4	18,8
	w	-	1,3	13,3	59,0
geschieden	m	0,1	4,9	4,0	2,0
	w	0,3	5,8	5,1	3,5
1985					
ledig	m	97,2	31,1	6,7	3,9
	w	92,2	16,9	7,1	9,2
verheiratet	m	2,7	63,4	86,2	75,4
	w	7,6	75,6	75,2	28,6
verwitwet	m	-	0,3	2,4	18,7
	w	-	1,1	12,2	58,5
geschieden	m	0,1	5,3	4,8	2,1
	w	0,3	6,3	5,5	3,7

Quelle: Eigene Berechnungen

Tabelle 38:

Durchschnittliche fernere Lebenserwartung im Alter x in Jahren*)

vollendetes Altersjahr x **)	1871/81 m	1871/81 w	1924/26 m	1924/26 w	1981/83 m	1981/83 w	1983/85 m	1983/85 w
0	35,58	38,45	55,98	55,82	70,46	77,09	71,18	77,79
1	46,52	48,06	62,24	63,89	70,32	76,84	70,95	77,45
5	49,39	51,01	60,09	61,62	66,48	72,99	67,09	73,58
10	46,51	48,18	55,63	57,11	61,59	68,07	62,18	68,66
15	42,38	44,15	51,00	52,47	56,68	63,14	57,25	63,71
20	38,45	40,19	46,70	48,09	51,97	58,27	52,50	58,83
25	34,96	36,53	42,70	43,92	47,30	53,40	47,80	53,95
30	31,41	33,07	38,56	39,76	42,58	48,54	43,05	49,07
35	27,88	29,68	34,30	35,56	37,86	43,70	38,31	44,22
40	24,46	26,32	30,05	31,37	33,22	38,93	33,64	39,44
45	21,16	22,84	25,90	27,20	28,72	34,23	29,11	34,73
50	17,98	19,29	21,89	23,12	24,41	29,65	24,77	30,12
55	14,96	15,88	18,09	19,20	20,38	25,22	20,71	25,66
60	12,11	12,71	14,60	15,51	16,61	20,93	16,92	21,36
65	9,55	9,96	11,46	12,17	13,19	16,88	13,49	17,28
70	7,34	7,60	8,74	9,27	10,16	13,09	10,42	13,46
75	5,51	5,66	6,50	6,87	7,67	9,75	7,85	10,06
80	4,10	4,22	4,77	5,06	5,73	7,03	5,87	7,26
85	3,06	3,14	3,50	3,76	4,33	4,98	4,42	5,16
90	2,34	2,37	2,68	2,92	3,43	3,62	3,55	3,75

*) 1871/81 und 1924/26 Reichsgebiet
**) Es bezieht sich das Alter 0 auf den Zeitpunkt der Geburt, die anderen Altersangaben auf den Zeitpunkt, an dem jemand genau x Jahre alt geworden ist.

Quelle: Statistisches Bundesamt, Wiesbaden (Hg.):
- Fachserie 1 Bevölkerung und Erwerbstätigkeit, Reihe 1 - Gebiet und Bevölkerung, 1982, S. 107;
- Statistisches Jahrbuch 1985, S. 78.
- Statistisches Jahrbuch 1987, S. 76

Tabelle 39:

Entwicklung der Altersbevölkerung von 1950 bis 2000

Alter	1950	1982	Modellrechnungen für das Jahr 2000 *) a) konstante Lebenserwartung	b) fortgeschr.
75-80	864.000	2.088.000	1.919.000	2.235.000
80-85	375.000	1.185.000	801.000	1.013.000
85-86	35.000	134.000		220.000
86-87	28.000	113.000		195.000
87-88	20.000	89.000		171.000
88-89	14.000	70.000		138.000
89-90	10.000	55.000		118.000
	107.000	461.000	591.900	842.000
90-91	7.200	41.000		
91-92	4.400	30.700		
92-93	2.900	22.900		
93-94	1.750	16.500		
94-95	1.100	11.100		
	17.350	122.200		
95 u.älter	1.527	25.800		
	18.877	148.000	217.600	342.000
75 u.älter insgesamt	1.364.800	3.882.000	3.529.600	4.432.000
Bevölkerung insgesamt	50.798.900	61.546.100	59.143.000	59.708.000

*) Die Zahlen für das Jahr 2000 basieren auf zwei unterschiedlichen Modellrechnungen. Die Zahlen der ersten Spalte sind berechnet nach der Modellrechnung des Statistischen Bundesamtes, von der auch die Bundesregierung in ihrem Bevölkerungsbericht ausgeht (Bundestagsdrucksache 10/863 vom 05.01.1984). Es ist zu befürchten, daß in dieser Modellrechnung insbesondere die Zahl der Hochbetagten zu niedrig ausgewiesen wird, weil sie von konstanten Sterbeziffern ausgeht. Die letzte Spalte ist berechnet nach einer aktualisierten Bevölkerungsvorausschätzung des Deutschen Institutes für Wirtschaftsforschung, vgl. DIW-Wochenbericht 24/1984 vom Juni 1984. Die DIW-Rechnung geht von einer sich auch künftig noch erhöhenden Lebenserwartung aus.

Quelle: Rückert, Willi: Bevölkerungsentwicklung und Altenhilfe von der Kaiserzeit bis zum Jahr 2000, vervielfältigtes Manuskript, Herbst 1984. Hrsg.: Kuratorium Deutsche Altershilfe, An der Pauluskirche 3, 5000 Köln 1.

Tabelle 40:

Entwicklung des Verhältnisses der Zahl der über 75-jährigen zu den jüngeren Altersklassen von 1890 bis 2000[1]

Auf 1 75-jährigen kommen	1890	1910	1925	1939	1950	1961	1970	(DDR) (1981)	1982	Modellrechnungen[2] 2000 Deutsche u. Ausländer	nur Deutsche
0-20	36	33	25	14	11	8	8	(4,4)	4,0	3,5	2,6
20-40	23	23	22	15	10	8	7	(4,5)	4,5	4,9	3,5
40-60	15	14	15	11	10	7	6	(4,0)	4,2	4,7	3,4
60-75	5	5	5	5	4	4	4	(2,0)	2,1	2,7	2,2
0-75	79	75	67	45	35	27	25	(14,9)	15,8	15,8	11,7

1) Bezogen auf die Gesamtbevölkerung, d.h. Deutsche und Ausländer; nur die letzte Spalte bezieht sich ausschließlich auf die deutsche Bevölkerung.

2) Die Zahlen für das Jahr 2000 basieren auf zwei unterschiedlichen Modellrechnungen. Die Zahlen der ersten Spalte für das Jahr 2000 sind berechnet nach der Modellrechnung des Statistischen Bundesamtes, von der auch die Bundesregierung in ihrem Bevölkerungsbericht, 2. Teil, ausgeht (Bundestagsdrucksache 10/863 vom 05.01.1984). Es ist zu befürchten, daß in dieser Modellrechnung insbesondere die Zahl der Hochbetagten zu niedrig ausgewiesen wird, weil sie von konstanten Sterbeziffern ausgeht. Die beiden letzten Spalten sind berechnet nach einer aktualisierten Bevölkerungsvorausschätzung des Deutschen Instituts für Wirtschaftsforschung, vgl. DIW-Wochenbericht 24/1984 vom Juni 1984.

Quelle: Rückert, Willi: Bevölkerungsentwicklung und Altenhilfe von der Kaiserzeit bis zum Jahr 2000, vervielfältigtes Manuskript, Herbst 1984, Hrsg.: Kuratorium Deutsche Altershilfe, An der Pauluskirche 3, 5000 Köln 1.

Tabelle 41:

Lebensphasen von Frauen im Zeitvergleich

Jahr	Lebensspanne von Frauen Jahre	vorehel. Phase Jahre	vorehel. Phase % 2)	durchschnittl. Ehedauer Jahre	durchschnittl. Ehedauer % 2)	nachelterliche Phase 1) Jahre	nachelterliche Phase 1) % 2)	Witwenschaft Jahre	Witwenschaft % 2)
1680-1779	58,0	26,9	46,5	31,1	53,6	-	-	-	-
1780-1809	60,6	28,0	46,2	31,6	52,1	0,1	0,2	1,0	1,7
1810-1839	62,0	28,6	46,1	33,2	53,5	3,3	5,3	0,2	0,3
1840-1869	64,2	28,9	45,0	32,0	49,8	-	-	3,3	5,1
1870-1899	65,8	27,8	42,2	32,9	50,0	1,1	1,7	5,1	7,8
1900-1929	68,9	25,5	37,0	39,4	57,2	8,4	12,2	4,0	5,8
1930-1949	70,4	28,6	40,6	38,4	54,5	12,2	17,3	3,4	4,8
1972/74	76,5	22,9 3)	29,9	45,3	59,2			8,3	10,9
bei 2 Kindern						20,9 3)	25,4		
bei 3 Kindern						17,9 3)	23,4		
1981/83	78,4	23,8 4)	30,4	45,7	58,3			8,9	11,4
bei 2 Kindern						21,7 4)	27,7		
bei 3 Kindern						19,3 4)	24,6		

1) Vom 20. Lebensjahr des letztgeborenen Kindes bis zum Tod des Ehepartners.
2) Jeweils im Verhältnis zur Lebensspanne von Frauen.
3) Auf der Datengrundlage von 1974.
4) Auf der Datengrundlage von 1982.

Quelle: Imhof, A.: Die gewonnenen Jahre, München 1981, S. 164-166.
Eigene Berechnungen.

Tabelle 42:

Familienphasen von Frauen im Zeitvergleich

Reproduktions-, Kernfamilien- und nachelterliche Phase von 1680-1983

Jahr	Reproduktions-phase 1) Jahre	% 4)	Kernfamilien-phase 2) Jahre	% 4)	nachelterliche Phase 3) Jahre	% 4)
1680-1779	13,3	42,8	33,3	+100	–	–
1780-1809	11,5	36,4	31,5	100	0,1	0,3
1810-1839	9,9	29,8	29,9	90	3,3	9,9
1840-1869	12,4	38,8	32,4	+100	–	–
1870-1899	11,8	35,9	31,8	96,7	1,1	3,3
1900-1929	11,0	28,0	31,0	78,7	8,4	21,3
1930-1949	6,2	16,1	26,2	68,2	12,2	31,8
1972/74 5)						
2 Kinder	4,5	9,9	24,4	53,9	20,9	46,1
3 Kinder	7,4	16,3	27,4	60,0	17,9	39,5
1981/83 6)						
2 Kinder	4,0	8,8	24,0	52,5	21,7	47,5
3 Kinder	6,4	14,0	26,4	57,8	19,3	42,2

1) Zeitraum von der Heirat bis zur Geburt des letzten Kindes.
2) Zeitraum von der Heirat bis zum 20. Lebensjahr des letztgeborenen Kindes.
3) Zeitraum vom 20. Lebensjahr des letztgeborenen Kindes bis zum Tod des Ehepartners.
4) Jeweils im Verhältnis zur Ehedauer von Frauen.
5) Auf der Datengrundlage von 1974.
6) Auf der Datengrundlage von 1982.

Quelle: Imhof, A.: Die gewonnenen Jahre, München 1981, S. 164-166. Eigene Berechnungen.

Tabelle 43:

Gratifikationen und Belastungen der
Familie über die Lebensphasen hinweg [1]

Bedeutung der Familie	Bevölkerung von 14 bis 65 Jahren insgesamt	Lebensphasen					
		Junge Singles	Junge Paare ohne Kinder	Junge Familie	Familie mit älteren Kindern	Älteres alleinlebendes Ehepaar	Ältere Alleinstehende
	Index*)	Index	Index	Index	Index	Index	Index
FAKTOR 1: Befriedigung emotionaler Bedürfnisse, Geborgenheit und Liebe 100		81	104	106	109	103	77
FAKTOR 2: Psychische Belastungen, Spannungen und Einengung 100		139	94	107	95	80	71
FAKTOR 3: Lebensinhalt 100		51	64	160	138	100	65
FAKTOR 4: Freiraum, Entfaltungsspielraum 100		84	110	95	111	102	73
FAKTOR 5: Materielle Absicherung 100		141	103	85	83	95	59
FAKTOR 6: Physische und materielle Belastung 100		60	68	119	129	99	120

*) Der Indexwert 100 steht für die Summe der Einzelangaben jedes Faktors in Prozent, zu dem die entsprechende Summe in den einzelnen Lebensphasen in Beziehung gesetzt wurde. Beispiel: Die Nennungen von Aussagen, die für die Befriedigung emotionaler Bedürfnisse stehen (Faktor 1), summieren sich in der Bevölkerung insgesamt auf 721,6 Prozent = Index 100; bei jungen Singles summieren sich die entsprechenden Angaben auf 588,0 = Indexwert 81.

1) Baden-Württemberg
   Bevölkerung von 14 bis 65 Jahren
   Quelle: MAGS (BW) (Hg.):
           Einstellungen zu Ehe und Familie im
           Wandel der Zeit; Stuttgart 1985, S. 28

3. Funktionen der Familie
3.1 Sozialisationsleistungen

Tabelle 44	Verweildauer der Kinder in Familie
Tabelle 45	Verfügbare Plätze in Heimen nach Art des Trägers
Tabelle 46	Institutionelle Erziehungsleistungen
Tabelle 47	Ausgewählte Verbrauchseinheiten – Skalen für Ernährung
Tabelle 48	Einfluß eines steigenden Haushaltsnettoeinkommens auf die Verbrauchsausgaben von Ehepaarhaushalten für ein Kind nach der Kinderzahl 1973 in DM/Monat
Tabelle 49	Aufwendungen für ein Kind nach der Familiengröße 1973/74 in DM/Monat
Tabelle 50	Materielle Aufwendungen für die heranwachsende Generation 1972–1974
Tabelle 51	Ermittlung der Lebenshaltungskosten eines Kindes aufgrund der Ergebnisse der laufenden Wirtschaftsrechnung 1984
Tabelle 52	Ausgaben für den privaten Verbrauch pro Kind pro Monat
Tabelle 53	Gesamtgeldaufwand für die Lebenshaltung pro Person und Tag in DM und Prozent
Tabelle 54	Düsseldorfer Tabelle (1. 1. 1985)
Tabelle 55	Was kostet ein Kind?
Tabelle 56	Der Zeitaufwand für die Kinderbetreuung im Überblick verschiedener empirischer Studien
Tabelle 57	Geschätzter Zeitaufwand der Familien für die nachwachsende Generation 1974
Tabelle 58	Arbeitszeitaufwendungen für Kinder, mit Bruttolohnansätzen bewertet, 1974

3.2 Pflegeleistungen

Tabelle 59	Hilfeleistende Personengruppen und Einrichtungen
Tabelle 60	Pflege durch nicht berufsmäßige Helfer nach Haushaltszugehörigkeitsstatus zum Hilfebedürftigen
Tabelle 61	Familienbeziehungen der Pflegetätigen
Tabelle 62	Anteil der Hauptpflegepersonen nach dem Geschlecht
Tabelle 63	Verwandtschaftliche Beziehungen der Hauptpflegepersonen
Tabelle 64	Zusammenleben der älteren und jüngeren Generation und Anteil der Hilfs- und Pflegebedürftigen
Tabelle 65	Erwünschte Hilfspersonen
Tabelle 66	Geeignetste Pflegepersonen für ältere Menschen aus der Sicht der jüngeren Generation
Tabelle 67	Art und Umfang der Hilfeleistungen für familienangehörige ältere Menschen
Tabelle 68	Verteilung der Dauer der Krankheit, Pflegebedürftigkeit und Pflegetätigkeit

Tabelle 69 Verteilung und Bewertung des durchschnittlichen Zeitaufwandes für die Versorgung und Pflege
Tabelle 70 Die an der Pflege beteiligten Personen und die Reihenfolge ihrer zeitlichen Beanspruchung

3.3 Hauswirtschaftliche Versorgung

Tabelle 71 Schätzwerte der aufgewendeten Zeit für Hausarbeit, Kinder und Pflege
Tabelle 72 Arbeitszeitaufwendungen für die gesamte Hausarbeit und für Familienpflege nach der Kinderzahl
Tabelle 73 Gesamtarbeitszeitaufwand für die Lebenshaltung pro Person und Tag in Arbeitskraftstunden und Prozent
Tabelle 74 Zusammensetzung der Hausarbeit bei ausgewählten Haushaltstypen
Tabelle 75 Durchschnittlicher wöchentlicher Arbeitsaufwand in den städtischen Haushalten
Tabelle 76 Innerfamiliäre Arbeitsteilung
Tabelle 77 Hausarbeit je Haushalt nach ausgewählten Haushaltstypen

Tabelle 44:

Verweildauer der Kinder in Familie

Jahr	Familien mit Kindern unter 18 Jahren 1) in 1.000	Anzahl der Kinder unter 18 Jah. in Familien 1) in 1.000	Anzahl der unter 18-jährigen insgesamt 2) in 1.000	Anteil der in Familien lebenden an den 18-jährigen insgesamt 2) in %	Anzahl der über 18-jährigen ledigen Kinder in Familien 1) in 1.000
1970	8.582	16.244	16.244	100	4.448
1972	8.871	16.639	16.569,1	100,4	4.514
1973	8.952	16.714	16.484,6	101,4	4.652
1974	8.824	16.281	16.326,0	99,7	4.551
1975	8.784	16.142	16.067,2	100,5	4.599
1976	8.652	15.702	15.736,7	99,8	4.626
1977	8.625	15.393	15.398,2	100	4.797
1978	8.524	14.998	15.032,7	99,8	4.945
1979	8.457	14.750	14.678,7	100,5	4.975
1980	8.408	14.375	14.368,4	100	5.238
1981	8.337	14.047	14.014,9	100,2	5.481
1982	8.167	13.511	13.568,5	99,6	5.705
1985	7.338	11.624	12.036,3	96,6	5.922

1) 1970 Ergebnis der Volkszählung, seit 1972 Ergebnisse des Mikrozensus, Bevölkerung am Familienwohnsitz
2) Bevölkerung unter 18 Jahre im Jahresdurchschnitt

Quelle: Statistisches Bundesamt, Wiesbaden (Hg.):
- Fachserie 1 Bevölkerung und Erwerbstätigkeit, Reihe 3 Haushalte und Familien 1982, S. 144.
- Statistische Jahrbücher, verschiedene Jahrgänge. Eigene Berechnungen.
Daten für 1985 nachrichtlich vom Statistischen Bundesamt, Wiesbaden.

Tabelle 45:

Verfügbare Plätze in Heimen nach Art des Trägers

	Heime für	
	Kleinst- und Kleinkinder	Kinder und Jugendliche
insgesamt		
1979		70.310
1980		67.512
1981		63.915
1982	1.009	54.427
davon 1982		
öffentliche Träger	170	8.973
freie Träger	657	40.832
privat-gewerbliche Träger	182	4.622

Quelle: Statistisches Bundesamt, Wiesbaden (Hg.):
- Statistisches Jahrbuch 1985, S. 412,
- Wirtschaft und Statistik, 3/1985, S. 244.

Tabelle 46:

Institutionelle Erziehungsleistungen[1])

Jahr	Hilfe zur Erziehung[2])	Freiwillige Erziehungshilfe	Fürsorgeerziehung	insgesamt	Anteil an der jeweiligen Wohnbevölkerung in 1.000	davon nach Art der Unterbringung Heime	eigene Familie	andere Familie	sonstige
1970	101.399	25.203	18.928	145.530	7,7	93.807	9.425	39.074	3.224
1975	119.906	17.648	5.962	143.516	9,0	76.208	2.460	63.307	1.541
1980	115.554	15.798	3.198	134.550	9,5	62.207	1.937	69.328	1.078
1981	96.063	15.052	2.648	113.763	8,2	56.189	1.855	54.761	958
1982	90.993	14.447	2.148	107.588	8,1	54.019	1.486	51.197	886
1983	88.881	13.970	1.796	104.647	8,2	52.311	1.407	49.964	965
1984	82.157	13.394	1.497	97.048	7,9	47.732	1.247	46.629	1.440
1985	80.587	12.571	1.249	94.407	8,0	45.558	1.089	45.530	1.950
1983									
männl.:	47.515	9.762	1.294	58.571	8,9	32.078	994	24.959	540
weibl.:	41.366	4.208	502	46.076	7,4	20.233	413	25.005	425
davon im Alter von ... bis unter ... Jahren 3)									
unt.6	16.289	35	1	16.325	4,7	3.576	–	12.749	–
6– 9	11.072	276	10	11.358	6,7	3.720	8	7.627	3
9–12	14.438	1.288	55	15.781	8,5	7.334	64	8.370	13
12–15	18.771	4.020	332	23.123	9,5	13.230	282	9.480	131
15–18	19.249	8.201	1.373	28.823	9,7	19.150	1.036	7.911	728
1985									
männl.:	42.983	8.793	915	52.691	8,7	27.721	801	22.980	993
weibl.:	37.604	3.778	334	41.716	7,2	17.837	288	22.550	957
davon im Alter von ... bis unter ... Jahren 3)									
unt.6	15.750	25	–	15.775	4,4	3.122	–	12.527	125
6– 9	10.222	269	4	10.495	6,2	3.189	7	7.214	73
9–12	13.504	1.170	21	14.695	8,4	6.514	59	8.009	87
12–15	18.745	3.496	226	22.467	10,8	12.833	208	9.103	250
15–18	22.366	7.611	998	30.975	11,5	19.900	815	8.677	1.415

1) Stand am Jahresende.
2) Gemäß § 5 Abs. 1 Satz 1 Nr. 38 i.V.m. § 6 Abs. 2, JWG.
3) Ohne Berlin.

Quelle: Deininger, D.: Jugendhilfe 1983, in: Statistisches Bundesamt, Wiesbaden (Hg.): Wirtschaft und Statistik 7/1985, S.586,
Brückner, G.: Jugendhilfe 1985, in: Statistisches Bundesamt, Wiesbaden (Hg.): Wirtschaft und Statistik 4/1987, S.328.

Tabelle 47:

Ausgewählte Verbrauchseinheiten-Skalen für Ernährung

Lebens-alter in Jahren	Österreich (Peller) 1912-1914 m.	Österreich (Peller) 1912-1914 w.	Deutschland 1916 m.	Deutschland 1916 w.	Deutschland (Max-Planck-I.) 1927/28 m.	Deutschland (Max-Planck-I.) 1927/28 w.	Frankreich 1913 m.	Frankreich 1913 w.	Rußland 1925 m.	Rußland 1925 w.	Japan 1926/1927 m.	Japan 1926/1927 w.	Völkerbund (Hygiene-Inst.) 1920 m.	Völkerbund (Hygiene-Inst.) 1920 w.
0	0,20		0,50		0,50		0,50		0,10		0,30		0,20	
1	0,25		0,50		0,50		0,50		0,30		0,30		0,20	
2	0,30		0,50		0,50		0,50		0,30		0,40		0,30	
3	0,35		0,50		0,50		0,50		0,30		0,40		0,30	
4	0,45		0,50		0,50		0,50		0,30		0,50		0,40	
5	0,50		0,50		0,50		0,50		0,55		0,50		0,40	
6	0,53		0,50		0,50		0,50		0,55		0,50		0,50	
7	0,57		0,50		0,75		0,50		0,55		0,70		0,50	
8	0,60		0,50		0,75		0,50		0,55		0,70		0,60	
9	0,63		0,50		0,75		0,50		0,55		0,70		0,60	
10	0,66		1,00		0,75		0,50		0,55		0,80		0,70	
11	0,70		1,00		0,75		0,50		0,55		0,80		0,70	
12	0,73		1,00		0,75		1,00	0,80	0,55		0,80		0,80	
13	0,76		1,00		1,00	0,90	1,00	0,80	0,80	0,60	0,80		1,00	0,80
14	0,80		1,00		1,00	0,90	1,00	0,80	0,80	0,60	0,80		1,00	0,80
15	0,83	0,80	1,00		1,00	0,90	1,00	0,80	1,00	0,80	0,90		1,00	0,80
16	0,86	0,83	1,00		1,00	0,90	1,00	0,80	1,00	0,80	0,90		1,00	0,80
17	0,89	0,83	1,00		1,00	0,90	1,00	0,80	1,00	0,80	0,90		1,00	0,80
18	0,93	0,83	1,00		1,00	0,90	1,00	0,80	1,00	0,80	0,90		1,00	0,80
19	0,96	0,86	1,00		1,00	0,90	1,00	0,80	1,00	0,80	0,90		1,00	0,50
20	1,00	0,86	1,00		1,00	0,90	1,00	0,80	1,00	1,00	0,90		1,00	0,80
21-59	1,00	0,86	1,00		1,00	0,90	1,00	0,80	1,00	1,00	1,00	0,90	1,00	0,80
60 u.mehr	1,00	0,86	1,00		1,00	0,90	1,00	0,80	0,60	0,60	1,00	0,90	1,00	0,80

m. = männlich, w. = weiblich.

Quelle: Sperling, H.: Ernährungsbilanzen und Ernährungsvergleiche, in: Physiologie und Volkswirtschaft; Berlin 1955, S. 145, zitiert nach: Euler, M.: Zur Problematik der Ermittlung des Unterhaltsbedarfs und der Unterhaltskosten eines Kindes, in: Wirtschaft und Statistik, 1974, S. 329.

Tabelle 48:

Einfluß eines steigenden Haushaltsnettoeinkommens auf die Verbrauchsausgaben von Ehepaarhaushalten für 1 Kind (0,7 VPE) nach der Kinderzahl 1973 in DM/Monat

Haushaltsnetto-einkommen von ... bis unter ... DM/Monat	Aufwendungen für ein Kind in Ehepaarhaush. mit ..... Kind					
	1 Ki.	2 Ki.	3 Ki.	1 Ki.	2 Ki.	3 Ki.
	DM/M	DM/M	DM/M	Meßziffer[1]		
	Sp. 1	Sp. 2	Sp. 3	Sp. 4	Sp. 5	Sp. 6
unter 600	/	/	/	/	/	/
600 — u. 800	/	/	/	/	/	/
800 — u. 1.000	(288,—)	/	/	100	/	/
1000 — u. 1.200	289,—	246,—	/	100	100	/
1200 — u. 1.500	351,—	277,—	231,—	122	113	100
1500 — u. 1.800	409,—	323,—	271,—	182	131	117
1800 — u. 2.500	494,—	395,—	331,—	172	161	173
2500 — u. 5.000	649,—	531,—	452,—	225	216	196
5000 — u. 15.000	939,—	733,—	636,—	326	298	275
Ø aller Haush.	526,—	439,—	387,—	183	178	168

1 jeweils niedrigste hier ausgewiesene Einkommensstufe = 100

Quelle: Ergebnisse der EVS 1973 nach dem Haushaltstyp. Ausgaben für Ehepaarhaushalte mit 4 u. mehr Kindern sind nicht ausgewiesen. Fachserie 15 Heft 4, S. 85 ff (Annahme 1 Kind = 0,7 VPE)

Quelle: BMJFG (Hg.):
Leistungen für die nachwachsende
Generation in der Bundesrepublik Deutschland;
Stuttgart 1979, S. 38.

Tabelle 49:

Aufwendungen für ein Kind[1] nach der Familiengröße 1973/1974 in DM/Monat

Ehepaare mit ... Kindern	1973 DM/Mon.	1974[2] DM/Mon.	1974 Meßziffer[4] 564 — 100	468 — 100[5]
	Sp. 1	Sp. 2	Sp. 3	Sp. 4
Für 1 Kind in einem Ehepaarhaushalt mit 1 Kind[1]	527	564	100	120
für 1 Kind[1] in einem Ehepaarhaushalt mit 2 Kindern	439	469	83	100
für 1 Kind[1] in einen Ehepaarhaushalt mit 3 Kindern	398	426	76	91
für 1 Kind[1] in einem Ehepaarhaushalt mit 4 Kindern u. m.[3]	343	367	65	78
Durchschnitt	437	468	83	100

1   1 Kind — 0,7 VPE
2   Ausgehend von den Ergebnissen der EVS 1973 ist bei der Umrechnung auf 1974 die Entwicklung des Gesamten Privaten Verbrauchs berücksichtigt. (Multiplikator 1,07)
3   Es wurde von einer durchschnittlichen Kinderzahl von 4,3 ausgegangen.
4   Verbrauch in einem Einkindhaushalt
5   Durchschnittlicher Verbrauch aller Haushalte.

Quelle: BMJFG (Hg.):
Leistungen für die nachwachsende Generation in der Bundesrepublik Deutschland; Stuttgart 1979, S. 39.

Tabelle 50:

Materielle Aufwendungen für die heranwachsende Generation 1972 — 1974

a) Priv. Verbrauch je Kind für Kinder unter 18 Jahren;
Berichtigte Werte (0,7 VPE)

Anteil am ges. priv. Verbrauch[3]

Jahr[*]	Kinderzahl (Ki. u. 18 J.)	in DM/Monat	in DM/Jahr	Monatsaufwand in Mill. DM	Jahresaufwand in Mill. DM	in %
1973	15 731 000	437	5 244	6 874	82 493	16,6
1972[1]	16 537 679	398	4 776	6 582	78 984	17,5
1974[1]	16 227 893	468	5 616	7 595	91 136	17,1

1 Unter Berücksichtigung der Entwicklung des gesamten Privat-Verbrauchs 1972 — 1974
2 Zahl der 18 — 28jährigen, die in Ausbildung stehen und in der Familie leben (Mikrozensus Mai 1975)
3 Gesamter Privater Verbrauch:
   1973   495 710 Mill. DM
   1972   450 920 Mill. DM   Quelle: Statistisches Jahrbuch 1976, S. 523
   1974   532 940 Mill. DM
* Diese Reihenfolge erklärt sich daraus, daß für 1973 das Ausgangsmaterial in der EVS festliegt; für 1972 und 1974 handelt es sich um fortgeschriebene Zahlen.

Quelle: BMJFG (Hg.):
Leistungen für die nachwachsende Generation in der Bundesrepublik Deutschland;
Stuttgart 1979, S. 46.

Tabelle 51:

Ermittlung der Lebenshaltungskosten eines Kindes aufgrund der
Ergebnisse der laufenden Wirtschaftsrechnungen 1984
Aufwendungen je Monat in DM

Art der Aufwendungen	Haushalt	Haushaltstyp 2			Haushalt	Haushaltstyp 3		
			Kinder				Kinder	
		226,49	35,7 % 226,49	226,49		291,00	35,7 % 291,00	291,00
A Nahrungsmittel (ohne Genußmittel)	634,43		100 % 141,42	141,42	817,59		100 % 196,39	196,39
B Einzeln nachgewiesene Aufwendungen für Kinder	141,42		40 %	25 %	196,39		40 %	25 %
C Pauschal zu verteil. Aufwand für			33 %				33 %	
Wohnungsmieten u.a.	526,66	210,66	173,00	131,67	793,69	317,40	261,92	198,42
Elektr., Gas, Brennstoffe	189,44	75,78	62,52	47,36	264,23	105,69	87,20	66,06
Übrige Güter f.d. Lebenshaltung	240,00	96,35	79,49	60,22	400,67	160,27	132,22	100,17
Güter für Verkehrszwecke, Nachrichtenüb.[1]	270,84	111,54	92,02	69,71	437,90	175,19	144,53	109,50
Körper- und Gesundheitspflege	89,79	35,92	29,63	22,45	257,11	102,04	84,05	64,20
Bildungs- u. Unterhaltungszw.[2]	181,33	72,53	59,04	45,33	316,13	126,45	104,32	79,03
Pers. Ausstattg., sonst. Güter	121,12	40,45	39,97	30,20	261,54	104,62	86,31	65,39
D Gesamtaufwendungen		1 019,14	905,10	774,93		1 500,01	1 309,62	1 171,12
E Aufwendungen für ein Kind		509,57	452,59	307,40		790,41	694,01	505,56

1) Ohne Käufe von Personenkraftwagen u.a. – 2) Soweit nicht in einzeln nachzuweisenden Aufwendungen für Kinder enthalten.

Berechnung analog zu Tabelle 5 in: Zur Problematik der Ermittlung des Unterhaltsbedarfs und der Unterhaltskosten eines Kindes in "Wirtschaft und Statistik" 5/1974, S. 320 ff. (Verf.: H. Euler)

Quelle: Statistisches Bundesamt III D – 71/10

Tabelle 52:

Ausgaben für den privaten Verbrauch pro Kind pro Monat (berechnet mit der Methode des Statistischen Bundesamtes aufgrund von Daten der laufenden Wirtschaftsrechnungen 1973, 1976,1977, 1978, 1979 und 1984)

Jahr	Ausgaben-gruppe C Ansatz in %	Auswahlmerkmal	Haushaltstyp 2	Haushaltstyp 3
		1. Soz.Stellung d.Haushaltsvorstands	Arbeiter oder Angestellter	Angestellter oder Beamter
		2. Einkommensniveau	mittleres Einkommen	höheres Einkommen
		3. Anzahl d. zum Haushalt gehörenden Personen	vier	vier
		4. Personelle Zusammensetz. d.Haushalts	Ehepaar m. 2 Kindern, dar.eins unt.15 J.	wie Haushaltstyp 2
		5. Einkommenbezieher	Haushaltsvorstand allein	Haushaltsvorst. überwiegend
		6. Größe der Wohngemeinde	20.000 und mehr Einwoh.	wie Haushaltstyp 2

Jahr	Ansatz %	2	3
1973	40	262,27	415,49
	33	235,43	368,53
	25	204,75	314,87
1976	40	347,93	539,25
	33	311,22	476,71
	25	269,25	405,22
1977	40	365,96	572,39
	33	327,03	505,03
	25	282,54	428,06
1978	40	376,02	601,32
	33	335,93	530,94
	25	290,13	450,50
1979	40	408,23	646,63
	25	364,07	570,02
	25	313,61	482,48
1984	40	509,57	790,41
	33	452,59	694,81
	25	387,48	585,56

Quelle: Statistisches Bundesamt III D - 71/10

Tabelle 53:

Gesamtgeldaufwand für die Lebenshaltung pro Person und Tag in DM und Prozent [1]

	Kleinstkinder (0-1 Jahr) DM	%	Kleinkinder (3-5 Jahre) DM	%	Schulkinder (7-15 Jahre) DM	%	Auszubildende (16-21 Jahre) DM	%	Erwachsene DM	%
Ernährung	5,36	21,9	6,29	29,0	8,79	28,3	7,56	29,4	10,36	26,5
Bekleidung	2,34	9,9	2,09	9,6	2,80	9,0	3,41	13,3	5,99	15,3
Bildung/ Freizeit	4,12	16,8	5,78	26,9	7,82	25,1	5,88	22,9	12,37	31,7
Gesundheits- und Körper- pflege und Schlafbereich	2,45	10,0	1,97	9,1	2,34	7,5	2,69	10,5	3,17	8,1
Lebenshaltung ohne Allge- meines pro Tag pro Monat	14,27 428,10	58,3	16,13 483,90	74,3	21,75 652,50	69,9	19,54 586,20	76,1	31,89 956,70	81,6
Allgemeines	10,21	41,7	5,57	25,7	9,38	30,1	6,15	23,9	7,20	18,4
Lebenshaltung insgesamt pro Tag pro Monat	24,48 734,40	100	21,70 651,00	100	31,13 933,90	100	25,69 770,70	100	39,09 1.172,70	100

1) Im Durchschnitt des Rechnungsjahres und der Kinder verschiedener Altersgruppen bzw. der Erwachsenen (Preisstand 1983).

Quelle: Blosser-Reisen, L., Seifert, M.: Arbeitszeit- und Geldaufwand für die Lebenshaltung von Kindern verschiedener Altersgruppen in Familienhaus- halten, in: Hauswirtschaft und Wissenschaft, 1984, S. 137.

Tabelle 54:

Düsseldorfer Tabelle (Stand: 1.1.1985)*
(Angewandt von allen Senaten für Familiensachen des OLG Düsseldorf)

A. Kindesunterhalt

Gruppe	Altersstufe	bis Volldg. 6.Lbj.	v. 7. bis Volldg. 12.Lbj.	v. 13. bis Volldg. 18.Lbj. (vgl. Anm.8)	ab Volldg. 18.Lbj. (vgl. Anm.7,8)
	Nichteheliche Kinder nach VO 1984	228	276	327	
	Eheliche Kinder nach Nettoeinkommen des Unterhaltspflichtigen in DM				Bedarfskontrollbetrag in DM gem. Anmerkung 6
1.	bis 1850	228	276	327	910/990
2	1850-2100	240	290	345	955/990
3	2100-2400	260	315	375	1045
4	2400-2800	295	360	425	1185
5	2800-3400	330	400	475	1320
6	3400-4000	365	440	525	1455
7	4000-4800	420	510	605	1685
8	4800-5800	480	580	685	1910
9	5800-7000	545	660	785	2185
	über 7000	nach den Umständen des Falles			

* Im Anschluß an NJW 1982, 19.- Die neue Tabelle nebst Anmerkungen beruht wieder auf Koordinierungsgesprächen, die zwischen Richtern der Familiensenate der OLGe Köln, Hamm und Düsseldorf sowie Mitgliedern der Unterhaltskommission des Deutschen Familiengerichtstages e.V. stattgefunden haben. - In diesem Heft sind ferner wiedergegeben die neuen Unterhaltsrechtlichen Leitlinien des OLG Hamm (S. 2331).

Quelle: NJW 1984, Heft 41, S. 2330.

Tabelle 55:

Was kostet ein Kind?
(Empfehlungen des Deutschen Familienverbandes zu den
Lebenshaltungskosten 1976 und 1978 1)

	DM/Monat
1. Essen	162,00
2. Kleidung	61,00
3. Wohnung	114,00
4. Private Kinderunfallversicherung	7,00
5. Urlaub	45,10
6. Körperpflege	5,75
7. Taschengeld	34,70
8. Kulturelles	60,80
9. Anschaffungen, einmalig (:216)	19,05
10. Schulmaterial	19,00
Monatliche Lebenshaltungskosten für ein Kind, 1976, insgesamt:	526,40
Monatliche Lebenshaltungskosten für ein Kind, 1978, insgesamt rund	600,00

1) Lebensunterhalt eines 12-jährigen Jungen als
"Mittelwertvertreter" für alle Kinder zwischen
0 und 18 Jahren.

Quelle: Deutscher Familienverband, Landesverband
Baden-Württemberg, Familienpressedienst
vom 02.10.1978; zitiert nach: Leitner, U.:
Verfahren der Ermittlung des Kostenaufwandes für Waren und Dienstleistungen zur
Deckung des Lebensunterhaltes von Kindern,
Frankfurt am Main 1982, S, 74 und 118-120.

Tabelle 56:

Der Zeitaufwand für die Kinderbetreuung im Überblick
verschiedener empirischer Studien (in Stunden pro Woche)

	Pross	Schoeps	Studie Kössler 1) 1 K.	2 K.	IZS	Zander	Schulz-Borck im 3 Personen Haushalt Hausfrau	insg.	Blosser-Reisen in Arbeitskraftstunden pro Woche Kleinst- kinder (0-1 J.)	Klein- kinder (3-5 J.)	Schul- kinder (7-15 J.)
erwerbstäti- ge Frauen	-	17	16,6	15,4	8,3	5,7	5,0	8,4			
nicht erwerbs- tätige Frauen	21	-	23,8	22,2	10,8	6,5	8,3	11,4			
Zeitbedarf insgesamt									33,9	13,3	4,5

1) Zeitaufwand der Haushalte insgesamt.

Quelle: Pross, H.: Die Wirklichkeit der Hausfrau, Reinbek bei Hamburg 1975, S. 95.
Schoeps, M.: Zeitbudgetvergleich zwischen erwerbstätigen und nicht-erwerbstätigen Hausfrauen in der Bundesrepublik Deutschland (unveröffentlicher Bericht), Bonn und Gießen 1975, zitiert nach: Kettschau, I.: Wieviel Arbeit macht ein Familienhaushalt? Dissertation, Dortmund, ohne Jahresangabe, S. 122.
Kössler, R.: Arbeitszeitbudgets ausgewählter privater Haushalte in Baden-Württemberg, Stuttgart 1984, S. 31.
IZS - Internationale zeitbudget Studie, Szalai, A. (Hg.): The use of time-daily activities of urban and suburban populations in twelve countries, Den Haag und Paris 1972, zitiert nach: Kettschau, I.: Wieviel Arbeit macht ein Familienhaushalt?
Zander, E.: Zeitaufwand für Hausarbeit in ausgewählten privaten Haushalten, Karlsruhe 1976, zitiert nach: Kettschau, I.: Wieviel Arbeit macht ein Familienhaushalt?, Dissertation, Dortmund, ohne Jahresangabe, S. 122.
Schulz-Borck, H.: Zum Arbeitszeitaufwand in privaten Haushalten, Hauswirtschaft und Wissenschaft, 1980, S. 125.
Blosser-Reisen, L., Seifert, M.: Arbeitszeit- und Geldaufwand für die Lebenshaltung von Kindern verschiedener Altersgruppen in Familienhaushalten, Hauswirtschaft und Wissenschaft, 1984, S.135.

Tabelle 57:

Geschätzter Zeitaufwand der Familien für die
nachwachsende Generation 1974
(in Stunden/Tag)

Familientyp Ehepaar mit	Arbeitszeit- aufwand für Familie Std./Tag	Anzahl der Familien (1.000)	Arbeitszeit- aufwand für (1.000 Std./Tag)
1 Kind	4,3	4.090	17.587
2 Kinder	6,5	3.054	19.851
3 Kinder	7,6	1.178	8.953
4 u.m.Kinder	9,9	589	5.920
insgesamt	5,9	8.920	52.311

Quelle: BMJFG (Hg.): Leistungen für die nachwachsende
Generation in der Bundesrepublik Deutschland,
Stuttgart 1979, S. 53.

Tabelle 58:

Arbeitszeitaufwendungen für Kinder, mit Bruttolohnansätzen bewertet, 1974[1]

Arbeitszeitaufwand für Kinder insgesamt	Monatliche Bruttolöhne und -Gehälter		Bruttostundenlohn (Monatslohn dividiert durch 173,3)		Bruttovergleichsanspruch pro Tag / pro Jahr (365 Tage)			
	nach BAT VII	d. Arb. Ang./Beamt. gew. ⌀	nach BAT VII	gew. ⌀	nach BAT VII	gew. ⌀	nach BAT VII	gew. ⌀
1000 Std./Tag	DM/Monat		DM/Stunde		1000 DM/Tag		Mill. DM/Jahr	
52 311	1900,56	1366,36	10,97	7,88	573 852	412 211	209 456	150 457

1) Die Bewertung erfolgte einmal nach dem Bundesangestellten-Tarif, Gehaltsgruppe VII. Dabei wurde vom Einkommen einer 40-jährigen verheirateten Frau mit zwei Kindern (also einschl. Kinderzuschlägen) ausgegangen, die seit 10 Jahren im öffentlichen Dienst beschäftigt ist. Zum anderen wurden die Arbeitszeitaufwendungen mit dem durchschnittlich von Frauen erzielten Stundenlohn bewertet. Zugrundegelegt wurde das vom DIW ausgewiesene Durchschnittseinkommen der Arbeiterinnen (DIW-Vierteljahresheft, Heft 4, 1976, S. 218).

Quelle: BMJFG (Hg.):
Leistungen für die nachwachsende Genration in der Bundesrepublik Deutschland;
Stuttgart 1979, S. 55 und 118.

Tabelle 59:

Hilfeleistende Personengruppen und Einrichtungen

Hilfe leistende Personengruppen / Einrichtungen	Alle befragten zu Hause lebenden Hilfebedürftigen — gewichtet und hochgerechnet — Zielpersonen nach dem Grad der Hilfebedürftigkeit von A (schwerster Grad) nach D abnehmend (Basis in 1000)				
	A+B+C	A	B	C	D
Die Hilfebedürftigen erhalten Hilfe:	1565 %	210 %	420 %	935 %	965 %
● Ja, und zwar von	160	198	176	142	141
— im Haushalt lebenden Personen	63	82	75	52	54
— außerhalb des Haushalts lebenden Angehörigen, Verwandten	31	38	30	29	27
— Freunden, Bekannten, Nachbarn	17	11	20	17	18
— Haushalts- und Putzhilfen	2	3	0	3	12
— Arzt, Ärztin	30	32	26	32	28
— von Institutionen eingesetzten Hilfs- und Pflegekräften (ambulanten Diensten); freiberuflich tätigen professionellen Hilfs- und Pflegekräften[?]	12	22	13	9	10
— teilstationären Einrichtungen	5	10	12	0	1
Sonstigen	—	—	—	—	1
● Nein, die Hilfebedürft. erh. keine Hilfe	2	--	--	3	0
● Es fehlen Angaben über hilfeleistende Personen / Einrichtungen	12	11	7	14	14
Gesamt	174[1]	209[1]	183[1]	159[1]	155[1]

Quelle: BMJFG (Hg.):
Anzahl und Situation zu Hause lebender Pflegebedürftiger; Stuttgart 1980, S. 60.

Tabelle 60:

Pflege durch nicht berufsmäßige Helfer nach Haushaltszugehörigkeitsstatus zum Hilfebedürftigen

	Alle befragten zu Hause lebenden Hilfebedürftigen, denen von *Haushaltsmitgliedern* Hilfe geleistet wird — gewichtet und hochgerechnet —				
	Zielpersonen nach dem Grad der Hilfebedürftigkeit von A (schwerster Grad) nach D abnehmend (Basis in 1000)				
Die Hilfebedürftigen werden von Haushaltsmitgliedern folgender Altersgruppen gepflegt:	A+B+C 1270 %	A 195 %	B 345· %	C 730 %	D 625 %
7-19 Jahre	9	—	7	13	10
20-29 Jahre	3	5	—	5	13
30-49 Jahre	35	14	44	36	22
50-59 Jahre	35	59	29	31	47
60-69 Jahre	38	32	32	24	21
70-79 Jahre	18	23	12	13	11
80 Jahre und älter	4	5	7	2	7
Keine Angabe zum Alter	2	7	2	—	—
	130[1]	145[1]	133[1]	124[1]	131

	Alle gefragten zu Hause lebenden Hilfebedürftigen, denen von *außerhalb des Haushalts lebenden, nicht berufsmäßigen Helfern* Hilfe geleistet wird — gewichtet und hochgerechnet — (Basis in 1000)				
Die Hilfebedürftigen werden von außerhalb des Haushalts lebenden, nicht berufsmäßigen Helfern gepflegt im Alter von:	A+B+C 605 %	A 85 %	B 170 %	C 350 %	D 405 %
7-19 Jahre	1	10	—	—	4
20-29 Jahre	14	—	25	12·	11
30-49 Jahre	56	70	45	59	41
50-59 Jahre	25	10	25	30	33
60-69 Jahre	20	60	15	12	4
70-79 Jahre	13	—	20	12	9
80 Jahre und älter	1	—	5	—	2
Keine Angabe zum Alter	24	10	15	31	41
Gesamt	154[1]	160[1]	150[1]	156[1]	145[1]

1 Mehrfachnennungen

Quelle: BMJFG (Hg.):
Anzahl und Situation zu Hause lebender
Pflegebedürftiger; Stuttgart 1980, S. 64.

Tabelle 61:

Familienbeziehungen der Pflegetätigen

Hilfe wird geleistet	Alle befragten zu Hause lebenden Hilfebedürftigen, denen von Haushaltsmitgliedern Hilfe geleistet wird - gewichtet und hochgerechnet - Zielpersonen nach dem Grad der Hilfebedürftigkeit von A (schwerster Grad) nach D abn. (Basis in 1000)					
	Gesamt 1895 %	A 195 %	B 345 %	C 730 %	D 625 %	A+B+C 1270 %
von der Kernfamilie (Ehepartner u. eigene Kinder)	93	86	80	95	103	89
von der Herkunftsfamilie (Eltern u. Geschwister)	14	32	32	6	8	17
von anderen Verwandten	20	14	15	21	20	18
Familie insgesamt 1) (Großfamilie)	127	132	127	122	131	124
von sonstigen Haushaltsmitgliedern	2	9	-	2	1	3
keine Angaben zur Beziehung	2	4	6	-	-	3
Gesamt 1)	131	145	133	124	131	130

Hilfe wird geleistet	Alle befragten zu Hause lebenden Hilfebedürftigen, denen von außerhalb des Haushalts lebenden, nicht berufsmäßigen Helfern Hilfe geleistet wird - gewichtet und hochgerechnet - (Basis in 1000)					
	Gesamt 1010 %	A 85 %	B 170 %	C 350 %	D 405 %	A+B+C 605 %
von der Kernfamilie (eigene Kinder)	43	90	40	51	24	54
von der Herkunftsfamilie (Geschwister)	7	4	10	8	7	8
von anderen Verwandten	35	20	35	44	30	37
Familie insgesamt 1) (Großfamilie)	85	114	85	103	61	99
von Freunden, Bekannten, Nachbarn	47	46	50	40	52	44
von sonstigen Personen	12	-	10	5	24	6
keine Angaben zur Beziehung	3	-	5	8	8	5
Gesamt 1)	147	160	150	156	145	154

1) Mehrfachnennungen.
Quelle: BMJFG (Hg.): Anzahl und Situation zu Hause lebender Pflegebedürftiger, Stuttgart 1980, S.68.

Tabelle 62:

Anteil der Hauptpflegepersonen
nach dem Geschlecht *)

Geschlecht	%
männlich	24
weiblich	75
Angabe fehlt	1

*) Umfang der Grundgesamtheit:
   155 Fälle (absolut)

Quelle: BMJFG (Hg.): Anzahl und
        Situation zu Hause leben-
        der Pflegebedürftiger,
        Stuttgart 1980, S.252.

Tabelle 63:

Verwandtschaftlichen Beziehungen
der Hauptpflegepersonen (in %) *)

Mutter	11
Ehefrau	26
Tochter	16
Schwiegertochter	4
Großmutter	2
andere weibl.Personen	12
Vater	–
Ehemann	20
Sohn	2
Schwiegersohn	1
Großvater	1
andere männl.Personen	–
berufsmäßige Pfleger	3
nicht ermittelbar	1
insgesamt	99

*) Umfang der Grundgesamtheit:
   153 Fälle (absolut).

Quelle: BMJFG (Hg.): Anzahl und
        Situation zu Hause lebender
        Pflegebedürftiger, Stutt-
        gart 1980, S.253.

Tabelle 64:

Zusammenleben der älteren und jüngeren Generation und Anteil der Hilfs- und Pflegebedürftigen

Zusammenleben der älteren und jüngeren Generation und Anteil der Hilfs- und Pflegebedürftigen	Befragte insgesamt
	über 65jähr. N = 792
Anteil der über 65jährigen, die im Haushalt oder Haus der Kinder leben	50,2
- davon sind regelmäßig pflegebedürftig	12,6
	25-55jähr. N = 789
Anteil der 25-55jährigen in deren Haushalt oder Haus über 65-jährige Familienangehörige leben	32,3
- davon sind ganz oder teilweise auf Hilfe angewiesen	31,0

Quelle: BMJFG (Hg.): Die Lebenslage älterer Menschen im ländlichen Raum, Stuttgart 1983, S.206

Tabelle 65:

Erwünschte Hilfspersonen

Hilfe bei	Befragte insgesamt N = 792	
	I	II
Pflege		
- Kinder	69,0	-
- nahe Verwandte	13,1	24,1
- Nachbarn	2,9	4,8
- Freunde/Bekannte	2,5	4,7
- selbst. angestellte Pflegepersonen	1,4	1,8
- Gemeindeschwester	5,1	28,5
- Sozialstation	2,4	9,8
- ehrenamtl. Helfer	0,5	1,3
- Pflegeheim	-	4,8
- keine Angabe	3,2	20,2

I = 1. Präferenz   II = 2. Präferenz

Quelle: BMJFG (Hg.): Die Lebenslage älterer Menschen im ländlichen Raum, Stuttgart 1983, S. 199

Tabelle 66:

Geeignetste Pflegepersonen für ältere Menschen aus der Sicht der jüngeren Generation

Pflegepersonen	I. Präferenz N = 789	II. Präferenz N = 789
Kinder	70,1	—
nahe Verwandte	4,4	12.5
Nachbarn	1,5	3,0
Freunde/Bekannte	2,2	2,5
selbst angestellte Pflegeperson	2,0	2,9
Gmeindeschwester/ Sozialstation	17,7	64,0
ehrenamtl. Helfer	1,4	4,7
Pflegeheim	0,1	8,1
keine Angabe	0,5	2,3
Insgesamt	99,9	100,0

Quelle: BMJFG (Hg.):
Die Lebenslage älterer Menschen im ländlichen Raum, Stuttgart 1983, S. 217.

Tabelle 67:

Art und Umfang der Hilfeleistungen für familienangehörige ältere Menschen

Art und Umfang geleistete Hilfe	Hilfe für familienangehörige ältere Menschen	
	im Haus	außerh. d. Hauses
Art der Hilfe[1]	N = 91	N = 61
— vollständige Pflege	4,4	0,0
— Hilfe bei Körperpflege	39,6	13,1
— Hilfe bei der Hausarbeit einschl. Kochen	78,0	67,2
— Hilfe beim Essen	2,2	4,9
— Hilfe bei der Erledigung des Schriftverkehrs	7,7	6,6
— Hilfe beim Transport und der Fortbewegung	15,4	42,6
— Sonstiges	17,6	27,9
Umfang der Hilfe	N = 72	N = 55
Aufwand in durchschnittlicher Stundenzahl/Woche	13,5	8,2

[1] Mehrfachnennungen waren möglich

Quelle: BMJFG (Hg.):
Die Lebenslage älterer Menschen im ländlichen Raum; Stuttgart 1983, S. 208.

Tabelle 68:

Verteilung der Dauer der Krankheit, Pflegebedürftigkeit und Pflegetätigkeit

Zeit	Dauer der ... in %		
	Krankheit	Pflegebedürftigkeit	Pflegetätigkeit
weniger als 1 Jahr	2,7	4,8	7,4
1 bis 2 Jahre	20,8	31,5	32,9
3 bis 4 Jahre	14,8	23,5	21,5
5 bis 8 Jahre	18,1	18,1	20,8
9 bis 15 Jahre	28,2	16,1	12,8
mehr als 15 Jahre	14,1	6,0	4,6
weiß nicht/keine Angabe	1,3		

Quelle: Lange, U.: Der Einfluß der Pflegebedürftigkeit chronisch kranker älterer Menschen auf die Familiensituation im Mehrgenerationenhaushalt, Köln 1973, Anhang S. 30.

Tabelle 69:

Verteilung und Bewertung des durchschnittlichen Zeitaufwandes für die Versorgung und Pflege (in %)

Zeitaufwand	%
weniger als 1 Stunde	0,7
1 bis unter 2 Stunden	5,4
2 " " 3 "	12,7
3 " " 4 "	14,8
4 " " 6 "	19,5
6 " " 10 "	10,6
10 und mehr Stunden	24,2
Tag und Nacht, praktisch immer	6,7
keine Angaben	5,4

Bewertung des Zeitaufwandes	
reicht aus	81,2
zu wenig	11,4
viel zu wenig	0,7
sonstige Angaben	0,7
weiß nicht/keine Angaben	6,0

Quelle: Lange, U.: Der Einfluß der Pflegebedürftigkeit chronisch kranker älterer Menschen auf die Familiensituation im Mehrgenerationenhaushalt, Köln 1973, Anhang S. 29.

Tabelle 70:

Die an der Pflege beteiligten Personen und die Reihenfolge ihrer zeitlichen Beanspruchung in %

Personen	Rang 1.	2.	3.
Ehegatte	-	0,7	-
Tochter	75,1	8,1	0,7
Sohn	4,0	3,4	0,7
Enkelkinder	2,7	6,7	0,7
Schwiegertochter	18,2	3,4	-
Schwiegersohn	-	6,7	0,7
sonstige Verwandte	-	1,3	0,7
Untermieter, Freunde und Bekannte	-	7,4	2,0
Gemeindeschwester, Altenpfleger, Krankenschwester	-	4,0	0,7
insgesamt	100,0	41,7	6,2

Quelle: Lange, U.: Der Einfluß der Pflegebedürftigkeit chronisch kranker älterer Menschen auf die Familiensituation im Mehrgenerationenhaushalt, Köln 1973, S. 29.

Tabelle 71:

Schätzwerte der aufgewandten Zeit für Hausarbeit, Kinder und Pflege

Tätigkeit	Stunden/Woche
Herstellung von Mahlzeiten	15,0
Bettenmachen, Aufräumen und Tägliches Säubern der Wohnung	13,0
Geschirr spülen und Aufräumen der Küche	8,5
Gründliches Wohnungsputzen	6,5
Einkaufen	3,0
Waschen	2,5
Bügeln	2,0
Zwischenergebnis	50,5
Angaben über Gesamtaufwand	49,0
Arbeit speziell für Kinder	21,0
Pflege von Alten und Kranken	11,0

Quelle: Pross, H.: Die Wirklichkeit der Hausfrau, Reinbeck bei Hamburg 1975, S. 93 u. 95.

Tabelle 72:

Arbeitszeitaufwendungen für die gesamte Hausarbeit
und für Familienpflege nach der Kinderzahl (Std./Tag)

Ehepaare mit	Arbeitszeitaufwand für	Ges. Hausarbeit 1	Famil. pflege insg. 2	Ges. Hausarbeit ohne Fam.pflege (3)-(1)-(2)
0 Kinder		6,3	0,2	6,1
1 Kind		9,1	2,2	6,9
2 Kinder		10,7	2,7	8,0
3 Kinder		11,4	2,4	9,0
4 und mehr Kinder		13,0	3,1	9,9

1) Familienpflege insges. abzüglich Familienpflege der
   Ehepaare (0,2). Da Familienpflege der Ehepaare sehr
   gering ist (0,2), wird unterstellt, daß Familienpflege fast nur Kinderpflege umfaßt.
2) Errechnet nach Walker, K.: Woods, 4. Time Use,
   Washington 1976, S.264.

Quelle: BMJFG (Hg.): Leistungen für die nachwachsende
        Generation in der Bundesrepublik Deutschland,
        Stuttgart 1979, S. 117.

Tabelle 73:

Gesamtarbeitszeitaufwand für die Lebenshaltung pro Person und Tag in Arbeitskraftstunden (Ahk) und Prozent 1)

Altersgruppen Arbeits- zeitaufwand	Kleinstkinder (0-1 Jahr)		Kleinkinder (3-5 Jahre)		Schulkinder (7-15 Jahre)		Auszubildende (16-21 Jahre)		Erwachsene	
	Ahk	%	Ahk	%	Ahk	%	Ahk	%	Ahk	%
Ernährung	2,41	35,3	1,19	34,1	0,88	41,7	0,69	42,1	0,72	43,9
Bekleidung	1,30	19,1	0,68	19,5	0,32	15,2	0,38	23,2	0,37	22,5
Bildung/Freizeit	2,29	33,6	0,99	28,4	0,37	17,5	0,11	6,7	0,10	6,1
Gesundheits- und Körperpflege und Schlafbereich	0,46	6,7	0,46	13,2	0,22	10,4	0,23	14,0	0,16	9,8
Allgemeines	0,36	6,3	0,17	4,8	0,32	15,2	0,23	14,0	0,29	17,7
Insgesamt	6,82	100	3,49	100	2,11	100	1,64	100	1,64	100

1) Im Durchschnitt des Rechnungsjahres und der Kinder verschiedener Altersgruppen bzw. der Erwachsenen.

Quelle: Blosser-Reisen, L., Seifert, M.: Arbeitszeit- und Geldaufwand für die Lebenshaltung von Kindern verschiedener Altersgruppen in Familienhaushalten, in: Hauswirtschaft und Wissenschaft, 1984, S.136.

Tabelle 74:

Zusammensetzung der Hausarbeit bei ausgewählten Haushaltstypen (Tagesdurchschnitte) [1]

Zeitaufwand für	Alleinlebende				Elternteil mit 1 Kind	Kinderloses Ehepaar				Ehepaar m.1 Kind				Ehepaar m.2 Kindern		
	Arbeitnehmer		Nichterwerbstätiger				Allein-verdiener	Doppel-verdiener	Nicht-erwerbstätig	Allein-verdiener	Doppel-verdiener	Allein-verdiener	Doppel-verdiener
	Mann	Frau	Mann	Frau								
	Minuten												
Einkaufen	29	25	34	37	34	54	47	68	52	52	60	60
Nahrungsbereitung	41	41	53	70	64	115	57	119	97	83	97	90
Geschirrspülen	16	19	20	28	26	47	25	55	46	33	40	44
Wäschepflege	16	31	17	41	44	55	31	54	49	45	57	52
Putzen, Aufräumen	32	34	35	55	48	83	48	85	80	74	78	83
Instandhalten	15	3	12	10	5	45	26	35	35	42	25	16
Gartenarbeit, Kehrwoche	13	10	15	40	10	57	29	68	44	33	48	35
Fahrzeugpflege	9	5	7	2	5	15	8	10	13	13	11	10
Kinderbetreuung	0	5	1	10	57	14	0	11	204	142	190	132
Betreuung von Kranken und Haustieren	4	7	10	13	11	18	15	20	14	20	22	17
Sonstiges	7	9	7	9	10	16	10	12	17	10	14	11
Hausarbeit zusammen	178	186	210	312	314	515	295	532	652	539	671	544

1) Abweichungen in den Summen durch Runden.

Quelle: Statistisches Landesamt (BW) (Hg.):
Arbeitszeitbudgets ausgewählter privater
Haushalte in Baden-Württemberg; Stuttgart
1984, S. 31.

Tabelle 75:

Durchschnittlicher wöchentlicher Arbeitszeitaufwand in den städtischen Haushalten in Minuten

Tätig-keiten Haushalt oder Personen	Einkaufe	Nahrungszubereitung			Reinigungsarbeiten					Wäsche u.Be-kldg.,Reini-gung, Pflg., Instandhalt.			Betreuung		Planen und Nachführen	Sonst. Tätigkeiten	Zusammen 1-15
		kalte Speisen und Getränke	Kochen und Backen	Vorratshaltung	Spülen	Putzen und Aufräumen	Betten machen	Instandhaltung	Wehrwäsche	Wäsche	Ober-bekldg.	Kinder	Alte und Kranke			
1	2	3	4	5	6	7	8	9	10	11	12	13	14	15

Hausfrau

1-Pers-Haush.	162	159	152	11	109	192	63	14	12	74	37	-	-	30	68	1083
2-Pers-Haush.	189	187	267	27	182	351	84	18	24	137	82	29	88	147	165	1880
3-Pers-Haush.	205	205	303	27	184	345	83	15	21	173	76	431	43	53	199	2363
4-Pers-Haush.	274	287	358	51	276	418	132	15	32	207	142	381	77	80	235	2963
5-Pers-Haush.	229	262	353	47	245	363	112	29	20	191	108	372	68	178	259	2736
6u.m.Pers-Hh.	269	234	373	49	211	326	94	12	4	170	136	476	80	94	163	2711

Ehemann

1-Pers-Haush.	-	-	-	-	-	-	-	-	-	-	-	-	-	-	-	-
2-Pers-Haush.	42	20	10	2	19	22	5	9	3	2	4	-	11	8	22	169
3-Pers-Haush.	35	35	11	2	15	13	5	28	10	1	4	146	13	14	63	385
4-Pers-Haush.	46	32	7	1	15	6	4	33	13	0	2	79	5	9	132	384
5-Pers-Haush.	25	12	5	0	12	4	4	38	9	0	1	73	23	15	65	256
6u.m.Pers-Hh.	47	14	15	1	9	17	4	32	1	0	1	120	4	1	115	361

Kinder

1-Pers-Haush.	-	-	-	-	-	-	-	-	-	-	-	-	-	-	-	-
2-Pers-Haush.	4	6	9	-	9	5	3	4	5	1	1	-	-	-	14	44
3-Pers-Haush.	14	12	12	1	18	28	12	3	3	1	2	6	1	1	21	135
4-Pers-Haush.	36	23	21	6	38	49	28	3	6	5	4	13	7	6	133	264
5-Pers-Haush.	39	26	24	2	39	39	30	4	10	8	6	12	22	4	37	304
6u.m.Pers-Hh.	36	53	64	1	37	76	26	6	3	2	19	11	3	-	99	436

Sonstige

1-Pers-Haush.	-	-	-	-	-	60	-	-	-	-	-	-	-	-	-	60
2-Pers-Haush.	2	3	5	1	6	3	2	0	5	1	0	-	4	-	11	44
3-Pers-Haush.	2	1	2	1	4	31	2	-	2	2	1	44	2	-	1	95
4-Pers-Haush.	4	0	14	0	11	11	2	0	1	6	1	15	1	-	13	45
5-Pers-Haush.	1	2	26	1	14	111	3	2	4	113	5	27	3	0	5	1217
6u.m.Pers-Hh.	20	17	39	3	92	168	15	1	4	125	6	111	12	-	3	1519

Haushalt insgesamt

1-Pers-Haush.	162	159	152	11	109	252	63	14	12	74	37	-	-	30	68	1143
2-Pers-Haush.	237	216	291	30	216	396	94	31	32	143	87	29	93	155	195	2145
3-Pers-Haush.	256	253	328	31	221	417	102	46	36	177	83	627	59	54	284	2974
4-Pers-Haush.	360	342	390	58	340	484	164	55	42	218	149	468	90	95	403	3658
5-Pers-Haush.	294	302	408	50	310	517	149	77	43	212	120	484	116	97	366	3545
6u.m.Pers-Hh.	392	319	491	54	349	587	139	51	12	300	172	718	189	95	380	4047

Quelle: Schulz-Borck, H.: Zum Arbeitszeitaufwand in privaten Haushalten, in: Hauswirtschaft und Wissenschaft, 3/1980, S. 118.

Tabelle 76:

Innerfamiliäre Arbeitsteilung[1]

Tätigkeiten	Erwerbstätige Frauen						Hausfrauen					
	Frau		Partner		gemeins.		Frau		Partner		gemeins.	
	Welle		Welle		Welle		Welle		Welle		Welle	
	1	2	1	2	1	2	1	2	1	2	1	2
Frühstück	63	68	12	6	23	23	76	79	6	6	16	15
Abendessen	67	69	7	6	20	19	87	88	2	2	11	9
Mittagessen	70	68	2	3	9	9	97	96	-	-	2	4
Summe Ernährung	200	205	21	15	52	51	260	263	8	8	29	28
Wäsche waschen	89	88	-	1	6	8	96	95	-	-	2	4
Spülen	49	45	5	5	36	38	75	77	1	1	19	18
Sauber machen	62	61	1	3	33	31	90	91	1	1	9	8
Summe Haushaltstätigkeit	200	194	6	9	75	77	261	263	1	2	30	30
Hausreparatur	4	5	77	73	15	16	7	10	74	75	15	13
Einkaufen	46	42	6	6	47	48	57	56	2	3	41	40
Urlaubsorganisation	12	8	10	9	70	76	8	11	9	10	74	69
Summe Versorgung	62	45	93	88	132	140	72	77	85	88	130	122
Versicherung	23	20	50	46	26	34	17	19	59	61	24	30
Bankangelegenheiten	29	25	30	33	40	42	30	31	39	38	31	31
Behördengänge	33	30	32	35	35	34	32	36	44	40	24	24
Summe Verwaltung	85	75	112	114	101	110	79	86	142	139	79	85
Kinderversorgung	27	25	1	2	27	30	48	53	1	1	37	33
Schulaufgaben	15	16	2	5	17	15	32	34	2	1	15	17
Kinderbestrafung	13	14	2	2	27	28	24	22	3	2	43	48
Summe Kindererziehung	55	55	5	9	71	73	104	109	6	4	95	98

1) Tätigkeit wird überwiegend ausgeführt von ...:
   Spaltenweise Addition der Verteilung zu Teilsummen.
   Zeilenweise Addition zu 100 %.

Quelle: Heinemann, K.: Arbeitslose Frauen im Spannungsfeld von Erwerbstätigkeit und Hausfrauenrolle, Melle/St.Augustin 1980, Bd.2, S. 132/133.

Tabelle 77:

Hausarbeit je Haushalt nach ausgewählten Haushaltstypen (Tagesdurchschnitt)

Haushalts-zusammensetzung	Haushaltstyp Stellung im Erwerbsleben	monatl.[1] Haushalts-nettoein-kommen von ...bis unter...DM	Arbeitszeit je Person Mann Haus-arbeit (Minuten)	Frau (Minuten)	Hausarbeit je Haushalt zu-sam-men	davon entfallen auf Mann (Prozent)	Frau (Prozent)	je Haushalt Kind(er)	Sonst. Person(en)
Alleinlebender Mann	Arbeitnehmer	1000-2200	171	-	178	96,1	-	-	3,9
Alleinlebende Frau	Arbeitnehmer	1000-2200	-	184	186	-	98,9	-	1,1
Alleinlebender Mann	nicht-erwerbs.	unt. 1600	191	-	210	91,0	-	-	9,0
Alleinlebende Frau	nicht-erwerbs.	unt. 1600	-	308	312	-	98,7	-	1,3
Alleinerziehender Elternteil mit 1 Kind [2]	Arbeitnehmer	-	-	280	314	-	89,2	10,5	0,3
kinderloses Ehepaar	Arbeitnehmer, Alleinverdien.	1600-2200	104	411	515	20,2	79,8	-	-
kinderloses Ehepaar	Arbeitnehmer, Doppelverdien.	3000 und mehr	104	184	295	35,3	62,4	-	2,4
kinderloses Ehepaar	nicht-erwerbs.	1000-2200	177	854	532	33,3	66,5	-	0,2
Ehepaar mit 1 Kind	Arbeitnehmer, Alleinverdien.	1600-3000	137	489	652	21,0	75,0	3,1	0,9
Ehepaar mit 1 Kind	Arbeitnehmer, Doppelverdien.	3000-4000	147	339	539	27,3	62,9	5,6	4,3
Ehepaar mit 2 Kindern	Arbeitnehmer, Alleinverdien.	1600-3000	130	489	671	19,4	72,9	6,1	1,6
Ehepaar mit 2 Kindern	Arbeitnehmer, Doppelverdien.	3000 und mehr	122	344	544	22,4	63,2	10,7	3,7

[1] Selbsteinstufung der Haushalte im Januar 1983.
[2] Beide Geschlechter; da es sich überwiegend um Frauen handelt, werden die Alleinerziehenden unter die Frauen zugeordnet.

Quelle: Statistisches Landesamt (BW) (Hg.): Arbeitszeitbudgets ausgewählter privater Haushalte in Baden-Württemberg, Stuttgart 1984, S. 12.

4. Die ökonomische Lage der Familie

4.1 Die generelle ökonomische Lage

Tabelle 78   Familien mit Kindern nach monatlichem Nettoeinkommen der Bezugsperson
Tabelle 79   Verheiratete Zusammenlebende in Familien im April 1982 nach monatlichem Nettoeinkommen der Bezugsperson und Zahl der ledigen Kinder in der Familie
Tabelle 80   Ehepaare im April 1982 nach Beteiligung am Erwerbsleben, monatliches Nettoeinkommen des Ehepartners und Altersgruppen der ledigen Kinder in der Familie
Tabelle 81   Einkommensschichtung der Familien 1981 nach der Höhe des verfügbaren Einkommens und nach Familientypen
Tabelle 82   Regelsätze nach dem Bundessozialhilfegesetz
Tabelle 83   Monatliche Verbrauchsausgaben je Haushalt
Tabelle 84   Monatliche Verbrauchsausgaben je Haushalt der unteren Verbrauchsgruppe

4.2 Die ökonomische Lage in spezifischen Lebenszyklusphasen

Tabelle 85   Geschiedene in Familien im April 1982 nach monatlichem Nettoeinkommen der Bezugsperson und Zahl der ledigen Kinder in der Familie
Tabelle 86   Verwitwete in Familien im April 1982 nach monatlichem Nettoeinkommen der Bezugsperson und Zahl der ledigen Kinder in der Familie
Tabelle 87   Durchschnittsbeträge der Altersruhegelder an Frauen
Tabelle 88   Durchschnittsbeträge der Witwenrenten
Tabelle 89   Personen mit gleichzeitigem Bezug einer Rente aus der Gesetzlichen Rentenversicherung und Sozialhilfe

Tabelle 78:

Familien mit Kindern nach monatlichem
Nettoeinkommen der Bezugsperson (in 1.000)

	1982	1985
unter 600	230	223
600-1.200	992	879
1.200-1.400	553	422
1.400-1.800	2.118	1.534
1.800-2.500	3.494	3.458
2.500-3.000	955	978
3.000-4.000	1.053	1.120
4.000-5.000	385	469
über 5.000	365	446
Sonstige	707	867
Insgesamt	10.892	10.395

Quelle: Statistisches Bundesamt, Wiesbaden (Hg.): Fachserie 1 Bevölkerung und Erwerbstätigkeit, Reihe 3 Haushalte und Familien, 1982, S. 150. Daten für 1985 nachrichtlich vom Statistischen Bundesamt, Wiesbaden.

Tabelle 79:

Verheiratete Zusammenlebende in Familien im April 1982 nach monatlichem Nettoeinkommen der Bezugsperson und Zahl der ledigen Kinder in der Familie *) in %

Verheiratete Zusammenlebende	zusammen	Mit einem monatlichem Nettoeinkommen der Bezugsperson von ... bis unter ... DM															Selbst.d.Landwirtsch. mithelf. Familienangehör.	ohne Angabe/ kein Einkommen	Insgesamt in %	Insgesamt in 1000
		unter 300	300-450	450-600	600-800	800-1000	1000-1200	1200-1400	1400-1600	1600-1800	1800-2000	2000-2200	2200-2500	2500-3000	3000-3500	3500-4000	4000-4500	4500-5000	5000 und mehr				
insgesamt	94,1	0,2	0,3	0,6	1,2	2,2	4,0	6,0	10,4	11,9	12,4	10,5	9,7	8,6	6,0	3,3	2,1	1,2	3,2	2,7	3,2	100	15.117
ohne Kinder	95,0	0,4	0,5	1,1	2,1	3,6	6,2	8,9	13,1	12,8	11,6	9,0	7,9	6,7	4,4	2,3	1,5	0,7	2,1	1,5	3,6	100	5.923
mit Kindern	93,5	0,2	0,2	0,3	0,6	1,4	2,5	4,2	8,7	11,4	12,9	11,5	10,9	9,9	7,0	4,0	2,6	1,5	3,8	3,5	2,9	100	9.193
mit 1 Kind	94,6	0,2	0,3	0,5	0,8	1,6	3,0	5,2	10,0	12,6	13,6	11,3	10,6	9,3	6,1	3,3	2,1	1,1	2,9	2,4	3,1	100	4.015
mit 2 und mehr Kindern	92,7	0,2	0,2	0,2	0,5	1,2	2,1	3,4	7,6	10,4	12,3	11,7	11,2	10,3	7,7	4,6	2,9	1,8	4,5	4,5	2,8	100	5.178

*) Ergebnisse des Mikrozensus, Bevölkerung am Familienwohnsitz.

Quelle: Statistisches Bundesamt, Wiesbaden (Hg.): Fachserie 1 Bevölkerung und Erwerbstätigkeit, Reihe 3 Haushalte und Familien, 1982, S. 68-71.

Tabelle 80:

Ehepaare im April 1982 nach Beteiligung am Erwerbsleben, monatliches Nettoeinkommen des Ehepartners und Altersgruppen der ledigen Kinder in der Familie *)

Ehepaare monatl. Nettoeinkommen der/des	Insgesamt	Kein Einkommen	\<600	600–1.200	1.200–1.400	1.400–1.800	1.800–2.500	2.500–3.000	3.000–3.500	3.500–4.000	4.000–5.000	5.000 und mehr	Selbständige Landwirte, mith. Fam.-angeh.	ohne Angabe
mit Kindern ohne Altersbegrenzung														
Ehemannes	9.193	43	65	417	384	1.840	3.246	908	643	370	373	352	326	227
Ehefrau	9.193	4.921	1.051	1.502	288	379	221	49	30	11	10	13	549	170
mit Kindern unter 3 Jahren														
Ehemannes	1.481	16	13	63	56	330	552	154	95	52	46	39	37	27
Ehefrau	1.481	899	121	225	44	63	36	9	–	–	–	–	51	23
mit Kindern unter 6 Jahren														
Ehemannes	2.527	22	19	99	88	536	944	269	176	96	85	75	68	49
Ehefrau	2.527	1.513	223	372	80	108	61	15	9	–	–	–	96	41
mit Kindern unter 15 Jahren														
Ehemannes	5.979	35	34	213	202	1.164	2.225	647	441	251	245	217	176	131
Ehefrau	5.979	3.323	641	951	189	247	143	34	21	8	6	8	306	103
mit Kindern unter 18 Jahren														
Ehemannes	7.240	38	39	263	255	1.408	2.668	762	533	306	302	274	225	168
Ehefrau	7.240	3.930	791	1.192	229	306	177	40	26	9	7	10	395	129

*) Ergebnisse des Mikrozensus, Bevölkerung am Familienwohnsitz.

Quelle: Statistisches Bundesamt, Wiesbaden (Hg.): Fachserie 1 Bevölkerung und Erwerbstätigkeit, Reihe 3 Haushalte und Familien 1982, S. 72/73.

Tabelle 81:

Einkommensschichtung der Familien 1981 nach der Höhe des verfügbaren Einkommens und nach Familientypen 1)

Monatliches Familieneinkommen von...bis unter ...DM	Ehepaare ohne Kinder	\multicolumn{4}{c}{Ehepaare mit Kindern unter 18 Jahren}			
		1	2	3	4 oder mehr
unter 1000					
1000 - 1250	48	1			
1250 - 1500	313	11			
1500 - 1750	445	106	8		
1750 - 2000	545	175	35		
2000 - 2250	622	280	60	3	
2250 - 2500	611	353	120	6	
2500 - 2750	535	375	183	14	
2750 - 3000	445	348	223	28	4
3000 - 3250	361	303	225	43	9
3250 - 3500	297	255	206	51	13
3500 - 3750	245	216	184	55	17
3750 - 4000	205	182	158	54	23
4000 - 5000	464	490	448	164	72
5000 - 6000	239	264	260	103	54
6000 - 7000	120	152	151	63	36
7000 - 8000	57	79	95	36	21
8000 - 9000	32	40	54	22	14
9000 -10000	18	18	29	15	8
10000 und mehr	63	52	56	28	14
Insgesamt	5.665	3.700	2.495	685	285

1) Zahl der Familien in 1.000, ohne Berücksichtigung blieben nichtentnommene Gewinne der Unternehmen ohne eigene Rechtspersönlichkeit.

Quelle: Deutsches Institut für Wirtschaftsforschung, Die Auswirkungen der Umverteilung auf die Einkommenslage der Familien in der Bundesrepublik Deutschland in den Jahren 1973 und 1981, Berlin 1984, S. 106.

Tabelle 82:

Regelsätze nach dem Bundessozialhilfegesetz[1], (DM/Monat)

	1981	1982	1983	1984	1985	1986	1987
Alleinstehender oder Haushaltsvorstand	328	338	345	356	370	389	398
Familienmitglieder							
0- 7 Jahre	148	152	155	160	167	175	179
8-11 Jahre	213	220	224	231	241	253	259
12-15 Jahre	246	254	259	267	278	292	299
16-21 Jahre	295	304	311	320	333	350	358
22 Jahre und älter	262	270	276	285	296	311	318

[1] im Bundesdurchschnitt; jeweils zum 01.01. d.J., seit 1983 zum 01.07. d.J.

Quelle: BMA (Hg.): Statistisches Taschenbuch - Arbeits-' und Sozialstatistik, Bonn 1985 und 1987 Tabelle 8.16.
        Eigene Berechnungen.

Tabelle 83:

Monatliche Verbrauchsausgaben je Haushalt

Jahresdurchschnitt	Monatliche Ausgaben insgesamt 1)	Nahrungsmittel	Gekleidung mittel	Kleidung Schuhe	Wohnungsmieten 2)	Elektrizität, Gas, Brennstoffe u.a.	übrige Güter für Haushführung 3)	Güter Verkehr Nachrichtenübermittlg.	Güter für Körperu. Gesundheitspflege	Bildung und Unterhaltg.	pers. Ausstattung, sonst. Güter 4)	Zahl der erfaßten Haushalte
1984												
in DM	2848,76	634,43	105,75	230,16	526,66	189,44	240,88	464,66	89,79	245,86	121,12	396
in %	100	22,3	3,7	8,1	18,5	6,6	8,4	16,3	3,2	8,6	4,3	
Mittlere Verbrauchergruppe 5)												
in DM	4394,34	817,59	112,79	390,88	793,69	264,23	400,67	685,18	257,11	410,68	261,54	447
in %	100	18,6	2,6	8,9	18,1	6,0	9,1	15,6	5,9	9,3	5,9	
Gehobene Verbrauchergruppe 6)												
1985 7)												
in DM	2864,85	627,51	109,07	235,24	562,75	208,19	229,02	424,01	91,58	258,79	118,69	388
in %	100	21,9	3,8	8,2	19,7	7,3	8,0	14,8	3,2	9,0	4,1	
Mittlere Verbrauchergruppe 5)												
in DM	4525,28	830,73	118,38	398,18	852,98	277,16	357,22	719,15	281,33	434,70	261,45	428
in %	100	18,4	2,6	8,8	18,8	6,0	7,9	15,9	6,2	9,6	5,8	
Gehobene Verbrauchergruppe 6)												

1) Einschl. Verzehr in Gaststätten.
2) Einschl. Mietwert der Eigentümerwohnungen, Pacht für Gärten u.ä.
3) Dazu gehören u.a. Teppiche, Matratzen, Öfen, elektr. und andere Haushaltsgeräte, Reinigungs- und Pflegemittel, Güter für die Gartenpflege.
4) Dazu gehören u.a. Uhren und Schmuck, Dienstleistungen des Beherbergungsgewerbes, Pauschalreisen.
5) 4-Personen-Arbeitnehmerhaushalt mit mittlerem Einkommen.
6) 4-Personen-Haushalte von Beamten und Angestellten mit höherem Einkommen.
7) vorläufiges Ergebnis

Quelle: Bundesarbeitsblatt 7-8/1986, S.99/100.

Tabelle 84:

Monatliche Verbrauchsausgaben je Haushalt der unteren Verbrauchergruppe 1)

Jahresdurchschnitt	Monatliche Ausgaben für den privaten Verbrauch						übrige 4) Güter für				
	Insgesamt	Nahrungsmittel 2)	Genußmittel	Kleidung, Schuhe	Wohnungsmieten 3)	Elektrizität, Gas, Brennst. u.a.	Haushaltsführung	NachRichtenübermittl	Körper- u.Gesundheitspflege	Bildung u.Unterhaltg.	persönl. Austattung, sonst. Güter 5)	Zahl der erfaßten Haushalte
1984 in DM	1.435,46	393,74	68,85	85,96	348,70	135,19	108,52	117,23	64,85	67,53	44,89	161
in %	100	27,4	4,8	6,0	24,3	9,4	7,6	8,2	4,5	4,7	3,1	
1985 6) in DM	1.498,97	386,29	70,72	80,26	365,78	149,26	111,90	140,86	75,17	70,98	47,75	160
in %	100	25,8	4,7	5,3	24,4	10,0	7,5	9,4	5,0	4,7	3,2	

1) 2-Personenhaushalte von Renten- und Sozialhilfeempfängern mit geringem Einkommen.
2) Einschl. Verzehr in Gaststätten.
3) Einschl. Mietwert der Eigentümerwohnungen, Pacht für Gärten u.a.
4) Dazu gehören u.a. Teppiche, Matratzen, Öfen, elektr. und andere Haushaltsgeräte, Reinigungs- und Pflegemittel, Güter für die Gartenpflege.
5) Dazu gehören u.a. Uhren und Schmuck, Dienstleistungen des Beherbergungsgewerbes, Pauschalreisen.
6) Vorläufiges Ergebnis.

Quelle: Bundesarbeitsblatt 2/1985, S.116 und 7-8/1986, S.98.

Tabelle 85:

Geschiedene in Familien im April 1982 nach monatlichem Nettoeinkommen der Bezugsperson und Zahl der ledigen Kinder in der Familie *) in %

Geschiedene		zusammen	un-ter 300	300-450	450-600	600-800	800-1000	1000-1200	1200-1400	1400-1600	1600-1800	1800-2000	2000-2200	2200-2500	2500-3000	3000-3500	3500-4000	4000-4500	4500-5000	5000 und mehr	Selbst.i.d.Landwirtsch. mithelf. Familienangehör.	ohne Angabe/kein Einkommen	Insgesamt in %	Insgesamt in 1.000
insgesamt	Männer	95,1	-	1,2	2,5	4,6	4,8	6,3	8,6	12,2	10,5	8,5	7,0	7,1	3,6	2,0	1,0	-	2,0	-	4,8	100	589
	Frauen	95,6	-	3,7	5,4	11,6	14,0	16,4	10,9	8,5	6,7	4,5	3,1	2,5	1,2	0,6	-	-	-	-	4,3	100	1.057
	insges.	95,3	-	2,8	4,4	8,7	9,4	10,2	10,4	9,8	8,0	5,7	4,5	4,1	2,1	1,1	0,3	-	1,0	-	4,4	100	1.647
ohne Kinder	Männer	94,8	-	1,4	2,7	4,8	5,0	6,6	8,5	12,4	10,2	8,1	6,6	6,8	3,5	1,9	-	-	1,9	-	5,0	100	518
	Frauen	96,1	1,0	3,6	5,7	12,8	12,2	12,0	11,7	8,7	7,5	5,9	3,0	2,6	1,1	1,2	-	-	1,1	-	3,9	100	609
	insges.	95,4	0,8	2,6	4,3	9,1	8,9	9,6	10,2	10,4	7,9	5,9	4,6	4,5	2,2	1,2	0,5	-	-	-	4,3	100	1.128
mit Kindern	Männer	97,2	-	1,6	3,8	4,9	8,5	11,8	9,9	11,3	12,7	9,9	9,1	11,3	3,5	1,3	-	-	-	-	-	100	71
	Frauen	94,9	-	3,3	4,4	7,9	11,6	10,7	10,8	8,3	7,8	5,5	3,3	2,2	1,1	-	-	-	-	-	4,9	100	448
	insges.	95,2	1,3	3,1	4,4	7,9	10,6	11,6	11,0	8,5	8,5	4,7	4,7	3,3	1,3	-	-	-	-	-	4,1	100	519
mit 1 Kind	Männer	96,2	-	-	-	4,6	7,6	10,3	11,1	11,5	13,5	11,5	9,6	11,5	1,6	-	-	-	-	-	-	100	52
	Frauen	95,0	-	2,7	4,1	7,0	9,2	10,5	10,2	11,0	9,2	3,8	2,7	3,8	-	-	-	-	-	-	5,0	100	262
	insges.	95,2	-	2,5	-	7,0	9,2	10,5	12,4	9,6	9,9	6,4	4,8	3,8	-	-	-	-	-	-	4,5	100	314
mit 2 und mehr Kind.	Männer	100,0	-	-	-	-	-	-	-	-	-	-	-	-	-	-	-	-	-	-	-	100	19
	Frauen	94,4	-	4,8	5,4	9,7	14,0	12,9	8,1	7,0	5,9	3,8	3,2	-	-	-	-	-	-	-	4,8	100	186
	insges.	95,1	-	4,9	4,9	8,8	12,7	13,2	12,7	8,3	7,3	6,3	3,9	2,4	-	-	-	-	-	-	4,4	100	205

*) Ergebnisse des Mikrozensus, Bevölkerung am Familienwohnsitz
Quelle: Statistisches Bundesamt, Wiesbaden (Hg.): Fachserie 1 Bevölkerung und Erwerbstätigkeit, Reihe 3 Haushalte und Familien 1982, S. 68-71.

Tabelle 86:

Verwitwete in Familien im April 1982 nach monatlichem Nettoeinkommen der Bezugsperson und Zahl der ledigen Kinder in der Familie *) in %

Verwitwete		zusammen	unter 300	300-450	450-600	600-800	800-1000	1000-1200	1200-1400	1400-1600	1600-1800	1800-2000	2000-2200	2200-2500	2500-3000	3000-3500	3500-4000	4000-4500	4500-5000	5000 und mehr	Selbst.l.d.Landwirtsch., mithelf. Familienangehör.	ohne Angabe/kein Einkommen	Insgesamt in %	Insgesamt in 1.000
insgesamt	Männer	94,3	0,6	2,7	2,8	15,2	7,6	11,3	11,0	12,2	10,5	9,2	6,2	5,4	4,0	2,3	1,3	-	-	1,2	1,8	3,9	100	773
	Frauen	95,6	1,0	3,1	5,0	10,8	7,3	18,8	9,1	7,7	5,5	4,3	3,5	2,5	1,4	0,3	0,2	-	-	0,3	1,1	3,4	100	4.493
	insges.	95,4	0,9	3,1	4,7	10,0	15,9	17,5	12,4	9,6	6,2	5,0	3,5	2,9	1,8	0,9	0,2	0,1	-	0,4	1,2	3,4	100	5.266
ohne Kinder	Männer	94,7	-	2,8	3,1	5,3	8,1	11,6	11,6	12,7	10,4	9,0	6,0	5,1	3,9	1,1	1,0	-	-	0,8	1,4	3,9	100	645
	Frauen	95,9	0,9	3,0	4,8	10,7	17,5	19,3	13,1	9,3	5,6	4,2	3,3	1,9	1,3	0,3	0,2	-	-	0,3	0,7	3,4	100	3.847
	insges.	95,7	0,9	3,0	4,7	9,9	16,1	18,2	12,9	9,8	6,3	4,9	3,4	2,4	1,7	0,4	0,2	-	-	0,4	0,8	3,5	100	4.493
mit Kindern	Männer	92,2	1,2	3,9	-	3,9	5,5	9,4	7,8	10,9	7,0	10,2	7,4	4,7	-	-	-	-	-	-	3,9	3,9	100	128
	Frauen	93,8	1,2	3,0	5,7	11,6	16,6	16,2	10,1	5,2	8,4	4,6	2,4	2,0	1,1	-	-	-	-	0,9	3,4	2,9	100	646
	insges.	93,5	1,2	3,6	5,2	10,3	14,7	15,1	9,7	8,4	4,0	5,1	2,5	2,2	1,6	0,9	-	-	-	0,9	3,5	3,0	100	774
mit 1 Kind	Männer	94,3	1,3	3,9	-	11,8	5,8	10,5	9,3	11,6	10,5	7,0	7,0	1,5	-	-	-	-	-	-	-	2,8	100	86
	Frauen	94,3	1,3	3,7	5,7	10,7	17,3	16,9	7,9	5,9	4,8	4,3	2,0	2,0	1,1	-	-	-	-	-	2,8	2,8	100	456
	insges.	94,3	1,3	3,7	5,2	10,7	15,7	16,1	10,1	8,3	6,1	5,7	3,9	2,8	-	-	-	-	-	-	2,8	3,0	100	542
mit 2 und mehr Kind.	Männer	90,2	-	-	5,8	11,1	14,2	6,2	5,9	3,8	2,8	2,4	2,1	-	-	-	-	-	-	3,1	2,1	100	41
	Frauen	92,6	-	3,7	5,8	11,1	14,2	8,7	6,7	5,9	3,8	2,8	2,4	2,1	2,6	-	-	-	-	-	5,2	3,0	100	190
	insges.	91,8	-	3,5	5,2	9,5	12,6	13,0	8,7	6,5	5,6	4,3	5,6	4,3	-	-	-	-	-	-	-	-	100	231

*) Ergebnisse des Mikrozensus, Bevölkerung am Familienwohnsitz
Quelle: Statistisches Bundesamt, Wiesbaden (Hg.): Fachserie 1 Bevölkerung und Erwerbstätigkeit, Reihe 3 Haushalte und Familien 1982, S. 68-71.

Tabelle 87:

Durchschnittsbeträge der Altersruhegelder an Frauen
1. Juli 1984

	Altersgruppe	
	60 bis unter 75 Jahre	75 und mehr Jahre
Rentenversicherung der Arbeiter	537,21	497,30
Rentenversicherung der Angestellten	880,45	923,24

Quelle: BT-DR 10/1807, 1984, S.15.

Tabelle 88:

Durchschnittsbeträge der Witwenrenten
am 1. Juli 1984

	Altersgruppe	
	60 bis unter 75 Jahre	75 und mehr Jahre
Rentenversicherung der Arbeiter	674,59	728,26
Rentenversicherung der Angestellten	936,73	1.057,89
Knappschaftliche Rentenversicherung	rd. 1.099	rd. 1.166

Quelle: BT-DR 10/1807, 1984, S.17.

Tabelle 89:

Personen mit gleichzeitigem Bezug einer Rente aus der Gesetzlichen Rentenversicherung und Sozialhilfe - Ergebnis des Mikrozensus Mai 1981

Rentenart	Anzahl in 1000			davon Personen in					
				Einpersonen-haushalten 1)			Mehrpersonen-haushalten		
	insg.	m	w	insg.	m	w	insg.	m	w
Versichertenrente									
ArV + KnV	76,7	27,3	49,4	61,5	18,7	42,8	15,2	8,6	6,6
AnV	15,6	3,2	12,4	13,1	1,6	11,5	2,5	1,6	0,9
zusammen	92,3	30,5	61,8	74,6	20,3	54,3	17,7	10,2	7,5
Hinterbliebenenrente									
ArV + KnV	31,8	1,4	30,4	27,2	0,7	26,4	4,8	0,8	4,0
AnV	6,0	0,4	5,6	5,5	0,3	5,2	0,4	-	0,4
zusammen	37,8	1,8	36,0	32,6	1,0	31,6	5,2	0,8	4,4
GRV-Rente und Sozialhilfe insgesamt	130,1	32,3	97,8	107,2	21,3	85,9	22,9	11,0	11,9

1) Einschließlich Anstaltsbevölkerung.

Quelle: Sonderauswertung des Mikrozensus 1981 durch das Statistische Bundesamt
F.Klanberg, Sozialhilfebedürftigkeit unter Rentenempfängern, in: Deutsche Rentenversicherung 6/7/8/1985, S.437-448, insb. S.439.

5. Generatives Verhalten
5.1 Fruchtbarkeit
Tabelle 90 Anzahl der Lebendgeborenen, allg. Lebendgeborenen-
ziffer und Lebendgeborene nach der Legitimität
Tabelle 91 Allgemeine Fruchtbarkeitsziffer
Tabelle 92 Die Nettoreproduktionsrate
Tabelle 93 Fruchtbarkeit der Kohorten 1927–1940 nach dem Alter
Tabelle 94 Fruchtbarkeit der Kohorten 1941–1970 nach dem Alter

5.2 Timing
Tabelle 95 Ehelich Lebendgeborene nach der Lebendgeburtenfolge
Tabelle 96 Zeitlicher Abstand der Geburten im Durchschnitt in Jahren
Tabelle 97 Durchschnittliche Ehedauer bei der Geburt ehelich lebendgeborener Kinder in Jahren
Tabelle 98 Ehedauerspezifische Geburtenziffer 1982
Tabelle 99 Durchschnittliches Alter der Mütter in Jahren bei der Geburt ihrer ehelich lebendgeborenen Kinder

Tabelle 90:

Anzahl der Lebendgeborenen, allgemeine Lebendgeborenenziffer und Lebendgeborene nach der Legitimität

Jahr	Anzahl	Ziffer	ehelich	nicht-ehelich
Reichsgebiet				
1872	1.626.037	39,5	1.483.362	142.675
1882	1.702.348	37,2	1.545.822	156.526
1892	1.795,971	35,7	1.696.796	168.919
1902	2.024.735	35,1	1.854.949	169.786
1912	1.869.636	28,3	1.693.121	176.515
1922	1.404.215	23,0	1.254.977	149.238
1932	978.210	15,1	864.379	113.831
1942	1.055.915	14,9		
Bundesgebiet				
1952	799.080	15,7	726.940	72.140
1962	1.018.552	17,9	961.904	56.648
1972	701.214	11,3	658.804	42.410
1973	635.633	10,3	595.790	39.843
1974	626.373	10,1	587.096	39.277
1975	600.512	9,7	563.738	36.774
1976	602.851	9,8	564.600	38.251
1977	582.344	9,5	544.695	37.649
1978	576.468	9,4	536.327	40.141
1979	581.984	9,5	540.480	41.504
1980	620.657	10,1	573.734	46.923
1981	624.557	10,1	575.194	49.363
1982	621.173	10,1	568.423	52.750
1983	594.177	9,7	541.735	52.442
1984	584.157	9,5	531.159	52.998
1985	586.155	9,6	531.085	55.070
1986*)	625.963	10,3	566.155	59.808

*) vorläufiges Ergebnis

Quelle: Statistisches Bundesamt, Wiesbaden (Hg.):
- Fachserie 1 Bevölkerung und Erwerbstätigkeit, Reihe 1 Gebiet und Bevölkerung, 1982, S.32;
- Bevölkerung und Wirtschaft 1872-1972, S.101-103;
- Statistisches Jahrbuch, 1987, S.70.
Eigene Berechnungen

Tabelle 91:

Allgemeine Fruchtbarkeitsziffer

Jahr	Ziffer
Reichsgebiet	
1871/72	163
1880/81	167
1890/91	163
1900/01	158
1909/11	130
1922	89
1932	59
1938	81
Bundesgebiet	
1952*)	68
1962	85
1972	57
1973	51
1974	50
1975	48
1976	47
1977	45
1978	44
1979	44
1980	47
1981	47
1982	46
1983	44
1984	44
1985	44

*) ohne Saarland und Berlin

Quelle: Statisches Bundesamt,
  Wiesbaden (Hg.):
  - Fachserie 1 Bevölkerung
    und Erwerbstätigkeit,
    Reihe 1 Gebiet und Bevölkerung, 1982, S.32;
  - Bevölkerung und Wirtschaft
    1872-1972, S.109;
  - Statistisches Jahrbuch
    1985, S.74, 1986, S.73, 1987, S.73.

Tabelle 92:

Die Nettoreproduktionsrate

Jahr	Gesamtbe-völkerung	Deutsche	verwendete Sterbetafel
Reichsgebiet			
1881/90	1,362	–	1881/90
1891/00	1,441	–	1891/00
1901/10	1,417	–	1901/10
1930	0,852	–	1924/26
Bundesgebiet			
1950*)	0,929	–	1949/51
1960	1,096	–	1960/62
1961	1,139	–	
1962	1,131	–	
1963	1,168	–	
1964	1,178	–	
1965	1,174	–	1970/72
1966	1,188	–	
1967	1,167	–	
1968	1,116	–	
1969	1,037	–	
1970	0,946	0,944	
1971	0,900	0,887	
1972	0,803	0,780	
1973	0,724	0,692	
1974	0,710	0,673	
1975	0,679	0,641	
1976	0,683	0,652	
1977	0,658	0,633	
1978	0,647	0,626	
1979	0,649	0,627	
1980	0,679	0,657	
1981	0,674	0,655	
1982	0,660	0,647	
1983	0,625	–	
1984	0,605	–	
1985	0,605	–	
1986**)	0,633	–	

*) 1950 ohne Saarland und Berlin
**) geschätzt nach dem Calot-Verfahren

Quelle: Statistisches Bundesamt, Wiesbaden (Hg.):
- Fachserie 1 Bevölkerung und Erwerbstätigkeit, Reihe 1 Gebiet und Bevölkerung, 1982, S. 35;
- Statistisches Jahrbuch 1987, S. 70

Tabelle 93:

Fruchtbarkeit der Kohorten 1927-1940 nach dem Alter

Alter	Kohorte 1927	1928	1929	1930	1931	1932	1933	1934	1935	1936	1937	1938	1939	1940
15							0,2*	0,3*	0,2	0,3	0,3	0,3	0,4	0,4
16						2,1*	2,0*	2,3	2,2	1,9	2,1	2,1	2,0	2,3
17					8,4*	9,4*	10,2	10,1	9,6	9,1	9,4	8,8	9,3	10,8
18				22,5*	24,8*	27,5	28,8	27,6	26,1	26,8	25,5	26,5	27,9	28,1
19			47,7*	47,7*	50,9	54,4	54,3	51,6	51,1	49,8	52,5	53,5	52,2	57,0
20		69,0*	72,5*	74,6	79,9	80,6	80,0	78,8	76,0	78,7	82,0	79,6	84,2	86,7
21	90,8*	91,8*	92,2	96,6	99,4	98,7	101,7	98,4	102,2	106,6	105,5	109,9	110,2	120,0
22	108,5*	106,3	110,2	113,9	115,2	118,7	119,3	124,3	130,9	129,6	134,7	132,8	141,6	143,3
23	115,9	120,0	123,3	125,8	128,2	130,7	139,6	147,5	147,8	151,8	152,6	158,7	159,6	163,3
24	125,6	129,3	129,3	135,3	138,2	146,3	158,1	158,8	163,6	162,8	168,5	168,9	172,8	173,7
25	131,2	133,7	137,8	140,1	150,0	160,0	163,1	168,3	170,1	171,6	170,6	176,8	176,8	171,7
26	132,6	137,4	139,2	146,8	156,1	159,0	168,2	167,0	170,0	169,5	174,4	175,0	170,7	169,0
27	133,3	135,9	143,8	151,2	156,1	160,2	161,4	165,0	161,7	166,5	167,7	163,2	163,0	156,0
28	130,8	137,2	144,4	143,7	151,1	150,6	155,4	152,9	155,1	155,4	153,0	152,2	147,5	138,4
29	130,2	134,8	135,8	138,4	141,1	140,3	140,8	143,9	143,6	138,7	140,0	135,8	129,0	166,9
30	124,8	123,5	125,9	125,8	128,1	127,4	131,8	131,3	127,6	126,2	122,7	116,4	107,8	94,1
31	112,9	114,6	115,9	113,6	117,4	117,4	118,2	113,7	112,6	108,7	103,6	96,1	85,4	78,2
32	103,2	102,6	101,9	98,3	103,8	104,8	101,7	99,8	95,6	91,1	85,5	75,0	69,1	61,2
33	90,6	89,2	88,3	89,5	92,2	89,3	89,1	85,0	79,0	75,1	65,9	61,3	54,2	46,8
34	78,6	76,6	78,5	78,0	77,1	76,6	75,2	70,9	65,3	57,6	53,3	46,7	41,1	38,0
35	66,6	67,5	68,2	65,6	65,3	64,4	62,4	57,9	50,6	46,0	40,3	35,8	30,5	30,5
36	58,4	58,3	56,8	56,4	55,3	53,6	50,4	44,5	40,4	34,6	30,5	27,7	25,5	24,2
37	49,6	47,1	46,6	45,0	45,2	42,5	39,0	35,0	29,2	26,0	23,3	21,0	19,6	18,4
38	39,4	38,7	37,4	36,2	35,2	32,5	29,9	25,1	21,2	19,1	16,8	16,2	14,4	13,5
39	31,0	29,8	29,3	27,6	25,5	24,5	21,7	18,4	15,5	14,0	13,0	11,1	10,3	10,2
40	23,4	22,8	21,0	19,7	18,8	17,0	14,9	12,8	10,7	9,6	8,7	7,8	7,5	7,5
41	16,9	16,1	14,9	14,3	12,6	11,1	9,9	8,3	7,3	6,3	5,4	5,3	5,0	5,2
42	11,2	10,5	9,9	8,5	7,7	7,1	6,3	5,2	4,4	3,9	3,4	3,5	3,4	3,3
43	6,8	6,7	5,5	5,1	4,7	4,1	3,7	2,9	2,3	2,2	2,2	2,2	2,2	1,9
44	3,8	3,2	3,0	2,7	2,4	2,4	2,0	1,5	1,3	1,3	1,2	1,2	1,1	1,0
45														

Die mit * versehenen Werte wurden errechnet aus den im Stat.Jahrbuch 1952 angegebenen Geburtenzahlen 1948 und 1949 unter Berücksichtigung der 1950 gemessenen Alterszusammensetzung sowie Annahmen über die Zuwanderung von Flüchtlingsjahrgängen.

Quelle: Dinkel, R.: Die Auswirkungen eines Geburten- und Bevölkerungsrückgangs auf Entwicklung und Ausgestaltung von gesetzlicher Alterssicherung und Familienlastenausgleich, Berlin 1984, S. 28. Statistisches Bundesamt, Wiesbaden (Hg.): Statistische Jahrbücher 1983, 1984, 1985/1986.

Tabelle 94: Fruchtbarkeit der Kohorten 1941-1970 nach dem Alter

Quelle: Dinkel, R.: Die Auswirkungen eines Geburten- und Bevölkerungsrückgangs auf Entwicklung und Ausgestaltung von gesetzlicher Alterssicherung und Familienlastenausgleich, Berlin 1984, S. 28. Statistisches Bundesamt, Wiesbaden (Hg.): Statistische Jahrbücher 1983, 1984, 1985, 1986, 1987.

Tabelle 95:

Ehelich Lebendgeborene nach der Lebendgeburtenfolge 1) in %

Jahr	insgesamt 2)	1.	2.	3.	4.	5.	6.	7.	8.	9. und weitere Kinder
1955	738.563	42,5	30,3	14,8	6,6	3,0	1,4	0,7	0,3	0,4
1960	907.299	41,9	29,9	14,9	6,9	3,2	1,6	0,8	0,4	0,4
1965	995.351	40,0	31,4	15,4	6,8	3,1	1,5	0,8	0,4	0,5
1970	766.528	41,9	31,8	14,7	6,1	2,7	1,3	0,7	0,4	0,5
1971	733.263	43,1	31,8	14,1	5,9	2,5	1,2	0,7	0,4	0,4
1972	658.804	44,2	32,1	13,7	5,5	2,4	1,2	0,6	0,4	0,4
1973	595.790	44,8	32,7	13,2	5,2	2,3	1,1	0,6	0,3	0,4
1974	587.096	46,3	32,7	12,0	4,8	2,1	1,0	0,5	0,3	0,3
1975	563.738	46,7	33,0	11,8	4,6	2,0	0,9	0,4	0,3	0,3
1976	564.600	47,4	33,5	11,5	4,2	1,8	0,8	0,4	0,2	0,2
1977	544.695	48,2	33,9	11,1	3,9	1,6	0,7	0,4	0,2	0,2
1978	536.327	48,3	34,1	10,9	3,6	1,4	0,6	0,3	0,2	0,2
1979	540.480	48,2	34,7	11,0	3,5	1,4	0,6	0,3	0,2	0,1
1980	573.734	48,7	34,3	11,1	3,4	1,3	0,6	0,3	0,1	0,1
1981	575.194	48,7	34,3	11,3	3,4	1,2	0,5	0,3	0,1	0,1
1982	568.423	49,2	34,5	11,0	3,2	1,1	0,5	0,2	0,1	0,1
1983	541.735	49,4	34,7	10,9	3,1	1,0	0,8 3)	–	–	–
1984	531.159	48,5	35,7	11,1	3,0	1,0	0,7	–	–	–
1985	531.085	48,4	35,7	11,3	3,0	0,9	0,7	–	–	–

1) Einschließlich der legitimierten Kinder, 1955 Bundesgebiet ohne Saarland.
2) Einschließlich der Fälle "Ordnungsnummer der Geburt unbekannt".
3) 1983, 1984, 1985 6. und weitere Kinder.

Quelle: Statistisches Bundesamt, Wiesbaden (Hg.):
- Fachserie 1 Bevölkerung und Erwerbstätigkeit, Reihe 1 - Gebiet und Bevölkerung, 1982, S. 69.
- Statistisches Jahrbuch 1985, S. 76, 1986, S.75, 1987, S.75.
Eigene Berechnungen.

Tabelle 96:

Zeitlicher Abstand der Geburten im Durchschnitt in Jahren

Jahr	1. Kind vom Tag der Eheschließung	2. Kind	3. Kind	4. Kind	5. Kind	6. Kind	7. Kind
		vom Geburtstag des vorangegangenen Kindes					
1959*)	1,75	3,52	3,78	3,53	3,20	2,86	2,60
1965	1,78	3,42	3,70	3,55	3,38	3,00	2,77
1970	1,86	3,66	4,25	4,21	3,97	3,63	3,30
1971	1,93	3,69	4,36	4,31	4,10	3,76	3,56
1972	2,03	3,72	4,41	4,41	4,18	3,94	3,54
1973	2,16	3,81	4,48	4,48	4,30	3,97	3,65
1974	2,28	3,83	4,50	4,56	4,25	4,08	3,79
1975	2,42	3,86	4,52	4,58	4,38	4,10	3,94
1976	2,49	3,92	4,57	4,63	4,40	4,14	3,88
1977	2,57	3,93	4,56	4,67	4,47	4,24	3,86
1978	2,63	3,90	4,55	4,57	4,57	4,13	3,66
1979	2,68	3,86	4,54	4,57	4,43	4,07	3,70
1980	2,66	3,86	4,57	4,54	4,34	4,10	3,75
1981	2,62	3,82	4,56	4,55	4,40	4,07	3,73
1982	2,60	3,74	4,52	4,43	4,35	4,19	3,64
1983	2,59	3,69	4,48	4,42	4,31	4,07	3,54
1984	2,59	3,67	4,45	4,38	4,23	4,05	3,97
1985	2,57	3,67	4,43	4,27	4,17	3,96	3,58

*) 1959 ohne Berlin

Quelle: Statistisches Bundesamt, Wiesbaden (Hg.), Fachserie 1 Bevölkerung und Erwerbstätigkeit, Reihe 1 Gebiet und Bevölkerung, 1982, S. 77; Fachserie 1 Bevölkerung und Erwerbstätigkeit, Reihe 1 Gebiet und Bevölkerung, 1985, S.101.

Tabelle 97:

Durchschnittliche Ehedauer bei der Geburt
ehelich lebendgeborener Kinder in Jahren

Jahr	1.	2.	3.	4.	5. u. weitere
1960	1,85	4,66	7,10	8,90	11,17
1965	1,92	4,69	7,18	9,11	11,74
1970	1,97	5,08	7,95	10,11	12,76
1971	2,03	5,10	8,09	10,26	13,06
1972	2,13	5,18	8,18	10,41	13,29
1973	2,24	5,27	8,24	10,53	13,49
1974	2,36	5,32	8,25	10,59	13,53
1975	2,49	5,42	8,27	10,61	13,64
1976	2,56	5,52	8,34	10,66	13,70
1977	2,63	5,63	8,39	10,72	13,77
1978	2,70	5,69	8,45	10,73	13,73
1979	2,74	5,72	8,51	10,76	13,87
1980	2,73	5,76	8,60	10,87	14,00
1981	2,68	5,78	8,66	10,99	14,18
1982	2,66	5,72	8,69	10,91	14,26
1983	2,66	5,67	8,66	10,95	14,04
1984	2,66	5,64	8,64	10,95	13,86
1985	2,64	5,63	8,58	10,87	13,93

Quelle: Statistisches Bundesamt, Wiesbaden (Hg.),
Fachserie 1 Bevölkerung und Erwerbstätigkeit,
Reihe 1 Gebiet und Bevölkerung, 1982, S.77;
Fachserie 1 Bevölkerung und Erwerbstätigkeit,
Reihe 1 Gebiet und Bevölkerung, 1985, S.101.

Tabelle 98:

Ehedauerspezifische Geburtenziffer 1982

Ehedauer in Jahren	insgesamt	1. Kind	2. Kinder	3. Kinder	4. und weitere Kinder
0	165	158	6	1	0
1	247	228	18	1	0
2	200	139	58	3	0
3	186	92	86	7	1
4	168	66	87	13	2
5	151	49	81	18	3
6	134	38	71	21	4
7	104	25	54	20	5
8	89	18	44	21	6
9	74	13	34	19	8
10	57	8	24	17	8
11	46	6	18	15	7
12	33	4	11	11	7
13	24	2	8	8	6
14	18	1	5	6	6
15	14	1	3	5	5
16	11	1	2	3	5
17	8	1	1	2	4
18	6	0	1	1	4
19	4	0	0	1	3
insgesamt	72	35	25	8	4

Quelle: Statistisches Bundesamt, Wiesbaden (Hg.): Fachserie 1 Bevölkerung und Erwerbstätigkeit, Reihe 1 Gebiet und Bevölkerung, 1982, S. 76.

Tabelle 99:

Durchschnittliches Alter der Mütter in Jahren bei der Geburt ihrer ehelich lebendgeborenen Kinder

Jahr	insge-samt	1.	2.	3.	4.	5. und weitere
1961	27,65	24,86	27,78	30,34	32,07	34,11
1965	27,56	24,88	27,50	29,92	31,85	34,24
1970	27,38	24,34	27,71	30,49	32,50	34,81
1971	27,27	24,33	27,61	30,53	32,53	34,95
1972	27,21	24,41	27,56	30,53	32,57	35,05
1973	27,17	24,55	27,54	30,47	32,47	35,07
1974	27,03	24,65	27,43	30,26	32,31	34,89
1975	27,02	24,81	27,41	30,12	32,11	34,72
1976	26,96	24,87	27,43	30,11	32,04	34,63
1977	26,95	24,96	27,52	30,06	32,04	34,58
1978	26,96	25,06	27,56	29,99	31,90	34,40
1979	27,01	25,16	27,61	29,99	31,80	34,28
1980	27,02	25,19	27,65	30,04	31,85	34,23
1981	27,11	25,31	27,75	30,08	31,85	34,35
1982	27,20	25,49	27,83	30,18	31,82	34,46
1983	27,34	25,74	27,94	30,24	31,99	34,33
1984	27,52	25,98	28,07	30,31	32,05	34,18
1985	27,70	26,18	28,25	30,38	32,01	34,19

Quelle: Statistisches Bundesamt, Wiesbaden (Hg.), Fachserie 1 Bevölkerung und Erwerbstätigkeit, Reihe 1 Gebiet und Bevölkerung, 1982, S. 77; Fachserie 1 Bevölkerung und Erwerbstätigkeit, Reihe 1 Gebiet und Bevölkerung, 1985, S.101.

6. Haushaltsstruktur

6.1 Mehrpersonenhaushalte
Tabelle 100 Privathaushalte, Haushaltsmitglieder und durchschnittliche Haushaltsgröße
Tabelle 101 Anzahl der Mehrpersonenhaushalte
Tabelle 102 Bevölkerung in Privathaushalten nach Altersgruppen ab 1972

6.2 Einpersonenhaushalte
Tabelle 103 Anteil der Einpersonenhaushalte an den Privathaushalten insgesamt
Tabelle 104 Einpersonenhaushalte nach Altersgruppen und Geschlecht
Tabelle 105 Quoten der Einpersonenhaushalte nach Altersgruppen und Geschlecht
Tabelle 106 Einpersonenhaushalte nach Familienstand und Geschlecht

6.3 Generationenhaushalte
Tabelle 107 Privathaushalte nach Generationen

Tabelle 100:

Privathaushalte, Haushaltsmitglieder und durchschnittliche Haushaltsgröße

Jahr	Privathaushalte insgesamt in 1.000	Haushaltsmitmitglieder in 1.000	Anzahl der Personen je Haushalt
Reichsgebiet			
1871	8.697	40.310	4,63
1880	9.609	44.224	4,60
1890	10.584	48.108	4,55
1900	12.179	54.737	4,49
1910	14.283	62.810	4,40
1933	17.695	63.946	3,61
1939	20.335	66.456	3,27
Bundesgebiet			
1950	16.650	49.850	2,99
1961	19.460	56.012	2,88
1970	21.991	60.176	2,74
1971	22.852	60.873	2,66
1972	22.994	61.406	2,67
1973	23.233	61.874	2,66
1974	23.651	61.799	2,61
1975	23.722	61.563	2,60
1976	23.943	61.200	2,56
1977	24.165	61.245	2,53
1978	24.221	61.101	2,52
1979	24.486	61.109	2,50
1980	24.811	61.481	2,48
1981	25.100	61.658	2,46
1982	25.336	61.560	2,43
1985	26.367	61.006	2,31

- 1939 nach dem Gebietsstand des 31.12.1937
- Bis 1939, 1950, 1961 und 1970 Volkszählungsergebnisse ab 1971 Mikrozensusergebnisse (1975 aus der EG-Arbeitskräftestichprobe)

- 1950 Wohnbevölkerung, 1961 und 1971 Wohnberechtigte Bevölkerung, ab 1972 Bevölkerung in Privathaushalten.

Quelle: Statistisches Bundesamt, Wiesbaden (Hg.), Fachserie 1 Bevölkerung und Erwerbstätigkeit, Reihe 3, Haushalte und Familien, 1982, S. 118; Daten für 1985 nachrichtlich vom Statistischen Bundesamt, Wiesbaden.

Tabelle 101:

Anzahl der Mehrpersonenhaushalte

Jahr	in 1.000
Reichsgebiet	
1871	8.161
1880	9.005
1890	9.837
1900	11.308
1910	13.238
1933	16.213
1939	18.351
Bundesgebiet	
1950	13.421
1961	15.450
1970	16.464
1971	16.746
1972	16.980
1973	17.162
1974	17.221
1975	17.168
1976	17.076
1977	17.103
1978	17.128
1979	17.133
1980	17.318
1981	17.370
1982	17.410
1985	17.504

Quelle: Statistisches Bundesamt, Wiesbaden (Hg.): Fachserie 1 Bevölkerung und Erwerbstätigkeit, Reihe 3 Haushalte und Familien, 1982, S. 118.
Daten für 1985 nachrichtlich vom Statistischen Bundesamt, Wiesbaden.

Tabelle 102:

Bevölkerung in Privathaushalten nach Altersgruppen ab 1972*)
1000

Zeitpunkt	Insgesamt					Darunter Frauen			
	Insgesamt	davon im Alter von .. bis unter .. Jahren				davon im Alter von .. bis unter .. Jahren			
		unter 25	25 - 45	45 - 65	65 u.mehr	zusammen	unter 25	25 - 45	45 - 65	65 und mehr

Mehrpersonenhaushalt

Zeitpunkt	Insgesamt	unter 25	25-45	45-65	65 u.mehr	zusammen	unter 25	25-45	45-65	65 und mehr
April 1972	55.142	21.903	15.767	11.946	5.527	27.612	10.704	7.775	6.408	2.725
Mai 1973	55.395	21.898	15.828	12.009	5.661	27.633	10.666	7.793	6.398	2.777
April 1974	55.043	21.580	15.787	12.034	5.643	27.491	10.575	7.786	6.372	2.758
Mai 1975	54.870	21.485	15.742	12.046	5.597	27.427	10.517	7.839	6.343	2.728
Mai 1976	54.234	21.093	15.545	11.983	5.614	27.101	10.330	7.768	6.280	2.722
April 1977	54.031	20.868	15.589	11.958	5.616	26.976	10.228	7.808	6.225	2.715
April 1978	53.906	20.616	15.576	11.990	5.724	26.940	10.092	7.822	6.236	2.791
April 1979	53.643	20.448	15.505	11.961	5.730	26.764	9.996	7.786	6.189	2.793
April 1980	53.749	20.156	15.490	12.204	5.899	26.780	9.842	7.794	6.260	2.885
Mai 1981	53.666	20.059	15.340	12.556	5.713	26.681	9.754	7.740	6.395	2.792
April 1982	53.468	19.695	15.183	12.990	5.601	26.589	9.561	7.705	6.583	2.740
Juni 1985	52.176	18.044	14.633	14.097	5.401	26.114	8.828	7.490	7.124	2.672

*) Ergebnis des Mikrozensus (1975 aus der EG-Arbeitskräftestichprobe).

Quelle: Statistisches Bundesamt, Wiesbaden (Hg.): Fachserie 1 Bevölkerung und Erwerbstätigkeit, Reihe 3 Haushalte und Familie, 1982, S.132. Daten für 1985 nachrichtlich vom Statistischen Bundesamt, Wiesbaden. Eigene Berechnungen.

Tabelle 103:

Anteil der Einpersonenhaushalte an
den Privathaushalten insgesamt

Jahr	Privathaushalte insgesamt in 1.000	Einpersonenhaushalte in 1.000	Anteil der Einpersonenhaushalte in %
Reichsgebiet			
1871	8.697	536	6,2
1880	9.609	604	6,3
1890	10.584	748	7,1
1900	12.179	871	7,2
1910	14.283	1.045	7,3
1933	17.695	1.482	8,4
1939	20.335	1.984	9,8
Bundesgebiet			
1950	16.650	3.229	19,4
1961	19.460	4.010	20,6
1970	21.991	5.527	25,1
1971	22.852	6.106	26,7
1972	22.994	6.014	26,2
1973	23.233	6.071	26,1
1974	23.651	6.431	27,2
1975	23.722	6.554	27,6
1976	23.943	6.867	28,7
1977	24.165	7.062	29,2
1978	24.221	7.093	29,3
1979	24.486	7.353	30,0
1980	24.811	7.493	30,2
1981	25.100	7.730	30,8
1982	25.336	7.926	31,3
1985	26.367	8.863	33,6

- 1939 nach dem Gebietsstand vom 31.12.1937

- Bis 1939, 1950, 1961 und 1970 Volkszählungsergebnisse, ab 1971 Mikrozensusergebnisse, 1975 aus der EG-Arbeitskräftestichprobe.

- 1950 Wohnbevölkerung, 1961 und 1971 wohnberechtigte Bevölkerung, ab 1972 Bevölkerung in Privathaushalten.

Quelle: Statistisches Bundesamt, Wiesbaden (Hg.)
Fachserie 1 Bevölkerung und Erwerbstätigkeit,
Reihe 3 Haushalte und Familien, 1982, S. 118;
Daten für 1985 nachrichtlich vom Statistischen
Bundesamt, Wiesbaden.

Tabelle 104:

Einpersonenhaushalte nach Altersgruppen und Geschlecht
in 1.000

Jahr	insge-samt	davon im Alter von ... bis unter ... Jahren			
		- 25	25-45	45-65	65 und älter
insgesamt:					
1961	4.010	391	699	1.416	1.504
1970	5.527	446	1.021	1.734	2.326
1971	6.106	356	984	1.837	2.930
1972	6.014	518	1.056	1.814	2.626
1973	6.071	482	1.029	1.774	2.786
1974	6.431	554	1.110	1.783	2.984
1975	6.554	557	1.134	1.754	3.109
1976	6.867	626	1.211	1.771	3.259
1977	7.062	634	1.317	1.731	3.380
1978	7.093	670	1.350	1.640	3.434
1979	7.353	749	1.416	1.669	3.519
1980	7.493	768	1.523	1.594	3.609
1981	7.730	818	1.624	1.656	3.631
1982	7.926	839	1.718	1.741	3.627
1985	8.863	1.004	2.142	2.043	3.673
männlich:					
1961	1.256	238	389	353	275
1970	1.596	242	650	329	375
1971	1.623	187	616	339	482
1972	1.741	274	704	335	428
1973	1.692	250	682	321	440
1974	1.849	277	753	331	488
1975	1.870	264	759	333	514
1976	1.995	300	803	264	528
1977	2.087	301	859	377	550
1978	2.098	319	862	374	543
1979	2.195	356	905	389	545
1980	2.298	369	972	413	544
1981	2.389	386	1.030	452	522
1982	2.507	391	1.091	498	528
1985	3.107	481	1.331	722	573
weiblich:					
1961	2.754	153	310	1.063	1.229
1970	3.931	204	371	1.405	1.951
1971	4.483	169	368	1.498	2.555
1972	4.273	244	352	1.479	2.198
1973	4.379	233	347	1.453	2.346
1974	4.582	277	357	1.451	2.497
1975	4.684	293	375	1.421	2.595
1976	4.872	326	408	1.407	2.730
1977	4.975	333	459	1.354	2.830
1978	4.995	351	487	1.266	2.891
1979	5.158	394	511	1.280	2.974
1980	5.195	399	551	1.181	3.065
1981	5.340	432	594	1.204	3.110
1982	5.419	448	628	1.244	3.099
1985	5.756	523	811	1.321	3.100

Quelle: Statistisches Bundesamt, Wiesbaden (Hg.), Fach-
serie 1 Bevölkerung und Erwerbstätigkeit, Reihe 3
Haushalte und Familien, 1982, S. 122 und 132.
Eigene Berechnungen;
Daten für 1985 nachrichtlich vom Statistischen
Bundesamt, Wiesbaden.

Tabelle 105:

Quoten der Einpersonenhaushalte nach Altersgruppen und Geschlecht
in %

Jahr	insge-samt	-25	25-35	35-45	im Alter von ... bis unter ...Jahren 45-55	55-65	65-75	75 und mehr
insgesamt:								
1972	9,8	2,3	7,5	5,0	7,9	18,6	29,2	39,1
1973	9,9	2,2	7,3	4,9	7,7	18,8	29,5	40,7
1974	10,5	2,5	8,0	5,2	7,8	19,3	30,7	43,2
1975	10,7	2,5	8,3	5,3	7,7	19,0	31,3	45,2
1976	11,2	2,9	9,1	5,6	7,9	19,2	32,2	46,2
1977	11,6	2,9	9,9	6,0	7,8	18,8	32,8	47,3
1978	11,6	3,1	10,1	6,2	7,4	17,9	33,0	46,3
1979	12,1	3,5	10,6	6,5	7,7	18,0	33,3	47,1
1980	12,2	3,7	11,5	6,8	7,6	16,7	32,9	47,2
1981	12,6	3,9	12,1	7,3	7,7	16,7	33,7	47,6
1982	12,9	4,1	13,0	7,5	7,9	16,6	34,2	47,4
1985	14,5	5,3	15,6	9,7	9,3	16,6	34,4	48,4
männlich:								
1972	5,9	2,4	10,1	6,0	4,8	6,7	11,0	19,4
1973	5,7	2,2	5,6	6,0	4,6	6,3	10,8	19,7
1974	6,3	2,5	10,6	6,6	4,9	6,4	11,6	21,9
1975	6,4	2,4	10,9	6,9	4,9	6,3	12,1	23,1
1976	6,8	2,7	11,7	7,3	5,4	6,9	12,2	23,5
1977	7,2	2,8	12,5	7,8	5,8	6,7	12,5	24,1
1978	7,3	2,9	12,4	8,0	5,8	6,6	12,2	23,4
1979	7,5	3,3	13,0	8,5	6,0	6,7	12,1	23,4
1980	7,9	3,5	14,1	8,9	6,5	6,5	11,7	22,6
1981	8,1	3,6	14,8	9,4	7,0	6,6	11,4	22,2
1982	8,5	3,7	15,9	9,8	7,4	6,9	11,9	22,0
1985	10,7	5,0	18,6	12,5	9,9	8,7	13,1	23,5
weiblich:								
1972	13,4	2,2	4,8	3,8	10,3	27,2	42,2	49,7
1973	13,7	2,1	4,9	3,6	10,1	27,7	42,8	51,9
1974	14,3	2,5	5,1	3,7	10,3	28,4	44,0	54,5
1975	14,6	2,7	5,6	3,6	10,1	27,9	44,6	56,8
1976	15,2	3,1	6,3	3,8	10,1	27,8	45,9	58,2
1977	15,6	3,2	7,2	4,1	9,6	27,2	46,5	59,6
1978	15,6	3,4	7,8	4,2	9,0	25,7	46,8	58,3
1979	16,2	3,8	8,2	4,5	9,4	25,7	47,1	59,6
1980	16,2	3,9	8,8	4,7	8,8	23,8	46,5	60,2
1981	16,7	4,2	9,4	5,0	8,5	23,8	47,5	61,0
1982	16,9	4,5	10,0	5,2	8,4	23,7	48,0	60,8
1985	18,1	5,6	12,6	6,7	8,7	22,9	47,5	61,3

Quelle: Statistisches Bundesamt, Wiesbaden (Hg.), Fach-
serie 1 Bevölkerung und Erwerbstätigkeit, Reihe 3
Haushalte und Familien, 1982, S. 134/5.
Daten für 1985 nachrichtlich vom Statistischen
Bundesamt, Wiesbaden.

Tabelle 106:

Einpersonenhaushalte nach Familienstand und Geschlecht

Jahr	insgesamt	ledig	verh. getrennt lebend	verwitwet	geschieden
insgesamt:					
1972	6.014	1.943	377	3.130	564
1973	6.071	1.915	357	3.220	579
1974	6.431	2.051	386	3.365	625
1975	6.554	2.126	358	3.437	634
1976	6.867	2.249	359	3.537	722
1977	7.062	2.375	333	3.604	750
1978	7.093	2.427	348	3.584	735
1979	7.353	2.561	353	3.677	761
1980	7.493	2.680	376	3.668	770
1981	7.730	2.815	390	3.710	814
1982	7.926	2.932	423	3.720	850
1985	8.863	3.474	497	3.833	1.059
männlich:					
972	1.741	845	283	394	218
1973	1.692	813	262	394	233
1974	1.849	869	294	441	246
1975	1.870	885	262	472	253
1976	1.995	955	264	475	301
1977	2.087	1.034	239	491	324
1978	2.098	1.067	239	487	305
1979	2.195	1.154	238	489	313
1980	2.298	1.243	255	485	317
1981	2.390	1.312	263	479	335
1982	2.507	1.376	281	492	357
1985	3.108	1.736	339	554	478
weiblich:					
1972	4.273	1.098	94	2.736	346
1973	4.379	1.102	95	2.826	356
1974	4.582	1.182	92	2.924	383
1975	4.684	1.241	96	2.965	381
1976	4.872	1.294	95	3.062	421
1977	4.975	1.341	94	3.113	426
1978	4.995	1.360	109	3.097	430
1979	5.158	1.407	115	3.188	448
1980	5.195	1.437	121	3.183	453
1981	5.340	1.503	127	3.231	479
1982	5.419	1.556	142	3.228	493
1985	5.755	1.738	158	3.279	581

- Bevölkerung in Privathaushalten
- Ergebnisse des Mikrozensus, 1975 EG-Arbeitskräftestichprobe

Quelle: Statistisches Bundesamt, Wiesbaden (Hg.), Fachserie 1 Bevölkerung und Erwerbstätigkeit, Reihe 3 Haushalte und Familien, 1982, S. 133.
Eigene Berechnungen.
Daten für 1985 nachrichtlich vom Statistischen Bundesamt, Wiesbaden.

Tabelle 107:

Privathaushalte nach Generationen

Jahr	Haus-halte insg.	1 Pers. Haus-halte	Mehrpersonenhaushalte insgesamt	davon 1 Gen. Ehep. o.Kind.	2 Gen.	3 Gen.	3 Gen. mit nicht gradl. Ver-wandten	mit nicht Ver-wandten
in 1.000:								
1972	22.994	6.014	16.980	5.265	10.587	768	199	160
1974	23.651	6.431	17.221	5.536	10.646	649	188	203
1976	23.943	6.867	17.076	5.560	10.545	534	169	268
1977	24.165	7.062	17.103	5.567	10.574	511	160	292
1978	24.221	7.093	17.128	5.510	10.529	542	167	381
1979	24.486	7.353	17.133	5.549	10.484	523	166	412
1980	24.811	7.493	17.318	5.631	10.548	509	165	464
1981	25.100	7.730	17.370	5.641	10.570	500	159	498
1982	25.336	7.926	17.410	5.675	10.541	496	152	547
1985	26.367	8.863	17.504	5.954	10.149	452	180	770
in %:								
1972	100	26,2	73,8	22,9	46,0	3,3	0,9	0,7
1974	100	27,2	72,8	23,4	45,0	2,7	0,8	0,9
1976	100	28,2	71,3	23,0	44,0	2,2	0,7	1,1
1977	100	29,3	70,8	22,7	43,7	2,1	0,7	1,2
1978	100	30,2	70,7	22,7	43,5	2,2	0,7	1,6
1979	100	30,0	70,0	22,7	42,7	2,1	0,7	1,7
1980	100	30,8	69,8	22,5	42,5	2,1	0,7	1,9
1981	100	30,8	69,2	22,4	42,1	2,0	0,6	2,0
1982	100	31,3	68,7	22,4	41,6	2,0	0,6	2,2
1985	100	33,6	66,4	22,6	38,5	1,7	0,7	2,9

Quelle: Statistisches Bundesamt, Wiesbaden (Hg.), Fachserie 1 Bevölkerung und Erwerbstätigkeit, Reihe 3 Haushalte und Familien, 1982, S. 128.
Eigene Berechnungen;
Daten für 1985 nachrichtlich vom Statistischen Bundesamt, Wiesbaden.

7. Soziale Kontakte
7.1 Kontaktpotential und familiale Wohnstruktur
    Tabelle 108 Ausstattung mit Kontaktmöglichkeiten
    Tabelle 109 Durchschnittliche Anzahl der Verwandten- und Bekanntenfamilien im Hamburger Stadtraum 1968, mit denen bei den befragten Kernfamilien Besuchsverkehr besteht
    Tabelle 110 Besuche bei Heimbewohnern
    Tabelle 111 Kontakte mit Verwandten, Freunden und Bekannten
    Tabelle 112 Wohnentfernung der über 65jährigen zum nächstlebenden Kind
    Tabelle 113 Wohnentfernung zu den nächstlebenden Eltern
    Tabelle 114 Besuchsverkehr von in vier Hamburger Stadtteilen befragten Familien 1964
    Tabelle 115 Der Einfluß der Wohnlage auf die Häufigkeit der Besuche im innerstädtischen Verwandtenverkehr
    Tabelle 116 Der Einfluß der Wohnlage auf die Häufigkeit der Besuche im innerstädtischen Besuchsverkehr
    Tabelle 117 Gemeinsamer Haushalt oder Nähe auf Distanz?
    Tabelle 118 Bevorzugte Wohnformen für das Zusammenleben der Generationen

7.2 Häufigkeit und Intensität sozialer Kontakte
    Tabelle 119 Die Häufigkeit von Treffen mit Verwandten
    Tabelle 120 Besuche von und bei Verwandten, Freunden und Bekannten
    Tabelle 121 Regelmäßige familiäre Kontakte der älteren Generation
    Tabelle 122 Kontakte mit der Elterngeneration
    Tabelle 123 Durchschnittliche Zahl der generellen Kontakte
    Tabelle 124 Wunsch nach Kontaktveränderung
    Tabelle 125 Quantität der Kontakte
    Tabelle 126 Qualität der Kontakte
    Tabelle 127 Subjektive soziale Situation in bezug auf Kontakte
    Tabelle 128 Zeitverwendung und Themen bei Kontakten mit Verwandten, Freunden und Bekannten
    Tabelle 129 Die Intensität des Verwandten- und Bekanntenverkehrs
    Tabelle 130 Vertrauenspersonen älterer Menschen bei persönlichen Sorgen

7.3 Intergenerative Hilfeleistungen
    Tabelle 131 Hilfeleistungen für ältere Menschen in dringenden Fällen
    Tabelle 132 Personen, die in verschiedenen Lebensbereichen Hilfe leisten, nach Hilfs-, Lebensbereichen
    Tabelle 133 Beurteilung der Hilfe der jüngeren Generation durch die befragten 25- bis 55jährigen
    Tabelle 134 Unterstützung durch die Elterngeneration

Tabelle 135 Die Unterstützung privater Haushalte in Notfällen 1980
Tabelle 136 Hilfeleistungen in sozialen Netzwerken nach Art der Hilfeleistung und Empfänger 1980
Tabelle 137 Die subjektive Beurteilung des Umfanges erhaltener Hilfeleistungen im Rahmen sozialer Netzwerke 1980
Tabelle 138 Die subjektive Bilanz von Unterstützung und Hilfe zwischen privaten Haushalten 1980
Tabelle 139 Kurzzeitige Betreuung von Kindern bei Abwesenheit der Mutter
Tabelle 140 Kurzzeitige Betreuung von Kindern verschiedenen Alters durch Verwandte
Tabelle 141 Der Aufenthaltsort des Kindes erwerbstätiger alleinstehender Mütter während der Erwerbstätigkeit

Tabelle 108:

Ausstattung mit Kontaktmöglichkeiten

Merkmale	n =	Punkte[1] 0-4	5-7	8-10
Alle Befragten	267	34,1	53,2	12,7
Geschlecht				
Frauen	162	32,7	54,3	13,0
Männer	105	36,2	51,4	12,4
Familienstand				
ledig	20	55,0	45,0	-
geschieden/getr.leb.	12	33,3	58,3	8,3
verwitwet	110	31,8	50,9	17,3
verheiratet	125	32,8	56,0	11,2
Alter				
70-75 Jahre	130	29,2	57,7	13,1
76-80 Jahre	85	40,0	45,8	14,1
81 Jahre und älter	52	36,5	53,8	9,6
Kinder vorhanden				
ja	194	21,1	61,3	17,5
nein	73	68,5	31,5	-
Soziale Wohnsituation				
Alleinlebend	99	40,4	45,5	14,1
Altenmehrpersonenhaush.	131	35,1	55,7	9,2
mit Kindern lebend	37	13,5	64,9	21,6
Einkommenssituation				
ungünstig	30	16,7	73,3	10,0
geht so	147	32,7	52,4	15,0
günstig	48	33,3	54,2	12,5

1) Es wurde bei folgenden Angaben jeweils ein Punkt vergeben:
 - wenn mindestens ein Kind vorhanden ist,
 - wenn mindestens ein Geschwister vorhanden ist,
 - wenn die Frage nach dem Vorhandensein eines großen Bekannten- und eines großen Verwandtenkreises jeweils mit "es geht so", "ja, ziemlich groß", "ja, sehr groß" beantwortet wurden.
 Jeweils zwei Punkte waren zu vergeben, wenn:
 - Kinder,
 - Geschwister,
 - "die meisten Leute, die jemand kennt"
 - in der näheren Umgebung (im gleichen Viertel) leben.
 Jeweils einen Punkt, wenn:
 - diese etwas weiter weg (aber noch in Stuttgart), bzw. in der näheren Umgebung von Stuttgart leben.
 Durch Addition der vergebenen Punkte (maximal 10), bestimmt sich die Ausstattung mit Kontaktmöglichkeiten.

Quelle: Stiefel, M.-L.: Hilfebedürftigkeit und Hilfebedarf älterer Menschen im Privathaushalt, Berlin 1983, S. 225 und 417-419.

Tabelle 109:

Durchschnittliche Anzahl der Verwandten- und Bekanntenfamilien im Hamburger Stadtraum 1968, mit denen bei den befragten Kernfamilien Besuchsverkehr besteht.

Anzahl der	Schicht			Innen-bezirk	Außen-bezirk	insgesamt standardisiert	insgesamt entzerrt*)
	I	II	III				
Verwandtenparteien	3,1	4,7	4,9	4,5	4,0	4,2	4,5
Bekanntenparteien	8,2	4,7	2,1	4,9	5,1	5,0	4,4
Verkehrsparteien	11,3	9,4	7,0	9,4	9,1	9,2	8,9
Verhältnis von Verwandten zu Bekannten	1:2	1:1	2:1	1:1	4:5	4:5	1:1

*) Entzerrung der Insgesamt-Ergebnisse für den Fall, daß das Verhältnis der drei Schichten nicht wie nach der Standardisierung 1:1:1, sondern 1:2:2 ist.

Quelle: Pfeil, E., Ganzert, J.: Die Bedeutung der Verwandten für die großstädtische Familie, in: Zeitschrift für Soziologie, Stuttgart 2/1973, S. 369.

Tabelle 110:

Besuche bei Heimbewohnern

Kontaktpersonen *)	in %
Freunde	55,9
Verewandte	47,6
Kinder und Enkelkinder	46,5
frühere Nachbarn	13,5
Ärzte	6,6
Nachbarn aus der Umgebung des Heimes	2,2
Pfarrer	2,4

*) Mehrfachnennungen zulässig

Quelle: BMJFG (Hg.) Altenwohnheime, Personal und Bewohner, Stuttgart 1978, S.71/179.

Tabelle 111:

Kontakte mit Verwandten, Freunden und Bekannten (in Berlin (West) 1972)

Kontaktpotential *)
ja	88,4
nein	11,4
keine Angaben	0,2
n = 5.796	

Besuchskontakte
ja	93,0
zum Teil, d.h. nicht mit allen	5,1
nein	1,7
keine Angaben	0,1
n = 2.492	

Wohnentfernung
in demselben Bezirk	50,5
in einem anderen Bezirk	40,0
sowohl als auch	9,4
keine Angaben	0,1
n = 2.542	

in derselben Wohnung	32,0
in demselben Haus	15,1
nein, weder noch	52,8
keine Angaben	-
n = 1.529	

*) Vorhandene Verwandte, Freunde oder Bekannte

Quelle: SAS (Berlin) (Hg.): Dokumentation der Lebenssituation über 65-jähriger Bürger in Berlin, Berlin 1974, S. 170, 178 und 179.

Tabelle 112:

Wohnentfernung der über 65jährigen zum nächstlebenden Kind

über 65-jährige mit ...	Befragte insgesamt N = 792
mind. 1 Kind im Haushalt	35,0
mind. 1 Kind im Haus	15,2
mind. 1 Kind im Ort	11,5
mind. 1 Kind in einem Ort in der Nähe	7,2
mind. 1 Kind weiter weg	12,1
keine Kinder	19,1
insgesamt	100,0

Quelle: BMJFG (Hg.): Die Lebenslage älterer Menschen im ländlichen Raum, Stuttgart 1983, S. 92.

Tabelle 113:

Wohnentfernung zu den nächstlebenden Eltern[1]

25- bis 55-jährige mit	Befragte insgesamt N = 789
mind. ein Elternteil	
- im Haushalt	17,0
- im Haus	16,6
- im Ort	24,3
- im Ort in der Nähe	15,8
- weiter weg	12,0
keine Eltern	14,2

1) Die Eltern sind in dieser Tabelle unabhängig von ihrem Alter erfaßt, d.h. es sind auch Personen einbezogen, die jünger als 65 Jahre sind.

Quelle: BMJFG (Hg.): Die Lebenslage älterer Menschen im ländlichen Raum, Stuttgart 1983, S. 101.

Tabelle 114:

Besuchsverkehr in von vier Hamburger Stadtteilen
befragten Familien (1964 in %)

nur lokal	4
sowohl lokal wie urban	43
nur urban	49
lokal, insgesamt	47
urban, insgesamt	92
Verwandte im eigenen Stadtteil	20
Bekannte im eigenen Stadtteil	40

Quelle: Pfeil, E.: Die Familie im Gefüge der Großstadt, Hamburg 1965, S. 42 und 53.

Tabelle 115:

Der Einfluß der Wohnlage auf die Häufigkeit der Besuche im innerstädtischen Verwandtenverkehr 1) (Hamburg 1964)

Wenn die Verwandten in ... wohnen:	besucht man sich		
	häufig 2)	mittel- 3) häufig	selten 4)
dem gleichen Stadtteil	66	21	13
Nachbarstadtteilen	44	39	17
dem sonstigen Stadtgebiet	21	42	37

1) in % der Verwandtenfamilien, mit denen man sich besucht.
2) Täglich bis mehrmals in der Woche.
3) Ein- bis viermal im Monat.
4) Seltener als einmal im Monat.

Quelle: Pfeil, E.: Die Großstadtfamilie, in: Claessens, D.;
Milhoffer, P. (Hg.): Familiensoziologie,
Königstein/Ts. 1980, S. 194.

Tabelle 116:

Der Einfluß der Wohnlage auf die Häufigkeit der Besuche im innerstädtischen Besuchsverkehr, (Hamburg 1968) 1)

Wenn die Verwandten der Eltern- bzw. Schwiegerelterngeneration wohnen ...	... besucht man sich mit ihnen		
	häufig 2)	mittel-häufig 3)	selten oder sehr selten 4)
im eigenen Stadtteil	77	23	-
in einem benachbarten Stadtteil	32	59	9
in sonstigen Hamburger Stadtteilen	26	56	18
Wenn die Bekannten wohnen...			
im eigenen Stadtteil	46	45	9
in einem benachbarten Stadtteil	6	67	27
in sonstigen Hamburger Stadtteilen	7	40	53

Die Verwandtenkontakte zur eigenen Generation der befragten Frauen, welche im Durchschnitt 35 Jahre alt waren, also die Kontakte mit Geschwisterfamilien und solchen von Vettern und Cousinen, liegen in ihrer Häufigkeit zwischen dem Besuchsverkehr mit Verwandtenfamilien der Elterngeneration und mit Bekanntenfamilien, jedoch näher dem Bekanntenverkehr.

1) In % der Verwandten- bzw. Bekanntenfamilien, mit denen man sich gegenseitig besucht.
2) Häufig: täglich bis mehrmals wöchentlich.
3) Mittelhäufig: ein- bis viermal im Monat.
4) Selten: ein- bis dreimal im Vierteljahr,
   sehr selten: dreimal im Jahr und weniger.

Quelle: Pfeil, E., Ganzert, J.: Die Bedeutung der Verwandten für die Großstädtische Familie, in: Zeitschrift für Soziologie, Stuttgart 2/1973, S. 373.

Tabelle 117:

Gemeinsamer Haushalt oder Nähe auf Distanz?

(Bundesgebiet mit West-Berlin, Männer und Frauen ab 55 Jahre, - Halbgruppen -)

FRAGE: "Einmal ganz allgemein: Finden Sie es gut oder nicht gut, wenn die ältere und die jüngere Generation einer Familie in einem Haushalt zusammenleben?"

	1979
	Männer und Frauen ab 55 Jahre
	%
Gut	14
Nicht gut	57
Unentschieden, kommt drauf an	26
Kein Urteil	3
	100

FRAGE: "Einmal ganz allgemein: Finden Sie es gut oder nicht gut, wenn die ältere Generation einer Familie in der Nähe von der jüngeren Generation wohnt, so daß man sich häufig besuchen kann?"

	1979
	Männer und Frauen ab 55 Jahre
	%
Gut	62
Nicht gut	10
Unentschieden, kommt drauf an	25
Kein Urteil	3
	100

Quelle: MAGS (BW) (Hg.):
Einstellungen zu Ehe und Familie im Wandel der Zeit; Stuttgart 1985, S. 41.

Tabelle 118:

Bevorzugte Wohnformen für das
Zusammenleben der Generationen 1)

FRAGE: "Hier sind verschiedene Möglichkeiten, wie verschiedene Generationen einer Familie leben und wohnen können. Was halten Sie für die beste Lösung?"
(Vorlage einer Liste)

	Bevölkerung von 14 bis 65 Jahren insgesamt	Lebensphasen -					
		Junge Singles	Junge Paare ohne Kinder	Junge Familie	Familie mit älteren Kindern	Älteres alleinlebendes Ehepaar	Ältere Alleinstehende
	%	%	%	%	%	%	%
Getrennte Wohnungen im gleichen Ort, Stadtteil	55	51	69	59	62	54	47
Getrennte Wohnungen im gleichen Haus	28	27	18	26	29	31	39
Getrennte Wohnungen an weit auseinanderliegenden Orten	14	15	16	13	11	12	8
Gemeinsame Wohnung	4	6	1	5	3	4	1
Unmöglich zu sagen	7	8	5	6	5	8	10
	108	107	109	109	110	109	105

1) Baden-Württemberg
   Bevölkerung von 14 bis 65 Jahren

Quelle: MAGS (BW) (Hg.):
   Einstellungen zu Ehe und Familie im
   Wandel der Zeit; Stuttgart 1985, S. 42.

Tabelle 119:

Die Häufigkeit von Treffen mit Verwandten (Angaben in Prozent; n=2000)

2 mal in der Woche und häufiger	17
1-2 mal in der Woche	19
Ungefähr 2-3 mal im Monat	25
Seltener als 2 mal im Monat	21
Fast nie	14
Keine Verwandten/keine Angaben	4

Quelle: Fauser, R.: Zur Isolationsproblematik von Familien; München 1982, S. 84.

Tabelle 120:

Besuche von und bei Verwandten, Freunden und Bekannten (in %)

	Besuche von Verwandten,	Besuche bei Freunden, Bekannten
täglich	5,5	2,6
mehrmals in der Woche	12,5	9,3
einmal in der Woche	17,2	13,5
alle 2-3 Wochen	21,1	19,3
einmal monatlich	16,0	16,7
in größeren Abständen als 1 Monat	22,3	25,0
gar nicht	5,0	13,0
keine Verwandte, Freunde, Bekannte	0,1	0,1
keine Angaben	0,3	0,4
n =	5.125	5.125

Quelle: SAS (Berlin) (Hg.): Dokumentation der Lebenssituation über 65-jähriger Bürger in Berlin, Berlin 1974, S. 171.

Tabelle 121:

Regelmäßige familiäre Kontakte
der älteren Generation

FRAGE: "Wie oft kommen Sie mit Familienangehörigen zusammen - würden Sie sagen:"

	1970 %	1979 %
"Täglich, fast täglich"	55 ⎫	40 ⎫
"Mehrmals in der Woche"	11 ⎬	16 ⎬
"Einmal in der Woche"	9 ⎬ 83	13 ⎬ 84
"Paarmal im Monat"	8 ⎭	15 ⎭
"Einigemal im Jahr"	8	12
"Seltener"	6	3
"Nie"	3	1
	100	100

1) Bundesgebiet mit West-Berlin
   Bevölkerung von 55 bis 70 Jahren 1970, 1979.

Quelle: MAGS (BW) (Hg.):
   Einstellungen zu Ehe und Familie im
   Wandel der Zeit; Stuttgart 1985, S. 38.

Tabelle 122:

Kontakte mit der Elterngeneration

FRAGE: "Wie häufig sehen Sie Ihre Eltern? Würden Sie sagen ..."

	Personen, deren Eltern nicht im Haushalt leben -		
	Insgesamt %	Männer %	Frauen %
"täglich, fast täglich"	17	15	20
"ein-, zweimal in der Woche"	29	25	31
"ein-, zweimal im Monat"	23	26	20
"ein paarmal im Jahr"	23	24	23
"seltener, nie"	8	10	6
	100	100	100

FRAGE: "Und telefonieren Sie öfter mit Ihren Eltern? Würden Sie sagen ..."

	Personen, deren Eltern nicht im Haushalt leben -		
	Insgesamt %	Männer %	Frauen %
"täglich, fast täglich"	10	4	16
"ein-, zweimal in der Woche"	38	33	42
"ein-, zweimal im Monat"	22	27	18
"ein paarmal im Jahr"	10	13	7
"seltener, nie"	20	23	17
	100	100	100

1) Baden-Württemberg
   Personen, deren Eltern nicht im Haushalt leben

Quelle: MAGS (BW) (Hg.):
   Einstellungen zu Ehe und Familie im
   Wandel der Zeit; Stuttgart 1985, S. 37.

Tabelle 123:

Durchschnittliche Zahl der generellen Kontakte (durch Briefpost und Telefon sowie der Besuchszahl mit Verwandten und der Kontakt-Index bzw. Besuchsindex zur Verfügbarkeit von Verwandten)

	Bremen		Köln		Helsinki		Dublin	
	1969/70	1983/84	1969/70	1983/84	1969/70	1983/84	1969/70	1983/84
Generelle Kontakte 1) Zahl pro Familie		4,3		4,3		4,5		3,3
Index 2) von Kontakten zur Verfügbarkeit		14		13		10		8
Besuchszahl pro Familie 3)								
Mindest. 1 x i.d.Woche	1,2	1,4	1,4	1,5	1,1	0,4	2,1	2,1
Mindest. alle 3 Monate	2,3	5,3	2,5	7,4	3,9	3,8	2,5	4,4
Gesamtzahl	3,6		3,9		5,0		4,6	
Besuchsindex 4)	12	24	12	32	11	9,4	10	15,8

1) Unter "generellen Kontakten" erfaßte Lüschen die Kontakte von Familien mit ihren Verwandten durch Telefonanrufe und Briefe.
2) Der Index von Kontakten zur Verfügbarkeit errechnet Lüschen aus der Anzahl der Kontakte multipliziert mit 100, geteilt durch die durchschnittliche Anzahl von lebenden Verwandten pro Familie.
3) Besuche im eigenen Haus als auch im Hause der Verwandten, sowie alle Begegnungen, die über zufälliges Treffen auf der Straße hinausgehen.
4) Der Besuchsindex errechnet sich aus der durchschnittlichen Besuchszahl mit einzelnen Verwandten mal 100 geteilt durch die durchschnittliche Anzahl der lebenden Verwandten pro Familie. Die durchschnittliche Zahl der lebenden Verwandten pro Familie setzt sich zusammen aus den Eltern und Geschwistern (1. Grad); Onkel und Tanten (2. Grad) und Vettern und Cousinen (3. Grad) sowohl des Mannes als auch der Frau.

Quelle: Lüschen, G.: Familie und Verwandtschaft, Interaktion und die Funktion von Ritualen, in: Lüschen, G., Lupri, E.: Soziologie der Familie, Opladen 1970, S. 275 und 278. Lüschen, G.: Familie, Verwandtschaft und Ritual im Wandel, in: Franz, H.-W. (Hg.).: 22. Deutscher Soziologentag 1984, Opladen 1985, S. 126

Tabelle 124:

Wunsch nach Kontaktveränderung

Wunsch nach Kontaktveränderung	Verwandte				Freunde/Bekannte			
	Männer		Frauen		Männer		Frauen	
	N	%	N	%	N	%	N	%
mehr	985	19,5	1266	25,6	1060	21,0	1417	28,6
gleichbleibend	3050	60,4	2312	46,7	3342	66,1	2705	54,7
weniger	439	8,7	228	4,6	272	5,4	125	2,5
keine Angaben	577	11,4	1142	23,1	377	7,5	701	14,2
Gesamt	5051	100	4948	100	5051	100	4948	100

Quelle: BMJFG (Hg.):
Psychosoziale Aspekte der Situation
älterer Menschen; Stuttgart 1975, S. 58.

Tabelle 125:

Quantität der Kontakte

Merkmale	n =	Punkte[1] 0-1	2	3	4
Alle Befragten	265	7,2	23,8	47,2	21,9
Geschlecht					
Frauen	161	9,9	26,7	43,5	19,9
Männer	104	2,9	19,2	52,9	25,0
Familienstand					
ledig	20	15,0	20,0	45,0	20,0
geschieden/getr.leb.	12	16,7	41,7	8,3	33,3
verwitwet	108	9,3	30,6	41,7	18,5
verheiratet	125	3,2	16,8	56,0	24,0
Alter					
70-75 Jahre	127	10,2	23,6	44,9	21,3
76-80 Jahre	84	2,4	23,8	52,4	21,4
81 Jahre und älter	54	7,4	24,1	44,4	24,1
Kinder vorhanden					
ja	192	6,8	20,3	48,4	24,5
nein	73	8,2	32,9	43,8	15,1
Soziale Wohnsituation					
Alleinlebend	98	10,2	29,6	39,8	20,4
Altenmehrpersonenhaush.	131	3,1	17,6	55,0	24,4
mit Kindern lebend	36	13,9	30,6	38,9	16,7
Einkommenssituation					
ungünstig	29	10,3	37,9	34,5	17,2
geht so	148	9,5	23,0	48,6	18,9
günstig	48	2,1	18,8	50,0	29,2

1) Für jeden der folgenden Merkmale wurde ein Punkt vergeben:
   - wer mindestens einen Besuchskontakt in der dem Interview vorhergehenden Woche zu verzeichnen hatte,
   - nicht länger als 8 Stunden am Tag in der Wohnung alleine ist,
   - wer mindestens "seltene" Besuchstätigkeit ausweist,
   - zu wem ein Helfer ins Haus kommt.
   Der Punktwert (maximal 4) ergibt sich aus der Addition der vergebenen Punkte.

Quelle: Stiefel, M.-L.: Hilfebedürftigkeit und Hilfebedarf älterer Menschen im Privathaushalt, Berlin 1983, S. 228 und 417-719.

Tabelle 126:

Qualität der Kontakte

Merkmale	n =	Punkte[1] 0-1	2	3
Alle Befragten	250	6,8	33,2	60,0
Geschlecht				
Frauen	154	5,8	37,7	56,5
Männer	96	8,3	26,0	65,6
Familienstand				
ledig	20	10,0	90,0	-
geschieden/getr.leb.	12	16,7	41,7	41,7
verwitwet	104	6,7	24,0	69,2
verheiratet	114	5,3	30,7	64,0
Alter				
70-75 Jahre	121	10,7	31,4	57,9
76-80 Jahre	77	1,3	39,0	59,7
81 Jahre und älter	52	5,8	28,8	65,4
Kinder vorhanden				
ja	179	2,8	13,4	83,8
nein	71	16,9	83,1	-
Soziale Wohnsituation				
Alleinlebend	96	10,4	35,4	54,2
Altenmehrpersonenhaush.	120	5,0	36,7	58,3
mit Kindern lebend	34	2,9	14,7	82,4
Einkommenssituation				
ungünstig	27	7,4	33,3	59,3
geht so	137	8,8	31,4	59,9
günstig	46	4,3	30,4	65,2

1) Die Qualität der sozialen Lage (der Kontakte) wird hier an
   der ausreichenden Versorgung in Hinblick auf:
   - das Vorhandensein von Kindern, zu denen ein "sehr gutes"
     oder "gutes" Verhältnis besteht,
   - immer oder manchmal einen Ansprechpartner bei persön-
     lichen Problemen zu finden,
   - Nennung mindestens einer nahestehenden Person.
   Für die Erfüllung eines Kriteriums wurde je ein Punkt
   vergeben und alle Punkte addiert (maximal 3 Punkte).

Quelle: Stiefel, M.-L.: Hilfebedürftigkeit und Hilfebedarf
älterer Menschen im Privathaushalt, Berlin 1983,
S. 231 und 417-719.

Tabelle 132:

Personen, die in verschiedenen Lebensbereichen Hilfe leisten nach Hilfs-/Lebensbereichen (in v.H.)

Hilfsperson bzw. -institution	regelmäßige Pflege N=85	Betreuung bei Krankheit N=734	Haus verlassen N=92	Kochen N=464	Einkaufen N=529	Putzen N=612	Wäsche N=475
Ehepartner	38,8	20,3	21,7	57,3	41,9	34,9	28,6
Kinder im Haus	25,0	30,6	33,7	25,4	34,0	30,6	35,6
sonstige Verwandte im Haus	4,7	10,1	15,2	9,1	10,7	11,7	(13,9)
sonstige Haushaltsangeh.	1,2	1,0	1,1	3,2	2,7	2,4	
Kinder außerhalb des Hauses	2,4	9,0	5,4	1,9	5,9	8,6	10,1
andere Verwandte außerh. d. Hauses	2,4	5,0	2,2	0,2	1,2	2,3	2,3
Nachbarn	1,2	2,2	4,4	1,1	3,4	1,9	2,1
Freunde/Bekannte	—	0,7	1,1	—	—	1,3	0,2
selbst. angestellte Hilfsperson	2,4	0,1	1,1	0,4	0,2	5,2	1,1
Sozialstation/Gemeindeschwester/sozialer Dienst	10,6	4,2	1,1	0,9	—	0,8	—
privat/gewerbl. Einrichtung	—	—	—	0,4	—	0,3	6,1
keine Angabe	10,6	14,6	12,0	—	—	—	—
insgesamt	100,0	100,0	100,0	100,0	100,0	100,0	100,0

Quelle: BMJFG (Hg.):
Die Lebenslage älterer Menschen Im
ländlichen Raum; Stuttgart 1983, S. 198.

Tabelle 133:

Beurteilung der Hilfe der jüngeren Generation durch die befragten 25- bis 55jährigen

Kümmern sich Ihrer Meinung nach die jüngeren Menschen heutzutage ... um die älteren Menschen?	Befragte insgesamt N = 789
sehr viel	0,6
viel	32,5
wenig	58,4
sehr wenig	6,8
weiß nicht/keine Antwort	1,7

Quelle: BMJFG (Hg.): Die Lebenslage älterer Menschen im ländlichen Raum, Stuttgart 1983, S. 214.

Tabelle 134:

Unterstützung durch die Elterngeneration 1)

Frage: "Hier auf diesen Karten steht einiges, was Eltern für ihre Kinder manchmal tun. Ist da etwas dabei, was Ihre Eltern oder Schwiegereltern für Sie tun oder getan haben?"
(Vorlage eines Kartenspiels)

	Befragte, deren Eltern noch leben				
		Lebensphasen			
	insgesamt	Junge Singles	Junge Paare ohne Kinder	Junge Familie	Familien mit älteren Kindern
	%	%	%	%	%
Materielle Hilfe					
Hilfe in finanziellen Schwierigkeiten	48	62	44	45	37
Unterstützung bei größeren Anschaffungen	41	52	42	45	29
Umsonst wohnen lassen	39	67	38	23	19
Kauf von Kinderkleidung	34	20	14	65	48
Regelmäßige finanzielle Unterstützung	30	53	25	20	15
Geldanlage für die Kinder	28	36	16	30	29
	---	---	---	---	---
	220	290	179	228	177
Immaterielle Hilfe					
Gute Ratschläge	71	81	77	71	62
Einspringen im Krankheitsfall	43	27	39	60	59
Betreuung der Kinder wenn wir abends mal weggehen	30	4	3	68	55
Hilfe bei den Schulaufgaben	30	49	33	14	17
Mitarbeit im Haushalt/Garten	27	22	21	31	35
Ferien bei den Großeltern	26	21	14	33	39
Kleinere Arbeiten u. Reparaturen in der Wohnung u.am Haus	26	28	33	30	26
Einladung der Kinder übers Wochenende	23	9	12	41	38
Betreuung der Kinder während ich/wir arbeiten gehe(n)	17	3	3	36	24
Mithilfe im eigenen Betrieb	5	5	5	4	8
	---	---	---	---	---
	298	249	240	388	363

1) Baden-Württemberg, Befragte, deren Eltern noch leben.
Quelle: MAGS (BW) (Hg.): Einstellungen zu Ehe und Familie im Wandel der Zeit, Stuttgart 1985, S.54, 55.

Tabelle 135:

Die Unterstützung privater Haushalte in Notfällen 1980

Frage: Angenommen, in ihrem Haushalt ist die Person krank, die überwiegend die Hausarbeit macht, und Sie brauchen unbedingt eine Hilfe im Haushalt. Bei wem würden Sie <u>zuerst</u> Unterstützung suchen? Und wo in zweiter Linie?

	zuerst %	in zweiter Linie %
Jemand im Haushalt	33,2	4,3
Verwandte außerhalb des Haushalts	40,0	30,0
Freunde, Bekannte	11,3	26,7
Nachbarn	4,8	14,8
Bezahlte Haushaltshilfe	5,7	10,6
Staatliche Einrichtung, z.B. Sozialstation	3,5	9,5
Konf. Einrichtung, z.B. beim Pfarrer	1,3	2,4
	99,8	98,4
Alle Haushalte (H)	2.396	2.396

(H = 2.396 Haushalte)

Quelle: Glatzer, W., Haushaltsproduktion in der modernen Gesellschaft, Mannheim, S.14.

Tabelle 136:

Hilfeleistungen in sozialen Netzwerken nach Art der
Hilfeleistung und Empfänger 1960

Frage: Welche Hilfeleistungen haben Sie in den letzten zwei bis drei Jahren
für Verwandte, Freunde/Bekannte und Nachbarn erbracht?

Art der Hilfeleistung	Empfänger der Hilfeleistung		
	Verwandte %	Freunde %	Nachbarn %
personenbezogene Leistungen			
bei persönlichen Problemen	18,4	20,9	7,9
bei der Beaufsichtigung kleiner Kinder	16,0	9,0	7,5
bei der Betreuung Kranker oder Behinderter	10,5	3,6	4,3
güterbezogene Leistungen			
bei Wohnungsrenovierung	17,1	11,3	3,1
bei Umzug	14,6	14,7	3,2
bei Gartenarbeit	13,6	5,1	4,2
bei Hausbau/Umbau	8,8	5,7	2,2
bei Autoreparatur	5,2	7,4	2,1

(H = 2.396 Befragte); Liste vorgelegt; Mehrfachnennungen möglich;
Prozentuierungsbasis der einzelnen Tabellenfolge ist die Gesamtzahl
der Befragten.

Quelle: Glatzer, W., Haushaltsproduktion in der modernen Gesellschaft,
Mannheim, S.16.

Tabelle 137:

Die subjektive Beurteilung des Umfangs erhaltener Hilfeleistungen im Rahmen sozialer Netzwerke 1980

Frage: Und wie ist das mit Hilfeleistungen, die ihr Haushalt von Verwandten, Nachbarn und Freunden/Bekannten erhält?
Sind diese – eher mehr als erwünscht,
– eher zu wenig, oder
– gerade richtig?

Beurteilung	Hilfeleistungen von		
	Verwandten %	Freunden/ Bekannten %	Nachbarn %
eher zu wenig	6,5	5,4	7,2
gerade richtig	48,0	45,4	40,9
eher zuviel	3,6	1,6	1,9
keine Hilfeleistung vorhanden	41,8	47,6	50,0
	100	100	100
Alle Haushalte (H)	2.396	2.396	2.396

(H = 2.396 Haushalte)

Quelle: Glatzer, W., Haushaltsproduktion in der modernen Gesellschaft, Mannheim, S.17.

Tabelle 138: Die subjektive Bilanz von Unterstützung und Hilfe zwischen privaten Haushalten 1980

Frage: Erhält Ihr Haushalt von anderen Haushalten mehr, weniger oder genausoviel Hilfe und Unterstützung wie Ihr Haushalt gibt?

Haushaltsformen		genau soviel	erhält mehr	erhält weniger	keine Hilfebe- ziehungen	insge- samt
Alleinlebende	%	44,6	12,4	12,4	30,6	100
Alleinlebende Ehepaare	%	48,7	3,9	14,4	33,1	100
Uverheiratete Erwachsene	%	58,7	7,9	14,7	18,7	100
Ehepaare mit einem Kind	%	57,2	4,1	15,7	23,0	100
Ehepaare mit zwei Kindern	%	66,2	2,2	11,5	20,0	100
Ehepaare mit drei Kindern	%	60,2	0,6	11,3	27,9	100
Kinderreiche Familien	%	42,9	4,0	11,9	41,2	100
Erweiterte Familien	%	69,7	0,0	13,9	14,4	100
Unvollständige Familien	%	58,6	5,5	7,5	29,0	100
Alle Haushalte	%	54,6	4,8	13,1	27,4	100

(H = 2.170 Haushalte)

Quelle: Glatzer, W., Haushaltsproduktion in der modernen Gesellschaft, Mannheim, S.18.

Tabelle 139:

Kurzzeitige Betreuung von Kindern bei Abwesenheit der Mutter (Angaben in Prozent; Mehrfachnennungen möglich; n= 2000)

Großmutter/Großeltern	42
Nachbarn/Bekannte	17
Kinder in Einrichtungen (Kinderkrippe, Kindergarten, Kinderhort, Schule)	15
andere erwachsene Verwandte	9
ältere Geschwister	4
Hausangestellte/Kinderschwester etc.	3
Kinder selbständig/ohne Aufsicht	23

Quelle: Fauser, R.: Zur Isolationsproblematik von Familien; München 1982, S. 129.

Tabelle 140:

Kurzzeitige Betreuung von Kindern verschiedenen Alters durch Verwandte (Angaben in Prozent)

Alter der Kinder	n	Betreuung durch ...	
		Großeltern	andere erwachsene Verwandte
0 - 3	293	65	14
4 - 6	323	62	11
7 - 10	286	44	3
über 10	471	19	5

Quelle: Fauser, R.: Zur Isolationsproblematik von Familien; München 1982, S. 130.

Tabelle 141:

Der Aufenthaltsort des Kindes erwerbstätiger alleinstehender
Mütter während der Erwerbstätigkeit (in %)

Aufenthaltsort der Kinder	Total	Alter der Kinder 0-2 Jahre	3-5 Jahre	6 und mehr Jahre
Kindergarten/-krippe	13	17	47	6
Pflegestelle	4	10	9	3
Großeltern/Verwandte	34	59	54	25
Schule	46	2	–	64
Kinderhort	5	6	4	5
allein zu Hause	28	2	3	37
zu Hause mit bezahlter Aufsichtsperson	1	2	3	1
Sonstiges	6	8	2	6
Summe	140	105	122	149

Quelle: EMNID-Institut, Bielefeld: Zur Situation von
Alleinstehenden mit Kindern, hrg. Bonn 1981, S.7.

8. Familie und Erwerbsarbeitswelt

8.1 Struktur der Frauenerwerbstätigkeit
Tabelle 142 Bevölkerung nach Beteiligung am Erwerbsleben
Tabelle 143 Erwerbspersonen im Juni 1984 nach Altersgruppen sowie Erwerbsquoten
Tabelle 144 Weibliche Erwerbstätige im Juni 1984
Tabelle 145 Erwerbstätige Frauen im April 1982 nach Berufsgruppen
Tabelle 146 Erwerbstätige im April 1982 nach Stellung im Beruf und Nettoeinkommensgruppen

8.2 Erwerbsarbeitszeiten der Frauen
Tabelle 147 Erwerbstätige Frauen im Juni 1984 nach der normalerweise geleisteten Wochenarbeitszeit
Tabelle 148 Verheiratete deutsche Frauen im April 1978 nach der Zahl der im Haushalt lebenden ledigen Kinder, der Ehedauer und der Beteiligung am Erwerbsleben

8.3 Lebenszyklus und Erwerbstätigkeit von Frauen
Tabelle 149 Erwerbstätigenquote von Müttern nach Altersgruppen und Zahl der Kinder in der Familie
Tabelle 150 Erwerbsbeteiligung der Mütter in den Beamten- und Angestelltenehen sowie in den Arbeiterehen nach dem Monats-Nettoeinkommen des Mannes 1981
Tabelle 151 Ausgewählte Familienstrukturen der Eheschließungsjahrgänge 1961–65 nach dem Nettoeinkommen beider Ehegatten

Tabelle 142:

Bevölkerung nach Beteiligung am Erwerbsleben *)

Beteiligung am Erwerbsleben	Juni 1983						Juni 1984						Juni 1985					
	insgesamt		männlich		weiblich		insgesamt		männlich		weiblich		insgesamt		männlich		weiblich	
	1.000	%	1.000	%	1.000	%	1.000	%	1.000	%	1.000	%	1.000	%	1.000	%	1.000	%
Deutsche																		
Erwerbspersonen	26.169	46,1	15.835	59,1	10.334	34,5	26.402	46,6	15.939	59,5	10.464	35,0	26.650	46,9	16.010	59,9	10.640	35,7
Erwerbstätige	24.402	43,0	14.914	55,6	9.489	31,8	24.503	43,2	15.008	56,0	9.495	31,7	24.604	43,3	15.033	56,2	9.571	32,1
Erwerbslose	1.766	3,1	921	3,4	845	2,8	1.899	3,3	930	3,5	969	3,2	2.046	3,6	977	3,7	1.069	3,6
Nichterwerbspersonen	30.637	53,9	10.979	40,9	19.658	65,5	30.289	53,4	10.845	40,5	19.445	65,0	29.901	53,1	10.931	40,1	19.070	64,3
Zusammen	56.806	100	26.814	100	29.991	100	56.692	100	26.783	100	29.908	100	56.551	100	26.741	100	29.810	100
Ausländer																		
Erwerbspersonen	2.374	51,3	1.615	63,2	758	36,7	2.413	53,6	1.608	65,1	805	39,6	2.361	53,2	1.568	64,8	793	39,4
Erwerbstätige	2.075	44,9	1.438	56,2	637	30,8	2.104	46,7	1.428	57,8	676	33,2	2.022	45,6	1.368	56,5	654	32,5
Erwerbslose	299	6,5	178	6,9	121	5,9	309	6,8	180	7,3	129	6,3	339	7,6	200	8,3	139	6,9
Nichterwerbspersonen	2.250	48,7	942	36,8	1.309	63,3	2.091	46,4	861	34,9	1.231	60,4	2.075	46,8	853	35,2	1.222	60,6
Zusammen	4.624	100	2.557	100	2.067	100	4.504	100	2.469	100	2.036	100	4.436	100	2.421	100	2.015	100
Insgesamt																		
Erwerbspersonen	28.542	46,5	17.450	59,4	11.092	34,6	28.815	47,1	17.546	60,0	11.269	35,3	29.012	47,6	17.578	60,3	11.433	35,9
Erwerbstätige	26.477	43,1	16.351	55,7	10.126	31,6	26.608	43,5	16.436	56,2	10.171	31,8	25.892	42,5	16.402	56,2	10.225	31,1
Erwerbslose	2.065	3,4	1.099	3,7	966	3,0	2.207	3,6	1.110	3,8	1.098	3,4	2.385	3,9	1.177	4,0	1.209	3,8
Nichterwerbspersonen	32.887	53,5	11.921	40,6	20.966	65,4	32.381	52,9	11.706	40,0	20.675	64,7	31.975	52,4	11.584	39,7	20.391	64,1
Insgesamt	61.430	100	29.372	100	32.058	100	61.196	100	29.252	100	31.944	100	60.987	100	29.162	100	31.825	100

*) Ergebnis der EG-Arbeitskräftestichprobe.

Quelle: Statistisches Bundesamt (Hg.): Statistisches Jahrbuch 1985, S. 98, 1987, S. 98 u. 99; eigene Berechnungen.

Tabelle 143:

Erwerbspersonen nach Altersgruppen sowie Erwerbsquoten

Alter von ... bis unter Jahren	ins-gesamt	männ-lich	Erwerbspersonen zusam-men	ledig	weiblich verhei-ratet	ver-wit-wet	ge-schie-den	männ-lich zusam-men	ledig	Erwerbsquoten 1) ver-hei-ratet	weiblich ver-wit-wet	ge-schie-den
			1.000							%		
Juni 1984 *)												
15 - 20	2.262	1.235	1.027	996	29	/	/	46,5	41,0	40,6	56,7	/	/
20 - 25	3.820	2.098	1.722	1.236	466	/	19	79,2	71,3	75,1	62,8	/	75,6
25 - 30	3.271	1.894	1.377	505	808	3	61	86,7	65,6	80,9	58,1	66,0	76,6
30 - 35	3.230	1.991	1.239	229	894	10	105	95,0	59,8	89,4	53,4	66,5	84,4
35 - 40	2.922	1.846	1.076	121	821	18	117	97,1	59,8	90,3	54,6	68,4	87,1
40 - 45	3.651	2.291	1.361	117	1.061	30	153	97,5	60,3	90,2	55,6	61,2	86,7
45 - 50	3.668	2.344	1.324	123	1.006	65	130	96,6	56,4	87,0	51,5	55,4	88,1
50 - 55	2.698	1.768	930	100	669	87	75	92,9	49,7	82,6	44,7	37,6	76,7
55 - 60	2.209	1.393	816	125	511	110	70	80,1	40,2	78,0	34,6	10,4	70,6
60 - 65	751	502	249	43	129	57	21	35,2	11,8	22,0	10,1	1,6	20,8
65 u.mehr	333	185	148	32	55	55	6	5,7	2,5	6,0	3,2	9,5	3,7
Insgesamt	28.815	17.546	11.269	3.626	6.448	437	759	60,0	35,3	33,3	42,5	65,4
dar.15-65	28.482	17.361	11.121	3.594	6.393	382	752	81,4	51,7	61,4	47,5	32,0	76,0
Juni 1985 **)												
15 - 20	2.219	1.221	998	970	27	/	/	47,9	41,9	41,7	51,4	/	74,4
20 - 25	3.942	2.113	1.830	1.343	469	/	18	80,1	73,8	77,5	64,7	/	82,0
25 - 30	3.485	2.015	1.471	545	842	5	79	87,9	67,0	84,5	56,2	65,8	85,2
30 - 35	3.265	1.994	1.271	235	903	12	121	96,4	61,6	90,4	54,9	73,3	88,8
35 - 40	3.036	1.876	1.159	125	883	18	133	97,7	61,9	91,7	56,6	68,1	90,1
40 - 45	3.345	2.069	1.276	105	983	34	154	97,6	61,6	89,7	56,7	65,3	86,5
45 - 50	3.763	2.402	1.360	104	1.040	70	146	96,6	57,1	85,7	52,4	52,5	80,6
50 - 55	2.748	1.798	955	95	692	84	83	93,2	50,2	84,1	45,3	37,9	69,3
55 - 60	2.198	1.442	756	113	464	111	68	79,1	37,8	75,7	31,7	9,9	20,2
60 - 65	706	474	232	36	123	54	19	33,0	10,9	19,4	2,6	/	
65 u.mehr	305	180	126	22	47	52	/	5,4	2,1	4,5	4,5	1,5	66,4
Insgesamt	29.012	17.578	11.433	3.693	6.473	441	826	60,3	35,9	34,6	42,5	9,4	78,4
dar.15-65	28.706	17.399	11.308	3.671	6.426	389	822	81,9	52,7	63,5	47,8	32,2	

*) Ergebnis der EG-Arbeitskräftestichprobe.
**) Ergebnis des Mikrozensus

1) In Prozent der Bevölkerung entsprechenden Alters, Geschlechts und Familienstandes; Zeile "Insgesamt" = Anteile der Erwerbspersonen an der gesamten Bevölkerung.

Quelle: Statistisches Bundesamt (Hg.): Statistisches Jahrbuch 1985, S.98 und 1987, S.98.

Tabelle 144:

Weibliche Erwerbstätige nach Altersgruppen und Stellung im Beruf

Alter von ... bis unter ... Jahre	insgesamt 1.000	%	Selbständige 1.000	%	Mithelfende Familienangehörige 1.000	%	Abhängige 1.000	%
Juni 1984 *)								
15 - 20	847	100	-	-	18	2,13	828	97,76
20 - 25	1.524	100	12	0,79	23	1,51	1.489	97,70
25 - 30	1.212	100	41	3,38	48	3,96	1.122	92,57
30 - 35	1.112	100	60	5,40	63	5,67	990	89,03
35 - 40	985	100	78	7,92	60	6,09	846	85,89
40 - 45	1.253	100	92	7,34	99	7,90	1.061	84,76
45 - 50	1.231	100	77	6,26	126	10,24	1.028	83,53
50 - 55	860	100	56	6,51	97	11,28	707	82,21
55 - 60	757	100	68	8,98	93	12,29	596	78,73
60 - 65	243	100	39	16,05	65	26,75	139	57,20
65 - 70	59	100	15	25,42	26	44,07	18	30,51
70 - 75	55	100	16	29,09	21	38,18	18	32,73
75 u.mehr	34	100	10	29,41	14	41,18	10	29,41
Juni 1985 **)								
15 - 20	838	100	-	-	9	1,07	826	98,57
20 - 25	1.607	100	18	1,12	17	1,06	1.572	97,82
25 - 30	1.272	100	42	42,08	30	2,36	1.200	94,34
30 - 35	1.125	100	64	5,69	47	4,18	1.014	90,13
35 - 40	1.045	100	76	7,27	54	5,17	914	87,46
40 - 45	1.174	100	78	6,64	75	6,39	1.020	86,88
45 - 50	1.254	100	87	6,94	105	8,37	1.062	84,69
50 - 55	881	100	60	6,81	94	10,67	728	82,63
55 - 60	684	100	56	8,19	71	10,38	556	81,29
60 - 65	221	100	38	17,19	49	22,17	134	60,63
65 - 70	48	100	16	33,33	19	39,58	14	29,17
70 - 75	47	100	14	29,79	21	44,68	13	27,66
75 u.mehr	29	100	9	31,03	12	41,38	8	27,57

*) Ergebnis der EG-Arbeitskräftestichprobe.
**) Ergebnis des Mikrozensus.

Quelle: Statistisches Bundesamt (Hg.): Statistisches Jahrbuch 1985, S.102
un 1987, S.102;
eigene Berechnung.

Tabelle 145:

Erwerbstätige Frauen im April 1982 (nach Berufsgruppen)

Lfd. Nr.	Berufsgruppen	Verteilung auf Berufsgruppen (%)	Frauenanteil je Berufsgruppe (%)
1.	Bürofach-, Bürohilfskräfte	23,7	64,8
2.	Bürofachkräfte	19,6	61,1
3.	Warenkaufleute	12,8	62,7
4.	Gesundheitsdienstberufe	7,5	87,2
5.	Reinigungsberufe	5,8	86,0
6.	Landwirtschaftl.Arbeitskräfte, Tierpfleger 1)	4,1	78,2
7.	Lehrer	3,7	48,7
8.	Hilfsarbeiter	3,4	37,1
9.	Textilverarbeiter	2,8	91,5
10.	Rechnungskaufleute, Datenverarbeitungsfachleute	2,8	58,5
11.	Sozialpflegerische Berufe	2,5	81,8
12.	Warenprüfer, Versandfertigmacher	2,0	55,3
	Zwischensumme	90,7	64,5
	Sonstige Berufsgruppen	9,3	9,6
	Frauen insgesamt	100,0	38,0

1) Überwiegend Familienangehörige einschl. weibl. Betriebsinhaber

Quelle: BMJFG (Hg.): Familie und Arbeitswelt, Stuttgart/Berlin/Köln/Mainz 1984, S.22.

Tabelle 146:

Erwerbstätige im Juni 1985 nach Stellung im Beruf und Nettoeinkommensgruppen *)

Stellung im Beruf	Insgesamt	unter 600	600 - 800	800 - 1000	1000 - 1200	1200 - 1400	1400 - 1800	1800 - 2200	2200 - 2500	2500 - 3000	3000 - 4000	4000 und mehr DM
	1000	%										
					Männlich							
Selbständige	1310	2,3	1,0	2,3	3,8	3,2	9,2	14,8	8,1	10,2	15,7	29,3
Beamte	1671	8,4	0,5	1,2	1,3	2,9	10,5	16,9	11,3	14,1	21,1	12,3
Angestellte 1)	4695	5,1	1,4	1,7	1,7	2,9	11,4	18,9	12,3	14,2	17,7	13,2
Arbeiter 2)	7339	8,3	1,6	1,5	3,0	6,7	31,0	31,4	9,7	4,6	1,8	0,4
Zusammen	15015	6,8	1,4	1,4	2,5	4,8	20,7	24,3	10,5	9,2	10,2	8,3
dar. Auszubildende 3) u. Teilzeiterwerbstätige 4)	1143	61,7	10,4	4,8	3,4	2,7	4,3	3,7	1,9	2,0	2,5	2,7
					Weiblich							
Selbständige	441	17,0	5,8	8,0	10,0	6,7	12,3	13,6	5,4	5,8	6,7	8,9
Beamte	461	/	1,1	3,6	4,4	8,5	18,0	19,2	9,6	16,7	15,2	3,0
Angestellte 1)	5326	13,9	7,9	10,6	11,1	10,9	22,7	14,2	3,7	2,6	1,8	0,7
Arbeiter 2)	2819	24,5	11,7	13,7	15,9	14,6	15,2	11,0	0,5	0,2	/	/
Zusammen	9047	16,7	8,7	11,1	12,2	11,7	19,6	11,0	3,1	2,7	2,2	1,0
dar. Auszubildende 3) u. Teilzeiterwerbstätige 4)	3372	38,1	18,1	16,2	9,6	5,3	6,4	3,4	1,1	0,8	0,6	0,3
					Insgesamt							
Selbständige	1751	6,0	2,2	3,7	5,4	4,1	10,0	14,5	7,4	9,1	13,5	24,1
Beamte	2133	6,8	0,7	1,4	2,0	4,5	12,1	16,9	10,9	14,7	19,8	10,3
Angestellte 1)	10021	9,7	4,9	6,2	6,7	7,2	17,4	16,4	7,7	8,1	9,3	6,5
Arbeiter 2)	10158	12,8	4,4	4,9	6,6	8,9	26,6	23,6	7,1	3,4	1,4	0,3
Zusammen	24062	10,2	4,1	5,0	6,1	7,4	20,3	19,3	7,7	6,8	7,2	5,5
dar. Auszubildende 3) u. Teilzeiterwerbstätige 4)	4515	44,1	16,2	13,3	8,1	4,7	5,8	3,5	1,3	1,1	1,1	0,9

*) Ergebnis des Mikrozensus. – Ohne 1 301 000 Selbständige in der Landwirtschaft und mithelfende Familienangehörige aller Wirtschaftsbereiche sowie ohne 865 000 Erwerbstätige, die keine Angaben über ihre Einkommenslage gemacht haben bzw. kein eigenes Einkommen hatten.
1) Einschl. Auszubildende in anerkannten kaufmännischen und technischen Ausbildungsberufen.
2) Einschl. Auszubildende in anerkannten gewerblichen Ausbildungsberufen.
3) In anerkannten kaufmännischen, technischen und gewerblichen Ausbildungsberufen.
4) Erwerbstätige mit einer Wochenarbeitszeit unter 36 Stunden.

Quelle: Statistisches Bundesamt, Wiesbaden (Hg.): Statistisches Jahrbuch 1987, S.103.

Tabelle 147:

Erwerbstätige Frauen nach der normalerweise geleisteten Wochenarbeitszeit

Wochenarbeitszeit	im Juni 1984 1.000	%	im Juni 1985 1.000	%
unter 21 Stunden	1.772	17,42	1.783	17,44
21 bis unter 39 Stunden	1.508	14,83	2.079	20,33
40 bis 41 Stunden	5.841	57,43	5.262	51,46
42 Stunden und mehr	1.050	10,32	1.101	10,77
insgesamt	10.171	100	10.225	100

Quelle: Statistisches Bundesamt (Hg.): Statistisches Jahrbuch 1985, S.99 und 1987, S.99.
Eigene Berechnung.

Tabelle 148:

Tabelle 148: Verheiratete deutsche Frauen im April 1978 nach der Zahl der im Haushalt lebenden ledigen Kinder, der Ehedauer und der Beteiligung am Erwerbsleben

Ehe- schlies- sungs- jahre	Beteiligung der Frau am Erwerbsleben	Von 100 Frauen hatten					Kinder insge- samt auf 100 Frauen
		keine Kinder	1 Kind	2 Kinder	3 Kinder	4 oder mehr Kinder	
1973-1978	Vollzeit	75,1	19,7	4,1	0,8	(0,3)	32
	Teilzeit	34,4	48,1	14,1	2,4	(1,0)	88
	Nicht erwerbstätig	27,3	53,1	18,5	3,7	1,3	108
	Zusammen	49,7	36,3	11,0	2,2	0,8	69
	Erwerbsquote in %	80,0	40,3	31,5	29,4	29,8	52,2*)
1968-1972	Vollzeit	45,5	30,7	18,7	4,0	1,1	85
	Teilzeit	16,4	46,6	31,2	4,9	(1,0)	128
	Nicht erwerbstätig	11,3	34,9	42,4	8,9	2,4	157
	Zusammen	21,5	35,7	34,0	6,9	1,8	133
	Erwerbsquote in %	70,4	45,2	30,2	27,5	25,4	43,9*)
1963-1967	Vollzeit	25,7	27,3	31,1	11,5	4,5	143
	Teilzeit	8,4	34,2	43,0	11,6	2,9	167
	Nicht erwerbstätig	9,7	23,6	44,2	16,7	5,9	188
	Zusammen	13,1	26,6	41,0	14,5	5,0	174
	Erwerbsquote in %	57,5	48,9	38,0	33,9	32,1	42,6*)
1958-1962	Vollzeit	18,3	25,2	32,2	15,3	9,0	176
	Teilzeit	7,5	24,7	41,9	18,7	7,1	196
	Nicht erwerbstätig	12,1	19,0	36,4	20,6	11,8	208
	Zusammen	12,8	21,6	36,4	18,9	10,2	197
	Erwerbsquote in %	47,8	51,5	44,7	39,7	36,1	44,8*)
1953-1957	Vollzeit	25,7	28,0	26,3	12,0	7,9	154
	Teilzeit	15,5	31,7	31,9	13,8	7,1	169
	Nicht erwerbstätig	29,5	29,5	28,5	14,3	10,0	173
	Zusammen	21,5	27,4	28,5	13,6	9,0	168
	Erwerbsquote in %	43,3	46,0	42,8	39,8	36,4	42,8*)

*) Gesamterwerbsquote.
Die Ergebnisse in Klammern basieren auf weniger als 30 beobachteten Fällen.

Quelle: Schwarz, Karl: Erwerbstätigkeit der Frau und Kinderzahl, in: Zeitschrift für Bevölkerungswissenschaft 1/1981, S.71.

Tabelle 149:

Erwerbstätigenquoten von Müttern nach Altersgruppen und Zahl der Kinder in der Familie (in %)

Zahl der Kinder in der Familie	1961	1970	1974	1976	1980	1982
			mit Kindern unter 15 Jahren			
1 Kind	37,2	40,5	45,6	45,2	47,3	47,9
2 Kinder	31,7	30,9	36,2	35,7	37,4	37,2
3 Kinder u.mehr	31,7	27,8	32,7	32,0	31,4	29,7
			mit Kindern unter 6 Jahren			
1 Kind	33,2	33,3	37,3	36,3	38,9	36,4
2 Kinder	26,7	23,6	26,5			39,8
3 Kinder u.mehr	25,3	21,9	24,0	25,7	26,2	25,4
			mit Kindern unter 3 Jahren			
1 Kind	30,3	28,6	32,9	32,3	34,5	...*)
2 Kinder u.mehr	23,8	21,2	24,6	22,6	23,2	...*)

*) Entsprechende Werte für 1982 liegen nicht vor.

Quelle: Deutscher Bundestag: Bundestags-Drucksache 8/3121, S.25; A.Calame/M.Fiedler: Maßnahmen zugunsten einer besseren Vereinbarkeit von Familie und Beruf, Berlin 1982, S.167 sowie Statistisches Bundesamt (Hg.): Statistisches Jahrbuch 1985, S.105.

Tabelle 150:

Erwerbsbeteiligung der Mütter in den Beamten- und Angestelltenehen sowie in den Arbeiterehen nach dem Monats-Nettoeinkommen des Mannes 1981 *)

Monatliches Nettoeinkommen der Männer in DM	Ehedauer in Jahren	Mütter zusammen 1000	darunter Erwerbstätige %
Beamten- u. Angestelltenehen			
unter 1800	bis 10	148	77	52,0
	11 und mehr	258	140	54,3
1800-2500	bis 10	356	124	34,8
	11 und mehr	911	369	40,5
2500 und mehr	bis 10	316	91	28,8
	11 und mehr	1200	354	29,5
Arbeiterehen			
unter 1800	bis 10	428	183	42,8
	11 und mehr	1201	562	46,8
1800-2500	bis 10	334	99	29,6
	11 und mehr	1038	375	36,1
2500 und mehr	bis 10	42	9	21,4
	11 und mehr	125	39	31,2

*) Nur Ehen deutscher Frauen mit mindestens einem ledigen Kind im Haushalt

Quelle: BMJFG (Hg.), Familie und Arbeitswelt, Stuttgart/Berlin/Köln/Mainz 1984, S. 46.

Tabelle 151:

Ausgewählte Familienstrukturen der Eheschließungsjahrgänge 1961-65 nach dem Nettoeinkommen beider Ehegatten
Ergebnis des Mikrozensus Mai 1976

Nettoeinkommen der Ehegatten von ... bis unter ... DM	insgesamt		Verheiratete deutsche Frauen				Durchsch. Kinder- zahl [1] je 1000 Frauen
bzw. ohne Einkommen				davon mit ... Kind(ern) [1]			
Mann/Frau	1000	%	0	1	2	3 u.mehr	Anzahl
unter 1200							
–	135,6	43,5	21,2	19,9	32,2	26,7	1.790
600-1200	66,4	21,3	41,0	25,9	23,2	9,9	1.063
zusammen [2]	311,8	100	27,1	21,7	29,9	21,3	1.564
1200-1800							
–	484,7	57,7	7,4	23,2	41,8	27,7	2.012
unter 600	154,8	18,4	10,7	30,9	41,8	16,7	1.694
1200-1800	42,5	5,1	39,8	32,0	21,4	6,8	981
zusammen [2]	840,4	100	12,3	26,4	38,7	22,5	1.801
1800-2500							
–	271,0	60,2	5,1	21,9	46,2	26,8	2.056
unter 600	66,9	14,8	9,1	31,4	43,3	16,1	1.710
1200-1800	16,5	3,7	37,0	26,1	26,7	10,3	1.146
zusammen [2]	450,4	100	10,3	24,6	43,1	22,0	1.851
2500 und mehr							
–	203,0	63,0	5,6	20,4	49,7	24,3	2.001
unter 600	27,0	8,4	8,5	28,1	43,7	19,6	1.796
1200-1800	12,9	4,0	20,9	24,0	47,3	7,8	1.426
1800 und mehr [2]	14,3	4,4	28,7	25,2	36,4	9,8	1.308
zusammen [2]	322,0	100	8,7	22,4	47,3	21,7	1.887

1) Mit im Haushalt lebend und minderjährig.
2) Einschl. andere Einkommensgruppen der Frau.

Quelle: Ch. Höhn: Kinderzahl ausgewählter Bevölkerungsgruppen; in: Wirtschaft und Statistik 5/78, S.282.

Literaturverzeichnis

Adamy, W., Naegele, G., Steffen, J.: Sozialstaat oder Armenhaus?, in: Sozialer Fortschritt, 9/1983, S. 193–200
Atteslander, P.: Methoden der empirischen Sozialforschung, 4. Aufl., Berlin, New York 1975
Blosser-Reisen, L., Seifert, M.: Arbeitszeit- und Geldaufwand für die Lebenshaltung von Kindern verschiedener Altersgruppen im Familienhaushalt, Hauswirtschaft und Wissenschaft 3/1984, S. 132–143
BMA (Hg.): Statistisches Taschenbuch 1985 – Arbeits- und Sozialstatistik, Bonn 1985
BMA (Hg.): Statistisches Taschenbuch 1987 – Arbeits- und Sozialstatistik, Bonn 1987
BMA (Hg.): Bundesarbeitsblatt 2/1985
BMA (Hg.): Bundesarbeitsblatt 7/8, 1986
BMBW (Hg.): Werthaltungen, Zukunftserwartungen und Bildungspolitische Vorstellungen der Jugend, Bad Honnef 1985
BMJFG (Hg.): Junge Familien, Stuttgart, Berlin, Köln, Mainz, 1975
BMJFG (Hg.): Psychosoziale Aspekte der Situation älterer Menschen, Stuttgart, Berlin, Köln, Mainz, 1975
BMJFG (Hg.): Die „Rolle des Mannes" und ihr Einfluß auf die Wahlmöglichkeiten der Frau, Stuttgart, Berlin, Köln, Mainz 1976
BMJFG (Hg.): Theorie und Praxis der Sozialhilfe, Stuttgart, Berlin, Köln, Mainz 1978
BMJFG (Hg.): Altenwohnheime, Personal und Bewohner, Eine empirische Studie in der Stadt Braunschweig, Stuttgart, Berlin, Köln, Mainz 1978
BMJFG (Hg.): Leistungen für die nachwachsende Generation in der Bundesrepublik Deutschland, Stuttgart 1979
BMJFG (Hg.): Anzahl und Situation zu Hause lebender Pflegebedürftiger, Stuttgart, Berlin, Köln, Mainz 1980
BMJFG (Hg.): Die Lebenslage älterer Menschen im ländlichen Raum, Stuttgart, Berlin, Köln, Mainz 1983
BMJFG (Hg.): Nichteheliche Lebensgemeinschaften in der Bundesrepublik Deutschland, Stuttgart 1985
Bortz, J.: Lehrbuch der Statistik, Heidelberg, New York 1977
Brückner, G.: Jugendhilfe 85, in: Wirtschaft und Statistik, 4/1987, S. 326–331
Bundesinstitut für Bevölkerungsforschung (Hg.): Demographische Fakten und Trends in der Bundesrepublik Deutschland, in: Zeitschrift für Bevölkerungswissenschaften, 3/1984, S. 295–397
Bundestags-Drucksache 8/3121: 3. Familienbericht, Die Lage der Familien in der Bundesrepublik Deutschland, Bonn 1979
Bundestags-Drucksache 8/4437: Bericht über die Bevölkerungsentwicklung in der Bundesrepublik Deutschland, 1. Teil, Bonn 1980
Bundestags-Drucksache 10/863: Bericht über die Bevölkerungsentwicklung in der Bundesrepublik Deutschland, 2. Teil, Bonn 1984
Claessens, D., Milhoffer, P. (Hg.): Familiensoziologie, Königstein/Ts. 1980
Deininger, D.: Jugendhilfe 1982, in: Wirtschaft und Statistik, 3/1985, S. 241–248
Deininger, D.: Jugendhilfe 1983, in: Wirtschaft und Statistik, 7/1985, S. 585–593

Deutsches Institut für Wirtschaftsforschung: Entwicklung einer Konzeption zur Darstellung der Einkommenslage der Familien in der Bundesrepublik Deutschland auf der methodischen Grundlage der Verteilungsrechnung des DIW, Berlin 1982

Deutsches Institut für Wirtschaftsforschung: Die Auwirkungen der Umverteilung auf die Einkommenslage der Familien in der Bundesrepublik Deutschland in den Jahren 1973 und 1981, Berlin 1984

Deutsches Institut für Wirtschaftsforschung: Längerfristige Perspektiven der Bevölkerungsentwicklung in der Bundesrepublik Deutschland, DIW Wochenbericht 24/1984, S. 277–286

Dinkel, R.: Analyse und Prognose der Fruchtbarkeit am Beispiel der Bundesrepublik Deutschland, in: Zeitschrift für Bevölkerungswissenschaft, 1/1983, S. 47–72

Dinkel, R.: Die Auswirkungen eines Geburten- und Bevölkerungsrückganges auf Entwicklung und Ausgestaltung von gesetzlicher Alterssicherung und Familienlastenausgleich, Berlin 1984

Düsseldorfer Tabelle, in: NJW 41/1984, S. 2330

Emnid-Institut: Zur Situation von Alleinlebenden mit Kindern, Bielefeld, o.J.

Euler, M.: Zur Problematik der Ermittlung des Unterhaltsbedarfes und der Unterhaltskosten eines Kindes, in: Wirtschaft und Statistik, 5/1974, S. 320–324

Fauser, R.: Zur Isolationsproblematik von Familien, München 1982

Franz, H.-W. (Hg.): 22. Deutscher Soziologentag 1984, Opladen 1985

Glatzer, W.: Haushaltsproduktion in der modernen Gesellschaft – Repräsentative Daten zum Lebensstil in der Bundesrepublik, Universität Mannheim, Arbeitspapier Nr. 86, 1983

Habermehl, W., Schulz, W.: Ehe und Familie in Österreich und der Bundesrepublik Deutschland – Ein Ländervergleich, in: Kölner Zeitschrift für Soziologie und Sozialpsychologie, 1982, S. 732–747

Heinemann, K., Röhrig, P., Stadie, R.: Arbeitslose Frauen im Spannungsfeld von Erwerbstätigkeit und Hausfrauenrolle, Bd. 1, Analyse, Bd. 2, Datendokumentation, Forschungsbericht 10 der Konrad-Adenauer-Stiftung, Melle, St. Augustin 1980

Hilzenbecher, M.: Frauenerwerbstätigkeit, Familienzyklus und Zeitallokation, Wilfer 1984

Imhof, A. E.: Die gewonnenen Jahre, München 1981

Jürgens, H. W., Pohl, K.: Kinderzahl – Wunsch und Wirklichkeit, Stuttgart 1975

Kettschau, I.: Wieviel Arbeit macht ein Familienhaushalt, Diss. Dortmund 1981

Lakemann, U.: Das Aktivitätsspektrum privater Haushalte in der Bundesrepublik Deutschland 1950 – 1980: Zeitliche und inhaltliche Veränderungen von Erwerbstätigen, unbezahlten Arbeiten und Freizeitaktivitäten, discussion papers – Wissenschaftszentrum Berlin, IIM/LMP 84-19, Berlin 1984

Lange, U.: Der Einfluß der Pflegebedürftigkeit chronisch kranker älterer Menschen auf die Familiensituation in Mehrgenerationenhaushalten, Köln 1973

Leitner, U.: Verfahren der Ermittlung des Kostenaufwandes für Waren und Dienstleistungen zur Deckung des Lebensunterhaltes von Kindern, Frankfurt/Main 1982

Lüschen, G.: Familie und Verwandtschaft – Interaktion und die Funktion von Ritualen, in: Lüschen G., Lupri, E. (Hg.), Soziologie der Familie, Sonderheft 14 der Kölner Zeitschrift für Soziologie und Sozialpsychologie, Opladen 1970, S. 270–284

Lüschen, G.: Familie, Verwandtschaft und Ritual im Wandel – Eine vergleichende Untersuchung in vier Metropolen Finnlands, Irlands und der Bundesrepublik, in: Franz, H.-W. (Hg.), 22. Deutscher Soziologentag 1984, Opladen 1985, S. 125–127

Lüschen, G., Lupri, E. (Hg.): Soziologie der Familie, Sonderheft 14 der Kölner Zeitschrift für Soziologie und Sozialpsychologie, Opladen 1970

MAGS-BW (Hg.): Einstellungen zu Ehe und Familie im Wandel der Zeit, Stuttgart 1985

Neue Juristischen Wochenschrift 1984

Pfeil, E.: Die Familie im Gefüge der Großstadt – Zur Sozialtopographie der Stadt, Hamburg 1965

Pfeil, E.: Die Großstadtfamilie, in: Lüschen, G., Lupri, E. (Hg.), Soziologie der Familie, Sonderheft 14 der Kölner Zeitschrift für Soziologie und Sozialpsychologie, Opladen 1970, S. 411–432

Pfeil, E.: Die Großstadtfamilie, in: Claessens, D., Milhoffer, P. (Hg.), Familiensoziologie, 5. Aufl., Königstein/Ts. 1980, S. 179–203

Pfeil, E., Ganzert, J.: Die Bedeutung der Verwandten für die großstädtische Familie, in: Zeitschrift für Soziologie 4/1973, S. 366–383

Pross, H.: Die Wirklichkeit der Hausfrau, Reinbek bei Hamburg 1976

Rückert, W.: Bevölkerungsentwicklung und Altenhilfe von der Kaiserzeit bis zum Jahr 2000, vervielfältigtes Manuskript, Köln 1984

Schöps, M.: Zeitbudgetvergleich zwischen erwerbstätigen und nicht-erwerbstätigen Hausfrauen in der Bundesrepublik Deutschland, unveröffentlichter Bericht, Bonn, Gießen 1975

Schulz-Borck, H.: Zum Arbeitszeitaufwand in privaten Haushalten, in: Hauswirtschaft und Wissenschaft, 1980, S. 117–128

Schwarz, K., Höhn, Ch.: Weniger Kinder – Weniger Ehen – Weniger Zukunft? Ottweiler 1985

Senator für Arbeit und Soziales (Berlin) (Hg.): Dokumentation der Lebenssituation über 65jähriger Bürger in Berlin, Berlin 1974

Statistisches Bundesamt, Wiesbaden (Hg.): Statistische Jahrbücher, Stuttgart, Mainz, verschiedene Jahrgänge

Statistisches Bundesamt: Bevölkerung und Wirtschaft 1872–1972, Stuttgart 1972

Statistisches Bundesamt: Fachserie 1, Bevölkerung und Erwerbstätigkeit, Reihe 3, Haushalte und Familien 1982, Stuttgart, Mainz 1983

Statistisches Bundesamt: Fachserie 1, Bevölkerung und Erwerbstätigkeit, Reihe 1, Gebiet und Bevölkerung 1982, Stuttgart, Mainz 1984

Statistisches Bundesamt: Fachserie 1, Bevölkerung und Erwerbstätigkeit, Reihe 1, Gebiet und Bevölkerung 1985, Stuttgart, Mainz 1987

Statistisches Landesamt (BW) (Hg.): Arbeitszeitbudgets ausgewählter privater Haushalte in Baden-Württemberg – Ergebnisse einer Zusatzerhebung zur Einkommens- und Verkaufsstichprobe 1983, Stuttgart 1984

Stiefel, M.-L.: Hilfsbedürftigkeit und Hilfebedarf älterer Menschen im Privathaushalt, Berlin 1983

Toman, W., Holzl, S., Koreny, V.: Faktoren der Bevölkerungsentwicklung – Ursachen und Beweggründe für den Kinderwunsch –, Erlangen, Nürnberg 1977

Zander, E.: Zeitaufwand für Hausarbeit in ausgewählten privaten Haushalten, Karlsruhe 1976

Tabellenverzeichnis

Tabelle 1 Eheschließungen und allgemeine Eheschließungsziffern
Tabelle 2 Durchschnittliches Heiratsalter Lediger
Tabelle 3 Heiratsziffer Lediger, 1910/11, 1970 und 1983
Tabelle 4 Die Bedeutung der Ehe
Tabelle 5 Bevorzugtes Lebensmodell für Verheiratete
Tabelle 6 Angenommener Stellenwert der Ehe für das Lebensgefühl
Tabelle 7 Familie – Voraussetzung für individuelles Lebensglück?
Tabelle 8 Gründe für die Heirat
Tabelle 9 Einschätzung der Zukunft der Ehe
Tabelle 10 Die Ehe notwendig oder überlebt?
Tabelle 11 Anzahl der Ehelösungen und Verteilung nach Hauptursachen
Tabelle 12 Verheiratetenquote, Scheidungsquote und Wiederverheiratungsquote Geschiedener
Tabelle 13 Einstellung zur Scheidung
Tabelle 14 Anteil der Ledigen an der Gesamtbevölkerung
Tabelle 15 Anzahl der in einer nichtehelichen Lebensgemeinschaft lebenden Männer und Frauen nach Alter, 1972 und 1982
Tabelle 16 Anzahl der in nichtehelichen Lebensgemeinschaften lebenden Personen nach Altersgruppen- und Geschlechtsverteilung sowie Veränderung seit 1972
Tabelle 17 Verteilung nichtehelicher Lebensgemeinschaften 1983 nach Alter und Geschlecht
Tabelle 18 Soziodemographische Grunddaten der unverheirateten Zusammenlebenden 1983 nach Heiratsabsicht
Tabelle 19 Personen, die unverheiratet mit einem Partner zusammenleben
Tabelle 20 Eheschließungsperspektive Unverheirateter
Tabelle 21 Heiratsgründe und Lebensplanung von Paaren mit Heiratsabsicht
Tabelle 22 Kinderwunsch der nichtehelich zusammenlebenden Paare
Tabelle 23 Vollständige Familien nach der Anzahl der Kinder und Anteil vollständiger Familien nach der Anzahl der Kinder an den Ehepaaren insgesamt
Tabelle 24 Anzahl und Anteil kinderloser Ehepaare
Tabelle 25 Quote der nichtehelich-Lebendgeborenen
Tabelle 26 Stellenwert der Familie in verschiedenen Lebensphasen
Tabelle 27 Statements zum Leben mit Kindern
Tabelle 28 Einstellung zum Kind
Tabelle 29 Kinderwunsch
Tabelle 30 Die gewünschte Kinderzahl nach der Anzahl der bereits vorhandenen Kinder
Tabelle 31 Vorhandene Kinderzahl, Kinderwunsch und Normvorstellungen im generativen Bereich
Tabelle 32 Ideale Kinderzahl
Tabelle 33 Motive für den Wunsch nach Kindern
Tabelle 34 Anzahl der unvollständigen Familien, mit Kindern und nach der Ordnungsnummer der Kinder

Tabelle	35	Wohnbevölkerung der Bundesrepublik Deutschland im Jahresdurchschnitt
Tabelle	36	Altersaufbau 1983 in 5er Kohorten
Tabelle	37	Anteile der Wohnbevölkerung nach Familienstand, Altersgruppen und Geschlecht
Tabelle	38	Durchschnittliche fernere Lebenserwartung im Alter X in Jahren
Tabelle	39	Entwicklung der Altersbevölkerung von 1950 bis 2000
Tabelle	40	Entwicklung des Verhältnisses der Zahl der über 75jährigen zu den jüngeren Altersklassen von 1890 bis 2000
Tabelle	41	Lebensphasen von Frauen im Zeitvergleich
Tabelle	42	Familienphasen von Frauen im Zeitvergleich
Tabelle	43	Gratifikationen und Belastungen der Familie über die Lebensphasen hinweg
Tabelle	44	Verweildauer der Kinder in Familie
Tabelle	45	Verfügbare Plätze in Heimen nach Art des Trägers
Tabelle	46	Institutionelle Erziehungsleistungen
Tabelle	47	Ausgewählte Verbrauchseinheiten – Skalen für Ernährung
Tabelle	48	Aufwendungen für ein Kind nach der Familiengröße 1973/74 in DM/Monat
Tabelle	49	Einfluß eines steigenden Haushaltsnettoeinkommens auf die Verbrauchsausgaben von Ehepaarhaushalten für ein Kind nach der Kinderzahl 1973 in DM/Monat
Tabelle	50	Materielle Aufwendungen für die heranwachsende Generation 1972–1974
Tabelle	51	Ermittlung der Lebenshaltungskosten eines Kindes aufgrund der Ergebnisse der laufenden Wirtschaftsrechnung 1984
Tabelle	52	Ausgaben für den privaten Verbrauch pro Kind pro Monat
Tabelle	53	Gesamtgeldaufwand für die Lebenshaltung pro Person und Tag in DM und Prozent
Tabelle	54	Düsseldorfer Tabelle (1. 1. 1985)
Tabelle	55	Was kostet ein Kind?
Tabelle	56	Der Zeitaufwand für die Kinderbetreuung im Überblick verschiedener empirischer Studien
Tabelle	57	Geschätzter Zeitaufwand der Familien für die nachwachsende Generation 1974
Tabelle	58	Arbeitszeitaufwendungen für Kinder, mit Bruttolohnansätzen bewertet, 1974
Tabelle	59	Hilfeleistende Personengruppen und Einrichtungen
Tabelle	60	Pflege durch nicht berufsmäßige Helfer nach Haushaltszugehörigkeitsstatus zum Hilfebedürftigen
Tabelle	61	Familienbeziehungen der Pflegetätigen
Tabelle	62	Anteil der Hauptpflegepersonen nach dem Geschlecht
Tabelle	63	Verwandtschaftliche Beziehungen der Hauptpflegepersonen
Tabelle	64	Zusammenleben der älteren und jüngeren Generation und Anteil der Hilfs- und Pflegebedürftigen
Tabelle	65	Erwünschte Hilfspersonen
Tabelle	66	Geeignetste Pflegepersonen für ältere Menschen aus der Sicht der jüngeren Generation
Tabelle	67	Art und Umfang der Hilfeleistungen für familienangehörige ältere Menschen

Tabelle	68	Verteilung der Dauer der Krankheit, Pflegebedürftigkeit und Pflegetätigkeit
Tabelle	69	Verteilung und Bewertung des durchschnittlichen Zeitaufwandes für die Versorgung und Pflege
Tabelle	70	Die an der Pflege beteiligten Personen und die Reihenfolge ihrer zeitlichen Beanspruchung
Tabelle	71	Schätzwerte der aufgewendeten Zeit für Hausarbeit, Kinder und Pflege
Tabelle	72	Arbeitszeitaufwendungen für die gesamte Hausarbeit und für Familienpflege nach der Kinderzahl
Tabelle	73	Gesamtarbeitszeitaufwand für die Lebenshaltung pro Person und Tag in Arbeitskraftstunden und Prozent
Tabelle	74	Zusammensetzung der Hausarbeit bei ausgewählten Haushaltstypen
Tabelle	75	Durchschnittlicher wöchentlicher Arbeitsaufwand in den städtischen Haushalten
Tabelle	76	Innerfamiliäre Arbeitsteilung
Tabelle	77	Hausarbeit je Haushalt nach ausgewählten Haushaltstypen
Tabelle	78	Familien mit Kindern nach monatlichem Nettoeinkommen der Bezugsperson
Tabelle	79	Verheiratete Zusammenlebende in Familien im April 1982 nach monatlichem Nettoeinkommen der Bezugsperson und Zahl der ledigen Kinder in der Familie
Tabelle	80	Ehepaare im April 1982 nach Beteiligung am Erwerbsleben, monatlichem Nettoeinkommen des Ehepartners und Altersgruppen der ledigen Kinder in der Familie
Tabelle	81	Einkommensschichtung der Familien 1981 nach der Höhe des verfügbaren Einkommens und nach Familientypen
Tabelle	82	Regelsätze nach dem Bundessozialhilfegesetz
Tabelle	83	Monatliche Verbrauchsausgaben je Haushalt
Tabelle	84	Monatliche Verbrauchsausgaben je Haushalt der unteren Verbrauchsgruppe im Vergleich zu Leistungen nach dem Bundessozialhilfegesetz
Tabelle	85	Geschiedene in Familien im April 1982 nach monatlichem Nettoeinkommen der Bezugsperson und Zahl der ledigen Kinder in der Familie
Tabelle	86	Verwitwete in Familien im April 1982 nach monatlichem Nettoeinkommen der Bezugsperson und Zahl der ledigen Kinder in der Familie
Tabelle	87	Durchschnittsbeträge der Altersruhegelder an Frauen
Tabelle	88	Durchschnittsbeträge der Witwenrenten
Tabelle	89	Personen mit gleichzeitigem Bezug einer Rente aus der Gesetzlichen Rentenversicherung und Sozialhilfe
Tabelle	90	Anzahl der Lebendgeborenen, allg. Lebendgeborenenziffer und Lebendgeborene nach der Legitimität
Tabelle	91	Allgemeine Fruchtbarkeitsziffer
Tabelle	92	Die Nettoreproduktionsrate
Tabelle	93	Fruchtbarkeit der Kohorten 1927–1940 nach dem Alter
Tabelle	94	Fruchtbarkeit der Kohorten 1941–1968 nach dem Alter
Tabelle	95	Ehelich Lebendgeborene nach der Lebendgeburtenfolge
Tabelle	96	Zeitlicher Abstand der Geburten im Durchschnitt in Jahren
Tabelle	97	Durchschnittliche Ehedauer bei der Geburt ehelich lebendgeborener Kinder in Jahren

Tabelle 98	Ehedauerspezifische Geburtenziffer 1982
Tabelle 99	Durchschnittliches Alter der Mütter in Jahren, bei der Geburt ihrer ehelich lebendgeborenen Kinder
Tabelle 100	Privathaushalte, Haushaltsmitglieder, durchschnittliche Haushaltsgröße
Tabelle 101	Anzahl der Mehrpersonenhaushalte
Tabelle 102	Bevölkerung in Privathaushalten nach Altersgruppen ab 1972
Tabelle 103	Anteil der Einpersonenhaushalte an den Privathaushalten insgesamt
Tabelle 104	Einpersonenhaushalte nach Altersgruppen und Geschlecht
Tabelle 105	Quoten der Einpersonenhaushalte nach Altersgruppen und Geschlecht
Tabelle 106	Einpersonenhaushalte nach Familienstand und Geschlecht
Tabelle 107	Privathaushalte nach Generationen
Tabelle 108	Ausstattung mit Kontaktmöglichkeiten
Tabelle 109	Durchschnittliche Anzahl der Verwandten- und Bekanntenfamilien im Hamburger Stadtraum 1968, mit denen bei den befragten Kernfamilien Besuchsverkehr besteht
Tabelle 110	Besuche bei Heimbewohnern
Tabelle 111	Kontakte mit Verwandten, Freunden und Bekannten
Tabelle 112	Wohnentfernung der über 65-jährigen zum nächstlebenden Kind
Tabelle 113	Wohnentfernung zu den nächstlebenden Eltern
Tabelle 114	Besuchsverkehr von in vier Hamburger Stadtteilen befragten Familien 1964
Tabelle 115	Der Einfluß der Wohnlage auf die Häufigkeit der Besuche im innerstädtischen Verwandtenverkehr
Tabelle 116	Der Einfluß der Wohnlage auf die Häufigkeit der Besuche im innerstädtischen Besuchsverkehr
Tabelle 117	Gemeinsamer Haushalt oder Nähe auf Distanz?
Tabelle 118	Bevorzugte Wohnformen für das Zusammenleben der Generationen
Tabelle 119	Die Häufigkeit von Treffen mit Verwandten
Tabelle 120	Besuche von und bei Verwandten, Freunden und Bekannten
Tabelle 121	Regelmäßige familiäre Kontakte der älteren Generation
Tabelle 122	Kontakte mit der Elterngeneration
Tabelle 123	Durchschnittliche Zahl der generellen Kontakte
Tabelle 124	Wunsch nach Kontaktveränderung
Tabelle 125	Quantität der Kontakte
Tabelle 126	Qualität der Kontakte
Tabelle 127	Subjektive soziale Situation in bezug auf Kontakte
Tabelle 128	Zeitverwendung und Themen bei Kontakten mit Verwandten, Freunden und Bekannten
Tabelle 129	Die Intensität des Verwandten- und Bekanntenverkehrs
Tabelle 130	Vertrauenspersonen älterer Menschen bei persönlichen Sorgen
Tabelle 131	Hilfeleistungen für ältere Menschen in dringenden Fällen
Tabelle 132	Personen, die in verschiedenen Lebensbereichen Hilfe leisten, nach Hilfs-, Lebensbereichen
Tabelle 133	Beurteilung der Hilfe der jüngeren Generation durch die befragten 25- bis 55jährigen
Tabelle 134	Unterstützung durch die Elterngeneration
Tabelle 135	Die Unterstützung privater Haushalte in Notfällen 1980
Tabelle 136	Hilfeleistung in sozialen Netzwerken nach Art der Hilfeleistungen und Empfänger 1980

Tabelle 137	Die subjektive Beurteilung des Umfanges erhaltener Hilfeleistungen im Rahmen sozialer Netzwerke 1980
Tabelle 138	Die subjektive Bilanz von Unterstützung und Hilfe zwischen privaten Haushalten 1980
Tabelle 139	Kurzzeitige Betreuung von Kindern bei Abwesenheit der Mutter
Tabelle 140	Kurzzeitige Betreuung von Kindern verschiedenen Alters durch Verwandte
Tabelle 141	Der Aufenthaltsort des Kindes erwerbstätiger alleinstehender Mütter während der Erwerbstätigkeit
Tabelle 142	Bevölkerung nach Beteiligung am Erwerbsleben
Tabelle 143	Erwerbspersonen im Juni 1984 nach Altersgruppen sowie Erwerbsquoten
Tabelle 144	Weibliche Erwerbstätige im Juni 1984
Tabelle 145	Erwerbstätige Frauen im April 1982 nach Berufsgruppen
Tabelle 146	Erwerbstätige im April 1982 nach Stellung im Beruf und Nettoeinkommensgruppen
Tabelle 147	Erwerbstätige Frauen im Juni 1984 nach der normalerweise geleisteten Wochenarbeitszeit
Tabelle 148	Verheiratete deutsche Frauen im April 1978 nach der Zahl der im Haushalt lebenden ledigen Kinder, der Ehedauer und der Beteiligung am Erwerbsleben
Tabelle 149	Erwerbstätigenquote von Müttern nach Altersgruppen und Zahl der Kinder in der Familie
Tabelle 150	Erwerbsbeteiligung der Mütter in den Beamten- und Angestelltenehen sowie in den Arbeiterehen nach dem Monats-Nettoeinkommen des Mannes 1981
Tabelle 151	Ausgewählte Familienstrukturen der Eheschließungsjahrgänge 1961–65 nach dem Nettoeinkommen beider Ehegatten